JN067896

最新 教育 データブック

のデータで読み解く教育

藤田晃之／編

時事通信社

はじめに

時事通信社から，『最新教育データブック』（当時の書名は『教育データランド』）が初めて刊行されたのは1993年でした。それ以降，掲載項目の見直しやデータの更新などを重ね，［第12版］が出版されたのは2008年のことです。その後，約10年のブランクを経て，大幅改訂版『最新教育データブック～119のデータで読み解く教育』として公刊したのは，今からおよそ５年前の2019年４月でした。

◇

私たちは，この５年の間に，日本の学校教育にとって戦後最大の試練ともいうべき新型コロナウイルス感染症の世界的な流行を経験しました。2020年２月末に当時の安倍首相が全国すべての学校について臨時休業するよう要請したことを契機に，国内のほとんどの学校が５月末頃まで休校となったのです。圧倒的多数の学校においてオンラインによる双方向型の授業のために必要な環境が整っていなかったことを受け，児童生徒への１人１台の端末の支給と各学校における高速ネットワークの整備を主眼としたGIGAスクール構想に基づく施策が，急速に進展したことを鮮明に記憶されている方も多いことと思います。

そして，2021年１月には，中央教育審議会が「『令和の日本型学校教育』の構築を目指して～全ての子供たちの可能性を引き出す，個別最適な学びと，協働的な学びの実現～（答申）」を取りまとめ，「新学習指導要領の全面実施」「学校における働き方改革」「GIGAスクール構想」の進展を前提としながら，2020年代を通じて実現を目指すべき学校教育の在り方を「令和の日本型学校教育」として提示しました。さらに2023年６月には，2040年以降の社会を見据えた教育政策におけるコンセプトとして「持続可能な社会の創り手の育成」と「日本社会に根差したウェルビーイングの向上」を掲げた「第４期教育振興基本計画」が閣議決定されました。今後の教育の方向性を検討する上で不可欠な羅針盤が連続して示されたともいえるでしょう。

◇

そこで今回は，「令和の日本型学校教育」と「第４期教育振興基本計画」を特集テーマに掲げ，「LGBTQの子供・若者」「ヤングケアラー」「教員採用選考試験の早期化・複数回化」などの新規項目も設けながら，改訂新版『最新教育データブック～121のデータで読み解く教育』として公刊することといたしました。本書の執筆に当たったのは，筑波大学大学院博士後期課程で教育学を研究する院生たちを中核とするメンバーです。フレッシュな視点から，それぞれの事象・事柄を理解する上での基盤となるデータや情報を選び出して見やすく整理し，適切かつ平易な解説を付して本書は完成いたしました。各方面からの忌憚のないご意見やご批判とともに，温かなご助言を賜ることができましたら幸甚に存じます。

2024年３月　藤田　晃之

最新 教育データブック　目　次

Ⅲ　子供と生活　111

Ⅳ　教師をめぐる状況　169

Ⅴ　生涯学習と社会教育　209

Ⅵ 教育の国際化 243

Ⅶ 世界で進む教育改革 269

Ⅷ 財政と教育 311

特集

令和の日本型学校教育と第４期教育振興基本計画

1 令和の日本型学校教育

2021年１月，中央教育審議会は「『令和の日本型学校教育』の構築を目指して～全ての子供たちの可能性を引き出す，個別最適な学びと，協働的な学びの実現～(答申)」を取りまとめた。

答申では，これまでの日本の学校教育が，子供たちの知・徳・体を一体で育んできたと評価しつつ，これを「日本型学校教育（図特集１－１）」と呼んでいる。その上で答申は，社会の在り方が劇的に変わる「Society 5.0時代（図特集１－２）」の到来や，先行き不透明な「予測困難な時代」の中で再認識された学校の役割や課題を踏まえ，かつ，令和時代の始まりとともに生起した「新学習指導要領の全面実施」「学校における働き方改革」「GIGA スクール構想（図特集１－３）」の進展を前提としながら，2020年代を通じて実現を目指すべき学校教育の在り方を「令和の日本型学校教育」と名付け，その具体像を「第Ⅰ部　総論」と「第Ⅱ部　各論」に分けて提示したのである。

「第Ⅰ部　総論」において答申は，令和の日本型学校教育によって育むべき資質・能力について「一人一人の児童生徒が，自分のよさや可能性を認識するとともに，あらゆる他者を価値のある存在として尊重し，多様な人々と協働しながら様々な社会的変化を乗り越え，豊かな人生を切り拓き，持続可能な社会の創り手となることができるよう，その資質・能力を育成することが求められている」と述べ，このような資質・能力を育むための具体的な姿を，「全ての子供たちの可能性を引き出す，個別最適な学びと，協働的な学び（図特集１－４）」とした。その上で，「令和の日本型学校教育」の今後の方向性として次の４点を挙げている。

○　国が，学校教育を支える人的資源・物的資源を十分に供給・支援すること

○　学校と地域住民などとの連携・協力体制を拡充すること

○　一斉授業か個別学習か，履修主義か修得主義か，デジタルかアナログか，遠隔・オンラインか対面・オフラインかといった「二項対立」の陥穽（かんせい）に陥らず，教育の質の向上のために，どちらの良さも適切に組み合わせて生かしていくこと

○　教育政策の PDCA サイクルを着実に推進していくこと

「第Ⅱ部　各論」においては，「幼児教育の質の向上（図特集１－５）」「９年間を見通した新時代の義務教育の在り方（図特集１－６）」「新時代に対応した高等学校教育等の在り方（図特集１－７）」「新時代の特別支援教育の在り方（図特集１－８）」「増加する外国人児童生徒等への教育の在り方（図特集１－９）」「遠隔・オンライン教育を含む ICT を活用した学びの在り方（図特集１-10）」「新時代の学びを支える環境整備（図特集１-11）」「人口動態等を踏まえた学校運営や学校施設の在り方（図特集１-12）」「Society5.0時代における教師及び教職員組織の在り方（図特集１-13）」について，それぞれ基本的な考え方と改革の方向性を示している。

（藤田晃之）

図特集１－１　「日本型学校教育」の特質

「学校」の在り方の国際比較

日本の「学校」と，諸外国の「スクール」の在り方は大きく異なる。
→諸外国の教員の業務が主に授業に特化しているのとは異なり，
日本の教員は，教科指導，生徒指導，部活動指導等を一体的に行うことが求められている。

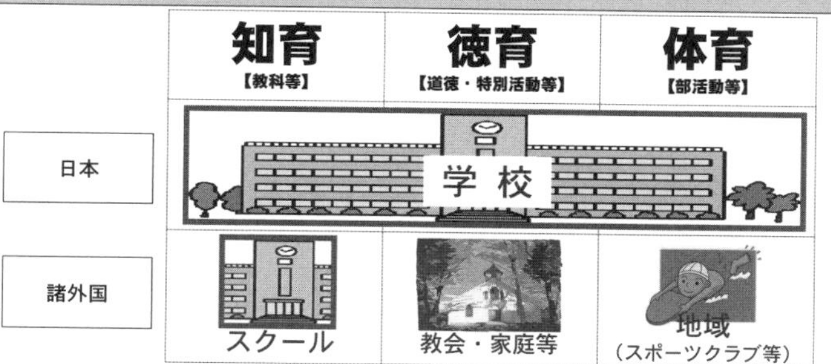

※体育…部活動は，日・中・韓は学校を中心に行うが，米・英は学校と地域で，独・伊・北欧は地域を中心に行う。

日本の教員が，知・徳・体を一体的に行う指導形態は，国際的にも高く評価され，効果を上げてきた。

図特集１－２　「Society 5.0」の特質

Society5.0とは，サイバー空間（仮想空間）とフィジカル空間（現実空間）を高度に融合させたシステムにより，経済発展と社会的課題の解決を両立する，人間中心の社会（Society）。

狩猟社会（Society 1.0），農耕社会（Society 2.0），工業社会（Society 3.0），情報社会（Society 4.0）に続く，新たな社会を指すもので，第５期科学技術基本計画において我が国が目指すべき未来社会の姿として初めて提唱。

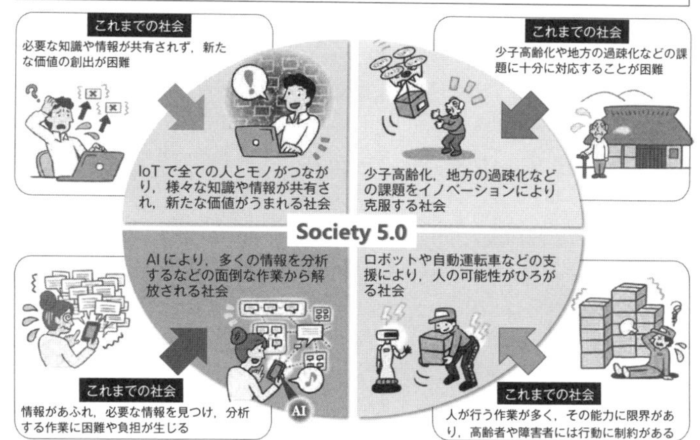

図特集 1－3　GIGA スクール構想の拡充

GIGA スクール構想の拡充

令和 2 年度第 3 次補正予算額(案)　209 億円
※「通信環境の円滑化」は学校施設環境改善交付金の内数

Society5.0 時代を生きる子供たちに相応しい，全ての子供たちの可能性を引き出す個別最適な学びと協働的な学びを実現するため，「1 人 1 台端末」と学校における高速通信ネットワークを整備する。

目指すべき次世代の学校・教育現場

- ✓ 学びにおける時間・距離などの制約を取り払う～遠隔・オンライン教育の実施～
- ✓ 個別に最適で効果的な学びや支援～個々の子供の状況を客観的・継続的に把握・共有～
- ✓ プロジェクト型学習を通じて創造性を育む～文理分断の脱却と PBL による STEAM 教育の実現～
- ✓ 校務の効率化～学校における事務を迅速かつ便利，効率的に～
- ✓ 学びの知見の共有や生成～教師の経験知と科学的視点のベストミックス (EBPM の促進)～

クラウド
高速大容量
機密性の高い
安価なネットワーク
1 人 1 台端末
家庭での活用

児童生徒の端末整備支援

○　「1 人 1 台端末」の実現
◆国公私立の小・中・特支等義務教育段階の児童生徒が使用する PC 端末整備を支援
対象：国・公・私立の小・中・特支等
国立, 公立：定額(上限 4.5 万円)
私立：1/2(上限 4.5 万円)
2019 年度 1,022 億円
2020 年度 1 次 1,951 億円
◆国公私立の高等学校段階の低所得世帯等の生徒が使用する PC 端末整備を支援
対象：国・公・私立の高等学校等
国立, 公立：定額(上限 4.5 万円)
私立：原則 1/2 (上限 4.5 万円)
2020 年度 3 次　161 億円
○　障害のある児童生徒のための入出力支援装置整備
視覚や聴覚, 身体等に障害のある児童生徒が, 端末の使用にあたって必要となる障害に対応した入出力支援装置の整備を支援
対象：国・公・私立の小・中・高・特支等
国立, 公立：定額　私立：1/2
2020 年度 1 次　11 億円
2020 年度 3 次　4 億円

学校ネットワーク環境の全校整備

○　小・中・特別支援・高等学校における校内 LAN 環境の整備を支援
加えて電源キャビネット整備の支援
対象：国・公・私立の小・中・高・特支等
公立, 私立：1/2　国立：定額
2019 年度　1,296 億円
2020 年度 1 次　71 億円

学習系ネットワークにおける通信環境の円滑化

○　各学校から回線を一旦集約してインターネット接続する方法をとっている自治体に対して, 学習系ネットワークを学校から直接インターネットへ接続する方式に改めるための整備を支援
対象：公立の小・中・高・特支等　公立：1/3
学校施設環境改善交付金の内数

GIGA スクールサポーターの配置

○　急速な学校 ICT 化を進める自治体等の ICT 環境整備等の知見を有する者の配置経費を支援
対象：国・公・私立の小・中・高・特支等
公立, 私立：1/2　国立：定額
2020 年度 1 次　105 億円

緊急時における家庭でのオンライン学習環境の整備

○　家庭学習のための通信機器整備支援
Wi-Fi 環境が整っていない家庭に対する貸与等を目的として自治体が行う, LTE 通信環境(モバイルルータ)の整備を支援
対象：国・公・私立の小・中・高・特支等
国立, 公立：定額 (上限 1 万円)　私立：1/2 (上限 1 万円)
2020 年度 1 次　147 億円
2020 年度 3 次　21 億円
○　学校からの遠隔学習機能の強化
臨時休業等の緊急時に学校と児童生徒がやりとりを円滑に行うため, 学校側が使用するカメラやマイクなどの通信装置等の整備を支援
対象：国・公・私立の小・中・高・特支等
公立, 私立：1/2(上限3.5万円)　国立：定額(上限3.5万円)
2020 年度 1 次　6 億円
○ オンライン学習システム(CBT システム)の導入
学校や家庭において端末を用いて学習・アセスメントが可能なオンライン学習システム(CBT システム)の全国展開等
2020 年度 1 次　1 億円
2020 年度 3 次　22 億円

出典：「令和 2 年度第 3 次補正予算案への対応について（12月15日付事務連絡）」（文部科学省初等中等教育局情報教育・外国語教育課，2020年）

図特集 1－4　「個別最適な学び」と「協働的な学び」との一体的な充実

個別最適な学び【学習者視点】（＝個に応じた指導【教師視点】）

＼子供が自己調整しながら学習を進めていく／

指導の個別化

- ✓ 子供一人一人の特性・学習進度・学習到達度等に応じ，
- ✓ 教師は必要に応じた重点的な指導や指導方法・教材等の工夫を行う

→　一定の目標を全ての子供が達成することを目指し，異なる方法等で学習を進める

学習の個性化

- ✓ 子供一人一人の興味・関心・キャリア形成の方向性等に応じ，
- ✓ 教師は一人一人に応じた学習活動や課題に取り組む機会の提供を行う

→　異なる目標に向けて，学習を深め，広げる

協働的な学び

- ✓ 子供一人一人のよい点や可能性を生かし，
- ✓ 子供同士，あるいは地域の方々をはじめ多様な他者と協働する

→　異なる考え方が組み合わさり，よりよい学びを生み出す

図特集１－５　幼児教育の改善充実の方向性と「幼児期の終わりまでに育ってほしい姿」

- 幼児教育は，生涯にわたる人格形成の基礎を培う重要なものであり，義務教育及びその後の教育の基礎を培うことが目的
- 幼稚園，保育所，認定こども園といった各幼児教育施設においては，集団活動を通して，幼児期に育みたい資質・能力を育成する幼児教育の実践の質の向上が必要
- 教育環境の整備も含めた幼児教育の内容・方法の改善・充実や，人材の確保・資質及び専門性の向上，幼児教育推進体制の構築等を進めることが必要

幼稚園教育要領の改訂（2017年３月告示）

「幼児期の終わりまでに育ってほしい姿」

○　５ 領域のねらい及び内容に基づいて，各幼稚園で，幼児期にふさわしい遊びや生活を積み重ねることにより，幼稚園教育において育みたい資質・能力が育まれている幼児の具体的な姿であり，特に５歳児後半に見られるようになる姿である。

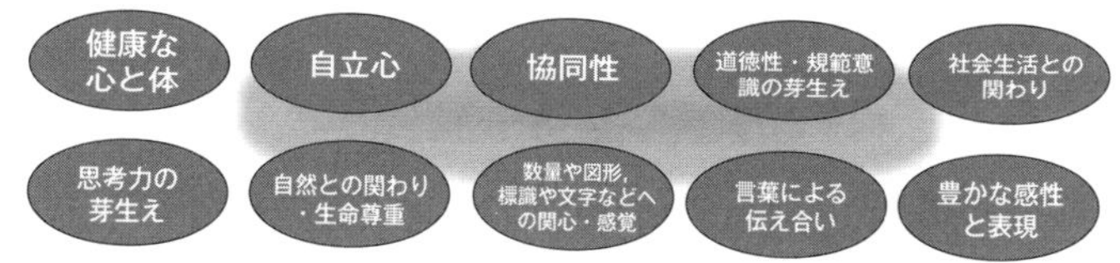

○　幼稚園の教師は，遊びの中で幼児が発達していく姿を，「幼児期の終わりまでに育ってほしい姿」を念頭に置いて捉え，一人一人の発達に必要な体験が得られるような状況をつくったり必要な援助を行ったりするなど，指導を行う際に考慮することが求められる。

○　「幼児期の終わりまでに育ってほしい姿」が到達すべき目標ではないことや，個別に取り出されて指導されるものではないことに十分留意する必要がある。幼児の自発的な活動としての遊びを通して，一人一人の発達の特性に応じて，これらの姿が育っていくものであり，全ての幼児に同じように見られるものではないことに留意する必要がある。

○　５歳児に突然見られるようになるものではないため，５歳児だけでなく，３歳児，４歳児の時期から，幼児が発達していく方向を意識して，それぞれの時期にふさわしい指導を積み重ねていくことに留意する必要がある。

図特集１－６　義務教育の改善充実の方向性と「教科等の担任制の実施状況（小学校第５学年）」

- 我が国のどの地域で生まれ育っても，知・徳・体のバランスのとれた質の高い義務教育を受けられるようにすることが国の責務
- 義務教育９年間を通した教育課程，指導体制，教師の養成等の在り方について一体的に検討を進める必要
- 児童生徒が多様化し学校が様々な課題を抱える中にあっても，義務教育において決して誰一人取り残さないということを徹底

教科等の担任制の実施状況【小５・経年比較】

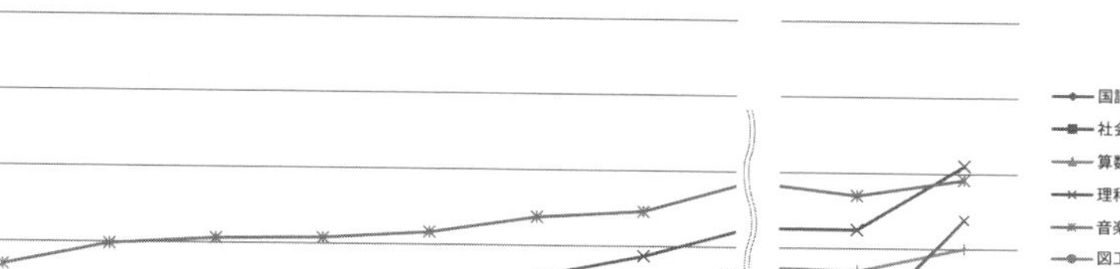

注１：2018年度調査において「教科等の担任」について定義し直したため，2015年度までの調査結果と単純な比較はできない。
注２：2018年度の学習指導要領改訂に伴い，「外国語活動」から「外国語」に移行しているため，2018年度までの調査結果と単純な比較はできない。
出典：「令和４年度公立小・中学校等における教育課程の編成・実施状況調査調査結果」（文部科学省，2023年）

図特集1－7　高等学校教育の改善充実の方向性と「高等学校生の学習時間・学習意欲等の状況」

- 高等学校には様々な背景を持つ生徒が在籍していることから，生徒の多様な能力・適性，興味・関心等に応じた学びを実現することが必要
- 高等学校における教育活動を，高校生の学習意欲を喚起し，可能性及び能力を最大限に伸長するためのものへと転換することが急務
- 生徒が高等学校在学中に主権者の一人としての自覚を深めていく学びが求められていることを踏まえ，学びに向かう力の育成やキャリア教育の充実を図ることが必要

高等学校生の学習時間・学習意欲等の状況（学校外での学習時間の変化）

○ 高１相当学年において，家や塾で学習を「しない」と回答する割合が急増。

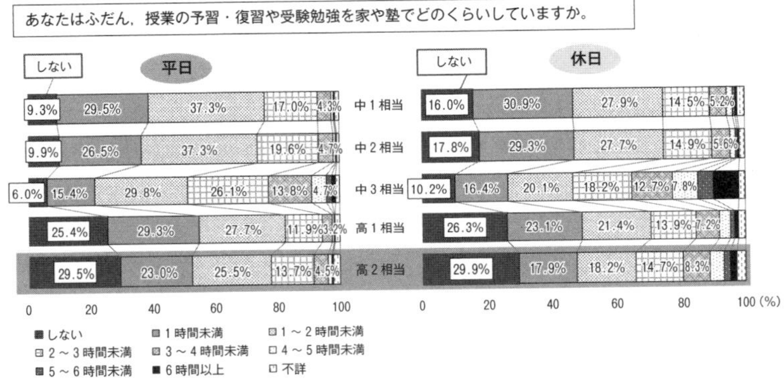

図特集1－8　特別支援教育の改善充実の方向性と「通級による指導を受けている児童生徒数の推移」

- 特別支援教育への理解・認識の高まり，制度改正，通級による指導を受ける児童生徒の増加等，インクルーシブ教育の理念を踏まえた特別支援教育をめぐる状況は変化
- 通常の学級，通級による指導，特別支援学級，特別支援学校といった連続性のある多様な学びの場の一層の充実・整備を着実に推進

通級による指導を受けている児童生徒数の推移（各年度５月１日現在）

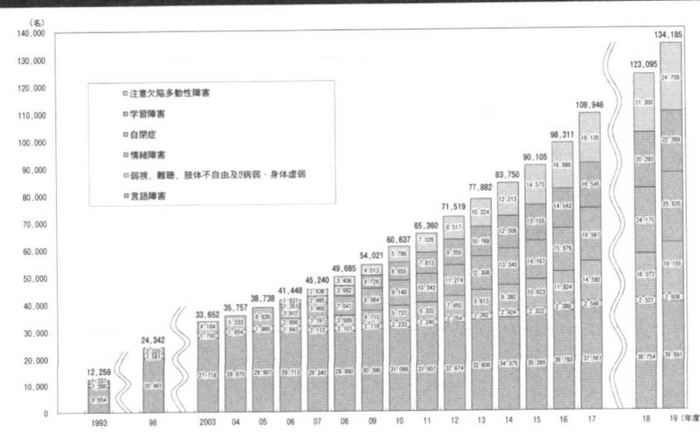

注１：2018年度から，国立・私立学校を含めて調査。
注２：高等学校における通級による指導は2018年度開始であることから，高等学校については2018年度から計上。

図特集 1－9　外国人児童生徒等への教育の改善充実の方向性と「外国人の子供の就学状況等調査結果」

- 外国人の子供たちが共生社会の一員として今後の日本を形成する存在であることを前提に，関連施策の制度設計を行うことが必要
- キャリア教育や相談支援の包括的提供，母語・母文化の学びに対する支援が必要
- 日本人の子供を含め，異文化理解・多文化共生の考え方に基づく教育への更なる取組

外国人の子供の就学状況等調査結果（確定値）

調査基準日：原則として2019年５月１日

（１）就学状況の把握状況

Ⅰ　学齢相当の外国人の子供の人数（住民基本台帳上の人数）123,830人

Ⅱ　学齢相当の外国人の子供の就学状況の把握状況（下表）

Ⅲ　不就学の可能性があると考えられる外国人の子供の数を単純合計すると（③＋⑤＋⑥），19,471人となる（さらに④を加えると22,488人）。

区分	住民基本台帳上の人数	就学者数		③ 不就学	④ 出国・転居（予定含む）	⑤ 就学状況確認できず	計（人）	（参考）（※３）⑥住民基本台帳上の人数との差（人）
		①義務教育諸学校	②外国人学校等					
小学生相当　計	87,033	68,237	3,374	399	2,204	5,892	80,106	6,960
（構成比）		(85.0%)	(4.2%)	(0.5%)	(2.8%)	(7.4%)	(100.0%)	
中学生相当　計	36,797	28,133	1,649	231	813	2,766	33,592	3,223
（構成比）		(83.7%)	(4.9%)	(0.7%)	(2.4%)	(8.2%)	(100.0%)	
合計	123,830	96,370	5,023	630	3,017	8,658	113,698	10,183
（構成比）		(84.8%)	(4.4%)	(0.6%)	(2.7%)	(7.6%)	(100.0%)	

注１：④には，出国者も多く含まれるが，国内転居の後に不就学状態になっている者も含まれている可能性がある。他方，⑤，⑥には，実際には就学者も含まれている可能性があると考えられる。（今回の調査は，あくまで市町村教育委員会が把握している外国人の子供の就学状況について調査を行ったものであるため，設置主体が当該市町村教育委員会とは異なる学校（国私立学校，外国人学校等，他市町村の学校）については，実際には在籍していても，当該市町村教育委員会がその状況を把握していないなど，実際の在籍状況とは異なる場合もあり得る。）

注２：上表の「計113,698人」と「⑥10,183人」を足しても「住民基本台帳上の人数123,830人」にならないのは，⑥の算出に当たり，（１）Ⅰで無回答だった地方公共団体の①～⑤の人数を除いているためである。

図特集 1－10　ICT を活用した学びの在り方の改善充実の方向性と「学校種別　学習者用デジタル教科書の整備状況」

- ICT はこれからの学校教育を支える基盤的なツールとして必要不可欠であり，心身に及ぼす影響にも留意しつつ，日常的に活用できる環境整備が必要
- ICT は教師と児童生徒との具体的関係の中で，教育効果を考えて活用することが重要であり，活用自体が目的化しないよう留意する必要
- 対面指導の重要性，遠隔・オンライン教育等の実践による成果や課題を踏まえ，発達の段階に応じ，ICT を活用しつつ，教師が対面指導と家庭や地域社会と連携した遠隔・オンライン教育とを使いこなす（ハイブリッド化）ことで，個別最適な学びと協働的な学びを展開

学校種別　学習者用デジタル教科書の整備状況

2020年３月１日現在

学校種	学校数 A	学習者用デジタル教科書					
		整備している B	割合 B／A	意向はあるが整備できていない C	割合 C／A	整備していない D	割合 D／A
	校	校	%	校	%	校	%
小学校	19,179	1,478	7.7%	5,318	27.7%	12,383	64.6%
中学校	9,285	851	9.2%	2,245	24.2%	6,189	66.7%
義務教育学校	91	8	8.8%	25	27.5%	58	63.7%
高等学校	3,548	186	5.2%	650	18.3%	2,712	76.4%
専門学科・総合学科単独及び複数学科設置校	1,856	89	4.8%	356	19.2%	1,411	76.0%
中等教育学校	32	1	3.1%	12	37.5%	19	59.4%
特別支援学校	1,084	93	8.6%	221	20.4%	770	71.0%
合計	33,219	2,617	7.9%	8,471	25.5%	22,131	66.6%

注：「学習者用デジタル教科書」は，紙の教科書の内容を全て記載し，教育課程の一部または全部において，学校で使用している紙の教科書に代えて児童生徒が使用できるものをいう。

図特集 1-11　学びを支える環境整備の方向性と「公立小中学校等施設のバリアフリー化の状況」

● 全ての子供たちの可能性を引き出す個別最適な学びと協働的な学びを実現し，教育の質の向上を図るとともに，新たな感染症や災害の発生等の緊急時にあっても全ての子供たちの学びを保障するため，「GIGA スクール構想」の実現を前提とした新しい時代の学びを支える学校教育の環境整備を図る

公立小中学校等施設のバリアフリー化の状況

校舎

2020年5月1日現在

	学校数	車椅子使用者用トイレ		スロープ等による段差解消 門から建物の前まで		スロープ等による段差解消 昇降口・玄関等から教室等まで		エレベーター（1階建ての建物のみ保有する学校を含む）		
	A	B	B/A	C	C/A	D	D/A	E	E/A	うち1階建て
全体	28,156	18,359	(65.2%)	22,111	(78.5%)	16,122	(57.3%)	7,634	(27.1%)	248
うち要配慮者在籍※1	6,303	4,970	(78.9%)	5,395	(85.6%)	4,576	(72.6%)	2,568	(40.7%)	26
うち避難所※2	22,669	15,166	(66.9%)	17,939	(79.1%)	13,278	(58.6%)	6,118	(27.0%)	157

屋内運動場

2020年5月1日現在

	学校数	車椅子使用者用トイレ		スロープ等による段差解消 門から建物の前まで		スロープ等による段差解消 昇降口・玄関等からアリーナ等まで		エレベーター（1階建ての建物のみ保有する学校を含む）		
	A	B	B/A	C	C/A	D	D/A	E	E/A	うち1階建て
全体	27,890	10,299	(36.9%)	20,747	(74.4%)	15,884	(57.0%)	18,387	(65.9%)	17,060
うち要配慮者在籍※1	6,278	2,638	(42.0%)	5,039	(80.3%)	4,126	(65.7%)	3,977	(63.3%)	3,514
うち避難所※2	26,439	9,830	(37.2%)	19,791	(74.9%)	15,201	(57.5%)	17,362	(65.7%)	16,078

注1：円滑な移動等に配慮が必要な児童生徒や教職員が在籍する学校。
注2：避難所に指定されている学校。
　　災害対策基本法に基づく指定避難所の指定が行われていない場合は，従来の地域防災計画に基づく避難所を含む。

図特集 1-12　学校運営や学校施設の在り方の改善充実の方向性と「公立小中学校の耐震化の状況」

● 少子高齢化や人口減少等により子供たちを取り巻く状況が変化しても，持続的で魅力ある学校教育が実施できるよう，学校配置や施設の維持管理，学校間の連携の在り方について検討が必要

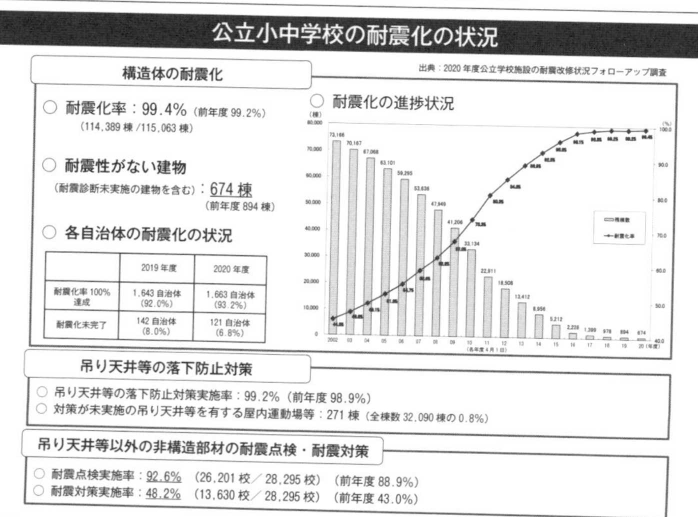

図特集１-13　教師及び教職員組織の在り方の改善充実の方向性と「我が国の教員免許制度について」

● 教師や学校は，変化を前向きに受け止め，求められる知識・技能を意識し，継続的に新しい知識・技能を学び続けていくことが必要であり，教職大学院が新たな教育課題や最新の教育改革の動向に対応できる実践力を育成する役割を担うことも大いに期待

我が国の教員免許制度について

1．免許状主義と開放制の原則

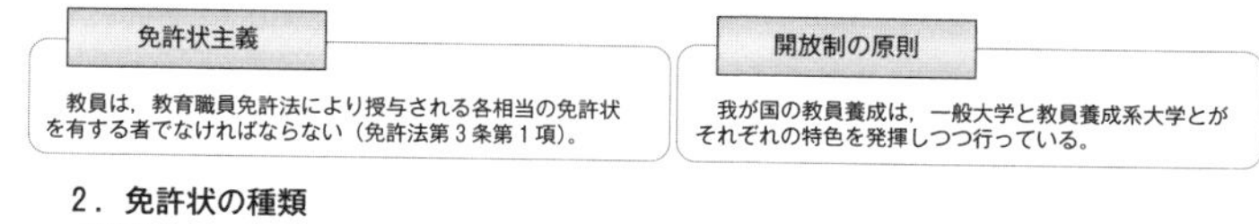

2．免許状の種類

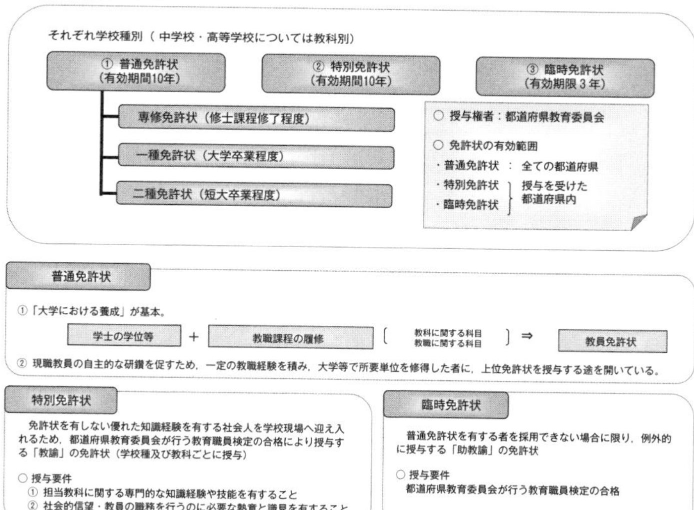

※教育職員検定は，都道府県教育委員会が受験者の人物，学力，実務，身体について行うこととされており，具体的な授与基準等の細則は，都道府県ごとに定められている。

3．免許状主義の例外

① 特別非常勤講師

多様な専門的知識・経験を有する人を教科の学習に迎え入れることにより，学校教育の多様化への対応や活性化を図ることを目的とした制度。<u>教員免許状を有しない非常勤講師が，教科の領域の一部を担任することが可能</u>（任命・雇用する者が，<u>あらかじめ</u>都道府県教育委員会に<u>届出</u>をすることが必要）。

② 免許外教科担任制度

中学校，高等学校，中等教育学校の前期課程・後期課程，特別支援学校の中学部・高等部において，相当の免許状を所有する者を教科担任として採用することができない場合に，<u>校内の他の教科の教員免許状を所有する教諭等（講師は不可）が，１年に限り，免許外の教科の担任をすることが可能</u>
（校長及び教諭等が，都道府県教育委員会に<u>申請し，許可を得る</u>ことが必要）。

③ 専科担任制度

中学校や高等学校の教諭の免許状を有する者は，小学校において，相当する教科等の教諭等となることができる。
（例：中学校の理科の教員が，小学校の理科の授業を行う）
高等学校の専門教科等の免許状を有する者は，中学校において，相当する教科等の教諭等となることができる。
（例：高等学校の情報の教員が，中学校の技術の授業を行う）

出典：図特集１-１～13（１-３，６を除く）は，中央教育審議会答申「『令和の日本型学校教育』の構築を目指して～全ての子供たちの可能性を引き出す，個別最適な学びと，協働的な学びの実現～」（2021年１月）の「答申関連資料集」及び「同　総論解説」より引用（一部改変して引用を含む）

2 第４期教育振興基本計画

2006年12月，教育基本法がその成立（1947年）以来改正され，教育振興基本計画の策定を政府に義務付ける第17条が新たに設けられた。

（教育振興基本計画）
第17条　政府は，教育の振興に関する施策の総合的かつ計画的な推進を図るため，教育の振興に関する施策についての基本的な方針及び講ずべき施策その他必要な事項について，基本的な計画を定め，これを国会に報告するとともに，公表しなければならない。
2　地方公共団体は，前項の計画を参酌し，その地域の実情に応じ，当該地方公共団体における教育の振興のための施策に関する基本的な計画を定めるよう努めなければならない。

政府は，2008年に第１期教育振興基本計画を策定し，以降５年おきに第２期・第３期計画が作られ，最新の第４期計画は2023年６月に閣議決定された。

第４期教育振興基本計画は，その「はじめに」において，「教育こそが社会をけん引する駆動力の中核を担う営み」であるとした上で，「教育振興基本計画は，将来の予測が困難な時代において教育政策の進むべき方向性を示す『羅針盤』となるべき総合計画」であると述べている。また，今日の社会の特質を「将来の予測が困難な時代」と端的に述べ，2040年以降の社会を見据えた教育政策におけるコンセプトである総括的な基本方針として「持続可能な社会の創り手の育成」及び「日本社会に根差したウェルビーイングの向上」が掲げられた。

第４期計画では，これら２つのコンセプトの下で，次の５つの基本的な方針が定められている。

①　グローバル化する社会の持続的な発展に向けて学び続ける人材の育成
②　誰一人取り残されず，全ての人の可能性を引き出す共生社会の実現に向けた教育の推進
③　地域や家庭で共に学び支え合う社会の実現に向けた教育の推進
④　教育デジタルトランスフォーメーション（DX）の推進
⑤　計画の実効性確保のための基盤整備・対話

その上で本計画では，「確かな学力の育成，幅広い知識と教養・専門的能力・職業実践力の育成」「豊かな心の育成」「健やかな体の育成，スポーツを通じた豊かな心身の育成」「グローバル社会における人材育成」「イノベーションを担う人材育成」「主体的に社会の形成に参画する態度の育成・規範意識の醸成」「多様な教育ニーズへの対応と社会的包摂」「生涯学び，活躍できる環境整備」「学校・家庭・地域の連携・協働の推進による地域の教育力の向上」など，16の教育政策の目標と基本施策及び達成指標が提示されている。

（藤田晃之）

図特集2－1　2つのコンセプトとウェルビーイング

2つのコンセプト

持続可能な社会の創り手の育成

- 将来の予測が困難な時代に，未来に向けて自らが社会の創り手となり，持続可能な社会を維持・発展させていく人材を育てる
- 主体性，リーダーシップ，創造力，課題設定・解決能力，論理的思考力，表現力，チームワークなどを備えた人材の育成

日本社会に根差したウェルビーイングの向上

- 多様な個人それぞれが幸せや生きがいを感じるとともに，地域や社会が幸せや豊かさを感じられるものとなるよう，教育を通じてウェルビーイングを向上
- 幸福感，学校や地域でのつながり，協働性，利他性，多様性への理解，社会貢献意識，自己肯定感，自己実現等を調和的・一体的に育む

ウェルビーイングとは

日本社会に根差したウェルビーイングの向上

- **身体的・精神的・社会的に良い状態にあることをいい，短期的な幸福のみならず，生きがいや人生の意義などの将来にわたる持続的な幸福を含む概念。**
- **多様な個人がそれぞれ幸せや生きがいを感じるとともに，個人を取り巻く場や地域，社会が幸せや豊かさを感じられる良い状態にあることも含む包括的な概念。**

日本発・日本社会に根差したウェルビーイングの向上

日本社会に根差したウェルビーイングの向上

日本の社会・文化的背景を踏まえ，我が国においては，自己肯定感や自己実現などの獲得的な要素と，人とのつながりや利他性，社会貢献意識などの協調的な要素を調和的・一体的に育み，日本社会に根差した「調和と協調」に基づくウェルビーイングを教育を通じて向上させていくことが求められます。

教師のウェルビーイング，学校・地域・社会のウェルビーイング

日本社会に根差したウェルビーイングの向上

子供たちのウェルビーイングを高めるためには教師をはじめとする学校全体のウェルビーイングが重要。また，子供たち一人一人のウェルビーイングが，家庭や地域，社会に広がっていき，その広がりが多様な個人を支え，将来にわたって世代を超えて循環していくという姿の実現が求められます。

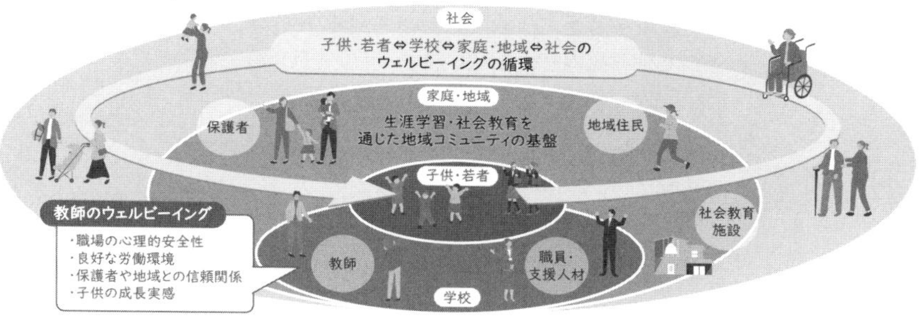

出典：「教育振興基本計画（リーフレット）」（文部科学省，2023年）

表特集２－１　今後５年間の教育政策の目標と基本施策１～５

教育政策の目標	基本施策（例）	指標（例）
1．確かな学力の育成，幅広い知識と教養・専門的能力・職業実践力の育成	○個別最適な学びと協働的な学びの一体的充実 ○新しい時代に求められる資質・能力を育む学習指導要領の実施 ○幼児教育の質の向上 ○高等学校教育改革 ○大学入学者選抜改革 ○学修者本位の教育の推進 ○文理横断・文理融合教育の推進 ○キャリア教育・職業教育の推進 ○学校段階間・学校と社会の接続の推進	• OECD の PISA における世界トップレベル水準の維持・到達 • 授業の内容がよく分かる，勉強は好きと思う児童生徒の割合 • 将来の夢や目標を持っている児童生徒の割合 • 高校生・大学生の授業外学修時間 • PBL（課題解決型学習）を行う大学等の割合 • 職業実践力育成プログラム（BP）の認定課程数
2．豊かな心の育成	○道徳教育の推進 ○発達支持的生徒指導の推進 ○いじめ等への対応，人権教育 ○児童生徒の自殺対策の推進 ○体験・交流活動の充実 ○読書活動の充実 ○伝統や文化等に関する教育の推進 ○文化芸術による子供の豊かな心の推進	• 自分にはよいところがあると思う児童生徒の割合 • 人が困っている時は進んで助けていると考える児童生徒の割合 • 自然体験活動に関する行事に参加した青少年の割合
3．健やかな体の育成，スポーツを通じた豊かな心身の育成	○学校保健，学校給食・食育の充実 ○生活習慣の確立，学校体育の充実・高度化 ○運動部活動改革の推進と身近な地域における子供のスポーツ環境の整備充実 ○アスリートの発掘・育成支援	• 朝食を欠食する児童生徒の割合 • １週間の総運動時間が60分未満の児童生徒の割合 • 卒業後にもスポーツをしたいと思う児童生徒の割合
4．グローバル社会における人材育成	○日本人学生・生徒の海外留学の推進 ○外国人留学生の受入れの推進 ○高等学校・高等専門学校・大学等の国際化 ○外国語教育の充実	• 日本人学生派遣50万人，外国人留学生受入れ40万人（2033年まで） • 英語力について，中・高卒業段階で一定水準を達成した割合
5．イノベーションを担う人材育成	○探究・STEAM 教育の充実 ○大学院教育改革 ○高等専門学校の高度化 ○理工系分野をはじめとした人材育成及び女性の活躍推進 ○起業家教育（アントレプレナーシップ教育）の推進 ○大学の共創拠点化	• 修士入学者数に対する博士入学者数の割合 • 自然科学（理系）分野を専攻する学生の割合 • 大学等における起業家教育の受講者数

図特集２－２　１週間の総運動時間

小学校　男子
■０分　■１分～60分未満（2008～2012年度は60分未満）
■60分～420分未満　■420分以上
2008 11.1 32.7 56.2
09 10.5 28.6 60.9
10 10.5 29.0 60.5
11
12 10.9 29.4 59.7
13 5.0 4.1 36.3 54.6
14 2.9 3.4 37.2 56.5
15 2.9 3.6 38.0 55.4
16 2.9 3.6 37.7 55.7
17 2.9 3.5 37.3 56.4
18 3.4 3.8 38.7 54.0
19 3.6 4.0 41.0 51.4
20
21 47.8
22 4.3 4.5 41.0 50.1
23 4.6 4.4 41.0 50.0
0 10 20 30 40 50 60 70 80 90 100 (%)
女子
■０分　■１分～60分未満（2008～2012年度は60分未満）
■60分～420分未満　■420分以上
2008 23.0 47.7 29.3
09 22.6 45.4 32.0
10 24.2 44.7 31.2
11
12 23.9 44.6 31.5
13 10.0 11.0 52.3 26.7
14 5.0 8.4 56.3 30.4
15 4.6 8.3 56.5 30.5
16 4.0 7.6 55.7 32.7
17 4.1 7.5 55.5 32.9
18 4.9 8.3 56.2 30.6
19 4.7 8.3 57.0 30.0
20
21 5.0 9.4 57.3 28.3
22 5.8 8.8 56.3 29.2
23 6.9 9.3 56.5 27.3
0 10 20 30 40 50 60 70 80 90 100 (%)
中学校　男子
■０分　■１分～60分未満（2008～2012年度は60分未満）
■60分～420分未満　■420分以上
2008 9.4 11.1 79.5
09 9.5 8.5 82.0
10 9.3 8.3 82.4
11
12 9.1 8.1 82.8
13 7.6 9.8 80.5
14 5.0 10.4 82.7
15 5.2 10.7 82.2
16 5.2 9.0 84.2
17 4.9 8.7 84.8
18 5.2 9.2 83.9
19 5.5 10.4 82.1
20
21 5.6 14.6 77.6
22 5.8 13.8 78.1
23 9.7 12.4 76.2
2.1
1.9
1.9
1.5
1.6
1.7
2.0
2.2
2.3
1.6
0 10 20 30 40 50 60 70 80 90 100 (%)
女子
■０分　■１分～60分未満（2008～2012年度は60分未満）
■60分～420分未満　■420分以上
2008 31.0 12.3 56.7
09 31.6 11.3 57.2
10 31.1 11.2 57.7
11
12 30.9 10.9 58.1
13 23.9 5.9 14.2 55.9
14 14.8 7.0 19.5 58.7
15 14.1 6.8 20.1 58.9
16 15.2 5.7 18.6 60.5
17 13.6 5.8 19.0 61.6
18 13.9 5.9 18.7 61.5
19 13.3 6.4 19.9 60.4
20
21 11.5 6.6 25.0 57.0
22 12.3 5.8 24.2 57.7
23 21.0 4.1 19.0 55.9
0 10 20 30 40 50 60 70 80 90 100 (%)

出典：「令和５年度全国体力・運動能力，運動習慣等調査報告書」（スポーツ庁，2022年）

図特集２－３　CEFR A1レベル（英検３級）相当以上を達成した中学生の割合

- CEFR A1レベル（英検３級）相当以上を達成した中学生の割合は，目標（50%）に対して49.2%となっているものの，着実に改善が進んでいる。一方で，都道府県・指定都市による差がある。特に課題がみられる自治体の状況を把握・分析し，英語教育の改善・充実につなげることが必要。

中学生の英語力
CEFR A1レベル相当以上
60%
50%
40%
30%
20%
10%
0%
2011 25.5% 16.0% 9.5%
2012 31.2% 15.0% 16.2%
2013 32.2% 15.7% 16.5%
2014 34.6% 16.3% 18.4%
2015 36.6% 17.7% 18.9%
2016 36.1% 18.0% 18.1%
2017 40.7% 18.7% 22.0%
2018 42.6% 18.7% 23.9%
2019 44.0% 18.9% 25.1%
2021 47.0% 19.8% 27.2%
2022 49.2% 21.9% 27.3%
CEFR A1レベル相当以上の英語力を有すると思われる生徒の割合
CEFR A1レベル相当以上を取得している生徒の割合
【全体】
CEFR A1レベル相当以上を取得している生徒及び相当以上の英語力を有すると思われる生徒の割合

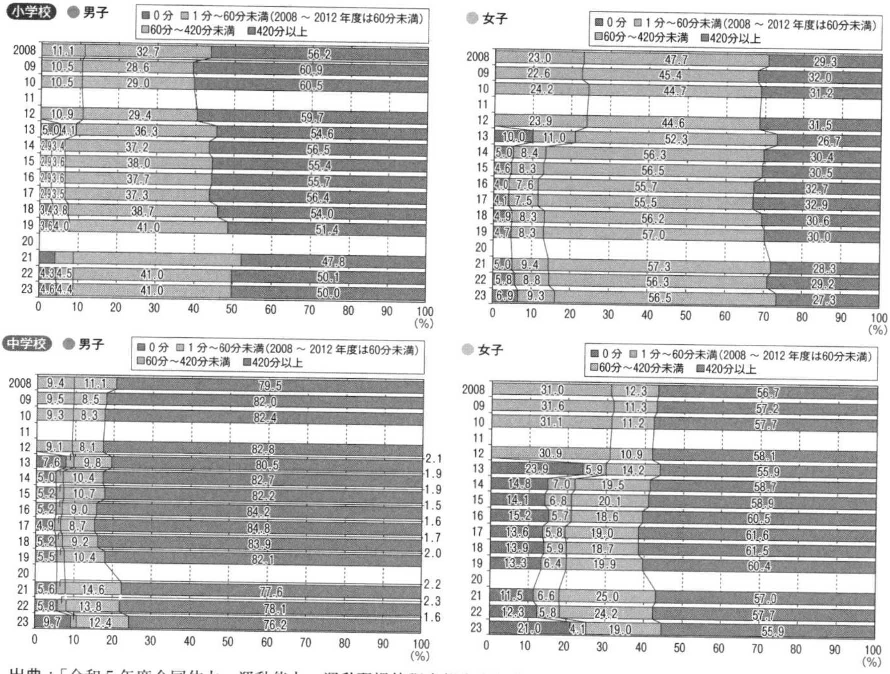

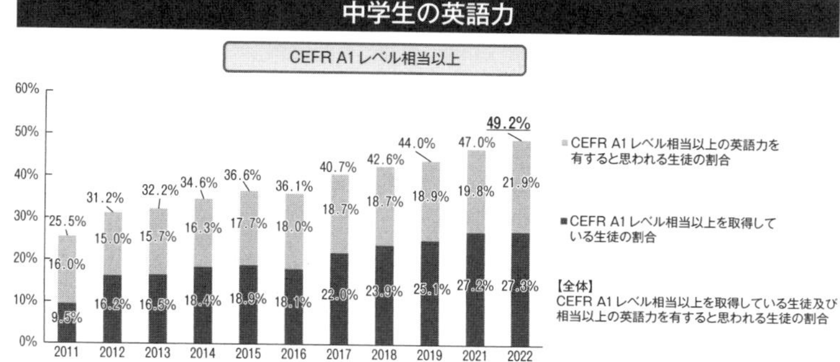

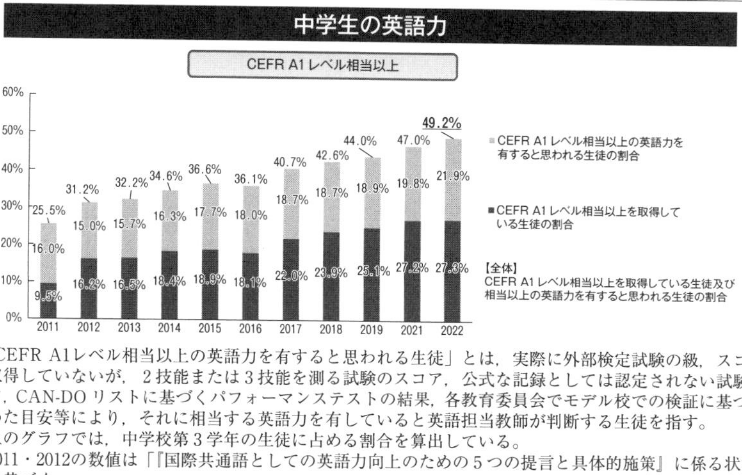

注１：「CEFR A1レベル相当以上の英語力を有すると思われる生徒」とは，実際に外部検定試験の級，スコア等を取得していないが，２技能または３技能を測る試験のスコア，公式な記録としては認定されない試験のスコア，CAN-DOリストに基づくパフォーマンステストの結果，各教育委員会でモデル校での検証に基づいて定めた目安等により，それに相当する英語力を有していると英語担当教師が判断する生徒を指す。
注２：上のグラフでは，中学校第３学年の生徒に占める割合を算出している。
注３：2011・2012の数値は「『国際共通語としての英語力向上のための５つの提言と具体的施策』に係る状況調査」に基づく。
出典：「令和４年度『英語教育実施状況調査』概要」（文部科学省，2023年）

表特集２－２　今後５年間の教育政策の目標と基本施策６～10

教育政策の目標	基本施策（例）	指標（例）
6．主体的に社会の形成に参画する態度の育成・規範意識の醸成	○子供の意見表明 ○主権者教育の推進 ○消費者教育の推進 ○持続可能な開発のための教育（ESD）の推進 ○男女共同参画の推進 ○環境教育の推進 ○災害復興教育の推進	・地域や社会をよくするために何かしてみたいと思う児童生徒の割合 ・学級生活をよりよくするために学級会で話し合い，互いの意見のよさを生かして解決方法を決めていると答える児童生徒の割合
7．多様な教育ニーズへの対応と社会的包摂	○特別支援教育の推進 ○不登校児童生徒への支援の推進 ○ヤングケアラーの支援 ○子供の貧困対策 ○海外で学ぶ日本人・日本で学ぶ外国人等への教育の推進 ○特異な才能のある児童生徒に対する指導・支援 ○大学等における学生支援 ○夜間中学の設置・充実 ○高校定時制・通信制課程の質の確保・向上 ○高等専修学校の教育の推進 ○日本語教育の充実 ○障害者の生涯学習の推進	・個別の指導計画・個別の教育支援計画の作成状況 ・学校内外で相談・指導等を受けていない不登校児童生徒数の割合 ・不登校特例校の設置数 ・夜間中学の設置数 ・日本語指導が必要な児童生徒で指導を受けている者の割合 ・在留外国人数に占める日本語教育機関等の日本語学習者割合
8．生涯学び，活躍できる環境整備	○大学等と産業界の連携等によるリカレント教育の充実 ○働きながら学べる環境整備 ○リカレント教育のための経済支援・情報提供 ○現代的・社会的課題に対応した学習 ○女性活躍に向けたリカレント教育の推進 ○高齢者の生涯学習の推進 ○リカレント教育の成果の適切な評価・活用 ○生涯を通じた文化芸術活動の推進	・この１年くらいの間に生涯学習をしたことがある者の割合 ・この１年くらいの間の学修を通じて得た成果を仕事や就職の上で生かしている等と回答した者の割合 ・国民の鑑賞，鑑賞以外の文化芸術活動への参加割合
9．学校・家庭・地域の連携・協働の推進による地域の教育力の向上	○コミュニティ・スクールと地域学校協働活動の一体的推進 ○家庭教育支援の充実 ○部活動の地域連携や地域クラブ活動への移行に向けた環境の一体的な整備	・コミュニティ・スクールを導入している公立学校数 ・学校に対する保護者や地域の理解が深まったと認識する学校割合 ・コミュニティ・スクールや地域学校協働活動の住民等参画状況
10．地域コミュニティの基盤を支える社会教育の推進	○社会教育施設の機能強化 ○社会教育人材の養成・活躍機会拡充 ○地域課題の解決に向けた関係施設・施策との連携	・知識・経験等を地域や社会での活動に生かしている者の割合 ・社会教育士の称号付与数 ・公民館等における社会教育主事有資格者数

図特集2－4　「地域や社会をよくするために何をすべきかを考えることがありますか」に対する児童生徒の回答

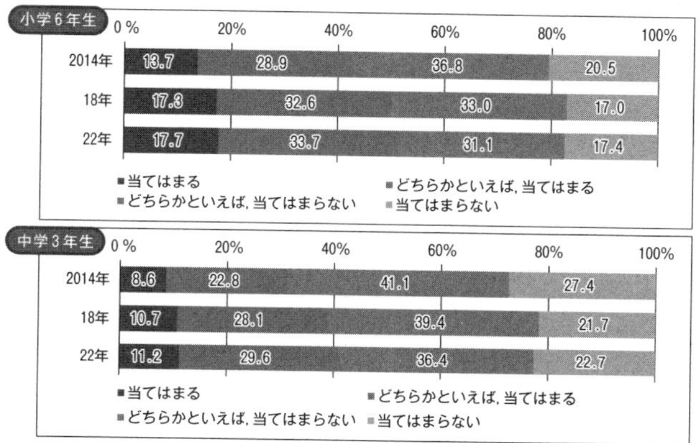

出典：「全国学力・学習状況調査　調査結果資料【全国版／小学校】」「同　中学校」を基に作成（国立教育政策研究所，2014・18・22年）

図特集2－5　特別支援学校等の児童生徒の増加の状況（2012年→2022年）

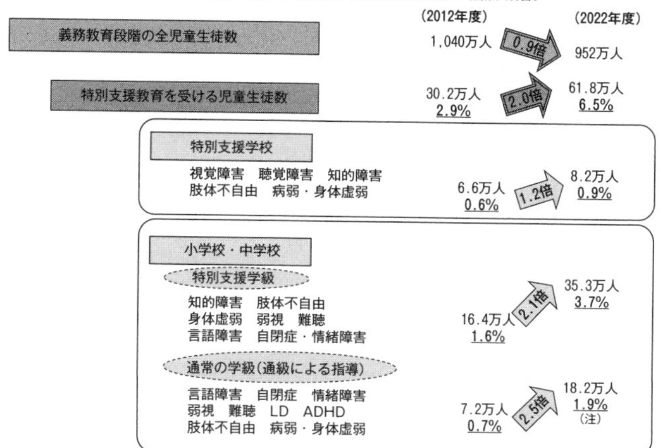

注：通級による指導を受ける児童生徒数（18.2万人）は，最新の調査結果である2021年度通年（国公私立）の値を用いている。

なお，2012年度の通級による指導を受けている児童生徒数（7.2万人）は，5月1日時点（公立のみ）の値。

出典：「令和５年版障害者白書」（内閣府，2023年）

表特集２－３　今後５年間の教育政策の目標11～16

教育政策の目標	基本施策（例）	指標（例）
11. 教育 DX の推進・デジタル人材の育成	○１人１台端末の活用 ○児童生徒の情報活用能力の育成 ○教師の指導力向上 ○校務 DX の推進 ○教育データの標準化 ○教育データ分析・利活用 ○デジタル人材育成の推進（高等教育） ○社会教育分野のデジタル活用推進	• 児童生徒の情報活用能力（情報活用能力調査能力値） • 教師の ICT 活用指導力 • ICT 機器を活用した授業頻度 • 数理・データサイエンス・AI 教育プログラム受講対象学生数
12. 指導体制・ICT 環境の整備，教育研究基盤の強化	○学校における働き方改革，処遇改善，指導・運営体制の充実の一体的推進 ○教師の養成・採用・研修の一体的改革 ○ ICT 環境の充実 ○地方教育行政の充実 ○教育研究の質向上に向けた基盤の確立（高等教育段階）	• 教師の在校等時間の短縮 • 特別免許状の授与件数 • 教員採用選考試験における優れた人材確保のための取組状況 • 児童生徒１人１台端末の整備状況 • ICT 支援員の配置人数 • 大学における外部資金獲得状況 • 大学間連携に取り組む大学数
13. 経済的状況，地理的条件によらない質の高い学びの確保	○教育費負担の軽減に向けた経済的支援 ○へき地や過疎地域等における学びの支援 ○災害時における学びの支援	• 住民税非課税世帯等の子供の大学等進学率 • 経済的理由による高等学校・大学等の中退者数・割合 • 高等学校の学びの質向上のための遠隔教育における実施科目数
14. NPO・企業・地域団体等との連携・協働	○ NPO との連携 ○企業との連携 ○スポーツ・文化芸術団体との連携 ○医療・保健機関との連携 ○福祉機関との連携 ○警察・司法との連携 ○関係省庁との連携	• 職場見学・職業体験・就業体験活動の実施の割合 • 都道府県等の教育行政に係る法務相談体制の整備状況
15. 安全・安心で質の高い教育研究環境の整備，児童生徒等の安全確保	○学校施設の整備 ○学校における教材等の充実 ○私立学校の教育研究基盤の整備 ○文教施設の官民連携 ○学校安全の推進	• 公立小中学校や国立大学等の施設の老朽化対策実施率 • 私立学校施設の耐震化率 • 学校管理下における障害や重度の負傷を伴う事故等の件数
16. 各ステークホルダーとの対話を通じた計画策定・フォローアップ	○各ステークホルダー（子供含む）からの意見聴取・対話	• 国・地方公共団体の教育振興基本計画策定における各ステークホルダー（子供含む）の意見の聴取・反映の状況の改善

出典：表特集２－１～３は「教育振興基本計画（概要）」（文部科学省，2023年）

図特集２-６　教育用コンピュータ１台当たりの児童生徒数（2023年３月現在）

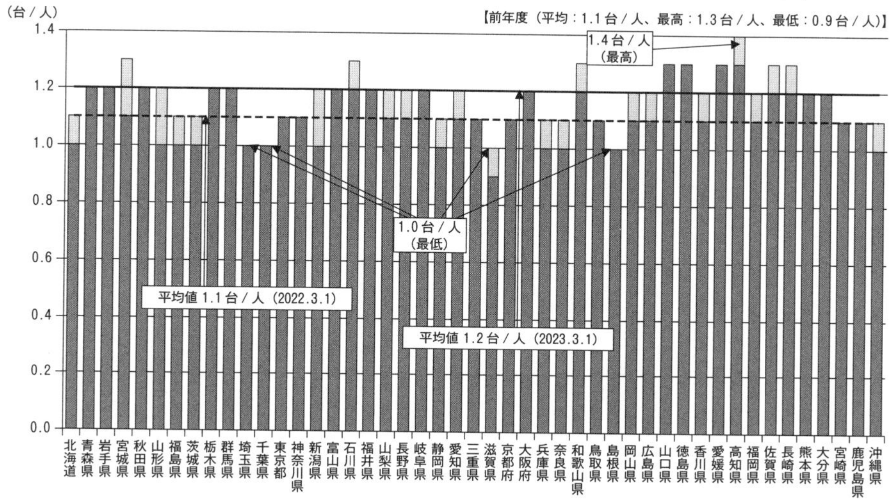

注１：「教育用コンピュータ」とは，主として教育用に利用しているコンピュータのことをいう。教職員が主として校務用に利用しているコンピュータ（校務用コンピュータ）は含まない。
注２：「教育用コンピュータ」は指導者用と学習者用の両方を含む。
注３：「教育用コンピュータ」はタブレット型コンピュータのほか，コンピュータ教室等に整備されているコンピュータを含む。
出典：「令和４年度学校における教育の情報化の実態等に関する調査結果（概要）（令和５年３月１日現在・確定値）」（文部科学省，2023年）

図特集２-７　生活保護世帯の子供・若者の進学率

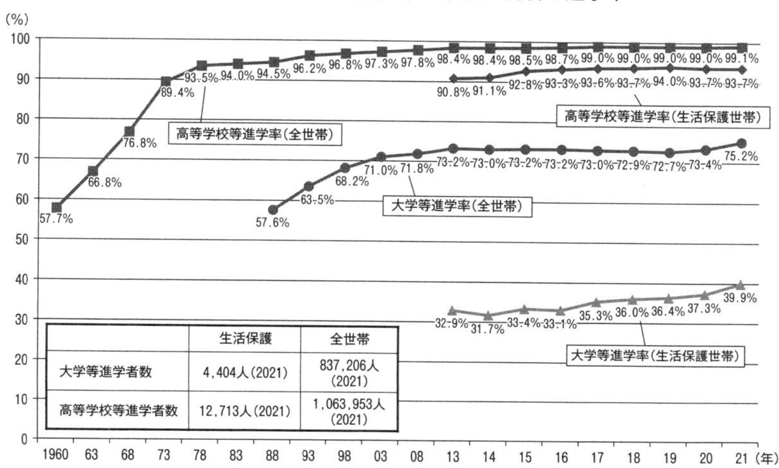

	生活保護	全世帯
大学等進学者数	4,404人（2021）	837,206人（2021）
高等学校等進学者数	12,713人（2021）	1,063,953人（2021）

注１：1987年以前は，専修学校・各種学校入学者数のデータを把握していないことから，それ以前の大学等進学率は不明である。
注２：各年３月の中学校等及び高等学校等を卒業した者の進学率。
注３：「生活保護世帯」と「全世帯」の数値は，算出方法が異なるため，単純に比較することには注意が必要。
注４：2022年８月２日時点で自治体に確認が取れた数値を記載。
出典：厚生労働省作成資料（社会保障審議会・生活困窮者自立支援及び生活保護部会　第22回会議配布資料１「子どもの貧困への対応について」（2022年10月））

I

初等中等教育

1　幼稚園
2　小学校
3　中学校
4　高等学校
5　小中一貫教育
6　中高一貫教育
7　特別支援学校
8　都道府県別学校数・在学者数
9　高等学校卒業者（進路の内訳）
10　学校選択制
11　食育と学校給食
12　ICT と学校教育
13　キャリア教育の推進
14　部活動と学校教育
15　読書活動と学校図書館
16　学校における体罰
17　チームとしての学校
18　学校評議員制度
19　学校運営協議会制度（コミュニティ・スクール）
20　学校評価と情報提供
21　放課後子供教室・放課後児童クラブ・学童保育
22　障害のある子供の教育
23　教育委員会の今日的役割と機能

1 幼稚園

日本で最初の幼稚園は，1875年に文部省（当時）によって開設許可を得た東京女子師範学校付属幼稚園とされる（開園は1876年）。第二次世界大戦後，学校教育法の制定によって，幼稚園は学校体系の一環として位置付けられた。その数は，終戦直後から増加し続け，ピーク時の1985年度には１万5220園となったが，その後は減少傾向にある（図Ⅰ－１－１）。

2006年に「幼保一元化」施設として認定こども園が制度化された（図Ⅰ－１－３）。認定こども園の制度化は，幼稚園の園数，就園率，教職員数の減少に大きく影響している。特に2014年度以降は，幼稚園数，教職員数が減少している（図Ⅰ－１－１，２）。この背景には，子供・子育て支援新制度改革の一環として，認定こども園制度が改編され，設置のハードルが低くなったことがある。具体的には，改正認定こども園法に基づく単一の認可となり，「施設型給付」での財政措置の一本化や指導監督の一本化が実現した。幼稚園，保育園から認定こども園への移行は義務とはされていないが，政策的に推進されており，2022年度に認定こども園へ移行した施設の内訳は，幼稚園157カ所，認可保育所396カ所，認可外保育施設等４カ所，認定こども園として新規開園したものが54カ所等となっている。ただし，複数の施設が合併して一つの認定こども園になった場合等があるため，移行数と増加数は一致しない。

（芦沢柚香）

図Ⅰ－１－１　幼稚園数の推移

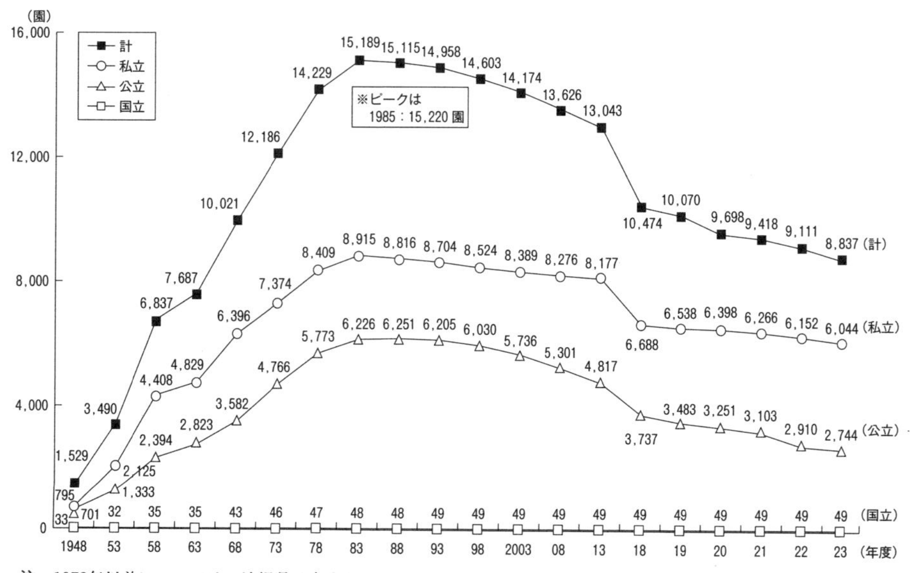

注：1972年以前については，沖縄県は含まない。

図Ⅰ-1-2　幼稚園の教職員数の推移

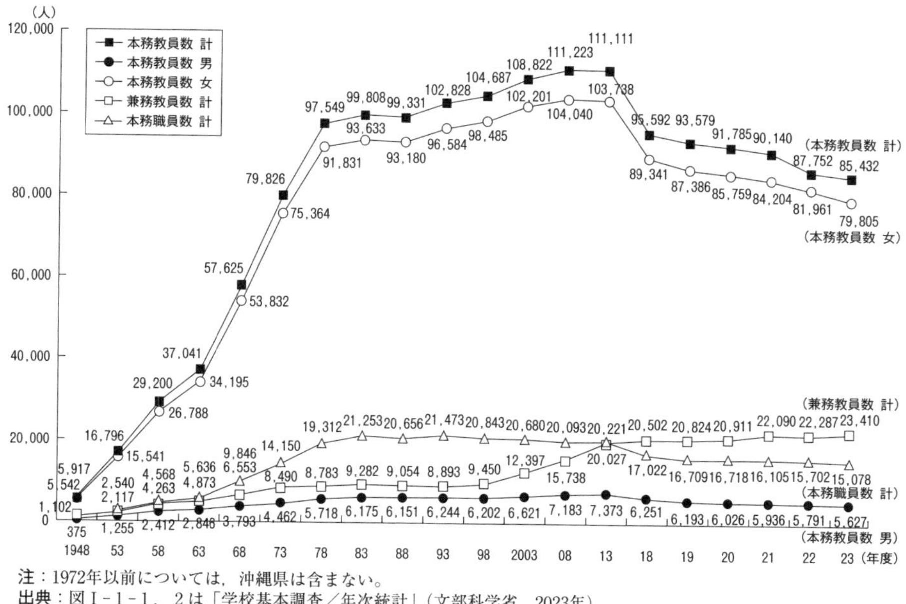

注：1972年以前については，沖縄県は含まない。
出典：図Ⅰ-1-1，2は「学校基本調査／年次統計」（文部科学省，2023年）

図Ⅰ-1-3　認定こども園数の推移

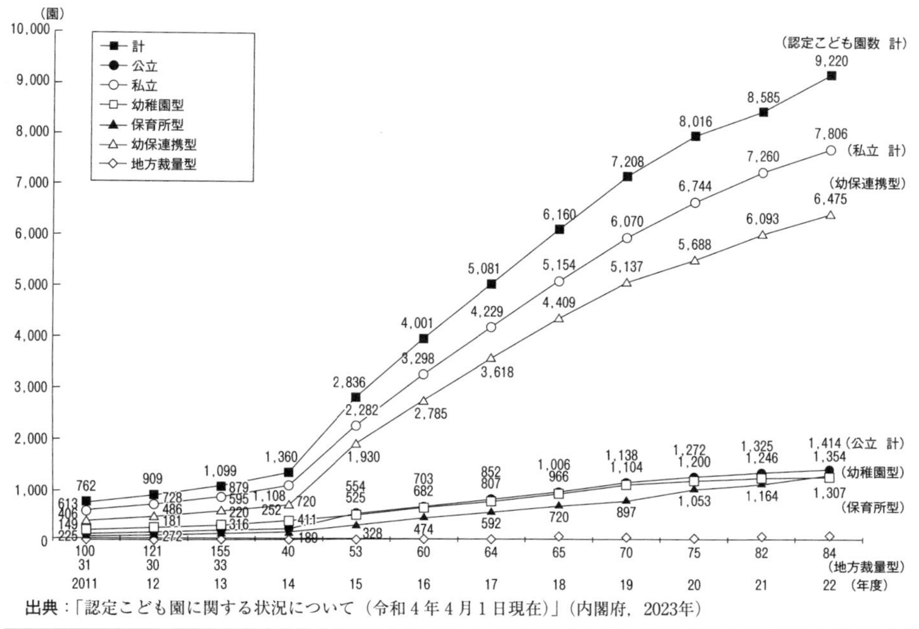

出典：「認定こども園に関する状況について（令和４年４月１日現在）」（内閣府，2023年）

2 小学校

小学校は，学校制度の基礎となる教育を施す機関であり，1872年の学制公布の当初から，すべての者が入学しなければならない学校として企画されていた。学制公布の翌年となる1873年には１万2558校が創設され，1883年には３万156校になったことから，学制公布後10年の間に設置が急速に進んでいった様子がうかがえる。その後，学校数は微減傾向をたどり，第二次世界大戦後の1946年度には２万5188校になった。ベビーブームの世代が小学校に就学し始める1957年度には２万6988校に増え（図Ⅰ－２－１），児童数は1295万6285人になった。その翌年度に1349万2087人になってから，児童数はおおむね減少傾向をたどっている。

公立学校数の減少がみられる一方，近年では私立学校数が微増しており，2023年度には244校になっている（図Ⅰ－２－１）。また，近年の傾向として学級数の増加を挙げることができる。2022年度の学級数は27万4076学級となっており，前年度比で1234学級増加している。その背景には，特別支援学級の増加（2358学級増設）がある（図Ⅰ－２－２）。一方，2023年度の学級数は27万3897学級であり，前年度より微減している。

小学校教員数（本務者）は増加しており，2023年度は42万4297人，そのうち女性教員の占める比率は約62.6％である（図Ⅰ－２－３）。教員（本務者）１人当たりの児童数は，ベビーブーム期（1958年度37.1人）をピークにして減少し続けており，2023年度には14.3人になっている。　（金久保響子）

図Ⅰ－２－１　小学校数の推移

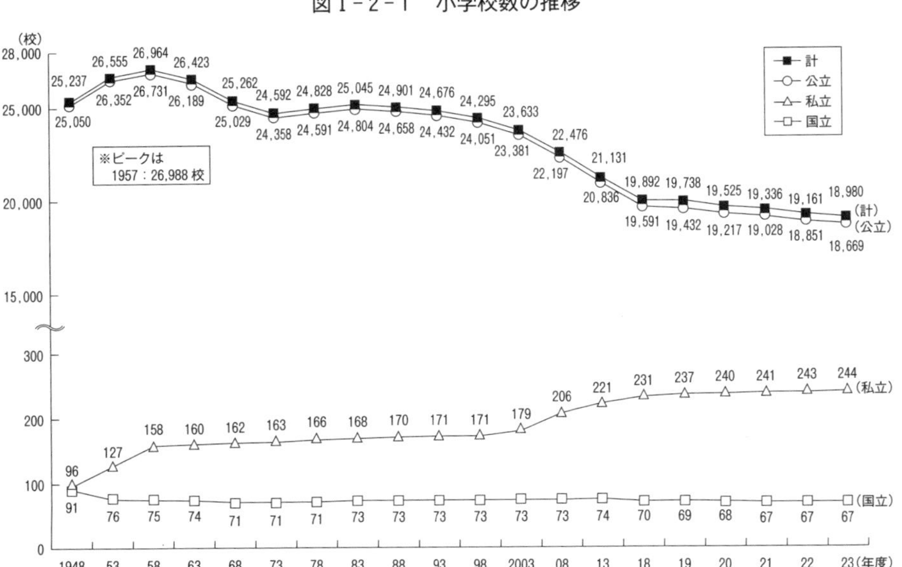

注：1972年以前については，沖縄県は含まない。

〔参考文献〕「令和５年度学校基本調査」（文部科学省，2023年）
「文部科学統計要覧（令和５年版）」（文部科学省，2023年）
『学制百年史』（文部科学省，1981年，帝国地方行政学会）

図Ⅰ－２－２　小学校の編制方式別学級数の推移―国・公・私立計―

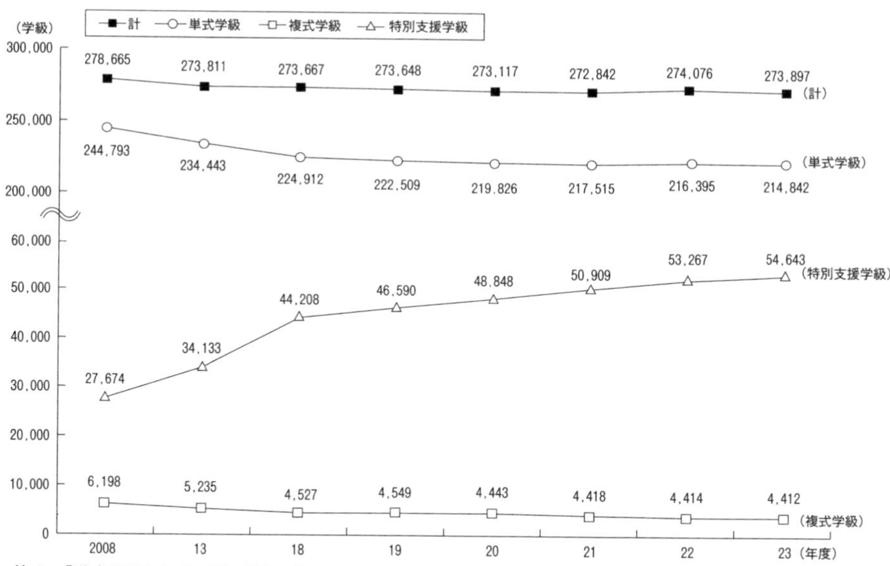

注１：「単式学級」とは，同一学年の児童のみで編制している学級，「複式学級」とは２以上の学年の児童を１学級に編制している学級をいう。
注２：「特別支援学級」とは，学校教育法第81条第２項各号に該当する児童で編制されている学級をいい，単式学級，複式学級を含まない。
出典：図Ⅰ－２－１，２は「学校基本調査／年次統計」（文部科学省，2023年）

図Ⅰ－２－３　小学校の教員数及び女性教員の割合の推移―国・公・私立計―

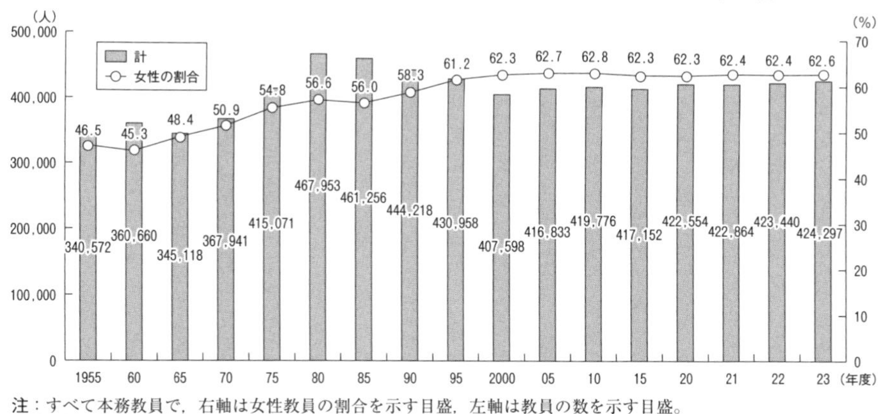

注：すべて本務教員で，右軸は女性教員の割合を示す目盛，左軸は教員の数を示す目盛。
出典：「文部科学統計要覧（令和５年版）」及び「学校基本調査／年次統計」（文部科学省，2023年）

3 中学校

第二次世界大戦後の学制改革の特色の一つとして，中等教育の整理と義務教育の年限延長があった。1947年制定の学校教育法により，新たに３年課程の新制中学校が発足し義務制とされたことで，９カ年の義務教育制度の確立に至った。中学校の総数は1948年度の１万6285校をピークとしてそれ以降は減少傾向にあり，2023年度には9944校となっている（図Ⅰ－３－１）。特に近年では公立学校の減少が著しい一方で，私立学校数は増加傾向にあり，2023年度には781校となっている。また，在学者数も1962年度に過去最高の732万8344人からおおむね減少し続けており，第二次ベビーブームの時期に増加したものの再度減少に転じ，2023年度には317万7508人となっている。

中学校の学級数は2023年度には11万9839学級となっており，前年度より230学級減少している。また，公立学校に注目すると単式学級数は減少傾向にあるものの，特別支援学級数は小学校と同様に増加している（図Ⅰ－３－２）。さらに，１学級当たりの生徒数（公立学校）は，2023年度には26.0人となっている。

中学校教員数（本務者）は2023年度で24万7485人となっており，そのうち女性教員の占める比率は44.6％である（図Ⅰ－３－３）。（吉川実希）

〔参考文献〕「令和５年度学校基本調査」（文部科学省，2023年）
「文部科学統計要覧（令和５年版）」（文部科学省，2023年）
『学制百年史資料編』（文部科学省，1981年，帝国地方行政学会）

図Ⅰ－３－１　中学校数の推移

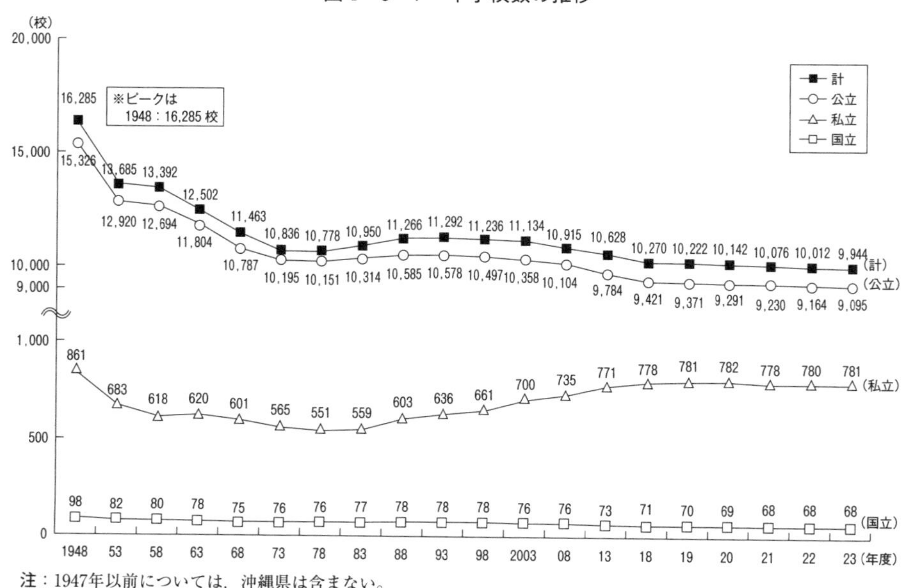

注：1947年以前については，沖縄県は含まない。

図Ⅰ-3-2　中学校の編制方式別学級数の推移―国・公・私立計―

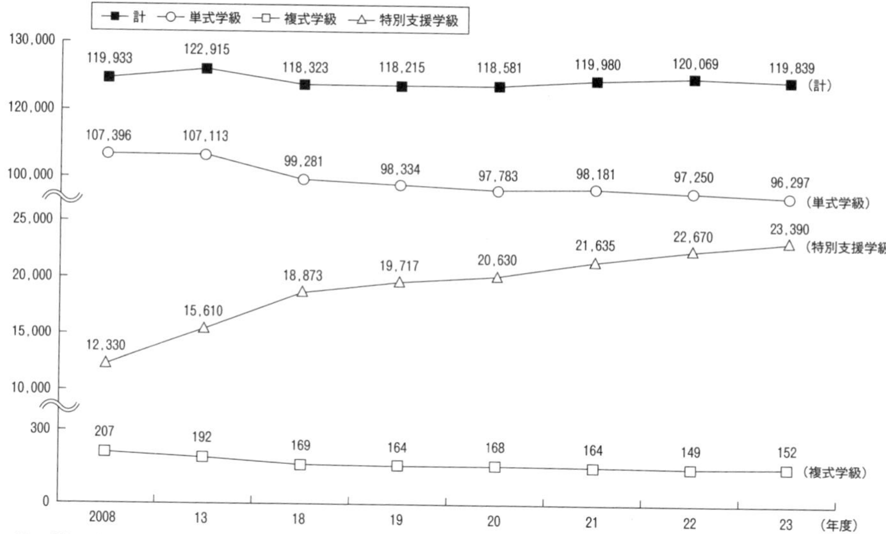

注：「特別支援学級」とは，学校教育法第81項各号に該当する生徒で編成されている学級をいい，単式学級，複式学級を含まない。
出典：図Ⅰ-3-1，２は「学校基本調査／年次統計」(文部科学省，2023年)

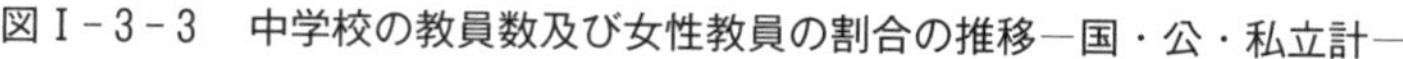

図Ⅰ-3-3　中学校の教員数及び女性教員の割合の推移―国・公・私立計―

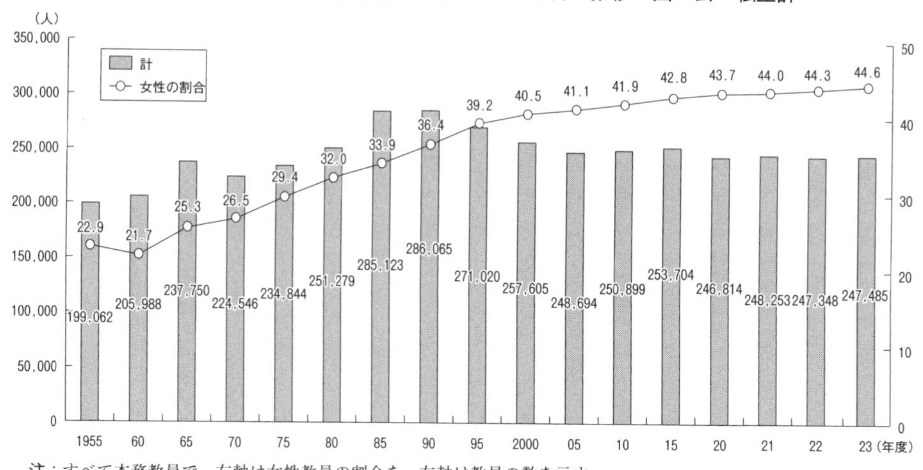

注：すべて本務教員で，右軸は女性教員の割合を，左軸は教員の数を示す。
出典：「文部科学統計要覧（令和５年版)」(文部科学省，2023年)，「学校基本調査／年次統計」(文部科学省，2023年)

4 高等学校

第二次世界大戦後，学校教育法が制定され，新たに中等教育の後期段階を担う新制高等学校が発足した。発足時には，①男女共学制，②総合制，③学区制——の３つの原則が主張されたが，この「高校三原則」を画一的に実施するのではなく，地域の実情を尊重して高等学校が設置されてきた。

高等学校は，教育の形態により，全日制，定時制，通信制の課程に分かれ，教育の内容により普通教育を主とする学科（普通学科），専門教育を主とする学科（専門学科），総合学科に分かれている。いずれの課程，学科も教育の目的は等しく，学校教育法では「高等学校は，中学校における教育の基礎の上に，心身の発達及び進路に応じて，高度な普通教育及び専門教育を施すこと」とされる。

高等学校等への進学率は，1950年度には全日制，定時制の進学率が計42.5％であったものが，1965年度には70.7％，1974年度には90.8％へと達した。通信制の高等学校を含めると，2022年度の進学率は98.8％である（図Ｉ－４－１）。進学率の上昇に伴い，高等学校の教育の改善・拡充の取組が進み，1988年度には単位制高等学校の制度が定時制・通信制課程に導入，1993年度には全日制課程に設置可能となった。さらに，1994年度には総合学科が導入された。

全日制，定時制課程を置く高等学校の学校数は，1948年度の3575校から増加し，1988年度にはピークを迎え，5512校となった（図Ｉ－４－２）。その後，減少傾向に転じ，2013年度以降は5000校を切っている。2022年度の学校数は，4824校であった。

図Ｉ－４－１　高等学校等への進学率の推移－国・公・私立計－

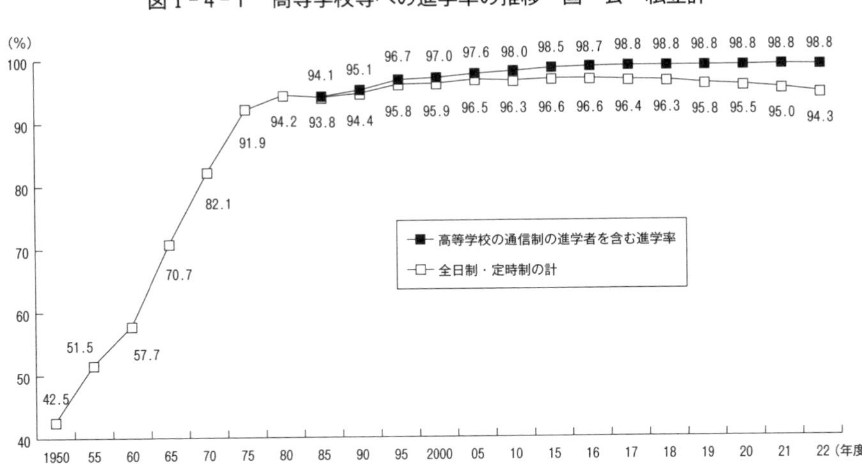

注：高等学校等への進学率とは，中学校卒業者及び中等教育学校前期課程修了者のうち，高等学校等の本科・別科，高等専門学校に進学した者（就職進学した者を含み，浪人は含まない。）の占める比率。
出典：図Ｉ－４－１～３，７は各年度版「文部科学統計要覧」より作成

他方，通信制課程を置く高等学校の学校数は全体として増加傾向にあり，2022年度の通信制の学校数は274校（独立校126校，併置校148校）であった（図I－4－3）。通信制高等学校は，制度創設当初は勤労青年を主たる対象としていたが，不登校経験など，様々な事情を有する者をはじめ，多様な生徒の学びの場としての需要が高まり，規模が拡大している。

特に，学校の所在区域に加え，広域の生徒を対象とする広域通信制高校の学校数は，1998年度から10年間で66校増，2008年から10年間で32校増と大きく増加し

図I－4－2　全日制・定時制課程を置く高等学校の学校数の推移

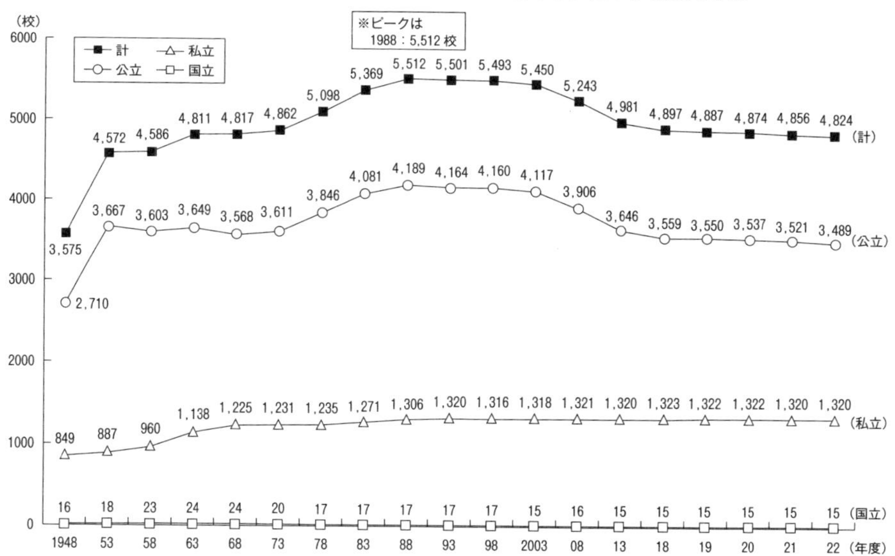

図I－4－3　通信制課程を置く高等学校の学校数の推移

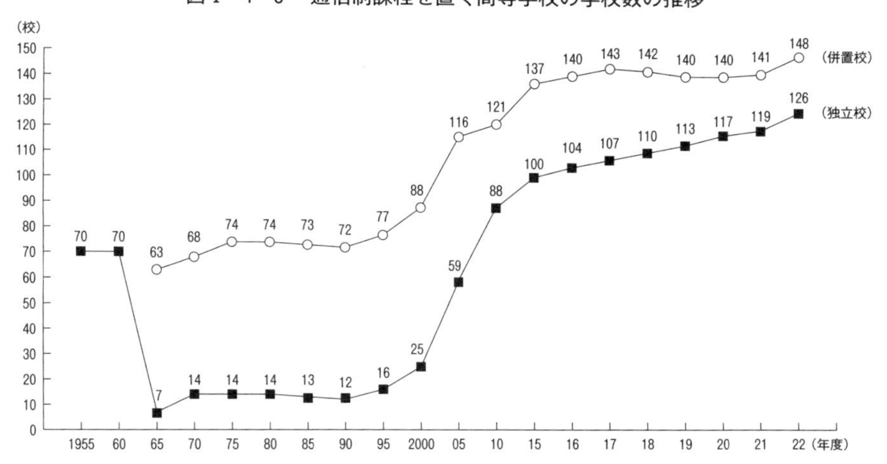

図Ⅰ-4-4　広域通信制高校の学校数の推移

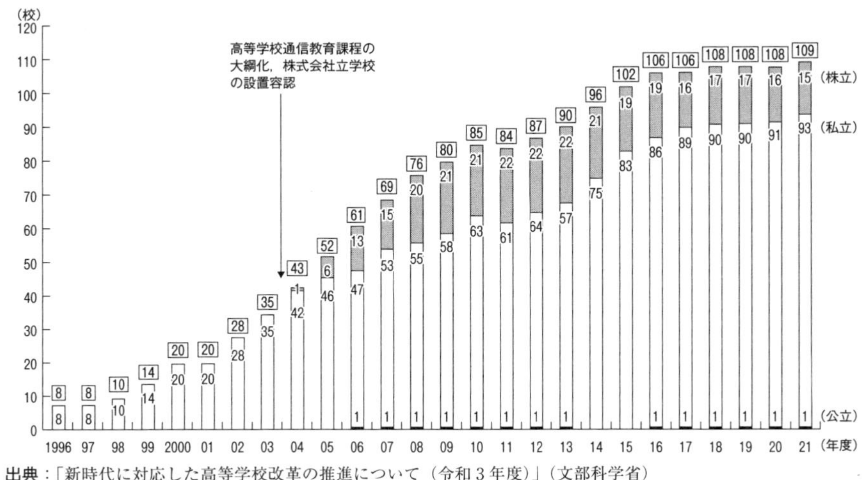

出典：「新時代に対応した高等学校改革の推進について（令和３年度）」（文部科学省）

図Ⅰ-4-5　単位制高等学校の学校数の推移

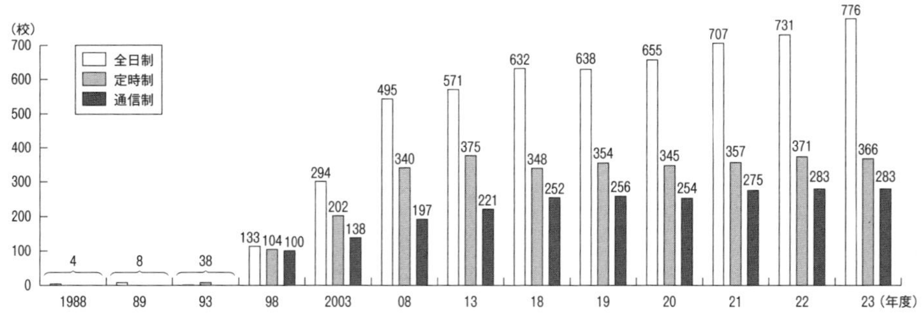

ている（図Ⅰ-4-4）。また，単位制高等学校についても，導入以降，学校数は増加傾向にある。2023年度には，全日制776校，定時制366校，通信制283校となっている（図Ⅰ-4-5）。

学科別生徒数の割合の推移をみると，普通科は1980年代に約70％まで増加して以降，横ばいであり，2023年には全体の73.9％を占めている。専門学科のうち，職業教育を主とする学科（農業，家庭，福祉，看護，水産，情報に関する学科）は全体として減少傾向にあり，2023年度は17.1％であった。総合学科は導入以降，増加傾向にあり，2023年度は5.4％となった（図Ⅰ-4-6）。これらの学科別生徒数の増減は，学科数の推移からも同様の傾向が読み取れる（図Ⅰ-4-7）。いかなる学科を置く高等学校においても，各学科の特徴を生かした魅力ある教育活動を展開することが求められる。

（中端紅南）

図Ⅰ-4-6　高等学校の学科別生徒数の割合

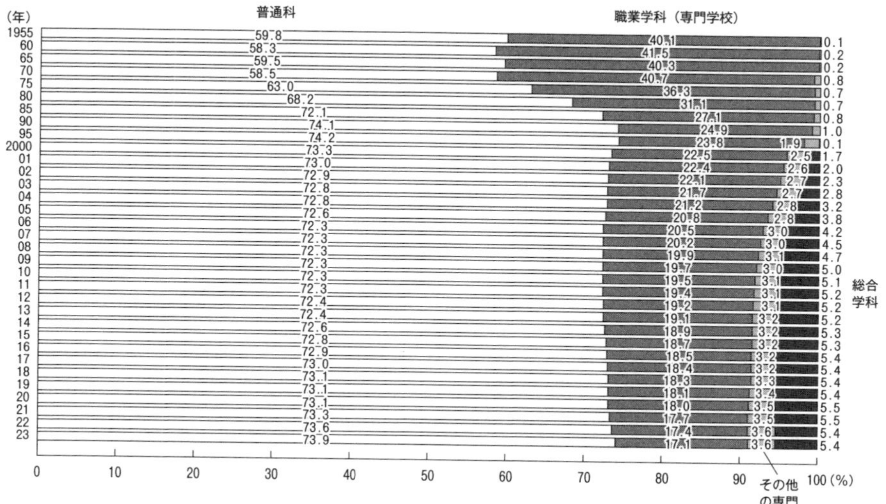

注1：全日制・定時制の計。
注2：「その他の学科」とは，専門教育を主とする学科のうち職業教育に関する学科以外の学科（理数，体育，音楽，美術，外国語，国際関係など）の合計。
出典：図Ⅰ-4-5，6は各年度版「学校基本調査」（文部科学省）に基づき作成

図Ⅰ-4-7　高等学校の学科数の推移

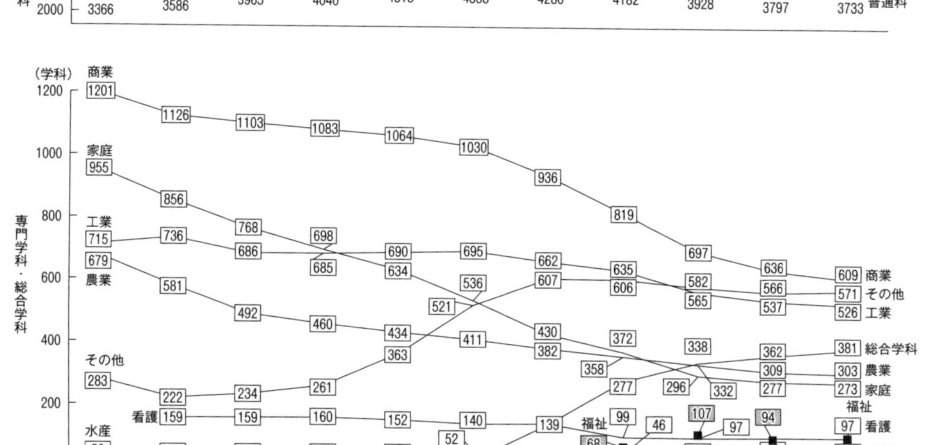

注：「高等学校教育の現状について（令和３年３月）」（文部科学省），各年度版「文部科学統計要覧」より作成。全日制・定時制の計であり，一つの学校が２つ以上の学科を持つ場合は重複して計上。

5 小中一貫教育

小中一貫教育は，2014年の教育再生実行会議「今後の学制等の在り方について（第５次提言）」にて提言され，同年の中央教育審議会答申「子供の発達や学習者の意欲・能力等に応じた柔軟かつ効果的な教育システムの構築について」を経て，2015年に「学校教育法等の一部を改正する法律」が公布され，翌年４月１日より施行されたことで制度化に至った。その効果としては，中学校への進学に際して生徒が新たな環境での学習や生活に不適応を起こす，いわゆる「中１ギャップ」に関連する諸課題の解消や，学力の向上，教職員の連携強化等が挙げられる。

小中一貫教育には２つの基本形態がある。一つ目は，一人の校長の下で一つの教職員集団が一貫した教育課程を編成・実施する９年制の学校で教育を行う「義務教育学校」である。二つ目は，組織上は独立した小学校と中学校が義務教育学校に準じる形で一貫した教育を行う「小中一貫型小・中学校」である。また，後者は設置者の観点から，同一設置者の場合は「併設型小・中学校」，小学校と中学校で設置者が異なる場合は「連携型小・中学校」に区分される。2016年の制度化から７年を経て，義務教育学校は増加し続け，2023年度には207校となった。小中一貫型小・中学校もおおむね同様であり，2022年度に一度減少したものの再び増加し，2023年度時点で小学校は958校，中学校は583校となっている（図Ｉ－５－１）。

また，義務教育学校と小中一貫型小・中学校ともに「施設一体型」「施設隣接型」「施設分離型」といった施設の設置方式がある。義務教育学校では施設一体型が多数を占めるのに対し，小中一貫型小・中学校では施設分離型をとる学校が多い（表Ｉ－５－１）。加えて，子供たちの発達の早期化への対応や「中１ギャップ」の緩和を図る観点から，学校の実態に応じて学年段階の区切りを柔軟に設定する取組も行われている。2017年に実施された「小中一貫教育の導入状況調査」

図Ｉ－５－１　義務教育学校及び小中一貫型小・中学校の推移―国・公・私立計―

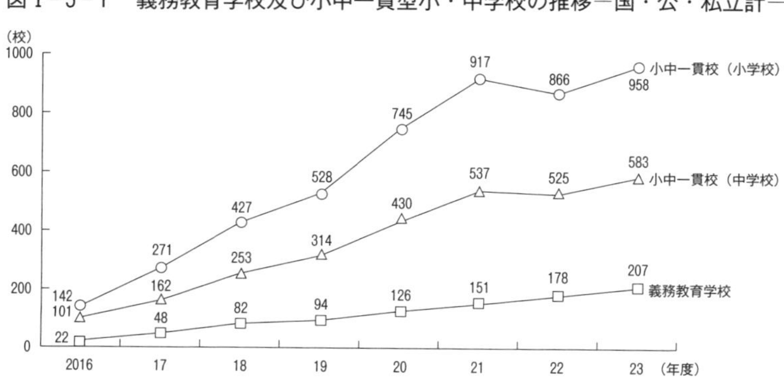

出典：「学校基本調査／年次統計」（文部科学省，2023年）

によると，義務教育学校の学年区分は4－3－2が57％であり，従来の6－3より多くなっている（図Ⅰ－5－2）。 （吉川実希）

〔参考文献〕「小中一貫した教育課程の編成・実施に関する手引」（文部科学省，2016年）

表Ⅰ－5－1　義務教育学校，小中一貫型小・中学校の設置方式

学校形態（国・公・私）	設置方式別設置数（国・公・私）	
義務教育学校 207校（5・201・1）	施設一体型	187校（2・184・1）
	施設隣接型	7校（3・4・0）
	施設分離型	12校（0・12・0）
	その他	1校（0・1・0）
小中一貫型小学校 958校（2・938・18）	施設一体型	153校（1・138・14）
	施設隣接型	54校（1・51・2）
	施設分離型	746校（0・744・2）
	その他	5校（0・5・0）
小中一貫型中学校 583校（2・562・19）	施設一体型	150校（1・135・14）
	施設隣接型	52校（1・49・2）
	施設分離型	375校（0・372・3）
	その他	6校（0・6・0）

注1：「その他」とは，施設一体型校舎と施設分離型校舎が併存している場合などが該当する。
注2：（　）内は国・公・私立別の設置数。
出典：「令和5年度学校基本調査」（文部科学省，2023年）

図Ⅰ－5－2　義務教育学校の学年段階の区切り—国・公・私立計—

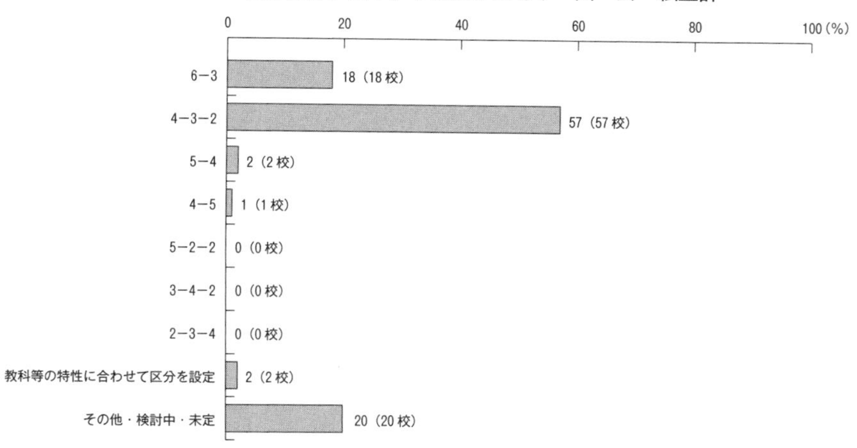

注：義務教育学校及び設置予定校100校による回答。
出典：「小中一貫教育の導入状況調査の結果」（文部科学省，2017年）

6 中高一貫教育

中高一貫教育は，従来の中学校・高等学校の制度に加えて，６年間の一貫した教育課程や学習環境の下で学ぶ機会の確保，生徒一人ひとりの個性をより重視した教育の実現を目指して導入され，1999年４月から制度化されている。

中高一貫教育には，以下の３つの実施形態がある。

- 中等教育学校：一つの学校として，一体的に中高一貫教育を行うもの。
- 併設型：高等学校入学者選抜を行わずに，同一の設置者による中学校と高等学校を接続するもの。
- 連携型：市町村立中学校と都道府県立高等学校など，異なる設置者間でも実施可能な形態であり，中学校と高等学校が，教育課程の編成や教員・生徒間交流等の連携を深めるかたちで中高一貫教育を実施するもの。

「令和５年度学校基本調査」によると，公立の中高一貫教育校は富山県・鳥取県を除く45都道府県に計219校が存在する。国公私立を合わせた中高一貫教育校の学校数の推移を示したものが図Ｉ-６-１である。2023年度には，中等教育学校57校，併設型537校，連携型84校が設置されている。中高一貫教育の多くは併設型で実施されていることが分かる。設置者に注目すると，併設型537校のうち431校が私立学校である（表Ｉ-６-１）。また都道府県別の内訳では，東京都に最も多くの中高一貫教育校が存在している（表Ｉ-６-２）。

中高一貫教育校は，全体の数は増加しているが，そのうちの133校は東京都にある私立の併設型の学校であり，一方では中高一貫教育校が１校しかない都道府県も存在する。

（青木栄治）

図Ｉ-６-１　中高一貫教育校の学校数の推移―国・公・私立計―

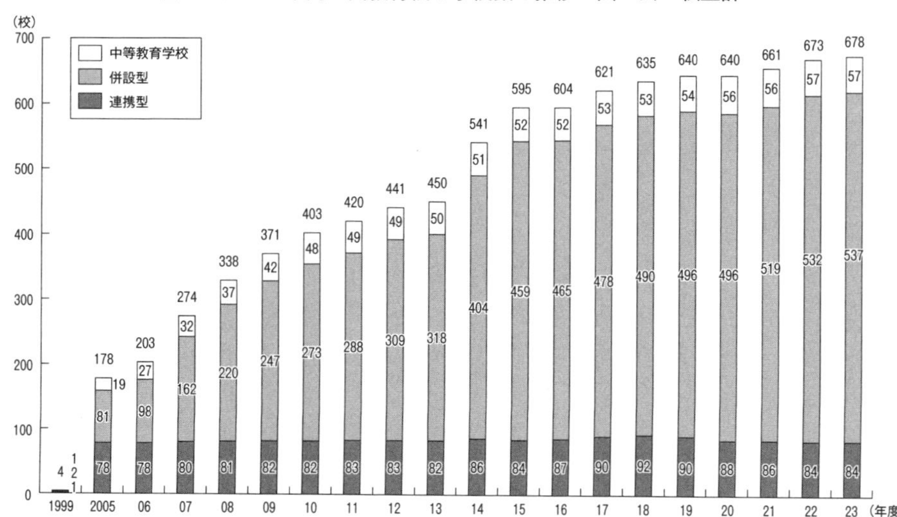

初等中等教育

表Ⅰ-6-1　中高一貫教育校の内訳

区　分	中等教育学校	併設型	連携型	合　計
公　立	35	105	79	219
私　立	18	431	5	454
国　立	4	1	0	5
合　計	57	537	84	678

表Ⅰ-6-2　中高一貫教育校の都道府県別設置状況―国・公・私立計―

都道府県	中等教育学校	併設型	連携型	合計
北海道	2	11	8	21
青森県	−	7	−	7
岩手県	−	3	2	5
宮城県	1	10	1	12
秋田県	−	4	1	5
山形県	−	1	2	3
福島県	−	8	3	11
茨城県	6	19	3	28
栃木県	1	9	−	10
群馬県	2	4	3	9
埼玉県	1	4	−	5
千葉県	3	10	1	14
東京都	8	138	6	152
神奈川県	4	33	2	39
新潟県	7	3	1	11
富山県	−	1	−	1
石川県	−	4	1	5
福井県	−	3	3	6
山梨県	−	5	1	6
長野県	1	7	1	9
岐阜県	−	6	4	10
静岡県	−	19	3	22
愛知県	1	15	3	19
三重県	1	9	2	12
滋賀県	1	5	−	6
京都府	−	17	−	17
大阪府	1	14	−	15
兵庫県	2	13	2	17
奈良県	2	10	1	13
和歌山県	−	11	1	12
鳥取県	−	3	−	3
島根県	−	1	2	3
岡山県	2	12	1	15
広島県	1	13	6	20
山口県	1	8	−	9
徳島県	1	3	2	6
香川県	−	2	−	2
愛媛県	5	2	−	7
高知県	−	5	4	9
福岡県	2	27	−	29
佐賀県	−	10	−	10
長崎県	−	10	6	16
熊本県	−	8	1	9
大分県	−	5	2	7
宮崎県	1	7	1	9
鹿児島県	−	10	2	12
沖縄県	−	8	2	10

出典：図Ⅰ-6-1は「学校基本調査／年次統計」（文部科学省，2023年）
表Ⅰ-6-1，2は「令和5年度学校基本調査」（文部科学省，2023年）

7 特別支援学校

2006年の教育基本法改正において，「国及び地方公共団体は，障害のある者が，その障害の状態に応じ，十分な教育を受けられるよう，教育上必要な支援を講じなければならない」（第４条第２項）との規定が新設された。2007年の学校教育法改正においては，障害のある子供の教育に関する基本的な考え方について，従来の「特殊教育」から，子供一人ひとりの教育的ニーズに応じた適切な指導及び必要な支援を行う「特別支援教育」への発展的な転換がなされた。それにより，盲学校，聾学校，養護学校が特別支援学校に一本化された。また2014年には「障害者の権利に関する条約」を批准するなど，現在に至るまで特別支援教育を推進するための制度改正等が行われてきている。

「特別支援教育資料（令和４年度）」によると，特別支援学校の在学者数は，1948年度には１万2387人であったのが，2022年度には14万8635人に上った（図Ⅰ-７-１）。在学者数が年々増加傾向にある中で，子供の教育的ニーズに合わせた指導や支援ができる専門性を有した教員の確保が求められる。しかし，特別支援学校において，特別支援学校教諭等免許状を保有している教員は87％程度にとどまっている（図Ⅰ-７-２）。また，免許状の保有状況は，都道府県によって差が生じており，全国平均値を大きく下回っている県もある（図Ⅰ-７-３）。障害のある児童生徒数の増加によって小・中学校等の通常学校においても特別支援教育を推進する必要性が高まっている今日，子供の多様な教育的ニーズに対応できる

図Ⅰ-７-１　特別支援学校在籍者数の推移─国・公・私立計─

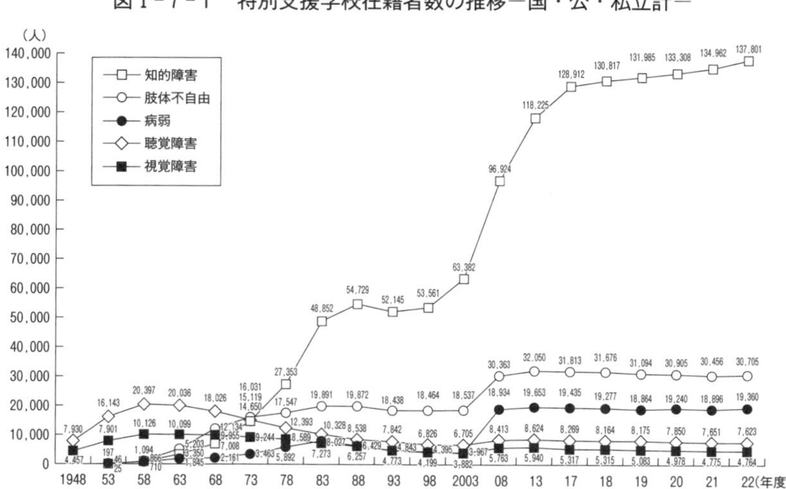

注１：1972年度以前のデータには沖縄県分を含まない。
注２：2006年度までは学校種（視覚障害＝盲学校，聴覚障害＝聾学校，知的障害＝知的障害養護学校，肢体不自由＝肢体不自由養護学校，病弱＝病弱養護学校）ごとに集計。2007年度以降は，複数の障害種を対象としている学校はそれぞれの障害種に重複してカウントしている。
出典：「特別支援教育資料（令和４年度）」（文部科学省，2024年）

専門性を有する教員を増やし，特別支援教育の充実を図るために支援体制や教員研修等のさらなる拡充が必要であろう。

（藤　朱里）

図Ⅰ-7-2　特別支援学校における特別支援学校教諭等免許状の保有状況の経年比較

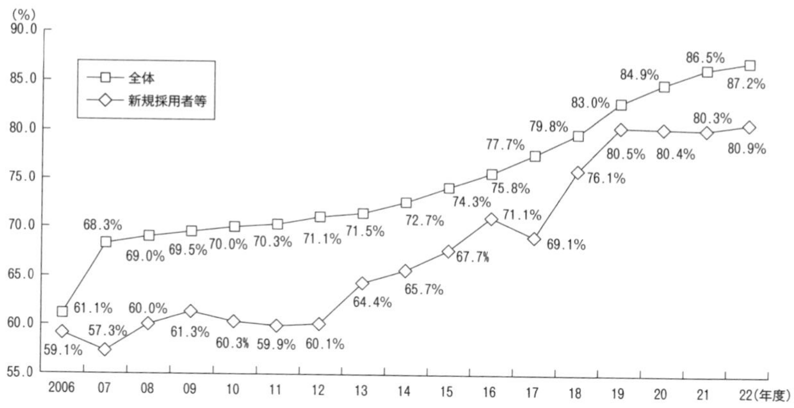

図Ⅰ-7-3　公立特別支援学校における特別支援学校教諭等免許状の都道府県別保有状況

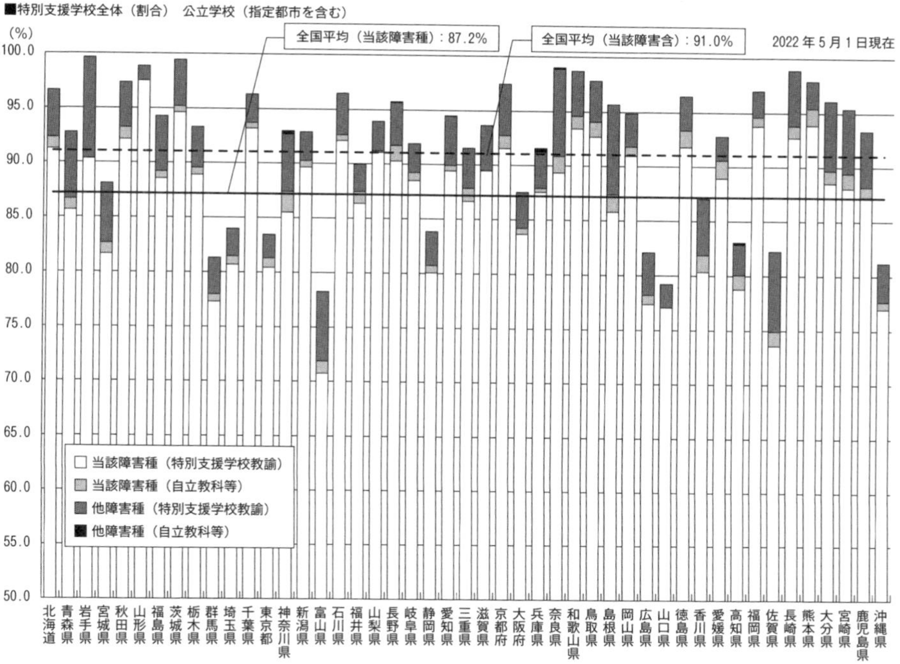

■特別支援学校全体（割合）　公立学校（指定都市を含む）

(%)

全国平均（当該障害種）：87.2%

全国平均（当該障害含）：91.0%

2022年5月1日現在

□ 当該障害種（特別支援学校教諭）

当該障害種（自立教科等）

他障害種（特別支援学校教諭）

■ 他障害種（自立教科等）

100.0　95.0　90.0　85.0　80.0　75.0　70.0　65.0　60.0　55.0　50.0

北海道　青森県　岩手県　宮城県　秋田県　山形県　福島県　茨城県　栃木県　群馬県　埼玉県　千葉県　東京都　神奈川県　新潟県　富山県　石川県　福井県　山梨県　長野県　岐阜県　静岡県　愛知県　三重県　滋賀県　京都府　大阪府　兵庫県　奈良県　和歌山県　鳥取県　島根県　岡山県　広島県　山口県　徳島県　香川県　愛媛県　高知県　福岡県　佐賀県　長崎県　熊本県　大分県　宮崎県　鹿児島県　沖縄県

出典：図Ⅰ-7-2，3は「令和4年度特別支援学校教員の特別支援学校教諭等免許状保有状況等調査結果の概要」（文部科学省，2023年）

8 都道府県別学校数・在学者数

2023年度の小学校数は1万8980校（前年度比181校減），中学校数は9944校（同68校減），高等学校数は4791校（同33校減），大学数は810校（同3校増）であった（表Ⅰ-8-1）。また，2016年度より設置可能となった義務教育学校数は207校で，前年度比29校増となった。少子化による学校の統廃合とそれに伴う小学校，中学校数等の減少が進行している。

少子化に対応した学校教育の充実における焦点の一つが，学校規模の適正化である。「学校規模の適正化及び少子化に対応した学校教育の充実策に関する実態調査の結果について」によると，全体（47都道府県）のうち2％の自治体が，「域内の市区町村における小・中学校の学校規模適正化」を「すべての市区町村において検討課題である」と認識し，87％の自治体が「半分以上の市区町村において検討課題である」と認識している。さらに，93％の自治体が，「市区町村の学校規模適正化の取組」に対して「積極的に支援している」か，もしくは「要請に応じて支援している」（図Ⅰ-8-1，2）。

小学校の児童数は604万9685人（前年度比10万1620人減）で，最も児童数の多いのは東京都62万3631人，最も少ない鳥取県2万7232人の約23倍である。中学校の生徒数は317万7508人（同2万7712人減）で，最も生徒数が多いのは東京都31万4459人，最も少ない鳥取県1万3904人の約23倍である。高等学校の生徒数は290万9703人（同3万8206人減）で，最も生徒数が多いのは東京都29万9792人，最も少ない鳥取県1万3819人の約22倍である（表Ⅰ-8-1）。

大学の学生数は294万5599人（同1万4819人増）で，このうち約26％に当たる77万5005人が東京都である。それに対して，鳥取県，島根県，香川県，佐賀県では，それぞれ7880人，8125人，9930人，8625人と，1万人を下回っている（表Ⅰ-8-1）。初等中等教育段階に比して，高等教育段階においては，学生の都市部への集中が顕著である。このような状況にかんがみ，「地方創生」が叫ばれる中で，大学における定員管理の厳格化が進んでいる。 （古畑　翼）

図Ⅰ-8-1　域内の市区町村における学校規模適正化に関する現状認識

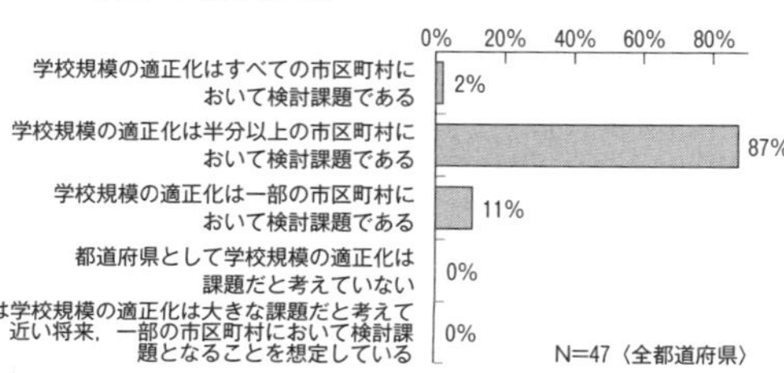

図Ⅰ-8-2　市区町村の学校規模適正化の取組への支援

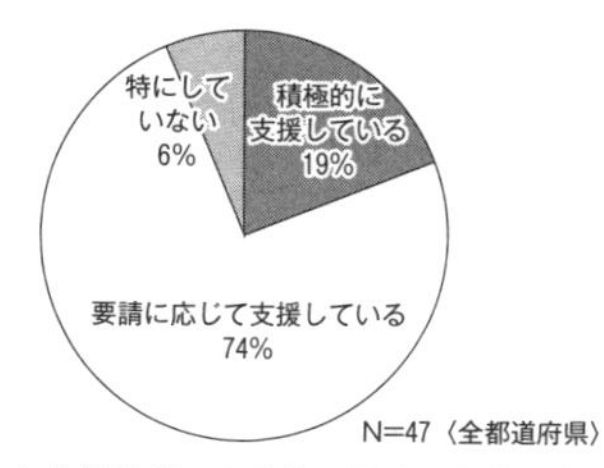

出典：図Ⅰ-8-1，2は「令和3年度学校規模の適正化及び少子化に対応した学校教育の充実策に関する実態調査について」（文部科学省，2022年）

表Ｉ－８－１　都道府県別学校数・在学者数―国・公・私立計―

区分	小学校		中学校		高等学校		大学				
	学校数	児童数	学校数	生徒数	学校数	生徒数	学校数				学生数
							計	国立	公立	私立	
2022年度	19,161	6,151,305	10,012	3,205,220	4,824	2,947,909	807	86	101	620	2,930,780
2023年度	18,980	6,049,685	9,944	3,177,508	4,791	2,909,703	810	86	102	622	2,945,599
北海道	950	221,397	563	119,115	270	109,047	37	7	7	23	90,651
青森県	249	52,437	153	28,541	63	28,045	10	1	2	7	16,462
岩手県	271	52,972	149	29,109	79	28,315	6	1	1	4	12,249
宮城県	361	108,637	200	57,116	96	53,455	14	2	1	11	57,087
秋田県	174	36,478	104	20,725	52	20,416	7	1	3	3	10,068
山形県	223	46,867	94	25,805	60	25,937	7	1	2	4	13,197
福島県	390	83,340	212	44,224	97	42,478	8	1	2	5	16,132
茨城県	449	130,570	224	70,048	119	68,664	11	3	1	7	36,144
栃木県	336	90,969	156	49,295	76	47,409	9	1	0	8	23,251
群馬県	303	89,890	160	48,968	77	45,978	15	1	4	10	30,593
埼玉県	803	355,456	446	185,034	191	160,186	28	1	1	26	112,757
千葉県	756	299,819	388	155,991	181	136,646	27	1	1	25	119,099
東京都	1,323	623,631	800	314,459	429	299,792	144	12	2	130	775,005
神奈川県	881	439,962	471	223,823	228	191,484	33	2	3	28	188,900
新潟県	436	99,137	230	52,334	101	49,078	22	3	4	15	33,275
富山県	178	46,089	76	25,068	49	24,472	5	1	1	3	12,673
石川県	202	55,181	90	29,094	56	28,910	14	2	4	8	32,503
福井県	191	37,597	80	20,549	32	20,283	6	1	2	3	11,230
山梨県	176	37,448	92	20,231	40	21,411	7	1	2	4	17,007
長野県	359	98,334	193	52,811	99	50,607	11	1	4	6	19,849
岐阜県	351	96,495	181	52,631	82	48,467	13	1	3	9	22,172
静岡県	493	175,775	290	95,770	136	88,735	14	2	4	8	36,324
愛知県	967	395,820	434	207,714	221	180,861	52	4	3	45	194,846
三重県	363	86,500	167	46,472	70	42,420	7	1	1	5	15,144
滋賀県	219	78,073	103	40,845	56	35,868	9	2	1	6	35,565
京都府	365	116,346	188	63,604	105	65,141	34	3	4	27	169,124
大阪府	983	410,467	513	217,213	254	198,733	58	2	3	53	254,809
兵庫県	737	270,738	375	140,958	205	123,438	35	2	4	29	124,822
奈良県	188	62,281	107	34,054	51	30,961	10	3	2	5	22,223
和歌山県	240	42,164	126	23,002	47	22,250	5	1	1	3	10,112
鳥取県	114	27,232	56	13,904	32	13,819	3	1	1	1	7,880
島根県	196	32,449	95	16,609	47	16,817	2	1	1	0	8,125
岡山県	375	94,614	163	49,563	86	47,566	18	1	2	15	42,577
広島県	463	141,948	261	74,909	128	66,752	21	1	5	15	60,714
山口県	296	61,935	160	33,333	75	29,451	10	1	4	5	20,263
徳島県	184	33,085	89	17,116	36	15,786	4	2	0	2	13,792
香川県	160	47,498	75	25,113	40	23,439	4	1	1	2	9,930
愛媛県	279	63,576	131	32,779	65	30,249	5	1	1	3	18,161
高知県	222	30,103	122	16,288	43	16,261	5	1	2	2	10,511
福岡県	714	274,421	353	140,707	163	122,449	35	3	4	28	121,714
佐賀県	163	42,834	91	23,136	44	21,848	2	1	0	1	8,625
長崎県	318	66,615	184	35,119	79	33,050	8	1	1	6	19,056
熊本県	330	94,258	170	48,877	73	42,827	9	1	1	7	27,027
大分県	260	54,625	127	29,304	54	28,214	5	1	1	3	16,378
宮崎県	232	57,196	132	30,341	51	28,356	7	1	2	4	10,413
鹿児島県	491	85,954	220	45,323	89	40,865	6	2	0	4	17,457
沖縄県	266	100,472	150	50,484	64	42,467	8	1	3	4	19,703

注：小学校，中学校，高等学校の学校数は本校・分校の合計，高等学校の生徒数は本科（全日制＋定時制）についての数値。

出典：「令和５年度学校基本調査」（文部科学省，2023年）

9 高等学校卒業者（進路の内訳）

高等学校の卒業者数は，1950年から増加を続け，1967年には160万人台に達し，第１のピークを迎えた。その後第２のピークとして，1992年には180万7175人という戦後最高の数値を記録したが，2022年に99万230人，2023年に96万2009人と，2022年には1964年以来58年ぶりに100万人を割り込み，減少の一途をたどっている（図Ⅰ-９-１）。

現役高校生の大学・短大への進学率は，1950年には30.3％だったが，以後は低下に転じ，1956年には16.0％になった。その後，高等教育の拡大も伴って上昇し始め，1975年には当時最高の34.2％になった。以後は微減傾向にあったが，1990年代に入って急上昇し，2023年には60.7％と初めて６割を超えた（図Ⅰ-９-２）。この数値に，高等専門学校４年在学者及び専門学校入学者も含めた高等教育機関への進学率は84.0％となり，過去最高となっている（図Ⅰ-９-３）。

高校生の就職率は1950年の44.9％から増加し，1961年には最高の64.0％になった。それ以降は減少を続け，2023年の卒業者数に占める就職者数の割合は14.2％である（図Ⅰ-９-４）。新規高等学校卒業者のうち就職率が高いのは工業科や水産科である一方，普通科は７割程度が進学を選んでいる（図Ⅰ-９-５）。

（峯　啓太朗）

図Ⅰ-９-１　高等学校卒業者数の推移―国・公・私立計―

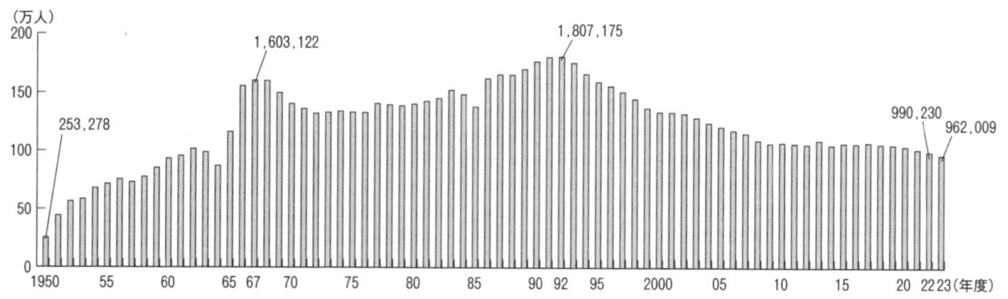

図Ⅰ-９-２　現役高校生の大学・短期大学等（通信教育部を除く）への進学率の推移

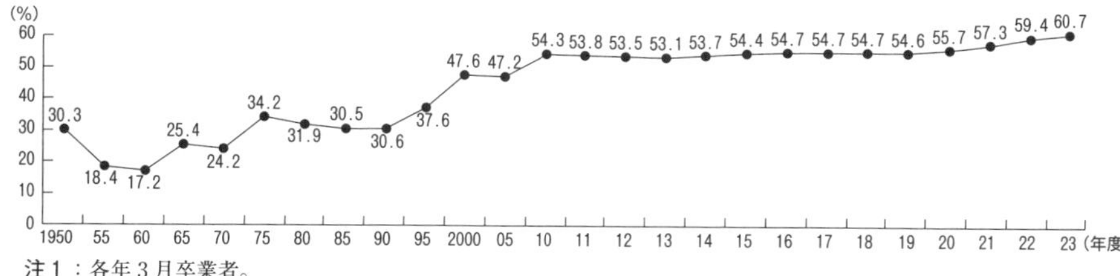

注１：各年３月卒業者。
注２：大学・短期大学進学率＝大学の学部，短期大学の本科，大学・短期大学の通信教育部，同別科及び高等学校・特別支援学校高等部の専攻科に進学した者／各年３月の高等学校卒業者及び中等教育学校後期課程卒業者。

図Ⅰ-9-3　大学・短期大学等への進学率の推移―国・公・私立計―

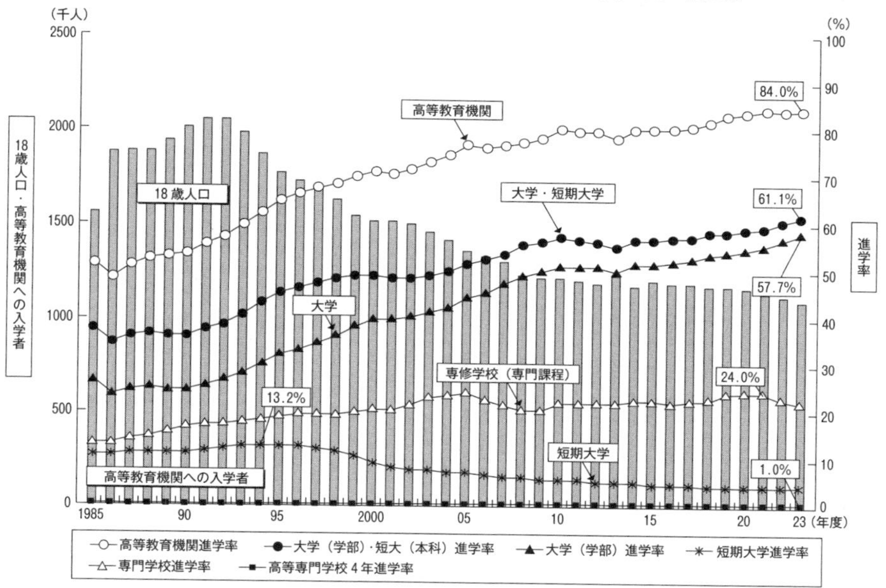

注１：18歳人口とは，３年前の中学校卒業者及び中等教育学校前期課程修了者数。
注２：高等教育機関入学者とは，大学学部・短期大学本科入学者（過年度高卒者等を含む），高等学校第４学年在学者，専修学校（専門課程）入学者。また，それぞれの進学率は入学者数を３年前の中学校卒業者及び中等教育学校前期課程修了者の人数で除した数。
出典：「学校基本調査／年次統計」（文部科学省，2023年）

図Ⅰ-9-4　高校生の就職率の推移

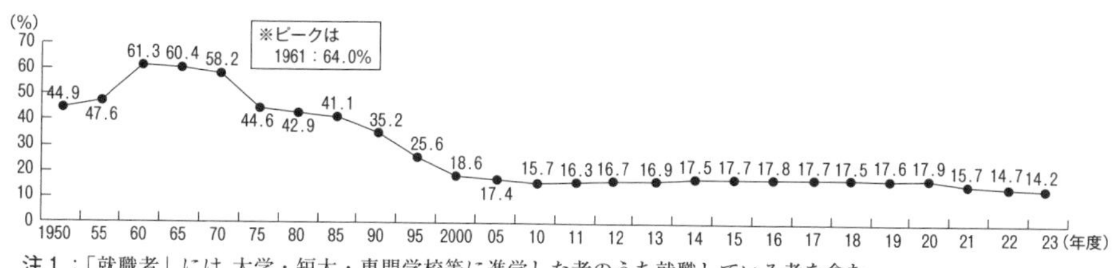

注１：「就職者」には，大学・短大・専門学校等に進学した者のうち就職している者を含む。
注２：卒業者に占める就職者の割合＝就職者／各年３月の高等学校卒業者及び中等教育学校後期課程卒業者。

図Ⅰ-9-5　高校生の学科別大学等進学率及び就職率―国・公・私立計―

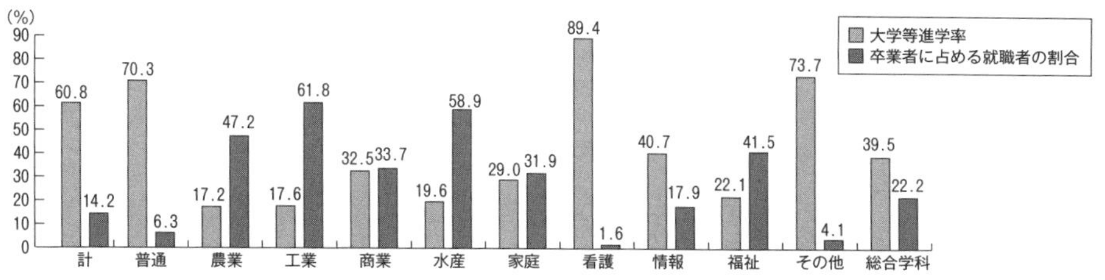

注：2023年３月高等学校卒業者。
出典：図Ⅰ-9-1，２，４，５は「令和５年度学校基本調査」（文部科学省，2023年）

10 学校選択制

学校教育法施行令に基づき，市町村の教育委員会は，当該市町村の設置する小学校，中学校または義務教育学校が２校以上ある場合，就学予定者が就学すべき小学校，中学校または義務教育学校を指定する（第５条第２項）。その際，通学区域にのみ基づいて学校を指定するのではなく，あらかじめ保護者の意見を聴取して指定を行う学校選択制を導入する市町村もある。

2022年度に文部科学省が発表した「就学校の指定・区域外就学の活用状況調査について」によると，小学校で学校選択制を実施している市町村の割合は，15.1%（2012年度調査）から21.9%と増加し，２校以上の小学校を設置している市町村1455のうち，319の市町村が実施していることが分かる（図Ｉ-10-１）。次に，学校選択制の導入を検討中もしくは検討予定であった市町村の割合は1.7%から4.6%に微増し，導入を非実施かつ予定していない市町村は81.9%から70.1%に減少している。2006年度調査と2012年度調査の結果の比較では，導入検討中であった市町村の多くが学校選択制を導入しなかったことが明らかであるが，2022年度の調査を参照すると，約10年間に学校選択制の導入が全国的に進んだことが確認できる。なお，これらの傾向は，中学校でも同様であるといえる（図Ｉ-10-１）。

小学校に学校選択制を導入してよかったこととして，「保護者の希望に配慮することができるようになった」「児童生徒が自分の個性に合った学校で学ぶことができるようになった」という回答が多くの割合を占めており，この傾向は中学

図Ｉ-10-１　就学校の指定

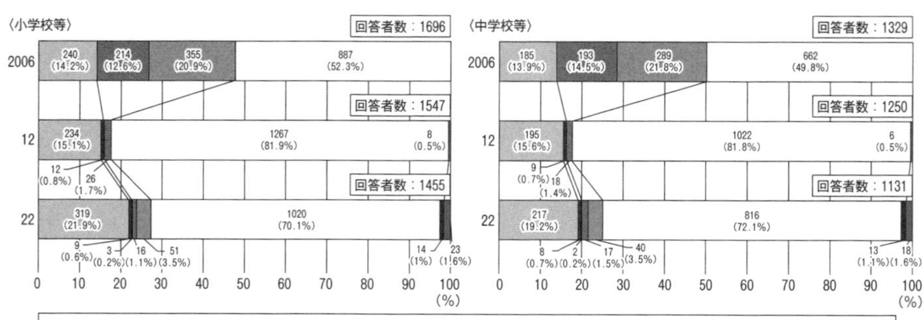

注：過去の回答区分について，今回の調査の以下の選択肢へ整理した。

2006回答区分
- 導入している→Ａ
- 導入検討中→Ｄ
- 今後導入検討予定→Ｅ
- 導入しない→Ｆ

2012回答区分
- 導入しており，廃止の検討や今後の廃止の決定はしていない→Ａ
- 導入しているが，廃止を検討中又は今後の廃止を決定した→Ｂ
- 導入していないが，導入を検討中である又は今後の導入を決定した→Ｄ
- 導入していないし，導入を検討してもいない→Ｆ
- 過去において導入していたが，既に廃止した→Ｈ

※小数点以下第２位を四捨五入しているため，割合の合計は一致しない場合がある

校においても見受けられる（図Ⅰ-10-２）。一方で，学校選択制を導入しない理由をみると，小学校，中学校ともに「入学者が減少し，適正な学校規模が維持できない学校が生じるおそれがある」「通学距離が長くなり，安全の確保が難しくなる」「学校と地域との連携が希薄になるおそれがある」など，多くの懸念点が挙げられている（図Ⅰ-10-３）。これらの点は，学校選択制の導入における課題であると捉えられる。

（正木　僚）

図Ⅰ-10-２　学校選択制を導入してよかったこと

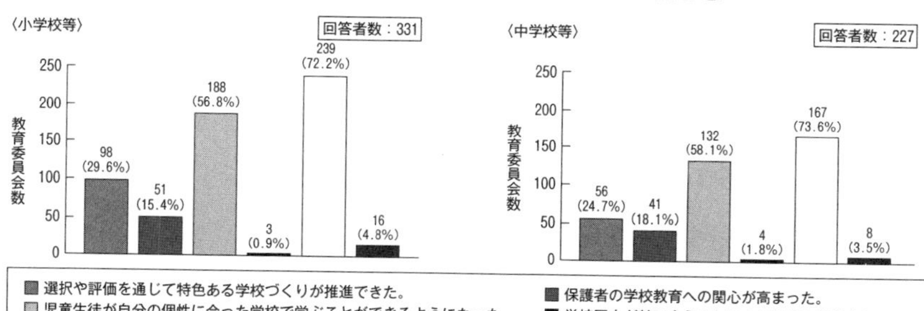

注：「その他」の例は次の通り。
（小学校等）
・学校間の児童数の不均衡を緩和できた
（小・中学校等共通）
・児童生徒数の確保ができた　・隣接する学校への通学距離の課題が解消された

図Ⅰ-10-３　学校選択制を導入しない理由

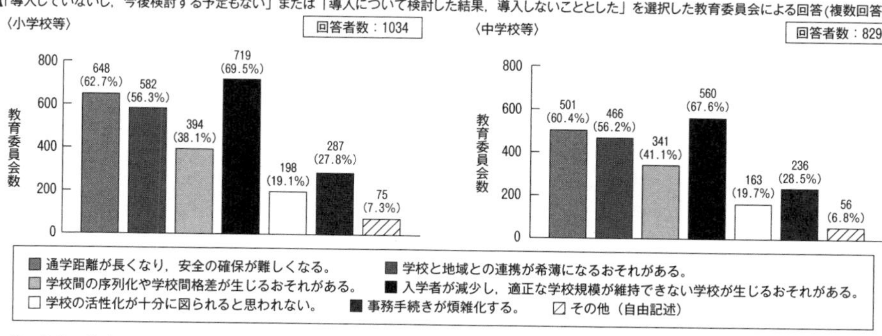

注：「その他」の例は次の通り。
（小学校等）
・小学校が２校しかなく，申請を受けて変更することについて，特に支障がないため　・集落が点在しているため，スクールバスにて登下校しており，学校選択制を採用した場合，スクールバスの対応も困難になるため
（中学校等）
・現在，中学校区単位でのコミュニティスクールを立ち上げつつあり，地域が学校運営に参画して共に子供を育てる施策に支障をきたすことは避けたいため
（小・中学校等共通）
・基準に該当する場合には，保護者からの申請により，指定校の変更を認めているため　・離島へき地により，各島に１～２校しか学校を設置しておらず，通学が困難であるため　・１島１小学校・１中学校であり，実質的に通学が困難であるため　・数年後には小学校１校・中学校１校となる予定であり，就学校の選択の余地がなくなるため　・教室数に余裕がなく，児童生徒数のバランスが偏ると，学校運営に支障が生じるため　・児童生徒数の推計が把握できず，学校の整備が困難になるため　・現在，小中一貫教育に力を入れており，地域の良さを生かした教育活動の推進に取り組んでいるため
出典：すべて「就学校の指定・区域外就学の活用状況調査について」（文部科学省，2022年）

11 食育と学校給食

食育とは，農林水産省によれば，「生きる上での基本であって，知育・徳育・体育の基礎となるものであり，様々な経験を通じて『食』に関する知識と『食』を選択する力を習得し，健全な食生活を実現することができる人間を育てること」である。2005年７月に「食育基本法」が制定されて以来，同法に基づき，食育の基本的な方針や目標について定めた「食育推進基本計画」が作成され，全国的な推進が図られている。食育の場としては，家庭や地域と同様に，学校教育も重要な役割を担うとされ，そのための環境整備も進められてきた。ここでは，①学校給食の実施と給食費の状況，②学校給食における地場産物・国産食材の使用割合，③栄養教諭の配置状況――に関する現状をみていく。

第一に，学校給食の実施と給食費の状況である。2021年度の「学校給食実施状況等調査」をみると，国・公・私立学校において給食を実施している学校は，全国で95.6%（２万9614校）であり，また，完全給食（主食，おかず及びミルクからなる給食）を実施している学校は94.3%（２万9214校）であった（表Ⅰ-11-1）。これらの数字は，年を追うごとに微増している。また，完全給食を実施している公立小・中学校・夜間定時制高等学校における給食費は年々高くなっている（表Ⅰ-11-2）。2018年には，公立小・中学校における学校給食費の無償化等の実施状況（2017年度時点）が調査され，29.1%（1740自治体のうち506自治体）が，一部補助を含む無償化等を実施していたことが分かった（表Ⅰ-11-3）。

第二に，学校給食における地場産物・国産食材の使用割合である。2019年度まで食材数ベースで算出されていたが，地域貢献等の観点から，算出方法を金額べ

表Ⅰ-11-1　学校給食の実施状況－国・公・私立計－

区分	年度	学校総数	実施率（学校数比）				
			計		完全給食	補食給食	ミルク給食
小学校	2021	19,107校	99.0%	(18,923校)	98.7%	0.2%	0.1%
	2018	19,635校	99.1%	(19,453校)	98.5%	0.3%	0.3%
中学校	2021	9,955校	91.5%	(9,107校)	89.1%	0.3%	2.1%
	2018	10,151校	89.9%	(9,122校)	86.6%	0.4%	2.9%
義務教育学校	2021	151校	98.7%	(149校)	98.7%	0.0%	0.0%
	2018	82校	100.0%	(82校)	100.0%	0.0%	0.0%
特別支援学校	2021	1,157校	89.3%	(1,033校)	88.4%	0.1%	0.8%
	2018	1,132校	89.9%	(1,018校)	88.8%	0.1%	1.1%
夜間定時制高等学校	2021	555校	66.1%	(367校)	51.9%	13.9%	0.4%
	2018	565校	68.0%	(384校)	52.6%	15.2%	0.2%
合　計	2021	30,979校	95.6%	(29,614校)	94.3%	0.5%	0.8%
	2018	31,617校	95.2%	(30,092校)	93.5%	0.6%	1.1%

ースに見直すことが2021年３月に策定された「第４次食育推進基本計画」において示された。地場産物・国産食材の使用割合を現状値（2019年度）から維持・向上した都道府県の割合を90％以上とすることが目標として設定されている（図Ⅰ-11-１，表Ⅰ-11-４）。一方で，地域によっては，価格が高いことや，一定の規格を満たした農産物を不足なく安定的に納入することが難しいことなどにより，地場産物の使用量・使用品目の確保が困難な現状もある。

第三に，栄養教諭の配置状況である。2005年度から，食に関する専門家として児童生徒の栄養の指導と管理をつかさどることを職務とする栄養教諭が制度化された。2022年度現在，全47都道府県に6843人が配置されている（図Ⅰ-11-２）。また，これまで学校給食の栄養に関する専門的事項をつかさどってきた学校栄養職員を栄養教諭へと移行することが進められてきたが，公立小・中学校等栄養教諭及び学校栄養職員の配置数に対して栄養教諭が占める割合には，都道府県間で差がみられる（図Ⅰ-11-３）。

（安里ゆかし）

〔参考文献〕『令和４年度食育白書』（農林水産省，2023年）

表Ⅰ-11-２　学校給食費平均月額（公立小・中学校・夜間定時制高等学校）

2021年５月１日現在

区　分	2021年			（参考）2018年	
	給食回数（回）	給食費月額（円）	対前年度上昇率（％）	給食回数（回）	給食費月額（円）
小学校	192	4,477	3.1%	191	4,343
中学校	188	5,121	3.6%	186	4,941
夜間定時制高等学校	177	4,977	3.2%	176	4,822

注１：調査対象は，完全給食を実施する公立学校。
注２：この調査における学校給食費月額とは，保護者の年間負担額の平均月額（年間負担額を11カ月で除した額）。
出典：表Ⅰ-11-１，２は「令和３年度学校給食実施状況等調査」（文部科学省，2023年）

表Ⅰ-11-３　学校給食費の無償化等の実施状況

	選択肢	該当自治体数	割　合
1	小学校・中学校とも無償化を実施	76	4.4%
2	小学校のみ無償化を実施	4	0.2%
3	中学校のみ無償化を実施	2	0.1%
小　計		82	4.7%
4	１～３以外で一部無償化・一部補助を実施	424	24.4%
5	無償化等を実施していない	1,234	70.9%
合　計		1,740	100.0%

注１：小学校には義務教育学校（前期課程），中学校には義務教育学校（後期課程）及び中等教育学校（前期課程）を含む（すべて公立）。
注２：１～３の「無償化」は完全給食の場合のみを対象とし，補食給食やミルク給食で無償としている場合は４に含む。
出典：「平成29年度の『学校給食費の無償化等の実施状況』及び『完全給食の実施状況』の調査結果について」（文部科学省，2018年）

図Ⅰ-11-1　学校給食における地場産物及び国産食材の使用割合の推移

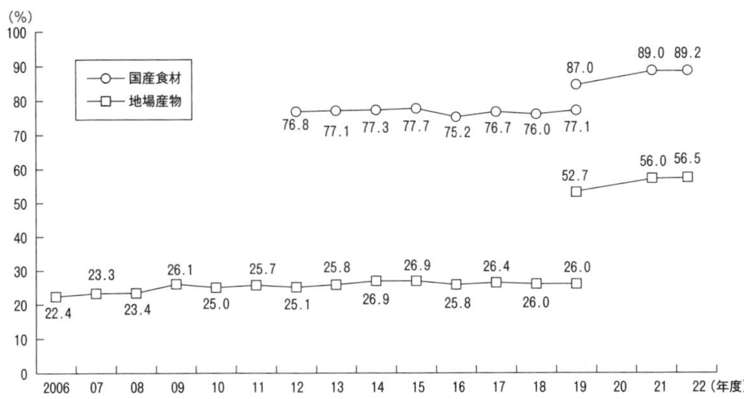

注：2019年度までは文部科学省「学校給食栄養報告」（食材数ベース），2019年度以降は文部科学省「学校給食における地場産物・国産食材の使用状況調査」（金額ベース）。

表Ⅰ-11-4　学校給食における地場産物及び国産食材の使用割合（金額ベース）

都道府県	地場産物		国産食材	
	2022	2019	2022	2019
北海道	71.4%	70.3%	91.0%	88.2%
青森県	70.2%	71.4%	90.5%	92.1%
岩手県	60.9%	58.2%	93.0%	90.2%
宮城県	56.5%	50.8%	87.3%	84.2%
秋田県	47.5%	49.8%	83.4%	80.2%
山形県	59.6%	55.4%	90.4%	89.8%
福島県	62.9%	51.6%	87.9%	88.3%
茨城県	74.4%	67.2%	89.4%	87.8%
栃木県	76.0%	67.2%	94.5%	90.1%
群馬県	62.6%	54.9%	87.2%	83.9%
埼玉県	41.1%	47.1%	86.3%	86.1%
千葉県	54.4%	45.9%	89.4%	86.4%
東京都	7.7%	7.2%	87.5%	83.0%
神奈川県	31.8%	27.6%	84.1%	80.8%
新潟県	61.4%	66.1%	89.0%	91.6%
富山県	57.0%	58.5%	86.2%	85.6%
石川県	58.4%	62.9%	92.7%	89.7%
福井県	35.2%	34.9%	90.1%	88.4%
山梨県	65.8%	35.5%	87.3%	77.9%
長野県	69.2%	66.0%	95.1%	92.3%
岐阜県	60.3%	57.5%	89.2%	87.3%
静岡県	61.1%	55.3%	91.7%	90.3%
愛知県	59.1%	55.5%	89.1%	89.2%
三重県	57.8%	59.2%	90.7%	90.8%
滋賀県	52.6%	49.3%	90.7%	89.4%
京都府	18.6%	20.6%	89.0%	89.9%
大阪府	6.9%	7.3%	88.1%	85.6%
兵庫県	49.5%	47.3%	85.8%	84.4%
奈良県	33.8%	32.7%	83.2%	84.6%
和歌山県	28.4%	28.4%	89.4%	91.2%
鳥取県	75.3%	72.9%	95.7%	92.4%
島根県	75.5%	72.0%	95.8%	95.2%
岡山県	61.7%	63.0%	89.8%	89.3%
広島県	60.3%	58.1%	89.4%	85.3%
山口県	85.6%	81.5%	96.3%	95.5%
徳島県	69.4%	62.8%	88.0%	81.7%
香川県	52.2%	54.3%	86.0%	82.9%
愛媛県	74.1%	71.7%	93.4%	93.6%
高知県	60.2%	54.1%	95.3%	89.0%
福岡県	51.9%	45.7%	83.4%	80.0%
佐賀県	58.5%	56.3%	87.8%	89.6%
長崎県	72.5%	57.3%	88.9%	82.5%
熊本県	64.2%	56.6%	87.7%	83.8%
大分県	69.0%	58.5%	90.9%	85.0%
宮崎県	66.3%	58.4%	88.7%	84.8%
鹿児島県	66.2%	64.9%	87.6%	84.8%
沖縄県	31.2%	31.1%	75.5%	73.0%
全国平均	56.5%	52.7%	89.2%	87.0%

注：金額ベース。
出典：「令和4年度学校給食における地場産物・国産食材の使用状況調査」（文部科学省）

図Ⅰ-11-2　公立小・中学校等栄養教諭の配置状況の推移

(人)
7,000
6,000
5,000
4,000
3,000
2,000
1,000
0
34
359
986
1,897
2,663
3,379
3,853
4,262
4,624
5,023
5,356
5,765
6,092
6,324
6,488
6,652
6,752
6,843
2005
06
07
08
09
10
11
12
13
14
15
16
17
18
19
20
21
22
(年度)

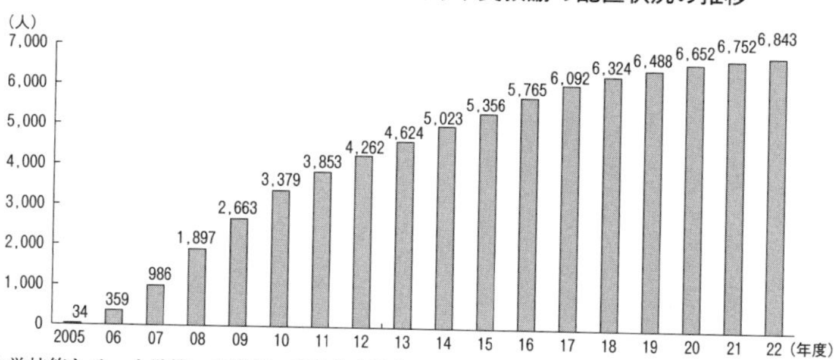

注：小・中学校等とは，小学校・中学校・義務教育学校・中等教育学校・特別支援学校を指す。

図Ⅰ-11-3　公立小・中学校等栄養教諭及び学校栄養職員の配置数における栄養教諭の割合

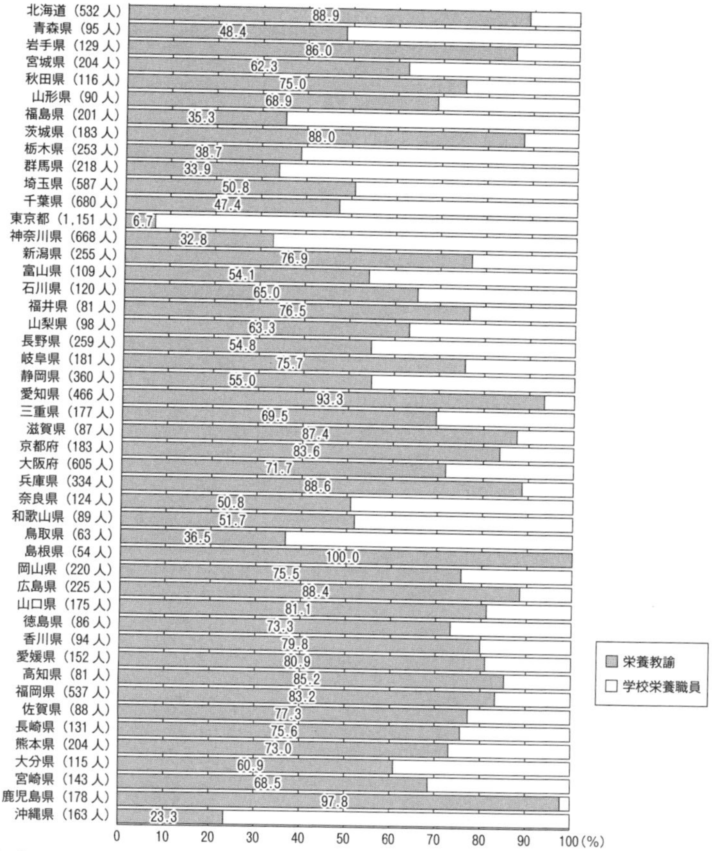

北海道（532人）88.9
青森県（95人）48.4
岩手県（129人）86.0
宮城県（204人）62.3
秋田県（116人）75.0
山形県（90人）68.9
福島県（201人）35.3
茨城県（183人）88.0
栃木県（253人）38.7
群馬県（218人）33.9
埼玉県（587人）50.8
千葉県（680人）47.4
東京都（1,151人）6.7
神奈川県（668人）32.8
新潟県（255人）76.9
富山県（109人）54.1
石川県（120人）65.0
福井県（81人）76.5
山梨県（98人）63.3
長野県（259人）54.8
岐阜県（181人）75.7
静岡県（360人）55.0
愛知県（466人）93.3
三重県（177人）69.5
滋賀県（87人）87.4
京都府（183人）83.6
大阪府（605人）71.7
兵庫県（334人）88.6
奈良県（124人）50.8
和歌山県（89人）51.7
鳥取県（63人）36.5
島根県（54人）100.0
岡山県（220人）75.5
広島県（225人）88.4
山口県（175人）81.1
徳島県（86人）73.3
香川県（94人）79.8
愛媛県（152人）80.9
高知県（81人）85.2
福岡県（537人）83.2
佐賀県（88人）77.3
長崎県（131人）75.6
熊本県（204人）73.0
大分県（115人）60.9
宮崎県（143人）68.5
鹿児島県（178人）97.8
沖縄県（163人）23.3
0
10
20
30
40
50
60
70
80
90
100(%)
栄養教諭
学校栄養職員

注1：(　) 内の人数は，栄養教諭と学校栄養職員の合計人数。
注2：数値は栄養教諭割合。
注3：小・中学校等とは，小学校・中学校・義務教育学校・中等教育学校・特別支援学校を指す。
注4：2022年5月1日現在。
出典：図Ⅰ-11-1～3は「令和4年度食育白書」(農林水産省，2023年)

12 ICTと学校教育

Society5.0の到来など，社会が大きな変革期にある中，あらゆる場所で日常的にICTが活用されている。情報通信機器の保有状況をみると，スマートフォンを保有する世帯の割合が90.1%に達しており，パソコンが69.0%，タブレット型端末が40.0%となっている（図Ⅰ-12-1）。個人のモバイル端末の保有割合でも，スマートフォンは77.3%と堅調に伸びており（図Ⅰ-12-2），6～12歳で42.6%，13～19歳で83.5%が，スマートフォンをインターネット利用機器として用いている（図Ⅰ-12-3）。学校教育は，このような変化にいかに対応するかが問われてきている。

図Ⅰ-12-1　情報通信機器の保有状況の推移（世帯）

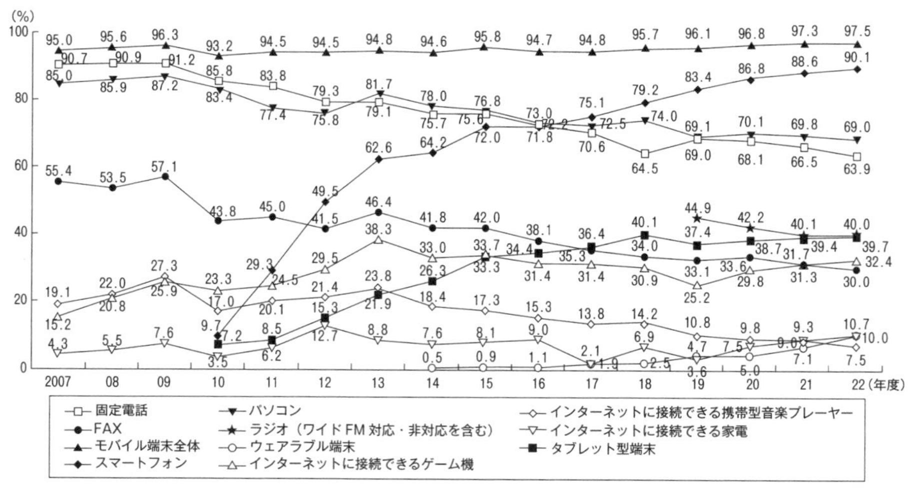

図Ⅰ-12-2　モバイル端末の保有状況の推移（個人）

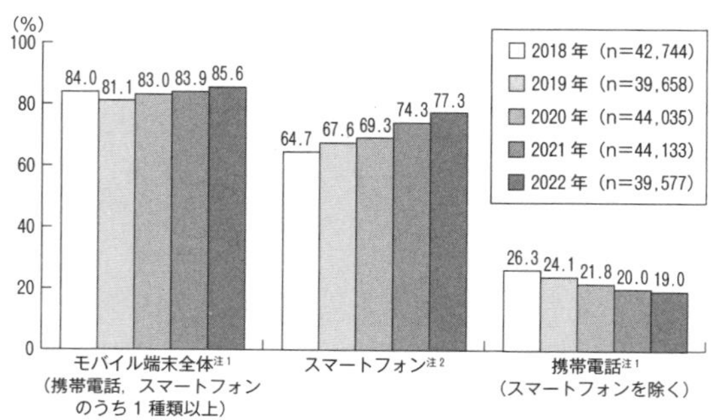

注1：「モバイル端末全体」及び「携帯電話（スマートフォンを除く）」の2020年以前はPHSを含む。
注2：「スマートフォン」の2020年以前は5G端末を含まない。
注3：経年比較のため，この図表は無回答を含む形で集計。

図Ⅰ-12-3　年齢階層別インターネット端末の利用状況（個人）

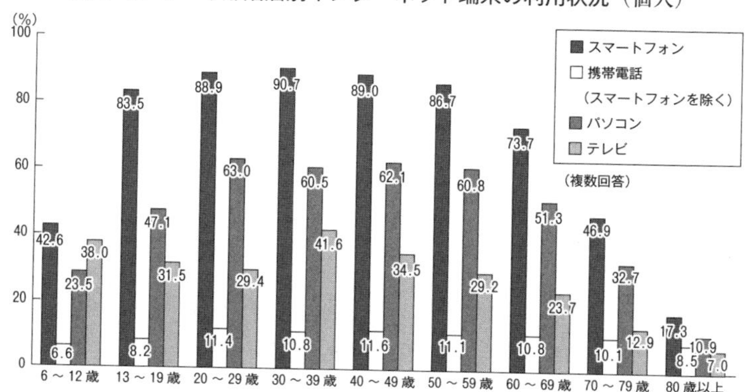

注：主な利用機器のみ記載。

2017・18年の小・中・高等学校学習指導要領の改訂により，「情報活用能力」が，言語能力などと同様に「学習の基盤となる資質・能力」として位置付けられ，各学校におけるカリキュラム・マネジメントを通じて教育課程全体で育成するものとなった。「情報活用能力」とは，学習活動において必要に応じてコンピュータ等の情報手段を適切に用いて情報の収集・整理・比較・発信・共有等を行うことができる力である。また，情報手段の基本的な操作の習得，プログラミング的思考，情報モラル，情報セキュリティ，統計等に関する資質・能力等を含む（以上，「令和４年度文部科学白書」，2022年）。特に，プログラミング教育については，小学校での必修化を受け，各校種を通じた円滑な実施が目指されている。

「情報活用能力」の育成に不可欠となるのは，ICT 環境の整備である。文部科学省は，「GIGA スクール構想」など Society5.0時代を生きる子供たちにふさわしい学びの実現に向けた取組を進めている。「第３期教育振興基本計画」では，ICT 利活用のための基盤の整備が目標の一つとされた。その結果，教育用コンピュータの整備率は，2017年には児童生徒5.9人につき１台であったのに対して，2023年調査時には0.9人に１台となった。また，普通教室における無線 LAN の整備率は95.7%，30Mbps 以上のインターネット接続率は99.6%まで上昇している。指導者用・学習者用デジタル教科書整備率についても，2021年以降飛躍的に上昇し，ともに85%を超えている（表Ⅰ-12-1，図Ⅰ-12-4）。

一方，教員の ICT 活用指導力の状況について，文部科学省は４つの大項目（A～D）と16の小項目（A1～D4）に基づいて調査を行っている。大項目は「A　教材研究・指導の準備・評価・校務などに ICT を活用する能力」「B　授業に ICT を活用して指導する能力」「C　児童生徒の ICT 活用を指導する能力」「D　情報活用の基礎となる知識や態度について指導する能力」となっており，教員は「できる」「ややできる」「あまりできない」「まったくできない」の４段階で自己評価を行った。調査結果によれば，大項目Ａ及びＤと比較して，Ｂ及びＣの「できる」「ややできる」の占める割合が相対的に低くなっている。特に，グループ活動や協働的な学びの場面における効果的な活用のさせ方や，互いの考えを共有して話し合うための活用指導に対する自己評価が低く，全体で72％程度にとどまった（以上，「令和４年度学校における教育の情報化の実態等に関する調査結果（概要）（令和５年３月１日現在）〔確定値〕」，2023年）。文部科学省は「教育の情報化に関する手引」の作成・公表や研修の実施等を通じて改善を目指しているが，その有効性や課題についての分析が待たれる。

今後の学校教育においては，整備したICT環境を実際に活用し，教員のICT活用指導力を向上させながら，個別最適な学びと協働的な学びの一体的な充実を図る取組の促進が必要となる。（石原雅子）

表Ⅰ-12-1　学校における主なICT環境の整備状況（学校種別）

2023年３月１日現在

	全学校種	小学校	中学校	義務教育学校	高等学校	中等教育学校	特別支援学校
学校数	32,482	18,610	9,072	173	3,485	35	1,107
児童生徒数	11,183,595	6,035,232	2,932,987	64,101	1,984,695	23,411	143,169
普通教室数	483,547	274,445	113,817	3,363	61,207	735	29,980
教育用コンピュータ台数	12,896,249	7,077,806	3,542,425	79,617	1,951,036	28,365	217,000
教育用コンピュータ１台当たり児童生徒数	0.9人／台	0.9人／台	0.8人／台	0.8人／台	1.0人／台	0.8人／台	0.7人／台
無線LAN又は移動通信システム（LTE等）によりインターネット接続を行う普通教育の割合	97.8％	98.2％	98.1％	99.3％	97.8％	99.2％	93.0％
（参考）普通教室の無線LAN整備率	95.7％	95.6％	95.5％	99.1％	97.8％	99.2％	92.7％
（参考）インターネット接続率（100Mbps以上）	98.0％	98.0％	97.5％	96.4％	99.4％	100.0％	99.2％
（参考）インターネット接続率（1Gbps以上）	66.3％	64.3％	64.4％	58.0％	78.9％	94.3％	75.0％
情報セキュリティポリシーの策定率	71.2％	70.6％	70.3％	68.2％	76.3％	77.1％	73.3％
普通教室の大型提示装置整備率	88.6％	92.0％	89.3％	89.1％	87.4％	92.0％	57.2％
教員の校務用コンピュータ整備率	126.7％	123.8％	124.1％	124.8％	141.4％	125.8％	119.4％
統合型校務支援システム整備率	86.8％	86.5％	85.3％	82.7％	97.5％	94.3％	71.6％
指導者用デジタル教科書整備率	87.4％	94.3％	95.1％	97.7％	47.1％	91.4％	31.8％
学習者用デジタル教科書整備率	87.9％	99.9％	99.8％	100.0％	10.2％	88.6％	32.2％

注：児童生徒数は，2022年５月１日現在の児童生徒数。
出典：図Ⅰ-12-1は「令和４年通信利用動向調査報告書（世帯編）」（総務省，2023年）
図Ⅰ-12-2，3は「【報道資料】令和４年通信利用動向調査の結果」（総務省，2023年）
表Ⅰ-12-1及び図Ⅰ-12-4は「令和４年度学校における教育の情報化の実態等に関する調査結果（概要）（令和５年３月１日現在）〔確定値〕」（文部科学省，2023年）

図Ⅰ-12-4　教育用コンピュータ等の活用・整備状況

■教育用コンピュータ１台当たりの児童生徒数

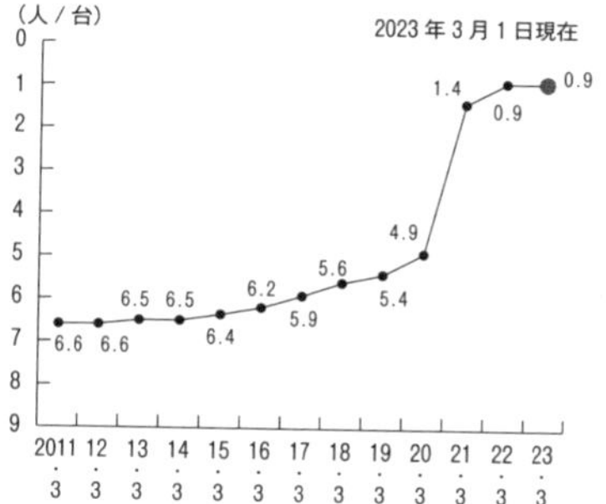

注１：「教育用コンピュータ」とは，主として教育用に利用しているコンピュータのことをいう。教職員が主として校務用に利用しているコンピュータ（校務用コンピュータ）は含まない。
注２：「教育用コンピュータ」は指導者用と学習者用の両方を含む。
注３：「教育用コンピュータ」はタブレット型コンピュータのほか，コンピュータ教室等に整備されているコンピュータを含む。
注４：技術的に情報セキュリティが確保されている場合（仮想デスクトップの導入等）は，教育用コンピュータと校務用コンピュータに二重計上する。

■普通教室の無線 LAN 整備率

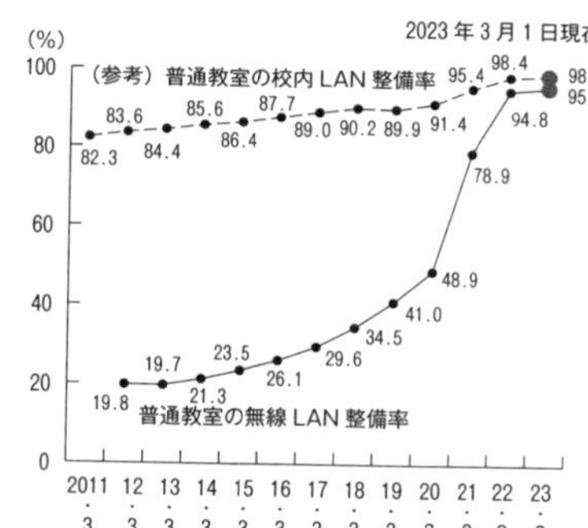

注１：普通教室の無線 LAN 整備率は，無線 LAN を整備している普通教室の総数を普通教室の総数で除して算出した値である。
注２：普通教室の校内 LAN 整備率は，校内 LAN を整備している普通教室の総数を普通教室の総数で除して算出した値である。
注３：有線・無線にかかわらず，校内 LAN に接続できる普通教室数をカウントする。

■インターネット接続率

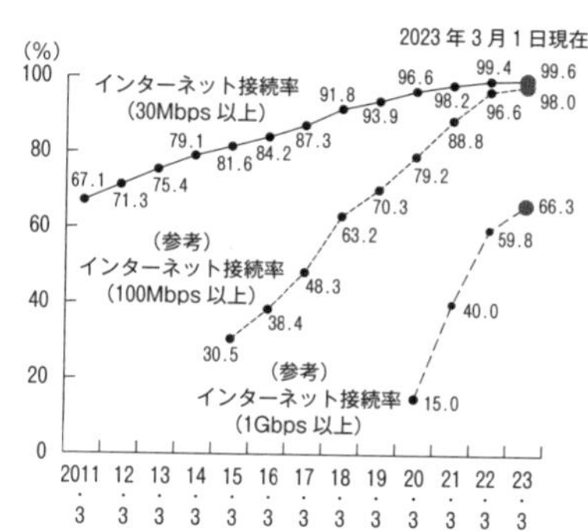

注１：インターネット接続率（30Mbps 以上）は，インターネット接続（30Mbps 以上）を整備している学校の総数を，学校の総数から LTE 等を用いて主として教育用に使用している学校を除いた数で除して算出した値。
注２：インターネット接続率（100Mbps 以上）は，インターネット接続（100Mbps 以上）を整備している学校の総数を，学校の総数から LTE 等を用いて主として教育用に使用している学校を除いた数で除して算出した値。
注３：ここでいう通信速度は，理論上の下り最大値。

■指導者用・学習者用デジタル教科書整備率

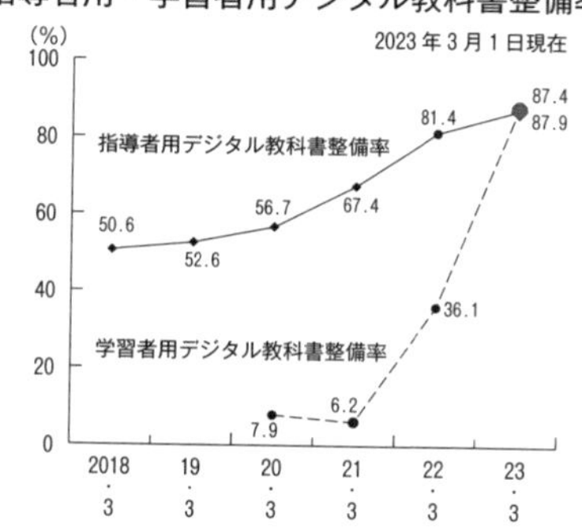

注１：ここでいう「指導者用デジタル教科書」は，2023年３月１日現在で学校で使用している教科書に準拠し，教員が大型提示装置等を用いて児童生徒への指導用に活用するデジタルコンテンツ（教職員等が授業のため自ら編集・加工したものを除く）をいう。
注２：ここでいう「学習者用デジタル教科書」は，紙の教科書の内容をすべて記載し，教育課程の一部または全部において，学校で使用している紙の教科書に代えて児童生徒が使用できるものをいう。
注３：教科や学年を問わず１種類でも指導者用・学習者用デジタル教科書を使用していれば，整備していることとする。
注４：文部科学省から配布されている「Hi, friends!」「We Can!」「Let's Try!」はカウントしていない。

13 キャリア教育の推進

現在，日本の学校におけるキャリア教育の定義として最も浸透しているのは，「一人一人の社会的・職業的自立に向け，必要な基盤となる能力や態度を育てることを通して，キャリア発達を促す教育」である。この定義を示した中央教育審議会答申「今後の学校におけるキャリア教育・職業教育の在り方について」(2011年1月）は，「人は，他者や社会とのかかわりの中で，職業人，家庭人，地域社会の一員等，様々な役割を担いながら生きている」と述べ，「人が，生涯の中で様々な役割を果たす過程で，自らの役割の価値や自分と役割との関係を見いだしていく連なりや積み重ねが，『キャリア』の意味するところである」と明示した（表Ⅰ-13-1）。また，本答申は，キャリア教育を通して中核的に育てる「基礎的・汎用的能力」を，「人間関係形成・社会形成能力」「自己理解・自己管理能力」「課題対応能力」「キャリアプランニング能力」によって構成される力として提示している（図Ⅰ-13-1）。

一方，1999年，日本の教育施策として初めて提唱されたキャリア教育は，ニートやフリーターの急増を典型とした若年者雇用をめぐる問題への緊急的な対応策の一環として「望ましい職業観・勤労観及び職業に関する知識や技能を身に付けさせる」ことを主軸としていた。草創期において，日本のキャリア教育の役割は「ワーク・キャリア（就業及びその後の職業人としての一連の立場や役割)」に関する指導・援助に限定されていたのである。2011年の中央教育審議会答申は，指導・援助の範囲を「ライフ・キャリア（職業人，家庭人，地域社会の一員等の様々な立場や役割)」を包含するものへと大きく拡大した。

学習指導要領に基づくキャリア教育の実践は，各教科・科目を含むすべての教育活動を通して計画的・組織的に行われることを前提としつつ，特別活動のうち学級活動（小学校・中学校）／ホームルーム活動（高等学校）における「(3)一人一人のキャリア形成と自己実現」が「要（かなめ)」として位置付く。この「要」においては，「学校，家庭及び地域における学習や生活の見通しを立て，学んだことを振り返りながら，新たな学習や生活への意欲につなげたり，将来の生き方を考えたりする活動」が行われ，その際「各教科等と往還し，自らの学習状況やキャリア形成を見通したり振り返ったりしながら，自身の変容や成長を自己評価できるよう工夫されたポートフォリオ」である「キャリア・パスポート」の活用が求められている（表Ⅰ-13-2，図Ⅰ-13-2）。なお，「キャリア・パスポート」に関する指導に当たっては，教師が対話的に関わり，児童生徒一人一人の目標修正等の改善を支援し，個性を伸ばす指導へとつなげながら，学校，家庭及び地域における学びを自己のキャリア形成に生かそうとする態度を養う必要がある。また，「キャリア・パスポート」は学年，校種を超えて引き継ぎ，指導に活用することが求められている（図Ⅰ-13-3）。

（藤田晃之）

表Ⅰ-13-1　キャリア教育及びキャリア発達の定義とその解説

キャリア教育の定義
一人一人の社会的・職業的自立に向け，必要な基盤となる能力や態度を育てることを通して，キャリア発達を促す教育
キャリア発達の定義
社会の中で自分の役割を果たしながら，自分らしい生き方を実現していく過程
キャリア教育・キャリア発達の解説
○　人は，他者や社会とのかかわりの中で，職業人，家庭人，地域社会の一員等，様々な役割を担いながら生きている。これらの役割は，生涯という時間的な流れの中で変化しつつ積み重なり，つながっていくものである。また，このような役割の中には，所属する集団や組織から与えられたものや日常生活の中で特に意識せず習慣的に行っているものもあるが，人はこれらを含めた様々な役割の関係や価値を自ら判断し，取捨選択や創造を重ねながら取り組んでいる。 ○　人は，このような自分の役割を果たして活動すること，つまり「働くこと」を通して，人や社会にかかわることになり，そのかかわり方の違いが「自分らしい生き方」となっていくものである。 ○　このように，人が，生涯の中で様々な役割を果たす過程で，自らの役割の価値や自分と役割との関係を見いだしていく連なりや積み重ねが，「キャリア」の意味するところである。このキャリアは，ある年齢に達すると自然に獲得されるものではなく，子ども・若者の発達の段階や発達課題の達成と深くかかわりながら段階を追って発達していくものである。また，その発達を促すには，外部からの組織的・体系的な働きかけが不可欠であり，学校教育では，社会人・職業人として自立していくために必要な基盤となる能力や態度を育成することを通じて，一人一人の発達を促していくことが必要である。

図Ⅰ-13-1　キャリア教育を通して育成する「基礎的・汎用的能力」

人間関係形成・社会形成能力

多様な他者の考えや立場を理解し，相手の意見を聴いて自分の考えを正確に伝えることができるとともに，自分の置かれている状況を受け止め，役割を果たしつつ他者と協力・協働して社会に参画し，今後の社会を積極的に形成することができる力である。

例えば，他者の個性を理解する力，他者に働きかける力，コミュニケーション・スキル，チームワーク，リーダーシップ等が挙げられる。

自己理解・自己管理能力

自分が「できること」「意義を感じること」「したいこと」について，社会との相互関係を保ちつつ，今後の自分自身の可能性を含めた肯定的な理解に基づき主体的に行動すると同時に，自らの思考や感情を律し，かつ，今後の成長のために進んで学ぼうとする力である。

例えば，自己の役割の理解，前向きに考える力，自己の動機付け，忍耐力，ストレスマネジメント，主体的行動等が挙げられる。

課題対応能力

「課題対応能力」は，仕事をする上での様々な課題を発見・分析し，適切な計画を立ててその課題を処理し，解決することができる力である。

例えば，情報の理解・選択・処理等，本質の理解，原因の追究，課題発見，計画立案，実行力，評価・改善等が挙げられる。

キャリアプランニング能力

「働くこと」の意義を理解し，自らが果たすべき様々な立場や役割との関連を踏まえて「働くこと」を位置付け，多様な生き方に関する様々な情報を適切に取捨選択・活用しながら，自ら主体的に判断してキャリアを形成していく力である。

例えば，学ぶこと・働くことの意義や役割の理解，多様性の理解，将来設計，選択，行動と改善等が挙げられる。

出典：表Ⅰ-13-1及び図Ⅰ-13-1は，中央教育審議会答申「今後の学校におけるキャリア教育・職業教育の在り方について」（2011年1月）

表Ⅰ-13-2　学習指導要領におけるキャリア教育の位置付け

小学校学習指導要領	中学校学習指導要領	高等学校学習指導要領
第1章　総則 第4　児童の発達の支援 1　児童の発達を支える指導の充実 (3)　児童が，学ぶことと自己の将来とのつながりを見通しながら，社会的・職業的自立に向けて必要な基盤となる資質・能力を身に付けていくことができるよう，特別活動を要としつつ各教科等の特質に応じて，キャリア教育の充実を図ること。	第1章　総則 第4　生徒の発達の支援 1　生徒の発達を支える指導の充実 (3)　生徒が，学ぶことと自己の将来とのつながりを見通しながら，社会的・職業的自立に向けて必要な基盤となる資質・能力を身に付けていくことができるよう，特別活動を要としつつ各教科等の特質に応じて，キャリア教育の充実を図ること。その中で，生徒が自らの生き方を考え主体的に進路を選択することができるよう，学校の教育活動全体を通じ，組織的かつ計画的な進路指導を行うこと。	第1章　総則 第5款　生徒の発達の支援 1　生徒の発達を支える指導の充実 (3)　生徒が，学ぶことと自己の将来とのつながりを見通しながら，社会的・職業的自立に向けて必要な基盤となる資質・能力を身に付けていくことができるよう，特別活動を要としつつ各教科・科目等の特質に応じて，キャリア教育の充実を図ること。その中で，生徒が自己の在り方生き方を考え主体的に進路を選択することができるよう，学校の教育活動全体を通じ，組織的かつ計画的な進路指導を行うこと。
第6章　特別活動 第2　各活動・学校行事の目標及び内容 〔学級活動〕 2　内容 (3)　一人一人のキャリア形成と自己実現 3　内容の取扱い (2)　2の(3)の指導に当たっては，学校，家庭及び地域における学習と生活の見通しを立て，学んだことを振り返りながら，新たな学習や生活への意欲につなげたり，将来の生き方を考えたりする活動を行うこと。その際，児童が活動を記録し蓄積する教材等を活用すること。	第5章　特別活動 第2　各活動・学校行事の目標及び内容 〔学級活動〕 2　内容 (3)　一人一人のキャリア形成と自己実現 3　内容の取扱い (2)　2の(3)の指導に当たっては，学校，家庭及び地域における学習と生活の見通しを立て，学んだことを振り返りながら，新たな学習や生活への意欲につなげたり，将来の生き方を考えたりする活動を行うこと。その際，生徒が活動を記録し蓄積する教材等を活用すること。	第5章　特別活動 第2　各活動・学校行事の目標及び内容 〔ホームルーム活動〕 2　内容 (3)　一人一人のキャリア形成と自己実現 3　内容の取扱い (2)　内容の(3)の指導に当たっては，学校，家庭及び地域における学習や生活の見通しを立て，学んだことを振り返りながら，新たな学習や生活への意欲につなげたり，将来の在り方生き方を考えたりする活動を行うこと。その際，生徒が活動を記録し蓄積する教材等を活用すること。

出典：小学校，中学校，高等学校学習指導要領（小・中2017年3月告示，高2018年3月告示）

［参考］　文部科学省初等中等教育局児童生徒課「『キャリア・パスポート』の様式例と指導上の留意事項」（2019年3月29日）における解説と「キャリア・パスポート」の定義（抜粋）

小・中・高等学校及び特別支援学校における学習指導要領特別活動第2〔学級活動・ホームルーム活動〕の3内容の取扱い(2)にある「(前略) 児童（生徒）が活動を記録し蓄積する教材等（後略)」を「キャリア・パスポート」と呼ぶ。ただし，都道府県や設置者，各校において独自の名称で呼ぶことは可能とする。

【定義】「キャリア・パスポート」とは，児童生徒が，小学校から高等学校までのキャリア教育に関わる諸活動について，特別活動の学級活動及びホームルーム活動を中心として，各教科等と往還し，自らの学習状況やキャリア形成を見通したり振り返ったりしながら，自身の変容や成長を自己評価できるよう工夫されたポートフォリオのことである。

なお，その記述や自己評価の指導にあたっては，教師が対話的に関わり，児童生徒一人一人の目標修正などの改善を支援し，個性を伸ばす指導へとつなげながら，学校，家庭及び地域における学びを自己のキャリア形成に生かそうとする態度を養うよう努めなければならない。

図Ⅰ-13-2　キャリア教育の組織的・計画的な実践（2019年7月～10月調査）

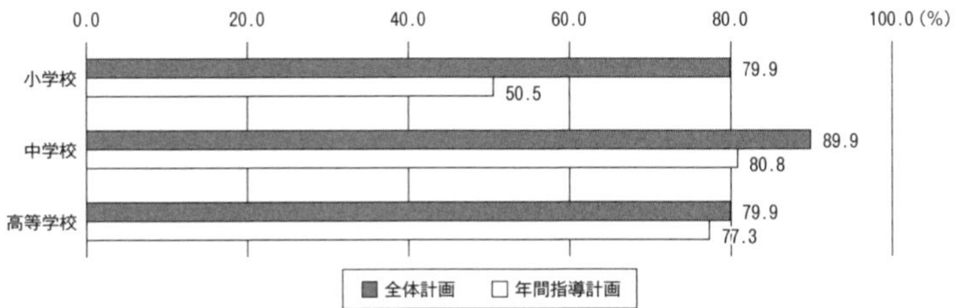

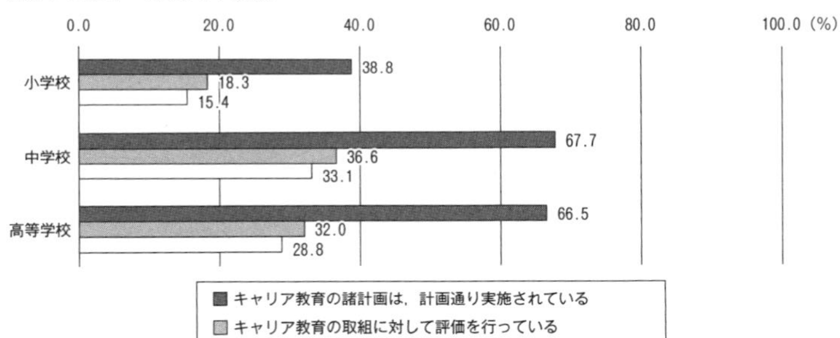

図Ⅰ-13-3　「キャリア・パスポート」の活用（2019年7月～10月調査）

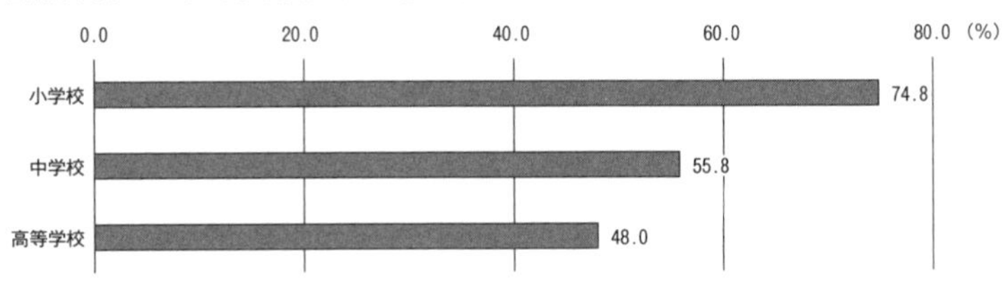

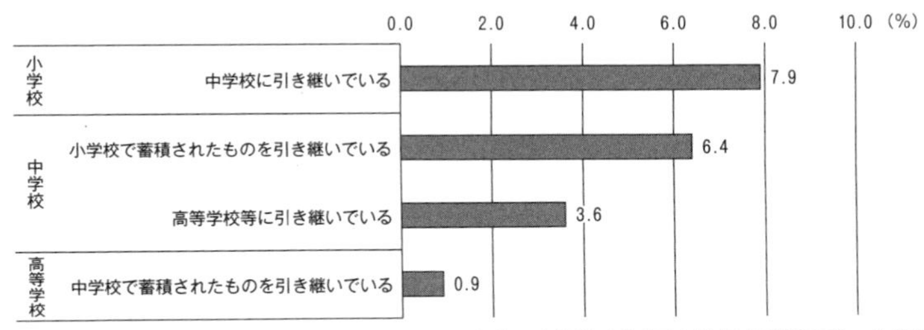

出典：図Ⅰ-13-2，3は『キャリア教育に関する総合的研究第1次報告書』（国立教育政策研究所　生徒指導・進路指導研究センター，2020年）

14 部活動と学校教育

2017年３月告示の中学校学習指導要領，及び2018年３月告示の高等学校学習指導要領では「教育課程外の学校教育活動と教育課程の関連が図られるように」すること，とりわけ「生徒の自主的，自発的な参加により行われる部活動」は，スポーツや文化，科学等に生徒を親しませ，学習意欲の向上や責任感，連帯感の涵養を図ることを目的とすることが明記されている。

文部科学省が2016年に公表した「学校現場における業務の適正化に向けて」では，教員に大きな負担を強いることで部活動が成り立っている状況が報告され，運営の適正化を図る必要があることが示された。これを受けてスポーツ庁は，2018年に「運動部活動の在り方に関する総合的なガイドライン」を策定し，「適切な運営のための体制整備」や「適切な休養日等の設定」など５つの方針を打ち出した。スポーツ庁が毎年度実施する「全国体力・運動能力，運動習慣等調査」によれば，中学校の運動部活動の平均活動時間は短縮傾向にある。2021年度，2022年度のデータをみると，部活動ガイドラインで定められている週11時間という基準を概ね満たしており，部活動にかかる教員負担は改善傾向にあると捉えてよい。実際，2022年度の同調査では，87.9％の中学校が，部活動における週当たりの活動時間として「国の基準に則った基準を設定している」と回答している。（表Ⅰ-14-１，２）。

文部科学省が2020年に公表した「学校の働き方改革を踏まえた部活動改革について」では，部活動の段階的な地域移行や合理的かつ効率的な部活動の推進等を行う指針が示された。日本スポーツ協会の調査によると，運動部活動における地域との連携状況については，中学校で16.7％，高等学校で17.6％の教員が指導者の派遣や施設の借用など「何らかの連携をしている」と回答した。一方，中学校・高等学校ともに，約８割の教員が「現在は連携していない」あるいは「過去に一度も連携したことがない」との回答をしている（図Ⅰ-14-１）。

なお，中学校生徒の部活動の所属状況をみると，運動部の所属割合では男子の方が女子の約1.3倍多いのに対して，文化部の割合では女子の方が男子の約2.8倍多いことが読み取れる（図Ⅰ-14-２）。

（香川　圭）

表Ⅰ-14-１　運動部活動の平均活動時間（中学生）

		2018年度	2019年度	2021年度	2022年度
週合計	男子	14時間48分	13時間21分（▲87分）	10時間58分（▲143分）	11時間48分（△50分）
	女子	15時間２分	13時間28分（▲94分）	10時間46分（▲162分）	11時間23分（△37分）

※基準値…週11時間（部活動ガイドライン）
出典：2018・19・21年度は「令和３年度全国体力・運動能力，運動習慣等調査」（スポーツ庁，2021年）
2022年度は「令和４年度全国体力・運動能力，運動習慣等調査」（スポーツ庁，2022年）

表Ⅰ-14-2　中学校部活動における週当たりの活動時間の設定基準と方針

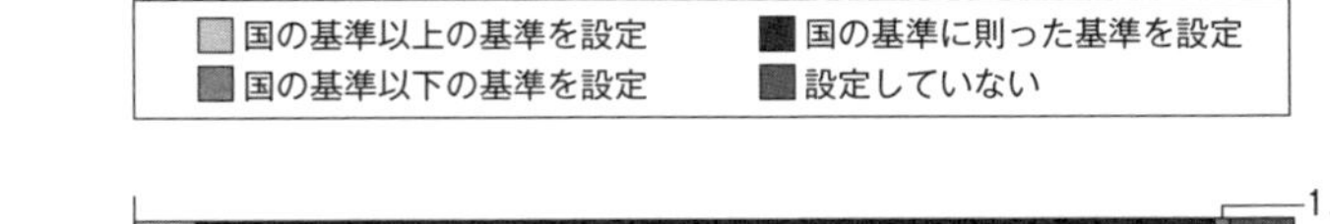

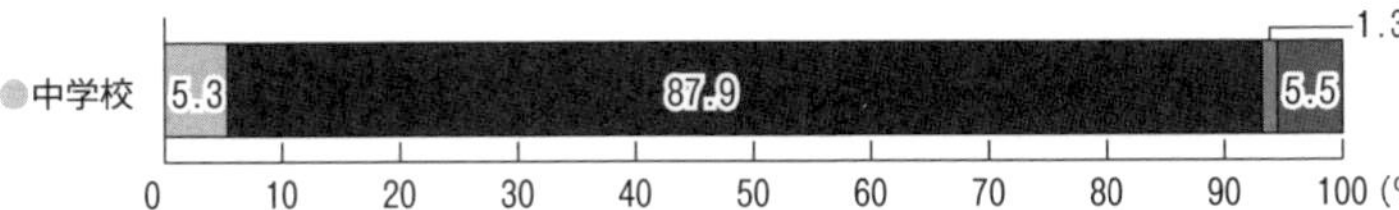

図Ⅰ-14-1　運動部活動における地域との連携状況

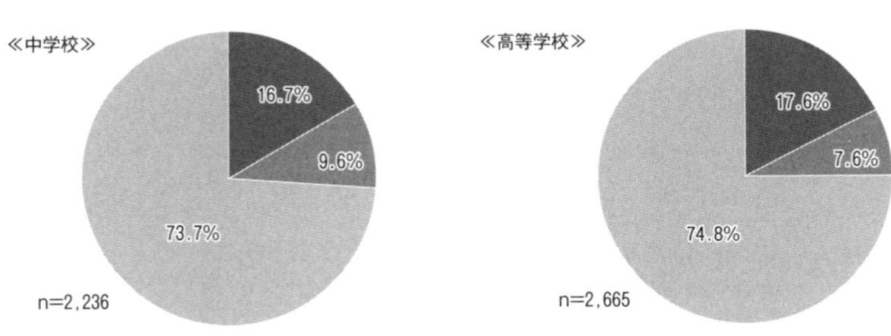

出典：「学校運動部活動指導者の実態に関する調査」（日本スポーツ協会，2021年）

図Ⅰ-14-2　中学生の部活動の所属状況

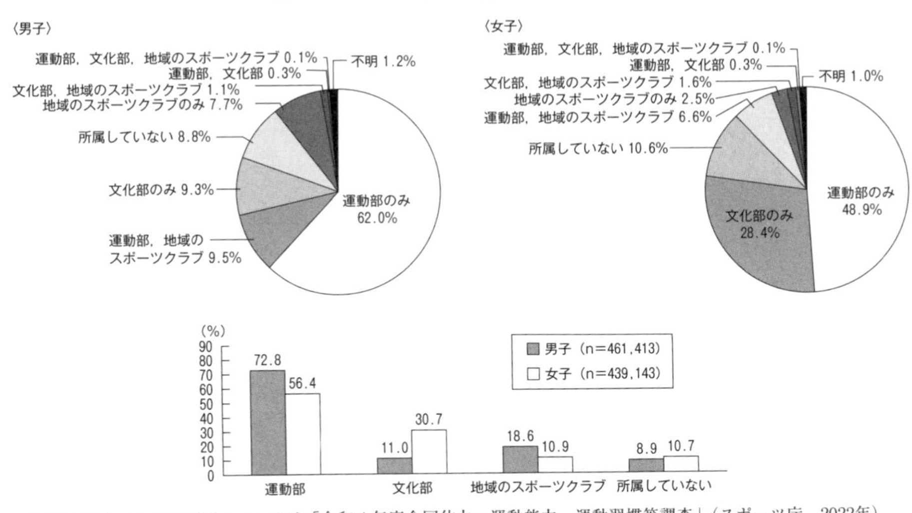

出典：表Ⅰ-14-2及び図Ⅰ-14-2は「令和4年度全国体力・運動能力，運動習慣等調査」（スポーツ庁，2022年）

15 読書活動と学校図書館

2017年の全国大学生協連合会の学校読書調査では，1日の読書時間が0分の大学生が過半数を超えたことが明らかとなり話題になった。また，子どもの不読率（1カ月に1冊も本を読まない割合）の推移をみると，小・中学生では改善傾向にあるものの，高校生は依然として高い（図Ⅰ-15-1）。本を読まない理由としては，「他の活動で時間がなかったから」「他にしたいことがあったから」「読みたいと思う本がないから」「ふだんから本を読まないから」といった理由が多く挙げられている（図Ⅰ-15-2）。

全校一斉の読書活動の実施状況をみると，2019年度末現在では小学校90.5%，中学校85.9%，高等学校39.0%という実施率である。小・中学校で定着した読書活動を高等学校でも継続していくことが課題となっている（表Ⅰ-15-1）。

小・中学校における整備すべき蔵書の標準として定められた「学校図書館図書標準」を達成している学校は，2019年度末現在で小学校71.2%，中学校61.1%であり，学校図書館の拡充が求められる（表Ⅰ-15-2）。また，こうした学校図書館の運営において中心的役割を担う専門家である司書教諭の配置状況をみると，12学級以上の学校における発令状況は2020年5月1日現在で小学校99.2%，中学校97.0%，高等学校93.2%であるが，全体の状況（小学校69.9%，中学校63.0%，高等学校81.5%）と比較すると，小中規模学校において司書教諭が配置されにくい傾向が読み取れる（表Ⅰ-15-3）。

（川村雄真）

図Ⅰ-15-1　不読率の推移

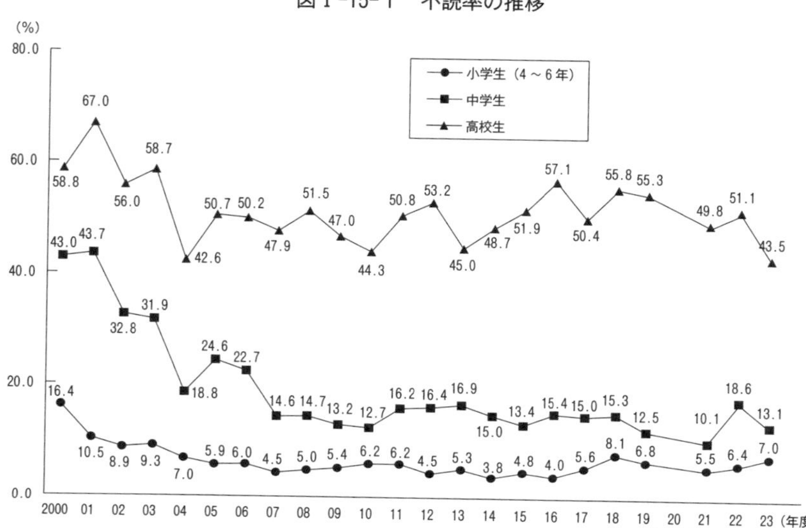

出典：「第68回学校読書調査」（公益社団法人全国学校図書館協議会・株式会社毎日新聞社，2023年）

図Ⅰ-15-2　本をあまり読まない理由

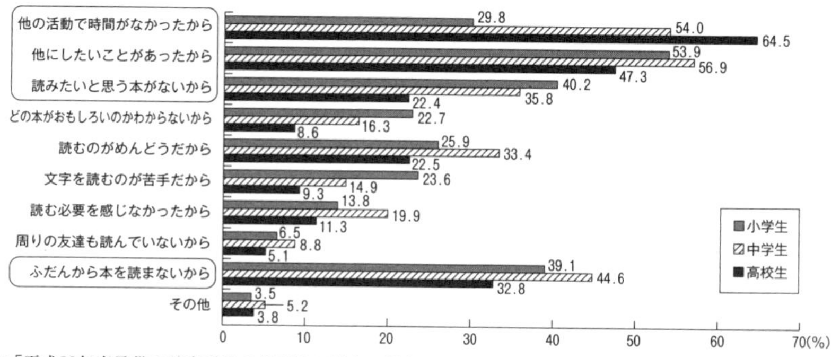

出典：「平成28年度子供の読書活動の推進等に関する調査研究」（文部科学省，2017年）

表Ⅰ-15-1　全校一斉の読書活動の実施状況

	全校一斉読書活動の実施状況		うち朝の始業前に実施しているものの割合	
	実施学校数（A）	全体に占める割合	実施学校数（B）	割合（B/A）
小学校	17,058校	90.5%　(97.1%)	10,399校	61.0%　(68.5%)
中学校	7,832校	85.9%　(88.5%)	5,366校	68.5%　(72.7%)
高等学校	1,340校	39.0%　(42.7%)	863校	64.4%　(63.2%)

注：2019年度末現在。（　）内は2015年度末現在。

表Ⅰ-15-2　学校図書館における蔵書の整備状況

	学校数	2019年度末の蔵書冊数	2019年度末学校図書標準達成学校数の割合
小学校	18,849校	約1億7,678万冊（約1億7,487万冊）	71.2%　(66.4%)
中学校	9,120校	約1億97万冊（約1億167万冊）	61.1%　(55.3%)
高等学校	3,436校	約8,317万冊（約8,349万冊）	

注：2019年度末現在。（　）内は2015年年度末現在。

表Ⅰ-15-3　司書教諭の発令状況

小学校	全体の状況	12学級以上の学校における発令状況
国立	92.6% (100.0%)	92.6% (100.0%)
公立	69.9% (67.9%)	99.4% (99.4%)
私立	61.8% (64.3%)	87.8% (89.2%)
特区	0.0% (50.0%)	0.0% (100%)
合計	69.9% (68.0%)	99.2% (99.3%)

中学校	全体の状況	12学級以上の学校における発令状況
国立	71.0% (72.6%)	95.7% (95.9%)
公立	64.3% (64.6%)	98.9% (98.9%)
私立	46.7% (68.4%)	66.7% (88.0%)
特区	— (—)	— (—)
合計	63.0% (65.0%)	97.0% (98.3%)

高等学校	全体の状況	12学級以上の学校における発令状況
国立	64.7% (64.7%)	100.0% (100.0%)
公立	86.2% (87.0%)	98.5% (99.3%)
私立	70.9% (79.6%)	80.6% (88.2%)
特区	12.5% (10.5%)	100.0% (100.0%)
合計	81.5% (84.5%)	93.2% (96.1%)

注：2020年5月1日現在。（　）内は2016年4月1日現在。中学校は特区を除く。
出典：表Ⅰ-15-1～3は「令和2年度学校図書館の現状に関する調査」（文部科学省，2021年／2022年修正）

16 学校における体罰

体罰は，学校教育法第11条において，明確に禁止されている。児童生徒に対する懲戒行為が体罰に該当するか否か，という点は個々の事案ごとに判断される。児童生徒の発達状況や，事案発生時の場所的・時間的環境といった諸条件を総合的かつ客観的に勘案し，懲戒行為の内容が身体を侵害したり，肉体的苦痛を与えたりするものであると判断された場合，当該行為は体罰に該当すると見なされる。

文部科学省は，「公立学校教職員の人事行政状況調査」の一環として，体罰の実態を把握するための調査を実施している。当該調査によれば，2012年度以後，体罰の発生件数は減少傾向にあるものの，2022年度では増加に転じている（図Ｉ-16-１）。ただし，2020年度及び2021年度の値については，新型コロナウイルス感染症の感染拡大に伴う教育活動の制限（休校など）が影響したものと考えられる。

表Ｉ-16-１は，上記調査のうち，体罰の発生状況に関する結果の一部を抜粋したものである。まず，「当事者（体罰をした教員など）の年代」については，「50歳代以上」が235人と最も多く，全体合計（572人）の40％程度を占めている。次に，「体罰時の状況」については，「授業中」の発生場面が39.5％と最も多く，関連して，その発生場所は，「教室」と「運動場・園庭，体育館・遊戯室」の合計が全体の70％程度を占めている。また，「体罰の態様」については，「素手で殴

図Ｉ-16-１　体罰の発生件数の推移—国・公・私立計—

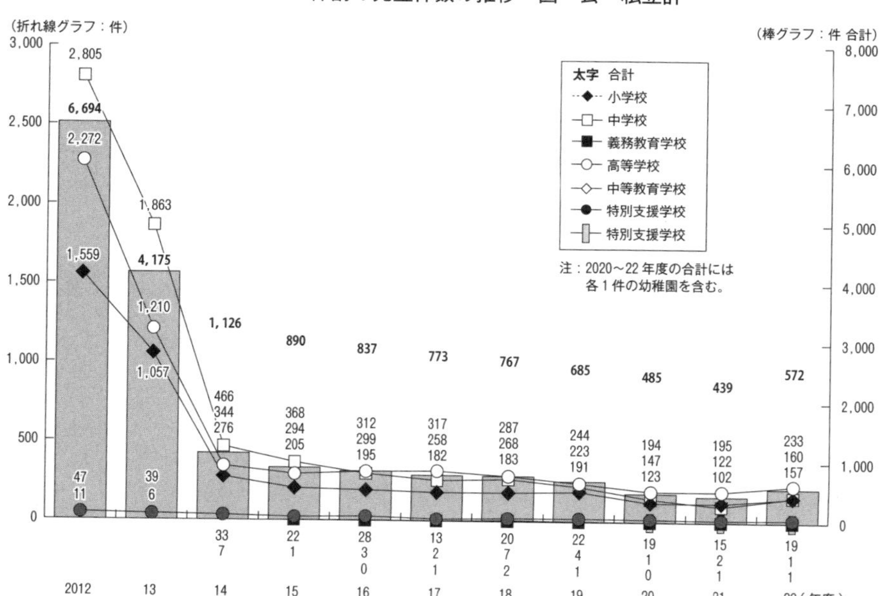

る・叩く」が最も多い。最後に,「体罰事案の把握のきっかけ」については,全体では「保護者の訴え」が最も多いものの,高等学校に関しては,「児童生徒等の訴え」が最も多くなっている。

なお,体罰の発生状況に関する上記の傾向は,2019年度版の本書同項目において取り上げられている2017年度(平成29年度)の調査結果と概ね同様である。

(志賀　優)

表Ⅰ-16-1　体罰の発生状況－国・公・私立計－

■当事者の年代

区　分	20歳代	30歳代	40歳代	50歳代以上	計
幼稚園	0人 (0人)	0人 (1人)	0人 (1人)	1人 (0人)	1人 (2人)
小学校	20人 (11人)	38人 (29人)	31人 (21人)	68人 (61人)	157人 (122人)
中学校	24人 (12人)	45人 (26人)	28人 (24人)	63人 (40人)	160人 (102人)
義務教育学校	0人 (0人)	0人 (0人)	1人 (0人)	0人 (2人)	1人 (2人)
高等学校	16人 (21人)	62人 (41人)	66人 (44人)	89人 (89人)	233人 (195人)
中等教育学校	0人 (0人)	0人 (0人)	0人 (0人)	1人 (1人)	1人 (1人)
特別支援学校	1人 (0人)	2人 (3人)	3人 (5人)	13人 (7人)	19人 (15人)
合　計	61人 (44人)	147人 (100人)	129人 (95人)	235人 (200人)	572人 (439人)

■体罰時の状況

区分		幼稚園	小学校	中学校	義務教育学校	高等学校	中等教育学校	特別支援学校	計
場面	授業中・保育中	1 (100.0%)	99 (63.1%)	54 (33.8%)	0 (0.0%)	60 (25.8%)	1 (100.0%)	11 (57.9%)	226 (39.5%)
	放課後	0 (0.0%)	8 (5.1%)	19 (11.9%)	1 (100.0%)	16 (6.9%)	0 (0.0%)	2 (10.5%)	46 (8.0%)
	休み時間	0 (0.0%)	20 (12.7%)	21 (13.1%)	0 (0.0%)	18 (7.7%)	0 (0.0%)	2 (10.5%)	61 (10.7%)
	部活動	0 (0.0%)	0 (0.0%)	35 (21.9%)	0 (0.0%)	97 (41.6%)	0 (0.0%)	1 (5.3%)	133 (23.3%)
	学校行事	0 (0.0%)	4 (2.5%)	6 (3.8%)	0 (0.0%)	10 (4.3%)	0 (0.0%)	1 (5.3%)	21 (3.7%)
	ホームルーム	0 (0.0%)	9 (5.7%)	4 (2.5%)	0 (0.0%)	2 (0.9%)	0 (0.0%)	0 (0.0%)	15 (2.6%)
	その他	0 (0.0%)	17 (10.8%)	21 (13.1%)	0 (0.0%)	30 (12.9%)	0 (0.0%)	2 (10.5%)	70 (12.2%)
場所	教室・保育室等	0 (0.0%)	101 (64.3%)	68 (42.5%)	0 (0.0%)	58 (24.9%)	1 (100.0%)	10 (52.6%)	238 (41.6%)
	職員室	0 (0.0%)	0 (0.0%)	2 (1.3%)	0 (0.0%)	3 (1.3%)	0 (0.0%)	0 (0.0%)	5 (0.9%)
	運動場・園庭,体育館・遊戯室	0 (0.0%)	19 (12.1%)	41 (25.6%)	0 (0.0%)	95 (40.8%)	0 (0.0%)	2 (10.5%)	157 (27.4%)
	生徒指導室	0 (0.0%)	1 (0.6%)	2 (1.3%)	0 (0.0%)	1 (0.4%)	0 (0.0%)	0 (0.0%)	4 (0.7%)
	廊下・階段	0 (0.0%)	23 (14.6%)	26 (16.3%)	0 (0.0%)	21 (9.0%)	0 (0.0%)	2 (10.5%)	72 (12.6%)
	その他	1 (100.0%)	13 (8.3%)	21 (13.1%)	1 (100.0%)	55 (23.6%)	0 (0.0%)	5 (26.3%)	96 (16.8%)

■体罰の態様

区分	幼稚園	小学校	中学校	義務教育学校	高等学校	中等教育学校	特別支援学校	計
素手で殴る・叩く	1 (100.0%)	51 (32.5%)	61 (38.1%)	0 (0.0%)	109 (46.8%)	1 (100.0%)	14 (73.7%)	237 (41.4%)
棒などで殴る・叩く	0 (0.0%)	3 (1.9%)	8 (5.0%)	0 (0.0%)	11 (4.7%)	0 (0.0%)	0 (0.0%)	22 (3.8%)
蹴る・踏みつける	0 (0.0%)	14 (8.9%)	24 (15.0%)	0 (0.0%)	36 (15.5%)	0 (0.0%)	1 (5.3%)	75 (13.1%)
投げる・突き飛ばす・転倒させる	0 (0.0%)	19 (12.1%)	10 (6.3%)	0 (0.0%)	11 (4.7%)	0 (0.0%)	0 (0.0%)	40 (7.0%)
つねる・ひっかく	0 (0.0%)	6 (3.8%)	1 (0.6%)	0 (0.0%)	8 (3.4%)	0 (0.0%)	1 (5.3%)	16 (2.8%)
物をぶつける・投げつける	0 (0.0%)	1 (0.6%)	8 (5.0%)	0 (0.0%)	16 (6.9%)	0 (0.0%)	0 (0.0%)	25 (4.4%)
教室等に長時間留め置く	0 (0.0%)	8 (5.1%)	0 (0.0%)	0 (0.0%)	0 (0.0%)	0 (0.0%)	0 (0.0%)	8 (1.4%)
正座など一定の姿勢を長時間保持させる	0 (0.0%)	4 (2.5%)	4 (2.5%)	0 (0.0%)	4 (1.7%)	0 (0.0%)	0 (0.0%)	12 (2.1%)
その他	0 (0.0%)	51 (32.5%)	44 (27.5%)	1 (100.0%)	38 (16.3%)	0 (0.0%)	3 (15.8%)	137 (24.0%)

■体罰事案の把握のきっかけ(複数回答可)

区分	幼稚園	小学校	中学校	義務教育学校	高等学校	中等教育学校	特別支援学校	計
児童生徒等の訴え	0 (0.0%)	27 (17.2%)	48 (30.0%)	0 (0.0%)	116 (49.8%)	1 (100.0%)	1 (5.3%)	193 (33.7%)
保護者の訴え	0 (0.0%)	79 (50.3%)	62 (38.8%)	1 (100.0%)	79 (33.9%)	0 (0.0%)	5 (26.3%)	226 (39.5%)
教員の申告	0 (0.0%)	53 (33.8%)	45 (28.1%)	0 (0.0%)	38 (16.3%)	0 (0.0%)	7 (36.8%)	143 (25.0%)
第三者の通報	0 (0.0%)	13 (8.3%)	14 (8.8%)	0 (0.0%)	31 (13.3%)	0 (0.0%)	4 (21.1%)	62 (10.8%)
その他	1 (100.0%)	10 (6.4%)	8 (5.0%)	0 (0.0%)	19 (8.2%)	0 (0.0%)	3 (15.8%)	41 (7.2%)

注:「当事者の年代」表中の(　)内は,2021年度の状況。その他表中の(　)内は,区分ごとの発生件数に対する割合。
出典:すべて「体罰の実態把握について(令和4年度)」(文部科学省,2023年)

17 チームとしての学校

日本の教員は，学習指導から生徒指導等まで幅広い職務を担ってきた（詳細は，Ⅳ-8「教員の勤務の状況」参照)。これには，子供たちの状況を総合的に把握し指導することが可能であるという利点の半面，教員の役割や業務を際限なく増やしかねない側面がある（詳細は，Ⅶ-6「OECD 国際教員指導環境調査：TA-LIS」を参照)。さらに，近年では不登校児童生徒の増加や特別支援教育の充実など，学校が抱える課題が複雑化・多様化しており，教員の専門性だけでは対応に苦慮したり，十分な個別対応ができなかったりする事態がある。また教員が授業準備や教材研究等に十分な時間が割けないという問題が生じている。

このような状況において提唱されたのが，「チームとしての学校」である。「チームとしての学校」とは，多様な専門性や経験を有する専門スタッフ等に教育活動への参画を促したり，専門機関と連携・分担する体制を整備したりすることを意味し，これにより教育課程の改善を含めた学校の機能強化を目指すものである。

「チームとしての学校」で想定されている教員以外の専門スタッフには，ICT 支援員，学校司書，英語指導を行う外部人材と外国語指導助手（ALT)，部活動指導員（仮称）等がある。とりわけ生徒指導等に関する課題の解決に当たっては，心理や福祉に関する専門スタッフとして，スクールカウンセラー（以下，SC）やスクールソーシャルワーカー（以下，SSW）の活躍が重要である。2020年度

表Ⅰ-17-1　SC 及び SSW に係る国の配置目標，配置実績及び相談実績（2017年度末時点）

（単位：校，校区，%，人）

職種	国の配置目標	SC：対象校数 SSW：全中学校区数	配置実績 SC：配置校数 SSW：配置校区数	配置実績 目標達成率	配置実績 （参考）実人数		（参考）相談実績 SC：相談者数 SSW：支援対象児童生徒数	
		a	b	b/a *100				
SC	2019年度までに，全公立小・中学校（2万7500校）に配置する。	27,500	23,391	85.1	2015	7,542	2015	2,981,313
					2016	8,471	2016	3,351,086
					2017	8,782	2017	3,510,247
SSW	2019年度までに，すべての中学校区（約1万人（予算ベース））に配置する。	9,479	5,738 (2,700)	60.5	2015	1,399	2015	57,913
					2016	1,780	2016	75,170
					2017	2,041	2017	100,031

注1：文部科学省の資料に基づき，当省が作成した。
注2：文部科学省によると，「配置実績」欄及び「(参考）相談実績」欄の実績値は，SC は，「スクールカウンセラー等活用事業」及び「緊急スクールカウンセラー等活用事業」(2015年度は「緊急スクールカウンセラー等派遣事業」）によるもの，SSW は，「スクールソーシャルワーカー活用事業」によるものであり，地方公共団体の単独予算によるものを含まないとしている。
注3：「配置実績」の「(参考）実人数」欄には，高等学校，特別支援学校など小・中学校以外の学校で対応する SC 及び SSW も含めた人数を記載している。
注4：「(参考）相談実績」欄には，高等学校，特別支援学校など小・中学校以外の学校の児童生徒について SC 及び SSW が対応した実績も含めて記載している。
注5：SC について
①文部科学省によると，「国の配置目標」欄の「全公立小・中学校（2万7500校)」とは，2015年度の全公立小・中学校2万9939校（小学校2万302校，中学校9637校）から小規模（学校全体で5学級以下）の小学校2427校を除いた学校数（2万7512校）から算出したとしている。
②「配置実績」欄及び「(参考）相談実績」欄には，SC に準ずる者を含む。
③「(参考）相談実績」欄には，児童生徒，保護者，教員等の相談者の合計数を延べ数で記載している。
注6：SSW について
①文部科学省によると，「国の配置目標」欄の「すべての中学校区（約1万人（予算ベース））に配置」とは，すべての中学校区において少なくとも1校以上 SSW の対応実績があるようにすることと定義している。
②「配置実績」の「SSW：配置校区数」欄の「5738」校区とは，すべての中学校区のうち，少なくとも1校以上 SSW の対応実績がある中学校区数であり，カッコ内の「2700」校区とは，中学校区内にあるすべての学校において，SSW の対応実績がある中学校区数である。
③「(参考）相談実績」欄には，支援対象児童生徒数を実人数で記載している。
出典：「学校における専門スタッフ等の活用に関する調査結果報告書」（総務省行政評価局，2020年）

の「学校における専門スタッフ等の活用に関する調査」では，国のSCやSSW配置目標に対して，配置実績及び相談実績が整理されている（表Ｉ-17-１）。また2022年度の「学校保健統計調査」では，都道府県別のSCの配置状況が明らかにされている（表Ｉ-17-２）。それによると，SCの配置状況には，都道府県や学校種によりばらつきが大きいことが分かる。専門スタッフの配置状況に関する全国的な格差について，いかに対応し得るかが今後の課題である。（外池彩萌）

表Ｉ-17-２　スクールカウンセラーの配置状況

	小学校				中学校				高等学校			
	有			無	有			無	有			無
	定期配置		不定期配置		定期配置		不定期配置		定期配置		不定期配置	
	週4時間以上	週4時間未満			週4時間以上	週4時間未満			週4時間以上	週4時間未満		
全国	24.4	38.6	28.3	8.7	64.5	21.5	11.6	2.4	41.2	34.8	17.8	6.2
北海道	5.9	40.0	33.8	20.3	28.4	33.1	34.9	3.6	12.3	52.8	34.8	-
青森県	5.9	71.2	20.7	2.2	10.6	67.3	20.1	2.0	2.6	53.2	23.3	20.9
岩手県	13.8	34.9	19.8	31.5	73.5	21.5	3.0	1.9	14.9	66.8	12.8	5.5
宮城県	61.9	18.3	19.8	-	94.6	1.5	1.9	1.9	66.0	20.0	14.1	-
秋田県	-	-	38.0	62.0	14.7	74.1	11.1	-	5.8	38.8	43.8	11.5
山形県	0.6	0.9	29.3	69.2	60.5	19.4	13.2	6.9	3.3	62.3	29.2	5.2
福島県	20.5	19.5	21.9	38.0	74.7	22.9	2.4	-	67.0	20.1	10.5	2.5
茨城県	7.7	69.4	22.8	-	39.2	45.0	15.8	-	15.0	74.2	10.8	-
栃木県	3.4	49.4	47.2	-	53.6	38.3	8.0	-	22.6	35.2	41.0	1.3
群馬県	30.7	37.6	24.4	7.2	60.6	19.0	13.6	6.8	40.9	43.1	8.1	7.8
埼玉県	8.5	47.1	44.4	-	50.6	44.5	4.9	-	25.1	16.6	46.8	11.5
千葉県	32.0	48.1	16.0	3.9	95.2	3.7	1.2	-	74.3	11.9	12.4	1.4
東京都	98.1	1.9	-	-	89.1	0.9	-	9.9	91.4	1.3	1.1	6.1
神奈川県	42.8	28.9	24.7	3.5	96.7	-	2.0	1.4	64.3	27.4	2.7	5.6
新潟県	5.9	48.7	44.3	1.1	9.3	57.4	33.3	-	65.2	16.0	9.4	9.4
富山県	32.0	38.5	29.5	-	70.9	27.5	1.7	-	14.0	29.3	54.8	1.9
石川県	16.6	65.8	9.9	7.8	62.7	37.3	-	-	34.3	47.5	12.5	5.7
福井県	27.0	60.5	12.5	-	65.1	34.9	-	-	11.4	68.6	17.1	2.9
山梨県	13.1	57.8	29.1	-	60.4	26.9	10.8	2.0	31.6	14.4	34.9	19.1
長野県	3.4	44.5	48.8	3.4	14.9	53.6	31.5	-	10.3	31.7	54.2	3.8
岐阜県	4.1	52.6	40.8	2.5	33.9	26.2	37.2	2.7	25.2	37.0	37.8	-
静岡県	15.8	60.8	23.4	-	82.4	4.4	7.2	5.9	29.6	33.1	30.5	6.8
愛知県	39.1	35.1	22.8	3.0	89.9	5.0	5.0	-	34.3	42.4	18.9	4.4
三重県	23.3	36.8	37.0	3.0	71.9	13.5	14.6	-	84.4	15.6	-	-
滋賀県	7.5	40.5	28.3	23.7	61.5	22.2	16.4	-	18.2	50.9	30.9	-
京都府	40.2	30.4	29.4	-	94.2	5.8	-	-	70.7	13.4	15.9	-
大阪府	22.6	32.0	26.4	19.0	95.2	-	4.8	-	23.3	53.5	15.0	8.2
兵庫県	35.1	40.0	24.9	-	90.7	9.3	-	-	30.3	64.8	-	5.0
奈良県	13.2	40.8	35.6	10.3	28.3	47.0	23.5	1.3	69.5	18.0	10.8	1.6
和歌山県	17.4	52.7	29.9	-	67.6	11.0	8.9	12.5	95.3	-	-	4.7
鳥取県	8.2	76.0	15.8	-	52.6	36.9	1.6	8.9	60.9	39.1	-	-
島根県	4.8	75.3	17.5	2.5	23.1	56.1	20.7	-	6.0	66.0	26.0	2.1
岡山県	10.8	76.3	12.9	-	59.0	38.1	-	2.9	12.0	53.8	32.7	1.5
広島県	27.0	45.1	19.7	8.3	64.9	17.7	17.4	-	18.9	51.2	25.3	4.7
山口県	3.2	44.9	51.9	-	18.9	30.4	50.7	-	13.2	70.0	16.8	-
徳島県	11.5	27.7	60.8	-	68.0	13.1	18.9	-	27.4	47.6	25.0	-
香川県	10.9	55.7	26.3	7.1	82.1	11.8	6.1	-	81.0	19.0	-	-
愛媛県	0.7	1.5	45.0	52.8	71.3	14.8	5.4	8.5	36.6	-	1.4	62.0
高知県	19.2	67.1	13.7	-	58.1	38.2	2.9	0.8	87.5	5.2	4.8	2.5
福岡県	28.1	26.0	45.9	-	85.6	14.4	-	-	39.9	37.0	16.3	6.8
佐賀県	5.7	73.1	21.2	-	42.9	28.6	28.6	-	13.8	55.9	30.3	-
長崎県	3.5	29.5	29.1	37.8	77.6	13.7	-	8.8	46.4	13.0	9.5	31.1
熊本県	5.7	29.5	46.4	18.5	31.5	43.1	25.4	-	43.8	38.2	18.0	-
大分県	37.5	49.8	6.9	5.7	89.8	10.2	-	-	84.4	4.4	-	11.3
宮崎県	3.1	2.6	43.2	51.1	49.0	10.2	22.1	18.7	8.4	22.9	25.3	43.3
鹿児島県	3.3	42.0	53.6	1.1	10.7	44.0	42.8	2.5	10.1	71.5	17.3	1.1
沖縄県	11.2	54.7	34.1	-	42.0	29.1	28.9	-	55.1	38.9	6.0	-

出典：「令和４年度学校保健統計調査」（文部科学省，2023年）

18 学校評議員制度

学校評議員制度は，学校教育法施行規則第49条を法的根拠として2000年から導入された。当該制度は，学校が保護者や地域住民等の信頼に応え，家庭や地域と連携協力して一体となって子供たちの健やかな成長を図っていく観点から，より一層地域に開かれた学校づくりを推進していくため，中央教育審議会答申「今後の地方教育行政の在り方について」(1998年９月）を踏まえ，地域住民の学校運営への参画の仕組みを新たに制度的に位置付けたものである。

学校評議員は，①保護者や地域住民等の意向を把握し反映すること，②保護者や地域住民等の協力を得ること，③学校運営の状況等を周知するなど学校としての説明責任を果たしていくことができるように，校長の求めに応じ，学校や地域の実情に即した学校運営に関して意見を述べる役割を担う（ただし何らかの拘束力や制約のある決定などを行うものではない)。これにより，校長が学校の教育目標・計画や地域との連携の進め方などに関し，保護者や地域住民の意見を聞くとともに，その理解や協力を得て，特色ある教育活動を主体的かつ積極的に展開していくことが期待される。

公立学校における学校評議員の設置率は2008年度に86.5％まで増加したが，それ以後は2014年度に75.4％となり，６年間で約11％減少した（図Ⅰ-18-１)。また2014年度の同調査では「学校運営協議会の設置により学校評議員の機能が確保されているため，学校評議員を設置していない」公立学校の割合が７％であった（表Ⅰ-18-１)。それに対し，学校運営協議会制度（コミュニティ・スクール）の設置率は2015年以降増加し続けている（図Ⅰ-18-２)。この背景には，第２期教育振興基本計画（2013年６月14日閣議決定）においてコミュニティ・スクール（学校運営協議会制度：詳細はⅠ-19「学校運営協議会制度（コミュニティ・スクール)」を参照）の全公立小・中学校への設置拡大に関する推進目標が掲げられたことなどを契機に，開かれた学校づくりに向けて一定の役割を果たしてきた学校評議員制度から，これまでの蓄積を土台とした学校運営協議会制度へと，段階的な発展や移行が積極的に推進されてきたことがある（図Ⅰ-18-３)。

（藤　朱里）

図Ⅰ-18-１　学校評議員の設置状況（公立学校）

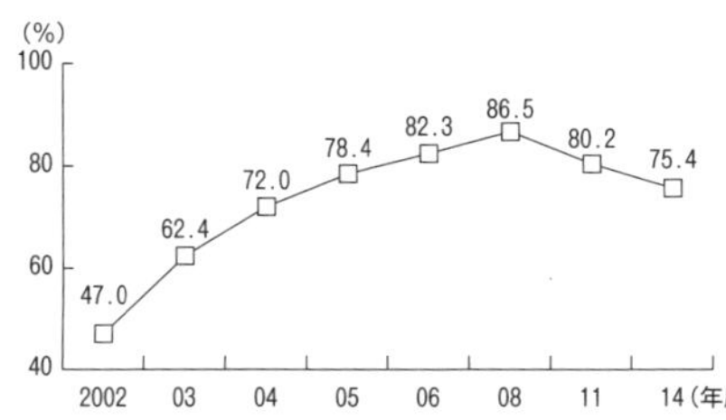

出典：「学校評価等実施状況調査（平成26年度間，平成23年度間，平成20年度間)」（文部科学省）

表Ⅰ-18-1　学校評議員の非設置状況（公立学校）

（割合の母数：全学校数）

	公立学校							
	学校評議会を設置している		学校評議員の設置を検討している		学校運営協議会の設置により学校評議員の機能が確保されているため，学校評議員を設置していない		学校評議員を設置しておらず，検討もしていない	
	学校数	割合	学校数	割合	学校数	割合	学校数	割合
幼稚園	2,302	53.8%	384	9.0%	172	4.0%	1,418	33.2%
小学校	15,398	77.5%	360	1.8%	1,713	8.6%	2,403	12.1%
中学校	7,393	78.1%	180	1.9%	753	8.0%	1,145	12.1%
高等学校	2,867	81.8%	17	0.5%	28	0.8%	593	16.9%
中等教育学校	23	76.7%	0	0.0%	1	3.3%	6	20.0%
特別支援学校	748	80.3%	4	0.4%	11	1.2%	168	18.0%
合　計	28,731	75.4%	945	2.5%	2,678	7.0%	5,733	15.1%

出典：「学校評価等実施状況調査（平成26年度間）」（文部科学省，2016年）

図Ⅰ-18-2　コミュニティ・スクールの導入率

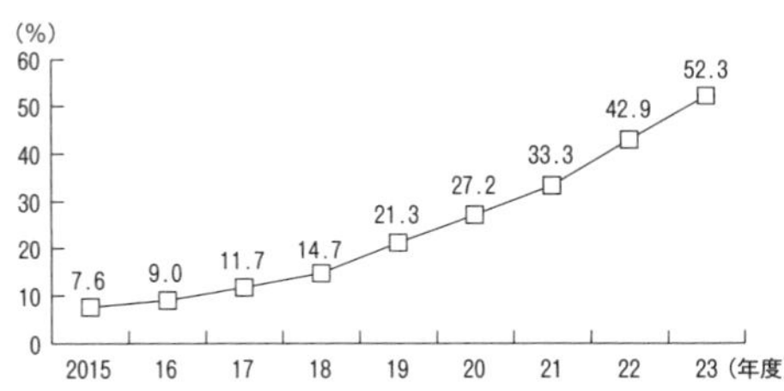

出典：「令和4年度のコミュニティ・スクール及び地域学校協働活動実施状況について」「令和5年度コミュニティ・スクール及び地域学校協働活動実施状況調査」（文部科学省，2022年，2023年）

図Ⅰ-18-3　既存の仕組みをベースとしたコミュニティ・スクールへの発展

保護者や地域住民等が学校運営に参画する持続可能な仕組みの構築へ

コミュニティ・スクール
（学校運営協議会を設置した学校）

「学校運営協議会規則（教育委員会規則）を作成し、
地教行法に基づく仕組みに位置づける

◆コミュニティ・スクールへの過渡的な
段階の姿として捉えて推進

自治体類似の仕組み（○○型コミュニティ・スクールなど）
地域住民や保護者等が学校運営や教育活動について
協議し意見を述べる会議体※

◆学校と地域の協働関係・信頼関
係の土台となる大切な取組

※教育委員会の規則や、教育委員会の方針等に基づき学校が作成する要綱等により設置されている会議体で、校長の求めに応じた意見聴取にとどまらず、主体的に学校運営や教育活動について協議し、意見を述べることができる会議体
（任用等に関する意見を主活動として位置づけていない協議会も含む。）

学校関係者評価委員会
学校運営協議会で一体的に展開
学校関係者評価委員会は、学校関係者評価を実施するための任意設置の会議体です。
学校教育法第43条、同法施行規則第67条

学校評議員制度
学校運営協議会への移行を積極的に推進
学校評議員制度は、学校評議員が、校長の求めに応じて、学校運営に関する意見を述べる制度です。
学校教育法施行規則第49条

出典：「『学校運営協議会』設置の手引き　コミュニティスクールのつくり方（令和元年改訂版）」（文部科学省，2020年）

19 学校運営協議会制度（コミュニティ・スクール）

学校運営協議会制度（コミュニティ・スクール）とは，2004年の「地方教育行政の組織及び運営に関する法律」（以下，地教行法）の改正によって導入された制度である。学校運営に対する地域住民の参加に関する制度としては2000年に導入された学校評議員制度があるが（Ⅰ-18「学校評議員制度」の項を参照），現在は学校運営協議会制度への移行が進んでいる。学校運営協議会制度では，学校運営に地域の声を積極的に生かすことで，地域と一体となって特色ある学校づくりを進めていくことを目指している。2015年12月に取りまとめられた中央教育審議会答申「新しい時代の教育と地方創生の実現に向けた学校と地域の連携・協働の在り方と今後の推進方策について」を踏まえ，学校運営協議会の設置の努力義務化やその役割の充実などを内容とする地教行法の改正が行われ，2017年４月に施行された。学校運営協議会の仕組みは図Ⅰ-19-１の通りである。また，学校運営協議会の仕組みを生かして学校と地域の効果的な連携・協働を推進していくためには，より多くかつ幅広い層の地域住民団体等が参画し，緩やかなネットワークを形成する「地域学校協働本部」と双方が機能することが重要であるとされている。

学校運営協議会制度を導入した学校である「コミュニティ・スクール」の数は，2023年５月１日時点で１万8135校となり，導入率は52.3％となった（図Ⅰ-19-２，表Ⅰ-19-１）。2017年に学校運営協議会の設置が努力義務化されて以降，大幅に増加を続けている。学校設置者としては，2023年５月１日時点で全体の約４分の

図Ⅰ-19-１　コミュニティ・スクール（学校運営協議会制度）の仕組み

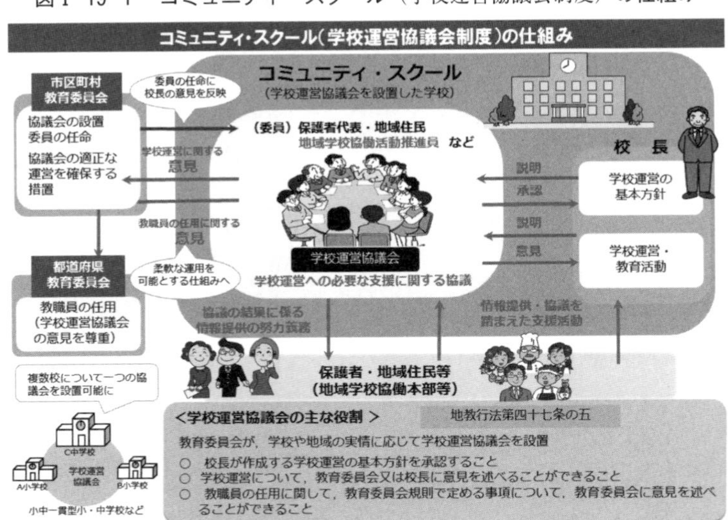

出典：「コミュニティ・スクール（学校運営協議会制度）について」（文部科学省）

３に当たる1347自治体（38都道府県，15指定都市，1277市区町村，17学校組合）が導入している（図Ⅰ-19-３）。学校種ごとにみると，義務教育段階の学校における導入率が高いが，いずれの学校種においても導入が進んでいる。学校運営協議会制度は「地域とともにある学校」への転換を図るための有効な仕組みとして，今後もさらなる設置拡大が見込まれている。（相庭貴行）

図Ⅰ-19-２　全国の公立学校におけるコミュニティ・スクールの数

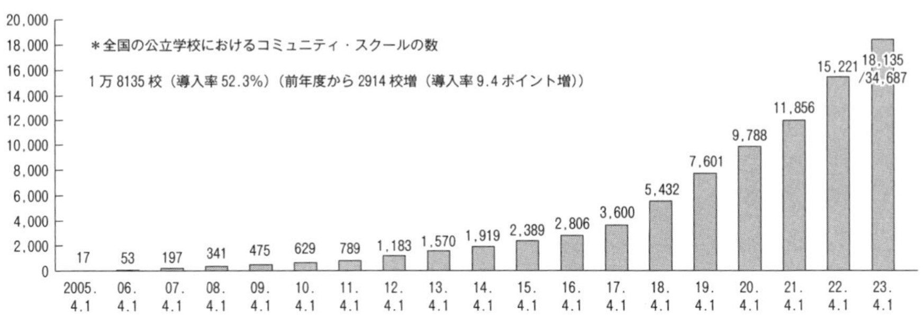

図Ⅰ-19-３　コミュニティ・スクールを導入している自治体数

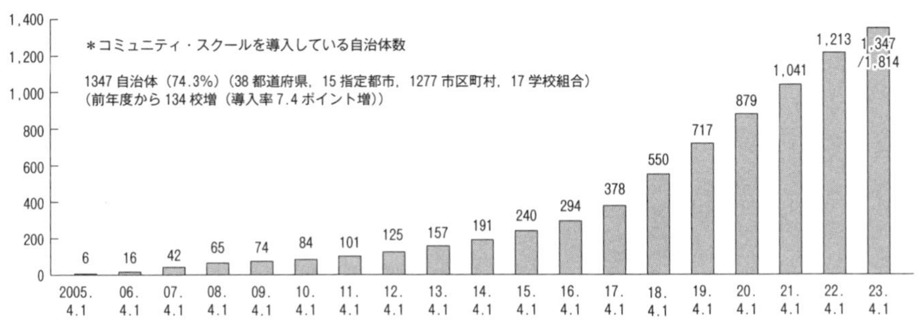

表Ⅰ-19-１　全国の公立学校におけるコミュニティ・スクールの数（校種別）

校　種	学校数	導入校数	導入率	前年度との比較
全て（再掲）	34,687校	18,135校	52.3%	2,914校増（9.4ポイント増）
小中義務のみ	27,649校	16,131校	58.3%	2,612校増（9.7ポイント増）
幼稚園	2,437園	341園	14.0%	16園増（3.4ポイント増）
小学校	18,437校	10,812校	58.6%	1,691校増（9.6ポイント増）
中学校	9,010校	5,167校	57.3%	880校増（10.0ポイント増）
義務教育学校	202校	152校	75.2%	41校増（5.4ポイント増）
高等学校	3,449校	1,144校	33.2%	169校増（5.2ポイント増）
中等教育学校	35校	8校	22.9%	1校増（2.3ポイント増）
特別支援学校	1,117校	511校	45.7%	116校増（9.9ポイント増）

出典：図Ⅰ-19-２，３及び表Ⅰ-19-１は「令和５年度コミュニティ・スクール及び地域学校協働活動実施状況調査（概要）」（文部科学省，2023年）

20 学校評価と情報提供

2002年度から施行された「小学校設置基準」などにより，学校評価についての自己評価の実施と結果の公表に努めることとされた。2007年には学校教育法，学校教育法施行規則の改正により，自己評価・学校関係者評価の実施・公表，評価結果の設置者への報告に関する規定が新たに加えられた。

これらの法令施行後，文部科学省が行った「学校評価及び情報提供の実施状況」についての調査結果は以下の通りである。2014年度間において，自己評価を

表Ⅰ-20-1　自己評価の実施状況

	国立学校											
	実施した										実施していない	
	年度末に1回実施		年度末以外に1回実施		年2回もしくは3回実施		左記以外の時期・回数で実施		計			
	学校数	割合	学校数	割合	学校数	割合	学校数	割合	学校数	割合		
幼稚園	21	42.9%	11	22.4%	16	32.7%	1	2.0%	49	100.0%	0	0.0%
小学校	35	48.6%	13	18.1%	24	33.3%	0	0.0%	72	100.0%	0	0.0%
中学校	38	52.1%	14	19.2%	19	26.0%	2	2.7%	73	100.0%	0	0.0%
高等学校	13	86.7%	0	0.0%	2	13.3%	0	0.0%	15	100.0%	0	0.0%
中等教育学校	4	100.0%	0	0.0%	0	0.0%	0	0.0%	4	100.0%	0	0.0%
特別支援学校	29	64.4%	11	24.4%	5	11.1%	0	0.0%	45	100.0%	0	0.0%
合　計	140	54.3%	49	19.0%	66	25.6%	3	1.2%	258	100.0%	0	0.0%

	公立学校											
	実施した										実施していない	
	年度末に1回実施		年度末以外に1回実施		年2回もしくは3回実施		左記以外の時期・回数で実施		計			
	学校数	割合	学校数	割合	学校数	割合	学校数	割合	学校数	割合		
幼稚園	2,125	49.7%	454	10.6%	1,615	37.8%	47	1.1%	4,241	99.2%	35	0.8%
小学校	6,096	30.7%	2,835	14.3%	10,692	53.8%	250	1.3%	19,873	100.0%	1	0.0%
中学校	3,447	36.4%	1,407	14.9%	4,509	47.6%	107	1.1%	9,470	100.0%	1	0.0%
高等学校	1,904	54.3%	537	15.3%	1,040	29.7%	24	0.7%	3,505	100.0%	0	0.0%
中等教育学校	14	46.7%	5	16.7%	11	36.7%	0	0.0%	30	100.0%	0	0.0%
特別支援学校	453	48.7%	165	17.7%	305	32.8%	8	0.9%	931	100.0%	0	0.0%
合　計	14,039	36.9%	5,403	14.2%	18,172	47.7%	436	1.1%	38,050	99.9%	37	0.1%

	私立学校											
	実施した										実施していない	
	年度末に1回実施		年度末以外に1回実施		年2回もしくは3回実施		左記以外の時期・回数で実施		計			
	学校数	割合	学校数	割合	学校数	割合	学校数	割合	学校数	割合		
幼稚園	3,946	53.9%	833	11.4%	998	13.6%	254	3.5%	6,031	82.4%	1,287	17.6%
小学校	128	58.7%	25	11.5%	29	13.3%	10	4.6%	192	88.1%	26	11.9%
中学校	380	51.4%	133	18.0%	118	16.0%	22	3.0%	653	88.4%	86	11.6%
高等学校	745	53.5%	225	16.2%	225	16.2%	32	2.3%	1,227	88.1%	166	11.9%
中等教育学校	6	37.5%	3	18.8%	5	31.3%	0	0.0%	14	87.5%	2	12.5%
特別支援学校	8	61.5%	1	7.7%	2	15.4%	0	0.0%	11	84.6%	2	15.4%
合　計	5,213	53.8%	1,220	12.6%	1,377	14.2%	318	3.3%	8,128	83.8%	1,569	16.2%

	国・公・私立合計											
	実施した										実施していない	
	年度末に1回実施		年度末以外に1回実施		年2回もしくは3回実施		左記以外の時期・回数で実施		計			
	学校数	割合	学校数	割合	学校数	割合	学校数	割合	学校数	割合		
幼稚園	6,092	52.3%	1,298	11.1%	2,629	22.6%	302	2.6%	10,321	88.6%	1,322	11.4%
小学校	6,259	31.0%	2,873	14.2%	10,745	53.3%	260	1.3%	20,137	99.9%	27	0.1%
中学校	3,865	37.6%	1,554	15.1%	4,646	45.2%	131	1.3%	10,196	99.2%	87	0.8%
高等学校	2,662	54.2%	762	15.5%	1,267	25.8%	56	1.1%	4,747	96.6%	166	3.4%
中等教育学校	24	48.0%	8	16.0%	16	32.0%	0	0.0%	48	96.0%	2	4.0%
特別支援学校	490	49.5%	177	17.9%	312	31.5%	8	0.8%	987	99.8%	2	0.2%
合　計	19,392	40.4%	6,672	13.9%	19,615	40.8%	757	1.6%	46,436	96.7%	1,606	3.3%

表Ⅰ-20-2　学校関係者評価の実施状況

	国立学校											
	実施した										実施していない	
	年度末に1回実施		年度末以外に1回実施		年2回もしくは3回実施		左記以外の時期・回数で実施		計			
	学校数	割合	学校数	割合	学校数	割合	学校数	割合	学校数	割合		
幼稚園	23	46.9%	10	20.4%	13	26.5%	0	0.0%	46	93.9%	3	6.1%
小学校	35	48.6%	12	16.7%	24	33.3%	1	1.4%	72	100.0%	0	0.0%
中学校	41	56.2%	8	11.0%	18	24.7%	1	1.4%	68	93.2%	5	6.8%
高等学校	6	40.0%	3	20.0%	3	20.0%	0	0.0%	12	80.0%	3	20.0%
中等教育学校	3	75.0%	0	0.0%	1	25.0%	0	0.0%	4	100.0%	0	0.0%
特別支援学校	31	68.9%	9	20.0%	3	6.7%	0	0.0%	43	95.6%	2	4.4%
合　計	139	53.9%	42	16.3%	62	24.0%	2	0.8%	245	95.0%	13	5.0%

	公立学校											
	実施した										実施していない	
	年度末に1回実施		年度末以外に1回実施		年2回もしくは3回実施		左記以外の時期・回数で実施		計			
	学校数	割合	学校数	割合	学校数	割合	学校数	割合	学校数	割合		
幼稚園	2,216	51.8%	366	8.6%	815	19.1%	37	0.9%	3,434	80.3%	842	19.7%
小学校	10,491	52.8%	2,616	13.2%	6,207	31.2%	130	0.7%	19,444	97.8%	430	2.2%
中学校	5,045	53.3%	1,173	12.4%	2,961	31.3%	63	0.7%	9,242	97.6%	229	2.4%
高等学校	2,241	63.9%	453	12.9%	786	22.4%	19	0.5%	3,499	99.8%	6	0.2%
中等教育学校	17	56.7%	5	16.7%	8	26.7%	0	0.0%	30	100.0%	0	0.0%
特別支援学校	571	61.3%	148	15.9%	200	21.5%	5	0.5%	924	99.2%	7	0.8%
合　計	20,581	54.0%	4,761	12.5%	10,977	28.8%	254	0.7%	36,573	96.0%	1,514	4.0%

	私立学校											
	実施した										実施していない	
	年度末に1回実施		年度末以外に1回実施		年2回もしくは3回実施		左記以外の時期・回数で実施		計			
	学校数	割合	学校数	割合	学校数	割合	学校数	割合	学校数	割合		
幼稚園	2,036	27.8%	517	7.1%	290	4.0%	166	2.3%	3,009	41.1%	4,309	58.9%
小学校	72	33.0%	21	9.6%	19	8.7%	5	2.3%	117	53.7%	101	46.3%
中学校	211	28.6%	112	15.2%	82	11.1%	29	3.9%	434	58.7%	305	41.3%
高等学校	391	28.1%	197	14.1%	143	10.3%	43	3.1%	774	55.6%	619	44.4%
中等教育学校	3	18.8%	3	18.8%	0	0.0%	0	0.0%	6	37.5%	10	62.5%
特別支援学校	3	23.1%	1	7.7%	2	15.4%	0	0.0%	6	46.2%	7	53.8%
合　計	2,716	28.0%	851	8.8%	536	5.5%	243	2.5%	4,346	44.8%	5,351	55.2%

	国・公・私立合計											
	実施した										実施していない	
	年度末に1回実施		年度末以外に1回実施		年2回もしくは3回実施		左記以外の時期・回数で実施		計			
	学校数	割合	学校数	割合	学校数	割合	学校数	割合	学校数	割合		
幼稚園	4,275	36.7%	893	7.7%	1,118	9.6%	203	1.7%	6,489	55.7%	5,154	44.3%
小学校	10,598	52.6%	2,649	13.1%	6,250	31.0%	136	0.7%	19,633	97.4%	531	2.6%
中学校	5,297	51.5%	1,293	12.6%	3,061	29.8%	93	0.9%	9,744	94.8%	539	5.2%
高等学校	2,638	53.7%	653	13.3%	932	19.0%	62	1.3%	4,285	87.2%	628	12.8%
中等教育学校	23	46.0%	8	16.0%	9	18.0%	0	0.0%	40	80.0%	10	20.0%
特別支援学校	605	61.2%	158	16.0%	205	20.7%	5	0.5%	973	98.4%	16	1.6%
合　計	23,436	48.8%	5,654	11.8%	11,575	24.1%	499	1.0%	41,164	85.7%	6,878	14.3%

実施した国立学校は100%，公立学校は99.9%，私立学校は83.8%で，国・公・私立合計で96.7%であった。学校関係者評価を実施した国立学校は95.0%，公立学校は96.0%，私立学校は44.8%で，国・公・私立合計で85.7%であった。第三者評価を実施した国立学校は17.8%，公立学校は5.6%，私立学校は7.1%で，国・公・私立合計で6.0%であった（表Ｉ-20-１～３）。

学校に関する情報の提供方法については，学校便り等の作成が86.2%（国・公・私立合計）と最も高く，次いでホームページの作成が83.4%（同）となっており，前回調査より増加していることから，地域に開かれた学校づくりが進んでいると考えられる（図Ｉ-20-１）。情報提供の内容は，割合が最も高いのは教育目標・教育計画で90.0%（国・公・私立合計），次いで児童生徒の様子が88.0%（同）となっている（図Ｉ-20-２）。なお，自治体単位で実施状況を公表している場合もある。

（石鍋杏樹）

表Ｉ-20-３　第三者評価の実施状況

	国立学校				公立学校				私立学校				国・公・私立合計			
	実施した		実施していない		実施した		実施していない		実施した		実施していない		実施した		実施していない	
	学校数	割合	学校数	割合	学校数	割合	学校数	割合	学校数	割合	学校数	割合	学校数	割合	学校数	割合
幼稚園	6	12.2%	43	87.8%	110	2.6%	4,166	97.4%	403	5.5%	6,915	94.5%	519	4.5%	11,124	95.5%
小学校	14	19.4%	58	80.6%	925	4.7%	18,949	95.3%	24	11.0%	194	89.0%	963	4.8%	19,201	95.2%
中学校	13	17.8%	60	82.2%	476	5.0%	8,995	95.0%	98	13.3%	641	86.7%	587	5.7%	9,696	94.3%
高等学校	7	46.7%	8	53.3%	481	13.7%	3,024	86.3%	158	11.3%	1,235	88.7%	646	13.1%	4,267	86.9%
中等教育学校	2	50.0%	2	50.0%	4	13.3%	26	86.7%	3	18.8%	13	81.3%	9	18.0%	41	82.0%
特別支援学校	4	8.9%	41	91.1%	149	16.0%	782	84.0%	0	0.0%	13	100.0%	153	15.5%	836	84.5%
合　計	46	17.8%	212	82.2%	2,145	5.6%	35,942	94.4%	686	7.1%	9,011	92.9%	2,877	6.0%	45,165	94.0%

図Ｉ-20-１　保護者や地域住民等への学校に関する情報の提供方法

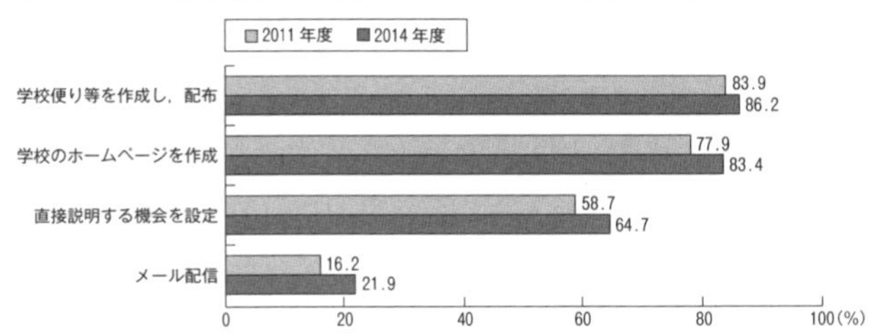

図Ｉ-20-２　学校が保護者や地域住民に情報提供を行った内容

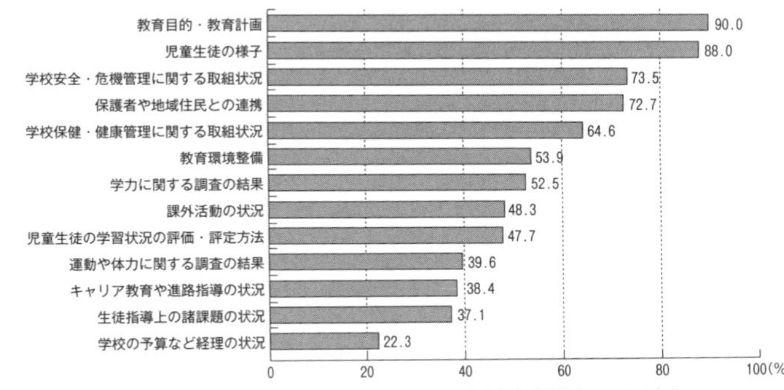

出典：すべて「学校評価等実施状況調査（平成26年度間）結果」（文部科学省，2016年）

21 放課後子供教室・放課後児童クラブ・学童保育

放課後児童クラブは，放課後児童健全育成事業を行う場所として運営されている。放課後児童健全育成事業は，児童福祉法（昭和22年法律第164号）第６条の３第２項において，「小学校に就学している児童であって，その保護者が労働等により昼間家庭にいないものに，授業の終了後に児童厚生施設等の施設を利用して適切な遊び及び生活の場を与えて，その健全な育成を図る事業」として規定されている。1955年頃から母親の就労の増加に伴って，放課後，保護者が家庭にいない子供の豊かで安全・安心な生活保障が社会問題として取り上げられるようになる。放課後児童クラブは，それに対応するため，いわゆる「学童保育」として，保護者等の自主運営や市町村の単独補助による事業として全国的に広がっていったことに始まる。また，1990年度から施行の児童福祉法改正によって，放課後児童健全育成事業が法定化され，2015年度からの「子ども・子育て支援新制度」の施行を契機に，対象年齢の拡大と基準の策定，放課後児童支援員の資格化，職員の処遇改善のための方策等が実施されて今日に至っている。

放課後児童クラブの現況として，クラブの数や登録児童数は年々増加傾向にあり，2022年度調査では，放課後児童クラブの数は２万6683カ所，登録児童数は139万2158人である。しかし，それと同時に利用できなかった児童（待機児童）は１万5180人と多く存在している（図Ⅰ-21-１）。放課後児童クラブの未実施の理由として，「放課後児童支援員等の人材確保が困難」「実施場所の確保が困難」等が挙げられており（図Ⅰ-21-２），人材と実施場所の確保が求められる。

図Ⅰ-21-１　クラブ数，実施の単位数，登録児童数及び利用できなかった児童数の推移

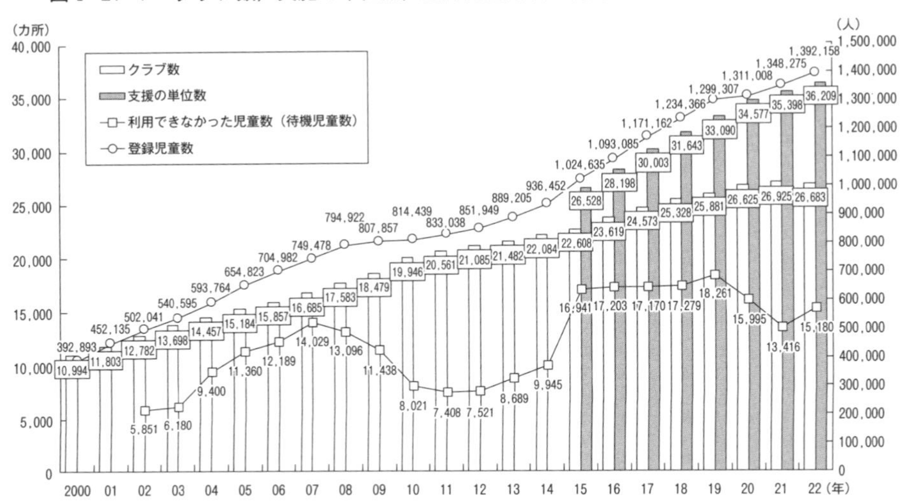

図Ｉ-21-２　放課後児童クラブ未実施の理由

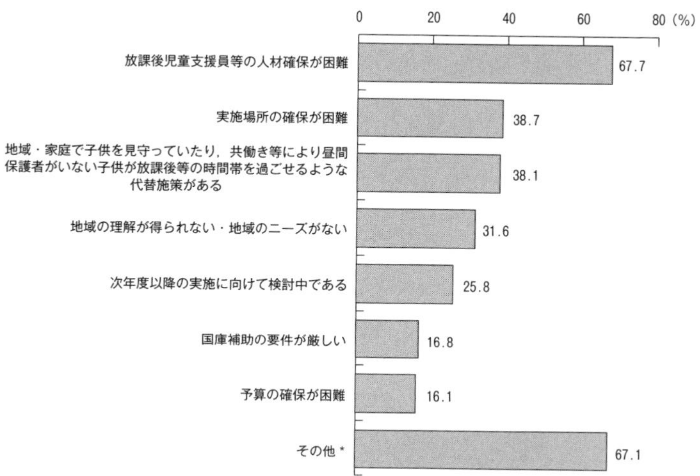

★その他：近隣の小学校区の児童クラブに行っていたり合同で実施しているため，実施を検討中，児童が少なくなったためニーズがないため，放課後子ども教室だけで対応できているため，など。

表Ｉ-21-１　放課後児童クラブにおける平日の終了時刻の状況

終了時刻	2022年	2021年	増減
17：00まで	97 （0.4%）	94 （0.3%）	3
17：01～18：00	4,585 （17.2%）	5,061 （18.8%）	▲476
18：01～18：30	5,782 （21.7%）	5,707 （21.2%）	75
18：31～19：00	14,174 （53.1%）	13,934 （51.8%）	240
19：01以降	2,042 （7.7%）	2,124 （7.9%）	▲82
合　計	26,680 （100.0%）	26,920 （100.0%）	▲240

注１：（　）内は各年の総数に対する割合。
注２：[2022年：26,680]，[2021年：26,920)］は，平日に開所しているクラブ数。

表Ｉ-21-２　放課後児童クラブにおける長期休暇等の終了時刻の状況

終了時刻	2022年	2021年	増減
17：00まで	259 （1.0%）	344 （1.3%）	▲85
17：01 ～18：00	5,006 （18.9%）	5,218 （19.5%）	▲212
18：01 ～18：30	5,712 （21.5%）	5,679 （21.2%）	33
18：31 ～19：00	13,667 （51.5%）	13,538 （50.5%）	129
19：01以降	1,904 （7.2%）	2,018 （7.5%）	▲114
合　計	26,548 （100.0%）	26,797 （100.0%）	▲249

注１：（　）内は各年の総数に対する割合。
注２：[2022年：26,548]，[2021年：26,797)］は，長期休暇等に開所しているクラブ数。

放課後子供教室の設置の目的は，子供たちが放課後を安全・安心に過ごし，多様な体験・活動ができるよう，地域住民等の参画を得て，放課後等にすべての児童を対象として，学習や体験・交流活動等を行うことである。放課後子供教室は2007年の「放課後子ども教室推進事業」の一環として実施された。当該事業は2006年度まで実施してきた「地域子ども教室推進事業」をベースとしている。放課後子供教室は，全国で１万7129教室実施されており，小学校では73.1％の学校で実施されている。一方で，放課後子供教室を実施する上で，「コーディネーターや教育活動推進員等の人材確保が困難」といった人材の不足，「実施場所の確保が困難」等の実施場所の不足が大きな課題となっている（図Ⅰ-21-３）。

次代を担う人材を育成し，加えて共働き家庭等が直面する「小１の壁」を打破する観点から，厚生労働省と文部科学省の連携の下，2014年７月に「放課後子ども総合プラン」が策定された。また当該プランの進捗状況等を踏まえ，これまでの放課後児童対策の取組をさらに推進させるため，放課後児童クラブの待機児童の早期解消，放課後児童クラブと放課後子供教室の一体的な実施の推進等によるすべての児童の安全・安心な居場所の確保を図ること等を内容とした，2023年までを対象とする「新・放課後子ども総合プラン」が2018年に策定されており，双方の施設の積極的な連携が図られている（表Ⅰ-21-３，図Ⅰ-21-４）。しかし，連携を図る上での課題も多く，人材の確保，実施場所の確保，関係者間の情報共有，活動の質の向上に向けた取り組みに関して課題がある。（才鴈武也）

図Ⅰ-21-３　放課後子供教室未実施の理由

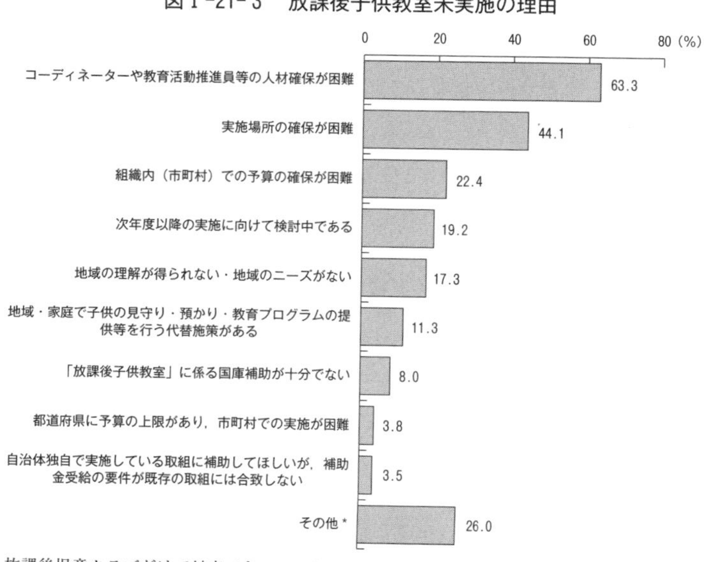

★その他：放課後児童クラブだけで対応できているため，実施を検討中，実施に向けて準備中，など。
出典：図Ⅰ-21-２，３は「『放課後子ども総合プラン』の推進状況等について」（文部科学省・厚生労働省，2017年）

表Ⅰ-21-3　放課後子供教室との連携の状況

実施状況	2022年	2021年	増減
同一小学校区内で放課後子供教室を実施	13,879 (52.0%)	13,994 (52.0%)	▲115
うち放課後子供教室の活動プログラムに参加している	9,498 (35.6%)	9,491 (35.2%)	7
うち同一小学校内で実施	5,869 (41.4%)	5,885 (40.9%)	▲16
学校の余裕教室	3,248 (22.9%)	3,255 (22.6%)	▲7
学校敷地内専用施設	2,621 (18.5%)	2,630 (18.3%)	▲9

注1：「放課後子供教室」とは，文部科学省が実施する，放課後等にすべての児童を対象として学習や体験・交流活動等を行う事業。

注2：「同一小学校区内で放課後子供教室を実施」「うち放課後子供教室の活動プログラムに参加している」における，( ) 内は全クラブ数 (2022年：26,683，2021年：26,925) に対する割合。

注3：「うち同一小学校内で実施」における ( ) 内は，学校内で実施するクラブ数 (2022年：14,161，2021年：14,391) に対する割合。

出典：図Ⅰ-21-1及び表Ⅰ-21-1～3は「放課後児童健全育成事業（放課後児童クラブ）の実施状況（令和4年〈2022年〉5月1日現在)」(厚生労働省，2022年)

図Ⅰ-21-4　一体型の実施の効果・課題別自治体数

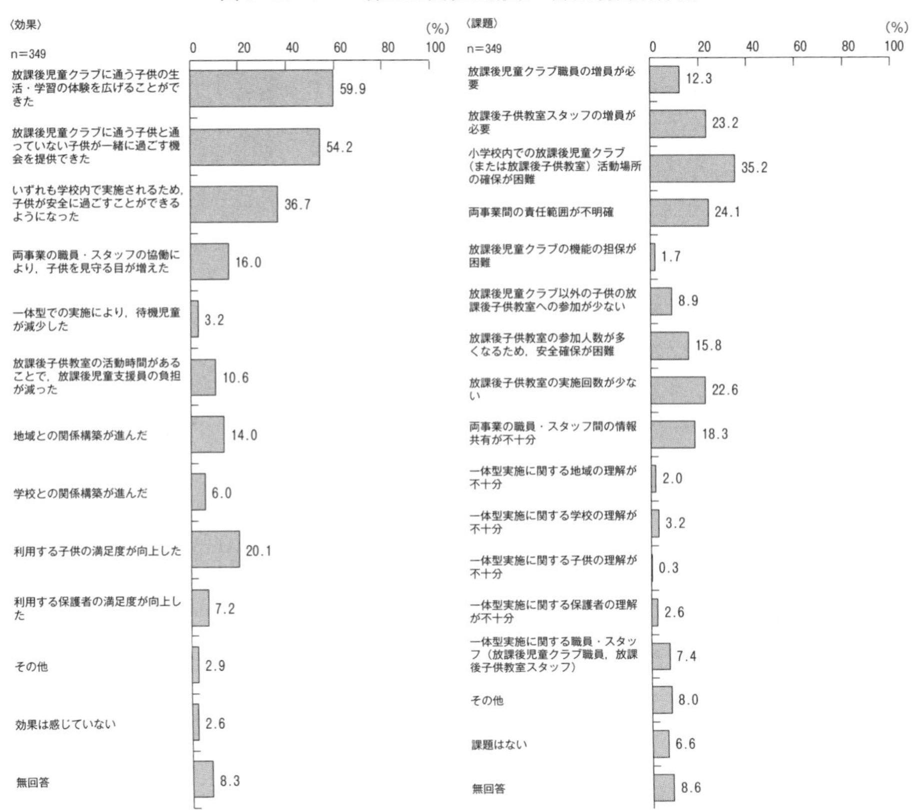

出典：「放課後児童クラブに登録した児童の利用実態及び放課後児童クラブと放課後子供教室の一体型による運営実態に係る調査研究報告書」(みずほ情報総研株式会社，2021年)

22 障害のある子供の教育

障害のある子供の教育については，特別支援教育とインクルーシブ教育の２つの教育の在り方がある。特別支援教育の始まりは，第二世界大戦後の1947年に公布された学校教育法の中に特殊教育として定められたところまでさかのぼる。特殊教育諸学校として，盲学校（視覚障害），聾学校（聴覚障害），養護学校の設置のほか，小学校，中学校，高等学校での特殊学級の設置が法律で定められた。1993年には言語障害，難聴，情緒障害等の児童生徒を対象にした通級による指導が始まった。2000年代に入ると，知的発達の著しい遅れはないが，学習面や行動面で困難がある児童生徒も特殊教育の対象として含められ，2007年４月，学校教育法の一部改正により，特殊教育から特別支援教育へと転換した。この改正で，従来の盲学校，聾学校は，障害種別を超えた特別支援学校として一本化されたほか，盲・聾・養護学校特殊教育教員免許も特別支援学校教員免許として一本化された。さらに，従来の特殊教育には含まれなかった学習障害（LD）や注意欠陥多動性障害（ADHD）といった発達障害をもつ子供に対して，特別支援教育の対象として適切な教育を行うこととされた（表Ⅰ-22-１～３）。

一方，インクルーシブ教育は，特別な教育的ニーズのある児童生徒を，大多数の児童生徒を対象とした教育制度に受け入れることを意味している。インクルーシブな学校は，児童生徒の学習スタイルと学習速度の違いに配慮し，適切なカリキュラム，組織体制，教育戦略，リソースの活用及び地域社会との連携により，全ての人に質の高い教育を保障し，児童生徒の多様なニーズを認めて，対応しなければならない，とユネスコのサラマンカ宣言で言及されている（1994年）。日本では，2006年に「障害者の権利に関する条約」が採択されて以降，各種制度や環境の整備がさらに進められている。文部科学省は，2012年７月に「共生社会の形成に向けたインクルーシブ教育システム構築のための特別支援教育の推進（報告）」を取りまとめ，障害のある子供の自立と社会参加を見据えて，それぞれの教育的ニーズに応える指導を提供できるようにしてきた。

このような背景から，障害のある子供の教育について考える際，インクルーシブ教育の理念は重要とされているが，それぞれの教育的ニーズに沿った指導を提供するといった具体策は，例えば，小・中学校において通常の学級に通い指導を受ける通級指導，特別支援学級や特別支援学校といった多様な学びの場の選択肢の確保など，特別支援教育における合理的配慮を基に実践されている。しかし，障害の有無を問わず，同じ学びの場のシステム構築と実現を目指すインクルーシブ教育とは隔たりがあるといえる。

（澁谷優子）

〔参考文献〕 荒川　智「インクルーシブ教育の実現に向けて－現状と課題」月刊「ノーマライゼーション　障害者の福祉」2017年２月号（第37巻，通巻427号）
「障害のある子供の教育支援の手引－子供たち一人一人の教育的ニーズを踏まえた学びの充実に向けて」（文部科学省，2021年）

表Ⅰ-22-1　特別支援学級数，特別支援学級在籍者数，担当教員数及び特別支援学級設置学校数 —国・公・私立計—

障害種別	小学校		中学校		義務教育学校		計	
	学級数	児童数	学級数	生徒数	学級数	生徒数	学級数	児童生徒数
	学級	人	学級	人	学級	人	学級	人
知的障害	22,141 (41.6%)	108,802 (43.5%)	9,953 (43.9%)	46,367 (46.5%)	338 (43.2%)	1,492 (45.3%)	32,432 (42.3%)	156,661 (44.3%)
肢体不自由	2,295 (4.3%)	3,353 (1.3%)	832 (3.7%)	1,134 (1.1%)	32 (4.1%)	52 (1.6%)	3,159 (4.1%)	4,539 (1.3%)
病弱・身体虚弱	2,026 (3.8%)	3,181 (1.3%)	914 (4.0%)	1,487 (1.5%)	28 (3.6%)	38 (1.2%)	2,968 (3.9%)	4,706 (1.3%)
弱視	401 (0.8%)	461 (0.2%)	153 (0.7%)	172 (0.2%)	4 (0.2%)	5 (0.2%)	558 (0.7%)	638 (0.2%)
難聴	968 (1.8%)	1,364 (0.5%)	418 (1.8%)	563 (0.6%)	15 (1.9%)	18 (0.5%)	1,401 (1.8%)	1,945 (0.6%)
言語障害	538 (1.0%)	1,113 (0.4%)	143 (0.6%)	202 (0.2%)	6 (0.8%)	16 (0.5%)	687 (0.9%)	1,331 (0.4%)
自閉症・情緒障害	24,898 (46.7%)	132,061 (52.8%)	10,257 (45.2%)	49,887 (50.0%)	360 (46.0%)	1,670 (50.7%)	35,515 (46.3%)	183,618 (52.0%)
総　計	53,267	250,335	22,670	99,812	783	3,291	76,720	353,438
担当教員数	人 56,660		人 24,858		人 839		人 82,357	
設置学校数	校 16,455		校 7,959		校 157		校 24,571	

注：中等教育学校の特別支援学級はなし。

表Ⅰ-22-2　通級による指導を受けている児童生徒数—国・公・私立計—

障害種別	小学校	中学校	高等学校	計
	人	人	人	人
言語障害	46,389 (30.0%)	774 (2.8%)	12 (0.7%)	47,175 (25.7%)
自閉症	29,306 (19.0%)	6,743 (24.4%)	711 (42.5%)	36,760 (20.0%)
情緒障害	19,376 (12.5%)	4,908 (17.8%)	270 (16.2%)	24,554 (13.4%)
弱視	196 (0.1%)	39 (0.1%)	4 (0.2%)	239 (0.1%)
難聴	1,725 (1.1%)	362 (1.3%)	12 (0.7%)	2,099 (1.1%)
学習障害	25,927 (16.8%)	7,994 (28.9%)	214 (12.8%)	34,135 (18.6%)
注意欠陥多動性障害	31,490 (20.4%)	6,741 (24.4%)	425 (25.4%)	38,656 (21.0%)
肢体不自由	105 (0.1%)	50 (0.2%)	4 (0.2%)	159 (0.1%)
病弱・身体虚弱	45 (0.0%)	38 (0.1%)	19 (1.1%)	102 (0.1%)
総　計	154,559 (100%)	27,649 (100%)	1,671 (100%)	183,879 (100%)

注１：小学校には義務教育学校前期課程，中学校には義務教育学校後期課程及び中等教育学校前期課程を含める。
注２：(　) 内は総計に占める割合。
注３：通級による指導を受けている児童生徒数の令和４年度分については，「特別支援教育資料（令和５年度）」に掲載予定。

表Ⅰ-22-3　特別支援学校の概況（学校設置基準）—国・公・私立計—

区分	学校数		設置校数				高等部重複障害学校設置校数	学級数	在籍者数					本務教員数	本務職員数
			幼稚部	小学部	中学部	高等部			幼稚部	小学部	中学部	高等部	計		
総　計	1,171	(116)	163	987	979	1,021	804	37,119	1,203	49,580	32,497	65,355	148,635	86,816	14,121
小計（単一の障害種対象）	902	(104)	133	727	721	768	566	25,266	1,085	33,769	22,187	47,176	104,217	60,048	10,265
視	61	(1)	44	57	58	52	42	1,048	150	471	385	1,124	2,130	2,806	1,271
聴	84	(7)	79	77	71	57	46	1,601	870	1,561	956	1,197	4,584	4,059	1,232
知	582	(73)	7	427	424	519	345	18,108	51	26,871	17,881	41,628	86,431	42,503	5,846
肢	118	(9)	3	111	114	106	104	3,614	14	4,176	2,330	2,655	9,175	8,564	1,605
病	57	(14)	-	55	54	34	29	895	-	690	635	572	1,897	2,116	311
小計（複数の障害種対象）	269	(12)	30	260	258	253	238	11,853	118	15,811	10,310	18,179	44,418	26,768	3,856
視・聴	-	-	-	-	-	-	-	-	-	-	-	-	-	-	-
視・知	2	(-)	2	2	2	1	1	90	10	242	109	10	371	172	46
視・肢	-	-	-	-	-	-	-	-	-	-	-	-	-	-	-
視・病	1	(-)	1	1	1	1	1	14	1	5	1	14	21	36	24
聴・知	12	(-)	9	12	12	10	6	314	36	417	259	512	1,224	767	166
聴・肢	-	-	-	-	-	-	-	-	-	-	-	-	-	-	-
聴・病	-	-	-	-	-	-	-	-	-	-	-	-	-	-	-
知・肢	154	(8)	1	147	146	147	140	7,331	5	10,171	6,575	12,389	29,140	16,523	2,190
知・病	14	(-)	1	13	13	14	12	672	5	1,113	659	963	2,740	1,450	147
肢・病	35	(3)	4	35	35	31	31	1,261	16	1,363	861	898	3,138	2,850	496
視・聴・知	1	-	1	1	1	1	1	30	7	14	6	69	96	80	28
視・聴・肢	-	-	-	-	-	-	-	-	-	-	-	-	-	-	-
視・聴・病	-	-	-	-	-	-	-	-	-	-	-	-	-	-	-
視・知・肢	-	-	-	-	-	-	-	-	-	-	-	-	-	-	-
視・知・病	-	-	-	-	-	-	-	-	-	-	-	-	-	-	-
視・肢・病	1	(-)	1	1	1	1	1	26	2	19	15	19	55	73	22
聴・知・肢	3	(-)	2	3	3	3	3	203	11	226	180	358	775	446	131
聴・知・病	-	-	-	-	-	-	-	-	-	-	-	-	-	-	-
聴・肢・病	-	-	-	-	-	-	-	-	-	-	-	-	-	-	-
知・肢・病	28	(-)	-	27	26	27	25	1,203	-	1,469	1,013	1,958	4,440	2,746	330
聴・知・肢・病	2	(-)	2	2	2	2	2	98	11	103	91	131	336	236	26
視・知・肢・病	-	-	-	-	-	-	-	-	-	-	-	-	-	-	-
視・聴・肢・病	-	-	-	-	-	-	-	-	-	-	-	-	-	-	-
視・聴・知・病	-	-	-	-	-	-	-	-	-	-	-	-	-	-	-
視・聴・知・肢	1	(-)	1	1	1	1	1	83	2	92	53	107	254	175	5
視・聴・知・肢・病	15	(1)	5	15	15	14	14	528	12	577	488	751	1,828	1,214	245

注１：学校基本調査（文部科学省）をもとに算出。
注２：特別支援学校が学則等で受入れを明示している障害種別で分類したものである。
注３：学校数の（　）内は分校数で，内数である。
出典：すべて「特別支援教育資料（令和４年度）」（文部科学省，2024年）

23 教育委員会の今日的役割と機能

1948年に戦後教育改革の一環として導入された教育委員会は，都道府県及び市町村等に置かれる行政委員会であり，首長からの独立，合議制，レイマンコントロール（住民による意思決定）を基本理念としている。教育委員会では，学校教育のみならず，生涯学習や文化，スポーツについて幅広く施策を展開している。教育委員会制度は，これまで数次にわたり改正されてきた。直近では，2011年に起こった大津市のいじめ自殺事件の際の教育委員会の対応の不足が契機となり，教育委員会の責任の所在や非常勤の委員が中心となっていることによる対応の困難さ等を解決するために，2015年に大幅に改正された。その内容は，主に以下の４点にまとめられる。第一に，教育委員長と教育長が，教育長に一本化された点である。これにより，教育委員会の第一義的な責任者としての教育長の立場が明確になった。さらに，この新たな教育長は，委員の互選ではなく首長によって任命されるため，首長による任命責任も明確化された。第二に，教育長への教育委員及び地域住民によるチェック機能が強化された点である。例えば，会議の議事録の作成・公表が努力義務とされた。第三に，首長が総合教育会議を開催することになった点である。これにより，首長が教育行政に果たす責任が明確化され，首長が公の場で教育政策について議論することが可能となった。図Ⅰ-23-１をみると，2021年度には都道府県・指定都市の94％で総合教育会議が開催され，１年間で平均1.5回開催された。市区町村では86.5％が開催されており，１年間で平均1.3回開催された。第四は，首長が教育に関する大綱を策定することとなった点である。図Ⅰ-23-２によれば，2020年度では，すべての都道府県・政令指定都市，及び99.7％の市区町村において大綱が策定されている。

このように，これまで教育委員会が抱えてきた，責任の所在が不明確であることや，民意が反映されにくいことといった課題に対応して改正が行われた。「第４期教育振興基本計画」（2023年６月16日閣議決定）によれば，今後は教育委員会の機能強化・活性化や教育委員会と首長部局の連携等の推進を図ることで，教育環境の整備を進めることが求められる。例えば，教育委員会の機能強化のためには，教育委員の資質・能力の向上が必要とされている。表Ⅰ-23-１をみると，都道府県教育委員会が開催した，都道府県内の全市区町村を対象とした研修は年間0.6回，都道府県内の一部市区町村を対象とした研修は年間1.1回である。表Ⅰ-23-２をみると，自教育委員会の教育委員への研修の開催状況は，都道府県・指定都市で年間4.2回，市区町村で年間2.1回である。「令和の日本型学校教育」の実現に向け，今後教育委員会には，さらなる機能強化・活性化や首長部局との連携が求められるだろう。

（武田　勲）

表Ⅰ-23-1　都道府県教育委員会が市区町村教育委員会の教育委員を対象として行った研修の平均年間開催回数（回／都道府県）

（回答数：都道府県47）

都道府県内全市区町村対象	都道府県内一部市区町村対象
0.6	1.1

表Ⅰ-23-2　（教育委員1人以上が参加した）研修会の平均開催回数（回／自治体）

（回答数：都道府県・指定都市67，市区町村1718）

都道府県・指定都市	市区町村
4.2	2.1

図Ⅰ-23-1　総合教育会議の開催回数

（回答数：都道府県・指定都市67，市区町村1718）

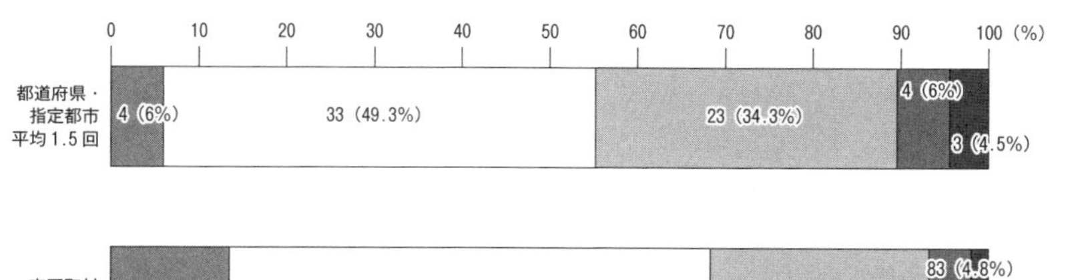

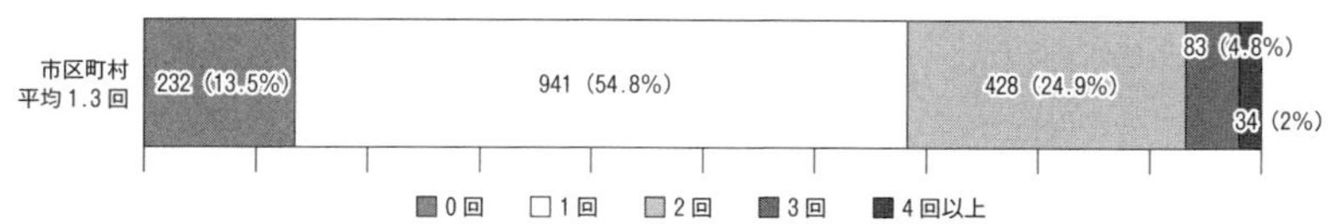

出典：表Ⅰ-23-1，2及び図Ⅰ-23-1は「教育委員会の現状に関する調査（令和3年度間）」（文部科学省，2022年）

図Ⅰ-23-2　教育大綱の策定状況

（回答数：都道府県・指定都市67，市区町村1718）

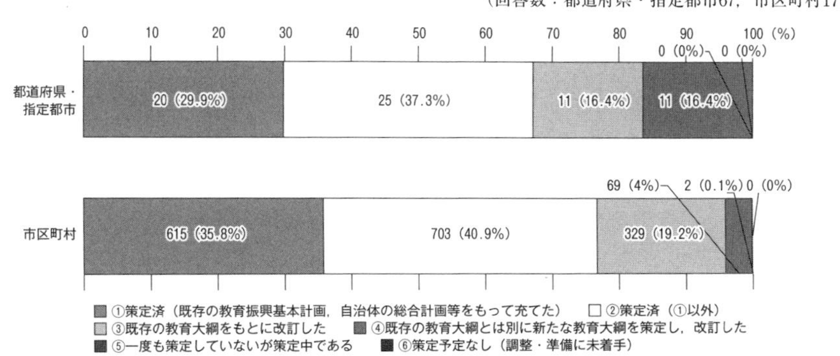

注：調査時点で未策定の長野県平谷村と宮崎県椎葉村は，2021年度中に策定済み。
出典：「教育委員会の現状に関する調査（令和2年度間）」（文部科学省，2021年）

II

高等教育

1 高等教育機関数

高等教育とは，初等教育（小学校），中等教育（中学校・高等学校）の次に接続する最終的な学校教育段階の総称である。日本において，高等教育機関とは，①学校教育法に規定される学校であり，②12年間の学校教育の修了（高等学校卒業）を入学資格とし，③18歳以上の者を対象として少なくとも２年以上の修業年限を有し，④課程修了によって一定の資格・称号あるいは学位を取得できる組織的な教育を行う機関——であるとされる。具体的には，大学，大学院，短期大学，高等専門学校（第４・５年次）に加えて，高等学校卒業を入学資格とする専修学校（専門学校）や省庁所管大学校といった教育機関を指す。

日本の高等教育は，1960年代以降，高度経済成長による所得の拡大や大卒労働力市場の拡大によって，急速に量的拡大を遂げ，高等教育の大衆化をもたらした。新制大学が発足した当時，大学数は180校（1949年度）であったのに比べて，

図Ⅱ-1-1　大学の設置者別学校数

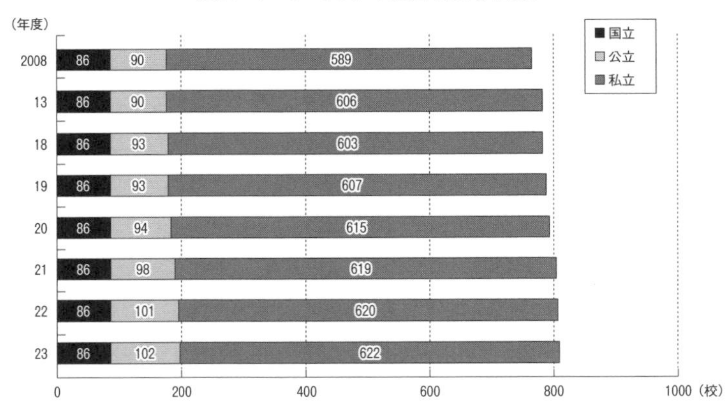

図Ⅱ-1-2　短期大学の設置者別学校数

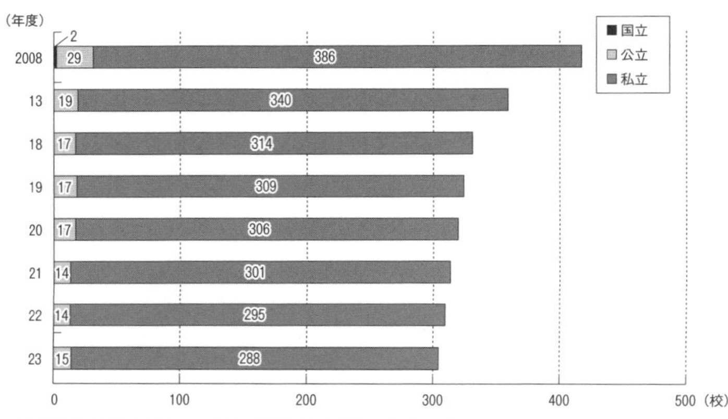

2023年度には810校まで増加した（図Ⅱ－１－１，表Ⅱ－１－１）。近年の推移においては，18歳人口の減少によって大学の統合・再編を進める動きがみられたことで大学数が一時微減したが，再び増加し始めている状況にある。短期大学については減少を続けており，2023年度には303校となっている（図Ⅱ－１－２，表Ⅱ－１－２）。

全体の量的な規模からみれば，ユニバーサル・アクセスが実現しつつある状況を迎えた高等教育であるが，同時にその質的な側面の保証が問われている。

（藤田駿介）

表Ⅱ－１－１　大学の都道府県別学校数

（単位：校）

区　分	学　校　数				区　分	学　校　数				区　分	学　校　数			
	計	国立	公立	私立		計	国立	公立	私立		計	国立	公立	私立
計	810	86	102	622	富山県	5	1	1	3	島根県	2	1	1	–
北海道	37	7	7	23	石川県	14	2	4	8	岡山県	18	1	2	15
青森県	10	1	2	7	福井県	6	1	2	3	広島県	21	1	5	15
岩手県	6	1	1	4	山梨県	7	1	2	4	山口県	10	1	4	5
宮城県	14	2	1	11	長野県	11	1	4	6	徳島県	4	2	–	2
秋田県	7	1	3	3	岐阜県	13	1	3	9	香川県	4	1	1	2
山形県	7	1	2	4	静岡県	14	2	4	8	愛媛県	5	1	1	3
福島県	8	1	2	5	愛知県	52	4	3	45	高知県	5	1	2	2
茨城県	11	3	1	7	三重県	7	1	1	5	福岡県	35	3	4	28
栃木県	9	1	–	8	滋賀県	9	2	1	6	佐賀県	2	1	–	1
群馬県	15	1	4	10	京都府	34	3	4	27	長崎県	8	1	1	6
埼玉県	28	1	1	26	大阪府	58	2	3	53	熊本県	9	1	1	7
千葉県	27	1	1	25	兵庫県	35	2	4	29	大分県	5	1	1	3
東京都	144	12	2	130	奈良県	10	3	2	5	宮崎県	7	1	2	4
神奈川県	33	2	3	28	和歌山県	5	1	1	3	鹿児島県	6	2	–	4
新潟県	22	3	4	15	鳥取県	3	1	1	1	沖縄県	8	1	3	4

表Ⅱ－１－２　短期大学の都道府県別学校数

（単位：校）

区　分	学　校　数				区　分	学　校　数				区　分	学　校　数			
	計	国立	公立	私立		計	国立	公立	私立		計	国立	公立	私立
計	303	–	15	288	富山県	2	–	–	2	島根県	1	–	1	–
北海道	14	–	1	13	石川県	4	–	–	4	岡山県	8	–	1	7
青森県	5	–	–	5	福井県	1	–	–	1	広島県	4	–	–	4
岩手県	4	–	2	2	山梨県	3	–	1	2	山口県	5	–	–	5
宮城県	5	–	–	5	長野県	8	–	–	8	徳島県	3	–	–	3
秋田県	4	–	–	4	岐阜県	11	–	1	10	香川県	3	–	–	3
山形県	3	–	1	2	静岡県	5	–	2	3	愛媛県	5	–	–	5
福島県	5	–	1	4	愛知県	18	–	–	18	高知県	1	–	–	1
茨城県	3	–	–	3	三重県	4	–	1	3	福岡県	18	–	–	18
栃木県	6	–	–	6	滋賀県	3	–	–	3	佐賀県	3	–	–	3
群馬県	7	–	–	7	京都府	9	–	–	9	長崎県	2	–	–	2
埼玉県	11	–	–	11	大阪府	21	–	–	21	熊本県	2	–	–	2
千葉県	8	–	–	8	兵庫県	15	–	–	15	大分県	5	–	1	4
東京都	34	–	–	34	奈良県	3	–	–	3	宮崎県	2	–	–	2
神奈川県	12	–	1	11	和歌山県	1	–	–	1	鹿児島県	4	–	1	3
新潟県	5	–	–	5	鳥取県	1	–	–	1	沖縄県	2	–	–	2

出典：すべて「令和５年度学校基本調査」（文部科学省，2023年）

2 高等教育の在学者数・入学者数

日本の高等教育の規模をめぐる戦後期の政策は拡張と抑制が繰り返されてきた。2023年度における高等教育の規模は，大学数は810，大学（学部・大学院）の在学者数は約290万人（図Ⅱ－2－1）で，そのうち約215万人（約74％）が私学に在籍している。また，在学者の男女比に着目すると，短期大学においては数十年にわたって女子学生が占める割合が非常に高いこと，大学においても女子学生数の増加が顕著であり，男子学生数との差が年々縮小傾向にあることが読み取れる（表Ⅱ－2－1）。続けて，入学者数を指標としてデータをみると，1975年度頃までは大学・短期大学とも大幅に増加した後，国の抑制政策の影響を受けた10年間は横ばいが続き，さらにその後1990年代初期までは急増したことが分かる。大学はその後も漸増傾向にある一方，短期大学は1990年代頃をピークに漸減傾向にあるという対照的な動きになっている。このような短期大学の入学者数の減少は，短期大学の4年制大学への移行が影響していると推測される（図Ⅱ－2－2）。

大学数と在学者数の増加によって日本の高等教育は大きな発展を遂げてきたが，現在は少子高齢化やグローバル化，Society5.0の実現に伴う産業構造・社会構造等の転換によって，将来を予測することが困難な変化の激しい時代に突入しており，社会に新たな価値を創造し，より豊かな社会を形成することのできる人の育成が喫緊の課題となっている。そのため，2018年11月には，中央教育審議会答申「2040年に向けた高等教育のグランドデザイン」において，日本の高等教育が目指すべき姿として，学修者が「何を学び，身に付けることができるのか」を明確にし，学修の成果を学修者が実感できる教育を行うことなどを掲げて，「学修者本位の教育の実現」がうたわれた。また，2023年2月の中央教育審議会大学分科会では「学修者本位の大学教育の実現に向けた今後の振興方策について（審議ま

図Ⅱ－2－1　大学（学部）・短期大学（本科）・大学院学生数の推移－国・公・私立計－

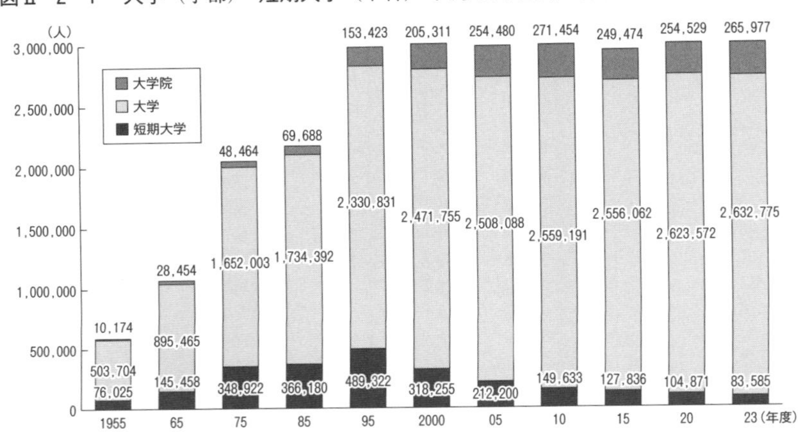

とめ)」が取りまとめられ，文理横断・文理融合教育の推進方策，「出口における質保証」の充実・強化の方向性，急速な少子化の進行による大学の経営環境の悪化を見据えた「学生保護の仕組みの整備」の検討の方向性が示された。したがって，「学修者本位の教育の実現」や学生の学びの機会の確保に向けた取り組みが進むことが予見され，在学者数・入学者数は少子化に伴い減少するものの，人口に比して高い大学進学率は引き続き維持されるものと考えられる。（正木　僚）

表Ⅱ-2-1　大学（学部）・短期大学（本科）の学生数と女子の占める割合―国・公・私立計―

		2000年度	2005年度	2010年度	2015年度	2020年度	2023年度
大学（学部）	学生数（万人）	247.2	250.8	255.9	255.6	262.4	263.3
	うち女子（万人）	91.3	100.9	107.8	112.7	119.3	120.4
	女子の占める割合（%）	36.9	40.2	42.1	44.1	45.5	45.7
短期大学（本科）	学生数（万人）	31.8	21.2	15.0	12.8	10.5	8.4
	うち女子（万人）	28.6	18.5	13.3	11.3	9.5	7.3
	女子の占める割合（%）	89.8	87.2	89.0	88.7	88.1	87.2

図Ⅱ-2-2　大学（学部）・短期大学（本科）入学者数の推移―国・公・私立計―

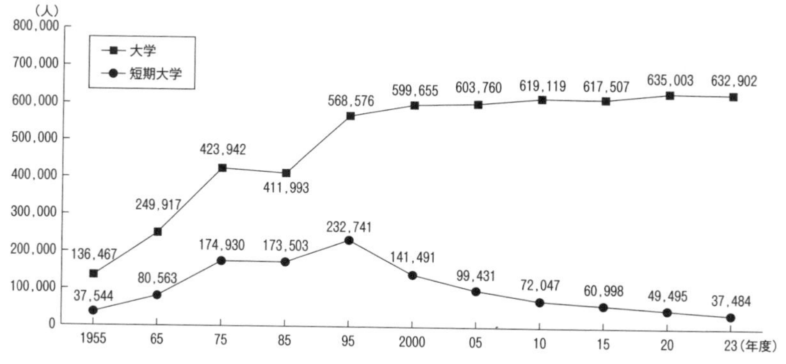

図Ⅱ-2-3　大学院入学者数の推移―国・公・私立計―

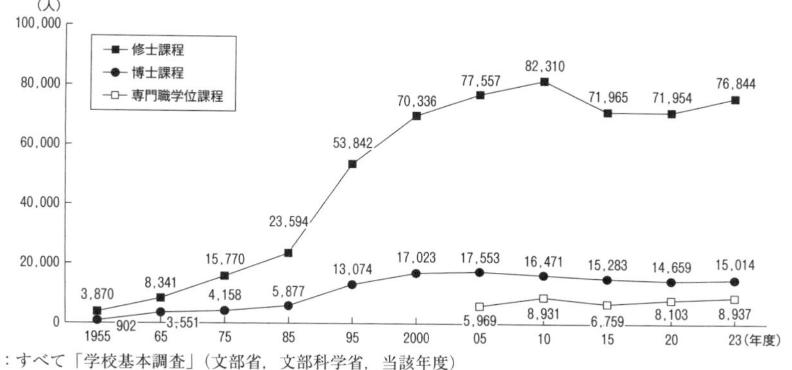

出典：すべて「学校基本調査」(文部省，文部科学省，当該年度)

3 進学率・入学志願率・残留率

我が国の高等教育機関への主な進学者である18歳人口は，1992年度の約205万人をピークに減少し，今後も減少し続けることが試算されている。一方，大学・短期大学への進学率は，戦後の高度経済成長以降今日に至るまで，国民の高等教育への要求の高揚等を要因として上昇傾向をたどっている。具体的には，1955年度に10.1％であったものが，1963年度に高等教育の大衆化の指標とされる15％に達し，1990年代には40％台に突入した。2023年度は61.1％であり，高等教育のユニバーサル化の指標とされる50％を大幅に超え，高等教育は万人に開かれた状態に達している（図Ⅱ-3-1）。また大学・短期大学への入学志願率（現役）においても，進学率の推移と同様の傾向が確認できる（図Ⅱ-3-2）。ただし教育機関別に見れば，進学率ならびに入学志願率の上昇が続いている大学に対して，短期大学では，進学率については1994年度の13.2％，入学志願率については1993年度の15.8％をピークに下降傾向が続き，今日においてはいずれも４％を割る状況にある。

大学あるいは短期大学に進学した者のうち自県内の大学や短期大学にどのくら

図Ⅱ-3-1　大学・短期大学等への進学率の推移―国・公・私立計―

※図Ⅰ-9-3再掲

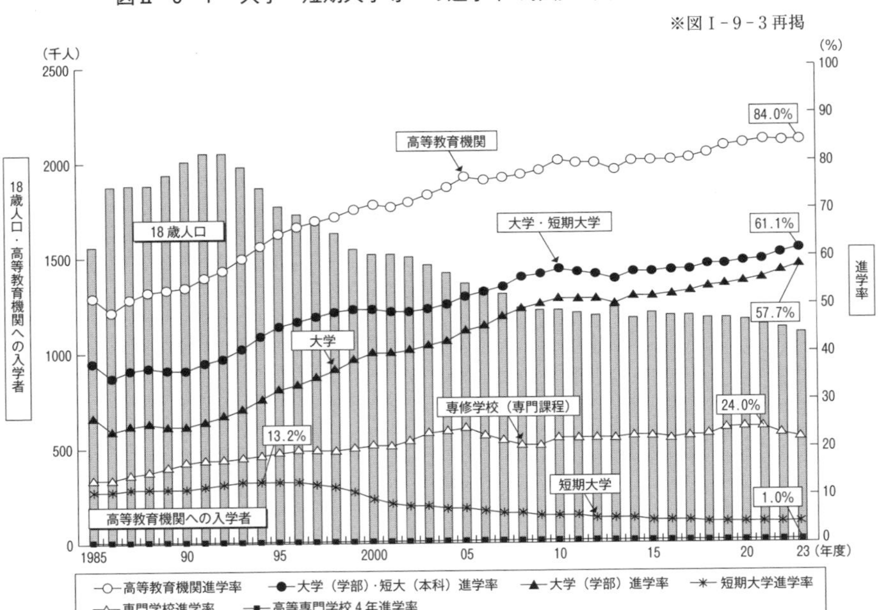

注１：18歳人口とは，３年前の中学校卒業者及び中等教育学校前期課程修了者数。
注２：高等教育機関入学者とは，大学学部・短期大学本科入学者（過年度高卒者等を含む），高等学校第４学年在学者，専修学校（専門課程）入学者。また，それぞれの進学率は入学者数を３年前の中学校卒業者及び中等教育学校前期課程修了者の人数で除した数。
出典：「学校基本調査／年次統計」（文部科学省，2023年）

い残ったかを示す指標として残留率がある。大学の場合，2023年度の全国平均は43.7%となっており，過去10年間では緩やかな上昇傾向にある（図Ⅱ-3-3）。地方別に見ると，北海道では微減しているものの，他の地方では全て横ばい，あるいは微増している。2016年度以降の入学定員管理の厳格化政策やコロナ禍の影響により，大学進学者の地元志向の高まりが見てとれる。　（芦沢柚香）

図Ⅱ-3-2　大学・短期大学への入学志願率（現役）の推移―国・公・私立計―

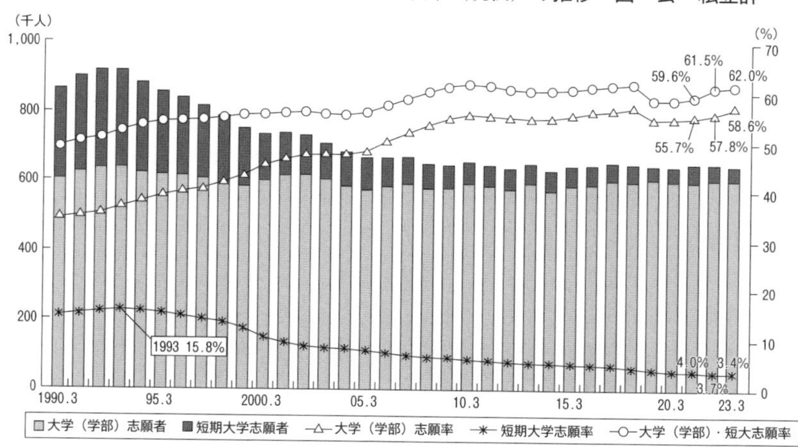

注1：入学志願者数とは，高等学校卒業者及び中等教育学校後期課程卒業者のうち，大学や短期大学へ願書を提出した者の実数であり，同一人が２校（学部・学科）以上に願書を提出した場合も１名として計上。
注2：入学志願率（現役）とは，入学志願者数を各年３月の高等学校卒業者及び中等教育学校後期課程卒業者の人数で除した数。
出典：各年度版「学校基本調査」（文部科学省）

図Ⅱ-3-3　大学進学者の残留率（全国平均）の推移―国・公・私立計―

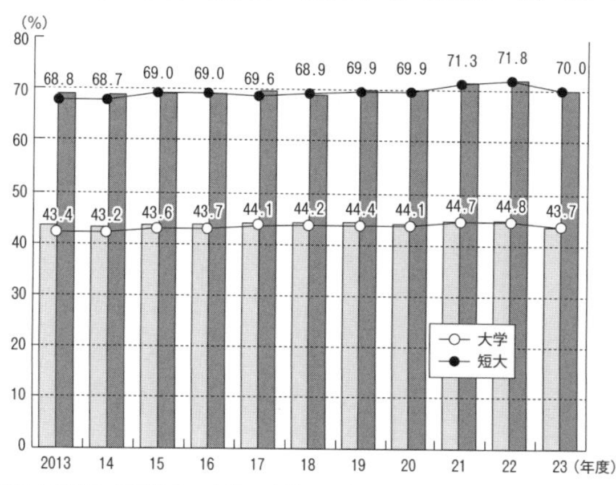

注1：各県内の高等学校を卒業し当該県内の大学へ入学した者の人数を当該県内の大学入学者数で除した数（浪人含）。
注2：各県内の高等学校を卒業し当該県内の大学へ入学した者にその他（専修学校高等課程の修了者など）を含まない。
出典：各年度版「学校基本調査」（文部科学省），「リクルート進学総研マーケットレポート2022」（リクルート進学総研，2023年）

4　大学入学共通テスト

戦後日本の大学入試制度は，改革を重ねてきた。文部省（当時）により実施された進学適性検査，能力開発研究所が主催した能研テスト，国公立大学と大学入試センターの協力の下に誕生した共通第１次学力試験を経て，1990年度以降は大学入試センター試験（以下，センター試験），さらに2021度からは大学入学共通テスト（以下，共通テスト）が実施されている。

共通テストは，文部科学省「高大接続システム改革会議」の最終報告（2016年３月）にて提案された新たな入学試験の方法である。その提案の背景には大学入学選抜が知識の暗記・再生，暗記した解法パターンの適用の評価に偏りがちであること，一部の AO 入試（現・総合型選抜）や推薦入試（現・学校推薦型選抜）が「学力不問」と揶揄されていたという現状があった。大学入学者選抜が大学教育の質の転換の加速につながり，また高等学校での指導の本質的な改善を促すため，学生の知識・技能だけではなく，より思考力・判断力・表現力を必要とする問題が出題されている。

センター試験や共通テストを利用する大学等は，試験開始当初（1990年度）の148校（うち私立大学16校）から飛躍的に拡大し，2024年度には864校（うち私立大学530校）となった。

一方，大学選抜試験の志願者数は年々減少している。現役志願率（高等学校等卒業見込者（現役生）のうち，共通テストに出願した者の割合）は維持されていることから，現役生の人数そのものの減少が志願者数の減少に影響していると考えられる（図Ⅱ－４－１）。

図Ⅱ－４－１　大学入試センター試験及び共通テストの志願者数の推移

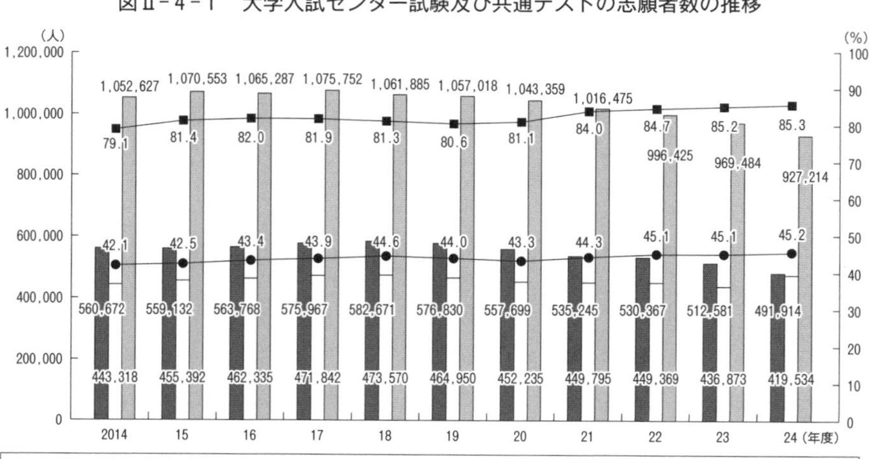

出典：独立行政法人大学入試センター（https://www.dnc.ac.jp/kyotsu/）の資料に基づき著者作成

センター試験（2020年度）から共通テスト（2021年度以降）の平均点の推移は図Ⅱ-4-2の通りである。教科によりばらつきのあるものの，各教科同程度の難易度が維持されているといえる。

共通テスト実施にあたり生徒の思考力・判断力・表現力を直接的に評価するために記述式の問題の出題も検討されたが，文部科学省2021年度「大学入試のあり方に関する検討会議」において質の高い採点者の確保，採点精度，自己採点の難しさ，大学への成績提供時期の遅れなどの課題から導入は断念され，各大学が個別試験での記述式問題の導入が推奨されることとなった。　（米田勇太）

図Ⅱ-4-2　大学入試センター試験（2020年度）から大学入学共通テスト（2021年度以降）の平均点の推移

教科・科目名		年度	2020年度		2021年度（1月16日・17日）		2021年度（1月30日・31日）		2022年度		2023年度		2024年度	
			受験者数	平均点	受験者数	平均点	受験者数	平均点	受験者数	平均点	受験者数	平均点	受験者数	平均点
国語		国語	498,200	119.33	457,305	117.51	1,587	111.49	460,967	110.26	445,358	105.74	433,173	116.50
地理歴史		世界史A	1,765	51.16	1,544	46.14	14	43.07	1,408	48.10	1,271	36.32	1,214	42.16
		世界史B	91,609	62.97	85,690	63.49	305	54.72	82,986	65.83	78,185	58.43	75,866	60.28
		日本史A	2,429	44.59	2,363	49.57	16	45.56	2,173	40.97	2,411	45.38	2,452	42.04
		日本史B	160,425	65.45	143,363	64.26	410	62.29	147,300	52.81	137,017	59.75	131,309	56.27
		地理A	2,240	54.51	1,952	59.98	16	61.75	2,187	51.62	2,062	55.19	2,070	55.75
		地理B	143,036	66.35	138,615	60.06	395	62.72	141,375	58.99	139,012	60.46	136,948	65.74
公民		現代社会	73,276	57.30	68,983	58.40	215	58.81	63,604	60.84	64,676	59.46	71,988	55.94
		倫理	21,202	65.37	19,955	71.96	88	63.57	21,843	63.29	19,878	59.02	18,199	56.44
		政治・経済	50,398	53.75	45,324	57.03	118	52.80	45,722	56.77	44,707	50.96	39,482	44.35
		倫理，政治・経済	48,341	66.51	42,948	69.26	221	61.02	43,831	69.73	45,578	60.59	43,839	61.26
数学	数学①	数学Ⅰ	5,584	35.93	5,750	39.11	44	26.11	5,258	21.89	5,153	37.84	5,346	34.62
		数学Ⅰ・数学A	382,151	51.88	356,493	57.68	1,354	39.62	357,357	37.96	346,628	55.65	339,152	51.38
	数学②	数学Ⅱ	5,094	28.38	5,198	39.51	35	24.63	4,960	34.41	4,845	37.65	4,499	35.43
		数学Ⅱ・数学B	339,925	49.03	319,697	59.93	1,238	37.40	321,691	43.06	316,728	61.48	312,255	57.74
		簿記・会計	1,434	54.98	1,298	49.90	4	*	1,434	51.83	1,408	50.80	1,323	51.84
		情報関係基礎	380	68.34	344	61.19	4	*	362	57.61	410	60.68	381	59.11
理科	理科①	物理基礎	20,437	33.29	19,094	37.55	120	24.91	19,395	30.40	17,978	28.19	17,949	28.72
		化学基礎	110,955	28.20	103,074	24.65	301	23.62	100,461	27.73	95,515	29.42	92,894	27.31
		生物基礎	137,469	32.10	127,924	29.17	353	22.97	125,498	23.90	119,730	24.66	115,318	31.57
		地学基礎	48,758	27.03	44,320	33.52	141	30.39	43,943	35.47	43,070	35.03	43,372	35.56
	理科②	物理	153,140	60.68	146,041	62.36	656	53.51	148,585	60.72	144,914	63.39	142,525	62.97
		化学	193,476	54.79	182,359	57.59	800	39.28	184,028	47.63	182,224	54.01	180,779	54.77
		生物	64,623	57.56	57,878	72.64	283	48.66	58,676	48.81	57,895	48.46	56,596	54.82
		地学	1,684	39.51	1,356	46.65	30	43.53	1,350	52.72	1,659	49.85	1,792	56.62
外国語	リーディング／筆記	英語	518,401	116.31	476,174	58.80	1,693	56.68	480,763	61.80	463,985	53.81	449,328	51.54
		ドイツ語	116	147.90	109	119.25	4	*	108	124.26	82	123.80	101	130.95
		フランス語	121	138.41	88	129.68	3	*	102	113.74	93	131.72	90	125.36
		中国語	667	167.41	625	160.34	14	161.14	599	164.79	735	162.76	781	172.08
		韓国語	135	147.50	109	144.87	3	*	123	144.67	185	158.51	206	145.67
	リスニング	英語	512,007	28.78	474,484	56.16	1,682	55.01	479,040	59.45	461,993	62.35	447,519	67.24

注1：2020年度までは大学入試センター試験の数値。2021年度（1月30日・31日）は追試験及び再試験を含む。
注2：国語は200点満点，理科①は50点満点，英語を除く外国語【筆記】は200点満点である。
注3：2020年度までの外国語のうち，英語【筆記】は200点満点，英語【リスニング】は50点満点である。
注4：2021年度以降の外国語のうち，英語【リーディング】及び英語【リスニング】は100点満点である。
注5：平均点の＊は，受験者数が少ないため，公表しない。
注6：新型コロナ感染症拡大の影響による学業の遅れに対応する選択肢の確保のため，2021年度は本試験が2回実施された。
注7：2025年度の共通テストからは，2018年告示の高等学校学習指導要領に則り，新教科として「情報」が導入され，7教科21科目となる。
出典：「令和6年度大学入学共通テスト実施結果の概要」（独立行政法人大学入試センター，2024年）（注6，7は著者が追記）

5 高等学校卒業程度認定試験

高等学校卒業程度認定試験（以下，「高卒認定試験」）とは，何らかの理由で高等学校を卒業できなかった者の学習成果を適切に評価し，高等学校卒業者と同等以上の学力があるかどうかを認定するための試験である。合格者には大学・短大・専門学校の受験資格が与えられるほか，就職，資格試験等に活用することができる。例えば，国家試験の受験資格や合格後の取り扱いで，高卒認定試験合格者は「高卒者と同等」に扱われている。ただし，最終学歴が高等学校卒業となるわけではない。少子化に伴い出願者数は減少傾向にある一方，コロナ禍を経た近年の高校生の不登校の増加傾向に鑑みれば，広く高等教育を受ける機会を開くことで，教育による社会のセーフティネット機能を果たす必要性は依然として高い（図Ⅱ－5－1）。

1951年度から2004年度まで実施されていた大学入学資格検定（大検）と基本的には同じ制度ではあるものの，試験科目や全日制高等学校在籍者への受験資格の付与など，いくつかの変更点がある。高卒認定試験の受験資格は，大学入学資格を有しておらず，満16歳以上である場合に認められる。試験教科は高等学校学習指導要領に基づいて定められ，2024年度以降は国語，地理，歴史，公共，数学，理科及び外国語（英語）となる。合格に必要な科目数は，理科の科目選択により8～9科目となる。試験は年2回実施され，全科目合格者には合格証書が，一部科目合格者には科目合格通知書がそれぞれ送付される。（芦沢柚香）

図Ⅱ－5－1　高等学校卒業程度認定試験受験状況の推移

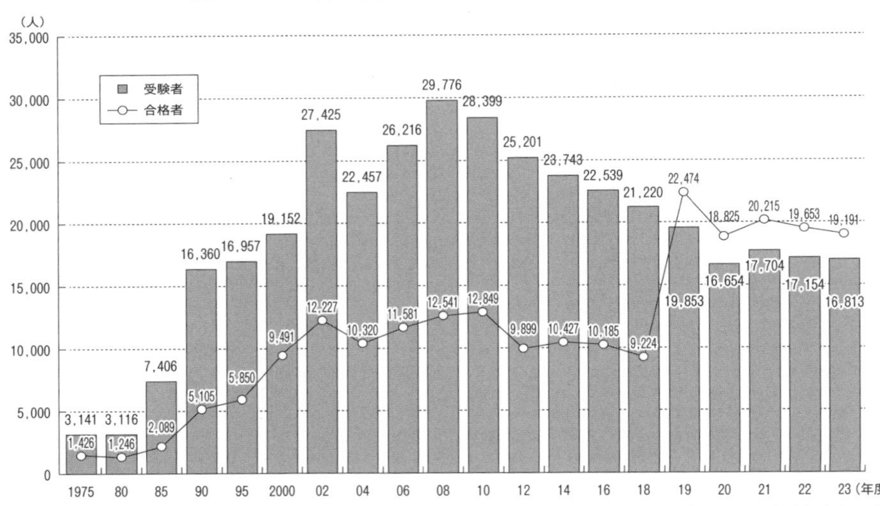

注：令和4年度以前の合格者数は，一部科目合格後，高等学校等において修得した単位等をもって当該年度中に追加合格した者を含む。
出典：「令和5年度第2回高等学校卒業程度認定試験実施結果」（文部科学省，2023年）

表Ⅱ－5－1　高卒認定試験合格者の最終学歴別状況の推移

（単位：人，％）

	2008年度	2013年度	2018年度	2023年度
中学校卒業	852（ 7.7）	736（ 8.7）	895（ 9.7）	738（ 9.3）
高校中退	6,847（62.0）	4,767（56.3）	5,113（55.4）	3,986（50.3）
全日制高校在学	1,719（15.6）	1,522（18.0）	1,711（18.5）	1,837（23.2）
定時制・通信制高校在学	939（ 8.5）	779（ 9.2）	839（ 9.1）	760（ 9.6）
高校中退	237（ 2.1）	189（ 2.2）	178（ 1.9）	125（ 1.6）
その他	458（ 4.1）	476（ 5.6）	488（ 5.3）	486（ 6.1）
合　計	11,052	8,469	9,224	7,932

注１：「その他」に含まれる最終学歴は次の７項目である。①在外教育施設中退・在学，②専修学校高等課程中退・在学，③旧制中学校卒業，④旧制中学校途中修了，⑤外国における９年の課程修了，⑥高専在学，⑦その他。
注２：全日制高等学校在学者は2005年度第１回より受験対象者。

表Ⅱ－5－2　高等学校卒業程度認定試験合格者の年齢別内訳

（単位：人，％）

	2008年度		2013年度		2018年度		2023年度	
	第１回	第２回	第１回	第２回	第１回	第２回	第１回	第２回
16～18歳	2,638（47.5）	2,956（53.8）	1,922（43.1）	2,054（51.3）	2,143（47.3）	2,565（54.6）	2,023（51.2）	2,410（60.5）
19～20歳	1,404（25.3）	1,075（19.6）	1,015（22.7）	641（16.0）	924（20.4）	686（14.6）	749（19.0）	521（13.1）
21～25歳	859（15.5）	770（14.0）	673（15.1）	558（13.9）	492（10.9）	456（ 9.7）	404（10.2）	332（ 8.3）
26～30歳	338（ 6.1）	367（ 6.7）	374（ 8.4）	325（ 8.1）	320（ 7.1）	332（ 7.1）	193（ 4.9）	196（ 4.9）
31～40歳	253（ 4.6）	261（ 4.7）	374（ 8.4）	330（ 8.2）	472（10.4）	448（ 9.5）	330（ 8.4）	309（ 7.8）
41～50歳	46（ 0.8）	48（ 0.9）	87（ 1.9）	81（ 2.0）	132（ 2.9）	174（ 3.7）	188（ 4.8）	154（ 3.9）
51～60歳	12（ 0.2）	13（ 0.2）	13（ 0.3）	11（ 0.3）	36（ 0.8）	31（ 0.7）	52（ 1.3）	50（ 1.3）
61歳以上	6（ 0.1）	6（ 0.1）	6（ 0.1）	5（ 0.1）	7（ 0.2）	6（ 0.1）	9（ 0.2）	12（ 0.3）
合　計	11,052		8,469		9,224		7,932	

注１：年齢は，年度末における年齢。
注２：本資料中における高卒認定試験合格者には18歳未満の者を含んでいるが，合格者となるのは18歳の誕生日からである。
出典：表Ⅱ－5－1，２は各年度「高等学校卒業程度認定試験実施結果について」（文部科学省）

表Ⅱ－5－3　都道府県別高等学校卒業程度認定試験の受験状況

（単位：人）

県名	受験者	合格者	県名	受験者	合格者	県名	受験者	合格者
北海道	667	327	石川県	126	70	岡山県	186	92
青森県	103	63	福井県	72	33	広島県	322	150
岩手県	88	42	山梨県	78	38	山口県	98	48
宮城県	281	118	長野県	167	89	徳島県	89	20
秋田県	131	55	岐阜県	164	82	香川県	109	64
山形県	106	66	静岡県	377	189	愛媛県	138	83
福島県	99	54	愛知県	1,008	494	高知県	154	60
茨城県	204	78	三重県	172	75	福岡県	611	280
栃木県	213	88	滋賀県	248	68	佐賀県	116	54
群馬県	239	129	京都府	412	188	長崎県	105	63
埼玉県	623	262	大阪府	1,321	624	熊本県	154	91
千葉県	585	279	兵庫県	888	345	大分県	135	73
東京都	2,880	1,481	奈良県	268	133	宮崎県	110	45
神奈川県	1,125	533	和歌山県	145	69	鹿児島県	194	102
新潟県	185	96	鳥取県	52	29	沖縄県	254	76
富山県	206	104	島根県	78	39	矯正施設	727	291
						合　計	16,813	7,932

注：受験者数と合格者数は第１回と第２回の合計。
出典：「令和５年度第１回高等学校卒業程度認定試験実施結果」「令和５年度第２回高等学校卒業程度認定試験実施結果」（文部科学省，2023年）

6 高等教育の専門分野別学生数

我が国の高等教育における専門分野の構成は，機関別あるいは設置者別に特徴的なものとなっている。まず，学生数を指標とした大学学部の専門分野の構成比率をみると，国立大学では工学を中心に自然科学系が多いのに対して，公立大学・私立大学では人文・社会科学系が自然科学系の2倍以上を占めている。

2022年度の大学と短期大学の性別・専門分野別学生の割合は図Ⅱ-6-2の通りであり，男女によって偏りがある。大学において，男女ともに在籍数が多いのは社会科学分野専攻であるが，男子は女子の約1.8倍の在籍数である。男女比に最も差がある分野は家政分野専攻であり，女子の在籍数は男子の約9.1倍である。ほかに女子の割合が男子より多い専攻としては，保健の医・歯学以外の分野（約2.3倍），芸術分野（約2.1倍），教育分野（約1.5倍），人文科学（約1.3倍）が挙げられる。逆に，男子の比率が多いのは工学分野専攻であり，約5.3倍である。

OECD諸国との比較で，我が国の女性の高等教育の現状をみると，次のような特徴があるとされている（池本美香（2018）「女性の活躍推進に向けた高等教育の課題」『JRIレビュー』Vol.5，No.56)。①入学者に占める女性の割合は，短期高等教育機関ではOECD平均を上回るが，大学学部や大学院博士レベルではOECD諸国で最低であること，②女性の高等教育修了者の就業率が低いことなどから，女性が高等教育を受ける経済的なメリットが小さいこと，③入学者に占める女性割合を学科別にみると，芸術・人文科学，ICT以外はOECD諸国で最低レベルにあり，特に機械・工学・建築，自然科学・数学・統計で低いこと，④成人女性の教育参加率が低く，かつ男女差が大きいこと——の4点である。

（金久保響子）

図Ⅱ-6-1　大学（学部）・短期大学（本科）・専門分野別学生の割合—国・公・私立計—

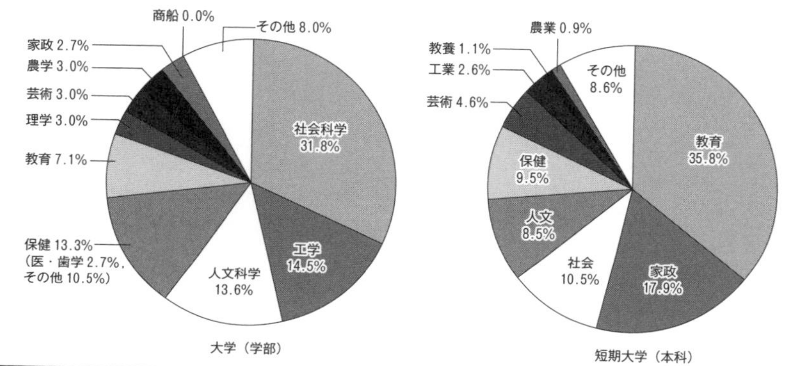

図Ⅱ-6-2　大学と短期大学の性別・専門分野別学生の割合―国・公・私立計―

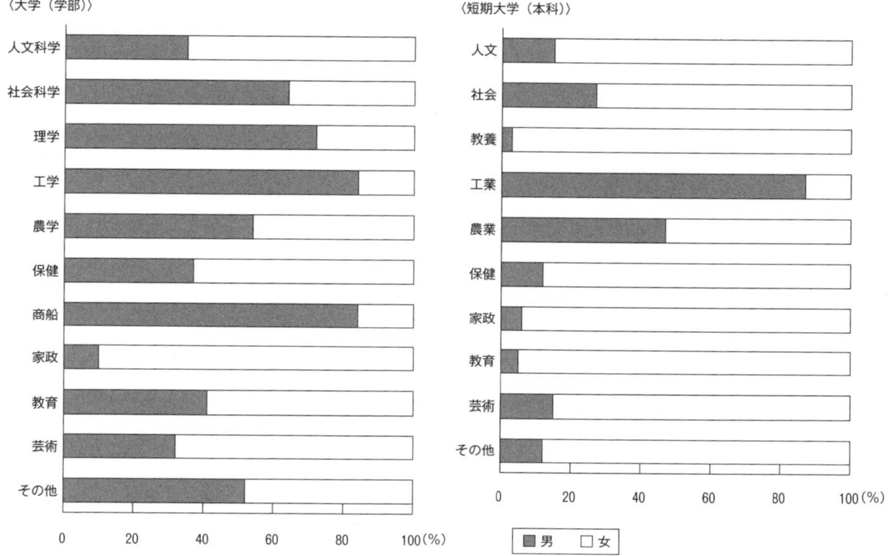

図Ⅱ-6-3　短期大学主要分野別学生数の推移―国・公・私立計―

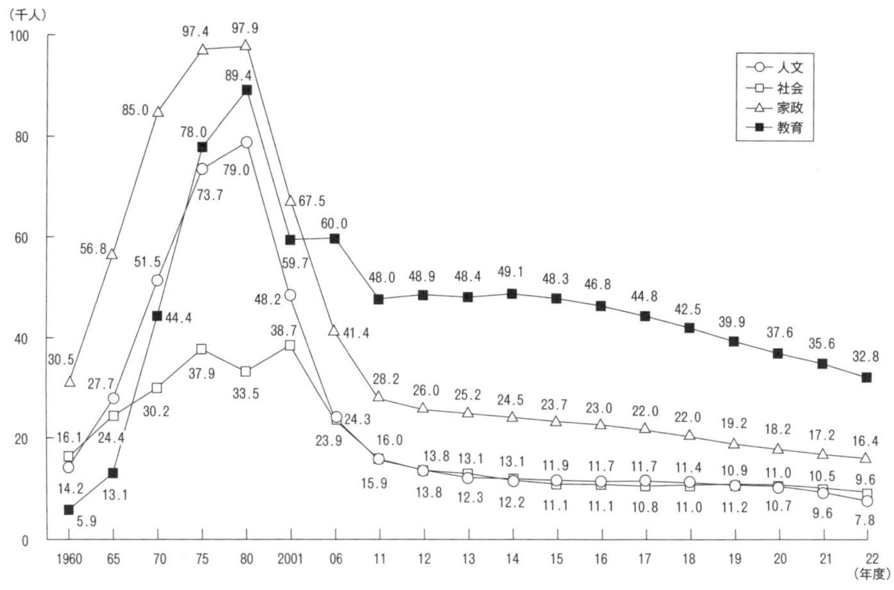

出典：すべて「文部科学統計要覧（令和5年版）」（文部科学省，2023年）

7 高等教育の入学金・授業料・奨学金

我が国の高等教育において，入学金や授業料など入学当初の学生納付金は戦後上昇の一途をたどってきているが，一時期３倍近くあった国・私立大学間の格差は縮まりつつある。今日，私立大学は平均118万円，国立大学は82万円に達している（図Ⅱ-７-１）。私立大学では専門分野ごとに初年度の学生納付金の総額は異なる。中でも，医歯系が最も高く，次いで芸術系・理系（薬学は中でも高い），体育系，家政系，文科系の順となっている（図Ⅱ-７-２）。また，我が国の高等教育においては，欧米諸国と比較して受益者負担の割合が高く，家計を圧迫している現状もある。日本学生支援機構「令和２年度学生生活調査」では，2018年度調査と比べ学生生活費（学費と生活の合計）に占める割合は，大学，短期大学ともに学費の割合が微増する一方で，学生生活費の割合が微減している（図Ⅱ-７-３）。

経済的理由により修学困難な学生に対する育英奨学事業の充実も行われている。1943年に創設された日本学生支援機構（旧日本育英会）では，それまでの無利子

図Ⅱ-７-１　国・公・私立大学の授業料等の推移

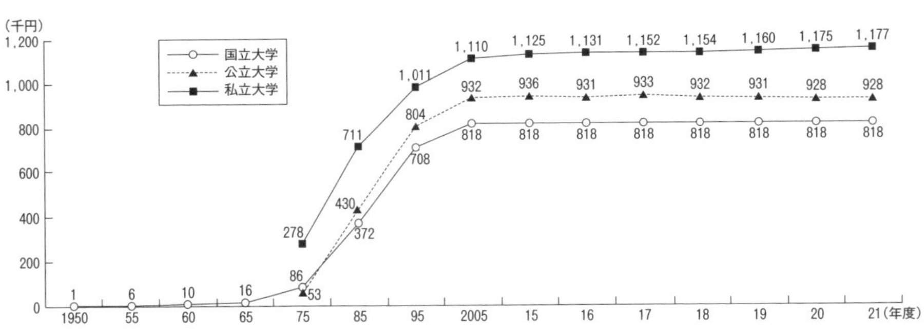

出典：「国公私立大学の授業料等の推移」（文部科学省）

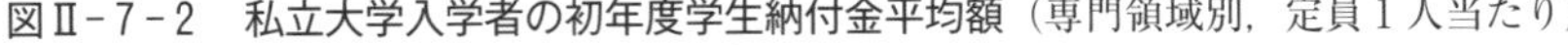

図Ⅱ-７-２　私立大学入学者の初年度学生納付金平均額（専門領域別，定員１人当たり）

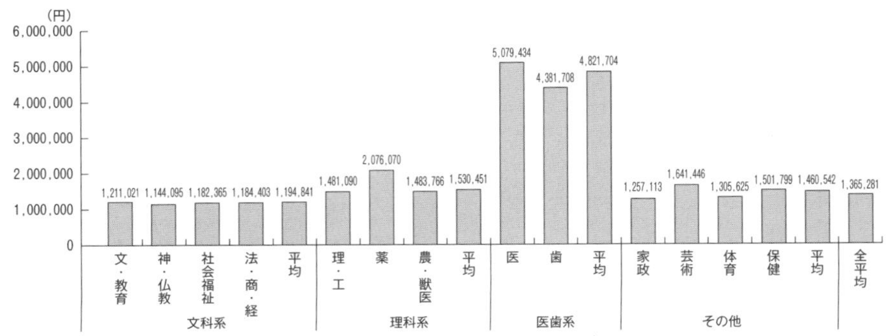

※医学部看護学科は「医」区分に含まず，「保健」区分に含める。
出典：「令和５年度私立大学入学者に係る初年度学生納付金等平均額（定員１人当たり）の調査結果について」（文部科学省）

奨学金に加えて，1984年度から順次，有利子奨学金の貸与制度（第二種）を新たに創設し，その拡充を図ってきた。同時に，従来の第二種奨学金の採用基準よりも緩和した結果，1999年度以降の貸与人員は飛躍的に増加している（図Ⅱ-7-4）。この奨学金貸与事業では，進学率の上昇，不確実で厳しい経済・社会情勢下での家計の急変などに対応するため，2017年度には給付型奨学金事業を導入，さらに貸与基準を満たす希望者全員が無利子奨学金の貸与を受けられるよう枠を拡充し，また，返還においても所得連動変換方式を導入した。2020年度以降，高等教育修学支援新制度が実施されている。 （木村百合子）

図Ⅱ-7-3　学生生活費の推移

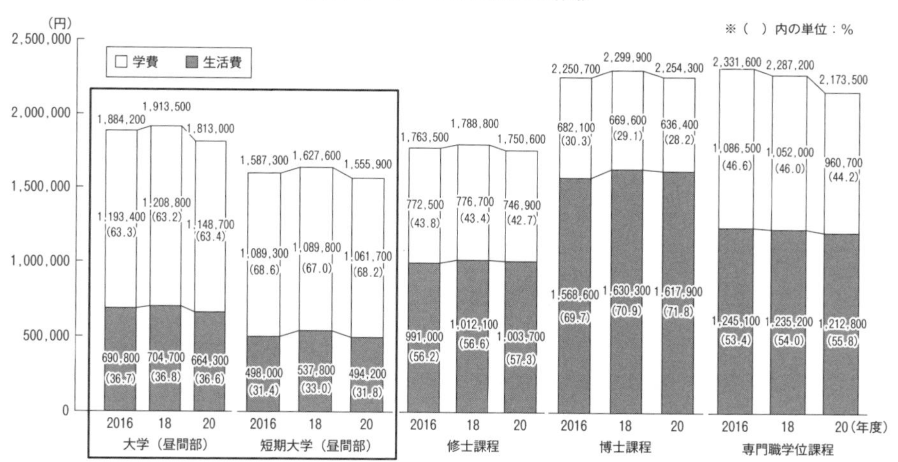

出典：「令和２年度学生生活調査結果」（独立行政法人日本学生支援機構）

図Ⅱ-7-4　年度別奨学金貸与金額及び人数

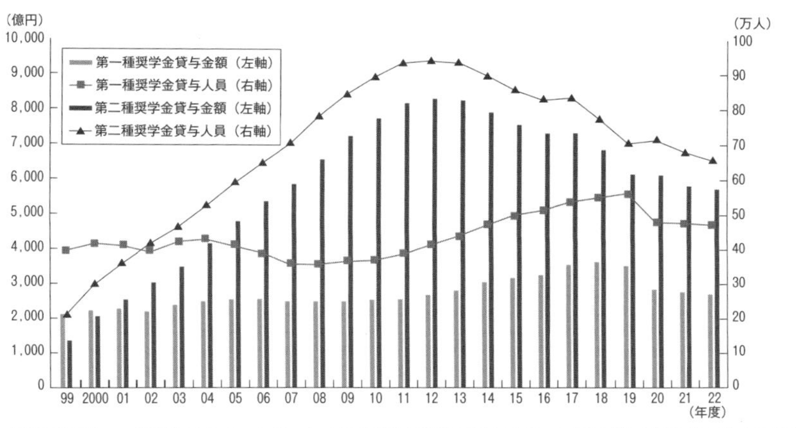

出典：「奨学金事業への理解を深めていただくために〔奨学金事業に関するデータ集〕」（独立行政法人日本学生支援機構）

8 高等教育の教育・研究条件

国内総生産（GDP）に占める高等教育段階に関する教育支出の割合は，OECD加盟国では平均してGDPの1.2%である一方で，日本は0.6%となっており，大幅に平均水準を下回っている（図Ⅱ-8-1）。また，教育支出の公私負担割合に着目すれば，私費負担割合が67.4%であるように，OECD平均の30.8%を大きく上回っている（図Ⅱ-8-2）。こうした国際比較の観点からも，教育費負担軽減に向けた施策の遂行が求められよう。

教員（本務者）1人当たりの学生数は，国・公立大学では近年10人を下回っているのに対し，私立大学では2000年以前と比較して減少傾向にあるものの，依然として20人ほどであり，国・公立大学のほぼ2倍となっている（表Ⅱ-8-1）。このように国・公立と私立の間に生じている格差が課題として表れている。

また，経済的側面に着目すれば，科学研究費補助金の額は近年増加傾向にある

図Ⅱ-8-1　公財政教育支出の対GDP比

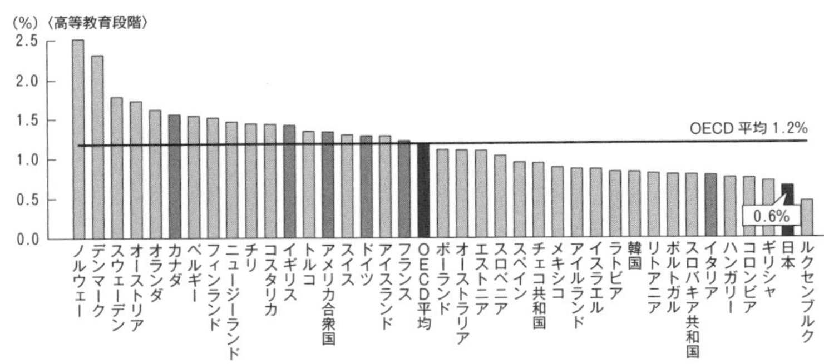

注1：奨学金等の個人補助を含む。
注2：分類不可（教育行政費等）を含まない。

図Ⅱ-8-2　教育支出の公私負担割合

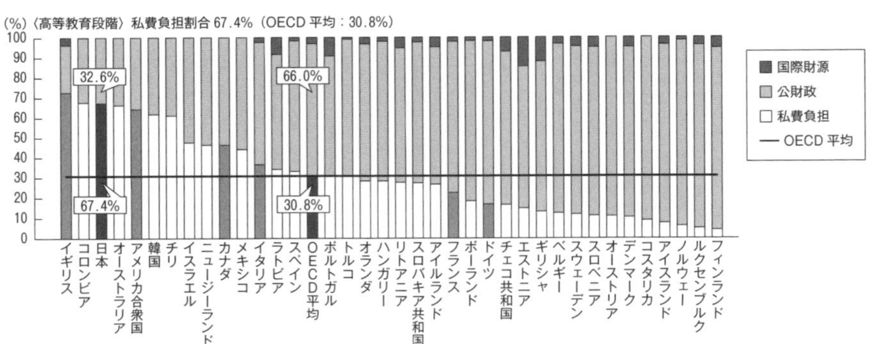

注1：データはOECD加盟国38か国のうち，スイスを除く。
注2：公財政に奨学金等の個人補助を含まない。
出典：図Ⅱ-8-1，2は「Education at a Glance 2022」（OECD,2022）

（図Ⅱ－８－３）。そのほか，国立大学法人運営費交付金予算額は減少傾向にあるが，近年ではほぼ横ばいで推移している（図Ⅱ－８－４）。　（藤田駿介）

表Ⅱ－８－１　教員（本務者）１人当たりの学生数（大学）

（単位：人）

設置＼年度	1960	1970	1980	1990	2000	2010	2018	2020	2023
国　立	8.0	8.4	8.5	9.6	10.3	10.1	9.4	9.3	9.4
公　立	6.0	9.4	9.0	9.7	10.2	11.3	11.2	11.3	11.2
私　立	26.4	30.7	27.9	24.4	25.3	21.2	19.7	19.4	19.2
平　均	14.1	18.4	17.8	17.2	18.2	16.6	15.5	15.4	15.6

出典：「令和５年度学校基本調査」（文部科学省，2023年）

図Ⅱ－８－３　科学研究費の推移

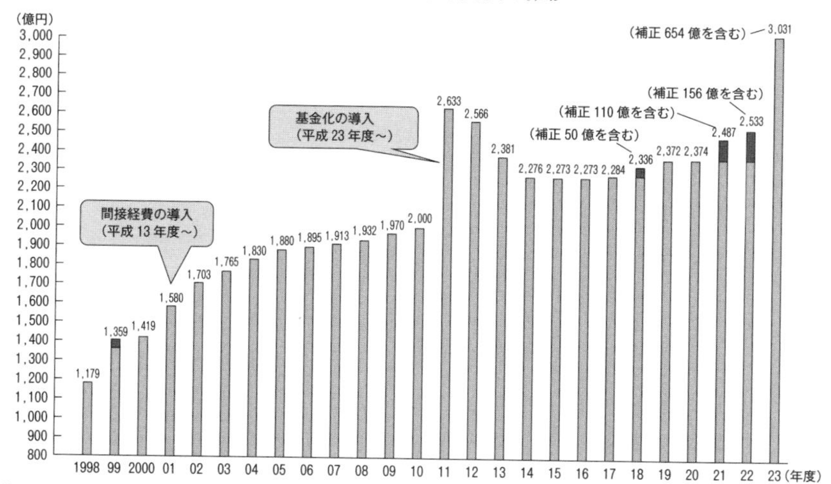

出典：「予算額の推移」（日本学術振興会，2023年）

図Ⅱ－８－４　国立大学法人運営費交付金予算額の推移

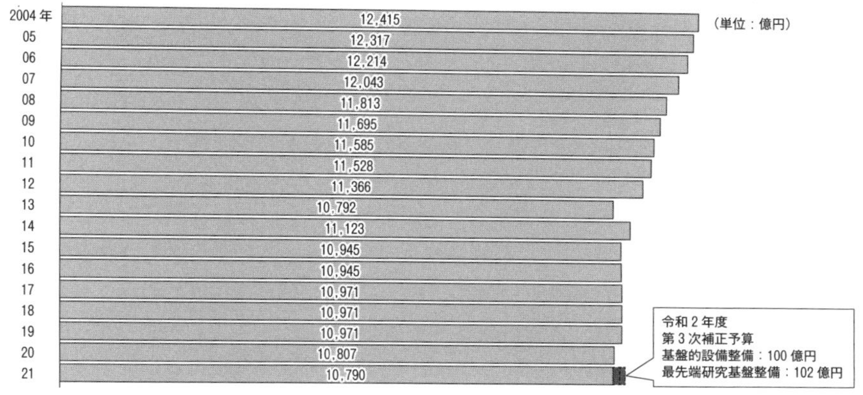

出典：「第４期中期目標期間における国立大学法人運営費交付金の在り方について（資料編）」（文部科学省，2021年）

9 大学教育改革

日本における近年の大学教育改革として，(1)3つのポリシー制定・公表の義務化，(2)専門職大学・専門職短期大学・専門職学科の制度化について，その概要と進行状況を解説していく。

(1) 3つのポリシーに基づく一体的改革の推進

3つのポリシー（方針）とは，どのような力を身に付ければ学位を授与するのかを定めた「ディプロマ・ポリシー」(DP)，どのような教育課程を編成し，どのような教育内容・方法を実施するのかを定めた「カリキュラム・ポリシー」(CP)，上記2つのポリシーに基づく教育内容等を踏まえ，入学者を受け入れるための基本方針であり，受け入れる学生に求める学習成果を定めた「アドミッション・ポリシー」(AP) ――を指す。

これらの策定を大学に対して求めるねらいは，大学進学率の増加と進学者の多様化を踏まえ，大学の個性化と質保証を図ることである。2005年の中央教育審議会答申「我が国の高等教育の将来像」においてその重要性が提唱され，その後，2016年の学校教育法施行規則の改正により，2017年度から3つのポリシーの策定・公表が義務化された。2020年には，学修者本位の教育の実現のための教育改善と，社会に対する説明責任を果たす大学運営の在り方として，教学マネジメント指針が中央教育審議会大学分科会によって取りまとめられた。これにより，各大学がDP，CP，APの一貫性・整合性を保ちつつ，具体的な目標・内容・評価を設定し，学修成果の可視化と情報公開を行うといった取組が推進されている。

DPとCPを策定する大学数は拡大している。2013年度におけるDPの策定状況は，学部段階に限定すれば93.9%であり，かなり多くの大学において学修の出口目標が設定されているといえる。また，CPについても94.0%の大学が策定している（表Ⅱ-9-1）。APの策定は広くなされているが，その具体性と活用に課題がある。2013年時点では，APはすべての大学で策定されている。一方で，「求める学生像だけでなく，高等学校段階で習得しておくべき内容・水準を具体的に定めている大学数」の項目では，全体の42.6%にとどまる。さらに，国立大学が58校（70.7%）に対し，公立大学は27校（33.8%），私立大学は231校（39.9%）であるように，設置者別で取り組む大学の割合が異なる。また，大学進学の有益な情報としてAPが認識されていないことが課題とされている。「入学者のAPの認知度」「APを重視して大学を選んだか」という項目に対して肯定的な回答をした学生のうち，公募推薦とAO入試で入学した学生は約5割を超えるが，全体としAPを認知・活用している割合は低い（図表Ⅱ-9-1）。

教学マネジメント指針による推進の一方で，いまだ三つの方針の整合性に関する課題がある。2021年度の大学における教育内容等の改革状況について調査によると，国公私立793大学のうち，三つの方針の達成状況を点検・評価している大

表Ⅱ-9-1　ディプロマ・ポリシー（DP）とカリキュラム・ポリシー（CP）の策定状況（2013年度）

■ DP の策定状況

〈学部段階として〉	国　立	公　立	私　立	合　計
学位授与の方針を定めている大学数	82	65	546	693
	(100%)	(82.3%)	(94.6%)	(93.9%)
(全学部)	82	63	539	684
	(100%)	(79.7%)	(93.4%)	(92.7%)
(一部の学部)	0	2	7	9
	−	(2.5%)	(1.2%)	(1.2%)

■ CP の策定状況

〈学部段階として〉	国　立	公　立	私　立	合　計
教育課程編成・実施の方針を定めている大学数	81	68	545	694
	(98.8%)	(86.1%)	(93.1%)	(94.0%)
(全学部)	81	66	537	684
	(98.8%)	(83.5%)	(93.1%)	(92.7%)
(一部の学部)	0	2	8	10
	−	(2.5%)	(1.4%)	(1.4%)

図表Ⅱ-9-1　アドミッション・ポリシー（AP）の策定状況と，認知度・活用の状況（2013年度）

区　分		入学者受入方針を定めている大学数	学部ごとの入学者受入方針を定めている大学・学部数 大学数	学部数
大学	国立	82（100.0）	81（98.8）	375（98.4）
	公立	80（100.0）	80（100.0）	173（100.0）
	私立	579（100.0）	577（99.7）	1,618（99.0）
	合計	741（100.0）	738（99.6）	2,166（99.0）

区　分		求める学生像だけでなく，高等学校段階で習得しておくべき内容・水準を具体的に定めている大学数
大学	国立	58（70.7）
	公立	27（33.8）
	私立	231（39.9）
	合計	316（42.6）

■入学者のアドミッション・ポリシーの認知度

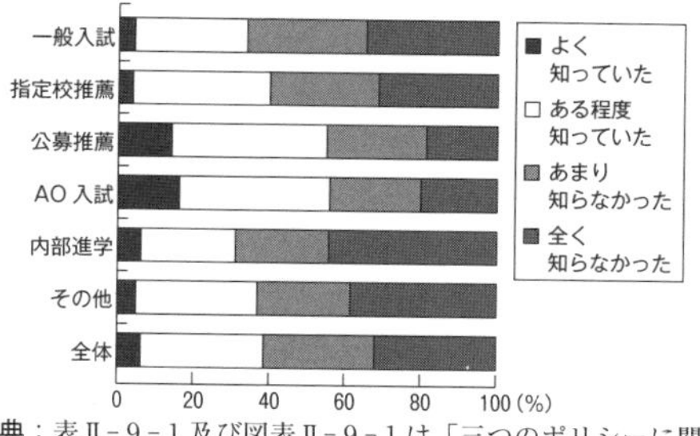

■アドミッション・ポリシーを重視して大学を選んだか

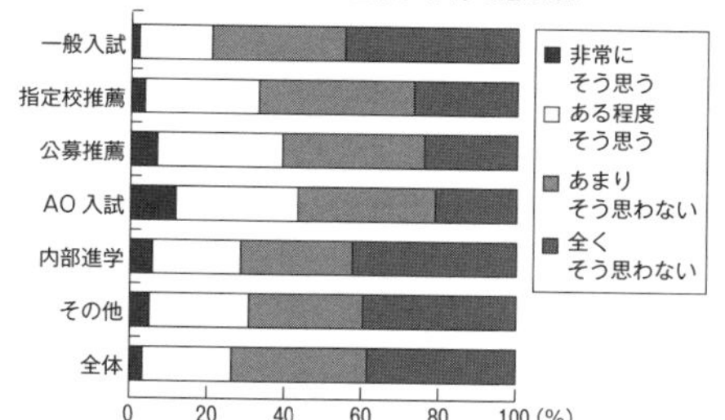

出典：表Ⅱ-9-1及び図表Ⅱ-9-1は「三つのポリシーに関する参考資料」（第43回中央教育審議会大学教育部会資料，2016年）

学は約89%（2017年度時点では約71%），三つの方針に基づく教育の成果を点検・評価するための，学位を与える課程共通の考え方や尺度を策定している大学は68%（図Ⅱ-9-1），学修状況の分析や教育改善を支援する体制の構築している大学は約63%，全学的な教育目標等とカリキュラムの整合性を検証する全学的な委員会を設置している大学は約46%にとどまっている。

(2) 専門職大学・専門職短期大学・専門職学科の制度化

2019年度より，大学，短期大学，専門学校に加えて，「専門職大学・専門職短期大学・専門職学科」(以下,専門職大学等) という新しい高等教育機関が創設された。専門職大学等が創設された背景には，社会情勢の変化と複雑化，生産年齢人口の減少といった経済社会の状況と，高等教育進学率の上昇，産業界等のニーズのミスマッチ等の高等教育をめぐる状況がある。ゆえに，専門職大学等の目的は，変化に対応した新しいものやサービスを想像できる実践力と想像力を備えた専門職業人の育成である。従来の大学・短期大学との違いは，その教育内容として，産業界との連携により実習等（インターンシップなど）を強化し，実践力と創造力を育むことを目指している点にある。また，教員には実務家教員を4割以

図Ⅱ-9-1　大学における教育内容等の改革状況（抜粋）

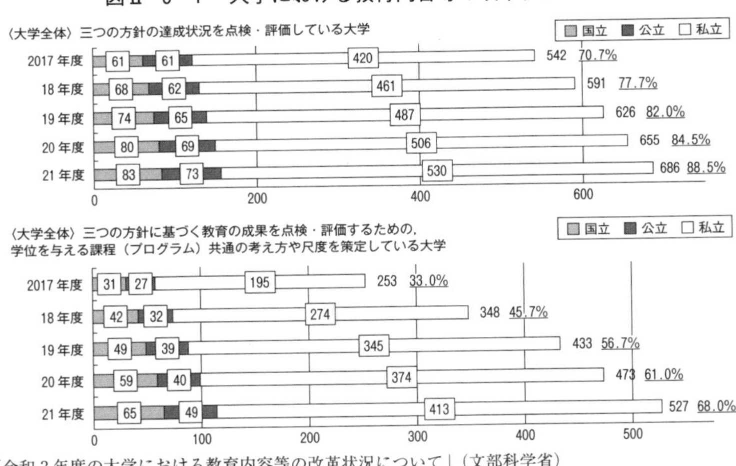

出典：「令和3年度の大学における教育内容等の改革状況について」(文部科学省)

表Ⅱ-9-2　専門職大学・短大の制度設計

制度設計

【教育内容】	◦「実践力」と「創造力」を育む教育課程 ◦産業界等と連携した教育課程の開発・編成・実施 ◦実習等の強化（卒業単位の概ね3分の1以上，長期の企業内実習等）
【教員】	◦実務家教員を積極的に任用（必要専任教員数の4割以上） ※専任実務家教員の必要数の半数以上は，研究能力を併せ有する実務家教員
【学生受入】	◦社会人，専門高校卒業生など多様な学生の受入れ ※社会人も学びやすい柔軟な履修形態 ※短期の学修成果の積み上げによる学位取得等も促進
【修業年限】	◦4年（大学相当），2年または3年（短期大学相当） ※4年制の課程については，前期・後期の区分制の導入も可
【学位】	◦4年制修了者には，「学士（専門職）」を授与 ◦2・3年制修了者，4年制前期修了者には，「短期大学士（専門職）」を授与
【学部等設置】	◦大学・短期大学における「専門職学部・学科」も制度化

出典：「専門職大学・専門職短期大学の制度化について」(文部科学省)

上任用する点も従来の大学・短期大学とは対照的である。専門学校との違いは，専門職大学は「大学」という法的位置付けになることである。これにより，自由度が高い専門学校制度に対して，専門職大学には大学として必要な水準が規定され，学位の授与も可能となる（表Ⅱ－9－2，3）。2023年4月現在では，専門職大学等の設置校数は公立・私立を合わせて23校（内訳：専門職大学19校，専門職短期大学3校，専門職学科1学科）である（表Ⅱ－9－4，図Ⅱ－9－2）。

（木村百合子）

表Ⅱ－9－3　専門職大学と，大学や専門学校との違い

⑴　専門職大学は一般の大学と何が違うのですか。

一般の大学は，専門教育と教養教育や学術研究を併せて行うという機関の性格から，比較的，学問的色彩の強い教育が行われる傾向にあります。

専門職大学は，特定の専門職業人を養成することを明確な目的として掲げ，産業界と連携した豊富な実習・実技の機会を用意し，一般の教員のほか実務家教員や企業現場の方が指導・教授します。また，産業界や地域の意見を聴いて，業界の動向に合わせて常にカリキュラムの見直しを行います。一方，教養などの幅広い知識・技能や学術的な専門の理論について学ぶ点は，一般の大学と同様です。これらにより，当該職業分野の活きた知識・技能や新たな価値を創造するための考え方を学ぶことが出来ます。

⑵　専門職大学・専門職短期大学は専門学校と何が違うのですか。

専門職大学は専門性が求められる職業を担うための実践的かつ応用的な能力を育てるタイプの大学です。産業界と連携した教育課程の編成や，豊富な実習・実務家教員の積極的起用など，専門学校教育の長所を取り入れつつ，高度な実践力の裏付けとなる理論や，豊かな創造力の基盤となる関連他分野についても学びます。（専門職短期大学も同じです）。

一方，専門学校は大学制度に位置づくものではなく，自由度の高い制度の特性を活かし，社会的な要請に柔軟に対応しつつ，多様で実践的な教育を展開しています。

出典：「Q&A（専門職大学等に関するよくある質問）」（文部科学省）

表Ⅱ－9－4　専門職大学等の設置校数

区分	専門職大学	専門職短期大学	専門職学科
公　立	2校	1校	0学科
私　立	17校	2校	1学科
合　計	19校	3校	1学科

出典：「専門職大学等一覧」（文部科学省）

図Ⅱ－9－2　全国の専門職大学等

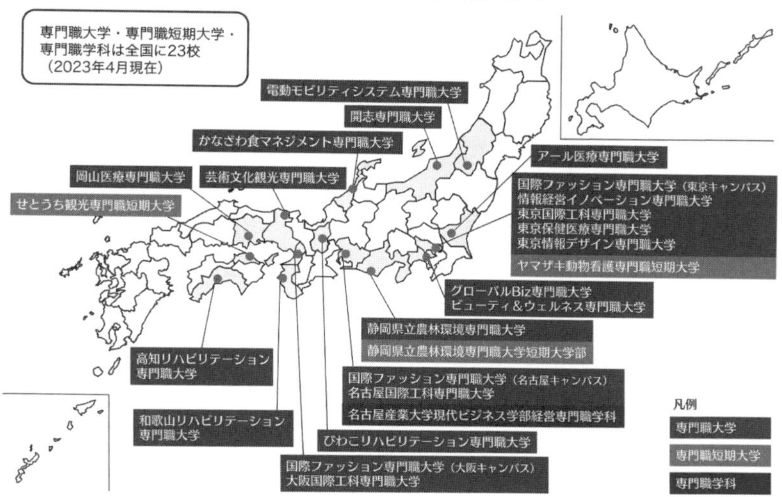

出典：「専門職大学・専門職短期大学・専門職学科の紹介」（文部科学省）

10 大学公開講座

大学公開講座は，大学が地域社会の住民に向けて行う講座であり，文部科学省では「地域と協働する大学づくり」に向けた取組を行っている。日本では，1964年の大学学術局長・社会教育局長通知「大学開放の促進について」を契機に普及するようになった。

公開講座（主催）の分野別の開設数及び受講者数（図Ⅱ-10-1）をみると，「人文教養系」や「育児・医療・福祉系」は開設数・受講者数ともに多い。その一方で，例えば「語学系」は開設数に対して受講者数が少ない。1開設講座当たりに均したときの受講者数は，分野によって差があることが分かる。

大学公開講座の実施状況の推移をまとめたのが図Ⅱ-10-2である。2014年度から2016年度にかけて，講座数・受講者数ともに大きく減少している。2016年度から2019年度の変化を図Ⅱ-10-1でみても，全13分野中，講座数は11分野で減少し，受講者数は9分野で減少している。

2013年には，JMOOC（日本オープンオンライン教育推進協議会）が設立された。これは，MOOC（Massive Open Online Course：大規模公開オンライン講座）の日本版であり，大学等による講義がインターネット上で公開され，無料で受講可能である。登録者数は99.8万人，延べ学習者数は130万人を超える規模となっている（図Ⅱ-10-3）。右肩上がりの増加を続けているが，アメリカやイギリス等の欧米諸国よりは少ないのが現状である（表Ⅱ-10-1）。　　（青木栄治）

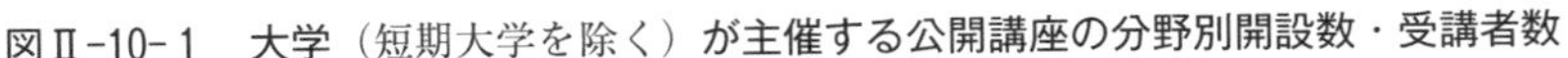
図Ⅱ-10-1　大学（短期大学を除く）が主催する公開講座の分野別開設数・受講者数

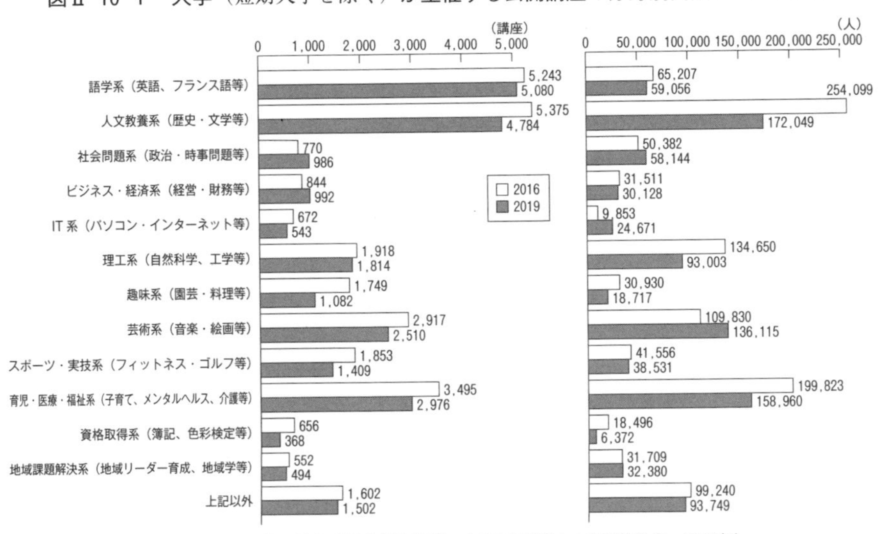

出典：「開かれた大学づくりに関する調査［調査対象年度：令和元年度］」（文部科学省，2022年）

図Ⅱ-10-2　大学公開講座の実施状況の推移

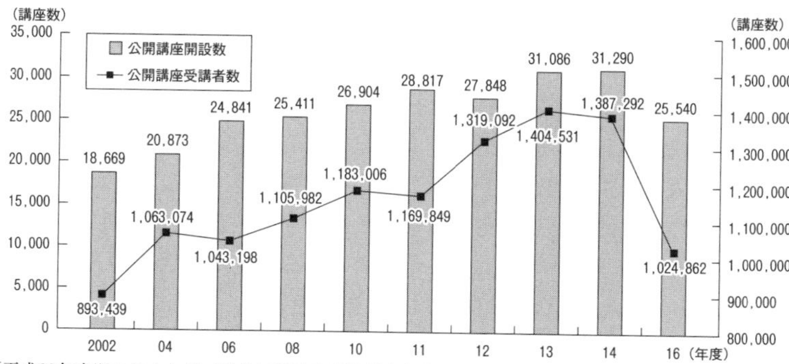

出典：「平成29年度開かれた大学づくりに関する調査研究」（文部科学省，2018年）

図Ⅱ-10-3　JMOOC 登録者数及び延べ学習者数

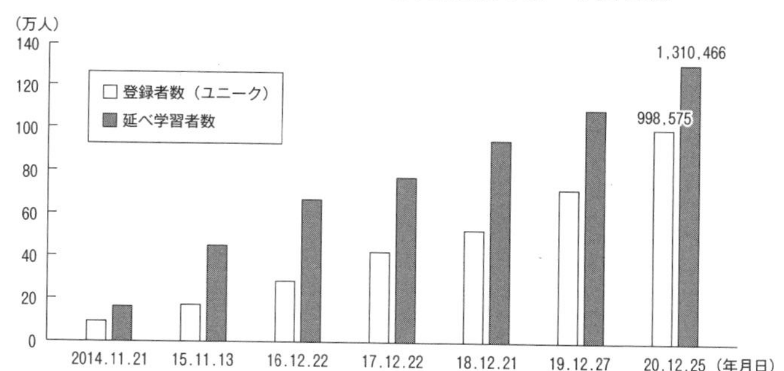

出典：中央教育審議会大学分科会　質保証システム部会（第14回）配付資料（文部科学省，2022年）

表Ⅱ-10-1　諸外国の MOOC の規模

名称	国	学習者数	参加機関数	コース数
Coursera	アメリカ	3300万人＋	150以上	2000以上
edX	アメリカ	1500万人＋	133	1800以上
FutureLearn	イギリス	819万人＋	144	402
FUN	フランス	290万人＋	93	279
miriadaX	スペイン	300万人＋	100以上	600以上
MexicoX	メキシコ	108万人＋	47	186
学堂在线	中国	1200万人＋	500	1500
K-MOOC	韓国	44.5万人＋	70	324
JMOOC	日本	87万人＋	49	271

注：Coursera，edX，学堂在线，K-MOOC は2018年 6 月現在，JMOOC は2018年 7 月現在，その他は2018年 3 月現在。
出典：制度・教育改革ワーキンググループ（第18回，2018年）配付資料「高等教育における ICT 活用教育について」（文部科学省）

11 社会人受け入れ状況

生涯学習の振興の観点から，社会人を含む幅広い学習者層に対して高等教育の多様な学習機会を提供する方策は，今日の大学改革の重要な課題となっている。2018年に閣議決定された「経済財政運営と改革の基本方針2018」では，より長いスパンで個々人の人生の再設計が可能となる社会を実現するため，何歳になっても学び直し，職場復帰，転職が可能となるリカレント教育を抜本的に拡充することを定めている。日本は国際的にみると高等教育に対する社会人の入学者の割合が低く（図Ⅱ-11-1），社会人の受け入れの拡大が求められている。

大学・大学院における社会人等の学修機会の充実に係る制度等について，大学・大学院の正規の課程に在籍する場合の制度等としては，通信制課程や，長期履修制度，昼夜開講制などが設けられている。大学・専修学校等の正規課程における社会人受講者数について，大学，短期大学，大学院修士課程（通学）は，いずれも割合が10％未満であるものの，専門職学位課程（通学）では社会人受講者の割合が約５割に及んでいる。また，大学，短期大学，大学院とも，通学に比べ通信制課程は社会人受講者の割合が大幅に高い（表Ⅱ-11-1）。

学位取得を伴わない制度等としては，単位認定のある科目等履修生制度や，単位認定が可能な履修証明制度，単位認定のない公開講座等がある。科目等履修生制度は，当該大学以外のもので一部の授業科目のみを履修する者を受け入れて正規の単位を与えることができるもので，2021年度現在，747大学で開設され，１万2000人ほどが修学している（図Ⅱ-11-2）。リカレント教育の拡大などにより，社会人の受け入れは多様な形で推進される状況にあるといえる。（相庭貴行）

図Ⅱ-11-1　高等教育機関における25歳以上の「学士」課程への入学者の割合（2015年）

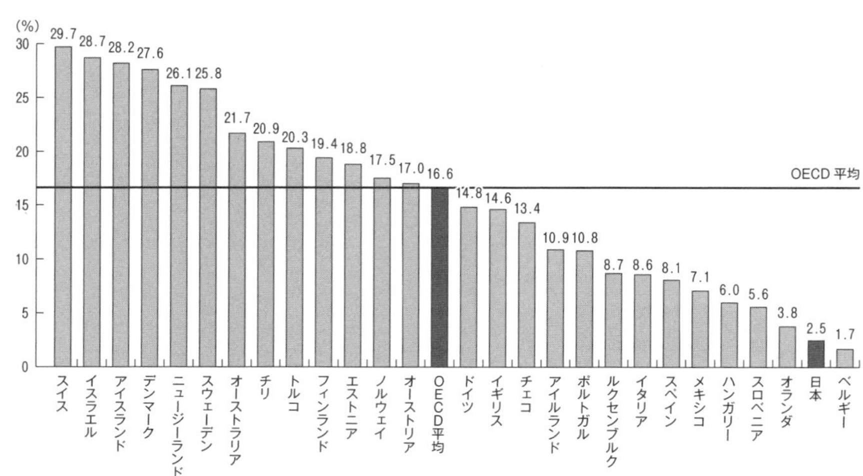

高等教育

表Ⅱ-11-1　大学・短期大学・大学院の正規課程における社会人受講者数（2017年）

			在学者数	社会人数		社会人の割合
大　学	通　学		2,582,670人	25歳以上の者	27,871人	1.1%
	通　信		161,849人		138,332人	85.5%
	全　体		2,744,519人		166,203人	6.1%
短期大学	通　学		124,374人		2,694人	2.2%
	通　信		20,470人		6,020人	29.4%
	全　体		144,844人		8,714人	6.0%
大学院	修士課程	通　学	160,387人	30歳以上の者	14,459人	9.0%
		通　信	3,116人		2,912人	93.5%
		全　体	163,503人		17,371人	10.6%
	博士課程	通　学	73,909人		38,537人	52.1%
		通　信	222人		216人	97.3%
		全　体	74,131人		38,753人	52.3%
	専門職学位課程	通　学	16,595人		7,799人	47.0%
		通　信	623人		353人	56.7%
		全　体	17,218人		8,152人	47.3%
	全　体		254,852人		64,276人	25.2%

出典：図Ⅱ-11-1及び表Ⅱ-11-1は「今後の社会人受入れの規模の在り方について」（文部科学省）

図Ⅱ-11-2　科目等履修生の受入状況

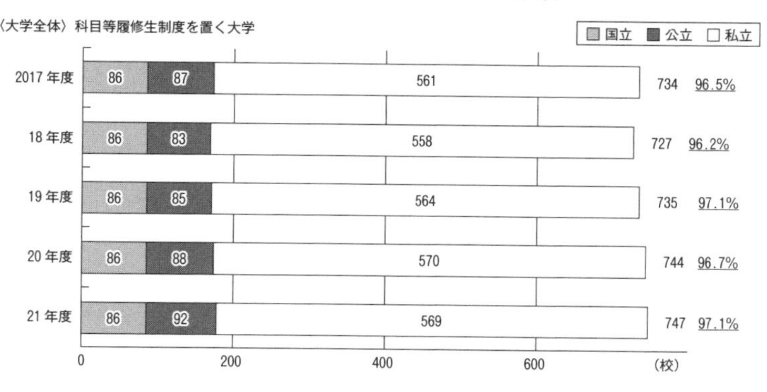

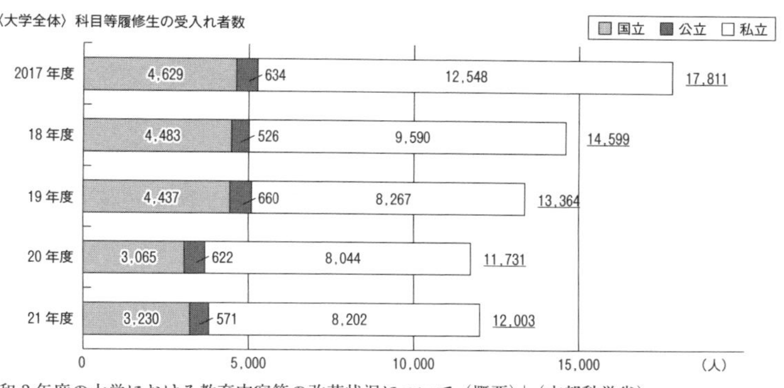

出典：「令和3年度の大学における教育内容等の改革状況について（概要）」（文部科学省）

12 大学教員の評価と学生の授業評価

現代の大学では，教員が自らの教育活動を振り返り，教育改善に生かすことを主な目的として，教員自身も評価の対象となっている（図Ⅱ-12-1）。このような大学教員に対する教育評価は，主に大学の教員個人もしくは教授団の資質能力開発を組織的に推進する取組であるファカルティ・ディベロップメント（FD：Faculty Development）の一環として，教員相互の授業参観や，教員相互の授業評価等の方法で行われている（図Ⅱ-12-2）。教育評価のための工夫として，ティーチング・ポートフォリオを導入している大学もある（図Ⅱ-12-3）。ティーチング・ポートフォリオの導入により，①将来の授業の向上と改善，②証拠の提示による教育活動の正当な評価，③優れた熱心な指導の共有等の効果が認められる――といった効果があり，教育の質的向上を組織的に推進する試みが後押しされるといえよう。

さらに，教育評価の観点として重視されているのが，学生による授業評価である。2021年度調査において，学生による授業評価は，全大学の約99％で実施されている（図Ⅱ-12-4）。また，授業アンケートの結果を組織的に検討し，授業内容等に反映する機会を設けている大学も73％に上っており，多様な観点からの評価を通じた教育改善が図られている。

以上のように，現代の大学は，教育研究活動に関わる教員（集団）自らの責任で自大学の諸活動について点検・評価を行うことが重視されている。さらに，その結果を基に改革・改善に努め，これによって，その質を自ら保証するという「内部質保証」体制の確立が各大学に求められている。こうした動きは，1991年の大学設置基準の改正によって始められ，学生の授業評価を含む教育活動も，こうしたことから考えられるようになった。　（古畑　翼）

〔参考資料〕「教学マネジメント指針」（中央教育審議会大学分科会，2020年）

図Ⅱ-12-1　教員の教育面における業績評価・顕彰を実施している大学

	国立	公立	私立	計	
2017年度	85	71	407	563	73.4%
18年度	85	72	410	567	74.5%
19年度	85	71	412	568	74.4%
20年度	86	77	427	590	76.1%
21年度	86	84	432	602	77.7%

0　200　400　600（校）

図Ⅱ-12-2　ファカルティ・ディベロップメント（FD）の具体的内容

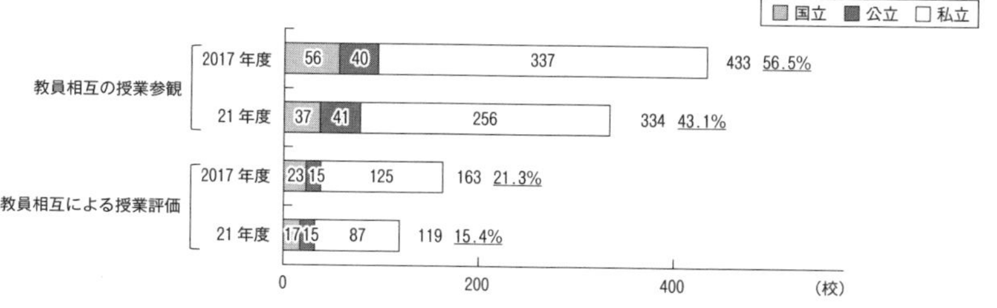

図Ⅱ-12-3　ティーチング・ポートフォリオを導入している大学

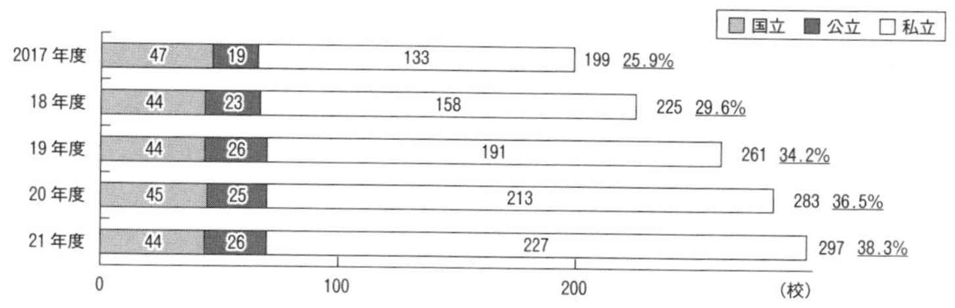

注：ティーチング・ポートフォリオ
　大学等の教員が自分の授業や指導において投じた教育努力の少なくとも一部を，目に見える形で自分及び第三者に伝えるために効率的・効果的に記録に残そうとする「教育業績ファイル」，もしくはそれを作成するにおいての技術や概念及び，場合によっては運動を意味するもの。

図Ⅱ-12-4　全学部・全研究科で学生による授業評価を実施した大学

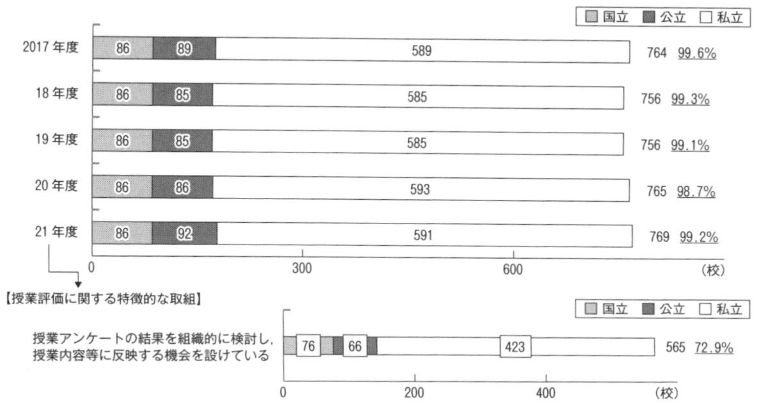

出典：すべて「大学における教育内容等の改革状況について（令和３年度）」（文部科学省，2023年）

13 高等教育の卒業者数

高等教育機関としては，大学，短期大学，大学院，高等専門学校及び専門学校（専門課程を置く専修学校）が挙げられる。上記教育機関のうち，学校教育法（第１条）に定めるところの高等教育を提供する機関に当たる，大学，短期大学，大学院，高等専門学校に着目して，卒業者数を見てみる。

学校基本調査によれば，2023年３月に大学（学部）を卒業した者（年度途中の卒業者を含む。以下同じ。）は59万162人であり，近年緩やかに増加を続けてきたものの，前年と比べると25人増とほぼ横ばいである。一方で短期大学を卒業した者は４万2313人であり，1990年代前半をピークとして大きく減少傾向にある（表Ⅱ-13-１）。

卒業者の進路状況の推移を見ると，大学卒業者の就職率（卒業者に占める就職者の割合）では，1990年代前半に迎えたバブル経済の崩壊とともに大きく下げている。2003年に55.1％まで落ちたものの，その後は持ち直し，2023年は75.9％とバブル経済以来の高い水準となっている。一方，大学卒業者の進学率（卒業者に占める進学者の割合）については長らく増加傾向にあったが，近年は12％前後となっている。

大学院修了者では，修士課程修了者の就職率は1990年に一旦70％を超え，その後は70％未満に落ち込んだが2006年に70％台を超えて以来，2023年までの10年近くは70％台後半で推移している。一方で，進学率は10％前後が続いているが，長期的に見て減少傾向にある。博士課程修了者については，就職率が2023年に初めて70％を突破し，上昇傾向にある（図Ⅱ-13-１，２）。（峯　啓太朗）

表Ⅱ-13-１　教育機関別卒業者数の推移

（単位：人）

	1970年	1975年	1980年	1985年	1990年	1995年	2000年	2005年	2010年
大学	240,921	313,072	378,666	373,302	400,103	493,277	538,683	551,016	541,428
短期大学	114,803	140,938	169,930	174,624	208,358	246,474	177,909	104,621	71,394
大学院・修士課程	9,415	13,505	15,258	19,315	25,804	41,681	56,038	71,440	73,220
大学院・博士課程	3,152	2,882	3,614	4,358	5,812	8,019	12,375	15,286	15,842
高等専門学校	6,245	8,346	7,951	8,031	9,038	10,189	9,849	10,061	10,126

	2015年	2016年	2017年	2018年	2019年	2020年	2021年	2022年	2023年
大学	564,035	559,678	567,763	565,436	572,639	573,947	583,518	590,137	590,162
短期大学	59,435	57,108	56,722	54,598	52,664	49,893	46,779	46,073	42,313
大学院・修士課程	71,301	71,016	71,187	71,446	73,169	73,813	71,714	71,766	74,258
大学院・博士課程	15,684	15,773	15,658	15,658	15,578	15,522	15,968	15,837	15,831
高等専門学校	9,811	9,764	10,086	9,960	10,009	9,769	9,710	9,943	9,859

出典：「文部科学統計要覧（令和５年版）」及び「令和５年度学校基本調査」（文部科学省，2023年）

図Ⅱ-13-1　大学・短期大学・大学院（修士課程，博士課程）・高等専門学校の就職率の推移

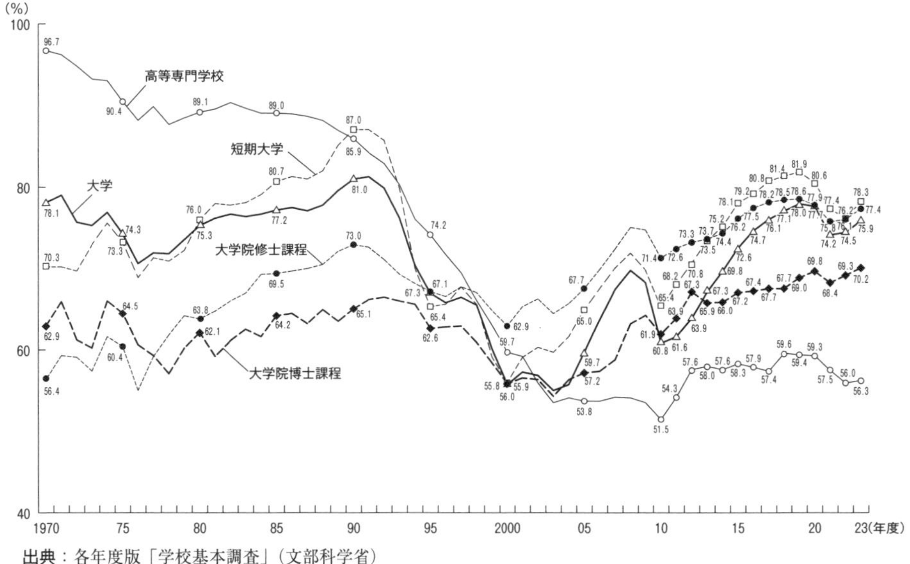

出典：各年度版「学校基本調査」（文部科学省）

図Ⅱ-13-2　大学・短期大学・大学院（修士課程）・高等専門学校卒業（修了）者の進学率の推移

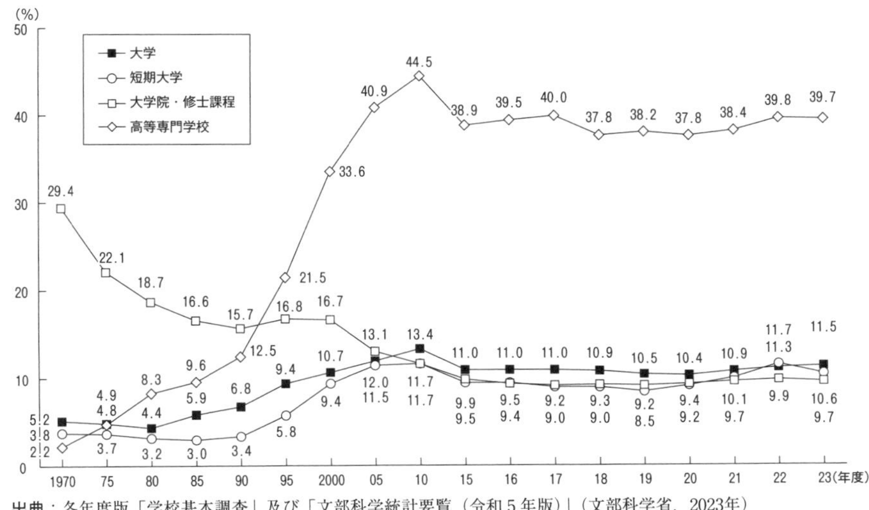

出典：各年度版「学校基本調査」及び「文部科学統計要覧（令和５年版）」（文部科学省，2023年）

14 高等教育の卒業者の就職状況

文部科学省の「令和５年度学校基本調査」によれば，2023年３月に大学（学部）を卒業した者は，59万162人（男子31万3601人，女子27万6561人）である。このうち，就職者総数（「大学院等進学者のうち就職している者」を加えた全就職者数）は，44万8073人（男子22万3530人，女子22万4543人）であり，前年度と比べると8390人増加している。卒業者に占める就職者の割合（卒業者数のうち就職者総数の占める割合）は，75.9％（男子71.3％，女子81.2％）であり，前年度と比べると1.4％増加している（図Ⅱ-14-１）。

就職者総数を産業別にみると，「卸売業，小売業」「医療，福祉」が14.2％で最も高く，「情報通信業」11.7％，「製造業」10.5％と続いている。また，男女別にみると，男性は「卸売業，小売業」が15.0％で最も高く，「情報通信業」13.7％，「製造業」13.0％などの順である。一方，女性は「医療，福祉」が21.8％で最も高く，「卸売業，小売業」13.5％，「情報通信業」「教育，学習支援業」9.7％などの順である（図Ⅱ-14-２）。

就職者総数を職業別にみると，「専門的・技術的職業従事者」が41.6％（うち技術者17.3％，保健医療従事者11.6％，教員6.1％など）で最も高く，次いで「事務従事者」24.2％，「販売従事者」23.0％と続いている。また，男女別にみると，男性は「専門的・技術的職業従事者」が39.2％（うち技術者25.2％，保健医療従事者5.1％，教員4.5％など）で最も高く，「販売従事者」26.9％，「事務従事者」21.5％などの順である。一方，女性は「専門的・技術的職業従事者」が43.9％（うち保健医療従事者18.1％，技術者9.6％，教員7.8％など）で最も高く，

図Ⅱ-14-１　卒業者数，就職者数及び卒業者に占める就職者の割合等の推移（大学・学部）

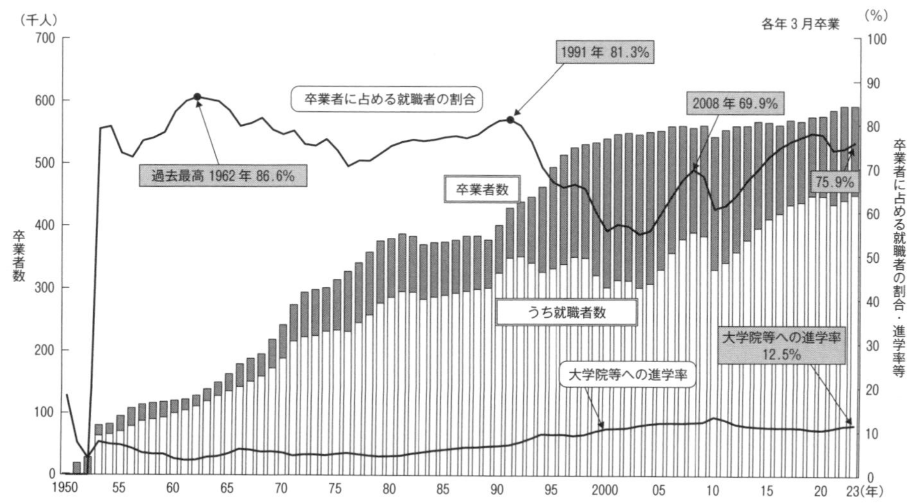

高等教育

「事務従事者」27.0%,「販売従事者」19.1%などの順である（図Ⅱ-14-3）。

（峯田一平）

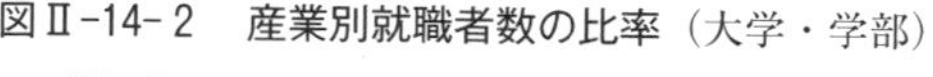

図Ⅱ-14-2　産業別就職者数の比率（大学・学部）

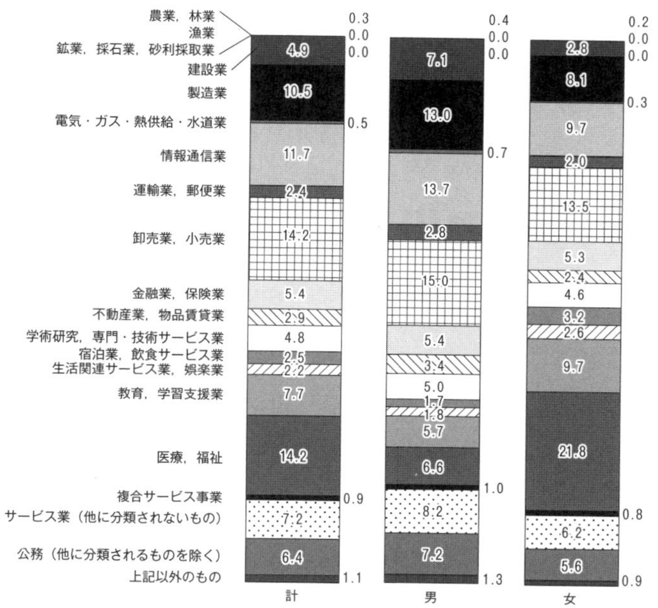

図Ⅱ-14-3　職業別就職者数の比率（大学・学部）

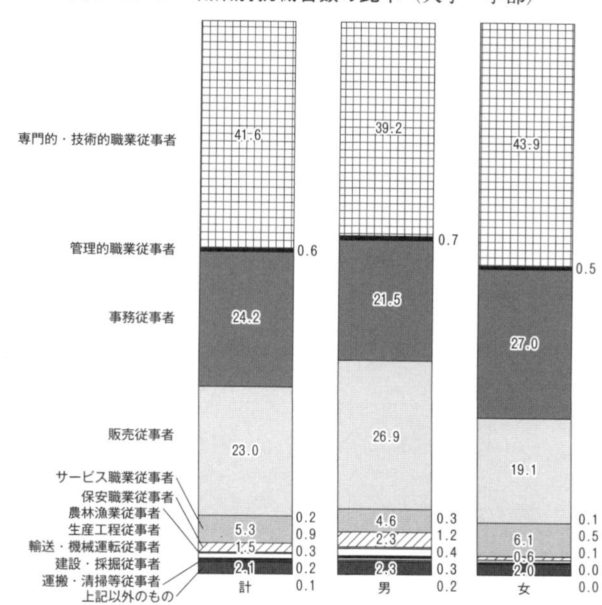

出典：すべて「令和５年度学校基本調査」（文部科学省，2023年）

15 インターンシップの推進

大学等におけるインターンシップの推進についての基本的な方向性は，文部科学省，厚生労働省，経済産業省の三省による「インターンシップの推進に当たっての基本的考え方」（1997年策定）として示されてきた。2022年には，インターンシップの定義自体が見直され，「学生が在学中に自らの専攻，将来のキャリアに関連した就業体験を行うこと」から，「学生がその仕事に就く能力が自らに備わっているかどうか（自らがその仕事で通用するかどうか）を見極めることを目的に，自らの専攻を含む関心分野や将来のキャリアに関連した就業体験（企業の実務を経験すること）を行う活動（但し，学生の学修段階に応じて具体的内容は異なる）」として変更された（表Ⅱ-15-1）。また，一定の基準を満たすインターンシップで取得した学生情報を，広報活動・採用選考活動の開始時期以降に限り，それぞれ使用可能になることも，改正の重要なポイントである。これらの改正は，2025年3月に卒業・修了する学生が，2023年度に参加する取組から適用される。

2021年度のインターンシップ実施校数・実施率をみると，高等専門学校における単位認定を行わないインターンシップを除くすべての項目において，2019年度に比して減少している（表Ⅱ-15-2）。また，2021年度時点ではインターンシップの実施期間として1週間未満の割合が多いことからも（図Ⅱ-15-1），インターンシップの新たな定義は，学生・企業・大学等の三者にとって重要な変更点となることが予想される。

（安里ゆかし）

〔参考文献〕「インターンシップを始めとする学生のキャリア形成支援に係る取組の推進に当たっての基本的考え方」（文部科学省・厚生労働省・経済産業省，2022年改正）

表Ⅱ-15-1　キャリア形成支援における産学協働の取組の類型

類型　枠内は，取組みの性質	代表的なケース	実施主体	就業体験の有無	実施場所	実施規模	学生の参加期間（所要日数）	対象課程（※）
タイプ1： オープン・カンパニー ※オープン・キャンパスの企業・業界・仕事版を想定 個社・業界の情報提供・PR	企業・就職情報会社主催イベント	企業または就職情報会社	なし(一部あり)	職場以外または職場	大人数	超短期（単日）	学士 修士 博士
	学内イベント	大学キャリアセンター（＋企業）	なし	学内			
タイプ2： キャリア教育 教育	企業主催プログラム（CSRとして）	企業	なし(一部あり)	職場（＋職場以外）	プログラムによる	短期（1～3日間）	学士 修士
	授業（正課） 産学協働プログラム（正課外） 学内における企業・アドバイザーによるレクチャー	大学（＋企業）		学内（＋職場）	授業・プログラムによる	短期～長期（授業・プログラムによって異なる）	学士 修士 博士
タイプ3： 汎用的能力・専門活用型インターンシップ ◆就業体験 ◆自らの能力の見極め ◆評価材料の取得	適性・汎用的能力重視	企業または大学＋企業（地域コンソーシアムとの連携を含む）	★あり	★職場（＋職場以外） 但し，テレワークが常態化している場合は，テレワークを含む	少人数中心	※短期（5日間以上） ★うち，半分を超える日数を職場で就業体験	学士 修士 中心
	専門性重視（主に事務系）					★長期（2週間以上） ★うち，半分を超える日数を職場で就業体験	学士 修士 博士
	専門性重視（主に技術系）						
タイプ4（試行）： 高度専門型インターンシップ ※試行結果を踏まえ，今後判断 ◆就業体験 ◆実践力の向上 ◆評価材料の取得	ジョブ型研究インターンシップ（主に技術系） 正課	大学＋企業	あり	職場	少人数	長期（2ヵ月以上）	博士 （修士）
	高度な専門性を重視した修士課程学生向けインターンシップ（仮称）（主に事務系） 2022年度にさらに検討					WGの提案をベースに検討中	修士

出典：「産学協働による自律的なキャリア形成の推進－概要－（2021年度報告書）」（採用と大学教育の未来に関する産学

表Ⅱ-15-2　インターンシップの実施状況（実施校数・実施率）

学校種別		単位認定を行う		単位認定を行わない	
		2021年	2019年	2021年	2019年
大学	学部	485校（62.3%）	547校（71.9%）	370校（47.6%）	423校（55.6%）
	大学院	109校（16.7%）	171校（26.6%）	110校（16.9%）	144校（22.4%）
	小計（注）	489校（60.9%）	563校（71.6%）	376校（46.8%）	431校（54.8%）
短期大学		112校（35.6%）	134校（41.1%）	41校（13.0%）	58校（17.8%）
高等専門学校		52校（91.2%）	57校（100.0%）	15校（26.3%）	11校（19.3%）
合　計		653校（55.6%）	754校（64.5%）	432校（36.8%）	500校（42.8%）

注：「小計」は，学部・大学院の両方を設置している大学は１校としてカウント。

図Ⅱ-15-1　インターンシップの実施期間（体験学生構成比）

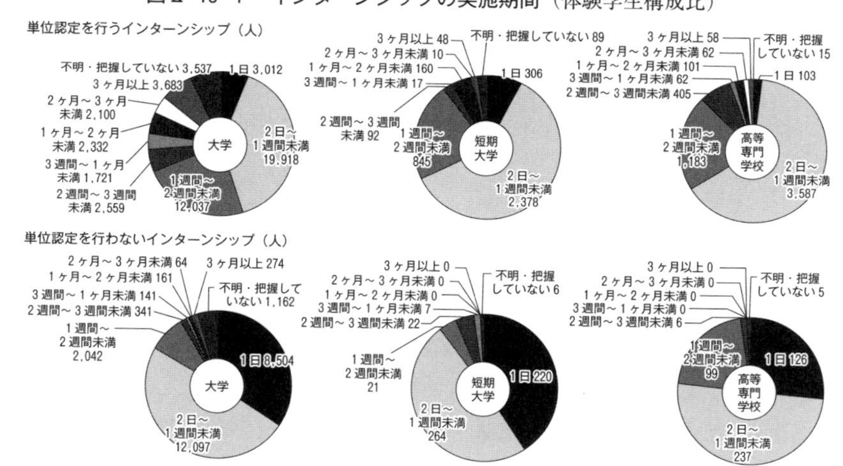

出典：表Ⅱ-15-2及び図Ⅱ-15-1は「令和３年度大学・短期大学・高等専門学校におけるインターンシップ状況について」（文部科学省，2023年）

実施内容（主なメニュー）	有給／無給	人事担当者ではなく，職場（現場社員）の参加	取得した学生情報の採用活動への活用の可否	実施時期	参加者の選抜方法
●事業・業務説明（座学） ●社員への質問会 ●職場見学 ●体験	無給	任意	不可	学士・修士・博士過程の全期間 但し，学業との両立の観点から，「平日の夕方・夜間，週末，長期休暇期間中の実施」や「オンデマンドによる動画配信等，オンラインの活用」を推奨	学業両立に配慮した選抜プロセス なし
●事業・業務説明（座学） ●グループワーク（ディスカッション等） ●フィールドワーク／研修 ●発表会・報告会 ●職場見学 ●（「就業体験あり」のみ）業務同行，実習，実務を体験 ●（「大学主導」のみ）職業観・キャリア・ビジネスマナーに関するガイダンス	無給	任意 任意	不可	学士・修士・博士過程の全期間 但し，正課外のものについては，学業との両立の観点から，「平日の夕方・夜間，週末，長期休暇期間中の実施」や「オンデマンドによる動画配信等，オンラインの活用」を推奨	学業両立に配慮した選抜プロセス 授業・プログラムごとに設定
★業務同行，事業所・研究所・工場等で実務を体験 ●事業・業務説明（座学） ●グループワーク（ディスカッション等） ●発表会・報告会	無給 （但し，実態として社員と同じ業務・働き方となる場合は，労働関係法令の適用を受け，有給）	必須 ★職場社員が学生を指導し，インターンシップ終了後に学生にフィードバック	採用活動開始以降に限り，可 【主な活用例】 ①学生の連絡先を活用し，採用活動へのエントリーに関する案内を送付 ②学生の総合評価を活用し，採用選考プロセスの一部を免除 ★募集要項に必要な情報を開示	★学部３年・４年，修士１年・２年の長期休暇期間 ①夏休み ②冬休み（年始年末） ③入試休み・春休み（２・３月） 大学正課および博士課程の場合は上記に限定されない	学業両立に配慮した選抜プロセス 応募要件の透明化
●研究所・工場等で実務を体験 ●発表会・報告会	有給	必須	可 （但し，修士について，情報の活用自体は採用活動開始以降に限る）	博士：全期間 修士：今後，検討	必須事項の登録＋面接
●業務同行，事業所等で実務を体験 ●発表会・報告会	WGの提案をベースに検討中			WGの提案をベースに検討中	WGの提案をベースに検討中

協議会，2022年）

16 専修学校と各種学校

専修学校は，1975年７月の学校教育法改正により制度化された，従来の各種学校のうち「専修学校設置基準」を満たす組織的教育機関である。「職業若しくは実際生活に必要な能力を育成し，又は教養の向上を図る」ことを目的としており，その入学資格により専門課程，高等課程，一般課程が置かれている。このうち高等学校卒業程度の者を対象とする専門課程を置く学校が「専門学校」と呼ばれ，大学・短期大学に並ぶ高等教育機関として位置付けられる。

一方，各種学校は，一条校・専修学校・他の法律の規定による学校を除く「学校教育に類する教育を行うもの」で「各種学校規定」を満たすものである。具体例として，珠算学校や予備校，自動車教習所，語学学校などが挙げられる。

専修学校の制度化から約50年が過ぎた現在，専修学校は約3000校で，その約90％が専門課程（専門学校）である（図Ⅱ-16-１，２）。生徒数は1995年には約81万人いたが，その後減少傾向に転じ，2023年には約61万人（図Ⅱ-16-１）となっている。

専修学校に関する施策としては，制度の弾力化が制度化以来進められており，昼夜開講制や科目等履修生制度，「専門士」「高度専門士」の称号の付与，一条校への編入学資格や単位互換等が認められてきた。2012年には単位制・通信制が制度化されている。加えて，2014年４月より「職業実践専門課程」（専門学校のうち，企業等と密接に連携して，最新の実務の知識・技術・技能を身に付けられる実践的な職業教育に取り組む学科）の認定も開始されている。また，専門職大学の制度化の議論の中で「これからの専修学校教育の振興のあり方について（報告）」（文部科学省，2017年３月）が公表されるなど，専修学校の果たす職業教育

図Ⅱ-16-１　専修学校の学校数・生徒数の推移

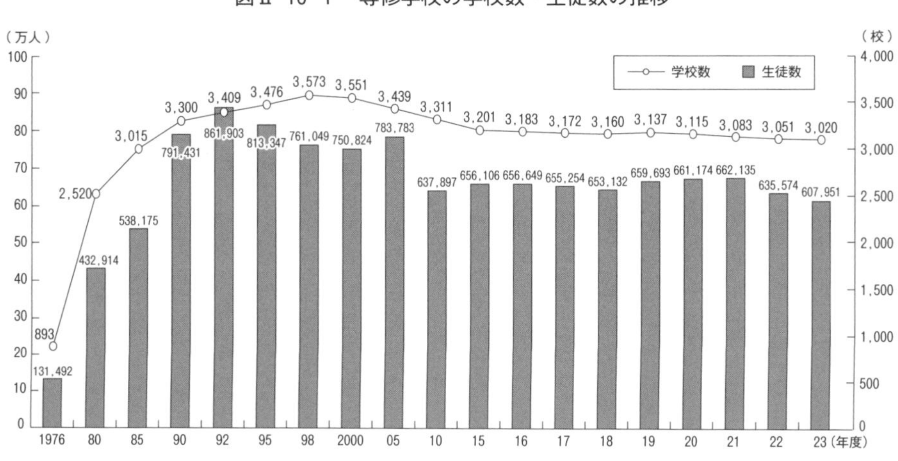

高等教育

としての役割はより重視されつつある。文部科学省が2021年から「専修学校#知る専」というサイトの運営を開始したこともその表れだといえよう。(石原雅子)

図II-16-2　専修学校の課程別生徒数の割合（2023年度）

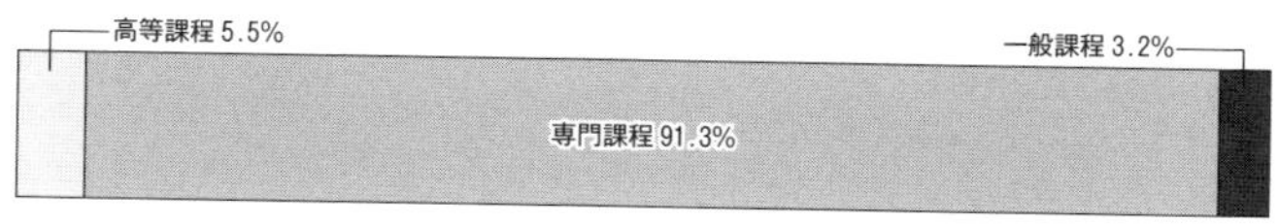

表II-16-1　分野別「職業実践専門課程」の学科数と割合（2023年度）

分野	工業	農業	医療	衛生	教育 社会福祉	商業 実務	服飾 家政	文化 教養	計
合計	673 (51.8%)	17 (11.6%)	615 (34.9%)	339 (36.1%)	265 (45.3%)	533 (39.3%)	117 (23.9%)	606 (28.8%)	3,165

注：各分野の（　）内の数字は当該分野に属する全学科に占める割合。

表II-16-2　専修学校と各種学校の主な設置基準等の比較

	専修学校	各種学校
修業年数	1年以上（高等課程は2～3年，専門課程は2年が多い）。	1年以上。ただし，簡易に修得することができる技術・技芸等は3カ月以上1年未満とできる。
年間授業時間	800単位時間以上。夜間学科は450単位時間以上。修了に当たっては修了年限に応じた履修が必要。	680時間以上。1年未満の場合は修業期間に応じ授業数を減じる。
生徒数	在学生が常時40人以上。 同時に授業を行う生徒数は40人以下を原則。	同時に授業を行う生徒数は40人以下を原則。
入学資格	・専門課程（高卒程度） ・高等課程（中卒程度） ・一般課程（特に定めない）	各種学校が定める。
校長の資格	教育に関する識見を有し，かつ，教育，学術または文化に関する業務に従事した者。	教育に関する識見を有し，かつ，教育，学術または文化に関する職または業務に従事した者。
教員の資格	担当する教育に関する専門的な知識または技能に関し，文部科学大臣の定める資格を有する者。 ・専門課程（大卒2年の実務経験） ・高等課程（短大卒2年の実務経験） ・一般課程（高卒4年の実務経験） といった基準を詳細に規定。	担当する教科に関して専門的な知識，技術，技能等を有する者。
教員数	生徒総定員は80人までは最低3人。 課程及び分野ごとに生徒総定員に応じて増加。	必要な教員数（最低3人）。
学　科	目的に応じた分野の区分ごとに教育上の基本となる組織（基本組織）を置き，この組織に学科を置く。	課程の用語を使用し，学科の規定はない。
校　舎	・生徒総定員ならびに学科の分野別に一定の面積基準表あり。単位制・通信制によっても異なる。 ・目的，生徒数または課程に応じ，教室，教員室，事務室その他必要な附帯施設が必要。目的に応じた実習場その他の必要な施設の確保も必要。図書室，保健室，教員研究室等もなるべく備える。	・最低115.7㎡以上かつ1人当たり2.31㎡以上。 ・校舎には，教室，管理室，便所その他必要な施設を備える必要。また，課程に応じ，実習場その他の必要な施設を備える必要あり。
授業科目	課程ごとにそれぞれふさわしい授業科目を開設。	規定なし。

出典：図II-16-1，2は「令和5年度学校基本調査」（文部科学省，2023年）
表II-16-1は「『職業実践専門課程』の認定状況」（文部科学省，2023年）
表II-16-2は学校教育法，専修学校設置基準，各種学校規定

III

子供と生活

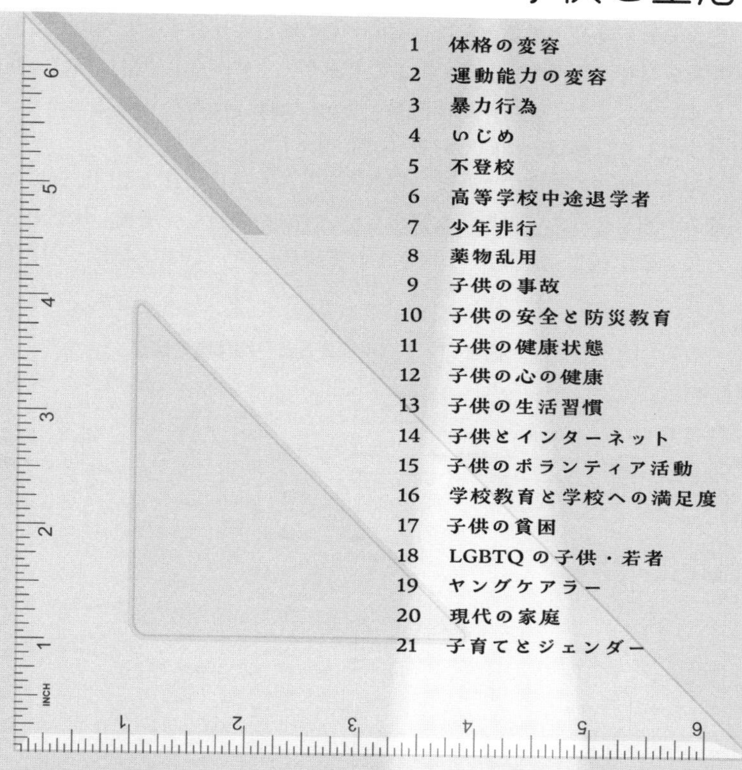

1 体格の変容

子供の体格の変容には個人差があるが，統計をみると全体として一定の傾向をもっていることが分かる。文部科学省が毎年実施している「学校保健統計調査」によると，身長・体重ともに，戦後すぐの時点と比較すると大きく増加した。平均身長は1994年度から2001年度あたりをピークに，それ以降は横ばい傾向で推移している。また，平均体重は1998年度から2006年度あたりがピークで，その後は減少もしくは横ばい傾向である（図Ⅲ-1-1）。

厚生労働省の調査によれば，保護者からみた子供の日常生活で気になることや悩みの項目のうち，男児・女児ともにいずれの項目も「肥満」体型の方が多くなっている（図Ⅲ-1-2）。小中学生の肥満度については，スポーツ庁「令和４年

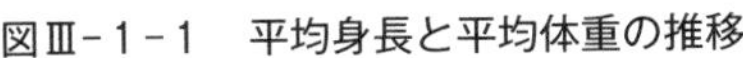

図Ⅲ-1-1　平均身長と平均体重の推移

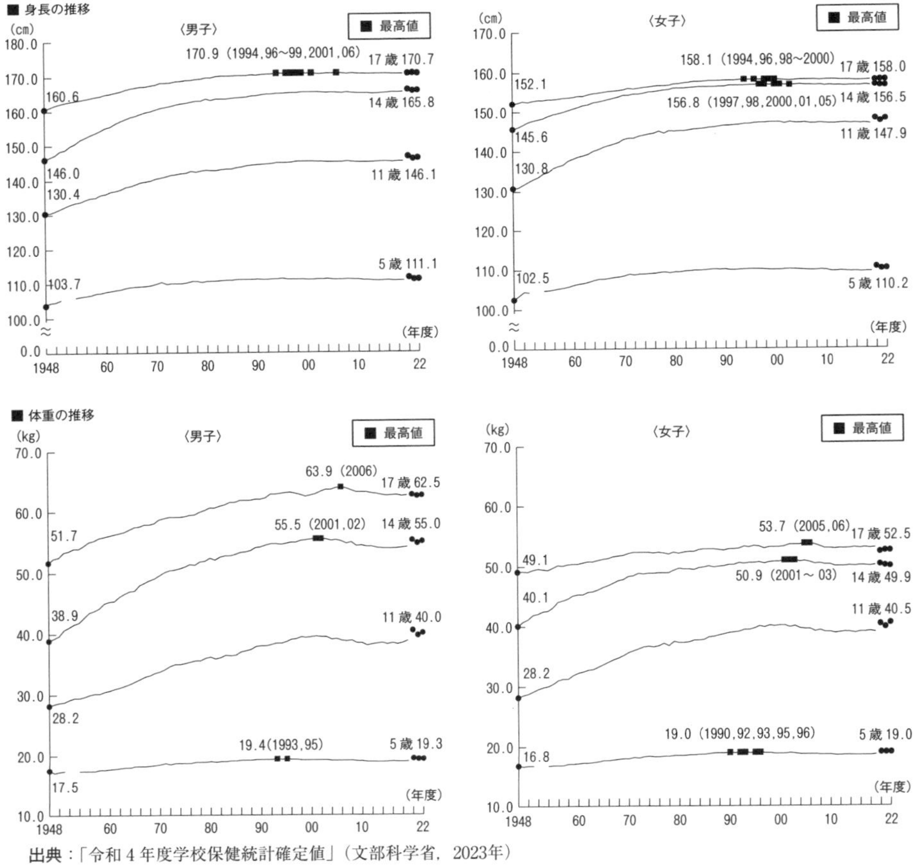

出典：「令和４年度学校保健統計確定値」（文部科学省，2023年）

度全国体力・運動能力，運動習慣等調査」の結果から知ることができる。それによれば，小・中学生の男女ともに肥満の割合が増加しており，とりわけ小学生男女，中学生男子は過去最大の数値となっている（図Ⅲ-1-3）。　　　（香川　圭）

図Ⅲ-1-2　子供の体型（肥満度）と保護者からみた子供の日常生活で気になることや悩み

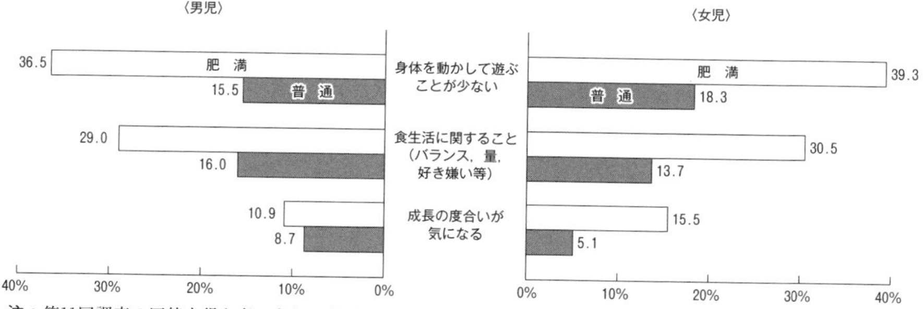

注：第11回調査の回答を得た者のうち，体重，身長とも回答を得た場合のみ，実測体重と日比式から求められる標準体重と比較して分類している。集計客体は，次のとおりである。
男児：「肥満」（総数2,105），「普通」（総数9,191），女児：「肥満」（総数882），「普通」（総数8,157）。
出典：「第11回21世紀出生児縦断調査（平成13年出生児）」（厚生労働省，2012年）

図Ⅲ-1-3　肥満である児童生徒の経年変化

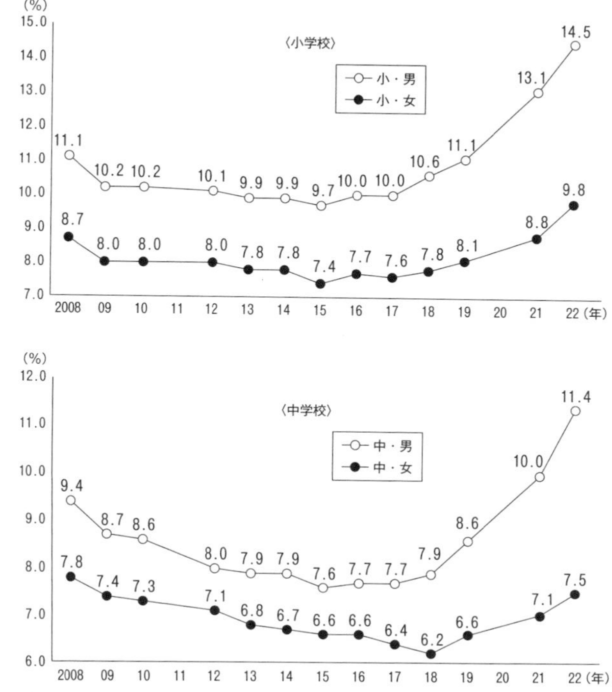

出典：「令和４年度全国体力・運動能力，運動習慣等調査の結果」（スポーツ庁，2022年）

2 運動能力の変容

文部科学省は，旧文部省時代の1964年以来，「体力・運動能力調査」を実施しており，このデータから国民の体力・運動能力の変容を知ることができる。なお，1999年度の体力・運動能力調査から「新体力テスト」が導入され，項目の見直しが行われた。さらに，2008年度からは従来の抽出調査に加えて，日本全国の小学5年生，中学2年生全員を対象に「全国体力・運動能力，運動習慣等調査」を実施している。スポーツ庁発足後初の調査となった2016年度調査では，小学校入学前の外遊びの実施状況，運動・スポーツのストレス解消効果に対する認識，生活の充実度等の質問項目を追加し，スポーツがもつ価値について，より多面的に捉えようとしている。

図Ⅲ-2-1～5は，握力，走能力（50m走・持久走〈男子：1500m，女子：1000m〉），跳能力（立ち幅とび），投能力といった，基礎的運動能力の年次推移を示したものである。長期的な推移をみるために，新体力テスト以前から現在まで実施されている種目を取り上げている。

図から明らかなように，青少年の運動能力は，水準の高かった1980年代と比較すると，男子の50m走を除いて低い水準になっている。2000年以降は，男女のボール投げ及び男子の握力において低下傾向がみられるが，その他の項目では，男女及び年代による違いはありつつ，おおむね横ばいまたは向上傾向を示している。新体力テストから追加された上体起こし，長座体前屈，反復横とび，20mシャトルランについても，20年間の年次推移が観察できるため，読者自身で確認願いたい。

（川村雄真）

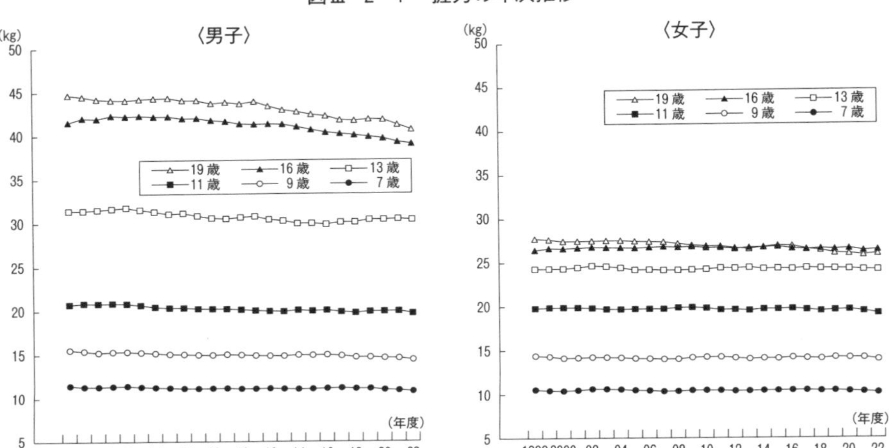

図Ⅲ-2-1　握力の年次推移

出典：すべて「令和4年度体力・運動調査結果」（スポーツ庁）

図Ⅲ-2-2　50m走の年次推移

〈男子〉

(秒)

19歳　16歳　13歳
11歳　9歳　7歳

(年度)

〈女子〉

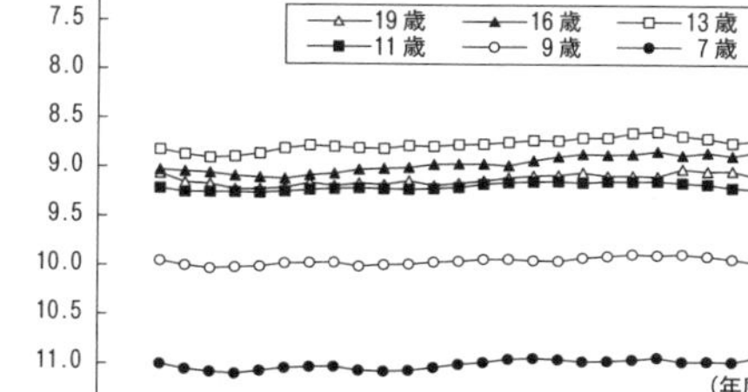

図Ⅲ-2-3　持久走の年次推移

〈男子〉

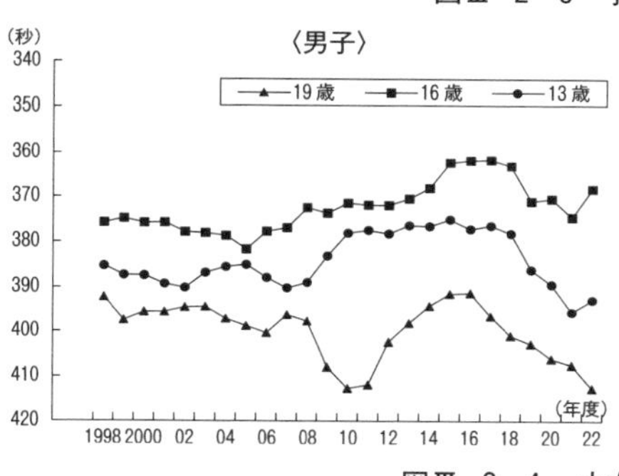

〈女子〉

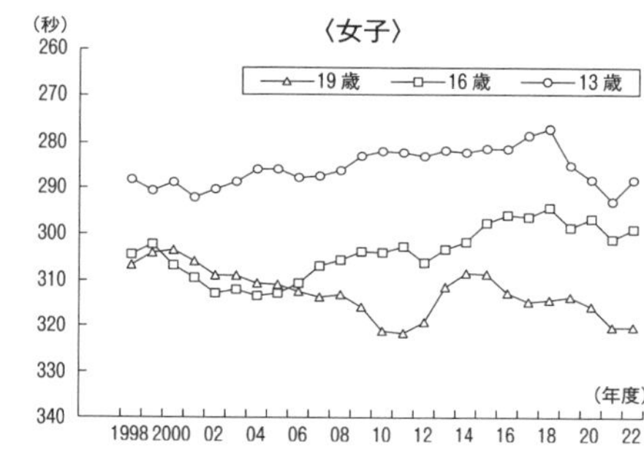

図Ⅲ-2-4　立ち幅とびの年次推移

〈男子〉

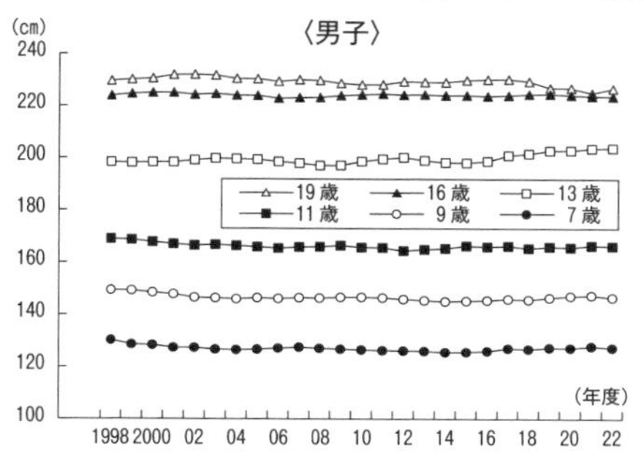

〈女子〉

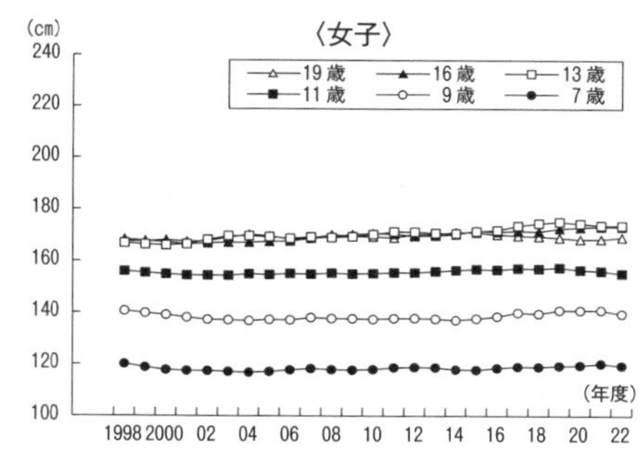

図Ⅲ-2-5　ソフトボール投げ，ハンドボール投げの年次推移

〈男子〉

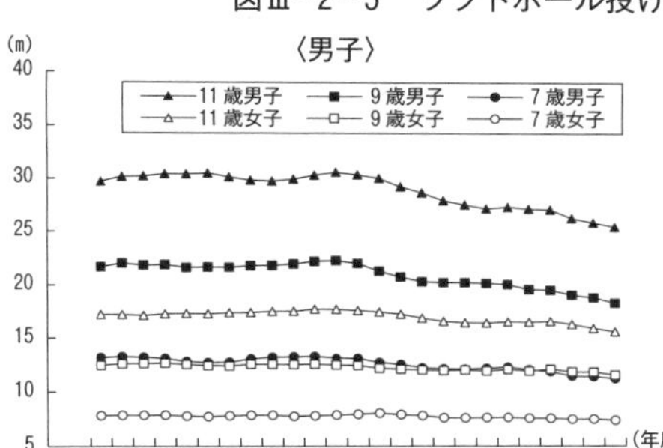

〈女子〉

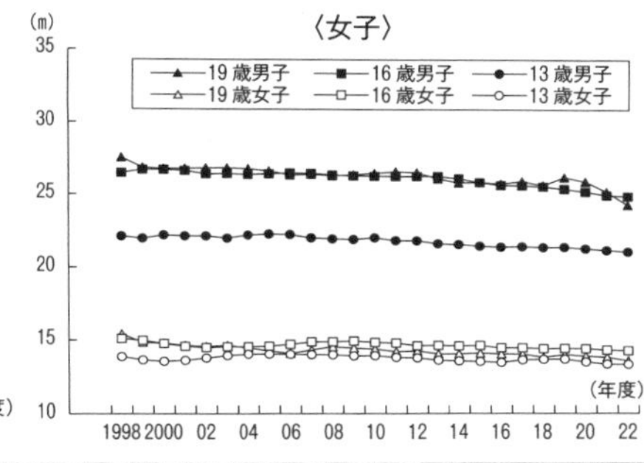

3 暴力行為

文部科学省は,「児童生徒の問題行動・不登校等生徒指導上の諸課題に関する調査」において,暴力行為を「自校の児童生徒が故意に有形力(目に見える物理的な力)を加える行為」と定義している。暴力の対象により,暴力行為は４つの形態,すなわち,「対教師暴力」「生徒間暴力」「対人暴力」「(学校の施設・設備等の)器物損壊」に分類される。

当該調査の結果報告では,小・中・高等学校における暴力行為の発生件数の推移が示されている(図Ⅲ-３-１)。2019〜20年度にかけては,新型コロナウイルス感染症の感染拡大に伴う教育活動の制限(全国一斉臨時休業など)により,全校種において暴力行為が減少した。しかし,2020〜22年度にかけては,再び増加に転じている。とりわけ,小学校における2022年度の値(６万1455件)は,2021年度の値(４万8138件)から27.7%(１万3317件)増加し,過去最多となっている。暴力行為の発生件数増加の一因としては,いじめの認知(2022年度は過去最多)に伴って把握されたものや,児童生徒に対する見取りの精緻化によって把握されたものが増えた——といったことが挙げられている。

形態別に見ると,小・中・高等学校のいずれにおいても「生徒間暴力」の発生件数が最も多く,2022年度にかけて増加傾向にある(図Ⅲ-３-２)。なお,当該調査では必ずしも計上されていないが,2007年２月に文部科学省から発出された「問題行動を起こす児童生徒に対する指導について(通知)」では,暴力行為の状況に関して,上述した４つの形態のものばかりでなく,授業妨害などもみられると記されている。

学年別にみた加害児童生徒数は,中学１年生が最も多い(図Ⅲ-３-３)。いずれにせよ,暴力行為の背景には,児童生徒を取り巻く家庭や学校,社会環境等の

図Ⅲ-３-１　小・中・高等学校における暴力行為の発生件数の推移—国・公・私立計—

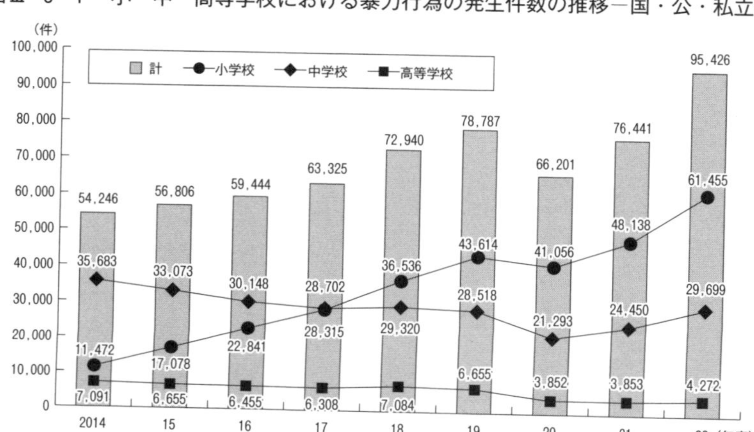

様々な要因がある。そうした要因を多面的に理解した上で，関係機関と連携しつつ全校的な指導体制を構築して指導・支援に当たることが，学校側には求められている。

（志賀　優）

図Ⅲ-3-2　小・中・高等学校における暴力行為の形態別発生件数―国・公・私立計―

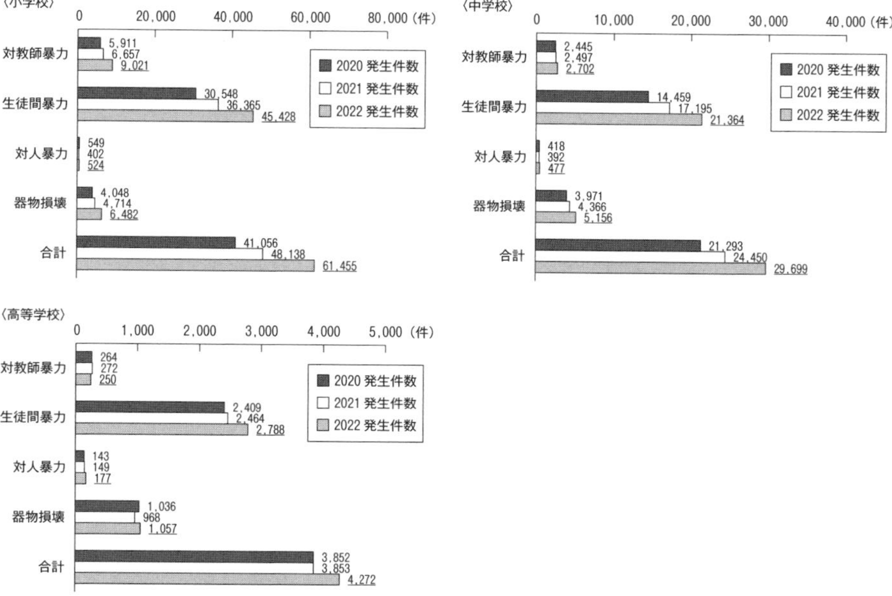

注１：当該調査は，暴力行為によるけがの有無や，けがによる病院の診断書の有無，被害者による警察への被害届の有無等にかかわらず，暴力行為に該当するものを全て対象としている。また，学校の管理下・管理下以外のいずれにおいて発生したかにかかわらず計上している（ただし，形態別の「器物損壊」については学校の管理下において起きた場合のみ計上）。

注２：小学校には義務教育学校前期課程，中学校には義務教育学校後期課程及び中等教育学校前期課程，高等学校には中等教育学校後期課程及び通信制課程を含む。

注３：発生件数は延べ数。

図Ⅲ-3-3　学年別加害児童生徒数のグラフ

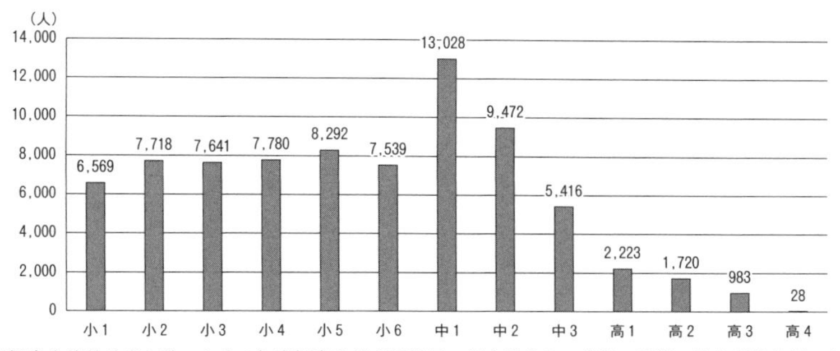

注：加害児童生徒数は実人数。１人の加害児童生徒が複数回の暴力行為や，複数の形態の暴力行為を行った場合も１人として計上。

出典：すべて「令和４年度児童生徒の問題行動・不登校等生徒指導上の諸課題に関する調査」（文部科学省，2023年）

4 いじめ

「いじめ」とは，「児童等に対して，当該児童等が在籍する学校に在籍している等当該児童等と一定の人的関係にある他の児童等が行う心理的又は物理的な影響を与える行為（インターネットを通じて行われるものを含む。）であって，当該行為の対象となった児童等が心身の苦痛を感じているもの」と定義されている（いじめ防止対策推進法第２条第１項（2013年９月28日施行））。

文部科学省は，児童生徒の問題行為等について，事態をより正確に把握し，指導の一層の充実を図るため，暴力行為，いじめ，不登校，自殺等の状況等について，毎年度「児童生徒の問題行動・不登校等生徒指導上の諸課題に関する調査」を行っている。調査において，個々の行為が「いじめ」に当たるか否かの判断は，表面的・形式的に行うことなく，いじめられた児童生徒の立場に立って行われている。また発生場所については，学校の内外を問うていない。

2022年度調査によると，小・中・高等学校及び特別支援学校におけるいじめの認知件数は，68万1948件（前年度61万5351件）となり，過去最多となった（図Ⅲ－４－１，２）。一方で，警察へ相談・通報した件数は，2014件（0.3％）である（表Ⅲ－４－１）。いじめの発見のきっかけは，国・公・私立のいずれの学校種別においても「学校の教職員等が発見」のうち「アンケート調査など学校の取組」による発見が，最も多くなっている（表Ⅲ－４－２）。また，いじめの態様では，「冷やかしやからかい，悪口や脅し文句，嫌なことを言われる」が，国・公・私立いずれの学校種別でも構成比のおおよそ過半数を超え，最多となっている（図Ⅲ－４－３）。

いじめ防止対策推進法第28条第１項は，「重大事態」を定義している（表Ⅲ－４－３）。2022年度調査において，いじめの重大事態の件数は923件であり，前年度に比べ217件（30.7％）増加し過去最多となった。

図Ⅲ－４－１　いじめを認知した学校数－国・公・私立計－

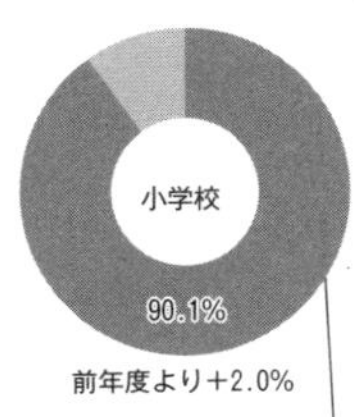

前年度より＋2.0％
いじめを認知した学校数
17,420 校／ 19,339 校
１校当たりの認知件数 28.5件
（前年度 25.7件）

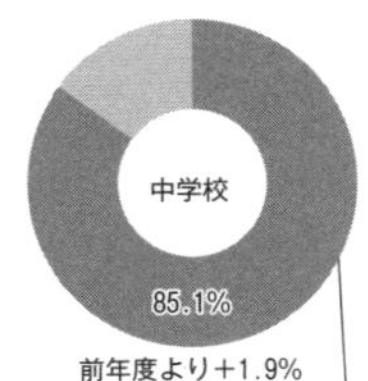

前年度より＋1.9％
いじめを認知した学校数
8,723校／ 10,247 校
１校当たりの認知件数 10.9 件
（前年度 9.5 件）

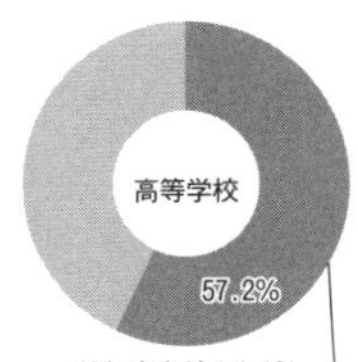

前年度より＋4.1％
いじめを認知した学校数
3,207校／ 5,611 校
１校当たりの認知件数 2.8 件
（前年度 2.5 件）

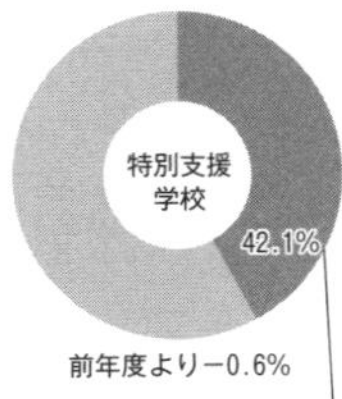

前年度より－0.6％
いじめを認知した学校数
492 校／ 1,169 校
１校当たりの認知件数 2.6 件
（前年度 2.3 件）

2022年度調査では，認知件数・重大事態件数は，いずれも過去最多となった。これらは，いじめ防止対策推進法やいじめの積極的な認知に対する理解が広がったことによる影響が推察される。いじめの対応・解決においては，スクールカウンセラーや地域・外部機関の活用，犯罪行為として認められる場合には早期に警察に相談・通報するなど，関係機関との連携がより一層求められる。（外池彩萌）

図Ⅲ－４－２　いじめの認知（発生）件数の推移―国・公・私立計―

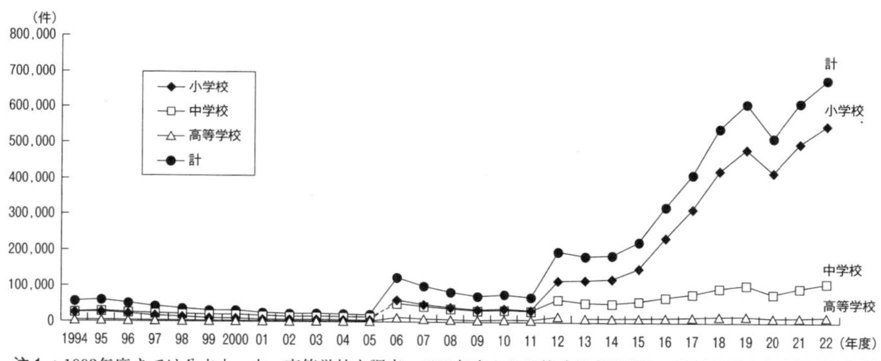

注１：1993年度までは公立小・中・高等学校を調査。1994年度からは特殊教育諸学校，2006年度からは国私立学校を含める。
注２：1994年度及び2006年度に調査方法等を改めている。
注３：2005年度までは発生件数，2006年度からは認知件数。
注４：2013年度からは高等学校に通信制課程を含める。
注５：小学校には義務教育学校前期課程，中学校には義務教育学校後期課程及び中等教育学校前期課程，高等学校には中等教育学校後期課程を含む。

表Ⅲ－４－１　警察に相談・通報した件数

		認知件数	うち，警察に相談・通報した件数	比率
		C	D	D/C
		（件）	（件）	（％）
小学校	国立	4,166	6	0.1
	公立	545,958	551	0.1
	私立	1,820	8	0.4
	計	551,944	565	0.1
中学校	国立	821	6	0.7
	公立	108,335	1,060	1.0
	私立	2,248	35	1.6
	計	111,404	1,101	1.0
高等学校	国立	24	0	0.0
	公立	12,179	274	2.2
	私立	3,365	48	1.4
	計	15,568	322	2.1
特別支援学校	国立	99	0	0.0
	公立	2,928	26	0.9
	私立	5	0	0.0
	計	3,032	26	0.9
合　計	国立	5,110	12	0.2
	公立	669,400	1,911	0.3
	私立	7,438	91	1.2
	計	681,948	2,014	0.3

表Ⅲ-4-2　いじめの発見のきっかけ

		小学校		中学校		高等学校		特別支援学校		合計	
		件数(件)	構成比(%)	件数(件)	構成比(%)	件数(件)	構成比(%)	件数(件)	構成比(%)	件数(件)	構成比(%)
国立	(A) 学校の教職員等が発見	3,045	73.1	394	48.0	7	29.2	85	85.9	3,531	69.1
	(1)学級担任が発見	518	12.4	50	6.1	4	16.7	23	23.2	595	11.6
	(2)学級担任以外の教職員が発見(養護教諭，スクールカウンセラー等の相談員を除く)	145	3.5	41	5.0	0	0.0	3	3.0	189	3.7
	(3)養護教諭が発見	12	0.3	19	2.3	0	0.0	0	0.0	31	0.6
	(4)スクールカウンセラー等の相談員が発見	27	0.6	1	0.1	0	0.0	0	0.0	28	0.5
	(5)アンケート調査など学校の取組により発見	2,343	56.2	283	34.5	3	12.5	59	59.6	2,688	52.6
	(B) 学校の教職員以外からの情報により発見	1,121	26.9	427	52.0	17	70.8	14	14.1	1,579	30.9
	(6)本人からの訴え	450	10.8	262	31.9	11	45.8	3	3.0	726	14.2
	(7)当該児童生徒(本人)の保護者からの訴え	508	12.2	99	12.1	4	16.7	6	6.1	617	12.1
	(8)児童生徒(本人を除く)からの情報	129	3.1	45	5.5	2	8.3	0	0.0	176	3.4
	(9)保護者(本人の保護者を除く)からの情報	28	0.7	17	2.1	0	0.0	5	5.1	50	1.0
	(10)地域の住民からの情報	4	0.1	2	0.2	0	0.0	0	0.0	6	0.1
	(11)学校以外の関係機関(相談機関等含む)からの情報	1	0.0	1	0.1	0	0.0	0	0.0	2	0.0
	(12)その他(匿名による投書など)	1	0.0	1	0.1	0	0.0	0	0.0	2	0.0
	(C) 計	4,166	100.0	821	100.0	24	100.0	99	100.0	5,110	100.0
公立	(A) 学校の教職員等が発見	363,897	66.7	55,197	51.0	6,337	52.0	1,972	67.3	427,403	63.8
	(1)学級担任が発見	52,689	9.7	10,270	9.5	532	4.4	695	23.7	64,186	9.6
	(2)学級担任以外の教職員が発見(養護教諭，スクールカウンセラー等の相談員を除く)	7,703	1.4	7,409	6.8	440	3.6	150	5.1	15,702	2.3
	(3)養護教諭が発見	1,219	0.2	731	0.7	109	0.9	5	0.2	2,064	0.3
	(4)スクールカウンセラー等の相談員が発見	655	0.1	263	0.2	45	0.4	5	0.2	968	0.1
	(5)アンケート調査など学校の取組により発見	301,631	55.2	36,524	33.7	5,211	42.8	1,117	38.1	344,483	51.5
	(B) 学校の教職員以外からの情報により発見	182,061	33.3	53,138	49.0	5,842	48.0	956	32.7	241,997	36.2
	(6)本人からの訴え	94,443	17.3	29,483	27.2	3,811	31.3	603	20.6	128,340	19.2
	(7)当該児童生徒(本人)の保護者からの訴え	62,111	11.4	15,452	14.3	1,242	10.2	185	6.3	78,990	11.8
	(8)児童生徒(本人を除く)からの情報	17,390	3.2	5,931	5.5	580	4.8	102	3.5	24,003	3.6
	(9)保護者(本人の保護者を除く)からの情報	6,748	1.2	1,808	1.7	150	1.2	38	1.3	8,744	1.3
	(10)地域の住民からの情報	326	0.1	121	0.1	3	0.0	0	0.0	450	0.1
	(11)学校以外の関係機関(相談機関等含む)からの情報	757	0.1	204	0.2	27	0.2	23	0.8	1,011	0.2
	(12)その他(匿名による投書など)	286	0.1	139	0.1	29	0.2	5	0.2	459	0.1
	(C) 計	545,958	100.0	108,335	100.0	12,179	100.0	2,928	100.0	669,400	100.0
私立	(A) 学校の教職員等が発見	1,056	58.0	1,171	52.1	1,910	56.8	4	80.0	4,141	55.7
	(1)学級担任が発見	131	7.2	156	6.9	199	5.9	0	0.0	486	6.5
	(2)学級担任以外の教職員が発見(養護教諭，スクールカウンセラー等の相談員を除く)	31	1.7	53	2.4	65	1.9	0	0.0	149	2.0
	(3)養護教諭が発見	7	0.4	9	0.4	17	0.5	0	0.0	33	0.4
	(4)スクールカウンセラー等の相談員が発見	4	0.2	2	0.1	6	0.2	0	0.0	12	0.2
	(5)アンケート調査など学校の取組により発見	883	48.5	951	42.3	1,623	48.2	4	80.0	3,461	46.5
	(B) 学校の教職員以外からの情報により発見	764	42.0	1,077	47.9	1,455	43.2	1	20.0	3,297	44.3
	(6)本人からの訴え	441	24.2	593	26.4	986	29.3	0	0.0	2,020	27.2
	(7)当該児童生徒(本人)の保護者からの訴え	231	12.7	324	14.4	284	8.4	1	20.0	840	11.3
	(8)児童生徒(本人を除く)からの情報	42	2.3	104	4.6	131	3.9	0	0.0	277	3.7
	(9)保護者(本人の保護者を除く)からの情報	49	2.7	49	2.2	41	1.2	0	0.0	139	1.9
	(10)地域の住民からの情報	0	0.0	1	0.0	2	0.1	0	0.0	3	0.0
	(11)学校以外の関係機関(相談機関等含む)からの情報	0	0.0	3	0.1	5	0.1	0	0.0	8	0.1
	(12)その他(匿名による投書など)	1	0.1	3	0.1	6	0.2	0	0.0	10	0.1
	(C) 計	1,820	100.0	2,248	100.0	3,365	100.0	5	100.0	7,438	100.0
合計	(A) 学校の教職員等が発見	367,998	66.7	56,762	51.0	8,254	53.0	2,061	68.0	435,075	63.8
	(1)学級担任が発見	53,338	9.7	10,476	9.4	735	4.7	718	23.7	65,267	9.6
	(2)学級担任以外の教職員が発見(養護教諭，スクールカウンセラー等の相談員を除く)	7,879	1.4	7,503	6.7	505	3.2	153	5.0	16,040	2.4
	(3)養護教諭が発見	1,238	0.2	759	0.7	126	0.8	5	0.2	2,128	0.3
	(4)スクールカウンセラー等の相談員が発見	686	0.1	266	0.2	51	0.3	5	0.2	1,008	0.1
	(5)アンケート調査など学校の取組により発見	304,857	55.2	37,758	33.9	6,837	43.9	1,180	38.9	350,632	51.4
	(B) 学校の教職員以外からの情報により発見	183,946	33.3	54,642	49.0	7,314	47.0	971	32.0	246,873	36.2
	(6)本人からの訴え	95,334	17.3	30,338	27.2	4,808	30.9	606	20.0	131,086	19.2
	(7)当該児童生徒(本人)の保護者からの訴え	62,850	11.4	15,875	14.2	1,530	9.8	192	6.3	80,447	11.8
	(8)児童生徒(本人を除く)からの情報	17,561	3.2	6,080	5.5	713	4.6	102	3.4	24,456	3.6
	(9)保護者(本人の保護者を除く)からの情報	6,825	1.2	1,874	1.7	191	1.2	43	1.4	8,933	1.3
	(10)地域の住民からの情報	330	0.1	124	0.1	5	0.0	0	0.0	459	0.1
	(11)学校以外の関係機関(相談機関等含む)からの情報	758	0.1	208	0.2	32	0.2	23	0.8	1,021	0.1
	(12)その他(匿名による投書など)	288	0.1	143	0.1	35	0.2	5	0.2	471	0.1
	(C) 計	551,944	100.0	111,404	100.0	15,568	100.0	3,032	100.0	681,948	100.0

注1：「学校の教職員等が発見」か「学校の教職員以外からの情報により発見」のいずれかを選択し，その内訳についても該当するものを一つ選択している。

注2：構成比は，国公私立それぞれの「計（C）」における割合。(1)〜(5)の構成比の合計は（A）の構成比に等しい。(B)と(6)〜(12)も同様。

図Ⅲ-4-3　いじめの態様別状況

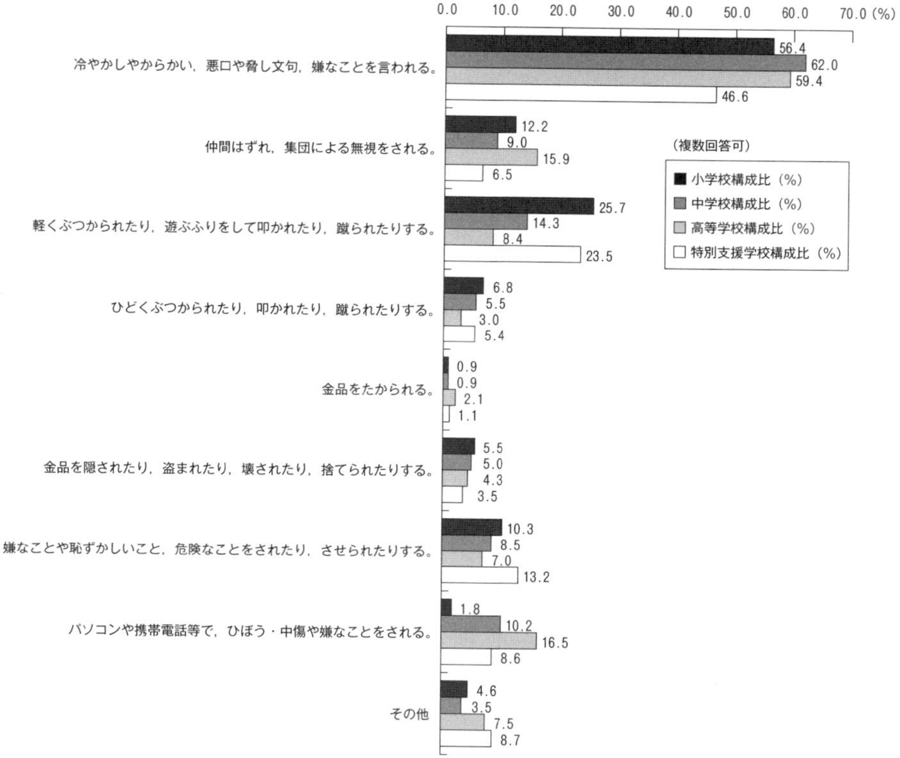

（複数回答可）

態様	小学校構成比（%）	中学校構成比（%）	高等学校構成比（%）	特別支援学校構成比（%）
冷やかしやからかい，悪口や脅し文句，嫌なことを言われる。	56.4	62.0	59.4	46.6
仲間はずれ，集団による無視をされる。	12.2	9.0	15.9	6.5
軽くぶつかられたり，遊ぶふりをして叩かれたり，蹴られたりする。	25.7	14.3	8.4	23.5
ひどくぶつかられたり，叩かれたり，蹴られたりする。	6.8	5.5	3.0	5.4
金品をたかられる。	0.9	0.9	2.1	1.1
金品を隠されたり，盗まれたり，壊されたり，捨てられたりする。	5.5	5.0	4.3	3.5
嫌なことや恥ずかしいこと，危険なことをされたり，させられたりする。	10.3	8.5	7.0	13.2
パソコンや携帯電話等で，ひぼう・中傷や嫌なことをされる。	1.8	10.2	16.5	8.6
その他	4.6	3.5	7.5	8.7

表Ⅲ-4-3　「重大事態」の発生校数及び発生件数

		小学校	中学校	高等学校	特別支援学校	合　計
重大事態発生校数（校）		363	337	141	3	844
重大事態発生件数（件）		390	374	156	3	923
うち，第１号		162	187	96	3	448
	生命	25	36	15	0	76
	身体	33	38	14	1	86
	精神	84	104	57	2	247
	金品等	20	9	10	0	39
うち，第２号		279	247	91	0	617

注：いじめ防止対策推進法第28条第１項に規定する「重大事態」とは，
　第１号「いじめにより当該学校に在籍する児童等の生命，心身又は財産に重大な被害が生じた疑いがあると認めるとき」
　第２号「いじめにより当該学校に在籍する児童等が相当の期間学校を欠席することを余儀なくされている疑いがあると認めるとき」

出典：すべて「令和４年度児童生徒の問題行動・不登校等生徒指導上の諸課題に関する調査」（文部科学省，2023年）

5 不登校

不登校とは,「何らかの心理的, 情緒的, 身体的あるいは社会的要因・背景により, 登校しない, あるいはしたくともできない状況にあるため年間30日以上欠席した者のうち, 病気や経済的理由による者を除いたもの」と定義されている(文部科学省, 2022年)。

「令和４年度児童生徒の問題行動・不登校等生徒指導上の諸課題に関する調査」によれば, 不登校児童生徒数は2001年度をピークに減少したものの, 2013年度以降10年連続で増加し, 過去最多を更新し続けている。特に2021年度, 2022年度はそれぞれ前年度比で４万8813人増, ５万4108人増と, これまでにみられない急激な増加となっている（図Ⅲ-５-１）。これについて文部科学省は, 保護者の学校に対する意識の変化のほか, 長期化するコロナ禍による生活環境の変化により生活リズムが乱れやすい状況が続いたことや, 学校生活において様々な制限がある中で交友関係を築くことが難しかったことなど, 登校する意欲が湧きにくい状況にあったことなども背景として指摘している。このような不登校児童生徒数の増加の一方で, 学校内外の機関で相談・指導等を受けた児童生徒の割合は低下してきており（図Ⅲ-５-２), また学校外の既存の支援機関で相談・指導等を受けた児童生徒の数も微増にとどまっている（図Ⅲ-５-３)。

図Ⅲ-５-１　不登校児童生徒数の推移―国・公・私立計―

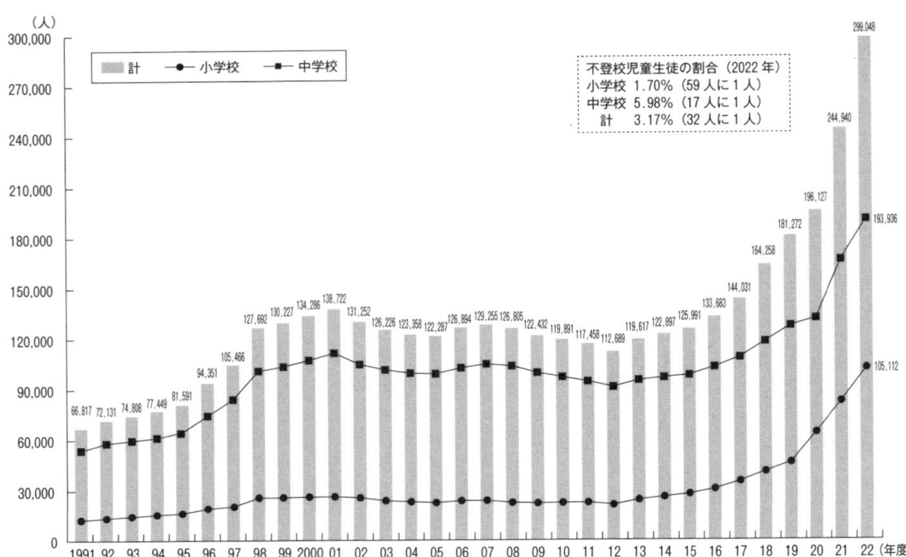

注：小学校には義務教育学校前期課程, 中学校には義務教育学校後期課程及び中等教育学校前期課程, 高等学校には中等教育学校後期課程を含む。（以下同じ）

図Ⅲ-5-2　不登校児童生徒が学校内外で相談・指導等を受けた状況―国・公・私立計―

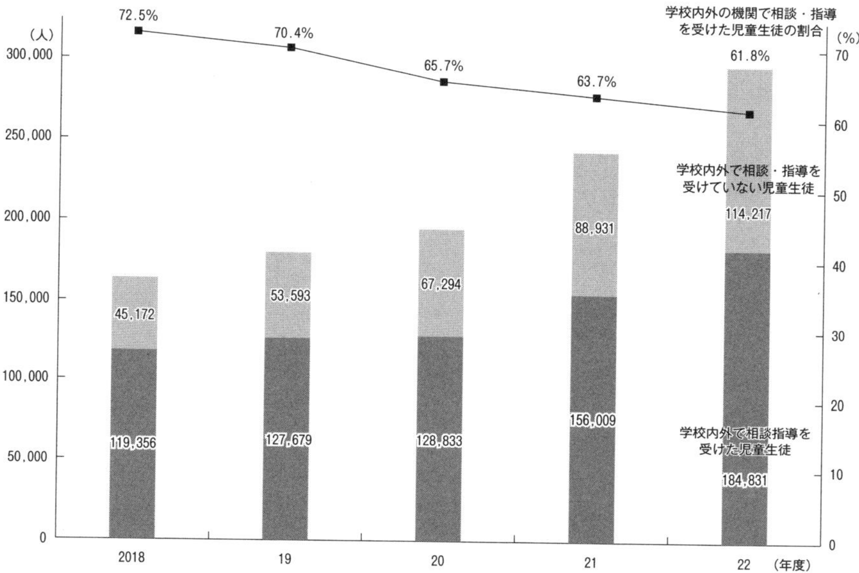

図Ⅲ-5-3　学校内外で相談・指導等を受けた児童生徒の状況―国・公・私立計―

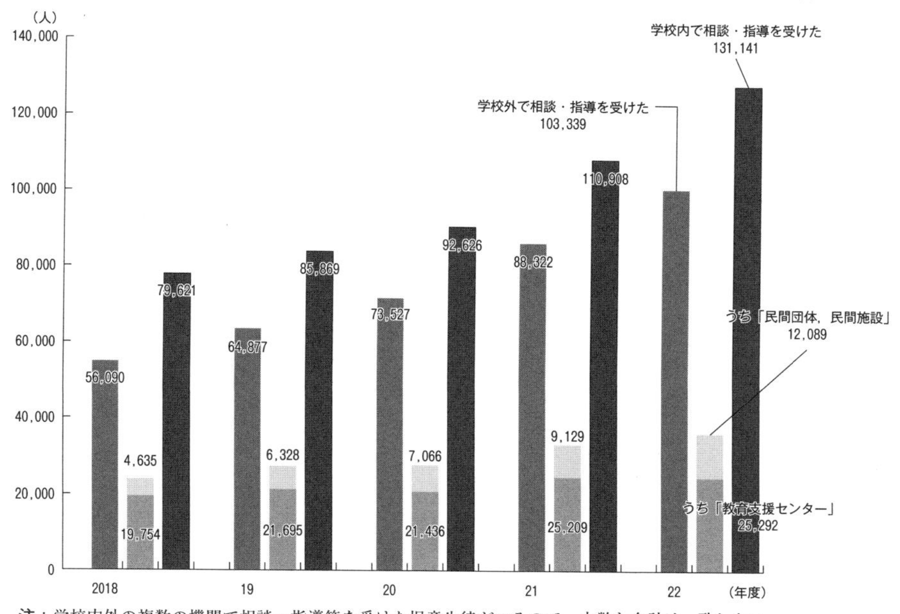

注：学校内外の複数の機関で相談・指導等を受けた児童生徒がいるので，内数と合計は一致しない。

以上のような状況の中で，2023年３月に「誰一人取り残されない学びの保障に向けた不登校対策（COCOLO プラン）」が発表された。具体的には，学びの多様化学校設置促進や，スクールカウンセラー（SC）・スクールソーシャルワーカー（SSW）による支援及び医師会との連携等が盛り込まれている。前者について，現在学びの多様化学校（不登校特例校）は公・私立合わせて24校にとどまる（図Ⅲ-５-４）が，これを分教室型も含め全国300校に増やす計画である。また，後者について，「第３期教育振興基本計画」に基づき，SC はすでに全国の９割以上の小・中学校に配置されている一方で，SSW については全中学校区に１名の配置が目指されているものの，目標数に対して大きく不足していることが課題である（図Ⅲ-５-５）。その他既存の支援機関として公的なものに教育支援センター（適応指導教室）があり，センターの機能強化として NPO やフリースクールなど，民間の支援機関と連携した取組を強化することも示されている。

さらに不登校児童生徒への対応においては，指導要録上出席扱いする形態として，学校外の機関等の利用（図Ⅲ-５-６）以外に ICT の活用が急激に進んできており，ICT を活用することによって多様な学びの場，居場所の確保につながることが期待されている（図Ⅲ-５-７）。

（峯　啓太朗）

〔参考文献〕『生徒指導提要』（文部科学省，2022年）
「令和４年度児童生徒の問題行動・不登校等生徒指導上の諸課題に関する調査結果概要」（文部科学省，2023年）
「学校保健統計調査（令和４年度）」（文部科学省，2023年）

図Ⅲ-５-４　学びの多様化学校（いわゆる不登校特例校）の設置状況（2023年度）

出典：「学びの多様化学校（いわゆる不登校特例校）の設置者一覧」（文部科学省）

図Ⅲ-5-5　スクールソーシャルワーカーの配置実人数と対応学校数

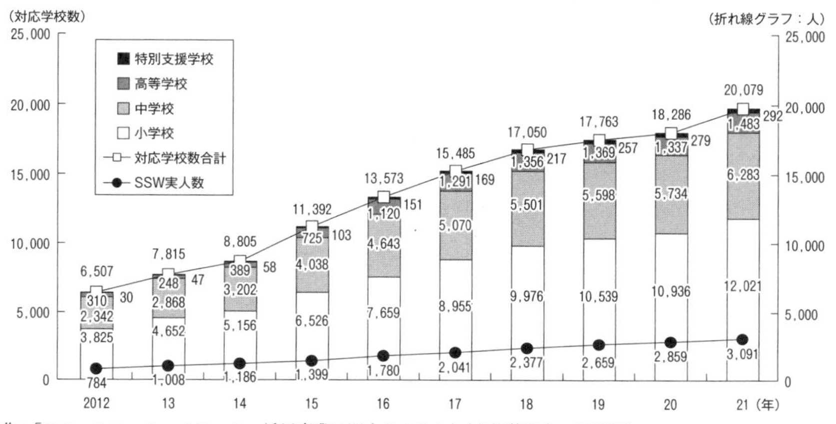

出典：「スクールソーシャルワーカー活用事業に関するQ&A」(文部科学省，2023年)

図Ⅲ-5-6　学校外の機関等で相談・指導等を受け，指導要録上出席扱いとした児童生徒数
—国・公・私立，小・中計—

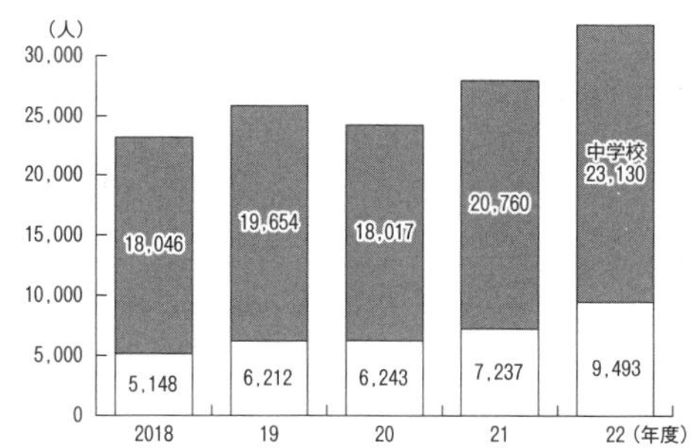

出典：「令和4年度児童生徒の問題行動・不登校等生徒指導上の諸課題に関する調査結果」(文部科学省，2023年)

図Ⅲ-5-7　自宅におけるICT等を活用した学習活動を指導要録上出席扱いとした児童生徒数
—国・公・私立，小・中計—

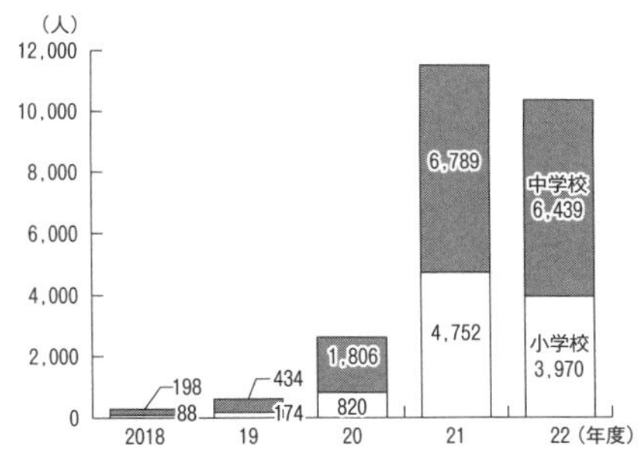

出典：図Ⅲ-5-1～3，6，7は「令和4年度児童生徒の問題行動・不登校等生徒指導上の諸課題に関する調査」(文部科学省，2023年)

6 高等学校中途退学者

文部科学省は1982年度から，国・公・私立高等学校の中途退学者の統計資料を公表している。その推移をみると，中途退学者が最も多かった年は1990年度の12万3529人である。また，高校生総数からみた中途退学率は，1997～2001年度に2.6%近くを記録したが，2022年度は４万3401人（1.4%）であり，ピークに比べると減少に向かっている（図Ⅲ-６-１）。近年では，新型コロナウイルス感染症が流行した2020年度に大きく減少したものの，2021・22年度は再び上昇している。高等学校の中途退学者を事由別にみると，1982年と比べると「学業不振」と「問題行動等」の割合が低下している一方，「進路変更」と「学校生活・学業不適応」の割合が上昇している。2022年度の中途退学者の事由では「進路変更計」が43.9%で最も高く，「学校生活・学業不適応」が32.8%で２番目に高くなっている（表Ⅲ-６-１）。学年別にみると，全日制総合学科を除くいずれの課程・学科においても第１学年での中退者数が多い（表Ⅲ-６-２）。

中途退学の要因としては，上に示したように多くは学校生活への不適応が主たる要因とされるもので占められている。その一方で，貧困家庭の問題や，核家族の増加，ヤングケアラー，インターネットやSNSによるフェイク情報の横行など，課題を増幅させる環境の変化も存在する。また，中途退学者には，曖昧な目的で高校に進学した生徒の存在も含まれると考えられ，自分がこれからどう生きるか，どう自立するかといった，自分自身が大人になる像がつかめず，社会性が十分に育たないといった課題も内包しているといえる。

次に，中途退学には至っていないが上級学年への進級が認められないとされた原級留置者についてである。高等学校における課程・学科・学年別の原級留置者数は，全日制普通科，全日制専門学科，全日制総合学科，定時制，通信制のいずれにおいても第１学年の原級留置者数が多いことが示されている（表Ⅲ-６-３）。不本意入学による意欲の低下などの要因が中途退学や原級留置につながっている

図Ⅲ-６-１　中途退学者数及び中途退学率の推移―国・公・私立計―

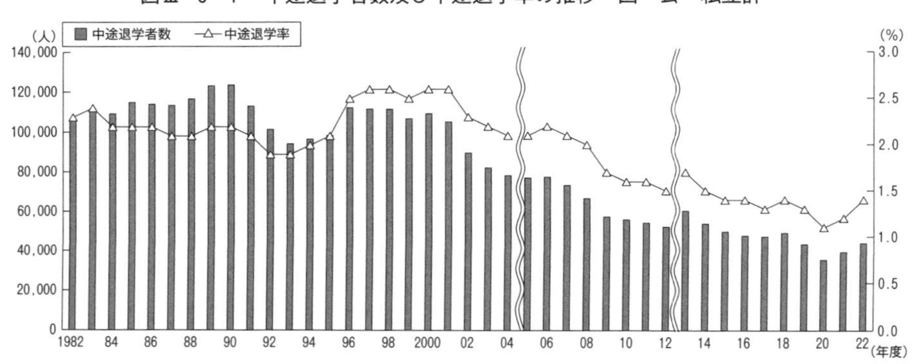

ことが考えられる。

（相庭貴行）

〔参考文献〕『生徒指導提要』（文部科学省，2022年）

表Ⅲ－６－１　事由別中途退学者数（課程別）

			中途退学者数	事由別中途退学者数												
				学業不振	学校生活・学業不適応	別の高校への入学を希望	専修・各種学校への入学を希望	就職を希望	高卒程度認定試験受験を希望	その他	進路変更計	病気けが死亡	経済的理由	家庭の事情	問題行動等	その他の理由
全日制	人数	（人）	28,987	1,539	9,694	9,495	568	1,725	857	1,444	14,089	1,182	110	751	985	637
	構成比	（%）	100.0	5.3	33.4	32.8	2.0	6.0	3.0	5.0	48.6	4.1	0.4	2.6	3.4	2.2
定時制	人数	（人）	5,430	272	2,141	546	57	955	206	380	2,144	189	42	272	117	253
	構成比	（%）	100.0	5.0	39.4	10.1	1.0	17.6	3.8	7.0	39.5	3.5	0.8	5.0	2.2	4.7
通信制	人数	（人）	8,984	789	2,418	790	84	598	221	1,129	2,822	736	465	401	94	1,259
	構成比	（%）	100.0	8.8	26.9	8.8	0.9	6.7	2.5	12.6	31.4	8.2	5.2	4.5	1.0	14.0
合　計	人数	（人）	43,401	2,600	14,253	10,831	709	3,278	1,284	2,953	19,055	2,107	617	1,424	1,196	2,149
	構成比	（%）	100.0	6.0	32.8	25.0	1.6	7.6	3.0	6.8	43.9	4.9	1.4	3.3	2.8	5.0

注１：中途退学者１人につき，主たる理由を一つ選択。
注２：構成比は，中途退学者数に対する割合。

表Ⅲ－６－２　課程・学科・学年別中途退学者数（国・公・私立高等学校）

	全日制		全日制		全日制		全日制		定時制		通信制		計	
	普通科		専門学科		総合学科		計							
	中途退学者数（人）	中途退学率（%）	中途退学者数（人）	中途退学率（%）	中途退学者数（人）	中途退学率（%）	中途退学者数（人）	中途退学率（%）	中途退学者数（人）	中途退学率（%）	中途退学者数（人）	中途退学率（%）	中途退学者数（人）	中途退学率（%）
１年生	9,369	1.4	3,596	1.9	54	3.2	13,019	1.5	691	13.3	415	4.6	14,125	1.6
２年生	6,657	1.1	2,393	1.3	60	3.6	9,110	1.1	422	9.3	210	2.5	9,742	1.2
３年生	2,344	0.4	781	0.4	16	1.1	3,141	0.4	259	5.3	115	1.4	3,515	0.4
４年生	***	***	***	***	***	***	***	***	94	2.5	78	2.2	172	2.4
単位制	1,646	0.8	300	1.0	1,771	1.2	3,717	1.0	3,964	7.4	8,166	4.0	15,847	2.5
合　計	20,016	0.9	7,070	1.2	1,901	1.3	28,987	1.0	5,430	7.6	8,984	3.8	43,401	1.4

注：中途退学率は，各区分における在籍者数に占める中途退学者数の割合。

表Ⅲ－６－３　課程・学科・学年別原級留置者数（国・公・私立高等学校）

	全日制		全日制		全日制		定時制		通信制		計	
	普通科		専門学科		総合学科							
	原級留置者（人）	割合（%）	原級留置者（人）	割合（%）	原級留置者（人）	割合（%）	原級留置者（人）	割合（%）	原級留置者（人）	割合（%）	原級留置者（人）	割合（%）
１年生	1,950	0.3	722	0.4	23	1.4	181	3.5	144	1.6	3,020	0.3
２年生	1,345	0.2	494	0.3	16	1.0	109	2.4	112	1.3	2,076	0.2
３年生	334	0.1	104	0.1	2	0.1	82	1.7	104	1.2	626	0.1
４年生	***	***	***	***	***	***	31	0.8	98	2.8	129	1.8
単位制	302	0.1	38	0.1	321	0.2	633	1.2	2,337	1.1	3,631	0.6
合　計	3,931	0.2	1,358	0.2	362	0.2	1,036	1.4	2,795	1.2	9,482	0.3

注１：原級留置者とは，2023年３月末現在で進級または卒業が認められなかった者をいう。
注２：割合は，各区分における在籍者数に占める原級留置者数の割合。
出典：すべて「令和４年度児童生徒の問題行動・不登校等生徒指導上の諸課題に関する調査」（文部科学省，2023年）

7 少年非行

非行少年とは，犯罪少年，触法少年及びぐ犯少年を指す。少年とは，20歳未満の者を指し，犯罪少年は罪を犯した少年を，触法少年は14歳に満たないで刑罰法令に触れる行為をした少年を意味する。ぐ犯少年は，性格又は環境から判断して，将来，罪を犯し，または刑罰法令に触れる行為をするおそれのある少年である。刑法を犯した刑法犯少年の検挙人員数は，2022年において1万4887人（人口比2.3）であった（図表Ⅲ-7-1）。検挙人員数並びに人口比は，わずかに増加した2022年を除き，2013年以降減少傾向にある。

次に，刑法犯少年の学職別検挙状況をみると，学生・生徒が1万158人（68.2%）であり，そのうち中学生2741人（18.4%），高校生6208人（41.7%），大学生694人（4.7%）であった。手口別で少年が高い割合は窃盗犯（50.4%）であり，全体のおよそ半数を占めている。その内訳割合をみると，万引き22.5%，オートバイ盗4.1%，自転車盗11.2%，その他12.5%である（図Ⅲ-7-1）。

刑法犯少年の検挙人数のうち，45.6%と約半数を占めるのが，初発型非行である。初発型非行とは，万引き，オートバイ盗，自転車盗，占有離脱物横領を指しており，その特徴は，犯行手段が容易かつ動機が単純である点にある。初発型非行は，より悪質な少年非行へと深化していく危険性が高く，入口のような非行であることから，発生を予防するよう対策が行われている。初発型非行の内訳は，2022年においても万引きが最も多く3354件，次いで自転車盗が1665件，占有離脱物横領が1148件，オートバイ盗が616件である（図表Ⅲ-7-2）。　（石鍋杏樹）

図表Ⅲ-7-1　刑法犯少年の検挙人員及び人口比の推移

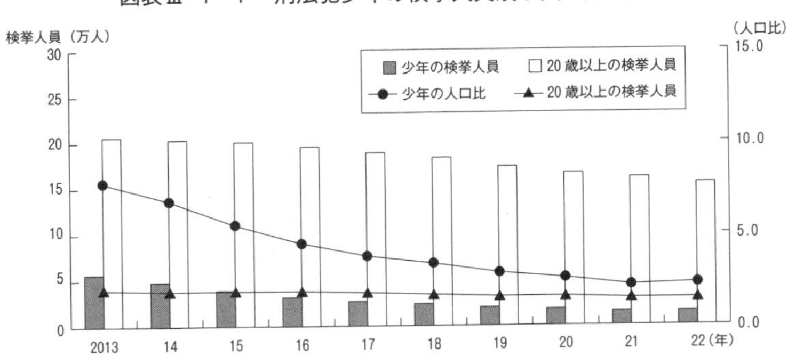

区分		2013	2014	2015	2016	2017	2018	2019	2020	2021	2022
少年	検挙人員（人）	56,469	48,361	38,921	31,516	26,797	23,489	19,914	17,466	14,818	14,887
	人口比	7.8	6.8	5.5	4.5	3.8	3.4	2.9	2.6	2.2	2.3
20歳以上	検挙人員（人）	206,017	202,754	200,434	194,860	188,206	182,605	172,693	165,116	160,223	154,522
	人口比	2.0	1.9	1.9	1.9	1.8	1.7	1.6	1.6	1.5	1.5

図Ⅲ-7-1　刑法犯少年の学職別検挙人員及び構成比，刑法犯少年と20歳以上との包括罪種別の罪種別（手口別）構成比の比較

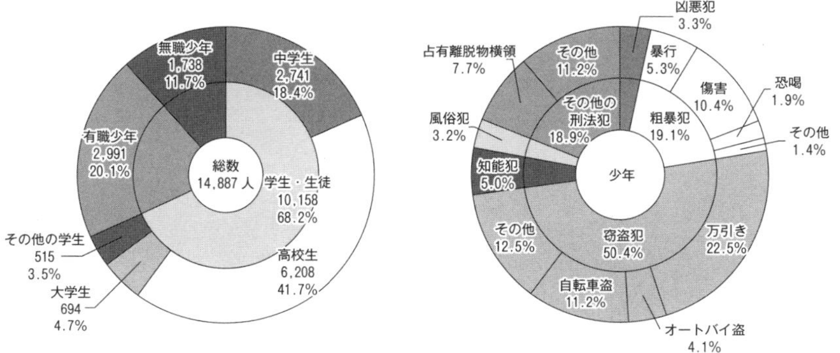

図表Ⅲ-7-2　刑法犯少年の初発型非行による検挙人員の推移

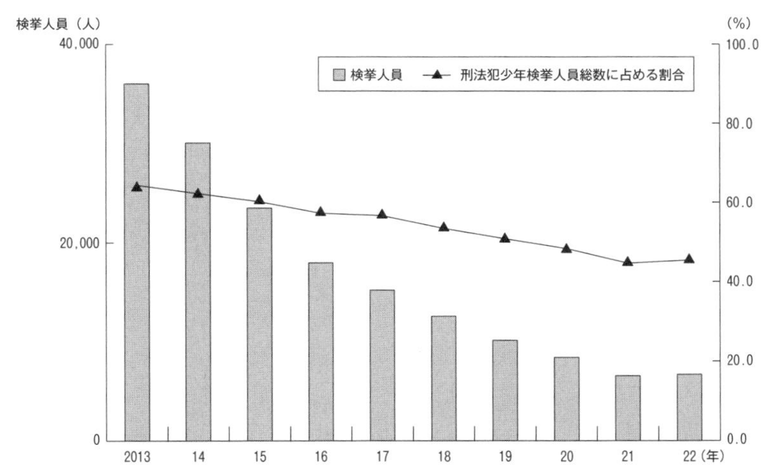

区分＼年	2013	2014	2015	2016	2017	2018	2019	2020	2021	2022
総数（人）	36,021	30,037	23,458	18,045	15,247	12,616	10,153	8,433	6,640	6,783
万引き	16,741	13,735	11,142	8,521	7,520	6,418	5,107	4,131	3,442	3,354
オートバイ盗	3,826	3,253	2,563	2,046	1,371	1,058	725	773	620	616
自転車盗	6,326	5,447	4,169	3,335	3,043	2,589	2,260	1,909	1,527	1,665
占有離脱物横領	9,128	7,602	5,584	4,143	3,313	2,551	2,061	1,620	1,051	1,148
刑法犯少年検挙人員総数に占める割合（%）	63.8	62.1	60.3	57.3	56.9	53.7	51.0	48.3	44.8	45.6

出典：すべて「令和4年中における少年の補導及び保護の概況」（警察庁生活安全局人身安全・少年課，2023年）

8 薬物乱用

違法薬物の中でも特に大麻事犯の検挙人員数は2021年に過去最多を更新したが，そのうち約７割を30歳未満が占めており，他の違法薬物と比較して若年層の比率が高い傾向にある（図Ⅲ－８－１）。2022年に大麻乱用で検挙された高校生は150人に上り，薬物乱用はもはや有職少年，無職少年だけの問題ではないことがうかがえる（表Ⅲ－８－１）。

また近年では，咳止め薬や風邪薬等の市販薬の「オーバードーズ（過剰摂取）」を行う青少年も問題となっている。2020年に行われた「全国の精神科医療施設における薬物関連精神疾患の実態調査」では，精神科で薬物依存症の治療を受けた10代患者のうち，市販薬を「主たる薬物」とする者の割合の増加が指摘されており（図Ⅲ－８－２），違法薬物に限定されない薬物乱用の予防教育が要される。

厚生労働省は1998年より「薬物乱用防止五か年戦略」を策定しており，2023年には「第六次薬物乱用防止五か年戦略」を策定した。また，文部科学省は「第五次薬物乱用防止五か年戦略」に伴い，2018年12月に「薬物乱用防止教育の推進について（通知）」を発出し，小・中学校並びに高等学校における薬物乱用防止教育の充実や専門職員と連携した薬物乱用防止教室の開催等といった，同戦略における留意事項の周知を図っているほか，大学等の学生に対する薬物乱用防止の啓発促進を目的として，啓発資料を作成している。なお，文部科学省は2015年から2022年にかけて全国の学校における薬物乱用防止教室の開催状況を調査しており，2022年度には小学校段階で75.5％，中学校段階で86.0％，高等学校段階で82.5％の学校が薬物乱用防止教室を開催している（表Ⅲ－８－２）。（吉川実希）

〔参考文献〕「国内外における青少年の薬物使用の実態」（国立精神・神経医療研究センター，2022年）
「令和４年度における薬物乱用防止教室開催状況調査」（文部科学省，2022年）

図Ⅲ－８－１　大麻事犯における検挙人員及び若年層の割合

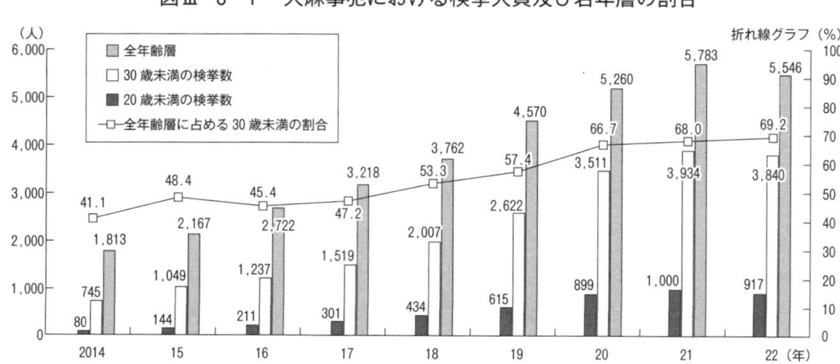

注：左軸は大麻事犯の検挙人員数を，右軸はそのうち30歳未満が占める割合を示す目盛。
出典：「第五次薬物乱用防止五か年戦略フォローアップ令和５年８月８日取りまとめ」（厚生労働省，2023年）

表Ⅲ-8-1　大麻乱用少年の学職別検挙人員

区分＼年		2013	2014	2015	2016	2017	2018	2019	2020	2021	2022	増減数	増減率
総数		59	80	144	210	297	429	609	887	994	912	▲82	▲8.2
	中学生	0	3	3	2	2	7	6	8	8	11	3	37.5
	高校生	10	18	24	32	53	74	109	159	186	150	▲36	▲19.4
	大学生	1	2	8	10	10	18	33	56	50	44	▲6	▲12.0
	その他の学生	1	5	6	7	10	22	26	29	56	30	▲26	▲46.4
	有職少年	29	35	68	122	155	222	328	453	502	507	5	1.0
	無職少年	18	17	35	37	67	86	107	182	192	170	▲22	▲11.5

出典：「令和４年における少年非行及び子供の性被害の状況」（警察庁生活安全局人身安全・少年課，2023年）

図Ⅲ-8-2　全国の精神科医療施設における薬物依存症の治療を受けた10代患者の「主たる薬物」の推移

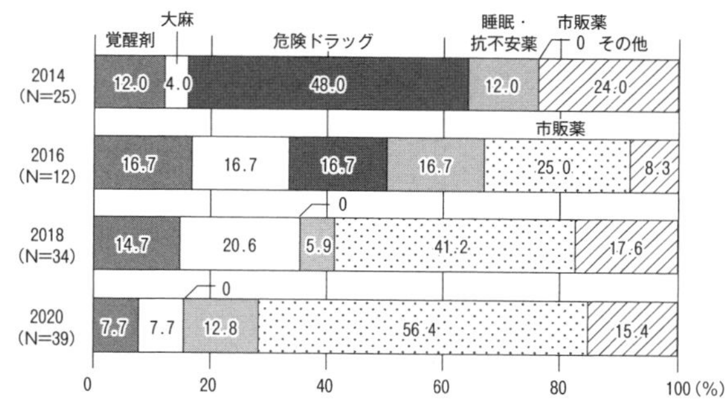

注：「主たる薬物」とは，患者の精神科的症状に関して臨床的に最も関連が高いと思われる薬物を指す。
出典：「全国の精神医療施設における薬物関連精神疾患の実態調査」（国立精神・神経医療研究センター，2020年），「国内外における青少年の薬物使用の実態」（国立精神・神経医療研究センター，2022年）

表Ⅲ-8-2　薬物乱用防止教室の開催状況

※（　）内は前回調査（2021年度）開催率

全区分		調査回答校数	開催校数	開催率
合計		33,654	26,789	79.6%（75.0%）
小学校段階		18,999	14,353	75.5%（70.7%）
	小学校	18,822	14,220	75.5%（70.7%）
	義務教育学校	177	133	75.1%（69.1%）
中学校段階		10,012	8,607	86.0%（81.9%）
	中学校	9,776	8,418	86.1%（82.0%）
	義務教育学校	180	157	87.2%（83.9%）
	中等教育学校	56	32	57.1%（55.8%）
高等学校段階		4,643	3,829	82.5%（77.9%）
	高等学校	4,591	3,793	82.6%（78.0%）
	中等教育学校	52	36	69.2%（68.6%）

注：義務教育学校は，前期課程を小学校段階，後期課程を中学校段階に分類。中等教育学校は，前期課程を中学校段階，後期課程を高等学校段階に分類。
出典：「令和４年度における薬物乱用防止教室開催状況調査」（文部科学省，2022年）

9 子供の事故

学校管理下において，2022年度の児童生徒の学校災害状況は，死亡件数が41件（小学校８，中学校10，高等学校等21，高等専門学校１，幼稚園・幼保連携型認定こども園・保育所等１件），障害件数が259件（小学校34，中学校51，高等学校等165，高等専門学校１，幼稚園・保育所・幼保連携型認定こども園８件）である（表Ⅲ-９-２）。出生率の減少も影響し，学校における死亡件数・障害件数は基本的に減少傾向にある。

独立行政法人日本スポーツ振興センターによれば，2022年度に学校管理下において傷害などの災害が発生した場面は，小学校では休憩時間が最多で，中学校・高等学校等は課外指導が最多となっている（表Ⅲ-９-２）。

学校管理下における活動による事故，2011年に起きた東日本大震災などの自然災害を起因とした事故の発生を受け，文部科学省は2016年に「学校事故対応に関する指針」を出し，危機管理のマニュアルの作成，危機管理についての教職員の研修，被害児童生徒等の保護者への支援の在り方等を示している。学校管理下において子供が被害者となる傷害事件の中には，教師による体罰もある。2020年度の統計によると，体罰の発生件数は国・公・私立合わせて小学校123件，中学校147件，高等学校194件，特別支援学校19件であった（Ⅰ-16「学校における体罰」を参照）。

（澁谷優子）

表Ⅲ-９-１　学校種別給付状況

学校種別		加入者数		医療費			
		総数（人）	除要保護（人）	件数（件）	金額（円）	給付率(%)	平均給付額(円)
小学校		6,233,792	6,182,954	445,423	2,210,727,802	7.20	4,963
中学校		3,270,436	3,235,525	481,800	3,239,587,168	14.89	6,724
高等学校等計		3,246,834	3,246,834	544,994	6,033,017,193	16.79	11,070
高等学校 高等専修学校	全日制昼間学科	2,967,356	2,967,356	538,187	5,962,746,998	18.14	11,079
	定時制夜間等学科	70,064	70,064	4,207	41,631,456	6.00	9,896
	通信制通信制学科	209,414	209,414	2,600	28,638,739	1.24	11,015
高等専門学校		56,249	56,249	4,196	45,419,547	7.46	10,824
幼・保等計		3,151,423	3,139,605	100,729	417,901,014	3.21	4,149
幼・保等	幼稚園	732,936	732,936	21,436	96,135,817	2.92	4,485
	幼保連携型認定こども園	694,115	694,115	23,813	94,817,858	3.43	3,982
	保育所等	1,724,372	1,712,554	55,480	226,947,339	3.24	4,091
合　計		15,958,734	15,861,167	1,577,142	11,946,652,724	9.94	7,575

注１：障害の件数は，傷病が治ゆ・症状固定したときに在籍していた学校種別で集計している。
注２：死亡の件数は，死亡したときに在籍していた学校種別で集計している。

図Ⅲ-9-1　災害共済給付の給付状況の推移

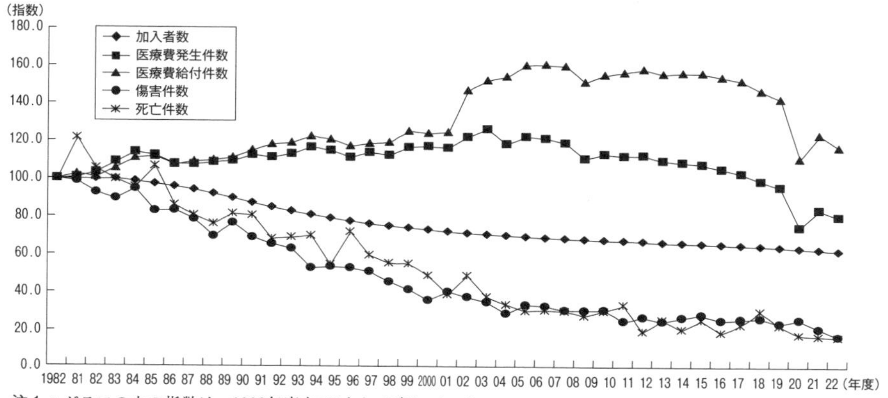

注1：グラフの中の指数は，1982年度を100として表している。
注2：2003年度における給付件数の増加は，件数の積算方法を変更し，当該月数ごとに1件とした影響が強い。
出典：独立行政法人日本スポーツ振興センターホームページ

表Ⅲ-9-2　学校種別障害・死亡の災害発生の場合別状況

(障害)

学校種別＼場合別		各教科・道徳・保育		学校行事以外の特別活動		学校行事		課外指導		休憩時間		通学・通園		寄宿舎		計
		件数（件）	率（%）	件数（件）	率（%）	件数（件）	率（%）	件数（件）	率（%）	件数（件）	率（%）	件数（件）	率（%）	件数（件）	率（%）	件数（件）
小学校		10（6）	29.41	2（0）	5.88	2（0）	5.88	0（0）	0.00	17	50.00	3	8.82	0	0.00	34（6）
中学校		14（11）	27.45	5（1）	9.80	2（1）	3.92	17（17）	33.33	9	17.65	4	7.84	0	0.00	51（30）
高等学校等計		39（27）	23.64	8（1）	4.85	7（4）	4.24	81（79）	49.09	16	9.70	13	7.88	1	0.61	165（111）
高等学校・高等専修学校	全日制昼間学科	35（25）	23.33	6（1）	4.00	7（4）	4.67	78（76）	52.00	13	8.67	11	7.33	0	0.00	150（106）
	定時制夜間等学科	2（1）	40.00	1（0）	20.00	0（0）	0.00	0（0）	0.00	1	20.00	1	20.00	0	0.00	5（1）
	通信制通信制学科	2（1）	20.00	1（0）	10.00	0（0）	0.00	3（3）	30.00	2	20.00	1	10.00	1	10.00	10（4）
高等専門学校		0（0）	0.00	0（0）	0.00	0（0）	0.00	0（0）	0.00	0	0.00	1	100.00	0	0.00	1（0）
幼・保等計		8（0）	100.00	0（0）	0.00	0（0）	0.00	0（0）	0.00	0	0.00	0	0.00	0	0.00	8（0）
幼・保等	幼稚園	1（0）	100.00	0（0）	0.00	0（0）	0.00	0（0）	0.00	0	0.00	0	0.00	0	0.00	1（0）
	幼保連携型認定こども園	1（0）	100.00	0（0）	0.00	0（0）	0.00	0（0）	0.00	0	0.00	0	0.00	0	0.00	1（0）
	保育所等	6（0）	100.00	0（0）	0.00	0（0）	0.00	0（0）	0.00	0	0.00	0	0.00	0	0.00	6（0）
合　計		71（44）	27.41	15（2）	5.79	11（5）	4.25	98（96）	37.84	42	16.22	21	8.11	1	0.39	259（147）

注1：「各教科・道徳・保育」欄の（　）は，体育・保健体育，「学校行事以外の特別活動」「学校行事」「課外指導」欄の（　）は，体育活動で，いずれも内数の再掲である。
注2：この表の件数は，傷病が治ゆ・症状固定したときに在籍していた学校種別で集計している。

(死亡)

学校種別＼場合別		各教科・道徳・保育		学校行事以外の特別活動		学校行事		課外指導		休憩時間		通学・通園		寄宿舎		計
		件数（件）	率（%）	件数（件）	率（%）	件数（件）	率（%）	件数（件）	率（%）	件数（件）	率（%）	件数（件）	率（%）	件数（件）	率（%）	件数（件）
小学校		2（0）	25.00	0（0）	0.00	1（1）	12.50	1（0）	12.50	4	50.00	0	0.00	0	0.00	8（1）
中学校		0（0）	0.00	1（0）	10.00	1（1）	10.00	0（0）	0.00	7	70.00	1	10.00	0	0.00	10（1）
高等学校等計		3（0）	14.29	2（0）	9.52	2（0）	9.52	8（6）	38.10	3	14.29	2	9.52	1	4.76	21（6）
高等学校・高等専修学校	全日制昼間学科	3（0）	15.79	2（0）	10.53	2（0）	10.53	7（5）	36.84	3	15.79	1	5.26	1	5.26	19（5）
	定時制夜間等学科	0（0）	0.00	0（0）	0.00	0（0）	0.00	0（0）	0.00	0	0.00	1	100.00	0	0.00	1（0）
	通信制通信制学科	0（0）	0.00	0（0）	0.00	0（0）	0.00	1（1）	100.00	0	0.00	0	0.00	0	0.00	1（1）
高等専門学校		1（1）	100.00	0（0）	0.00	0（0）	0.00	0（0）	0.00	0	0.00	0	0.00	0	0.00	1（1）
幼・保等計		1（0）	100.00	0（0）	0.00	0（0）	0.00	0（0）	0.00	0	0.00	0	0.00	0	0.00	1（0）
幼・保等	幼稚園	0（0）	0.00	0（0）	0.00	0（0）	0.00	0（0）	0.00	0	0.00	0	0.00	0	0.00	0（0）
	幼保連携型認定こども園	0（0）	0.00	0（0）	0.00	0（0）	0.00	0（0）	0.00	0	0.00	0	0.00	0	0.00	0（0）
	保育所等	1（0）	100.00	0（0）	0.00	0（0）	0.00	0（0）	0.00	0	0.00	0	0.00	0	0.00	1（0）
合　計		7（1）	17.07	3（0）	7.32	4（2）	9.76	9（6）	21.95	14	34.15	3	7.32	1	2.44	41（9）

注1：「各教科・道徳・保育」欄の（　）は，体育・保健体育，「学校行事以外の特別活動」「学校行事」「課外指導」欄の（　）は，体育活動で，いずれも内数の再掲である。
注2：この表の件数は，死亡したときに在籍していた学校種別で集計している。
出典：表Ⅲ-9-1，2は「令和4年度（2022年度）災害共済給付状況」（独立行政法人日本スポーツ振興センター）

10 子供の安全と防災教育

2008年に制定された学校保健安全法は，学校に安全と危機管理の意識を根付かせる大きな契機となった。同法第27条によって，すべての学校で「学校安全計画」の策定が義務付けられた。そのため，「学校安全の推進に関する計画に係る取組状況調査（令和３年度実績）」の調査結果をみると，全国の策定学校数は97.9%となっており，前回調査から1.6%の増加となっている。特に国立学校では，中学校，義務教育学校，高等学校，中等教育学校で100%の策定率となっている。また，公立学校では，幼保連携型認定こども園を除くすべての段階で99%を超える策定率である。一方，私立学校では92.0%（小学校94.4%，中学校90.9%，高等学校91.6%など）となっており，策定数に課題が残る（表Ⅲ-10-１）。

学校安全計画に盛り込まれる安全指導には，生活安全，災害安全，交通安全，SNS,性犯罪，性暴力防止といった領域がある。生活安全や災害安全を安全指導に含んでいる学校は，どの学校段階においても90%を超えているが，SNSや性犯罪，性暴力の防止といった領域については，取り組んでいる学校数が少なく，対応が必要とされている（表Ⅲ-10-２）。生活安全，災害安全，交通安全の３領域の学校安全の中核を担う教職員は，「安全主任や防災主任等の学校安全を担っている主任・主事」や「生徒指導主事」の割合が高い。校長や教頭だけではなく，多様な教職員が積極的に関わっていることから，学校安全の計画と実施に管理職だけでなく，教諭が職務を担う状況が進展していることが分かる（表Ⅲ-10-３）。

また，学校保健安全法では，危機等発生時対処要領（いわゆる「危機管理マニュアル」）の策定についても言及された。この策定率は，小学校99.9%，中学校99.9%，高等学校99.4%となっている。一方で，「SNSを含むインターネット上の犯罪被害」に関する危機管理マニュアルは，小学校38.2%，中学校47.0%，高等学校33.7%と策定している学校が少なく，危機管理マニュアルの策定が急がれ

表Ⅲ-10-１　学校安全計画の策定状況

	調査対象校数	学校安全計画を策定している学校	うち国立	学校安全計画を策定している学校	うち公立	学校安全計画を策定している学校	うち私立	学校安全計画を策定している学校
幼稚園	7203	6739（93.6%）	44	43（97.7%）	2252	2230（99.0%）	4907	4466（91.0%）
幼保連携型認定こども園	3770	3558（94.4%）	0	0	628	614（97.8%）	3142	2944（93.7%）
小学校	18612	18564（99.7%）	64	63（98.4%）	18335	18300（99.8%）	213	201（94.4%）
中学校	9581	9508（99.2%）	66	66（100%）	8912	8894（99.8%）	603	548（90.9%）
義務教育学校	159	159（100%）	5	5（100%）	153	153（100%）	1	1（100%）
高等学校	4569	4446（97.3%）	15	15（100%）	3319	3300（99.4%）	1235	1131（91.6%）
中等教育学校	51	49（96.1%）	4	4（100%）	32	32（100%）	15	13（86.7%）
特別支援学校	1093	1086（99.4%）	42	41（97.6%）	1037	1031（99.4%）	14	14（100%）
合　計	45038	44109（97.9%）	240	237（98.8%）	34668	34554（99.7%）	10130	9318（92.0%）

表Ⅲ-10-2　学校安全計画に盛り込まれている安全指導の領域

（上段：件数，下段：構成比）

	学校安全計画を策定している学校	安全指導の領域（複数回答可）					左記のいずれもなし
		生活安全	災害安全	交通安全	SNS	性犯罪，性暴力防止	
幼稚園	6,739 100.0%	6,254 92.8%	6,447 95.7%	5,855 86.9%	498 7.4%	277 4.1%	34 0.5%
幼保連携型認定こども園	3,558 100.0%	3,333 93.7%	3,432 96.5%	3,157 88.7%	300 8.4%	190 5.3%	14 0.4%
小学校	18,564 100.0%	18,255 98.3%	18,305 98.6%	17,993 96.9%	9,665 52.1%	4,714 25.4%	3 0.0%
中学校	9,508 100.0%	9,099 95.7%	9,311 97.9%	8,809 92.6%	6,142 64.6%	3,477 36.6%	12 0.1%
義務教育学校	159 100.0%	156 98.1%	158 99.4%	151 95.0%	94 59.1%	63 39.6%	0 0%
高等学校	4,446 100.0%	4,032 90.7%	4,266 96.0%	3,921 88.2%	2,801 63.0%	1,857 41.8%	14 0.3%
中等教育学校	49 100.0%	46 93.9%	45 91.8%	45 91.8%	35 71.4%	17 34.7%	1 2.0%
特別支援学校	1,086 100.0%	1,028 94.7%	1,072 98.7%	941 86.6%	461 42.4%	272 25.0%	3 0.3%
合　計	44,109 100.0%	42,203 95.7%	43,036 97.6%	40,872 92.7%	19,996 45.3%	10,867 24.6%	81 0.2%

表Ⅲ-10-3　学校安全３領域の中核となる教職員等

（上段：件数，下段：構成比）

	調査対象校	主幹教諭	教務主任	生徒指導主事	保健主事	養護教諭	安全主任や防災主任等の学校安全を担っている主任・主事	その他の教諭等	事務職員・用務員・技師等	その他	校務分掌上位置付けていない
幼稚園	7,203 100.0%	2,165 30.1%	900 12.5%	17 0.2%	26 0.4%	108 1.5%	1,311 18.2%	1,408 19.5%	310 4.3%	275 3.8%	683 9.5%
幼保連携型認定こども園	3,770 100.0%	2,267 60.1%	96 2.5%	1 0.0%	10 0.3%	23 0.6%	460 12.2%	468 12.4%	69 1.8%	152 4.0%	224 5.9%
小学校	18,612 100.0%	1,565 8.4%	1,188 6.4%	3,573 19.2%	1,547 8.3%	385 2.1%	8,743 47.0%	1,268 6.8%	15 0.1%	118 0.6%	210 1.1%
中学校	9,581 100.0%	630 6.6%	391 4.1%	3,598 37.6%	591 6.2%	180 1.9%	3,532 36.9%	475 5.0%	27 0.3%	43 0.4%	114 1.2%
義務教育学校	159 100.0%	6 3.8%	7 4.4%	44 27.7%	23 14.5%	2 1.3%	64 40.3%	10 6.3%	0 0%	2 1.3%	1 0.6%
高等学校	4,569 100.0%	411 9.0%	92 2.0%	1,955 42.8%	520 11.4%	49 1.1%	975 21.3%	231 5.1%	33 0.7%	90 2.0%	213 4.7%
中等教育学校	51 100.0%	7 13.7%	0 0%	22 43.1%	6 11.8%	0 0%	9 17.6%	1 2.0%	2 3.9%	2 3.9%	2 3.9%
特別支援学校	1,093 100.0%	107 9.8%	22 2.0%	351 32.1%	79 7.2%	6 0.5%	434 39.7%	66 6.0%	0 0%	17 1.6%	11 1.0%
合　計	45,038 100.0%	7,158 15.9%	2,696 6.0%	9,561 21.2%	2,802 6.2%	753 1.7%	15,528 34.5%	3,927 8.7%	456 1.0%	699 1.6%	1,458 3.2%

表Ⅲ-10-4　危険等発生時対処要領（危機管理マニュアル）を作成している学校と盛り込んでいる内容

（上段：件数，下段：構成比）

	調査対象校	危機管理マニュアルに盛り込んでいる内容（複数回答可）						危機管理マニュアルを作成していない
		生活安全（防犯を含む）	災害安全	交通安全	SNSを含むインターネット上の犯罪被害	熱中症	その他の領域（生徒による加害行為，教職員の非違行為等）	
幼稚園	7,203 100.0%	6,297 87.4%	6,715 93.2%	4,715 65.5%	338 4.7%	3,648 50.6%	357 5.0%	275 3.8%
幼保連携型認定こども園	3,770 100.0%	3,443 91.3%	3,665 97.2%	2,683 71.2%	211 5.6%	2,373 62.9%	224 5.9%	57 1.5%
小学校	18,612 100.0%	18,016 96.8%	18,365 98.7%	15,421 82.9%	7,114 38.2%	14,301 76.8%	5,967 32.1%	18 0.1%
中学校	9,581 100.0%	9,039 94.3%	9,388 98.0%	7,524 78.5%	4,501 47.0%	7,936 82.8%	3,671 38.3%	12 0.1%
義務教育学校	159 100.0%	156 98.1%	158 99.4%	133 83.6%	72 45.3%	127 79.9%	74 46.5%	0 0%
高等学校	4,569 100.0%	3,972 86.9%	4,399 96.3%	2,963 64.9%	1,540 33.7%	3,434 75.2%	1,209 26.5%	28 0.6%
中等教育学校	51 100.0%	43 84.3%	45 88.2%	32 62.7%	16 31.4%	42 82.4%	11 21.6%	2 3.9%
特別支援学校	1,093 100.0%	1,026 93.9%	1,078 98.6%	632 57.8%	221 20.2%	708 64.8%	236 21.6%	1 0.1%
合　計	45,038 100.0%	41,992 93.2%	43,813 97.3%	34,103 75.7%	14,013 31.1%	32,569 72.3%	11,749 26.1%	393 0.9%

出典：表Ⅲ-10-1～4は「学校安全の推進に関する計画に係る取組状況調査（令和3年度実績）」（文部科学省，2021年）

図Ⅲ-10-1　小学校における教科等横断的な防災を含む安全に関する教育の例

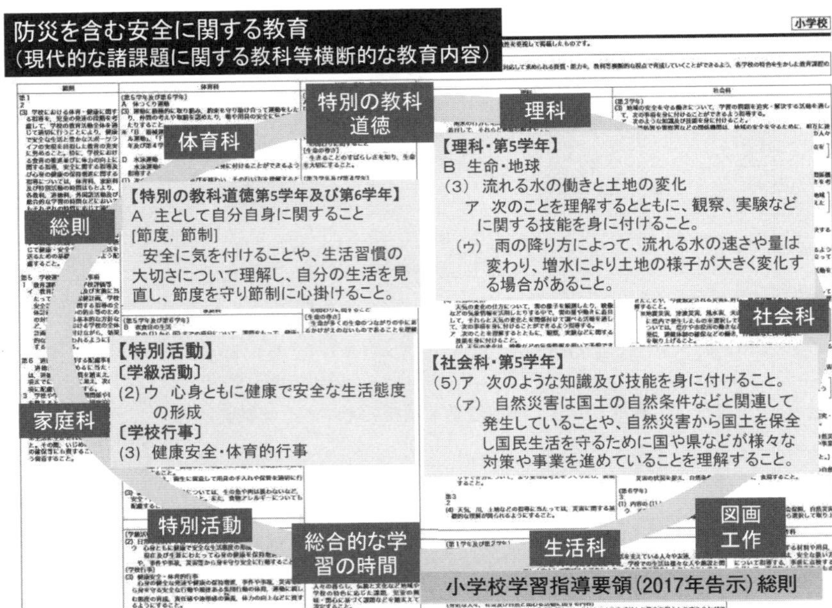

出典：「文部科学省における防災教育の現状について」（文部科学省，2021年）

る（表Ⅲ-10-4）。防災教育という視点から，子供の安全を捉えると，2011年に発生した東日本大震災に加えて，2016年の熊本地震，2019年の東日本台風等の被害を踏まえ，防災教育の推進が図られている。防災を含む安全に関する教育は，教科等横断的に行われるよう定められており，2017年告示の小学校学習指導要領では，理科や社会科，図画工作に加え，特別活動や特別の教科道徳等，幅広い教科等にまたがった指導が求められる（図Ⅲ-10-1）。また，学校管理下での負傷・疾病について，小学校では「休憩時間」に最も多く発生し，全体の約半数を占めている。負傷・疾病の種類は，「挫傷・打撲」「骨折」「捻挫」の順に多く，合計すると7割を超える（図表Ⅲ-10-1，2）。中学校・高等学校等では「課外指導」中に最も多く発生し，そのほとんどは「体育的部活動」によるものである。また，「骨折」が最も多く（中学校31.1%，高等学校等26.3%），「挫傷・打撲」（中学校26.3%，高等学校等25.4%），「捻挫」（中学校23.1%，高等学校等22.4%）と続く（図表Ⅲ-10-1，2）。

（武田　勲）

出典：図表Ⅲ-10-1，2は「学校の管理下の災害（令和5年版）」（独立行政法人日本スポーツ振興センター，2023年）

図表Ⅲ-10-1　負傷・疾病における場合別発生割合・件数

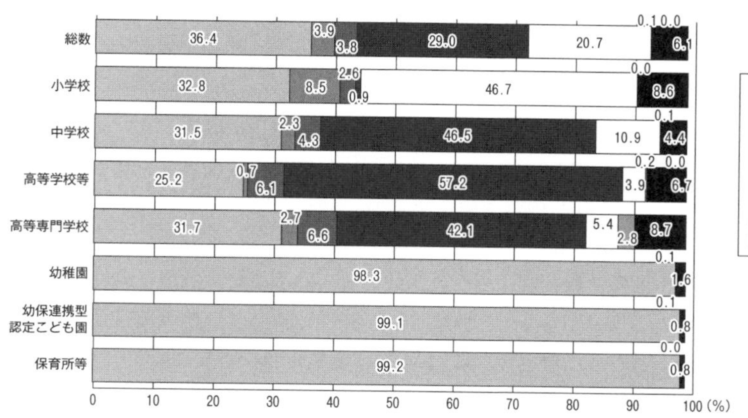

（単位：件）

	各教科等	特別活動（除学校行事）	学校行事	課外指導	休憩時間	寄宿舎にあるとき	技能連携授業中	通学中（通園中）	合計
小学校	92,335	24,062	7,255	2,433	131,463	34	－	24,186	281,768
中学校	77,153	5,534	10,457	113,943	26,787	187	－	10,722	244,783
高等学校等	51,029	1,479	12,331	115,947	7,943	409	9	13,602	202,749
高等専門学校	539	46	113	716	92	48	－	148	1,702
幼稚園	13,896	－	－	－	－	15	－	225	14,136
幼保連携型認定こども園	17,026	－	－	－	－	18	－	129	17,173
保育所等	40,289	－	－	－	－	18	－	311	40,618
総　数	292,267	31,121	30,156	233,039	166,285	729	9	49,323	802,929

図表Ⅲ-10-2　負傷・疾病における種類別発生割合・件数

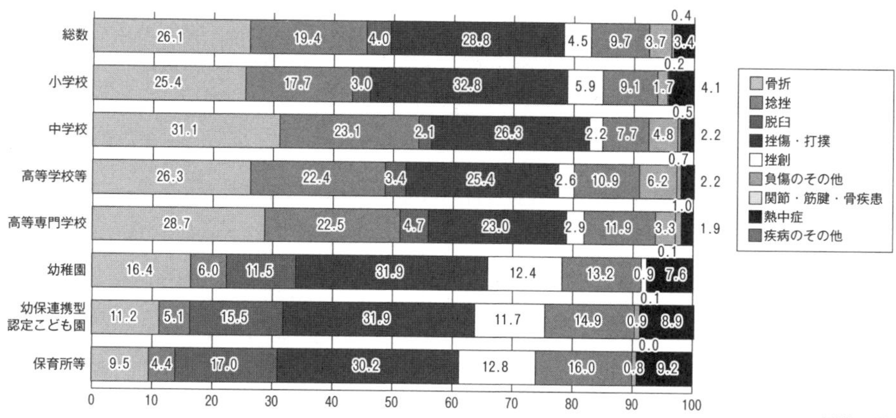

（単位：件）

	骨折	捻挫	脱臼	挫傷・打撲	挫創	負傷のその他	関節・筋腱・骨疾	患熱中症	疾病のその他	合計
小学校	71,654	49,795	8,547	92,500	16,737	25,742	4,742	436	11,615	281,768
中学校	76,063	56,481	5,106	64,415	5,426	18,918	11,862	1,248	5,264	244,783
高等学校等	53,231	45,413	6,975	51,489	5,202	22,016	12,530	1,444	4,449	202,749
高等専門学校	489	383	80	392	50	202	57	17	32	1,702
幼稚園	2,316	850	1,632	4,503	1,757	1,868	123	12	1,075	14,136
幼保連携型認定こども園	1,925	872	2,667	5,476	2,001	2,554	146	10	1,522	17,173
保育所等	3,867	1,798	6,902	12,270	5,217	6,492	311	17	3,744	40,618
総　数	209,545	155,592	31,909	231,045	36,390	77,792	29,771	3,184	27,701	802,929

11 子供の健康状態

健康は，WHO（世界保健機関）憲章の前文において「身体的，精神的，社会的に完全に良好な状態であり，単に病気あるいは虚弱でないことではない」と定義される。ここでは日本の子供の「身体的」健康状態の現状を概観する。

学校保健統計調査から，幼児，児童，生徒の疾病・異常の被罹患率を見ると，裸眼視力1.0未満の者と，むし歯（う歯）の者の割合が高い。2022年度の調査結果では，裸眼視力1.0未満の者の割合は学校段階が進むにつれ高くなっており，幼稚園で約２割，小学校で約４割，中学校で約６割，高等学校では約７割と過去最高の数値であった（図Ⅲ-11-１）。他方，むし歯（う歯）は，他の項目に比較すると割合が高いものの，虫歯予防などの普及で，1970～80年代半ばをピークに減少傾向が続いてきた。ピーク時は被罹患率が９割以上にも達していたが，2022年度は小学校と高等学校で４割以下，幼稚園と中学校で３割以下であり，すべての学校種で過去最低の数値となった（図Ⅲ-11-２）。

鼻・副鼻腔疾患の割合は小学校・中学校で高く，約１割に上った（表Ⅲ-11-１）。鼻・副鼻腔疾患の調査項目には，アレルギー疾患の「アレルギー性鼻炎」が含まれている。他のアレルギー疾患のうち，「ぜん息」「アトピー性皮膚炎」は，被罹患率が小学校で高く，いずれも約３％であった。また，眼の疾病・異常も小学校で高く，約５％に達した。この調査項目には「アレルギー性結膜炎」も含まれている。2014年にアレルギー疾患対策基本法が成立して以降，学校においてもアレルギー疾患対策が取り組まれてきた。2021年度には日本学校保健会の「学校のアレルギー疾患に対する取り組みガイドライン」（文部科学省監修）が10年ぶりに改訂されている。ガイドラインでは，上記の疾患・異常に加え，食物アレルギー・アナフィラキシーについても言及されている。（中端紅南）

図Ⅲ-11-１　裸眼視力1.0未満の者の割合の推移

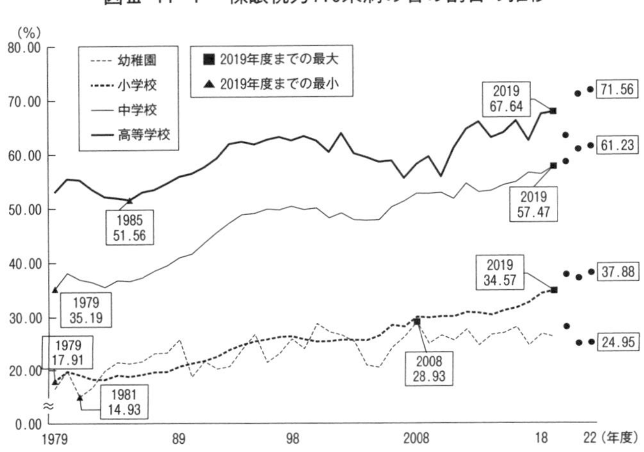

表Ⅲ-11-1　主な疾病・異常等の被罹患率の推移

（単位：%）

区分		裸眼視力1.0未満の者	眼の疾病・異常	耳疾患	鼻・副鼻腔疾患	むし歯（う歯）	せき柱・胸郭・四肢の状態（注2）	アトピー性皮膚炎	ぜん息	心電図異常（注1）	蛋白検出の者
幼稚園	2012年度	27.52	1.83	2.60	3.50	42.86	(0.18)	2.88	2.33	…	0.58
	17	24.48	1.60	2.25	2.86	35.45	0.16	2.09	1.80	…	0.97
	18	26.68	1.55	2.31	2.91	35.10	0.23	2.04	1.56	…	1.03
	19	26.06	1.92	2.57	3.21	31.16	0.16	2.31	1.83	…	1.02
	20	27.90	1.36	1.97	2.38	30.34	0.35	1.90	1.64	…	1.00
	21	24.81	1.48	2.00	2.96	26.49	0.17	1.75	1.48	…	0.66
	22	24.95	1.27	2.36	3.03	24.93	0.24	1.62	1.11	…	0.87
小学校	2012年度	30.68	5.44	5.39	12.19	55.76	(0.36)	3.25	4.22	2.30	0.75
	17	32.46	5.68	6.24	12.84	47.06	1.16	3.26	3.87	2.39	0.87
	18	34.10	5.70	6.47	13.04	45.30	1.14	3.40	3.51	2.40	0.80
	19	34.57	5.60	6.32	11.81	44.82	1.13	3.33	3.37	2.42	1.03
	20	37.52	4.78	6.14	11.02	40.21	0.94	3.18	3.31	2.52	0.93
	21	36.87	5.13	6.76	11.87	39.04	0.79	3.20	3.27	2.50	0.87
	22	37.88	5.28	6.60	11.44	37.02	0.84	3.14	2.85	2.55	0.98
中学校	2012年度	54.38	4.67	3.62	11.39	45.67	(0.80)	2.47	2.95	3.32	2.50
	17	56.33	5.66	4.48	11.27	37.32	2.41	2.66	2.71	3.40	3.18
	18	56.04	4.87	4.72	10.99	35.41	2.40	2.85	2.71	3.27	2.91
	19	57.47	5.38	4.71	12.10	34.00	2.12	2.87	2.60	3.27	3.35
	20	58.29	4.66	5.01	10.21	32.16	1.65	2.86	2.59	3.33	3.25
	21	60.66	4.84	4.89	10.06	30.38	1.72	2.95	2.31	3.07	2.80
	22	61.23	4.95	4.76	10.70	28.24	1.54	2.96	2.23	3.15	2.90
高等学校	2012年度	64.47	3.70	1.88	8.63	57.60	(0.62)	2.07	1.91	3.02	2.67
	17	62.30	3.54	2.59	8.61	47.30	1.49	2.27	1.91	3.27	3.52
	18	67.23	3.94	2.45	9.85	45.36	1.40	2.58	1.78	3.34	2.94
	19	67.64	3.69	2.87	9.92	43.68	1.69	2.44	1.79	3.27	3.40
	20	63.17	3.56	2.47	6.88	41.66	1.19	2.44	1.75	3.30	3.19
	21	70.81	3.35	2.51	8.81	39.77	1.22	2.58	1.70	3.16	2.80
	22	71.56	3.58	2.25	8.51	38.30	1.12	2.68	1.71	3.03	2.83

注1：「心電図異常」については，6歳，12歳及び15歳のみ調査を実施している。
注2：「せき柱・胸郭・四肢の状態」については2015年度までは「せき柱・胸郭」のみを調査。
注3：なお，いずれの項目も調査時期の影響が含まれるため，2020・21年度に引き続き，2022年度の数値についても，2019年度までの数値と単純な比較はできない。

図Ⅲ-11-2　むし歯（う歯）の者の割合の推移

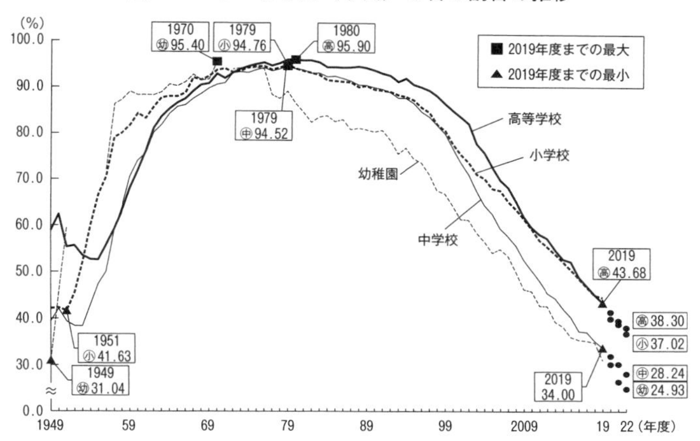

注：幼稚園については，1952～55年度及び1971年度は調査していない。
出典：すべて「学校保健統計（令和4年度）」（文部科学省，2023年）

12 子供の心の健康

近年，子供を取り巻く社会環境や生活環境の急激な変化によって，日常の生活においても生活習慣の乱れ，いじめ，不登校，児童虐待等の心身の健康問題が顕在化している。また，多様かつ複合的な要因が連鎖した結果，周囲からみても普段の生活の様子と変わらず，特に悩みを抱えている様子もみられなかった人であっても自殺に至ることがある（表Ⅲ-12-1）。2022年の児童生徒（小・中・高）の自殺者数は514人と過去最多となったことが報告されており（図Ⅲ-12-1），自殺防止の対策が進められている。具体的な試みとして，2021年には，コロナ禍における児童生徒の自殺の状況や原因・動機，当面取り組むべき課題等が取りまとめられ，各教育委員会等の生徒指導担当者や校長・教頭等の管理職を対象とした「児童生徒の自殺予防に関する普及啓発協議会」等で周知が図られている。また，翌2022年に閣議決定した自殺総合対策大綱では，具体的な対策として，「いじめを苦にした子どもの自殺の予防」「学生・生徒等への支援の充実」「SOSの出し方に関する教育等の推進」「子ども・若者の自殺対策を推進するための体制整備」等が示された。さらに2023年７月には文部科学省より「児童生徒の自殺予防に係る取組について（通知）」が発出され，１人１台端末等を活用した健康観察・教

表Ⅲ-12-1　自殺した生徒が置かれていた状況―国・公・私立計―

	小学校		中学校		高等学校		計	
	人数（人）	構成比（%）	人数（人）	構成比（%）	人数（人）	構成比（%）	人数（人）	構成比（%）
家庭不和	2	10.5%	20	16.3%	21	7.8%	43	10.5%
父母等の叱責	1	5.3%	22	17.9%	11	4.1%	34	8.3%
学業等不振	0	0.0%	19	15.4%	3	1.1%	22	5.4%
進路問題	0	0.0%	18	14.6%	19	7.1%	37	9.0%
教職員との関係での悩み（体罰，不適切指導を除く）	0	0.0%	0	0.0%	1	0.4%	1	0.2%
教職員による体罰，不適切指導	1	5.3%	0	0.0%	1	0.4%	2	0.5%
友人関係での悩み（いじめを除く）	1	5.3%	14	11.4%	17	6.3%	32	7.8%
いじめの問題	1	5.3%	4	3.3%	0	0.0%	5	1.2%
病弱等による悲観	0	0.0%	5	4.1%	7	2.6%	12	2.9%
えん世	0	0.0%	6	4.9%	8	3.0%	14	3.4%
恋愛関係での悩み	0	0.0%	3	2.4%	6	2.2%	9	2.2%
精神障害	2	10.5%	6	4.9%	18	6.7%	26	6.3%
不明	14	73.7%	72	58.5%	169	62.8%	255	62.0%
その他	1	5.3%	7	5.7%	15	5.6%	23	5.6%

注１：調査対象：国公私立小・中・高等学校。
注２：複数回答可とする。
注３：構成比は，各区分における自殺した児童生徒数に対する割合。
注４：小学校には義務教育学校前期課程，中学校には義務教育学校後期課程及び中等教育学校前期課程，高等学校には中等教育学校後期課程を含む。
注５：当該項目は，自殺した児童生徒が置かれていた状況について，自殺の理由に関係なく，学校が事実として把握しているもの以外でも，警察等の関係機関や保護者，他の児童生徒等の情報があれば，該当する項目をすべて選択するものとして調査。
出典：『令和５年版自殺対策白書』（厚生労働省）

育相談システムを整理するとともに，Google フォームまたは Microsoft Forms を活用して同様のアンケートフォームを作成するためのマニュアルが作成されたことが周知されている。

また，日本では地震や台風等の自然災害がしばしば発生するが，それらが子供の心身の健康に大きな影響を与えていることが多数報告されており，2011年に発生した東日本大震災に関しては蓄積が多くなされている。文部科学省が2012年に実施した「非常災害時の子どもの心のケアに関する調査」（被災地の保護者への調査）によると，震災前と異なる現在の子供の様子として，「物音に敏感になったり，イライラするようになった」9.1%，「よく甘えるようになった」10.7%，「以前は一人で出来ていたことができなくなった」4.4%――などの変化が報告されている。また，「睡眠が十分とれなくなった」3.0%，「頭痛，腹痛，心臓の動悸，

図Ⅲ-12-1　学生・生徒等の自殺者数の推移

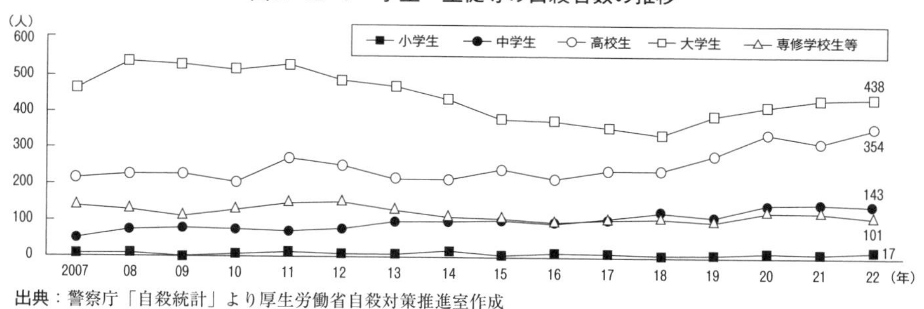

出典：警察庁「自殺統計」より厚生労働省自殺対策推進室作成

図Ⅲ-12-2　震災前と異なる現在の子供の様子

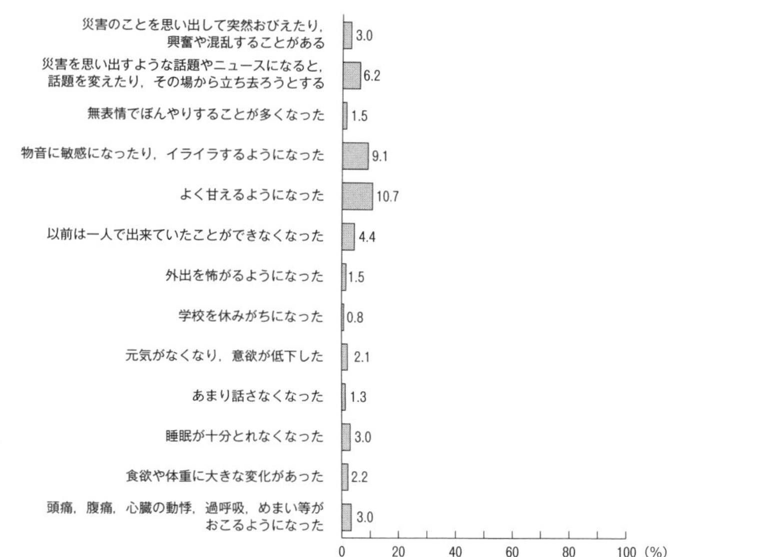

過呼吸，めまい等がおこるようになった」3.0％など，子供たちの心身の不調が報告されている（図Ⅲ-12-2）。さらに，「震災による（地震・津波・放射線）心身の健康への影響」について，調査時点において支援が必要な子供や保護者，教職員の割合をカウンセラーに聞いたところ，支援が必要な「子供」は小学校26.1％，高等学校23.4％，「保護者」は，幼稚園20.7％，小学校16.4％，「教職員」は，小学校・高等学校で6.5％いることが報告された（表Ⅲ-12-2）。以上のデータから，災害発生時にはPTSD（Post-traumatic Stress Disorder，心的外傷後ストレス障害）等の形で危機に直面する子供たちの健康問題が発露すること，また，子供だけでなくその保護者や教職員も支援対象となるため，子供と大人の双方について心身の健康への対応が求められるといえる。

最後に，教育相談の体制について確認する。都道府県・指定都市の教育委員会が所管する教育相談機関の数は，2022年度は204カ所に設置されており，相談員1688人が配置され，年間の教育相談件数は約26万2千件に上っている。また，これらの相談形態に着目すると，電話相談が約15万9千件と最も多くなっていることが分かる。これに対し，指定都市を除く市町村教育委員会の所管する教育相談機関は1705箇所，相談員は5640人，教育相談件数は約90万3千件であるが，来所相談が約39万1千件で最も多くなっており，比較的アクセスしやすいことがうかがえる。なお，SNS等オンラインを活用した相談件数は合計で約6万6千件となっており，今後，各教育相談機関の体制の拡充によって一層増加するものと考えられる（表Ⅲ-12-3～5）。

（正木　僚）

表Ⅲ-12-2　支援が必要な子供や保護者，教職員の割合

（単位：％）

	幼稚園	小学校	中学校	高等学校	特別支援学校
子　供	17.2	26.1	18.6	23.4	10
保護者	20.7	16.4	10.6	6	10
教職員	3.4	6.5	4.2	6.5	—

出典：図Ⅲ-12-2及び表Ⅲ-12-2は「平成24年度非常災害時の子どもの心のケアに関する調査報告書」（文部科学省，2013年）

表Ⅲ-12-3　都道府県・指定都市，市町村における教育相談機関及び教育相談員数

区分		機関（箇所）	教育相談員		
			常勤（人）	非常勤（人）	合計（人）
都道府県・指定都市	教育委員会	37	29 (0.8)	324 (8.8)	353 (9.5)
	教育センター・研究所	55	255 (4.6)	334 (6.1)	589 (10.7)
	教育相談所・相談室	112	150 (1.3)	596 (5.3)	746 (6.7)
	計	204	434 (2.1)	1,254 (6.1)	1,688 (8.3)
市町村相談機関		1,705	1,409 (0.8)	4,231 (2.5)	5,640 (3.3)

注1：「教育委員会」は，教育委員会に教育相談員を設置しているもの。
注2：「教育センター・研究所」とは，教員研修，専門的研究，教育相談等の活動を行う総合的な機関。
注3：「教育相談所・相談室」とは，教育相談のみを行う機関のことであり，教育委員会や地方教育事務所の建物の中に設置されている相談コーナーを含む。
注4：（　）内は，1機関当たりの平均教育相談員数。

表Ⅲ-12-4　都道府県・指定都市，市町村における相談形態別教育相談件数

		来所相談（件）	電話相談（件）	訪問相談（件）	巡回相談（件）	SNS 等オンラインを活用した相談（件）	計（件）
都道府県・指定都市	教育委員会	681	11,810	1,951	18	13,194	27,654
	教育センター・研究所	16,693	72,262	2,006	173	7,154	98,288
	教育相談所・相談室	31,009	74,574	1,720	15,592	13,108	136,003
	計	48,383	158,646	5,677	15,783	33,456	261,945
市町村相談機関		391,243	253,123	120,012	106,856	32,091	903,325

注１：訪問相談とは，依頼に応じて訪問して行う教育相談をいい，巡回教育相談とは，教育相談機関が相談者の便を図り，計画的に公民館等に出向いて相談を受けるものをいう。
注２：同じ者に継続して行った教育相談は，１件として計上。ただし，途中から相談方法を変えるなど複数の方法で相談を行った場合には，それぞれの相談方法ごとに１件と数える。
注３：各件数には，小・中・高等学校に通う児童生徒とその家族による相談のほか，学校に通っていない青少年や教職員等による相談も含んでいる。

表Ⅲ-12-5　都道府県・指定都市における小学生，中学生及び高校生に関する教育相談件数

区分		小学生	中学生	高校生	合計
来所相談	いじめに関する相談件数（件）	159	140	34	339
	教育相談総件数に占める割合（%）	1.0	0.6	0.5	0.7
	不登校に関する相談件数（件）	11,315	19,932	4,580	36,753
	教育相談総件数に占める割合（%）	68.8	87.4	69.9	76.0
	いじめを除く友人関係に関する相談件数（件）	508	320	213	1,081
	教育相談総件数に占める割合（%）	3.1	1.4	3.2	2.2
	教職員との関係をめぐる相談件数（件）	202	87	35	330
	教育相談総件数に占める割合（%）	1.2	0.4	0.5	0.7
	学業・進路に関する相談件数（件）	2,272	1,100	501	4,802
	教育相談総件数に占める割合（%）	13.8	4.8	7.6	9.9
	家庭に関する相談件数（件）	900	596	373	2,303
	教育相談総件数に占める割合（%）	5.5	2.6	5.7	4.8
電話相談・訪問相談・巡回相談・SNS等オンライン	いじめに関する相談件数（件）	3,306	2,510	2,300	9,087
	教育相談総件数に占める割合（%）	6.1	4.0	5.0	4.3
	不登校に関する相談件数（件）	17,389	24,341	5,806	48,861
	教育相談総件数に占める割合（%）	31.8	38.9	12.6	22.9
	いじめを除く友人関係に関する相談件数（件）	5,760	5,471	4,692	18,495
	教育相談総件数に占める割合（%）	10.5	8.7	10.2	8.7
	教職員との関係をめぐる相談件数（件）	5,712	3,797	3,589	14,611
	教育相談総件数に占める割合（%）	10.5	6.1	7.8	6.8
	学業・進路に関する相談件数（件）	3,548	5,838	6,166	18,159
	教育相談総件数に占める割合（%）	6.5	9.3	13.4	8.5
	家庭に関する相談件数（件）	7,164	6,118	6,458	24,833
	教育相談総件数に占める割合（%）	13.1	9.8	14.0	11.6
合計	いじめに関する相談件数（件）	3,465	2,650	2,334	9,426
	教育相談総件数に占める割合（%）	4.9	3.1	4.4	3.6
	不登校に関する相談件数（件）	28,704	44,273	10,386	85,614
	教育相談総件数に占める割合（%）	40.4	51.8	19.7	32.7
	いじめを除く友人関係に関する相談件数（件）	6,268	5,791	4,905	19,576
	教育相談総件数に占める割合（%）	8.8	6.8	9.3	7.5
	教職員との関係をめぐる相談件数（件）	5,914	3,884	3,624	14,941
	教育相談総件数に占める割合（%）	8.3	4.5	6.9	5.7
	学業・進路に関する相談件数（件）	5,820	6,938	6,667	22,961
	教育相談総件数に占める割合（%）	8.2	8.1	12.6	8.8
	家庭に関する相談件数（件）	8,064	6,714	6,831	27,136
	教育相談総件数に占める割合（%）	11.3	7.9	13.0	10.4

注１：複数の内容に関する教育相談を併せて行った場合は，そのいずれの内容の件数にも計上。
注２：割合は，相談件数合計に占める当該相談内容件数の割合。
出典：表Ⅲ-12-３～５は「令和４年度児童生徒の問題行動・不登校等生徒指導上の諸課題に関する調査」（文部科学省，2023年）

13 子供の生活習慣

早稲田大学とベネッセ教育総合研究所の共同調査「子どもの生活リズムと健康・学習習慣に関する調査2021」によると，子供の睡眠時間は，小学６年生で8.2時間，中学３年生で7.3時間，高校３年生で6.6時間となっており，学年が上がるにつれて短くなる傾向にある（図Ⅲ-13-１）。この要因として，スマートフォンや携帯電話といったデジタル機器を使用する時間が長くなることが挙げられる。特に学年が上がるほど，寝る直前までデジタル機器の画面を見るスクリーンタイムが増えている。一方，休日は平日よりも睡眠時間が長いことから，平日の睡眠不足を休日に寝だめして解消していることが分かる。平日に早寝早起き，休日に遅寝遅起きをすることで生じる生活リズムの乱れは「社会的時差ボケ」と呼ばれ，将来的に健康を損なうリスクがあると懸念されている。

上記の調査は，睡眠時間とデジタル機器の使用だけでなく，運動習慣や食習慣などについても調査している。その結果からは，学年が上がると，運動習慣のない子や，朝食を食べない子，夜食を食べる子の割合が高くなっていくことが報告されている（図Ⅲ-13-２，３）。さらに，以上の生活習慣は，学業達成と精神衛生との間に関連性をもっていることが示されている。例えば，食生活についてみると，成績上位層の子供ほど，毎日欠かさず朝食を食べ，バランスの良い食事を摂っており，野菜をよく食べ，食事中に噛む回数が多くなっている（図Ⅲ-13-４

図Ⅲ-13-１　平日・休日の平均睡眠時間

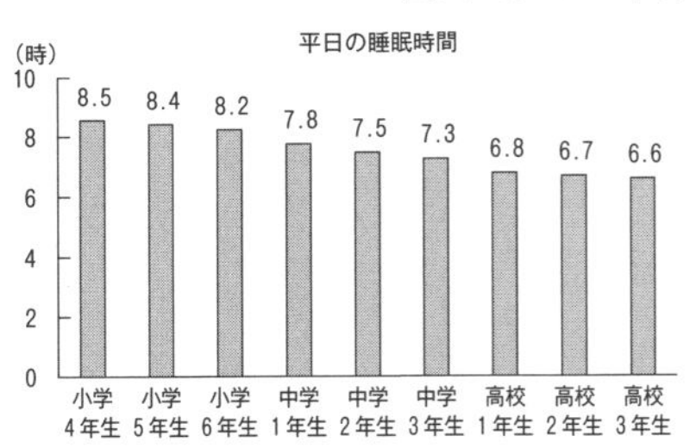

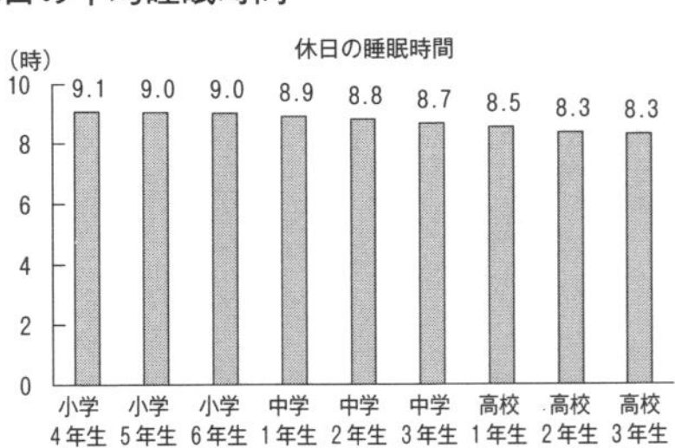

図Ⅲ-13-２　運動習慣（１日60分以上）

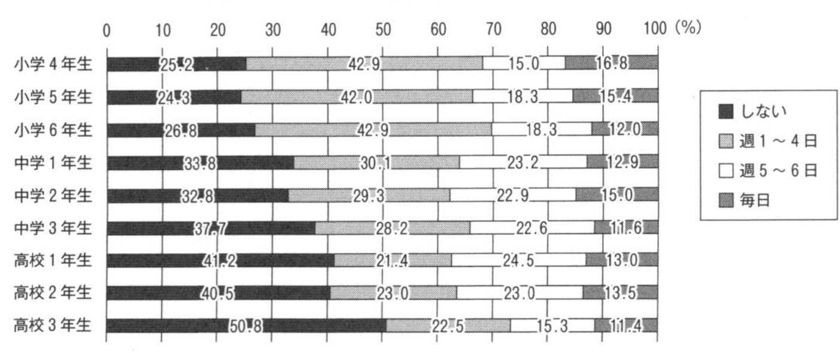

～7)。ただし，これらを実行すれば成績が上がるはずだと即断するのではなく，どのようなメカニズムが背景にあるのかをよく考えることが重要である。

（山中拓真）

図Ⅲ-13-3　朝食摂取頻度

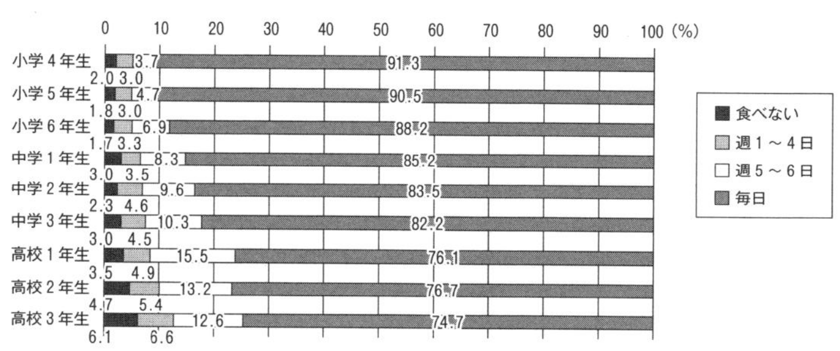

図Ⅲ-13-4　毎日朝食を食べている子供の割合

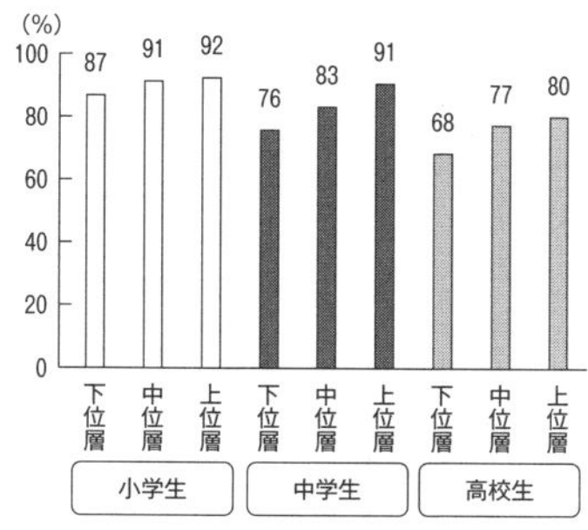

図Ⅲ-13-5　バランスよく食べている子供の割合

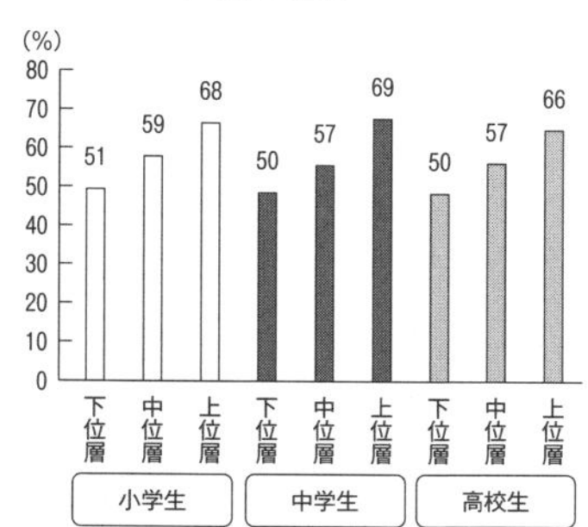

図Ⅲ-13-6　野菜をよく食べている子供の割合

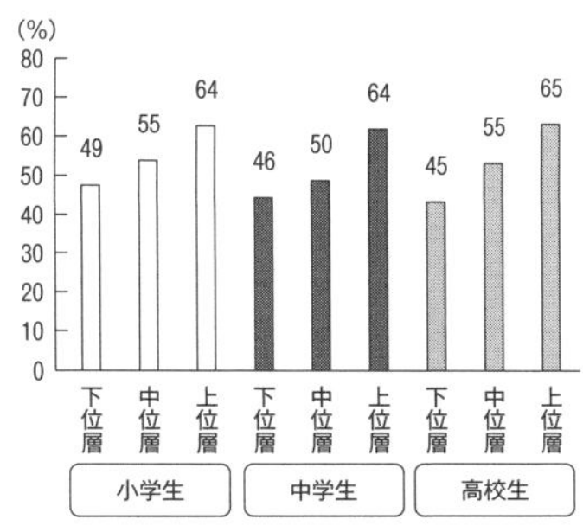

図Ⅲ-13-7　食事中噛む回数が少ない子供の割合

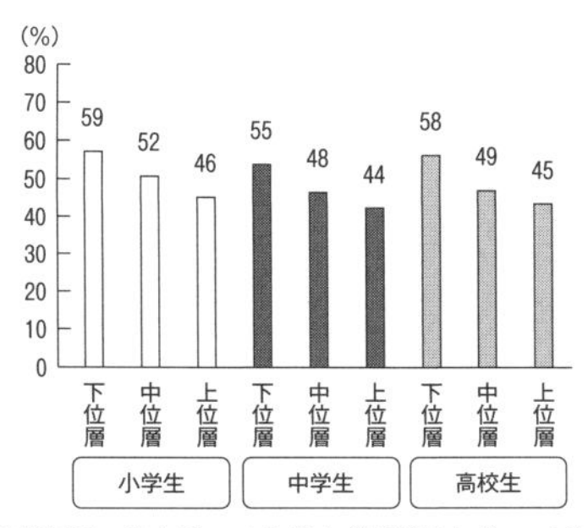

出典：すべて「子どもの生活リズムと健康・学習習慣に関する調査2021 ダイジェスト版」（早稲田大学・ベネッセ教育総合研究所）

14 子供とインターネット

近年，携帯電話やスマートフォン，タブレット，パソコン等の普及により，子供たちがインターネットを利用する機会が増加している。その一方で「ネット上のいじめ」やインターネット上の違法・有害情報等による，犯罪に巻き込まれる危険性が問題となっている。

内閣府（2023年度調査からこども家庭庁へ移管）による「令和４年度青少年のインターネット利用環境実態調査」によると，青少年の98.5%がインターネットを利用していることが明らかとなり，前年度比で0.8ポイント増加している（図Ⅲ-14-１）。インターネットを利用する機器については，スマートフォン73.4%，学校から配布・指定されたパソコンやタブレット等（GIGA 端末）63.6%，ゲーム機63.2%，テレビ（地上波，BS 等は含まない）56.0%，自宅用のパソコンやタブレット等48.1%，契約していないスマートフォン14.1%，携帯電話6.3%となっている（表Ⅲ-14-１）。学校種別にみると，小学生97.5%，中学生99.0%，高校生98.9%となっており，学校種を問わずほぼ全員がインターネットを利用しているといえる（図Ⅲ-14-１，２）。

図Ⅲ-14-１　インターネット利用率（機器・学校種別）

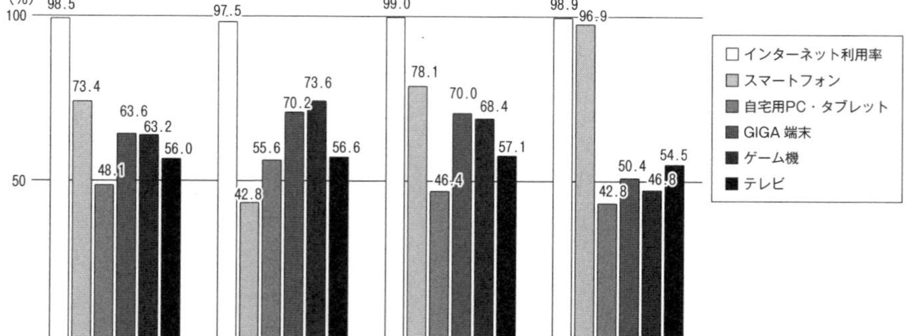

表Ⅲ-14-１　インターネットを利用している機器（n＝3230）

機器	割合
スマートフォン	73.4%
契約していないスマートフォン	14.1%
携帯電話	6.3%
自宅用のパソコンやタブレット等	48.1%
学校から配布・指定されたパソコンやタブレット等（GIGA 端末）	63.6%
ゲーム機	63.2%
テレビ（地上波，BS 等は含まない）	56.0%

インターネットの利用内容は，高校生は「動画を見る」96.2%，「検索する」91.2%，「音楽を聴く」91.0%となっている。中学生では「動画を見る」93.9%，「検索する」87.4%，「ゲームをする」84.9%である。小学生では「動画を見る」88.1%，「ゲームをする」86.2%，「検索する」74.1%となっている（表Ⅲ-14-2）。インターネットの利用時間は，平日1日当たり約280.5分で，前年度比で約17分増加している。学校種別では，小学生平均213.7分，中学生平均277.0分，高校生平均345.0分となっており，学校種が上がるとともに長時間利用する傾向にある。利用時間別の割合を見ると，中学生では，69.9%が1日平均3時間以上，36.7%が5時間以上インターネットを利用している。高校生では78.0%が3時間以上，50.2%が5時間以上インターネットを利用している（表Ⅲ-14-3）。

子供がインターネットを利用しやすい状況にあることから，インターネットでのトラブルも増加している。総務省がまとめるインターネットトラブル事例には，①チャット上でのやりとりにおけるトラブル，②なりすましによる被害，③ネット上で知り合った相手による誘拐，④ゲームに夢中になっている最中に生じた高額課金，⑤行き過ぎた投稿によって加害者になること，⑥ネットショッピングによるトラブル，⑦高額な転売によるトラブル，⑧著作権の侵害によるトラブル，⑨パスワード悪用による乗っ取り被害，⑩悪意あるWi-Fiスポットを利用したことによる情報流出，⑪偽サイトへのパスワード入力による被害，⑫入力した個人情報の目的外利用，⑬SNS投稿によるストーカー被害，⑭不適切投稿によるトラブル，⑮小遣い稼ぎを目的としたデート行為における被害，⑯誹謗中傷投稿の拡散による訴訟――など，数多くのトラブルが取り上げられている。

また，一般財団法人インターネット協会が，青少年（18歳まで）のためのインターネット・携帯電話等に関するトラブルの相談窓口を開設し，相談実績をまとめている。相談の概要について，トラブルが最も多いのは中学校第2学年で相談の約15%を占めている（表Ⅲ-14-4）。また，相談のうち，スマートフォンに起

図Ⅲ-14-2　青少年のインターネット利用率の経年比較

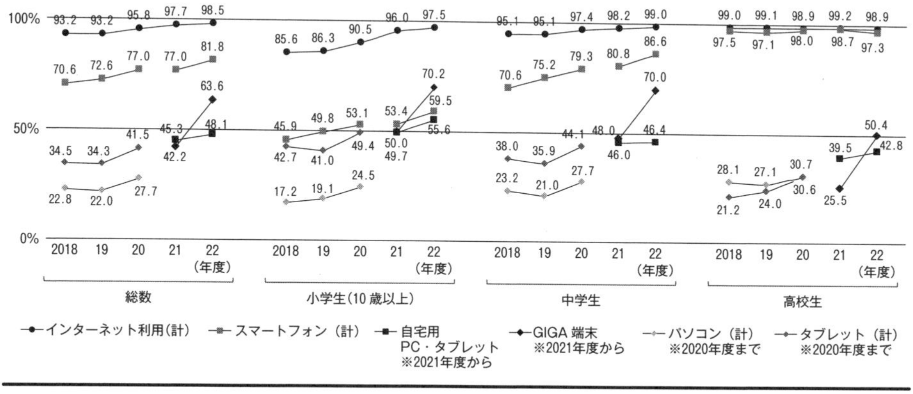

100%
50%
0%
93.2 93.2 95.8 97.7 98.5
70.6 72.6 77.0 77.0 81.8
63.6
45.3 48.1
42.2
34.5 34.3 41.5
22.8 22.0 27.7
85.6 86.3 90.5 96.0 97.5
70.2
59.5
45.9 49.8 53.1 53.4
50.0
55.6
49.7
42.7 41.0 49.4
17.2 19.1 24.5
95.1 95.1 97.4 98.2 99.0
70.6 75.2 79.3 80.8 86.6
70.0
48.0 46.4
46.0
38.0 35.9 44.1
23.2 21.0 27.7
99.0 99.1 98.9 99.2 98.9
97.5 97.1 98.0 98.7 97.3
50.4
39.5 42.8
28.1 27.1 30.7
30.6
25.5
21.2 24.0
2018 19 20 21 22（年度）
総数
小学生（10歳以上）
中学生
高校生

インターネット利用（計）　スマートフォン（計）　自宅用PC・タブレット ※2021年度から　GIGA端末 ※2021年度から　パソコン（計）※2020年度まで　タブレット（計）※2020年度まで

因する相談がおよそ65%を占める状況となっている（図表Ⅲ-14-１）。

相談内容では，全体（1660件）のうち最も多いのが性的トラブル（187件，11%），次いで交友関係（163件，９%），依存（117件，７%）となっている。全体の相談件数は前年比で減少しているものの，ショッピング（11件→22件），著作権関連（40件→41件），取引トラブル（14件→23件）は増加した。（古畑　翼）

表Ⅲ-14-２　青少年のインターネットの利用内容

		投稿やメッセージ交換をする	ニュースをみる	検索する	地図を使う	音楽を聴く	動画を見る	読書をする	マンガを読む	ゲームをする	買い物をする	勉強をする	撮影や制作，記録をする	その他
いずれかの機器	総数（n＝3183）	69.9%	51.9%	84.5%	45.1%	75.1%	92.9%	14.6%	31.2%	83.0%	19.7%	72.1%	35.9%	13.5%
	小学生（10歳以上）（n＝951）	43.0%	32.4%	74.1%	20.3%	51.9%	88.1%	6.8%	11.7%	86.2%	4.5%	70.0%	28.7%	14.6%
	中学生（n＝1211）	74.6%	55.9%	87.4%	45.1%	79.9%	93.9%	13.7%	31.9%	84.9%	15.2%	71.2%	34.9%	13.9%
	高校生（n＝1008）	89.8%	65.5%	91.2%	68.3%	91.0%	96.2%	22.7%	48.6%	77.9%	39.0%	75.6%	43.8%	12.0%
スマートフォン	総数（n＝2370）	80.9%	44.0%	83.6%	50.1%	78.5%	86.3%	14.7%	35.9%	69.6%	22.5%	43.4%	36.8%	3.9%
	小学生（10歳以上）（n＝417）	55.6%	18.9%	65.9%	16.8%	49.2%	68.6%	3.4%	13.2%	64.7%	4.1%	20.4%	31.4%	3.6%
	中学生（n＝955）	82.2%	42.6%	84.7%	45.8%	79.0%	85.7%	12.3%	32.7%	70.4%	14.7%	41.4%	34.3%	5.1%
	高校生（n＝987）	90.4%	55.7%	90.2%	68.3%	90.5%	94.4%	21.7%	48.4%	70.8%	37.4%	55.1%	41.2%	2.6%
GIGA端末	総数（n＝2055）	6.5%	10.9%	61.6%	11.3%	6.2%	15.5%	3.2%	1.6%	4.5%	0.7%	79.8%	14.5%	6.7%

注１：「いずれかの機器」とは，青少年に対して調査した７機器のうち，いずれかの機器でインターネットを利用していると回答した青少年をベースに集計。

注２：「スマートフォン」とは，スマートフォンでインターネットを利用していると回答した青少年をベースに集計。

注３：「配信したことがある」は，いずれかの機器で撮影や制作，記録をすると回答した青少年をベースに集計。回答数は，2022年度（n＝1143）2021年度（n＝1000）

注４：2021年度から「読書をする」「マンガを読む」「撮影や制作，記録をする」を新規追加。2020年度までは，「投稿やメッセージ交換をする」は「コミュニケーション」，「ニュースをみる」は「ニュース」，「検索する」は「情報検索」，「地図を使う」は「地図・ナビゲーション」，「音楽を聴く」は「音楽視聴」，「動画を見る」は「動画視聴」，「読書をする」と「マンガを読む」は「電子書籍」，「ゲームをする」は「ゲーム」，「買い物をする」は「ショッピング・オークション」，「勉強をする」は「勉強・学習・知育アプリやサービス」としていた。

表Ⅲ-14-３　インターネットの利用時間（平日１日当たり）

	2022年度			2021年度			2020年度		2019年度	
	平均利用時間	３時間以上の割合	５時間以上の割合	平均利用時間	３時間以上の割合	５時間以上の割合	平均利用時間	３時間以上の割合	平均利用時間	３時間以上の割合
総　数	280.5分	67.3%	37.4%	263.5分	65.3%	34.3%	205.4分	52.1%	182.3分	46.6%
小学生	213.7分	52.7%	24.2%	207.0分	51.9%	21.9%	146.4分	33.6%	129.1分	29.3%
中学生	277.0分	69.9%	36.7%	259.4分	67.1%	35.5%	199.7分	52.0%	176.1分	45.8%
高校生	345.0分	78.0%	50.2%	330.7分	77.5%	46.0%	267.4分	69.5%	247.8分	66.3%

出典：図Ⅲ-14-１，２，表Ⅲ-14-１～３は「令和４年度青少年のインターネット利用環境実態調査」（内閣府，2023年）

表Ⅲ-14-4　相談件数

（単位：件）

	未就学	小1	小2	小3	小4	小5	小6	小不明	中1	中2	中3	中不明	高1	高2	高3	高不明	専門	学校不明	勤労	合計
架空請求					6	2	8		4	8	2	4	9	5		3				51
ショッピング					1					1	7		1							10
ネットいじめ				1		4	9	2	13	20	9	1	6		2	1				68
迷惑メール									2	1	2	1			1					7
有害情報	1					2			2	1	1		1	4	1	6				19
著作権関連							3			18	2		2		1					26
依存		1	1	3	2	11	11	2	19	11	17	3	9	12	4	1				107
交友関係						6	8	2	20	16	9	4	5	3	10	4		2		89
性的トラブル						3	4	2	18	17	12	20	12	17	14	13		2		134
削除方法	1						3		2	7	6	2	4	12	5	5				47
料金関係	5	1	5	1	2	6	3	3	9	14	5	1	1	3	3	5		1		68
フィルタリング関係	1		1	1		3	3	1	13	2	8	1	2			1		2		39
取引トラブル					1				2	2	1	1	2	2		3		1		15
情報セキュリティ		1		1		4	2		7	2	3	1	1	2	2	6				32
個人情報関連						3	3		16	9	8	2	3	1	5	1				51
その他					1	1	1	2	2			2	1	2	1			4		17
対象外の相談	1		1	3	7	10	4	17	4	6	6	13	12	8	4	7		4		107
意味不明			2			3			2	2	1		2	3	1		1			17
合　計	9	3	10	10	20	58	62	31	135	137	99	56	73	74	54	56	1	16	0	904

図表Ⅲ-14-1　相談対象となった使用端末

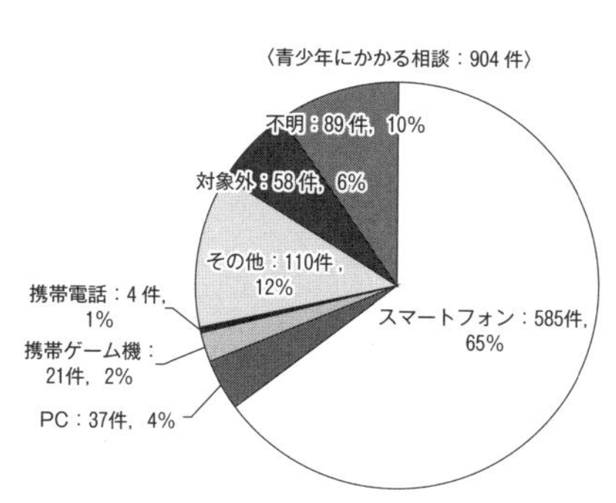

使用端末	相談者					合計
	本人	保護者等親族	学校職員	職場職員	その他	
PC	32件	4 件	—	1 件	—	37件
携帯	3 件	1 件	—	—	—	4 件
PHS	—	—	—	—	—	—
スマートフォン	336件	242件	4 件	1 件	2 件	585件
携帯ゲーム機	11件	8 件	—	—	2 件	21件
その他	72件	36件	—	1 件	1 件	110件
不明	63件	20件	2 件	2 件	2 件	89件
対象外	40件	15件	1 件	2 件	—	58件
合　計	557件	326件	7 件	7 件	7 件	904件

出典：表Ⅲ-14-4 及び図表Ⅲ-14-1 は「令和 4 年度ネット・スマホのなやみを解決『こたエール』年次報告」（東京都・一般財団法人インターネット協会）

15 子供のボランティア活動

学校・家庭・地域の人々によって，様々なボランティア活動の機会が子供たちへ提供されている。学校教育において，ボランティア活動は体験活動の一つである社会体験活動に位置付く。体験活動では，多くの人と関わりながら様々な体験をすることによって，仲間とのコミュニケーション能力や自立心，協調性，責任感，異なる他者と協働する能力等，将来の社会的自立に向けて必要となる資質・能力を養うことが企図されている。

他国と比して，日本の子供・若者のボランティア活動への興味が低いことは大きな課題であるといえる。2018年度に実施された日本を含む７カ国の比較調査では，約半数の者がボランティア活動への興味は「ない」と回答しており，「ある」と回答した割合についても７カ国中で最下位であった（図Ⅲ-15-１）。

また，実際にボランティア活動に取り組んだ行動者率の推移をみると，10～14歳の子供，15～19歳の子供のいずれの年齢層においても，2006年以降は横ばい，あるいは微減の傾向が続いていたが，コロナ禍を背景として2021年では大幅に減少している（図Ⅲ-15-２）。また，種類別行動者率でみると，いずれの年齢層の子供も，「まちづくりのため」の活動に取り組む割合が，平均行動日数では「スポーツ・文化・芸術・学術に関係」した活動に取り組む日数が最も大きくなっている（図Ⅲ-15-３，４）。特に近年では「地域に開かれた教育課程」の実現に向けて学校と地域との連携が強調される中で，学校教育を通じて地域に根差した子供のボランティア活動を積極的に推進していこうとする機運がみてとれる。

（芦沢柚香）

図Ⅲ-15-１　日本と諸外国の子供・若者のボランティアに対する興味

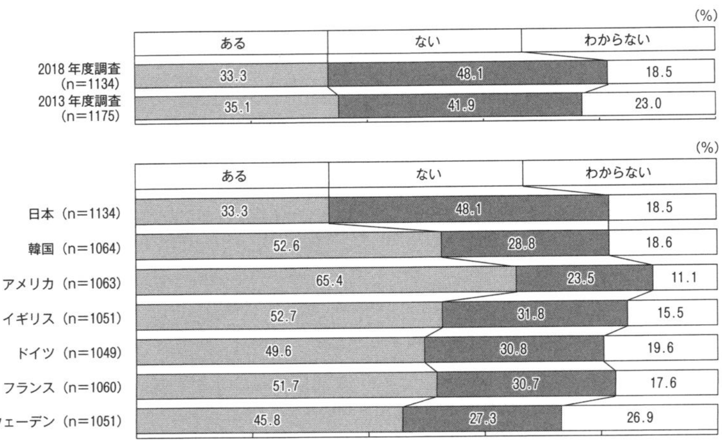

注：各国の満13～満29歳の子供・若者が対象。
出典：「我が国と諸外国の若者の意識に関する調査」（内閣府，2019年）

図Ⅲ-15-2　ボランティア活動の行動者率の推移

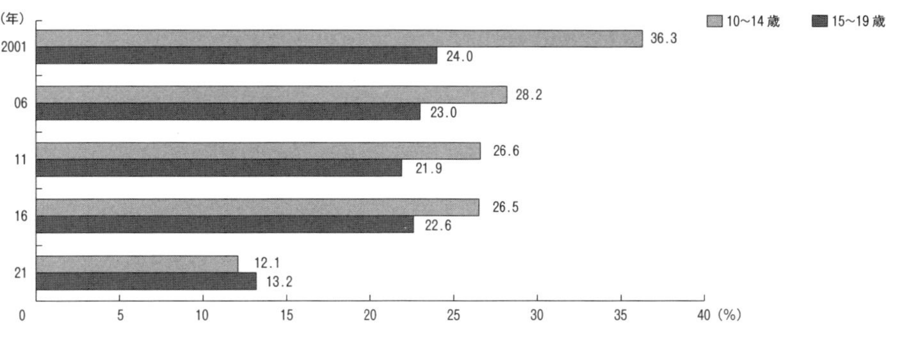

図Ⅲ-15-3　ボランティア活動の種類別行動者率

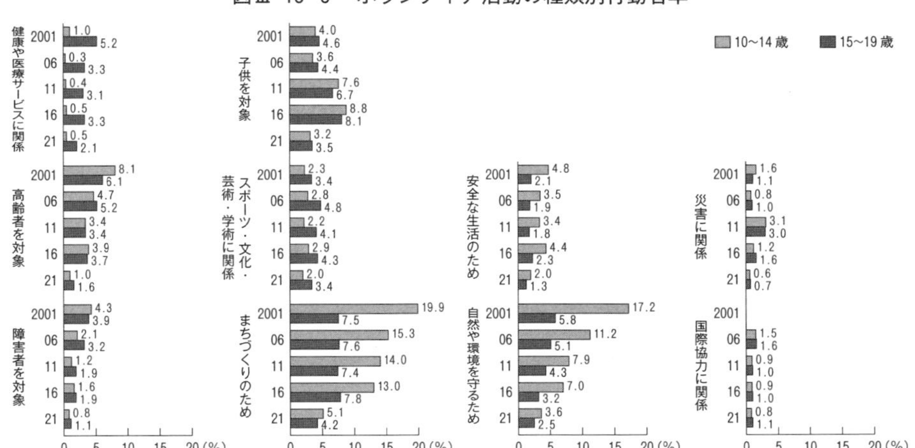

図Ⅲ-15-4　ボランティア活動の種類別平均行動日数

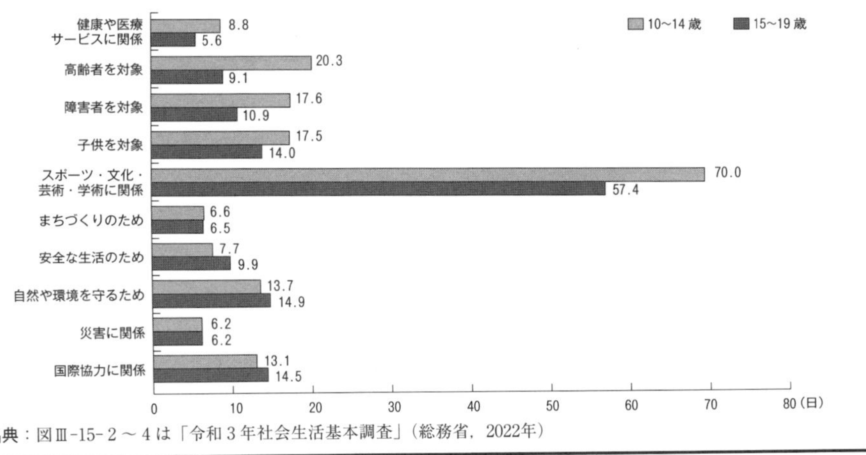

出典：図Ⅲ-15-2～4は「令和3年社会生活基本調査」(総務省，2022年)

16 学校教育と学校への満足度

東京大学社会科学研究所・ベネッセ教育総合研究所は，2015年から毎年「子どもの生活と学びに関する親子調査」を公表している。2022年の調査の結果，学校生活について，「自分の学校が好きだ」と感じる子供は，小学生89.4%，中学生80.5%，高校生75.3%であった。一方，「学校に行きたくないことがある」と感じる子供は小・中・高それぞれにおいて，2020年に減少したものの，2021年，2022年と増加し，小学生36.8%，中学生43.6%，高校生51.1%となった。（図Ⅲ-16-1）。

さらに，ベネッセ教育総合研究所・朝日新聞社は，2004年から数年ごとに「学校教育に対する保護者の意識調査」を実施している。最新版である2018年調査の結果のうち，学校の指導や取組に対する満足度（学校段階別・経年比較）の学習や進路に関する指導をみると，小学生の保護者の86.1%が「教科の学習指導」に満足している（とても満足している／まあ満足している）。次いで，「学習の評価（成績のつけ方）」80.0%，「学ぶ意欲を高めること」71.5%，「家庭学習の指導」66.1%となっている（図Ⅲ-16-2）。

次に，学校の指導や取組に対する満足度（学校段階別・経年比較）の学習や進路に関する指導の中学生の保護者の項目を見ると，中学生の保護者の66.7%が「教科の学習指導」に満足している。次いで，「学習の評価（成績のつけ方）」67.3%，「学ぶ意欲を高めること」48.6%，「家庭学習の指導」44.2%となっている（図Ⅲ-16-2）。

（金久保響子）

図Ⅲ-16-1　学校種別の学校生活への意識の変遷

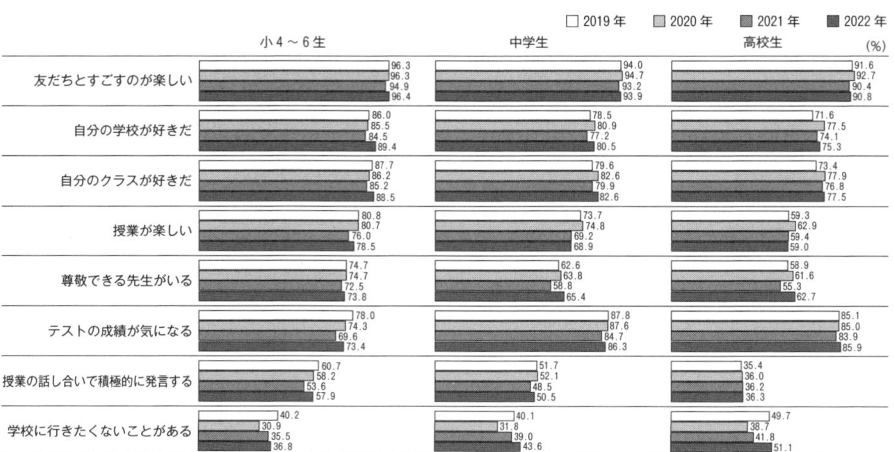

注：「とてもあてはまる」＋「まああてはまる」の%。
出典：「子どもの生活と学びに関する親子調査2022」（東京大学社会科学研究所・ベネッセ教育総合研究所共同研究，2023年）

図Ⅲ-16-2　学校の指導や取組に対する満足度

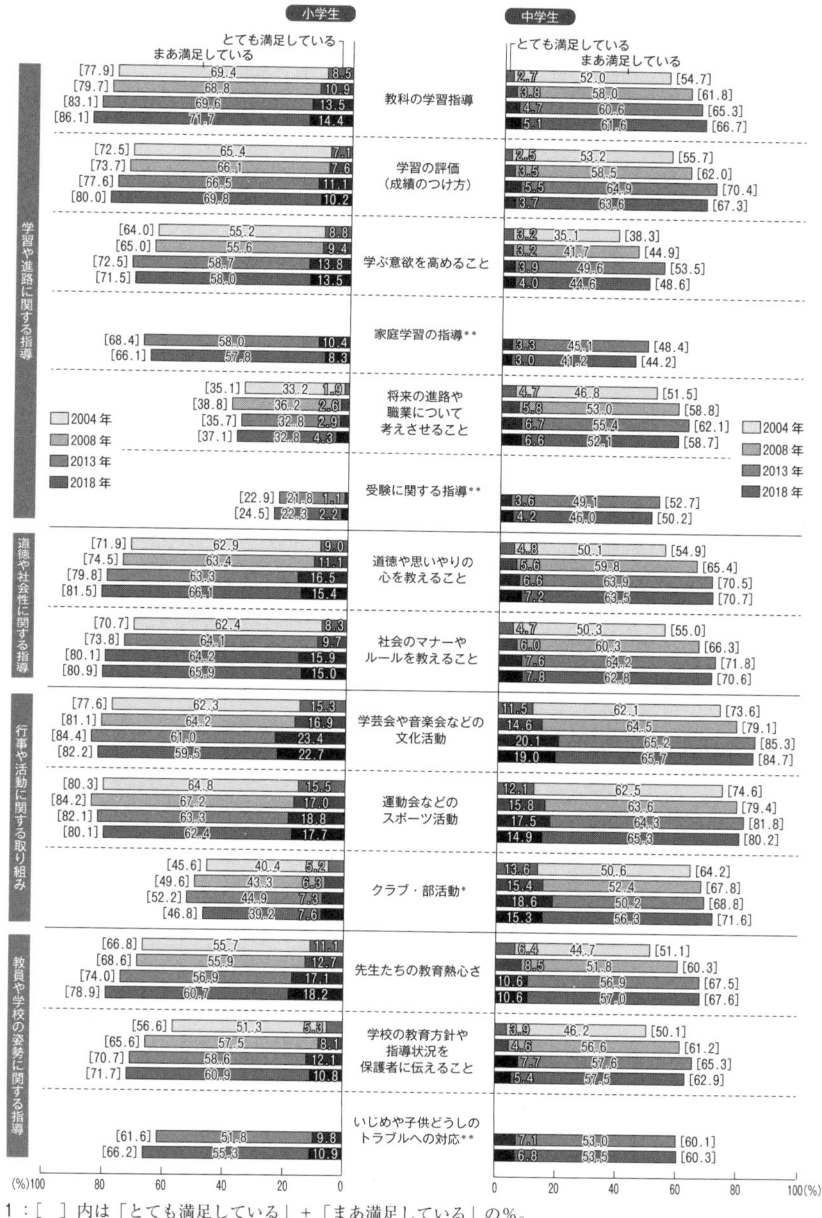

注１：［　］内は「とても満足している」＋「まあ満足している」の％。
注２：＊は，2004年，2008年では「放課後のクラブ活動や部活動」とたずねている。また，2004年，2008年，2018年は「とても満足している」「まあ満足している」「あまり満足していない」「まったく満足していない」の４段階で，2013年は「子供の通う学校ではやっていない」を加えた５段階でたずねており，2013年の数値は，「子供の通う学校ではやっていない」を除いて算出している。
注３：＊＊は2004年，2008年にたずねていない。
出典：「学校教育に対する保護者の意識調査2018」（ベネッセ教育総合研究所・朝日新聞社共同調査，2018年）

17 子供の貧困

2013年６月に「子どもの貧困対策の推進に関する法律」が成立し，2014年１月から施行された。この法律は，子供の将来がその生まれ育った環境によって左右されることのないよう，貧困の状態にある子供が健やかに育成される環境を整備するとともに，教育の機会均等を図るため，子供の貧困対策を総合的に推進することを目的としている。この法律に基づき，2014年８月に「子供の貧困対策に関する大綱」が閣議決定された。この大綱では，改善に向けた重点施策として「学校」をプラットフォームとした総合的な子供の貧困対策の展開，貧困の連鎖を防ぐための幼児教育の無償化の推進，就学支援の充実，保護者及び子供の生活支援，保護者に対する就労支援などが示された。また，子供たちが置かれている貧困の実態及び各種支援の実態を適切に把握するために，子供の貧困に関する調査研究を継続的に実施することが示された。

子供の貧困率とは，17歳以下の子供全体に占める，貧困線（等価可処分所得の中央値の半分の額）に満たない17歳以下の子供の割合を指す。子供の貧困率は年々増加傾向にあり，2012年には16.3％まで増加した。しかし，2018年は13.5％（旧基準）に減少している（表Ⅲ-17-１）。また，要保護及び準要保護児童生徒数も年々増加傾向にあり，2011年度には157万人まで増加した。しかし，2022年には126万人となり，11年連続で減少している（図Ⅲ-17-１）。

表Ⅲ-17-１　貧困率の年次推移

値＼年	1985	1988	1991	1994	1997	2000	2003	2006	2009	2012	2015	2018		2021
												旧基準	新基準	新基準
単位：％														
相対的貧困率	12.0	13.2	13.5	13.8	14.6	15.3	14.9	15.7	16.0	16.1	15.7	15.4	15.7	15.4
子供の貧困率	10.9	12.9	12.8	12.2	13.4	14.4	13.7	14.2	15.7	16.3	13.9	13.5	14.0	11.5
子供がいる現役世帯	10.3	11.9	11.6	11.3	12.2	13.0	12.5	12.2	14.6	15.1	12.9	12.6	13.1	10.6
大人が一人	54.5	51.4	50.1	53.5	63.1	58.2	58.7	54.3	50.8	54.6	50.8	48.1	48.3	44.5
大人が二人以上	9.6	11.1	10.7	10.2	10.8	11.5	10.5	10.2	12.7	12.4	10.7	10.7	11.2	8.6
単位：万円														
中央値（a）	216	227	270	289	297	274	260	254	250	244	244	253	248	254
貧困線（a/2）	108	114	135	144	149	137	130	127	125	122	122	127	124	127

注１：貧困率は，OECDの作成基準に基づいて算出。
注２：大人とは18歳以上の者，子どもとは17歳以下の者をいい，現役世帯とは世帯主が18歳以上65歳未満の世帯をいう。
注３：等価可処分所得金額不詳の世帯員は除く。
注４：1994年の数値は，兵庫県を除く。
注５：2015年の数値は，熊本県を除く。
注６：2018年の「新基準」は，2015年に改定されたOECDの所得定義の新たな基準で，従来の可処分所得から更に「自動車税・軽自動車税・自動車重量税」，「企業年金の掛金」及び「仕送り額」を差し引いたもの。
注７：2021年からは，新基準の数値。
出典：「2022（令和４）年国民生活基礎調査の概況」（厚生労働省，2023年）

学校教育法第19条では，「経済的理由によって，就学困難と認められる学齢児童又は学齢生徒の保護者に対しては，市町村は，必要な援助を与えなければならない」と規定されている。生活保護世帯等における子供の貧困の状況として，高等学校等への進学率はいずれも９割を超えている（表Ⅲ-17-２）。（木村百合子）

図Ⅲ-17-１　要保護及び準要保護児童生徒数の推移

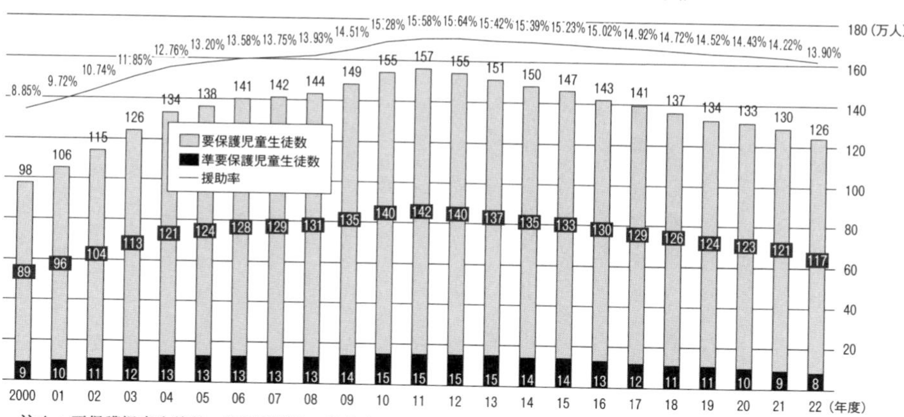

注１：要保護児童生徒数＝生活保護法に規定する要保護者の数。
注２：準要保護児童生徒数＝要保護児童生徒に準ずるものとして，市町村教育委員会がそれぞれの基準に基づき認定した者の数。
出典：「令和５年度就学援助実施状況等調査結果」（文部科学省，2023年）

表Ⅲ-17-２　生活保護世帯・児童養護施設・ひとり親家庭の子供の就園・進学率

指　標	前大綱策定時	現大綱策定時	直近値
生活保護世帯に属する子供の高等学校等進学率（厚生労働省社会・援護局保護課調べ）	90.8%（2013年４月１日現在）	93.7%（2018年４月１日現在）	93.7%（2021年４月１日現在）
生活保護世帯に属する子供の高等学校等中退率（厚生労働省社会・援護局保護課調べ）	5.3%（2013年４月１日現在）	4.1%（2018年４月１日現在）	3.6%（2021年４月１日現在）
生活保護世帯に属する子供の大学等進学率（厚生労働省社会・援護局保護課調べ）	32.9%（2013年４月１日現在）	36.0%（2018年４月１日現在）	39.9%（2021年４月１日現在）
児童養護施設の子供の進学率（中学校卒業後）（厚生労働省子ども家庭局家庭福祉課調べ）	96.6%（2013年５月１日現在）	95.8%（2018年５月１日現在）	96.4%（2020年５月１日現在）
児童養護施設の子供の進学率（高等学校卒業後）（厚生労働省子ども家庭局家庭福祉課調べ）	22.6%（2013年５月１日現在）	30.8%（2018年５月１日現在）	33.0%（2020年５月１日現在）
ひとり親家庭の子供の就園率（保育所・幼稚園等）（全国ひとり親世帯等調査）	72.3%（2011年11月１日現在）	81.7%（2016年11月１日現在）	81.7%（2016年11月１日現在）
ひとり親家庭の子供の進学率（中学校卒業後）（全国ひとり親世帯等調査）	93.9%（2011年11月１日現在）	95.9%（2016年11月１日現在）	95.9%（2016年11月１日現在）
ひとり親家庭の子供の進学率（高等学校卒業後）（全国ひとり親世帯等調査）	41.6%（2011年11月１日現在）	58.5%（2016年11月１日現在）	58.5%（2016年11月１日現在）
全世帯の子供の高等学校中退率（児童生徒の問題行動・不登校等生徒指導上の諸課題に関する調査）		1.4%（2018年度）	1.1%（2020年度）
全世帯の子供の高等学校中退者数（児童生徒の問題行動・不登校等生徒指導上の諸課題に関する調査）		48,594人（2018年度）	34,965人（2020年度）

出典：「令和３年度子供の貧困の状況と子供の貧困対策の実施状況」（内閣府，2021年）

18 LGBTQの子供・若者

LGBTQとは，性的マイノリティの総称の一つとして使用される用語であり，Lesbian（レズビアン，女性同性愛者），Gay（ゲイ，男性同性愛者），Bisexual（バイセクシュアル，両性愛者），Transgender（トランスジェンダー，性自認が出生時に割り当てられた性別とは異なる人），性的指向や性自認が定まっていないとされるQueer（クィア）やQuestioning（クエスチョニング）の頭文字をとっている。「LGBT意識行動調査（事前調査）2019」においては，日本でも人口の10.0%がこうした性的マイノリティであることが指摘されており，子供・若者に限定しても近しい割合での存在が推察できる（図Ⅲ-18-1，2）。

10代のLGBTQに関しては，自殺念慮や自殺未遂の経験が全体平均と比較して高く，さらには精神疾患に関しても同様にハイリスク層として指摘される。この実態に対し，他者への相談はリスク軽減に寄与し得る（図Ⅲ-18-3）が，78.8%がカミングアウトしておらず（図Ⅲ-18-4），保護者や教職員に対してセクシュアリティに関する相談をすることは容易でない実態も浮かび上がる（図Ⅲ

図Ⅲ-18-1　LGBT・性的少数者の出現率

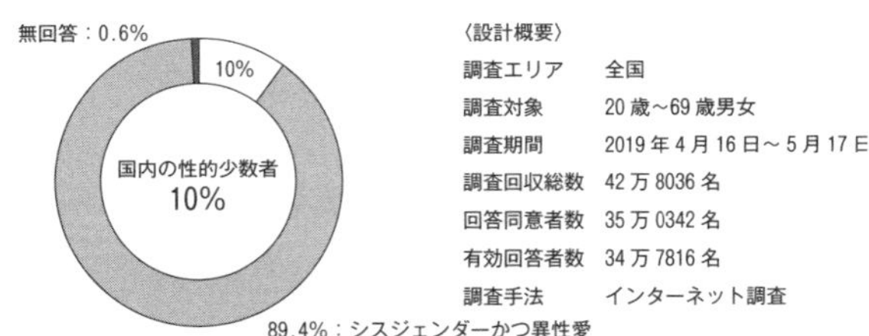

図Ⅲ-18-2　性的指向及び性同一性指向（性自認）別の出現率

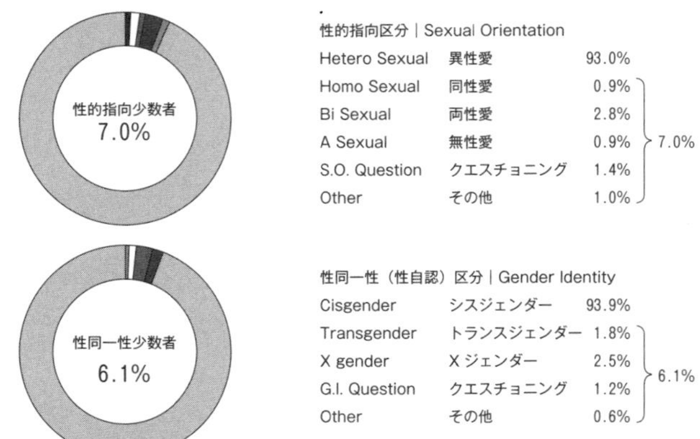

注1：本図データにおける「性的少数者」の定義：シスジェンダーかつ異性愛の方以外とした場合。
注2：「平成27年国勢調査」（総務省統計局）に基づき，性年代によるウエイトバックで補正した後，性同一性／性的指向の人口構成を算出。

-18-5，6）。

こうした状況に対しては，LGBTQ についての理解の促進及び周辺環境の整備が求められる。文部科学省は2016年に「性同一性障害や性的指向・性自認に係る，児童生徒に対するきめ細かな対応等の実施について（教職員向け）」を刊行しており，性的マイノリティに配慮した環境整備に取り掛かり始めた段階にあるといえる。しかしながら，半数以上が学校で LGBTQ について学ぶ機会を有していない（図Ⅲ-18-7）など，その充実に向けては課題を残している。（藤田駿介）

図Ⅲ-18-3　相談できる人・場所の有無と自殺・自傷の関係性

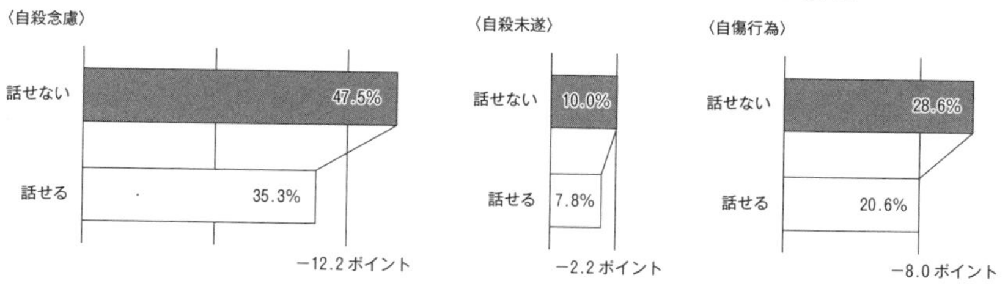

図Ⅲ-18-4　LGBT・性的少数者のカミングアウト率

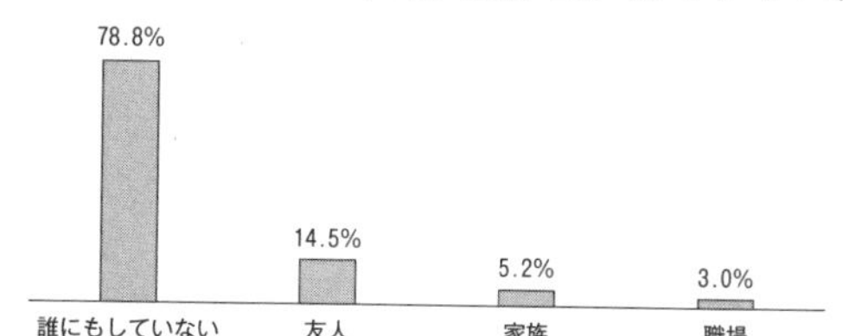

出典：図Ⅲ-18-1，2，4は「LGBT 意識行動調査2019」（LGBT 研究所，2019年）

図Ⅲ-18-5　保護者への相談

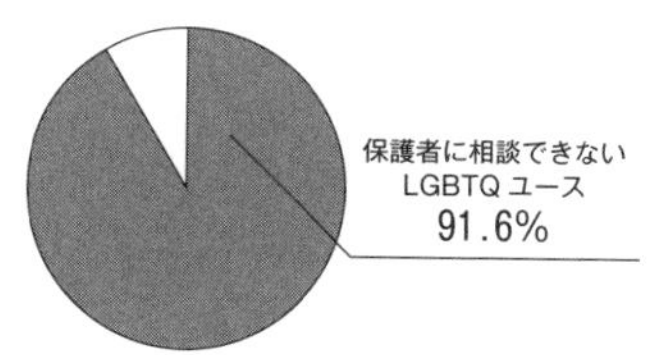

図Ⅲ-18-6　教職員への相談

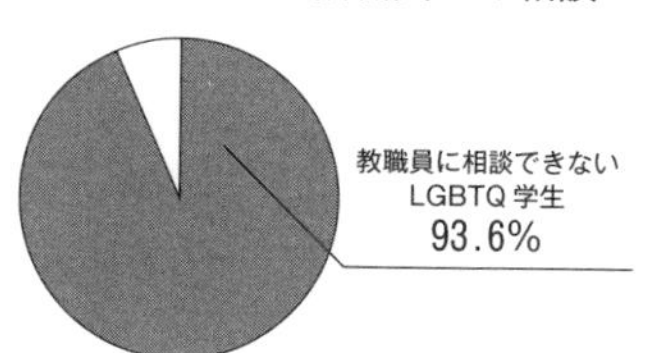

図Ⅲ-18-7　この1年で学校で LGBTQ について学んだ経験

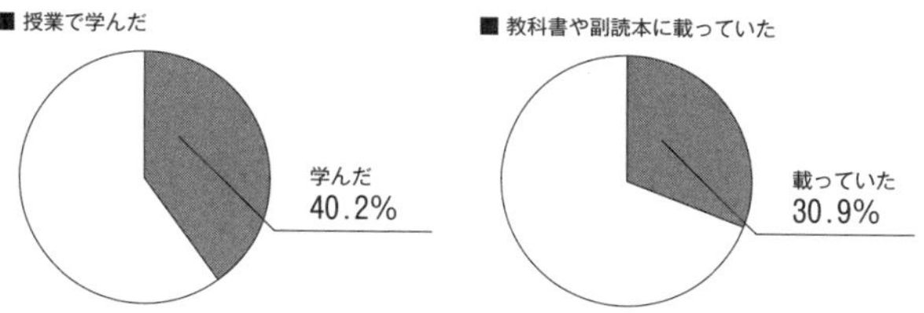

出典：図Ⅲ-18-3，5～7は『LGBTQ 子ども・若者調査2022』（認定 NPO 法人 ReBit，2022年）

19 ヤングケアラー

近年,「ヤングケアラー」の存在が問題視され始めた。日本ではヤングケアラーについての法令上の定義は存在していないものの,非営利法人である日本ケアラー連盟においては,「家族にケアを要する人がいる場合に,大人が担うようなケア責任を引き受け,家事や家族の世話,介護,感情面のサポートなどを行っている,18歳未満の子ども」と定義付けられている。

ヤングケアラーの実態把握は端緒についたばかりである。ここでは,2020~21年にかけて全国の公立中学校2年生・高等学校2年生を対象に実施された実態把握調査をみていく。これによれば,「世話をしている家族がいる」と回答した中学生は全体の5.7%,全日制高校生は4.1%となっており,中高生ともにきょうだいの世話を担う者が多い(図Ⅲ-19-1)。また,「世話を一緒にしている人」について,中高生ともに「母親」とする回答が半数を超えるものの,中学生では9.1%が,全日制高校生では11.4%が「自分のみ」と回答している。

なお,世話をしている家族がいる生徒の中で自分自身をヤングケアラーと自覚する者は中学生で16.3%,全日制高校生で15.0%であった。加えて,ヤングケアラーの認知度の低さも浮き彫りとなっている(図Ⅲ-19-2)。このことから,一定数の子供が自覚のないままにケアの役割を引き受けている可能性がうかがえる。

また,家族の世話を担うことのきつさについては,中高生ともに半数以上が「特にきつさを感じていない」とするものの,精神的なきつさや時間的余裕のな

図Ⅲ-19-1　世話をしている家族の内訳

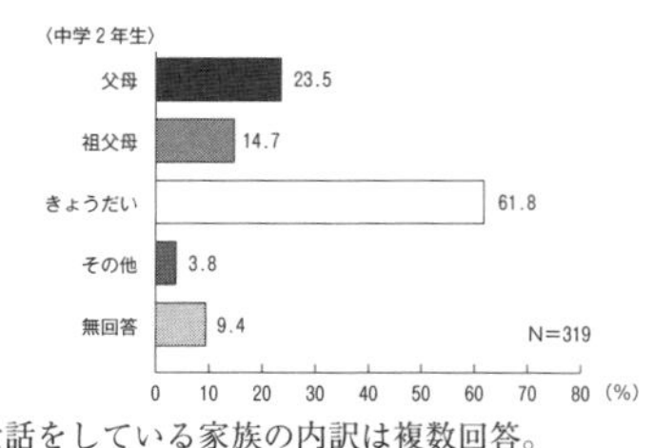

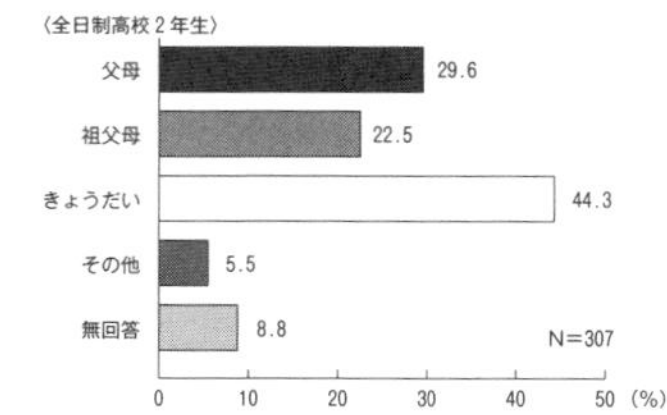

注:世話をしている家族の内訳は複数回答。

図Ⅲ-19-2　ヤングケアラーについての自覚と認知度

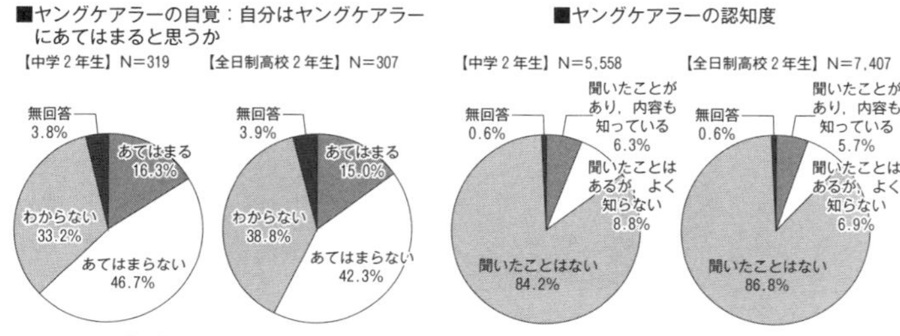

注:「ヤングケアラーの自覚」は世話をしている家族がいると回答した者における内訳であり,「ヤングケアラーの認知度」は全数における内訳である。

さを感じている生徒も一定数存在した（図Ⅲ-19-3）。しかしながら，世話をしている家族がいる生徒のうち，世話について他者に相談した経験が「ない」者は，中学生で67.7%，全日制高校生で64.2%であり，中高生ともに「誰かに相談するほどの悩みではない」や「相談しても状況が変わるとは思わない」を理由とする者が多かった（図Ⅲ-19-4）。

家族の世話をする子供のうち特に誰を「ヤングケアラー」とするか，また，ケアを困難としてのみ捉えるかについては議論の余地がある。しかしながら，彼・彼女らが，引き受けているケアの役割とその苦労に無自覚なままに，あるいはつらさを感じているにもかかわらず，他者に相談できず孤立した状態に陥ることを避けるためには，家族の枠を超えて学校や地域において支援機会を担保する必要がある。

（吉川実希）

〔参考文献〕『子ども介護者―ヤングケアラーの現実と社会の壁―』（濱島淑惠，2021年，KADOKAWA）

図Ⅲ-19-3　世話のきつさと世話のためにやりたくてもできないこと

■世話をすることに感じているきつさ（複数回答）

（単位：%）

	調査数（N＝）	身体的にきつい	精神的にきつい	時間的余裕がない	特にきつさは感じていない	無回答
中学２年生	319	6.6	15.0	16.0	60.5	13.2
全日制高校２年生	307	6.5	19.9	16.9	52.1	16.0

世話をしているために、やりたいけれどできていないこと（複数回答）

〈中学２年生〉（N＝319），〈全日制高校２年生〉（N＝307）

	中学２年生	全日制高校２年生
学校に行きたくても行けない	1.6	1.0
どうしても学校を遅刻・早退してしまう	2.5	2.9
宿題をする時間や勉強する時間が取れない	16.0	13.0
睡眠が十分に取れない	8.5	11.1
友人と遊ぶことができない	8.5	11.4
部活や習い事ができない、もしくは辞めざるを得なかった	4.7	2.3
進路の変更を考えざるを得ない、もしくは進路を変更した	4.1	5.5
自分の時間が取れない	20.1	16.6
その他	0.3	1.6
特にない	58.0	52.1
無回答	10.7	16.0

注：世話をしている家族がいると回答した者への質問項目。

図Ⅲ-19-4　世話について相談したことがない理由

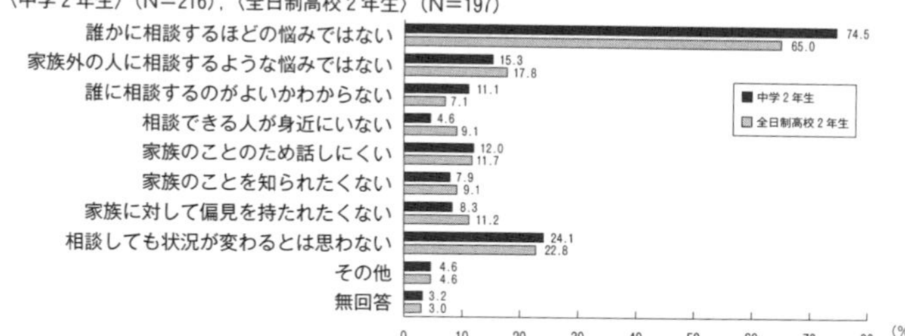

注：世話について相談した経験が「ない」と回答した者への質問項目で，複数回答。
出典：すべて「令和２年度子ども・子育て支援推進調査研究事業 ヤングケアラーの実態に関する調査研究報告書」（三菱UFJリサーチ＆コンサルティング，2021年）（＝厚生労働省と文部科学省の連携による委託事業）

20 現代の家庭

子供のいる世帯の推移を示した表Ⅲ-20-１をみると，核家族世帯の構成割合が増加している。また，子供の数別に見た場合には，子供が２人または３人以上という世帯の構成割合が減少し，子供が１人という世帯の構成割合が増加している。第16回出生動向基本調査によると「予定子供数が理想子供数を下回る初婚どうしの夫婦」の割合は24.5%である。理想とする人数の子供を持たない理由については「子育てや教育にお金がかかりすぎるから」を選択する夫婦が最も多い（図Ⅲ-20-１）。

子育ての近似概念である「家庭教育」について，「家庭教育の充実のために家庭が取り組むべきこと」を調査した結果が図Ⅲ-20-２である。回答時の年代によって，選択する項目が異なることがうかがえる。自分の子供と触れ合う時間（図Ⅲ-20-３）に注目すると，平日は「１～２時間未満」と回答した割合が，休日は「４時間以上」と回答した割合が，それぞれ最も高い。　（青木栄治）

表Ⅲ-20-１　児童数別，世帯構造別児童のいる世帯数及び平均児童数の年次推移

年	児童のいる世帯	全世帯に占める割合（%）	児童数			世帯構造					児童のいる世帯の平均児童数
			１人	２人	３人以上	核家族世帯	夫婦と未婚の子のみの世帯	ひとり親と未婚の子のみの世帯	三世代世帯	その他の世帯	
	推計数（単位：千世帯）										（単位：人）
1986	17,364	(46.2)	6,107	8,381	2,877	12,080	11,359	722	4,688	596	1.83
89	16,426	(41.7)	6,119	7,612	2,695	11,419	10,742	677	4,415	592	1.81
92	15,009	(36.4)	5,772	6,697	2,540	10,371	9,800	571	4,087	551	1.80
95	13,586	(33.3)	5,495	5,854	2,237	9,419	8,840	580	3,658	509	1.78
98	13,453	(30.2)	5,588	5,679	2,185	9,420	8,820	600	3,548	485	1.77
2001	13,156	(28.8)	5,581	5,594	1,981	9,368	8,701	667	3,255	534	1.75
04	12,916	(27.9)	5,510	5,667	1,739	9,589	8,851	738	2,902	425	1.73
07	12,499	(26.0)	5,544	5,284	1,671	9,489	8,645	844	2,498	511	1.71
10	12,324	(25.3)	5,514	5,181	1,628	9,483	8,669	813	2,320	521	1.70
13	12,085	(24.1)	5,457	5,048	1,580	9,618	8,707	912	1,965	503	1.70
16	11,666	(23.4)	5,436	4,702	1,527	9,386	8,576	810	1,717	564	1.69
19	11,221	(21.7)	5,250	4,523	1,448	9,252	8,528	724	1,488	480	1.68
20	…	…	…	…	…	…	…	…	…	…	…
21	10,737	(20.7)	5,026	4,267	1,444	8,867	8,178	689	1,384	486	1.69
22	9,917	(18.3)	4,889	3,772	1,256	8,374	7,744	629	1,104	439	1.66
	構成割合（単位：%）										
1986	100.0	·	35.2	48.3	16.6	69.6	65.4	4.2	27.0	3.4	·
89	100.0	·	37.2	46.3	16.4	69.5	65.4	4.1	26.9	3.6	·
92	100.0	·	38.5	44.6	16.9	69.1	65.3	3.8	27.2	3.7	·
95	100.0	·	40.4	43.1	16.5	69.3	65.1	4.3	26.9	3.7	·
98	100.0	·	41.5	42.2	16.2	70.0	65.6	4.5	26.4	3.6	·
2001	100.0	·	42.4	42.5	15.1	71.2	66.1	5.1	24.7	4.1	·
04	100.0	·	42.7	43.9	13.5	74.2	68.5	5.7	22.5	3.3	·
07	100.0	·	44.4	42.3	13.4	75.9	69.2	6.8	20.0	4.1	·
10	100.0	·	44.7	42.0	13.2	76.9	70.3	6.6	18.8	4.2	·
13	100.0	·	45.2	41.8	13.1	79.6	72.0	7.5	16.3	4.2	·
16	100.0	·	46.6	40.3	13.1	80.5	73.5	6.9	14.7	4.8	·
19	100.0	·	46.8	40.3	12.9	82.5	76.0	6.5	13.3	4.3	·
20	…	·	…	…	…	…	…	…	…	…	·
21	100.0	·	46.8	39.7	13.5	82.6	76.2	6.4	12.9	4.5	·
22	100.0	·	49.3	38.0	12.7	84.4	78.1	6.3	11.1	4.4	·

注１：1995年の数値は，兵庫県を除く。注２：2016年の数値は，熊本県を除く。
注３：2020年は，調査を実施していない。注４：「その他の世帯」には，「単独世帯」を含む。
出典：「令和４年国民生活基礎調査の概況」（厚生労働省，2023年）

図Ⅲ-20-1　理想の数の子供を持たない理由（「予定子供数が理想子供数を下回る夫婦」）

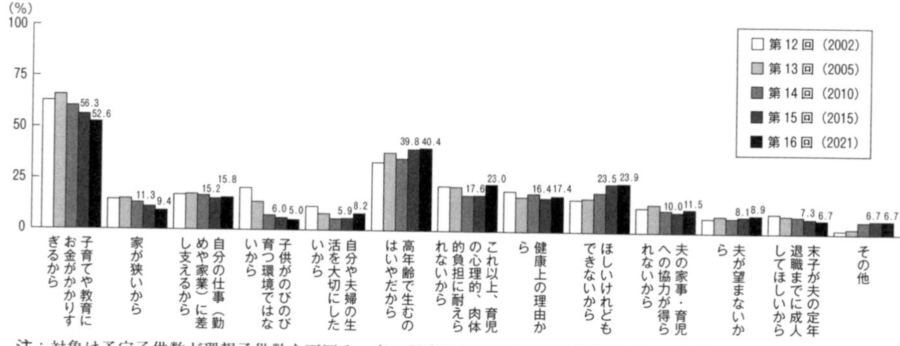

注：対象は予定子供数が理想子供数を下回る，妻の調査時年齢50歳未満の初婚どうしの夫婦。不詳を含まない選択率。複数回答のため合計値は100％を超える。客体数は，第12回（2,134），第13回（1,831），第14回（1,835），第15回（1,253），第16回（854）。予定子供数が理想子供数を下回る初婚どうしの夫婦の割合は，第12回（37.3％），第13回（35.3％），第14回（32.8％），第15回（30.2％），第16回（24.5％）。設問：「持つつもりの子供の数が，理想的な子供の数よりも少ないのはどうしてですか。下の理由のうちから，あてはまる番号すべてに○をつけ，その中で最も重要な理由には◎をつけてください。」

出典：「第16回出生動向基本調査（結婚と出産に関する全国調査）」（厚生労働省，2023年）

図Ⅲ-20-2　家庭教育の充実のために家庭が取り組むべきこと

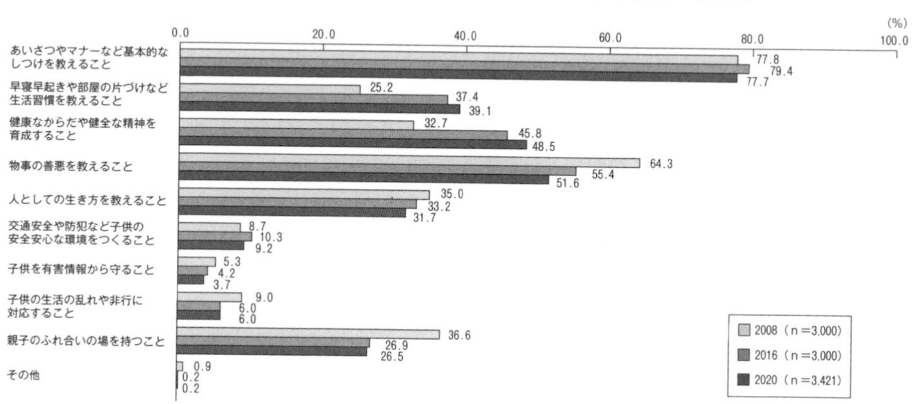

注：1～3番目の回答を複数回答として集計したため，各選択肢の割合を合計しても100とはならない。

図Ⅲ-20-3　自分の子供と触れ合う時間

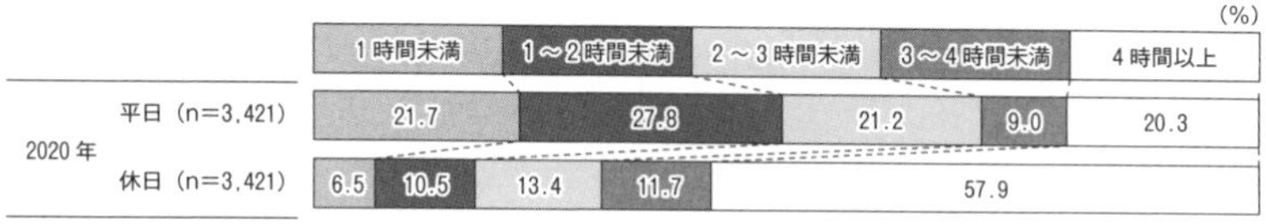

(%)

2020年	1時間未満	1～2時間未満	2～3時間未満	3～4時間未満	4時間以上
平日（n=3,421）	21.7	27.8	21.2	9.0	20.3
休日（n=3,421）	6.5	10.5	13.4	11.7	57.9

出典：図Ⅲ-20-2，3は「令和2年度家庭教育の総合的推進に関する調査研究～家庭教育支援の充実に向けた保護者の意識に関する実態把握調査～」（文部科学省，2021年）

Ⅲ　子供と生活

20　現代の家庭

21 子育てとジェンダー

2022年度の女性の年齢階級別労働力人口の割合は，すべての年齢において2012年の割合を上回っている。従来は，1982年度に顕著なように，出産を迎える25～34歳において労働力人口比率が著しく低下することを指す「M字カーブ」の解消が目指されてきた。しかし，2022年度には35～39歳で78.9％と少しの落ち込みはあるものの，20～59歳のいずれの階級でも75％以上が働いており，以前と比べてM字の角度は緩やかになりつつあるといえる（図Ⅲ-21-1）。

子供の出生年別第1子出産前後の妻の就業経歴をみると，第1子出産前有職者の割合は，1985年度から向上し続けている。第1子出産前に有職であった人を100％とすると，出産後に退職した人の割合は，2010～14年度は42.3％であったのに対し，2015～19年度は30.5％であり，出産退職をする人は減少傾向にある。出産後も有職である人の割合は，2015～19年度において69.5％であり，そのうち8割程度の人が育休を利用している（図Ⅲ-21-2）。つまり，第1子を出産した女性に近年多くみられるのは，出産退職よりも，就業を継続しながら休暇を利用して出産する場合であり，出産休暇や育児休暇の活用が従来に比べて促進されているといえる。

男性の育児休暇取得率の推移をみると，民間企業，国家公務員，地方公務員いずれにおいても増加傾向にあることが一目瞭然である。2021年度において，一般職の国家公務員は62.8％，一般職でない国家公務員は34.0％，地方公務員は19.5％，民間企業は13.97％の男性が育児休暇を取得している。対して，女性の育児休業取得率は国家・地方公務員ともに100％を超えており，民間企業であっても85.1％である（図Ⅲ-21-3）。女性と男性を比べると，男性の育児休暇取得率は女性に比べて低い水準であると分かる。

図Ⅲ-21-1　女性の年齢階級別労働力人口比率の推移

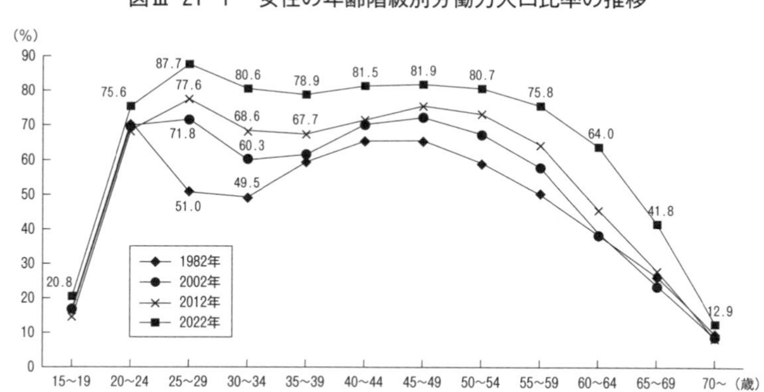

注1：総務省「労働力調査（基本集計）」より作成。
注2：労働力人口比率は，「労働力人口（就業者＋完全失業者）」／「15歳以上人口」×100。

図Ⅲ-21-2　子供の出生年別第１子出産前後の妻の就業経歴

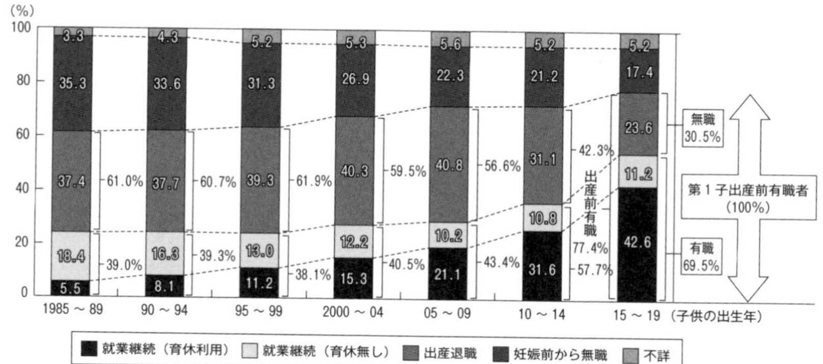

注１：国立社会保障・人口問題研究所「第16回出生動向基本調査（夫婦調査）」より作成。
注２：第12～16回調査を合わせて集計。対象は第15回以前は妻の年齢50歳未満，第16回は妻が50歳未満で結婚し，妻の調査時年齢55歳未満の初婚どうしの夫婦。第１子が１歳以上15歳未満の夫婦について集計。
注３：出産前後の就業経歴
就業継続（育休利用）－妊娠判明時就業～育児休業取得～子供１歳時就業
就業継続（育休無し）－妊娠判明時就業～育児休業取得無し～子供１歳時就業
出産退職－妊娠判明時就業～子供１歳時無職
妊娠前から無職－妊娠判明時無職
注４：「妊娠前から無職」には，子供１歳時に就業しているケースを含む。育児休業制度の利用有無が不詳のケースは，「育休無し」に含めている。

さらに，休暇の取得率が最も高い国家公務員の育児休暇取得期間に目を移すと，2021年度において９カ月以上取得する女性は合計して80.8%である。一方男性は，取得期間が１カ月以下であるのは68.7%である（図Ⅲ-21-４）。つまり，男性の育児休暇取得率は増加傾向にあるものの，その取得期間は短期間にとどまっているのに対し，多くの女性は半年を超える長期間の育児休暇を取得していると分かる。このことから，乳児期の育児は女性が主に担っていることが推測される。

６歳未満の子供をもつ妻・夫の家事関連時間には，両者に歴然の差がみられる。ここにおいて「家事関連時間」とは，「家事」「介護・看護」「育児」及び「買い物」の時間を指す。共働き世帯では，2006年以降，妻・夫ともに家事関連時間は微増しており，特に夫は2006年には57分であったが，2021年は114分へと倍増している。専業主婦世帯でも同様の傾向がみられる。夫の家事関連時間を共働き世帯と専業主婦世帯で比較すると，2021年においてわずか６分のみ共働き世帯が多く，大きな差はみられない（図Ⅲ-21-５）。以上から，子育てや家事といった無償労働をより多く担っているのは妻だと分かる。

保育の申込者数と待機児童数をみると，待機児童数は，２万6081人にまで増えた2017年以降減少しており，2022年は2944人にとどまっている（図Ⅲ-21-６）。一方で，放課後児童クラブの登録児童数の状況をみると，登録児童数は2000年度以降増加しており，待機児童数は2022年度において１万5180人に上っている（図Ⅲ-21-７）。

（石鍋杏樹）

図Ⅲ-21-3　男性の育児休暇取得率の推移

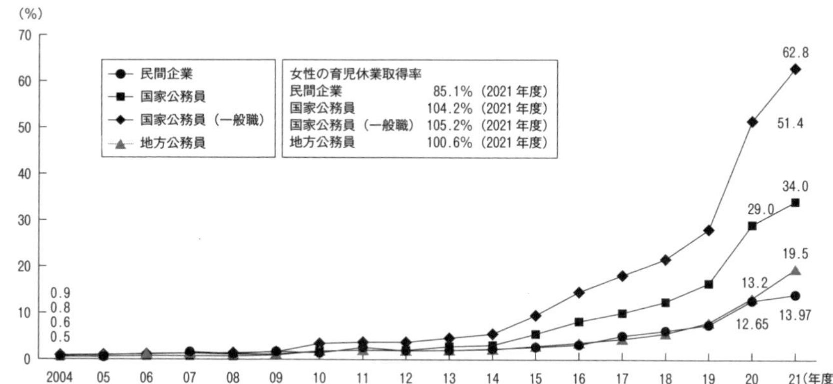

注1：国家公務員は，2009年度までは総務省・人事院「女性国家公務員の採用・登用の拡大状況等のフォローアップの実施結果」，2010～12年度は「女性国家公務員の登用状況及び国家公務員の育児休業の取得状況のフォローアップ」，2013年度は内閣官房内閣人事局・人事院「女性国家公務員の登用状況及び国家公務員の育児休業等の取得状況のフォローアップ」，2014～20年度は内閣官房内閣人事局「女性国家公務員の登用状況及び国家公務員の育児休業等の取得状況のフォローアップ」，2021年度は内閣官房内閣人事局「国家公務員の育児休業等の取得状況のフォローアップ及び男性国家公務員の育児に伴う休暇・休業の1か月以上取得促進に係るフォローアップについて」より作成。

注2：国家公務員（一般職）は，人事院「仕事と家庭の両立支援関係制度の利用状況調査」及び人事院「年次報告書」より作成。なお，調査対象は，国家公務員の育児休業等に関する法律（平成3年法律第109号）が適用される一般職の国家公務員で，行政執行法人職員を含み，自衛官など防衛省の特別職国家公務員は含まない。

注3：地方公務員は，総務省「地方公共団体の勤務条件等に関する調査結果」より作成。

注4：民間企業は厚生労働省「雇用均等基本調査（女性雇用管理基本調査）」より作成。

注5：国家公務員の育児休業取得率について，2020年度以前は，当該年度中に新たに育児休業が可能となった職員数に対する当該年度中に新たに育児休業をした職員数の割合。令和3（2021）年度は，当該年度中に子が生まれた職員（育児休業の対象職員に限る。）の数に対する当該年度中に新たに育児休業をした職員数の割合。

注6：地方公務員の育児休業取得率は，当該年度中に新たに育児休業が可能となった職員数に対する当該年度中に新たに育児休業をした職員数の割合。

※第5次男女共同参画基本計画において，民間企業，国家公務員及び地方公務員の男性の育児休業取得率を2025年までに30%とすることを，成果目標として設定。

図Ⅲ-21-4　育児休業取得期間（国家公務員）

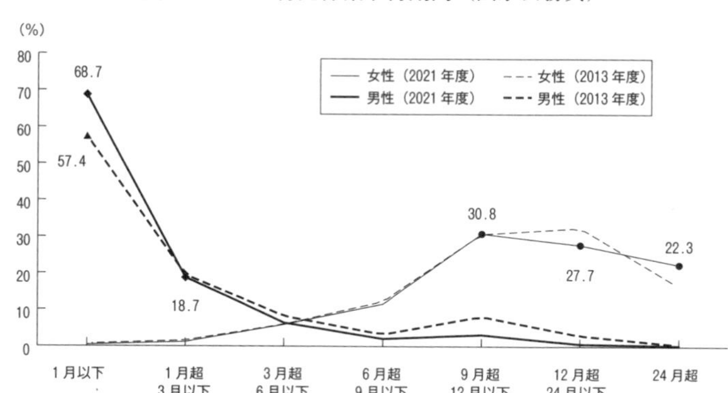

図Ⅲ-21-5　6歳未満の子供をもつ妻・夫の家事関連時間

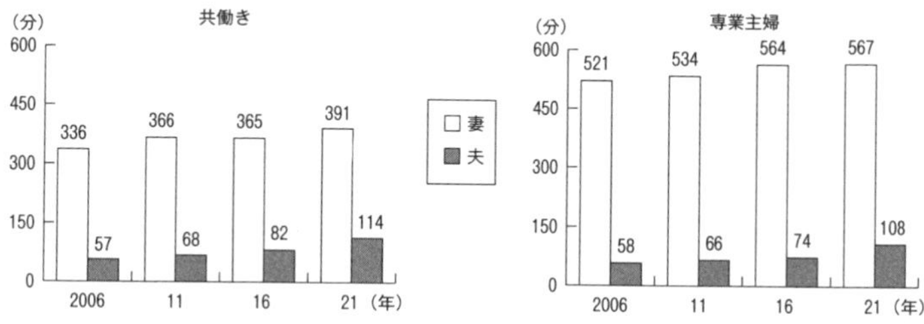

図Ⅲ-21-6　保育の申込者数，待機児童数の状況

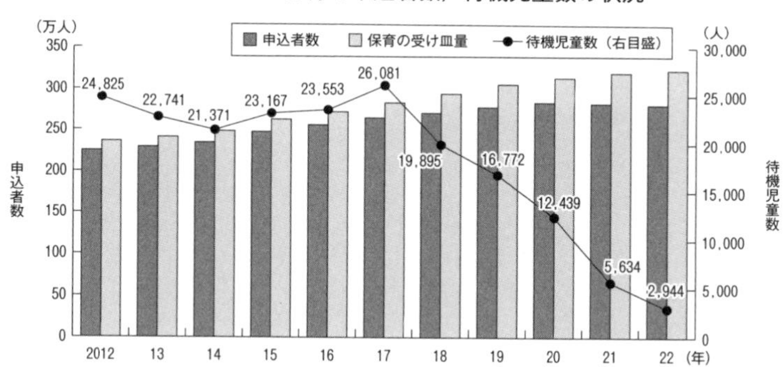

注：厚生労働省「保育所等関連状況取りまとめ」及び「新子育て安心プラン」より作成。

図Ⅲ-21-7　放課後児童クラブの待機児童数の状況

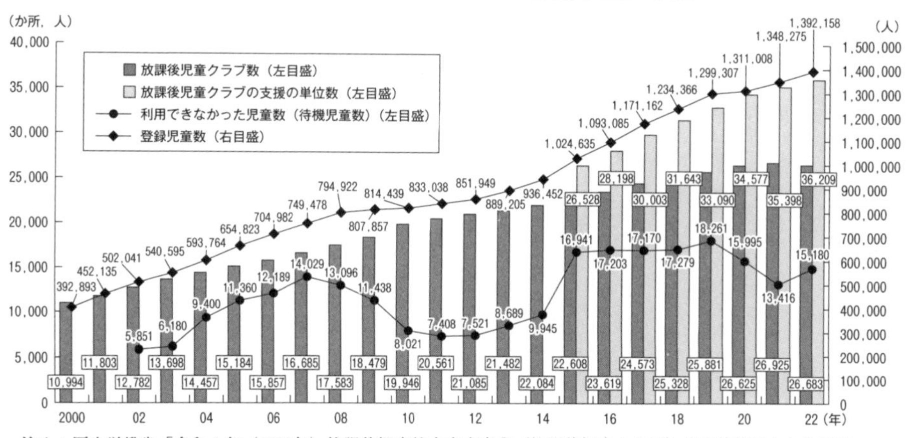

注１：厚生労働省「令和４年（2022年）放課後児童健全育成事業（放課後児童クラブ）の実施状況」より作成。
注２：各年５月１日現在。2020年のみ７月１日現在。
注３：「支援の単位」とは，児童の集団の規模を示す基準であり，児童の放課後児童クラブでの活動は，この「支援の単位」を基本として行うこととなっている。
出典：すべて「令和５年版男女共同参画白書」（内閣府，2023年）

IV

教師をめぐる状況

1 教員構成
2 教員の就職状況
3 免許制度と特例
4 教員採用状況
5 教員採用選考試験の実施内容
6 教員採用選考試験の早期化・複数回化
7 教員の研修
8 教員の勤務の状況
9 教員の人事評価
10 教員の公募制・ＦＡ制度等の展開
11 教員の給与・待遇
12 管理職の登用
13 教職員の配置と少人数学級編制
14 教員の心の健康・指導が不適切な教員
15 教員に関する処分
16 教員に関する訴訟事件
17 教職員団体の組織状況

1 教員構成

文部科学省の「文部科学統計要覧（令和５年版）」によると，2022年度の国・公・私立小学校の本務教員数は42万3440人であり，そのうち女性の割合が62.4％であった。1955年度の国・公・私立小学校の本務教員数が34万572人，そのうち女性の割合が46.5％であったことから，本務教員数の増加並びに女性の割合の増加が確認できる（表Ⅳ-１-２）。

2022年度の中学校の本務教員数は24万7348人であり，そのうち女性の割合が44.3％であった。女性の割合については，小学校段階と同様の傾向，すなわち1955年度の22.9％から21.4ポイントの上昇がみられる（表Ⅳ-１-３）。

しかしながら，校長，副校長，教頭等，学校管理職においては，男性の割合が高い。例えば，小学校校長，副校長，教頭のうち，女性の割合はそれぞれ25.1％，33.2％，30.8％，中学校校長，副校長，教頭のうち，女性の割合はそれぞれ9.9％，17.5％，17.6％にとどまる。

さらに，大学院修了者の割合は近年増加を続けており，2022年度の高等学校の本務教員では17.9％に上る（表Ⅳ-１-１）。これからの教員には，子供たちの学び（授業観・学習観）とともに教師自身の学び（研修観）を転換し，「新たな教師の学びの姿」（個別最適な学び，協働的な学びの充実を通じた，「主体的・対話的で深い学び」）を実現することや，養成段階を含めた教職生活を通じた学びにおける，「理論と実践の往還」が求められている。こうした中で，大学院修了者は，学校現場での実践と大学における教師養成を架橋する中核的な役割を担う者として位置付けられている。（古畑　翼）

〔参考文献〕 中央教育審議会答申「『令和の日本型学校教育』を担う教師の養成・採用・研修等の在り方について」（文部科学省，2022年）

表Ⅳ-１-１　本務教員の学歴構成の年次推移―国・公・私立計―

（単位：％）

区分		計	大学院	大学(学部)	短期大学	その他
幼稚園	2010年度	100.0	1.2	22.7	74.2	2.0
	13年度	100.0	1.0	25.5	71.8	1.8
	16年度	100.0	1.1	28.4	67.8	2.7
	19年度	100.0	1.0	28.9	67.9	2.2
	22年度	100.0	1.1	30.3	66.0	2.7
小学校	2010年度	100.0	3.3	85.1	10.9	0.7
	13年度	100.0	4.2	86.2	9.2	0.5
	16年度	100.0	4.8	86.9	7.8	0.5
	19年度	100.0	4.9	88.1	6.6	0.3
	22年度	100.0	5.3	89.2	5.2	0.3
中学校	2010年度	100.0	6.9	87.4	5.4	0.3
	13年度	100.0	8.2	86.5	5.0	0.3
	16年度	100.0	8.8	86.7	4.4	0.2
	19年度	100.0	8.9	86.8	4.1	0.2
	22年度	100.0	9.8	86.6	3.5	0.2
高等学校	2010年度	100.0	14.0	84.1	1.3	0.5
	13年度	100.0	14.7	83.5	1.1	0.7
	16年度	100.0	16.2	82.0	1.0	0.7
	19年度	100.0	16.8	81.3	1.2	0.7
	22年度	100.0	17.9	80.6	1.0	0.5

出典：「令和４年度学校教員統計調査〈中間報告〉」（文部科学省，2023年）

表Ⅳ-1-2　小学校の本務教員数

区　分	計 Total	うち女性 Female	国　立 National	公　立 Local	私　立 Private	女性の割合（%） Percentage of female
1955年度	340,572	158,239	1,520	337,535	1,517	*46.5*
60	360,660	163,438	1,542	357,154	1,964	*45.3*
65	345,118	166,900	1,611	341,407	2,100	*48.4*
70	367,941	187,322	1,767	363,794	2,380	*50.9*
75	415,071	227,258	1,761	410,820	2,490	*54.8*
80	467,953	264,932	1,719	463,565	2,669	*56.6*
85	461,256	258,219	1,776	456,695	2,785	*56.0*
90	444,218	259,188	1,783	439,542	2,893	*58.3*
95	430,958	263,626	1,777	426,003	3,178	*61.2*
2000	407,598	253,946	1,783	402,579	3,236	*62.3*
05	416,833	261,559	1,755	411,472	3,606	*62.7*
10	419,776	263,746	1,858	413,473	4,445	*62.8*
15	417,152	260,025	1,820	410,397	4,935	*62.3*
16	416,973	259,639	1,833	410,116	5,024	*62.3*
17	418,790	260,487	1,795	411,898	5,097	*62.2*
18	420,659	261,445	1,791	413,720	5,148	*62.2*
19	421,935	262,277	1,771	414,901	5,263	*62.2*
20	422,554	263,185	1,746	415,467	5,341	*62.3*
21	422,864	263,796	1,715	415,745	5,404	*62.4*
22	**423,440**	**264,376**	**1,716**	**416,225**	**5,499**	***62.4***
校長 Principal	18,552	4,658	22	18,345	185	*25.1*
副校長 Senior vice-principal	1,917	637	40	1,807	70	*33.2*
教頭 Vice-principal	17,580	5,415	36	17,321	223	*30.8*
主幹教諭 Senior teacher	10,451	4,669	64	10,316	71	*44.7*
指導教諭 Advanced skill teacher	1,311	843	13	1,286	12	*64.3*
教諭 Teacher	317,086	202,190	1,408	311,596	4,082	*63.8*
助教諭 Assistant teacher	2,353	1,415	–	2,171	182	*60.1*
養護教員 Nursing teacher	21,056	21,025	69	20,752	235	*99.9*
栄養教諭 Diet and nutrition teacher	4,719	4,608	56	4,656	7	*97.6*
講師 Temporary instructor	28,415	18,916	8	27,975	432	*66.6*
（別掲）						
兼務者 Part-time	51,085	35,387	461	48,822	1,802	*69.3*

注：本務教員。

表Ⅳ-1-3　中学校の本務教員数

区　分	計 Total	うち女性 Female	国　立 National	公　立 Local	私　立 Private	女性の割合（%） Percentage of female
1955年度	199,062	45,645	1,326	191,030	6,706	*22.9*
60	205,988	44,751	1,284	197,589	7,115	*21.7*
65	237,750	60,216	1,406	229,048	7,296	*25.3*
70	224,546	59,498	1,654	216,548	6,344	*26.5*
75	234,844	69,043	1,645	226,568	6,631	*29.4*
80	251,279	80,468	1,627	242,623	7,029	*32.0*
85	285,123	96,714	1,673	275,403	8,047	*33.9*
90	286,065	104,007	1,683	275,012	9,370	*36.4*
95	271,020	106,337	1,679	257,870	11,471	*39.2*
2000	257,605	104,315	1,655	243,680	12,270	*40.5*
05	248,694	102,091	1,643	233,782	13,269	*41.1*
10	250,899	105,155	1,658	234,471	14,770	*41.9*
15	253,704	108,542	1,626	236,947	15,131	*42.8*
16	251,978	108,319	1,641	235,223	15,114	*43.0*
17	250,060	107,863	1,592	233,247	15,221	*43.1*
18	247,229	107,103	1,598	230,366	15,265	*43.3*
19	246,825	107,479	1,578	229,895	15,352	*43.5*
20	246,814	107,981	1,556	229,731	15,527	*43.7*
21	248,253	109,322	1,546	231,006	15,701	*44.0*
22	**247,348**	**109,547**	**1,551**	**230,074**	**15,723**	***44.3***
校長 Principal	8,911	878	19	8,782	110	*9.9*
副校長 Senior vice-principal	1,100	192	41	920	139	*17.5*
教頭 Vice-principal	9,269	1,629	39	8,703	527	*17.6*
主幹教諭 Senior teacher	6,495	1,818	67	6,259	169	*28.0*
指導教諭 Advanced skill teacher	784	368	11	676	97	*46.9*
教諭 Teacher	190,469	84,207	1,280	176,833	12,356	*44.2*
助教諭 Assistant teacher	382	115	–	247	135	*30.1*
養護教員 Nursing teacher	10,323	10,313	78	9,828	417	*99.9*
栄養教諭 Diet and nutrition teacher	1,542	1,500	–	1,541	1	*97.3*
講師 Temporary instructor	18,073	8,527	16	16,285	1,772	*47.2*
（別掲）						
兼務者 Part-time	46,484	23,430	596	30,398	15,490	*50.4*

注：本務教員。
出典：表Ⅳ-1-2，3は「文部科学統計要覧（令和5年版）」（文部科学省，2023年）

2 教員の就職状況

2023年３月に国立大学の教員養成課程を卒業した者のうち，教員として就職した者は，臨時的任用も含め6850人（卒業者全体の61.1％）である（2022年９月末時点）。その内訳をみると，正規採用者は5308人，臨時的任用者は1542人となっている。

図Ⅳ－２－１によると，1979年以降教員就職率は減少し続け，1999年には32％まで落ち込んだ。その後，2011年までは増加傾向にあり，2012年以降再度減少していたが，2022，2023年は増加に転じている。正規採用者数も，2006年以降増加傾向にある。

また図Ⅳ－２－２によれば，教員養成課程卒業者の新卒採用だけでなく，官公庁や非常勤講師を経験後に教員として就職する者や，民間企業や自営業等を経験後に教員として就職する者といった中途就職者数も一定数を占めている。

一方で，定年以外の理由（転職，病気，職務上の問題等）による教員の離職者数の多さは看過できない。2021年度の公立小学校及び公立高等学校の離職者数は，2018年度より増加している（図Ⅳ－２－３）。

離職理由は様々であると考えられるが，教員の就職状況をめぐっては，「教師不足」が指摘されている昨今の状況に鑑み，教員養成課程卒業者の教員就職を積極的に促進する取り組みや，中途就職者を積極的に採用する取り組みが求められるとともに，離職率低下のための教員への支援体制の構築も必要であろう。

（藤　朱里）

図Ⅳ－２－１　国立の教員養成大学・学部卒業者の教員就職状況の推移

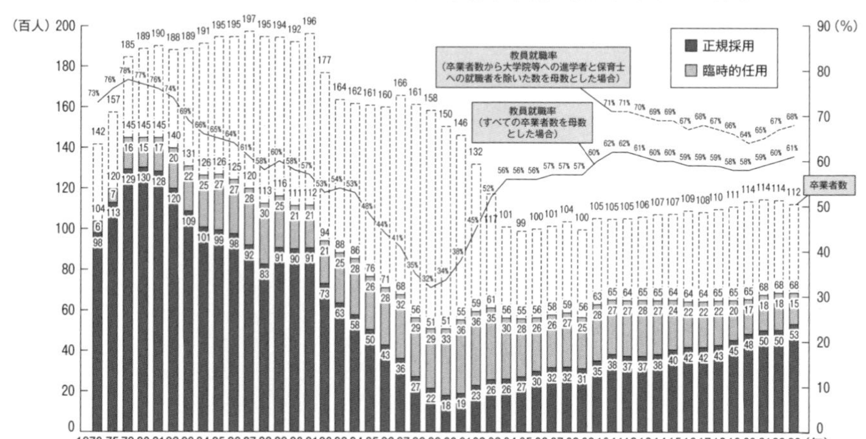

注１：人数等の表記は，小数第１位を四捨五入している。
注２：「教員就職率（卒業者数から大学院等への進学者と保育士への就職者を除いた数を母数とした場合）」については，2011年（卒業者）から公表している。
出典：「国立の教員養成大学・学部及び国私立の教職大学院の令和５年３月卒業者及び修了者の就職状況等について」（文部科学省）

図Ⅳ-2-2　採用前の状況別採用教員数

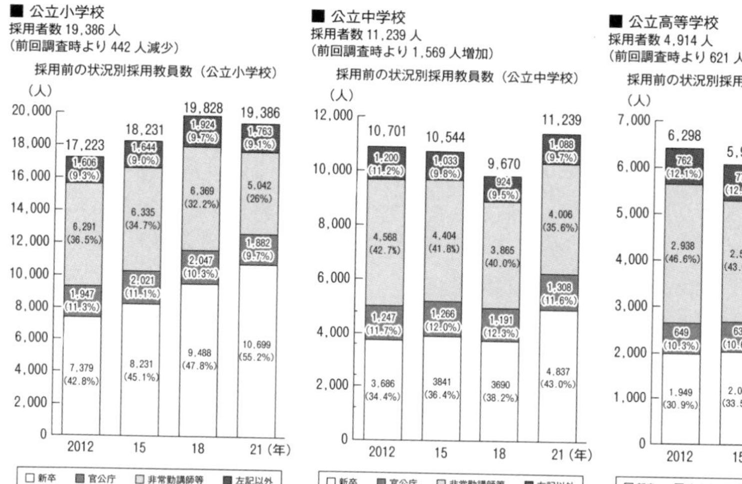

図Ⅳ-2-3　離職の理由別離職教員数

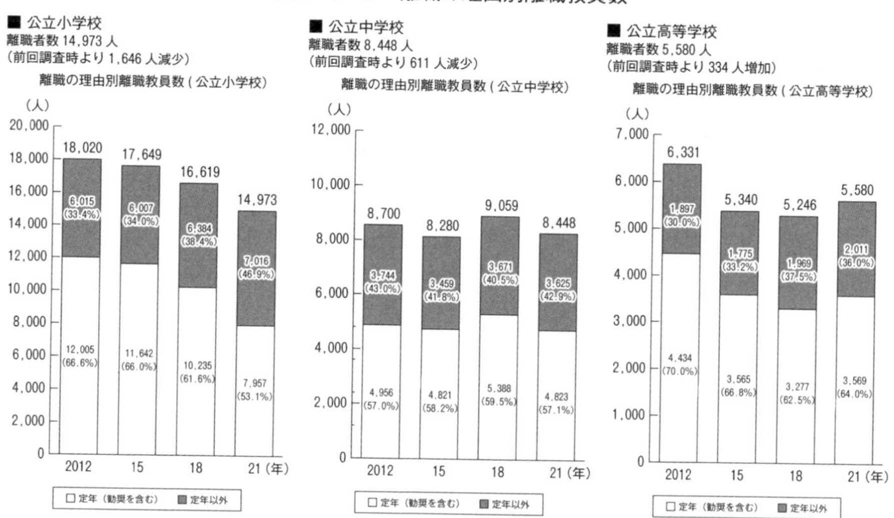

出典：図Ⅳ-2-2，3は「令和4年度学校教員統計中間報告」（文部科学省，2023年）

3 免許制度と特例

日本の教員免許制度において，幼稚園，小学校，中学校，高等学校の教員は，原則として，学校種ごとの教員免許状が必要である。特別支援学校の教員は，特別支援学校と特別支援学校の各部に相当する学校種の両方の教員免許状，児童の養護をつかさどる教員，児童の栄養の指導及び管理をつかさどる教員は，それぞれ養護教諭（養護助教諭）の免許状，栄養教諭の免許状が必要である。教員免許状は３種類あり，普通免許状（専修免許状，一種免許状，二種免許状），特別免許状，臨時免許状に区分される。教員免許状の授与件数は，2019～21年度にかけて20万人程度で推移している（表Ⅳ-３-１）。普通免許状の授与件数も20万人弱で推移し，減少傾向にある。特別免許状，臨時免許状の授与件数は，微減を示す学校種もみられるが，増加傾向にある。教科別の臨時免許状授与件数は，中学校において，2000件前後で推移し（表Ⅳ-３-２），高等学校において，増加傾向にある（表Ⅳ-３-３）。

一方，教員免許制度の例外として，特別非常勤講師制度と免許外教科担任制度が存在する。特別非常勤講師制度は，教員免許状を有しない非常勤講師が，教科の領域の一部を担任することができる仕組みである。特別非常勤講師の届出件数は，届出制の導入以降，1999～2004年にかけて約2.5倍に増加し，その後，２万人程度で推移している（表Ⅳ-３-４）。免許外教科担任制度は，校内の他の教科の教員免許状を所有する教諭等が１年に限り，免許外の教科の担任をすることができる仕組みである。免許外教科担任の許可件数は，2013～21年度にかけて１万人程度で推移している（表Ⅳ-３-５）。

（峯田一平）

表Ⅳ-３-１　2021年度教員免許状授与件数

区分			幼稚園	小学校	中学校	高等学校	特別支援学校	養護教諭	栄養教諭	特別支援学校自立教科等	計
普通免許状	専修免許状	2019年度	274	1,595	4,530	5,614	236	85	18		12,352
		20年度	206	1,480	4,152	5,064	207	77	10		11,196
		21年度	226	1,421	3,826	4,693	201	103	9		10,479
	一種免許状	2019年度	17,886	23,171	38,854	49,370	5,280	2,832	1,056	43	138,492
		20年度	17,208	23,262	37,739	47,565	5,488	2,799	988	25	135,074
		21年度	17,234	22,903	38,292	48,379	5,412	2,770	951	29	135,970
	二種免許状	2019年度	27,993	3,567	2,625		7,878	1,060	491	4	43,618
		20年度	26,811	3,445	2,406		6,605	1,058	473	2	40,800
		21年度	25,854	3,502	2,530		6,968	1,109	440	2	40,405
	小　計	2019年度	46,153	28,333	46,009	54,984	13,394	3,977	1,565	47	194,462
		20年度	44,225	28,187	44,297	52,629	12,300	3,934	1,471	27	187,070
		21年度	43,314	27,826	44,648	53,072	12,581	3,982	1,400	31	186,854
特別免許状		2019年度		16	61	138				12	227
		20年度		22	60	144				11	237
		21年度		32	83	203				16	334
臨時免許状		2019年度	231	3,870	2,010	2,297	561	129		10	9,108
		20年度	230	3,775	1,976	2,364	562	134		10	9,051
		21年度	196	4,192	2,150	2,424	601	146		11	9,720
合　計		2019年度	46,384	32,219	48,080	57,419	13,955	4,106	1,565	69	203,797
		20年度	44,455	31,984	46,333	55,137	12,862	4,068	1,471	48	196,358
		21年度	43,510	32,050	46,881	55,699	13,182	4,128	1,400	58	196,908

表Ⅳ-3-2　教科別の臨時免許状授与件数（中学校）

区分	国語	社会	数学	理科	音楽	美術	保健体育	保健	技術	家庭	外国語	宗教	その他	計
2019年度	175	174	211	223	45	139	111	23	350	279	268	11	1	2,010
2020年度	177	159	224	191	77	150	109	9	316	260	294	10	0	1,976
2021年度	184	169	223	224	68	170	124	20	342	289	225	13	0	2,051

表Ⅳ-3-3　教科別の臨時免許状授与件数（高等学校）

区分	国語	地理歴史	公民	数学	理科	音楽	美術	工芸	書道	保健体育	保健	看護	家庭	情報	農業	工業	商業	水産	福祉	外国語	宗教	その他	計
2019年度	80	88	126	100	83	74	67	12	69	77	21	276	208	221	63	161	55	31	88	330	19	48	2,297
2020年度	86	81	111	114	82	106	80	14	52	61	14	239	230	258	60	171	68	36	92	353	23	33	2,364
2021年度	112	83	96	99	104	74	66	13	65	65	26	303	261	221	68	182	77	36	67	349	18	39	2,424

表Ⅳ-3-4　特別非常勤講師の届出状況

（単位：件）

区分		1989年度	1994年度	1999年度	2004年度	2010年度	2011年度	2012年度	2013年度	2014年度	2015年度	2016年度	2017年度	2018年度	2019年度	2020年度	2021年度
許可件数 1																	
小学校	国	0	0	1	13	5	10	10	11	8	9	14	15	12	9	9	11
	公	0	0	2,130	8,769	5,928	4,896	4,803	4,422	4,470	4,278	4,514	4,165	3,887	3,599	3,254	3,299
	私	0	2	9	99	195	208	244	222	252	272	268	292	336	322	405	400
	計	0	2	2,140	8,881	6,128	5,114	5,057	4,655	4,730	4,559	4,796	4,472	4,235	3,930	3,668	3,710
中学校	国	0	10	10	15	14	16	16	27	12	15	16	21	23	28	18	19
	公	1	108	1,321	2,898	1,841	1,532	1,323	1,300	1,315	1,222	1,166	1,139	1,129	1,001	933	901
	私	5	114	273	736	981	1,080	1,111	1,098	1,168	1,229	1,200	1,224	1,353	1,319	1,397	1,379
	計	6	232	1,604	3,649	2,836	2,628	2,450	2,425	2,495	2,466	2,382	2,384	2,505	2,348	2,348	2,299
高等学校	国	0	23	40	63	37	37	35	28	50	58	74	49	2	37	45	36
	公	109	1,379	2,947	5,421	5,762	5,750	6,149	6,551	6,440	6,536	6,520	6,618	6,796	6,314	6,370	6,401
	私	58	666	1,816	3,565	4,287	4,381	4,577	4,808	4,968	5,069	5,181	5,249	5,526	5,303	5,396	5,553
	計	167	2,068	4,803	9,049	10,086	10,168	10,761	11,387	11,458	11,663	11,775	11,916	12,324	11,654	11,811	11,990
盲学校	国	0	0	2	4												
	公	0	9	34	49												
	計	0	9	36	53												
聾学校	公	0	12	18	41												
養護学校	国	0	0	1	2												
	公	0	5	43	273												
	私	0	0	1	0												
	計	0	5	45	275												
特別支援学校	国					14	12	15	15	16	19	19	19	20	21	24	24
	公					859	1,455	1,074	1,101	1,361	1,591	1,797	1,582	1,748	1,416	1,401	1,392
	私					1	0	1	1	1	3	2	3	4	5	5	18
	計					874	1,467	1,090	1,117	1,378	1,613	1,818	1,604	1,772	1,442	1,430	1,434
合　計	国	0	33	54	97	70	75	76	81	86	101	123	104	57	95	96	90
	公	110	1,513	6,493	17,451	14,390	13,633	13,349	13,374	13,586	13,627	13,997	13,504	13,560	12,330	11,958	11,993
	私	63	782	2,099	4,400	5,464	5,669	5,933	6,129	6,389	6,573	6,651	6,768	7,219	6,949	7,203	7,350
	計	173	2,328	8,646	21,948	19,924	19,377	19,358	19,584	20,061	20,301	20,771	20,376	20,836	19,374	19,257	19,433

注１：特別非常勤講師は1998年７月に許可制から届出制となった。
注２：盲・聾・養については，2007年度より特別支援学校となった。

表Ⅳ-3-5　免許外教科担任の許可件数の推移

区分	2013年度	2014年度	2015年度	2016年度	2017年度	2018年度	2019年度	2020年度	2021年度
中学校	7,769	7,346	7,171	7,191	6,973	6,876	6,686	6,572	6,589
高等学校	4,114	3,906	3,680	3,760	3,730	3,601	3,517	3,456	3,493
合　計	11,883	11,252	10,851	10,951	10,703	10,477	10,203	10,028	10,082

出典：表Ⅳ-3-1，４は「令和３年度教員免許状授与件数等調査結果」（文部科学省，2023年）
表Ⅳ-3-2，３は「令和３年度教科別の臨時免許状授与件数（中学校・高等学校）」（文部科学省，2023年）
表Ⅳ-3-5は平成27年度～令和３年度「教員免許状授与件数等調査結果」を基に筆者作成

4 教員採用状況

1980年頃の第２次ベビーブーム世代の就学に合わせて，教員採用者数は大きく増加した（1980年度４万5651人）。その後は減少傾向となり，2000年度の採用者数は過去最低値となった（１万1021人）。そして，大量採用世代が定年退職を迎える2010年代には，大量退職に備えて採用者数が再び増加傾向となった。

しかし，こうした大量退職と連動した採用増の傾向は，ピークを過ぎつつある。近年では，採用者数の停滞，これまでの採用増に伴う既卒受験者の減少を受け，採用倍率は低下傾向にある。2023年度の採用者総数は３万5981人（前年度より1666人増加）であり，競争率（採用倍率）は過去最低の3.4倍となった（図Ⅳ-４-１，表Ⅳ-４-１，２）。

一方で，こうした採用状況には地域差がある。自治体別の競争率（倍率）をみると，高い順で高知県8.5倍，沖縄県5.9倍，京都市5.8倍などとなっており，競争率が低い自治体としては，富山県2.1倍，長崎県2.1倍，東京都2.3倍，佐賀県2.3倍，熊本市2.3倍などである（表Ⅳ-４-１）。このような差がある背景としては，地域によっては1980年代の採用が都市部ほど大量ではなかった点，近年では少子化に伴い教員採用を抑えている点などが挙げられる。このように，教員採用をめぐっては，自治体ごとに状況と背景が異なっている。（安里ゆかし）

図Ⅳ-４-１　受験者数・採用者数・競争率（採用倍率）の推移

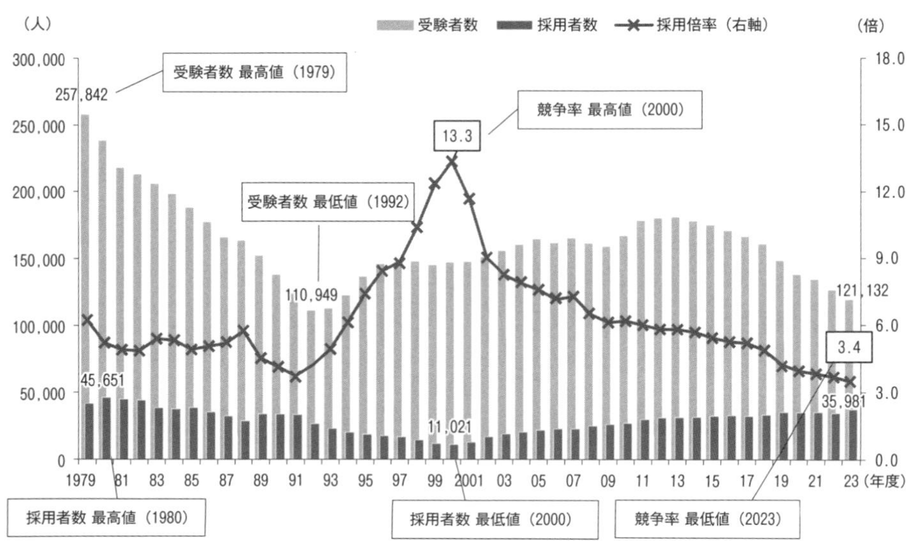

注：「総計」は小学校，中学校，高等学校，特別支援学校，養護教諭，栄養教諭の合計。

表Ⅳ-4-1　各県市別受験者数・採用者数・競争率（採用倍率）

区分	受験者数	採用者数	競争率(倍率)
	2023年度		
北海道	3,975	928	3.2
青森県	1,106	279	4.0
岩手県	1,002	287	3.5
宮城県	1,511	513	2.9
秋田県	710	231	3.1
山形県	791	311	2.5
福島県	1,734	497	3.5
茨城県	3,578	835	4.3
栃木県	1,997	414	4.8
群馬県	1,748	435	4.0
埼玉県	5,403	1,849	2.9
千葉県	4,811	1,478	3.0
東京都	7,990	3,458	2.3
神奈川県	4,290	1,204	3.6
新潟県	1,275	466	2.7
富山県	701	331	2.1
石川県	1,003	309	3.2
福井県	774	262	3.0
山梨県	748	277	2.7
長野県	1,966	525	3.7
岐阜県	1,810	617	2.9
静岡県	2,151	523	4.1
愛知県	5,726	1,710	3.3
三重県	2,176	484	4.5
滋賀県	1,823	540	3.4
京都府	1,701	437	3.9
大阪府	5,688	1,202	4.7
兵庫県	4,539	1,018	4.5
奈良県	1,566	330	4.7
和歌山県	1,369	323	4.2
鳥取県	1,167	216	5.4
島根県	918	271	3.4
岡山県	1,892	405	4.7
広島県	2,915	579	3.6
山口県	987	360	2.7

区分	受験者数	採用者数	競争率(倍率)
	2023年度		
徳島県	1,071	189	5.7
香川県	1,190	257	4.6
愛媛県	1,209	409	3.0
高知県	2,138	251	8.5
福岡県	3,475	1,330	2.6
佐賀県	868	383	2.3
長崎県	1,024	480	2.1
熊本県	1,043	399	2.6
大分県	1,168	420	2.8
宮崎県	1,138	377	3.0
鹿児島県	1,407	561	2.5
沖縄県	2,659	453	5.9
札幌市	※	318	(3.2)
仙台市	893	231	3.9
さいたま市	1,101	354	3.1
千葉市	※	121	(3.0)
横浜市	2,632	800	3.3
川崎市	1,054	370	2.8
相模原市	477	163	2.9
新潟市	463	176	2.6
静岡市	376	118	3.2
浜松市	602	158	3.8
名古屋市	1,614	454	3.6
京都市	1,326	227	5.8
大阪市	2,131	683	3.1
堺市	716	195	3.7
神戸市	1,597	444	3.6
岡山市	593	158	3.8
広島市	※	224	(3.6)
北九州市	808	282	2.9
福岡市	1,578	660	2.4
熊本市	648	277	2.3
豊能地区	592	155	3.8
合計	121,132	35,981	3.4

注：都道府県と指定都市で採用選考を合同で実施している指定都市の受験者数は，都道府県の受験者数に含む。競争率は都道府県と指定都市の採用者数を合算して算出し，指定都市の数値は都道府県と同値を（ ）で記載している。そのため，以下の指定都市については，受験者数を「※」としている。
札幌市，千葉市，広島市

表Ⅳ-4-2　受験者数・採用者数・競争率（採用倍率）

区分	受験者数	採用者数	競争率（採用倍率）
小学校	38,952	17,034	2.3
中学校	41,048	9,589	4.3
高等学校	22,463	4,599	4.9
特別支援学校	7,845	3,336	2.4
養護教諭	9,170	1,234	7.4
栄養教諭	1,654	189	8.8
計	121,132	35,981	3.4

注１：採用者数は，2023年４月１日から６月１日までに採用された数（以下同じ）。
注２：小学校と中学校の試験区分を一部分けずに採用選考を行っている県市の受験者数は，中学校の受験者数に含む。
注３：中学校と高等学校の試験区分を（一部）分けずに選考を行っている県市の受験者数は，中学校の受験者数に含む。
注４：特別支援学校の受験者数は，「特別支援学校」の区分で採用選考を実施している県市の数値のみを集計。
注５：競争率（採用倍率）は，受験者数÷採用者数。

出典：すべて「令和５年度（令和４年度実施）公立学校教員採用選考試験の実施状況について」（文部科学省，2023年）

5 教員採用選考試験の実施内容

かねてより，各県市では，受験者の資質・能力や適性を多面的に評価するために，教養・専門に関する筆記試験のみならず，実技試験や面接試験，作文・小論文，模擬授業等を組み合わせた公立学校教員採用選考試験（以下，採用選考）が実施されてきた。文部科学省は，全国68県市の教育委員会が実施した採用選考について，その実施方法や内容を調査している。

当該調査によれば，新型コロナウイルス感染症の感染拡大に伴って，2021年度採用選考（2020年度実施）以降，一部の試験を取りやめる動きが生じている。例えば，小学校の採用選考では，「体育」や「音楽」の実技試験を実施した県市が，2020年度から2023年度にかけて半数以下に減少している（図Ⅳ－５－１）。

一方，面接試験の実施状況（図Ⅳ－５－２）に目を向けると，全県市が「個人面接を実施」している点に，変化はみられない。そうした中で，「集団面接を実施」した県市は，2020年度から2021年度にかけて約40％減少しているが，2021年度から2023年度にかけては増加に転じている。また，面接試験を「１次試験で実施」「１次・２次両方で実施」した県市数の推移についても，同様の傾向がみられる。

その他，作文・小論文や模擬授業，場面指導，指導案作成，適性検査といった試験を実施した県市は，やはり2020年度から2021年度にかけて減少しているものの，「作文・小論文」「適性検査」「指導案作成」の項目については，2021年度から2023年度にかけて増加に転じている（図Ⅳ－５－３）。

ところで，各県市は，優れた人材を確保するために，特定の資格や経歴等を有する受験者を対象として，特別採用選考試験を実施している。その実施方法や内容は，県市によって様々であることが表Ⅳ－５－１からうかがえる。当該表の要点としては，①「英語の資格」や「民間企業経験」等を加味した選考を実施する県市が増加していること，②「教職経験」を加味した選考は全県市において実施されていること，③「情報処理技術等」や「臨床心理士，公認心理士等」の専門資格を加味した選考も実施されていること——の３点が挙げられている。

中央教育審議会答申「『令和の日本型学校教育』を担う教師の養成・採用・研修等の在り方について（概要）」（2022年12月）では，採用選考に関する今後の改革の方向性として，「多様な専門性・背景を有する人材の取り込みにより，教職員集団の多様性を確保」することが示されている。その方策については，「特定の強みや専門性を有する者に対する特別採用選考試験等の実施」が挙げられている。このことを踏まえると，各県市では，特別採用選考試験の拡充や，採用選考の複線化に向けた取り組みが，引き続き推進されていくものと考えられる。

なお，上述した採用選考の実施方法や内容に関する文部科学省の調査は，2021年度採用選考の調査以降，毎年度実施から隔年度実施へと変更されている。

（志賀　優）

図Ⅳ-5-1　小学校の採用選考における実技試験の実施状況

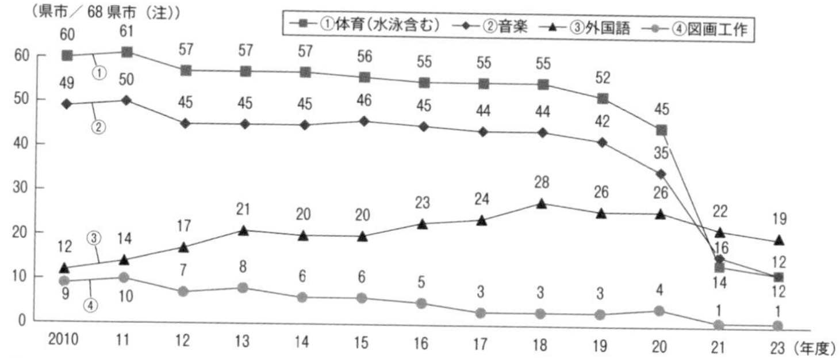

注：2010年度は65県市，2011・12年度は66県市，2013年度は67県市，2014年度以降は68県市。

図Ⅳ-5-2　面接試験の実施状況

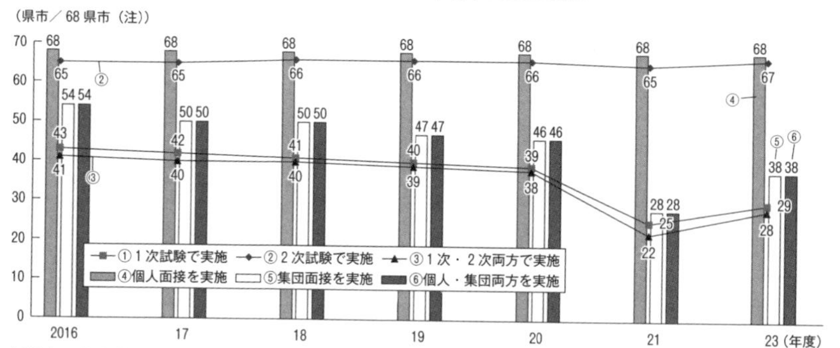

注：大阪府，大分県は，2次試験，3次試験の両方において面接を実施。広島県・広島市は，1次試験と2次試験を併せて実施したが，便宜上「1次試験で実施」に計上。

図Ⅳ-5-3　作文・小論文，模擬授業，場面指導，指導案作成，適性検査の実施状況

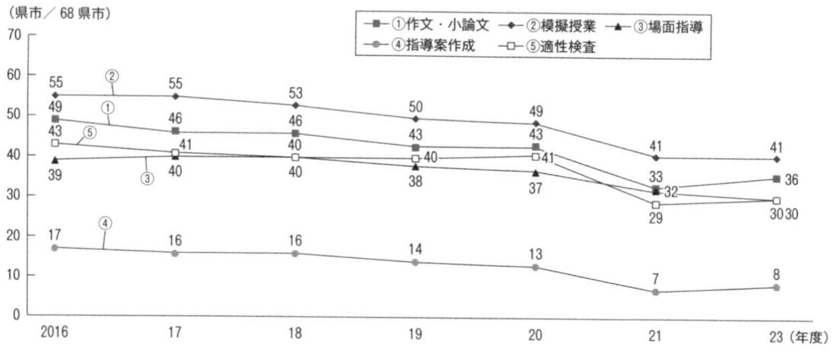

表Ⅳ-5-1　2023年度採用選考における

区分／県市名	英語の資格・試験成績・技能や実績、留学経験や英語ネイティブ等					スポーツの技能や実績				芸術の技能や実績				国際貢献活動経験等やグローバル社会に対応した教育経験				民間企業等経験				情報処理技術等の資格の所持				教職経験			前年度試験での実績			障害のある者
		一部試験免除	加点	特別免許状の活用	その他		一部試験免除	加点・その他	特別免許状の活用		一部試験免除	加点・その他	特別免許状の活用		一部試験免除	加点・その他	特別免許状の活用		一部試験免除	加点・その他	特別免許状の活用		一部試験免除	加点・その他	特別免許状の活用		一部試験免除	加点・特別免許状の活用・その他		一部試験免除	加点・その他	
01 北海道	○	○	○	■○		○	○			○	○			○		○		○	▒		○	○	○	○	■○	○	○		○	○		○
02 青森県	○	○		○		○	○	○										○	○		○					○	○					○
03 岩手県	○		○			○	■○		○									○	■○		○					○	○					○
04 宮城県	○		○																							○	○		○	○		○
05 秋田県																		○	■○		○					○	○		○	○		○
06 山形県	○		○			○	○											○	○		■○					○	○		■○	■○		○
07 福島県	○		○			■○	■○		■○									■○	■○		■○	■○	■○		■○	○	○		○	○		(○)
08 茨城県	○	○	○	○	■○	○	○	○						○	○			○	○		○	○		○	○	○	○	○	○	○		○
09 栃木県	○		○			○	○		○					○	○			○	○		○					○	○		○	○		○
10 群馬県	○	○				○	○	○		○		○						○	○		○	■○		○		○	○		○	○		○
11 埼玉県	○		○	▒										○		○		○	■○		○					○	○		○	○		○
12 千葉県	○	○												○	○			○	○			○	■○		▒	○	○		○	○		○
13 東京都	○	○				○	○			○	○			○	○			○		○						○	○	○	○	○		○
14 神奈川県	○	○	○			○	○			○	○			○	○			○	○		○					○	○		○	○		○
15 新潟県	○	▒	○			▒	▒			▒	▒							○	○							○	○	○	○	■○		○
16 富山県	○	■○	○		▒	○	■○							○	■○			○	■○		○	○	■○	○	■○	○	○		○	○		○
17 石川県	○	■○	○		▒													○	○							○	○					○
18 福井県	○	■○	○	○		○	○		■○	○	○		■○	○	○			○	■○		○					○	○		○	○		○
19 山梨県	○		○			○	○							○		○		○	○			■○		○		○	○		■○	■○		○
20 長野県	○	○	○			○	○							■○	■○			○	○							○	○		○	○		○
21 岐阜県	○	○	○															○	■○			■○		○		○	○		○	○		○
22 静岡県	○	○	○	○										○	○			○	○		○					○	○		○	○		○
23 愛知県	○	○	○			▒				▒				○		○		○			○	○			■○	○	■○	○	○	■○		○
24 三重県	○	▒	○			○	▒	○										○	○		■○					○	○		○	○		○
25 滋賀県	○		○			○	○							○	○			○	○		○	■○	■○			○	○		○	○		○
26 京都府	○	○	○	▒		○			○					○		○		○			○	■○		○		○	○		○	○		○
27 大阪府	○		○											■○		○		○		○						○	○	○				○
28 兵庫県	○		○	○		○		○		○		○		○		○						■○		○		○	○	○	○	○		○
29 奈良県	○	○	○	○	■○													○	○	○	○					○	○					○
30 和歌山県	○	○	○			○	○		○	○	○		○													○	○		○	○		○
31 鳥取県	○		○			○	○			○	○							○			○					○	○		○	○		○
32 島根県	○		■○		▒	○		○		▒				▒				○			○					○	○	○	○	○	○	○
33 岡山県	○	○	○	○		○	○											○	○		○					○	○		○	○		○
34 広島県	○	▒	○	○		▒			▒									○			○					○	○		○	○		○
35 山口県	○		○			○	■○		■○	○	■○		■○	○	○			○	○		○	■○		○		○	○		○	○		○
36 徳島県	○	■○	○	■○		○	○							○	○	○		○	○		○					○	○		○	○		○
37 香川県	○	○																○	○							○	○					○
38 愛媛県	○		○			○	○	○		○		○		○		○		○			○	○		○		○	○		○	○		○
39 高知県	○		○			○		○						○		○		○	○		○					○	○		○	○		○
40 福岡県	○	○	○			○	○							○	○			○	○			■○		○		○	○		○	○		○
41 佐賀県	○		○		○	○	■○	○		○	■○			○		○		○	○							○	○		○	○		○
42 長崎県	○	■○	○	■○		○	○							○	○			○	○		○	■○	■○		■○	○	○		○	○		○
43 熊本県	○		○			○	■○							○	○			○	○							○	○		○	○		○
44 大分県						○	○											○	■○		○					○	○		■○	■○		○
45 宮崎県	○	○	○			○	○			○	○							○	○		▒	■○		○		○	○		○	○		○
46 鹿児島県	○	○	○			○	○			○	○			▒				○		○	○					○	○		○	○		○
47 沖縄県	○		○			○	○			○	○			○		○										○	○					○
48 札幌市	○	○	○			○	▒	○		○	▒	○		○		○						○		○		○	○		○	○		○
49 仙台市	○		○															■○		○						○	○		■○	■○		○
50 さいたま市	○	○	■○	○		■○	■○			■○	■○			○	○			○	○		■○					○	○		○	○		○
51 千葉市	○	○												○	○			○	○			○	■○		▒	○	○		○	○		○
52 横浜市						○	○			○	○			○	○			○	○							○	○					○
53 川崎市	○	○	■○											○	○	○		○	○	○						○	○					○
54 相模原市	○		○			○	○			○	○			○	○			○	○							○	○		○	○		○
55 新潟市	○	○	○															○	○							○	○		○	○		○
56 静岡市	○		○																							○	○		○	○		○
57 浜松市	○	■○	○											○		○						■○		○		○	■○		○	○		○
58 名古屋市	○	○	○			○	○			○	○											■○		○		○	○					○
59 京都市	○	○	■○	○	▒	○	○	○	○					○	○			○	○			○		○		○	○	○	○	○		○
60 大阪市	○		○											○	○			○	○			○		○		○	○					○
61 堺市	○		○											○	○			○	○			○	○	○		○	○	○				○
62 神戸市	○		○		○									○	○			○	○							○	○		○	○		○
63 岡山市																		○	○							○	○		■○	■○		○
64 広島市	○	▒	○	○		▒			▒									○			○					○	○		○	○		○
65 北九州市	○	○												■○	■○			■○	■○							○	○		○	○		○
66 福岡市	○	○	○			○	○			○	○			○	○			○	○							○	○		○	○		○
67 熊本市	○		○			■○	■○							○	○			○	○							○	○					○
68 豊能地区																										○	○		▒	▒		○
合計	63 (63)	34 (32)	56 (52)	14 (13)	4 (6)	42 (43)	36 (31)	11	8 (7)	20 (22)	16 (15)	4	3 (1)	40 (39)	27 (24)	15	0	59 (56)	47 (39)	6	32 (29)	24 (10)	8 (2)	18	6 (3)	68 (68)	68 (66)	9	53 (49)	53 (47)	1	68 (68)

注１：合計については，実施した県市の実数。また，（　）内は前年度の実施県市数。
注２：網掛け■は当該年度より実施。網掛け▒は当該年度より廃止，または，当該年度については中止。
注３：情報処理技能等の資格の所持については，2021年度調査より新たに追加。
注４：福島県は，全ての障害のある者に限った特別選考は行わず，全ての選考において，「身体障害者手帳」等を所有する志願者の中で，合理的配慮の
出典：すべて「令和５年度（令和４年度実施）公立学校教員採用選考試験の実施方法について」（文部科学省，2023年）

教師をめぐる状況

特別の選考の実施状況（県市別）

県市名	複数の教員免許状の所持	一部免除試験	加点・その他	いわゆる「教師養成塾」生	一部免除試験	加点・その他	大学・大学院推薦	一部免除試験	加点・その他	教職大学院修了	一部免除試験	加点・その他	博士号取得	一部免除試験	加点・その他	特別免許状の活用	司書教諭任用資格の所持	一部免除試験	加点・その他	特別免許状の活用	臨床心理士、公認心理士等の所持	一部免除試験	加点・その他	特別免許状の活用	社会福祉士、精神保健福祉士等の所持	加点・その他
北海道	○		○														○		○							
青森県	○		○							○	○						○		○							
岩手県	○		○										○	○		○	○		○							
宮城県	○		○																							
秋田県	○		○				○	○		○	○		○	○		○	○		○							
山形県	○		○				○	○									○		○							
福島県	○		○																							
茨城県	○		○	○		○	○	○		○	○		○		○		○		○							
栃木県	○		○																							
群馬県	○		○														○		○							
埼玉県	○		○	○	○		○	○																		
千葉県							○	○		○	○															
東京都				○	○		○	○																		
神奈川県				○	○		○	○									○		○		○			○		
新潟県	○		○				○	○									○		○							
富山県	○		○				○	○													○	○				
石川県	○		○				○	○																		
福井県	○		○										○	○		○	○		○							
山梨県	○		○				○	○									○		○							
長野県	○		○				○	○					○	○												
岐阜県	○		○							○	○						○		○							
静岡県	○		○										○	○		○	○		○							
愛知県	○		○				○		○	○	○						○		○							
三重県	○		○														○		○		○		○			
滋賀県	○		○				○	○									○		○							
京都府	○		○	○	○		○	○																		
大阪府	○		○				○	○									○		○		○		○		○	○
兵庫県	○		○														○		○		○		○		○	○
奈良県	○		○														○		○		○		○		○	○
和歌山県	○		○										○	○		○										
鳥取県	○		○							○	○															
島根県	○		○				○		○	○		○					○		○							
岡山県				○	○																					
広島県							○	○																		
山口県	○		○	○	○					○	○		○	○			○		○							
徳島県	○		○				○	○									○		○							
香川県	○	○								○	○															
愛媛県	○		○				○	○									○		○		○		○			
高知県	○		○				○	○									○		○		○		○			
福岡県	○		○							○	○															
佐賀県	○		○				○	○									○		○		○		○			
長崎県	○		○				○	○		○		○					○		○		○		○		○	○
熊本県	○		○														○		○							
大分県																										
宮崎県	○		○				○	○		○	○						○		○							
鹿児島県	○		○							○	○						○		○							
沖縄県	○		○														○		○							
札幌市	○		○														○		○							
仙台市	○		○																							
さいたま市	○		○	○	○		○	○																		
千葉市							○	○		○	○															
横浜市	○		○	○	○		○	○																		
川崎市							○	○	○												○	○	○			
相模原市	○		○				○	○									○		○		○		○			
新潟市	○		○				○	○									○		○							
静岡市	○		○	○		○											○		○							
浜松市	○		○				○	○									○		○		○		○			
名古屋市	○		○																							
京都市							○	○	○				○	○		○										
大阪市	○		○	○	○		○	○		○	○															
堺市	○		○	○		○	○	○	○																	
神戸市	○		○				○	○																		
岡山市							○	○																		
広島市							○	○																		
北九州市	○	○					○	○		○	○															
福岡市							○	○	○	○	○															
熊本市	○		○														○		○							
豊能地区							○	○	○																	
合計	55 (48)	2 (2)	53	12 (11)	9 (9)	3	40 (32)	38 (31)	7	18 (13)	16 (11)	2	9 (9)	8 (5)	1	6 (6)	36 (31)	0 (0)	36	0	13 (11)	2 (1)	11	1 (0)	4 (2)	4

提供が必要とする方に，個別に提供を決定。

Ⅳ 教師をめぐる状況

5 教員採用選考試験の実施内容

6 教員採用選考試験の早期化・複数回化

公立学校教員採用選考に関し全国的な採用倍率の低下が続く中，質の高い教師を確保するためにも，教員志願者の増加が必要であるという認識の下，近年では教員採用選考試験の在り方について見直しを求める声が上がっている。

公立学校教員採用試験の倍率は，全国規模での低迷が続いており，2023年度には過去最低の数値を記録している（Ⅳ-4「教員採用状況」を参照)。こうした競争率低下には，学生の民間企業等の就職活動開始時期や内々定の獲得時期が徐々に早まっていることで，教員採用選考試験に先立って就職先を決めてしまうことが要因の一つとして挙げられる。実際，2023年の内閣府の調査によると，学生の約９割が６月までに内々定を受けており，就職・採用活動の早期化は明らかである（図Ⅳ-６-１)。

このような状況に鑑みて，多くの都道府県・指定都市教育委員会が教員採用選考試験を例年より前倒しすることで教員志願者の増加を見込んでいる。協同出版が合計68の自治体に行ったアンケート調査によれば，2024年度実施の採用試験日程について前年度実施より「早期化する」あるいは「早期化を検討している」と答えた自治体は56にも及んでおり，全国規模で早期化の傾向にある（図Ⅳ-６-２)。

文部科学省は2023年５月，2024年度実施の教員採用選考試験を１カ月程度前倒しし，１次試験は「６月16日を標準日」とすることなどを求める文書を各都道府県教育委員会に通知した。これを受けて，2024年度実施試験（主として一般選考）については，①従来６～７月に行っていた４年生向け試験（６月16日が標準日）を３年生も受験可能とする，②2023年12月～2024年３月に３年生向け試験を

図Ⅳ-６-１　就職における内々定を受けた時期

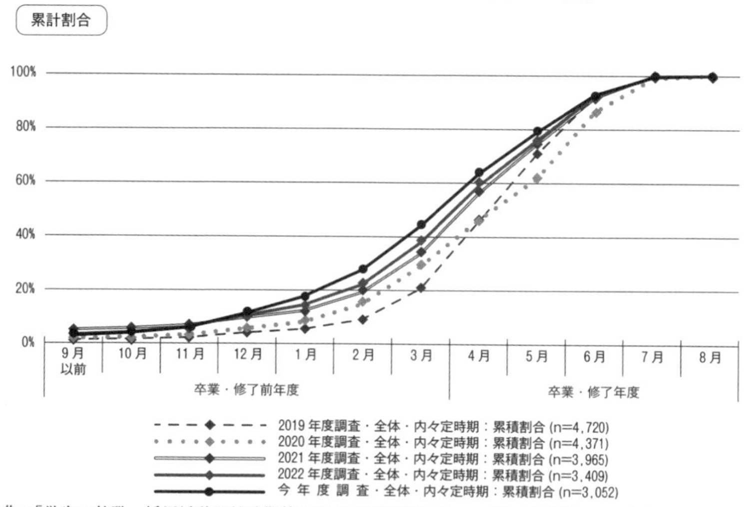

出典：「学生の就職・採用活動開始時期等に関する調査結果について」（内閣府，2023年）

実施する（大学推薦制度の活用を推奨），③2024年秋期（または後期）試験を設定する——など，教員採用選考試験を複数回実施する自治体が増える傾向にある。特に①については，2024年実施試験で33自治体が３年生も受験可能としており，「複数回化」は今後も進むと予想される。　　（香川　圭）

表Ⅳ-６-１　2024年度実施試験で大学３年生の受験を可能とする自治体（2024年３月１日時点）

	名称など	対象	推薦の有無
福島県	大学３年生等特別選考	全校種	不要
栃木県	大学３年生等を対象とした特別選考	全校種・教科	不要
群馬県	教員採用選考試験の前倒し	全校種・教科	不要
埼玉県	大学３年生対象の教員採用選考試験	全校種・教科	不要
さいたま市	大学３年生 Step Up 選考	全校種・教科	不要
横浜市	大学３年生チャレンジ推薦特別選考	小学校，中高技術・家庭，特別支援	必要
山梨県	大学３年生等を対象とした試験	不明	不明
新潟県	大学３年時受検特別選考	不明	不要
新潟市	大学３年時受験	小学校	不要
富山県	大学３年次で第１次検査受検を可能とする制度	全校種・教科	不要
岐阜県	教員採用選考試験の前倒し	全校種・教科	不要
愛知県	教員採用選考試験の前倒し	全校種・教科	不要
名古屋市	教員採用選考試験の前倒し	全校種・教科	不要
三重県	大学３年生等を対象とした試験	小学校	不要
滋賀県	大学３年生夢チャレンジ選考	全校種	不要
京都府	大学３年生等チャレンジ選考試験	小中高特	不要
京都市	大学３回生等 JUMP UP 特別選考	全校種・教科	不要
奈良県	大学３年等受験可能	小学校・特別支援	不要
大阪府	大学３年生等を対象とした選考	全校種・教科	不要
豊能地区	大学３年生対象の選考	小学校	不要
大阪市	大学３年次前倒し特別選考	全校種・教科	不要
堺市	大学３年生等対象選考区分	小・特小中	不要
兵庫県	大学３年生等への出願資格の拡大	全校種・教科	不要
神戸市	大学３年生等早期チャレンジ選考	全校種・教科	不要
岡山県	教員採用選考試験の前倒し	全校種・教科	不要
岡山市	教員採用選考試験の前倒し	小・中・養護	不要
広島県・市	大学３年生チャレンジ受験	全校種・教科	不要
香川県	大学３年生先行受験	全校種・教科	不要
愛媛県	大学３回生等特別選考	全校種・教科	不要
福岡県	大学３年生チャレンジ特別選考	小・中高（一部）	必要
北九州市	大学３年生前倒し一次選考	小中特養	不要
佐賀県	大学３年生のチャレンジ受験	全校種・教科	不要
鹿児島県	教職教養チャレンジ試験	小学校	不要

出典：時事通信出版局『教員養成セミナー』調べ

図Ⅳ-６-２　2024年度実施の試験日程に関するアンケート

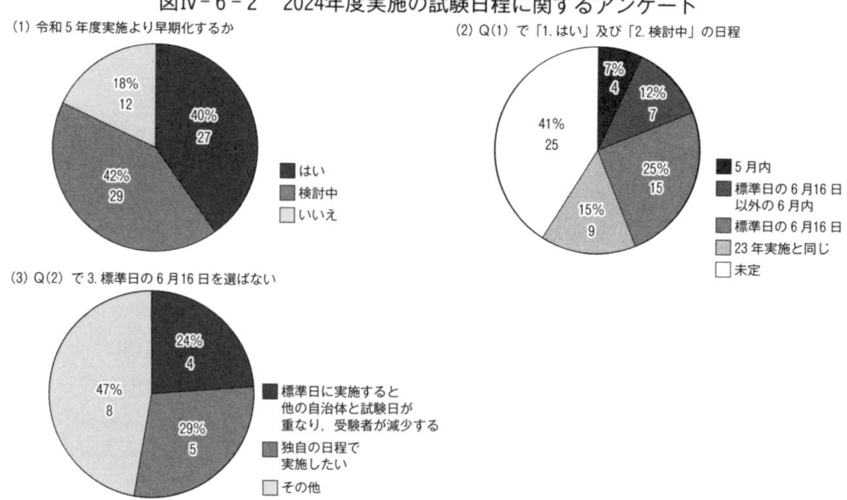

注：アンケート対象数は47都道府県，20指定都市及び大阪府から教職員の人事権の移譲を受けた豊能地区の計68自治体
出典：「教職課程レポート Vol.03 第３号冬号」（協同出版，2023年）

7 教員の研修

教育基本法第９条第１項や教育公務員特例法第21条等にかんがみると，教員は研修を行う義務があり，また研修の機会が保障されている。近年，教員の資質能力の向上に関連した答申や通知が次々に公布され，教員の研修を取り巻く状況は変化しつつある。

2012年８月には，中央教育審議会から「教職生活の全体を通じた教員の資質能力の総合的な向上方策について」と題する答申が出された。ここでは，グローバル化や情報化，少子高齢化など社会の急激な変化に伴い，高度化・複雑化する諸課題への対応が必要となってきたという状況が指摘され，学校教育において，求められる人材育成像の変化への対応が必要であるとされた。そして，「学び続ける教員像」の確立が提言されることとなった。

さらに中央教育審議会は2015年12月，「これからの学校教育を担う教員の資質能力の向上について　～学び合い，高め合う教員育成コミュニティの構築に向けて～」と題する答申を発表した。ここでは，これからの時代に求められる教員の資質能力が次のように整理された。

① これまで教員として不易とされてきた資質能力に加え，自律的に学ぶ姿勢を持ち，時代の変化や自らのキャリアステージに応じて求められる資質能力を生涯にわたって高めていくことのできる力や，情報を適切に収集し，選択し，活用する能力や知識を有機的に結びつけ構造化する力。

② アクティブ・ラーニングの視点からの授業改善，道徳教育の充実，小学校における外国語教育の早期化・教科化，ICT の活用，発達障害を含む特別な支援を必要とする児童生徒等への対応などの新たな課題に対応できる力量。

③ 「チーム学校」の考えの下，多様な専門性を持つ人材と効果的に連携・分担し，組織的・協働的に諸課題の解決に取り組む力。

上述のような資質能力の提示がなされるとともに，研修段階としては，主な課題として次の内容が挙げられた。①教員の学ぶ意欲は高いが多忙で時間確保が困難であるということ，②自ら学び続けるモチベーションを維持できる環境整備が必要であるということ，③アクティブ・ラーニング型研修への転換が必要であるということ，④初任者研修・10年経験者研修の制度や運用の見直しが必要であるということ――である。こうした課題を踏まえて，本答申では，養成・採用・研修を通じた具体的な教師の学びの方策が提言された。具体的には，10年経験者研修の改革や教員育成協議会の活用，教員育成指標の策定等である（図Ⅳ-７-４）。

本答申を受けて2016年11月には，文部科学省から「教育公務員特例法等の一部を改正する法律の公布について（通知）」が発出され，教育公務員特例法が一部改正された（表Ⅳ-７-１）。ここでは国が指針を策定し，都道府県・指定都市教育委員会は協議会を置いて指標の策定をし，それに基づいて「教員研修計画」を定めるという新たなモデルが構築された。また，10年経験者研修が「中堅教諭等資質向上研修」と改められ，2017年度より実施されることとなった（図Ⅳ-7-5）。

以下では，法定研修として定められている「初任者研修」「中堅教諭等資質向上研修」に焦点を当てていく。

「初任者研修」は新規に採用された教員を対象に，都道府県，指定都市，中核市教育委員会が実施する。校内研修としては週10時間以上，年間300時間以上の時間数，ベテラン教員が，教員に必要な素養等に関する指導や初任者の授業を観察しての指導，授業を初任者に見せて指導を行うことを想定されている。校外研修としては，年間25日以上が想定され，教育センター等での講義・演習，企業・福祉施設等での体験，社会奉仕体験や自然体験に関わる研修，青少年教育施設等での宿泊研修が内容として示されている。2022年度の初任者研修の対象者は，3万703 人（前年度比1067人減）である。研修内容は，「教科指導」「特別活動」「生徒指導・教育相談・児童生徒理解」「公務員倫理・服務（セクシャルハラスメント含む）」「保護者との関係づくり」「学級経営（ホームルーム経営）」等が挙げられる（図Ⅳ-7-1，2）。

「中堅教諭等資質向上研修」は，2016年度までは10年経験者研修として実施されてきており，学校運営や教育活動の中核を担う中堅教員の指導能力を養うために行われてきた。2016年度の10年経験者研修対象者は1万8579人であり，免許状更新講習の受講期間が重複している者に対しては49教育委員会が軽減措置を実施していた。2017年度から新たに「中堅教諭等資質向上研修」が実施されている（図Ⅳ-7-1，3）。

「初任者研修」や「中堅教諭等資質向上研修」のほかには，不適切教員を対象とした「指導改善研修」等も法定研修として定められている。また，教員の大学院等での長期研修や社会体験研修，大学院修学休業等の様々な研修がある。教員は資質能力の向上のために，情報を活用し，あらゆる人と交流しながら研修の機会を活用していく必要がある。

（川村雄真）

〔参考文献〕 中央教育審議会「教職生活の全体を通じた教員の資質能力の総合的な向上方策について（答申）」（文部科学省，2012年），同「これからの学校教育を担う教員の資質能力の向上について～学び合い，高め合う教員育成コミュニティの構築に向けて～（答申）」（文部科学省，2015年），「教育公務員特例法等の一部を改正する法律」（文部科学省，2016年），「初任者研修」（文部科学省ホームページ）

表Ⅳ-7-1　教育公務員特例法等の一部を改正する法律に基づく10年経験者研修の見直し

条	旧　法	新　法
第24条	（**10年経験者研修**） 公立の小学校等の教諭等の任命権者は，当該教諭等に対して，**その在職期間が10年に達した後相当の期間内に，**個々の能力，適性等に応じて，**教諭等としての資質**の向上を図るために必要な事項に関する研修（**10年経験者研修**）を実施しなければならない。	（**中堅教諭等資質向上研修**） 公立の小学校等の教諭等の任命権者は，当該教諭等に対して，個々の能力，適性等に応じて，**公立の小学校等における教育に関し相当の経験を有し，その教育活動その他の学校運営の円滑かつ効果的な実施において中核的な役割を果たすことが期待される中堅教諭等としての職務を遂行する上で必要とされる資質**の向上を図るために必要な事項に関する研修（**中堅教諭等資質向上研修**）を実施しなければならない。

出典：「教育公務員特例法等の一部を改正する法律について」（文部科学省，2016年）

図Ⅳ-7-1　教員研修の実施体系

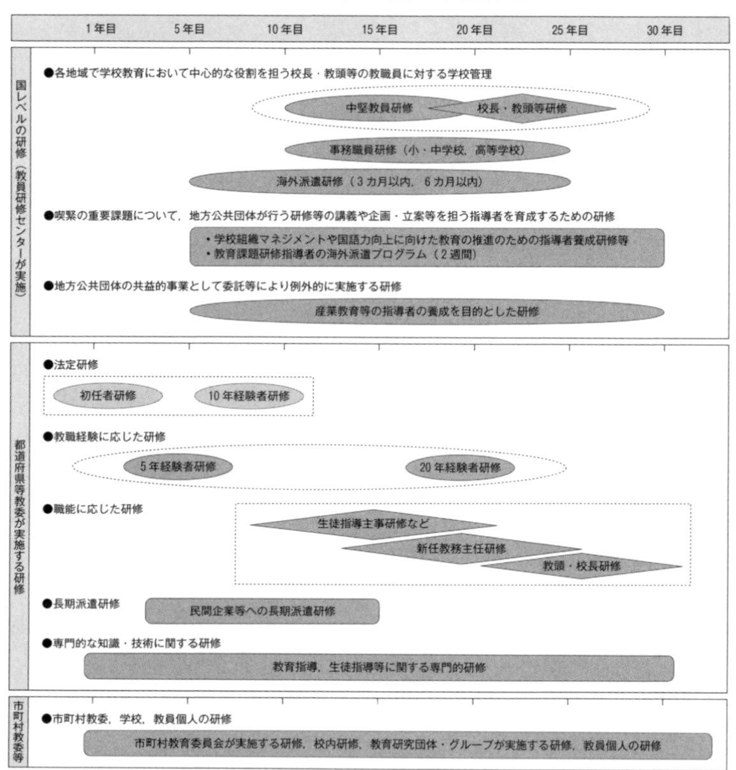

注：「10年経験者研修」は，「中堅教諭等資質向上研修」と改められている。
出典：「魅力ある教員を求めて」（文部科学省ホームページ）

図Ⅳ-7-2　初任者研修対象者の推移

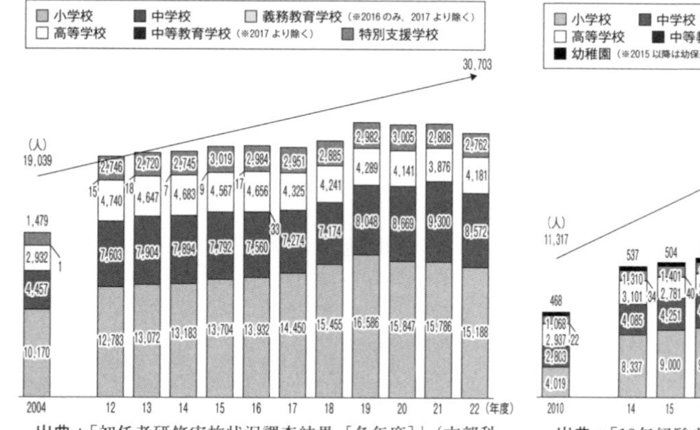

出典：「初任者研修実施状況調査結果［各年度］」（文部科学省）

図Ⅳ-7-3　10年経験者（中堅教諭等資質向上）研修対象者数の推移

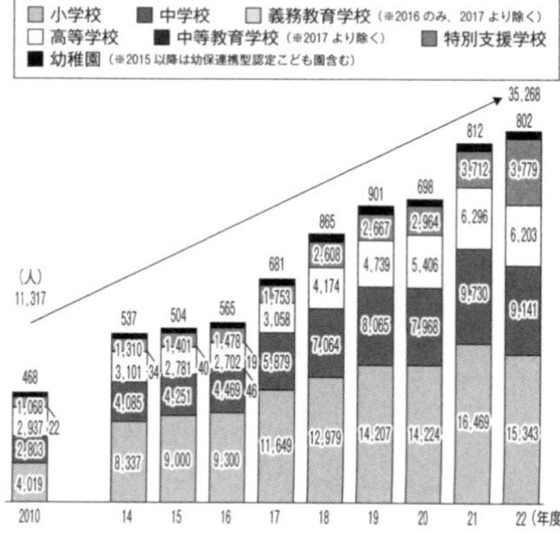

出典：「10年経験者研修実施状況調査結果」（文部科学省，各年度），「中堅教諭等資質向上研修実施状況調査」（文部科学省，各年度）

図Ⅳ-7-4　教員研修の位置付け

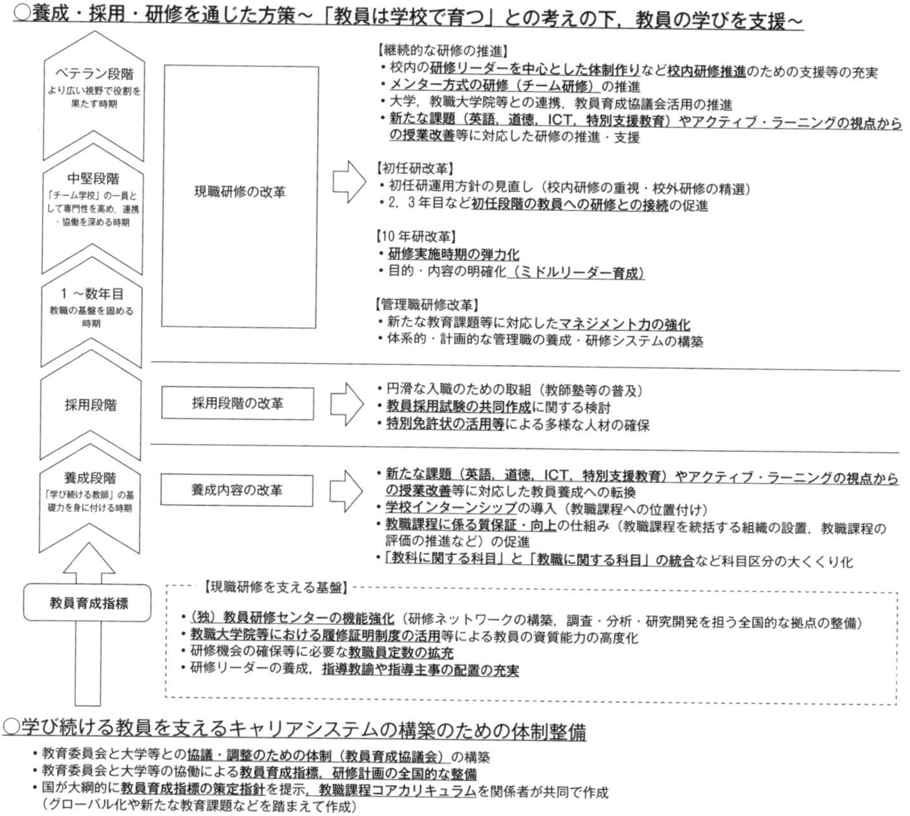

○養成・採用・研修を通じた方策～「教員は学校で育つ」との考えの下，教員の学びを支援～
ベテラン段階
より広い視野で役割を果たす時期
中堅段階
「チーム学校」の一員として専門性を高め，連携・協働を深める時期
1～数年目
教職の基盤を固める時期
採用段階
養成段階
「学び続ける教師」の基礎力を身に付ける時期
教員育成指標
現職研修の改革
【継続的な研修の推進】
・校内の研修リーダーを中心とした体制作りなど校内研修推進のための支援等の充実
・メンター方式の研修（チーム研修）の推進
・大学，教職大学院等との連携，教員育成協議会活用の推進
・新たな課題（英語，道徳，ICT，特別支援教育）やアクティブ・ラーニングの視点からの授業改善等に対応した研修の推進・支援
【初任研改革】
・初任研運用方針の見直し（校内研修の重視・校外研修の精選）
・2，3年目など初任段階の教員への研修との接続の促進
【10年研改革】
・研修実施時期の弾力化
・目的・内容の明確化（ミドルリーダー育成）
【管理職研修改革】
・新たな教育課題等に対応したマネジメント力の強化
・体系的・計画的な管理職の養成・研修システムの構築
採用段階の改革
・円滑な入職のための取組（教師塾等の普及）
・教員採用試験の共同作成に関する検討
・特別免許状の活用等による多様な人材の確保
養成内容の改革
・新たな課題（英語，道徳，ICT，特別支援教育）やアクティブ・ラーニングの視点からの授業改善等に対応した教員養成への転換
・学校インターンシップの導入（教職課程への位置付け）
・教職課程に係る質保証・向上の仕組み（教職課程を統括する組織の設置，教職課程の評価の推進など）の促進
・「教科に関する科目」と「教職に関する科目」の統合など科目区分の大くくり化
【現職研修を支える基盤】
・（独）教員研修センターの機能強化（研修ネットワークの構築，調査・分析・研究開発を担う全国的な拠点の整備）
・教職大学院等における履修証明制度の活用等による教員の資質能力の高度化
・研修機会の確保等に必要な教職員定数の拡充
・研修リーダーの養成，指導教諭や指導主事の配置の充実
○学び続ける教員を支えるキャリアシステムの構築のための体制整備
・教育委員会と大学等との協議・調整のための体制（教員育成協議会）の構築
・教育委員会と大学等の協働による教員育成指標，研修計画の全国的な整備
・国が大綱的に教員育成指標の策定指針を提示，教職課程コアカリキュラムを関係者が共同で作成
（グローバル化や新たな教育課題などを踏まえて作成）

出典：中央教育審議会「これからの学校教育を担う教員の資質能力の向上について～学び合い，高め合う教員育成コミュニティの構築に向けて～（答申のポイント）」（文部科学省，2015年）

図Ⅳ-7-5　2016年の教育公務員特例法の一部改正により提示された新たな研修体制

新たなスキーム（イメージ）
指針
策定
文部科学大臣
協議会
設置
任命権者たる教育委員会など
協議
大学等
策定
参酌
協議を経て
資質の向上に関する指標
指標を踏まえ策定
教員研修計画
調査研究業務及び成果の普及指標の策定に関する専門的な助言
独立行政法人教職員支援機構

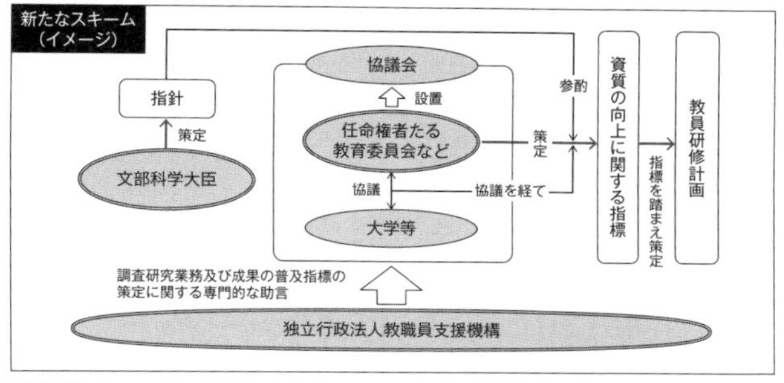

出典：「教育公務員特例法等の一部を改正する法律について」（中央教育審議会教育課程部会，2016年）

8 教員の勤務の状況

文部科学省の「教員勤務実態調査（令和４年度）」の速報値によると，小・中学校ともに，校長，副校長・教頭，教諭，講師，養護教諭の全ての職種において，平日・土日での勤務時間は前回調査（「平成28年度」）と比較してやや減少したものの，依然として長時間勤務の状況が続いている。平日については，小・中学校ともに副校長・教頭の勤務時間が最も長く（約12時間），続いて教諭となってい

表Ⅳ-８-１　職種別　教員の１日当たりの在校等時間

（時間：分）

平　日	小学校			中学校			
	2016年度	2022年度	増減	2016年度	2022年度	増減	2022年度
校長	10:37	10:23	−0:14	10:37	10:10	−0:27	9:37
副校長・教頭	12:12	11:45	−0:27	12:06	11:42	−0:24	10:56
教諭	11:15	10:45	−0:30	11:32	11:01	−0:31	10:06
講師	10:54	10:18	−0:36	11:16	10:27	−0:49	9:53
養護教諭	10:07	9:53	−0:14	10:18	9:53	−0:25	9:19

土　日	小学校			中学校			
	2016年度	2022年度	増減	2016年度	2022年度	増減	2022年度
校長	1:29	0:49	−0:40	1:59	1:07	−0:52	1:37
副校長・教頭	1:49	0:59	−0:50	2:06	1:16	−0:50	1:18
教諭	1:07	0:36	−0:31	3:22	2:18	−1:04	2:14
講師	0:57	0:20	−0:37	3:10	1:53	−1:17	2:10
養護教諭	0:46	0:22	−0:24	1:10	0:29	−0:41	0:34

表Ⅳ-８-２　教諭の１日当たりの在校等時間の内訳（平日）

（時間：分）

平　日（教諭のみ）	小学校			中学校		
	2016年度	2022年度	増減	2016年度	2022年度	増減
朝の業務	0:35	0:41	+0:06	0:37	0:44	+0:07
授業（主担当）	4:06	4:13	+0:07	3:05	3:16	+0:11
授業（補助）	0:19	0:20	+0:01	0:21	0:23	+0:02
授業準備	1:17	1:16	−0:01	1:26	1:23	−0:03
学習指導	0:15	0:21	+0:06	0:09	0:13	+0:04
成績処理	0:33	0:25	−0:08	0:38	0:36	−0:02
生徒指導（集団）	1:00	0:59	−0:01	1:02	0:54	−0:08
うち，生徒指導（集団１）	−	0:56	−	−	0:49	−
うち，生徒指導（集団２）	−	0:02	−	−	0:05	−
生徒指導（個別）	0:05	0:04	−0:01	0:18	0:14	−0:04
部活動・クラブ活動	0:07	0:03	−0:04	0:41	0:37	−0:04
児童会・生徒会指導	0:03	0:02	−0:01	0:06	0:05	−0:01
学校行事	0:26	0:15	−0:11	0:27	0:15	−0:12
学年・学級経営	0:23	0:19	−0:04	0:37	0:27	−0:10
学校経営	0:22	0:17	−0:05	0:21	0:17	−0:04
職員会議・学年会などの会議	0:20	0:19	−0:01	0:19	0:18	−0:01
個別の打ち合わせ	0:04	0:05	+0:01	0:06	0:06	±0:00
事務（調査への回答）	0:01	0:04	+0:03	0:01	0:04	+0:03
事務（学納金関連）	0:01	0:01	±0:00	0:01	0:01	±0:00
事務（その他）	0:15	0:15	±0:00	0:17	0:17	±0:00
校内研修	0:13	0:09	−0:04	0:06	0:04	−0:02
保護者・PTA 対応	0:07	0:06	−0:01	0:10	0:09	−0:01
地域対応	0:01	0:00	−0:01	0:01	0:00	−0:01
行政・関係団体対応	0:02	0:01	−0:01	0:01	0:01	±0:00
校務としての研修	0:13	0:08	−0:05	0:12	0:09	−0:03
会議	0:05	0:03	−0:02	0:07	0:05	−0:02
その他の校務	0:11	0:08	−0:03	0:10	0:09	−0:01

る（約11時間）。土日については，小学校では副校長・教頭，中学校では教諭が，勤務時間がそれぞれ最も長くなっている（表Ⅳ－８－１）。

教諭の在校等時間の内訳を前回調査と比較すると，平日については，小・中学校で共通して「授業（主担当）」「朝の業務」が増加している（小学校では「学習指導」も増加）。一方，小・中学校で共通して「学校行事」の時間が減少した（約10分減）。このほか，減少した主な対象としては「成績処理」（小学校），「学校経営」（中学校）等が挙げられる（表Ⅳ－８－２）。土日については，小学校では主に「学校行事」「授業（主担当）」の時間が，中学校では「部活動・クラブ活動」の時間が減少している（表Ⅳ－８－３）。

このような状況及び全国的な教師不足を踏まえ，中央教育審議会の質の高い教師の確保特別部会は，2023年８月に「教師を取り巻く環境整備について緊急的に取り組むべき施策（提言）」を取りまとめた。そこでは，取り組むべき事項として，学校・教師が担う業務の適正化の一層の推進，学校における働き方改革の実効性の向上等，持続可能な勤務環境整備等の支援の充実が示されている。

（石原雅子）

〔参考文献〕「教師を取り巻く環境整備について緊急的に取り組むべき施策（提言）」（中央教育審議会初等中等教育分科会質の高い教師の確保特別部会，2023年）

表Ⅳ－８－３　教諭の１日当たりの在校等時間の内訳（土日）

（時間：分）

土　日（教諭のみ）	小学校			中学校		
	2016年度	2022年度	増減	2016年度	2022年度	増減
朝の業務	0:02	0:00	－0:02	0:01	0:00	－0:01
授業（主担当）	0:07	0:02	－0:05	0:03	0:01	－0:02
授業（補助）	0:01	0:00	－0:01	0:00	0:00	±0:00
授業準備	0:13	0:10	－0:03	0:13	0:11	－0:02
学習指導	0:00	0:00	±0:00	0:01	0:00	－0:01
成績処理	0:05	0:04	－0:01	0:13	0:12	－0:01
生徒指導（集団）	0:02	0:00	－0:02	0:01	0:00	－0:01
うち，生徒指導（集団１）	－	0:00	－	－	0:00	－
うち，生徒指導（集団２）	－	0:00	－	－	0:00	－
生徒指導（個別）	0:00	0:00	±0:00	0:01	0:00	－0:01
部活動・クラブ活動	0:04	0:01	－0:03	2:09	1:29	－0:40
児童会・生徒会指導	0:00	0:00	±0:00	0:00	0:00	±0:00
学校行事	0:09	0:04	－0:05	0:11	0:03	－0:08
学年・学級経営	0:03	0:01	－0:02	0:04	0:02	－0:02
学校経営	0:03	0:02	－0:01	0:03	0:02	－0:01
職員会議・学年会などの会議	0:00	0:00	±0:00	0:00	0:00	±0:00
個別の打ち合わせ	0:00	0:00	±0:00	0:00	0:00	±0:00
事務（調査への回答）	0:00	0:00	±0:00	0:00	0:00	±0:00
事務（学納金関連）	0:00	0:00	±0:00	0:00	0:00	±0:00
事務（その他）	0:02	0:02	±0:00	0:02	0:03	+0:01
校内研修	0:01	0:00	－0:01	0:00	0:00	±0:00
保護者・PTA 対応	0:03	0:00	－0:03	0:03	0:00	－0:03
地域対応	0:02	0:00	－0:02	0:01	0:00	－0:01
行政・関係団体対応	0:00	0:00	±0:00	0:00	0:00	±0:00
校務としての研修	0:00	0:00	±0:00	0:01	0:00	－0:01
会議	0:00	0:00	±0:00	0:01	0:00	－0:01
その他の校務	0:01	0:00	－0:01	0:04	0:02	－0:02

出典：すべて「教員勤務実態調査（令和４年度）【速報値】」（文部科学省，2023年）

9 教員の人事評価

公立学校の教職員の評価は，従来公務員法制上の勤務評定制度があったが，評価や処遇に差を設けることに消極的であることや，必ずしも十分に行われていないなどシステムの形骸化が指摘されていた（文部科学省『学校の組織運営の在り方について（作業部会の審議のまとめ）〈本文〉』，2004年12月）。

このような背景を踏まえ2016年４月，「地方公務員法及び地方独立行政法人法の一部を改正する法律」（以下，地教行法）が施行され，公立学校において「新しい教員の人事評価制度」が導入された。同制度は，「能力・実績に基づく人事管理を徹底し，より高い能力を持った公務員を育成するとともに組織全体の士気高揚，公務能率の向上を通じて，住民サービス向上を図る」ことを目的としている（文部科学省総合教育政策局教育人材政策課『教師の資質能力向上に関する参考資料』，2020年２月）。公立学校の教員の人事評価は，都道府県教育委員会の計画の下に市町村教育委員会が行う（地教行法第44条）。

人事評価に当たっては，「能力評価」と「業績評価」の両面から行うものとされている（図Ⅳ-９-１）。新しい教員の人事評価制度は，各都道府県・指定都市の教育委員会により構築されており，人事評価の結果は，任用・給与・分限・その他の人事管理の基礎として活用されている（表Ⅳ-９-１）。

また，文部科学省は2006年度より，公立学校では教育委員会の，国立大学附属学校では学長の，私立学校では都道府県知事の推薦を基に，学校教育において顕著な実績を挙げている教職員を「文部科学大臣優秀教員」として表彰している。2020年度からは，新しい学習指導要領の趣旨も踏まえ，学校教育を通してよりよい社会を創るという理念を学校と社会との間で共有することを目指す観点から，教育委員会・大学の学長・都道府県知事以外の民間の団体等からの推薦と有識者による選考により授与する「社会に開かれた教育実践奨励賞」を新設している。

（外池彩萌）

図Ⅳ-９-１　人事評価のポイント

人事評価制度のポイント

①「能力評価」と「業績評価」の２つを実施
②人事評価の結果は，任用，給与，分限その他の人事管理の基礎として活用される

能力評価	業績評価
職員が職務を遂行するにあたり発揮した能力を把握	職員が果たすべき職務をどの程度達成したかという業績を把握
（項目例）責任感，連携・協働姿勢，リーダーシップ（管理職），知識・技能，企画・計画力，判断力，規律性など	（項目例）教育成果，工夫改善，効率性，指導育成実績（管理職），など

※人事評価は，公正に（地公法第23条第１項），定期的に（地公法第23条の２第１項）行わなければならない。

出典：『教師の資質能力向上に関する参考資料』文部科学省総合教育政策局教育人材政策課，2020年２月）

表Ⅳ-9-1　人事評価システムの取り組み状況　教諭等（管理職（校長，副校長，教頭）を除く教育職員）に対する評価

（2022年４月１日現在）

都道府県指定都市	評価結果の活用分野等						
	昇任	昇給・降給	勤勉手当	免職・降任	配置転換	研修	人材育成・能力開発・資質向上
北海道	○	○	○	○	○	○	
青森県	○	○	○				○
岩手県		○	○				○
宮城県	○	○	○				
秋田県	○			○	○	○	
山形県		○	○				
福島県	○	○	○	○		○	○
茨城県	○	○	○	○			○
栃木県	○	○	○		○	○	○
群馬県		○	○				○
埼玉県	○	○	○				○
千葉県		○	○				○
東京都	○	○	○		○	○	○
神奈川県	○	○	○				○
新潟県	○	○	○	○		○	○
富山県	○	○	○	○	○	○	○
石川県	○		○	○	○	○	○
福井県		○	○				
山梨県		○	○				○
長野県		○	○				○
岐阜県	○	○	○	○	○	○	
静岡県	○	○	○	○	○	○	○
愛知県							○
三重県		○	○				○
滋賀県		○	○				
京都府		○	○				○
大阪府		○	○	○			
兵庫県	○	○	○			○	○
奈良県		○	○				
和歌山県		○		○		○	○
鳥取県	○				○	○	○
島根県	○	○	○	○	○		○
岡山県	○	○	○				○
広島県	○	○	○		○	○	○
山口県	○	○	○	○		○	○
徳島県	○	○	○	○	○	○	○
香川県	○	○	○		○	○	○
愛媛県	○	○	○				○
高知県	○	○					
福岡県	○	○	○	○	○	○	○
佐賀県	○	○	○	○	○	○	○
長崎県	○	○	○	○	○	○	○
熊本県	○	○	○		○	○	○
大分県	○	○	○	○	○	○	
宮崎県	○	○	○			○	○
鹿児島県	○	○	○			○	
沖縄県	○	○	○	○		○	○
札幌市		○	○		○	○	
仙台市		○	○			○	○
さいたま市		○	○				○
千葉市		○					○
川崎市	○	○	○				
横浜市	○	○	○				○
相模原市		○	○		○		○
新潟市		○	○				○
静岡市	○		○				
浜松市		○	○		○	○	○
名古屋市		○	○				○
京都市		○	○	○			○
大阪市	○	○	○	○			
堺市			○				○
神戸市	○	○	○	○	○	○	○
岡山市	○	○	○				
広島市				○	○	○	○
北九州市	○	○	○			○	○
福岡市		○	○			○	
熊本市	○				○		○
合計（県市数）	41県市	59県市	59県市	23県市	24県市	32県市	49県市
（参考）平成30年４月１日現在合計（県市数）	39県市	44県市	45県市	21県市	25県市	35県市	42県市
（参考）平成29年４月１日現在合計（県市数）	36県市	42県市	43県市	21県市	25県市	36県市	42県市

出典：「令和３年度公立学校教職員の人事行政状況調査について」（文部科学省，2021年）

10 教員の公募制・FA 制度等の展開

教職員の人事異動について，適材適所の配置や教職員の資質向上の観点から，各教育委員会において教員の公募制や FA 制度等の様々な工夫が講じられている。教員の「公募制」とは，校長の教育理念や学校運営方針等に基づき，一定の教員を公募して配置するものである。これにより，校長がリーダーシップを発揮し，特色ある学校づくりや学校運営の活性化を進めるとともに，教員の適材適所や意欲の向上を図るなどの効果が期待される。また教員の「FA（フリーエージェント）制度」とは，教員の情熱や意欲を生かし，その能力の一層の発揮を促すため，一定の経験を有する教員が自ら専門性・得意分野をアピールして転任先の学校を募集するものである。この取組は全国一律で行われているのではなく，各自治体の判断で実施されているため，以下ではデータが公開されている自治体に焦点を当て紹介する。

公立学校教員の公募制は，東京都と大阪府で2002年度当初人事に初めて登場し，FA 制度は，京都市で2004年度当初人事に初めて登場した。これらの取組を実施している自治体は，2004年には10県市（1都2府6県1市）であり，2013年4月には32県市（1都2府20県9市）にまで増加した。しかし，2015年4月には29県市（1都2府19県7市）と減少し，これに伴い異動人数も減少した。

2015年以降も継続して公募制を実施している自治体のうち，例えば公募制を最初に取り入れた東京都では，特色ある学校づくりを推進するために，教員の能力や適性等を最大限に生かした区市町村教育委員会の人事構想の反映を目的として，⑴島しょ地区公立小中学校教員公募，⑵西多摩地区公立小中学校教員公募，⑶区部・市部公立小中学校教員公募を実施し，応募要件を満たした主幹教諭・主任教諭・教諭が申し込むことができるとしている（図Ⅳ-10-1）。また山口県では，2009年度から通常の人事異動制度に加えて公募型人事異動制度（図Ⅳ-10-2）を実施しており，2017年度は応募者数113人，配置者数92人まで増加した。2019年度以降は応募者数，配置者数ともに減少傾向にあったが，2023年度は再び増加した（表Ⅳ-10-1）。

FA 制度を最初に取り入れた京都市では，2020～24年度の「学校・幼稚園における働き方改革」方針の中で，公募制や FA 制度等の実施により，教員の意欲を引き出し，継続的に学び続けることができる環境づくりを進めるとしている。

教員の公募制・FA 制度は，人事異動における校長の裁量の拡大，教員の意欲の向上や能力の一層の発揮といった長所が見込まれる。一方で，すでに制度として実施されている教員の人事異動計画との調整の必要性により制度の導入が難しいという課題や，教員の配置の偏り等による学校間格差の拡大，過度な競争の誘発といった課題も生じ得る。各都道府県教育委員会及び市町村教育委員会は，これらの状況を踏まえながら，教員の人事異動に関する施策を制定し実施することが求められるだろう。

（藤　朱里）

図Ⅳ-10-1　東京都の公募例

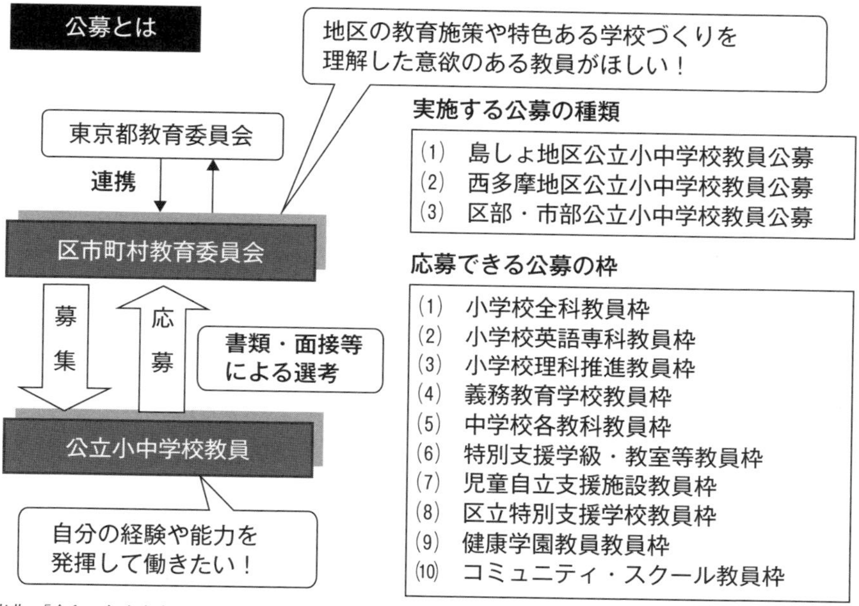

公募とは
地区の教育施策や特色ある学校づくりを理解した意欲のある教員がほしい！
東京都教育委員会
連携
区市町村教育委員会
募集
応募
書類・面接等による選考
公立小中学校教員
自分の経験や能力を発揮して働きたい！
実施する公募の種類
(1)　島しょ地区公立小中学校教員公募
(2)　西多摩地区公立小中学校教員公募
(3)　区部・市部公立小中学校教員公募
応募できる公募の枠
(1)　小学校全科教員枠
(2)　小学校英語専科教員枠
(3)　小学校理科推進教員枠
(4)　義務教育学校教員枠
(5)　中学校各教科教員枠
(6)　特別支援学級・教室等教員枠
(7)　児童自立支援施設教員枠
(8)　区立特別支援学校教員枠
(9)　健康学園教員教員枠
(10)　コミュニティ・スクール教員枠

出典：「令和5年度東京都公立小中学校教員公募について～公募での異動によってあなたの力をさらに発揮してみませんか？～」（東京都教育庁人事部）

図Ⅳ-10-2　山口県学校教職員公募型人事異動制度の仕組み

小・中・高中等教育学校・特別支援学校教職員
②出願
①公表・公募
②出願
それぞれの学校の学校教育目標の達成に向けた求める教職員
（検討）
小学校
校　長
中学校
校　長
高　校
校　長
中　等
教育学校
校　長
特別支援
学校校長
④意見具申
③面接・選考
市 町 教 委
④意見具申
内申
県 教 委
⑤人事異動

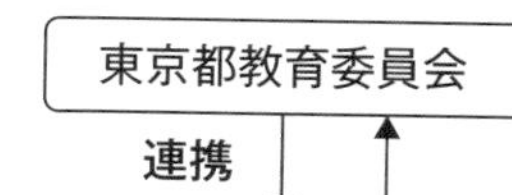

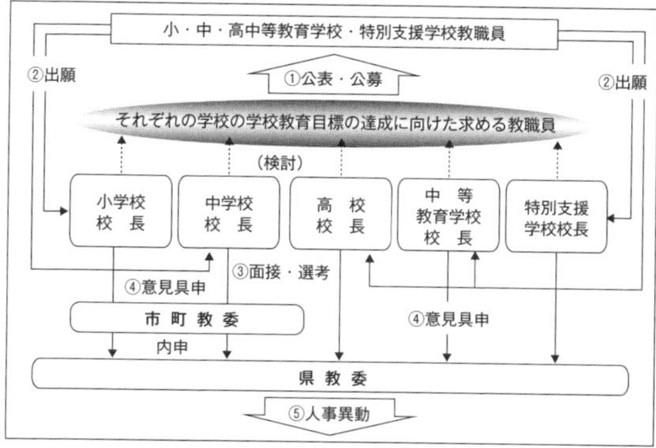

(1)　あらかじめ県教委に申請し，承認された公募校の校長は，それぞれの「学校の教育目標の達成や課題解決に向けた求める教職員」を公表し，公募する。
(2)　公募校に異動を希望する教職員が出願する。（校種を越えた応募も可能です。）
(3)　公募校の校長は，直接面接するなどして出願教職員を選考する。
(4)　公募校の校長は，出願教職員について教育委員会に意見を具申する。
(5)　教育委員会は，校長の意見具申を尊重し，人事異動を行う。
（異動は通常の人事異動の中で行います。）

出典：「令和6年度山口県公立学校教職員公募型人事異動制度について」（山口県教育委員会，2023年）

表Ⅳ-10-1　山口県の公募制度の応募者数・配置者数

年度	応募者数	配置者数
2008年度	25人	20人
2010年度	25人	24人
2012年度	33人	29人
2014年度	54人	47人
2016年度	79人	64人
2017年度	113人	92人
2018年度	69人	60人
2019年度	69人	62人
2020年度	60人	48人
2021年度	57人	43人
2022年度	41人	34人
2023年度	61人	55人

出典：各年度の「（参考）公募型人事異動制度実施状況」

11 教員の給与・待遇

公立学校の教員は地方公務員に含まれるため，給与は条例で定められる（地方公務員法）。ただ，教員の給与に関しては，1974年に学校教育の水準の維持向上のための義務教育諸学校の教育職員の人材確保に関する特別措置法（人材確保法）が定められている。人材確保法は，教員の給与を一般の公務員より優遇することを定め，教員に優れた人材を確保し，もって義務教育水準の維持向上を図ることを目的としており，現在の教員の給与は一般行政職に比べて少々高くなっている（表Ⅳ-11-1，2）。

また，教員に支給される手当等についても様々な規定がある。教員の時間外勤務手当に関しては，1971年に公立の義務教育諸学校等の教育職員の給与等に関する特別措置法（給特法）が制定されている。給特法では，教員の職務と勤務態様の特殊性に基づき，給与や勤務条件について特例を制定しており，時間外勤務手当は支給しない代わりに，教職調整額（給料月額の４％）を支給することが定められている。それに加えて，人材確保法をはじめとする法令等によって様々な手当が定められている（表Ⅳ-11-３）。

国際的に見ると，教員の初任給はOECD平均を下回る一方，勤続年数に応じた給与の上昇幅はOECD加盟国平均よりも大きい。例えば，前期中等教育では，勤続15年で教員給与はOECD平均にほぼ等しくなり，さらに勤続年数が長いとOECD平均以上の給与を得る（図Ⅳ-11-１）。ただ，「教員の勤務の状況」の項にある通り，教員の勤務時間の長さが問題となっており，日本の教員の勤務時間は国際的にみても長いといえる。2023年の中央教育審議会「『令和の日本型学校教育』を担う質の高い教師の確保のための環境整備に関する総合的な方策について（諮問）」においても教師の処遇改善の在り方が検討事項として挙げられているように，今後は教員の給与・待遇の改善が望まれる。（相庭貴行）

表Ⅳ-11-１　教員の初任給

■初任給（2021年度）大学卒

	給料月額
小中学校教諭	204,000円
一般行政職（国家公務員一般職）	182,200円
民間企業（大卒の新卒事務員）	205,990円

注１：小中学校教諭・一般行政職の額は，給料月額のみで，諸手当は含まない。
注２：小中学校教諭の額は，各地方公共団体において，一般的に用いられている給料表に基づく。
注３：民間企業は人事院の職種別民間給与実態調査結果により，基本給のほか事業所の従業員に一律に支給される給与を含めた額。

表Ⅳ-11-２　一般行政職と教員の給与比較

■一般行政職と教員の給与比較（2021年度）

	年収ベース
①一般行政職	596.0万円
②小中学校教育職	606.6万円
②－①	10.6万円（＋1.8％）

注１：大卒平均経験年数18年とした場合の平均支給額。
注２：2021年地方公務員給与実態調査（総務省）を基に試算。
注３：上記の金額は，生活補助給的手当（扶養手当等），地域給的手当（地域手当等）を含んでいない。また，一般行政職の時間外勤務手当，教育職の教職調整額を含んでいる。

表Ⅳ-11-３　教員に支給される手当等

費目	手当等の内容
教職調整額	校長，副校長及び教頭を除く教員が対象【給料×４％】
給料の調整額	特別支援教育に直接従事する教員が対象【給料の平均3.0％程度の定額】
義務教育等教員特別手当	義務教育諸学校等の教員が対象【給料の平均1.5％程度の定額】
教員特殊業務手当	非常災害時等の緊急業務【平日の時間外，土日等の８時間程度の業務で日額7,500円から8,000円】▼修学旅行等指導業務【８時間程度の業務（泊を要するもの）で日額5,100円】▼対外運動競技等引率指導業務【泊を要するもの又は土日等の８時間程度の業務で日額5,100円】▼部活動指導業務【土日等の３時間程度の業務で日額2,700円】
多学年学級担当手当	複式学級の担当教員が対象【日額290円又は350円】
教育業務連絡指導手当	学年主任等が対象（いわゆる主任手当）【日額200円】
管理職手当	校長，副校長，教頭，部主事が対象【定額：給料の校長15～20％，副校長15％，教頭12.5～15％，部主事８％程度相当額】
管理職員特別勤務手当	休日等に勤務した校長・副校長・教頭・部主事が対象【勤務１回につき校長7,000円から8,500円】
へき地手当	級地の別に応じて給料等の25％を超えない範囲内

注１：手当等の内容は，義務教育費国庫負担金算定上の内容であり，実際の支給額等は，各都道府県等の条例等により定められている。
注２：上記のほか，扶養手当，地域手当，住居手当，通勤手当，単身赴任手当，期末・勤勉手当等が支給される。
出典：表Ⅳ-11-１～３は中央教育審議会「『令和の日本型学校教育』を担う質の高い教師の確保のための環境整備に関する総合的な方策について（諮問）」関係資料（文部科学省，2023年）

図Ⅳ-11-１　教員のキャリアのさまざまな時点における前期中等学校教員の法定給与（2019年）

〈公的機関の教員の法定年俸（PPP を使用して換算した米ドル相当額）〉

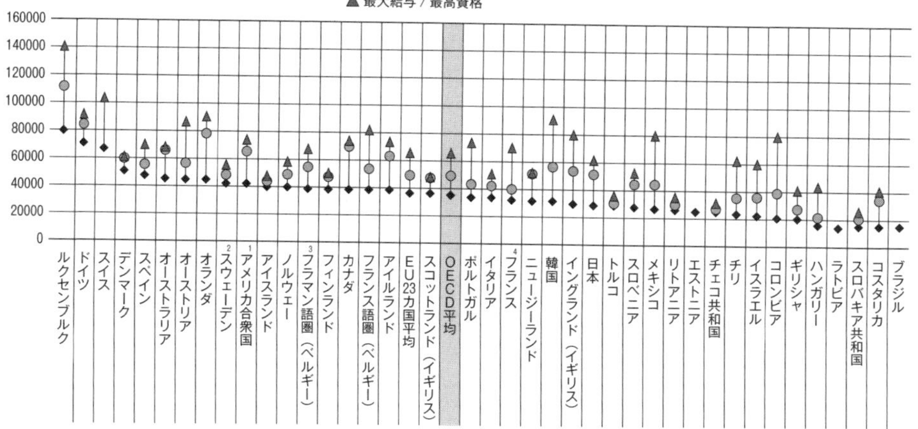

注１：実際の基本給。
注２：最高資格ではなく，最低資格での最大給与。
注３：最高資格ではなく，最も一般的な資格での最大給与。
注４：残業時間の固定賞与の平均を含む。国と経済機構は，最低資格を持つ前期中等学校の初任給の降順でランク付けされている。
出典：『図表でみる教育2020：OECD インジケータ』（OECD）

12 管理職の登用

学校の管理職に関する近年の動向として重要なのは，学校の適正な管理・運営体制を確立するべく，2007年６月の学校教育法等の改正により，校長，教頭に加え，副校長も置くことができるようになったことである。2023年４月１日現在，校長数３万1417人，副校長数3865人，教頭数３万1918人となっており（表Ⅳ-12-2），その平均年齢は校長と副校長が55歳，教頭が49歳である（表Ⅳ-12-3）。

さらに注目すべき点として，管理職に占める女性の割合と，管理職選考における特別支援教育の経験等に関する情報の把握・管理がある。2023年４月１日現在，管理職に占める女性の割合は23.7%（１万5914人）であり，過去最高の値となっている（図Ⅳ-12-1）。また，2021年度から，管理職選考における特別支援教育の経験等に関する情報の把握・管理についても調査が行われた。2023年４月１日現在，管理職選考で特別支援教育の経験等の情報を把握している教育委員会は26.9%であり，把握していない教育委員会のうち，今後情報を把握・管理することを予定している教育委員会は20%となった（図Ⅳ-12-2）。　（安里ゆかし）

表Ⅳ-12-1　校長・副校長・教頭の職務等

職名	職務規定	主な職務内容	設置
校長	校長は，校務をつかさどり，所属職員を監督する。 （学校教育法第37条第４項等）	①校務の掌理 ②職員の監督	必置
副校長	副校長は，校長を助け，命を受けて校務をつかさどる。 （学校教育法第37条第５項等）	①校長の補佐 ②校長等の命を受けた校務の掌理	任意設置
教頭	教頭は，校長（副校長を置く小学校にあつては，校長及び副校長）を助け，校務を整理し，及び必要に応じ児童の教育をつかさどる。 （学校教育法第37条第７項等）	①校長等の補佐 ②校務の整理 ③必要に応じた児童の教育	原則必置

出典：「学校・教職員の在り方及び教職調整額の見直し等に関する作業部会（第５回）配付資料」（2019年）

表Ⅳ-12-2　校長等人数

2023年４月１日現在（単位：校，人）

	小学校	中学校・義務教育学校	高等学校・中等教育学校	特別支援学校	合　計
校長数	18,157	8,875	3,395	990	31,417
女性（内数）	4,849	995	359	314	6,517
割合（%）	26.7%	11.2%	10.6%	31.7%	20.7%
副校長数	1,784	1,016	784	281	3,865
女性（内数）	602	197	111	103	1,013
割合（%）	33.7%	19.4%	14.2%	36.7%	26.2%
教頭数	17,088	8,819	4,528	1,483	31,918
女性（内数）	5,467	1,690	689	538	8,384
割合（%）	32.0%	19.2%	15.2%	36.3%	26.3%

出典：表Ⅳ-12-2，3及び図Ⅳ-12-1，2は「令和４年度公立学校教職員の人事行政状況調査」（文部科学省）

表Ⅳ-12-3　校長・副校長・教頭の登用率の推移

（単位：人，歳）

年度		30代		40歳～44歳		45歳～49歳		50歳～54歳		55歳以上		計	平均年齢	最多年齢
2021	校長	0	0.0%	4	0.1%	257	4.3%	2,278	38.1%	3,440	57.5%	5,979	54.6	56
	副校長	1	0.1%	79	9.4%	197	23.4%	331	39.4%	233	27.7%	841	51.2	51
	教頭	63	0.9%	637	9.3%	2,441	35.8%	3,085	45.3%	588	8.6%	6,814	49.6	50
2022	校長	0	0.0%	5	0.1%	278	4.7%	2,266	38.7%	3,306	56.5%	5,855	54.6	55
	副校長	0	0.0%	88	9.4%	246	26.4%	367	39.3%	232	24.9%	933	51.0	53
	教頭	74	1.1%	779	11.8%	2,504	38.0%	2,688	40.7%	553	8.4%	6,598	49.3	49
2023	校長	0	0.0%	12	0.2%	296	5.2%	2,299	40.2%	3,113	54.4%	5,720	54.4	55
	副校長	1	0.1%	117	13.5%	200	23.1%	318	36.8%	229	26.5%	865	50.8	55
	教頭	82	1.2%	759	11.5%	2,400	36.5%	2,768	42.1%	563	8.6%	6,572	49.3	49

図Ⅳ-12-1　職種別の女性管理職の割合と推移

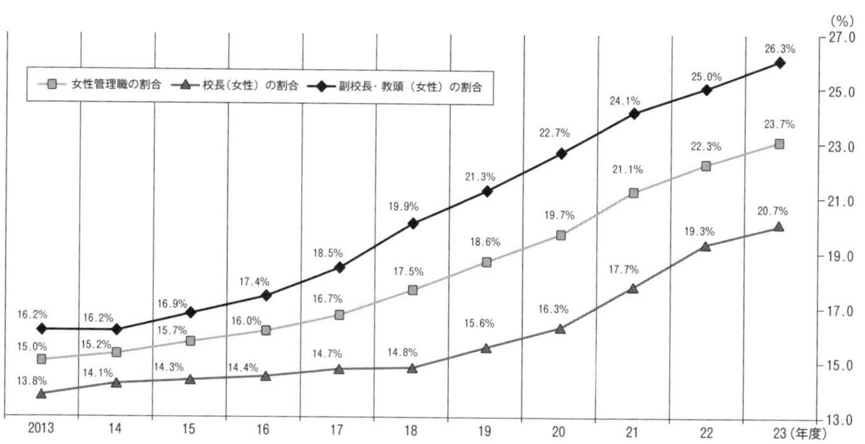

図Ⅳ-12-2　管理職選考において特別支援教育の経験等の情報を把握・管理している教育委員会の割合

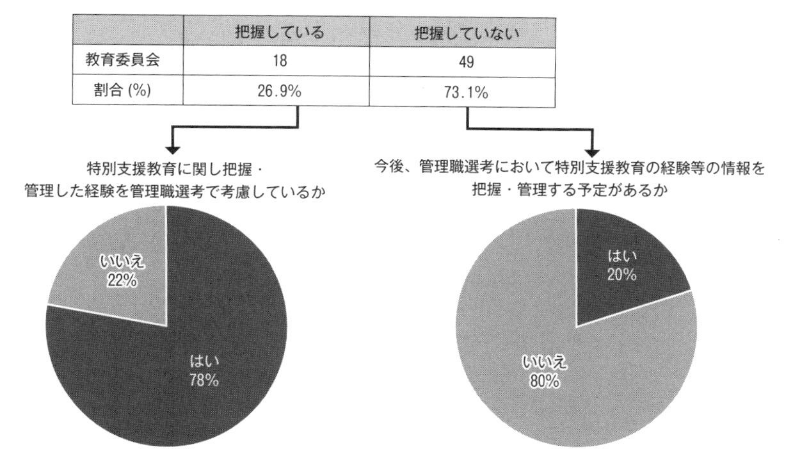

	把握している	把握していない
教育委員会	18	49
割合 (%)	26.9%	73.1%

13 教職員の配置と少人数学級編制

教職員定数の改善に関しては，1958年に「公立義務教育諸学校の学級編制及び教職員定数の標準に関する法律」が制定され，第１次～第７次（1959～2005年）にわたり教職員定数改善計画の策定と実施が行われており，それ以降も教職員の定数改善に向けた取組がなされている。公立の小・中学校における学級編制の標準の数は，1964～68年度の第２次計画で50人から45人に，1980～91年度の第５次計画で40人に，2011年度には小１のみが35人に引き下げられている。さらに2021年３月，Society5.0時代において一人ひとりの教育的ニーズに応じたきめ細かな指導を可能とする指導体制を整備するために「公立義務教育諸学校の学級編制及び教職員定数の標準に関する法律の一部を改正する法律」が成立し，2021年度から５年間かけて小学校の学級編成の標準を40人から35人に段階的に引き下げることが決まっている（表Ⅳ-13-１）。

一方で，少人数学級を推進する上で課題も多い。まず公立学校の施設については，既存教室数では不足する学校が多く，増改築等が必要であることが指摘されている。また，全国的に教員志願者数が低下していることに鑑み，大学における教育学部の定員増など，教職員の質の維持・向上や必要数確保への対応が課題となっている。日本の学校における平均学級規模は，OECD 平均よりも大きく，最も学級規模の大きい国の一つであるとされており，教職員の働き方の改善，一人ひとりの教育的ニーズに応じたきめ細やかな指導を実現していくためにも，少人数学級のより一層の推進が求められている（図Ⅳ-13-１）。（才鴈武也）

表Ⅳ-13-１　これまでの教職員定数改善の経緯

区分	要求数	改善増	査定率	自然減等	改善の内容	学級編制の標準
1959～63	不明	34,000人	不明	△18,000人	学級編制及び教職員定数の標準の明定	50人
1964～68	不明	61,683人	不明	△77,960人	45人学級の実施及び養護学校教職員の定数化等	45人
1969～73	37,141人	28,532人	76.8%	△11,801人	４個学年以上複式学級の解消等	
1974～78	40,000人	24,378人	60.9%	38,610人	３個学年複式学級の解消及び教頭・学校栄養職員の定数化等	
1980～91	121,288人	79,380人	65.4%	△57,932人	40人学級の実施等	40人
1993～2000	35,209人	30,400人	86.3%	△78,600人	指導方法の改善のための定数配置等	
2001～05	26,900人	26,900人	100.0%	△26,900人	少人数による授業，教頭・養護教諭の複数配置の拡充等	
2006	1,000人	0人	0.0%	△1,000人		
2007	331人	0人	0.0%	△900人		
2008	7,121人	1,195人	16.8%	△1,495人	主幹教諭，特別支援教育，食育	
2009	1,500人	1,000人	66.7%	△2,100人	主幹教諭，特別支援教育，教員の事務負担軽減等	
2010	5,500人	4,200人	76.4%	△3,900人	理数教科の少人数指導，特別支援教育，外国人児童生徒等への日本語指導等	
2011	8,300人	4,000人	48.2%	△3,700人	小１のみ学級編制の標準を35人	小１：35人 小２～中３：40人
2012	6,000人	2,900人	48.3%	△5,000人	小２の36人以上学級解消，様々な児童生徒の実態に対応できる加配定数措置	
2013	5,500人	1,400人	25.5%	△3,800人	いじめ問題への対応，特別支援教育，小学校における専科指導	
2014	3,800人	703人	18.5%	△4,513人	小学校英語の教科化への対応，いじめ・道徳教育への対応，特別支援教育の充実	
2015	2,760人	900人	32.6%	△4,000人	授業革新等による教育の質の向上，チーム学校の推進，個別の教育課題への対応，学校規模の適正化	
2016	3,040人	525人	17.3%	△4,000人	創造性を育む学校教育の推進，学校現場が抱える課題への対応，チーム学校の推進	
2017	3,060人	868人	28.4%	△4,150人	〈基礎定数化〉 ①通級による指導，②外国人児童生徒等教育，③初任者研修，④少人数教育 〈加配定数改善〉 小学校専科指導充実，統合校・小規模校支援，共同事務実施体制強化（事務職員），貧困等に起因する学力課題の解消等	

2018	3,800人	1,595人	42.0%	△4,456人	〈加配定数改善〉 小学校英語専科指導の充実，中学校生徒指導体制の強化，共同学校事務体制強化（事務職員），貧困等に起因する学力課題の解消，統廃合・小規模校への支援　等 〈基礎定数化の着実な推進〉	↓
2019	2,861人	1,456人	50.9%	△4,326人	〈加配定数改善〉 小学校英語専科指導の充実，中学校生徒指導体制の強化，共同学校事務体制強化（事務職員），貧困等に起因する学力課題の解消，統廃合・小規模校への支援　等 〈基礎定数化の着実な推進〉	↓
2020	4,235人（※1） 2,235人（※2）	3,726人（※1） 1,726人（※2）	88.0%（※1） 77.2%（※2）	△5,925人（※1） △3,925人（※2）	〈加配定数改善〉 小学校英語専科指導の充実，義務教育９年間を見通した指導体制への支援，中学校生徒指導体制の強化，共同学校事務体制強化（事務職員），貧困等に起因する学力課題の解消，統廃合・小規模校への支援　等 〈基礎定数化の着実な推進〉	↓
2021	2,397人（※1） ＋事項要求 397人（※2） ＋事項要求	2,397人（※1） ＋744人 397人（※2） ＋744人	100.0%（※1） 100.0%（※2）	△3,615人（※1） △1,615人（※2）	〈少人数によるきめ細かな指導体制の計画的な整備〉 小学校35人学級を段階的に実施（2021年度は小２） 〈加配定数改善〉 義務教育９年間を見通した指導体制への支援 〈基礎定数化の着実な推進〉	小：35人中：40人
2022	6,135人	4,690人（※3） 4,410人（※4）	76.4%（※3） 71.9%（※4）	△6,912人	〈加配定数改善〉 小学校高学年における教科担任制の推進，学校における働き方や複雑化・困難化する教育課題への対応 〈少人数によるきめ細かな指導体制の計画的な整備〉 小学校35人学級を段階的に実施（2022年度は小３） 〈基礎定数化の着実な推進〉	↓
2023	5,158人	4,808人（※5） 4,458人（※6）	93.2%（※5） 86.4%（※6）	△6,132人	〈加配定数改善〉 小学校高学年における教科担任制の推進，学校における働き方や複雑化・困難化する教育課題への対応 〈少人数によるきめ細かな指導体制の計画的な整備〉 小学校35人学級を段階的に実施（2023年度は小４） 〈基礎定数化の着実な推進〉	↓

※１　配置の見直し2,000人を含む。※２　配置の見直し2,000人を除く。※３　配置の見直し280人を含む。※４　配置の見直し280人を除く。
※５　配置の見直し350人を含む。※６　配置の見直し350人を除く。

表Ⅳ-13-２　少人数学級を実施している都道府県・指定都市（67自治体）

学年区分＼編制人員	30人以下	31～34人	35人	36～39人	純計
小学校１学年	18	4			22
２学年	15	5			20
３学年	8	4			12
４学年	6	4			10
５学年	4	3	46	4	55
６学年	4	3	41	4	51
小学校純計	20	6	47	4	59
中学校１学年	4	4	52	4	64
２学年	2	4	36	4	46
３学年	3	3	35	4	45
中学校純計	5	5	53	7	64
小・中学校純計	20	8	57	8	65

注１：学級編制基準の弾力的運用について，小学校１～４学年において35人未満，小学校５学年～中学校３学年において40人未満の学級編制を認めている状況を集計している。・同一学年でも学級数等により編制人員の取扱いが異なる場合は重複計上。
注２：「純計」は，縦の区分（編制人員）又は横の区分（学年区分）で複数該当している都道府県市数を除いた数。
注３：左の表には，児童生徒の実態に応じて一部の学校を対象とする場合を含む。

図Ⅳ-13-１　１学級当たりの児童生徒数（国際比較）

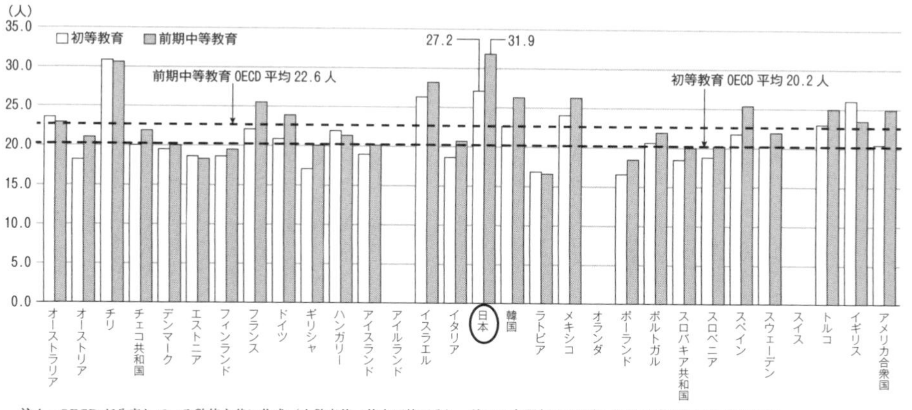

注１：OECD が公表している数値を基に作成（小数点第二位を四捨五入）。**注２**：参照年は2020年（日本の参照年度は2019年度）。
注３：日本の数値が，学校基本調査に基づく数値と異なるのは，各国間比較のため特別支援学級を除いていることなどによる。
出典：すべて「今後の教職員定数の在り方等に関する国と地方の協議の場（第３回）配付資料　【参考資料１】公立義務教育諸学校の学級編制及び教職員定数等に関する参考資料」（文部科学省，2023年）

14 教員の心の健康・指導が不適切な教員

近年，精神疾患により病気休職した公立学校の教師の数は増加の一方をたどっている。2013年に文部科学省が出した「教職員のメンタルヘルス対策について(最終まとめ)」では，「学校教育は，教職員と児童生徒の人格的な触れ合いを通じて行われるものであることから，教職員が心身共に健康を維持して教育に携わることができるようにすることが極めて重要である」とした上で，近年の教職員の精神疾患の増加は，休職期間の給与保障，代替教員等の配置による財政的負担も伴うという懸念から，「教職員のメンタルヘルス対策の充実・推進を図ることが喫緊の課題である」と述べられている。また，同報告では，教職員のメンタルヘルス不調の背景にあるものとして挙げられるのが，授業等の教育活動以外の用務の業務量の増加や，教師の業務の特徴という視点から，メンタルヘルス対策としてラインによるケア（上司が所属職員について日常的に健康状況等を見て支援や対応を行う）が難しく，その結果，個人で抱え込みやすい性質になってしまうという，学校内の教職員の構造によるものも挙げられる。図Ⅳ-14-1をみると，精神疾患による病気休職者数は年々増加しており，2022年度の6539人は過去最多である。精神疾患による休職発令時点での所属校における勤務年数は，［1年以上2年未満］が22.5%と最も多い（図Ⅳ-14-2）。また，2023年4月1日現在，精神疾患による休職者の病気休職期間は，［6月未満］38.1%と［6月以上1年未満］30.2%でおよそ7割を占める。

「指導が不適切である」教員等とは，「知識，技術，指導方法その他教員として求められる資質，能力に課題があるため，日常的に児童等への指導を行わせることが適当でない教諭等のうち，研修によって指導の改善が見込まれる者であって，直ちに後述する分限処分等の対象とはならない者」と定義されている（文部科学省，2007年）。指導が不適切な教員の要因・背景にあるのは，子供や保護者の権利主義，ニーズの変化，新しい教育や学校の特色に合わせた変化に教員側が順応

図Ⅳ-14-1　教育職員の精神疾患による病気休職者数の推移

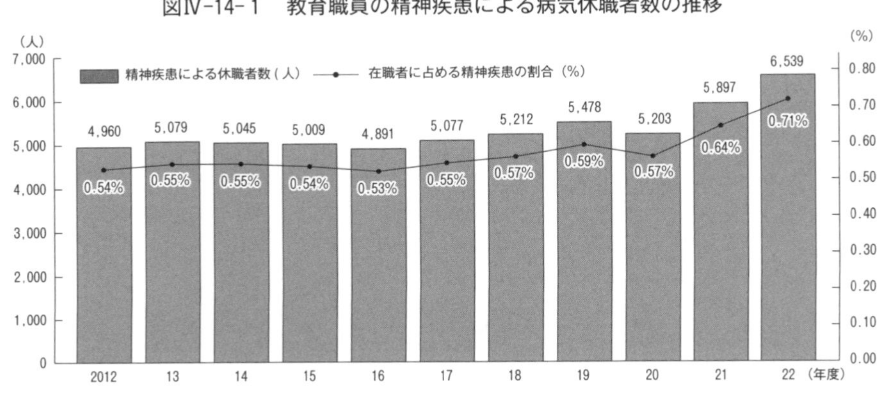

教師をめぐる状況

できなくなったことが挙げられる。

具体的な対応システムとして，文部科学省が出したガイドラインに沿って各自治体はそれぞれ指針を掲げ，指導が不適切な問題の程度を把握，校内・校外研修の実施などに取り組んでいる。 （澁谷優子）

〔参考文献〕「教職員のメンタルヘルス対策について（最終まとめ）」（文部科学省，2013年）

図Ⅳ-14-2　精神疾患による休職発令時点での所属校における勤務年数

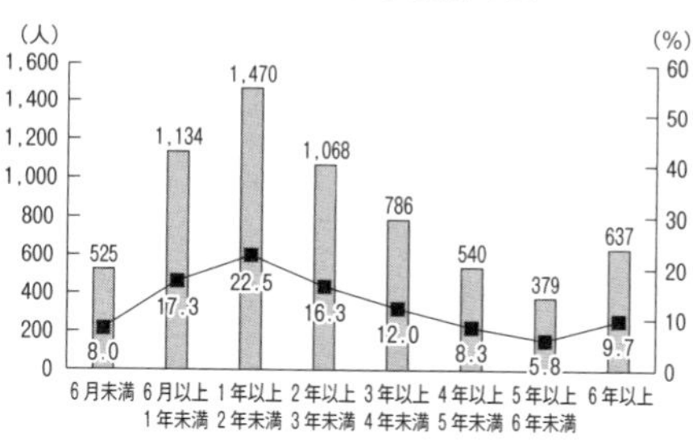

図Ⅳ-14-3　精神疾患による休職者の2023年4月1日現在における病気休職期間

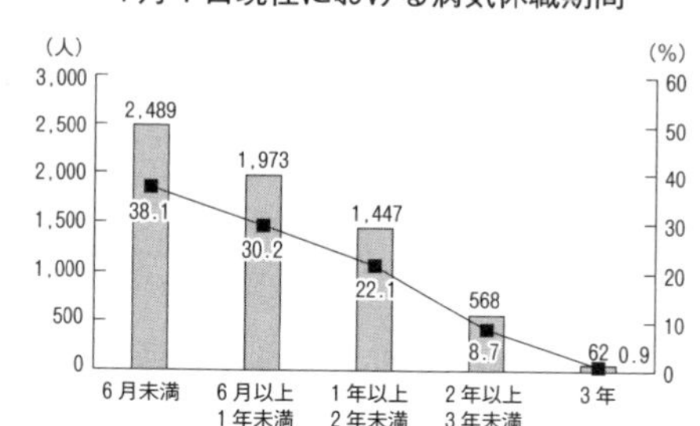

表Ⅳ-14-1　指導が不適切な教員の認定者の状況

■ 学校種別

	指導が不適切な教員数A	在職者数B	A/B
小学校	22人	341,742人	0.006%
中学校	14人	193,365人	0.007%
義務教育学校	0人	4,969人	0.000%
高等学校	6人	145,314人	0.004%
中等教育学校	0人	1,578人	0.000%
特別支援学校	1人	77,950人	0.001%
計	43人	764,918人	0.006%

■ 性別

	指導が不適切な教員数A	在職者数B	A/B
男　性	30人	356,762人	0.008%
女　性	13人	408,156人	0.003%
計	43人	764,918人	0.006%

■ 年代別

	指導が不適切な教員数A	本務教員数B	A/B
20代	7人	140,409人	0.005%
30代	16人	215,609人	0.007%
40代	10人	171,359人	0.006%
50代以上	10人	222,212人	0.005%
計	43人	749,589人	0.006%

注1：本務教員数：令和4年度学校教員統計調査より　注2：本務教員数：校長，副校長及び教頭を除く
出典：すべて「令和4年度公立学校教職員の人事行政状況調査について」（文部科学省，2023年）

15 教員に関する処分

公立学校の教員に対する処分は，懲戒処分と呼ばれる。地方公務員法第29条に基づく懲戒処分には，免職・停職・減給・戒告の４種類がある。次の３つのいずれかに該当すると，懲戒処分となる。すなわち，①法律，条例，及び地方公共団体の定める規則や規程の諸規定に違反した場合，②職務上の義務に違反し，又は職務を怠った場合，③全体の奉仕者たるにふさわしくない非行のあった場合——である。懲戒処分には及ばないが，教員に一定の非難すべき行為があった場合，上司が部下に対して将来を戒める事実上の指導監督の措置は，訓告と呼ばれる。

2022年度に懲戒処分を受けた教育職員の総数は745人であった。訓告等まで含めると4572人であり，これは教育職員総数の0.5％に当たる（表Ⅳ-15-１）。懲戒処分または訓告等（以下，「懲戒処分等」）を受けた教育職員数を年度別に見ると，過去５年間で減少傾向にあり，2022年度は前年度の4674人より少なくなっている（図Ⅳ-15-２）。

懲戒処分等に至った原因は，①交通違反・交通事故，②体罰，③性犯罪・性暴力等，④その他服務違反等——の４点に大別される（図Ⅳ-15-１）。その中でも，性犯罪・性暴力等に対しては，他に比べて免職または停職という重い処分が下される傾向にある。2022年度の性犯罪・性暴力等による免職は153件であり，これは全免職処分の約74％に相当する。

2022年度に性犯罪・性暴力等による懲戒処分等を受けた者は242人であった。過去５年間では，性犯罪・性暴力等による懲戒処分等は，特に数の多い2018年度（282人），2017年度（273人）に次いで多く，10年連続で200人を上回っている（図Ⅳ-15-３）。2022年度の性犯罪・性暴力等の内容については，「性交」（42人）

表Ⅳ-15-１　懲戒処分等の状況一覧

懲戒処分の種類				合計	訓告等	総計	対教育職員数割合
免職	停職	減給	戒告				
207人	152人	178人	208人	745人	3,872人	4,572人	0.5％

図Ⅳ-15-１　懲戒処分等の原因と件数

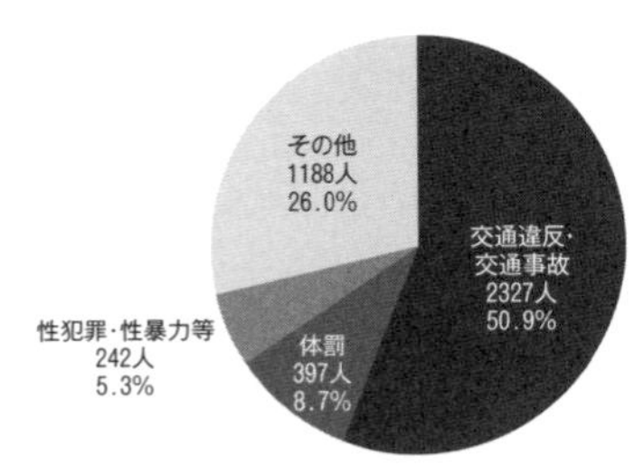

が一番多く，次いで「体に触る」(32人)，「盗撮・のぞき」(21人) の順に多くなっている (図Ⅳ-15-4)。 (武田 勲)

図Ⅳ-15-2 懲戒処分等の推移

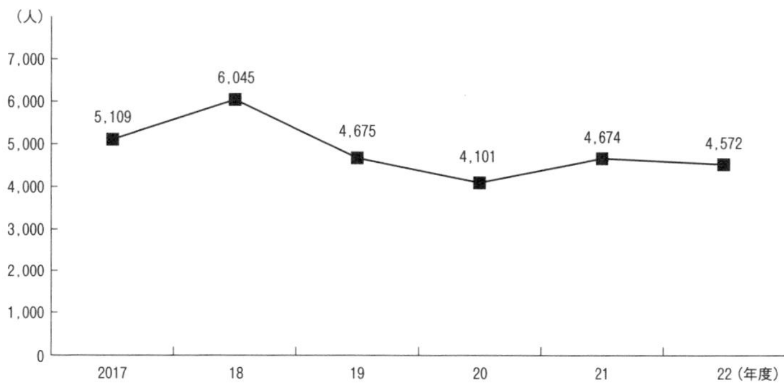

図Ⅳ-15-3 性犯罪・性暴力に係る懲戒処分等の推移

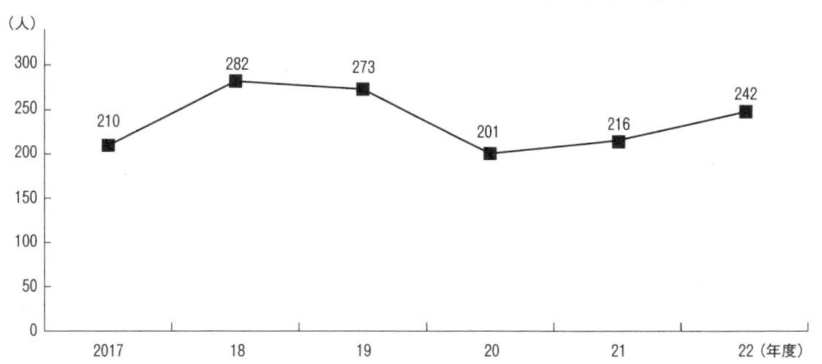

図Ⅳ-15-4 懲戒処分等を受けた性犯罪・性暴力の種類

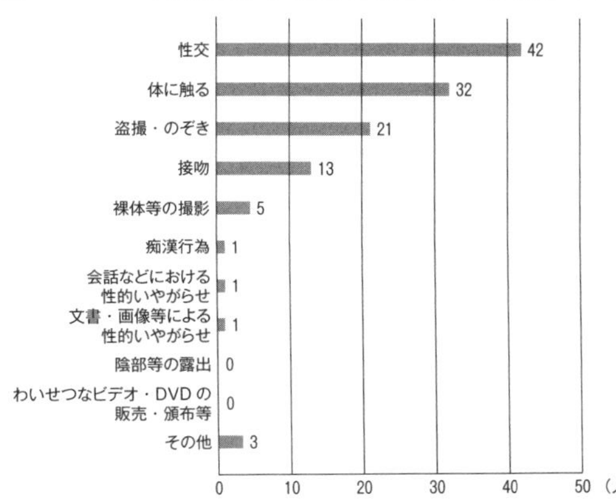

出典：すべて「令和4年度公立学校教職員の人事行政状況調査について」(文部科学省，2023年)

16 教員に関する訴訟事件

公立学校の教員は，その意に反して懲戒その他の不利益な処分を受けた場合に，地方公務員法第49条の２に基づき，人事委員会に審査請求をすることができる（不利益処分審査請求）。また，行政事件訴訟法に基づき，地方公共団体の機関を相手方とする抗告訴訟，地方公共団体を相手方とする当事者訴訟を行うこともできる（行政事件訴訟）。文部科学省は，こうした教職員に係る行政事件，刑事事件，審査請求措置要求の係属状況等を調査してきた。調査を開始した1960年代は，勤務評定制度の導入や学力調査の実施などの教育行政に反対する教員らによる争議行為が盛んであったため，教員に関する訴訟事件が全国で頻発していた。

不利益処分審査請求の係属状況の推移をみると，教育職員数は一貫して減少傾向にあり，2019年は約７万人である（図Ⅳ-16-１）。2019年の不利益処分審査請求で最も多いのは争議行為に関する懲戒処分取消請求であり，総件数222件のうち115件，教育職員数７万1292人のうち７万1101人と高い割合を占める（表Ⅳ

図Ⅳ-16-１　教育職員に係る不利益処分審査請求，行政事件訴訟の係属状況の推移

〈不利益処分審査請求の係属状況の推移〉

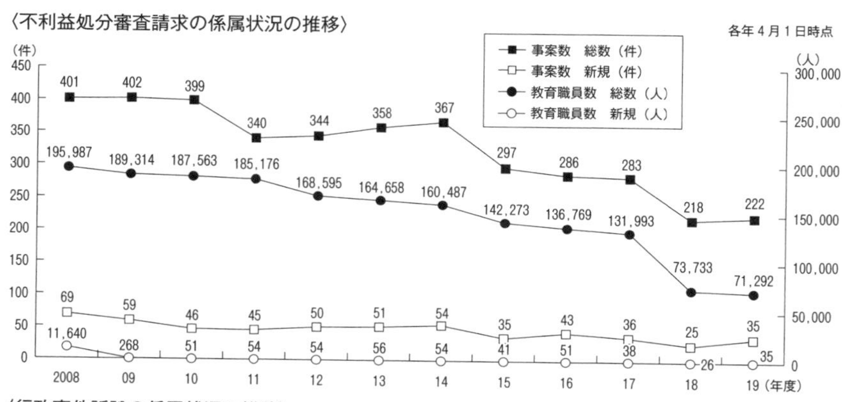

〈行政事件訴訟の係属状況の推移〉

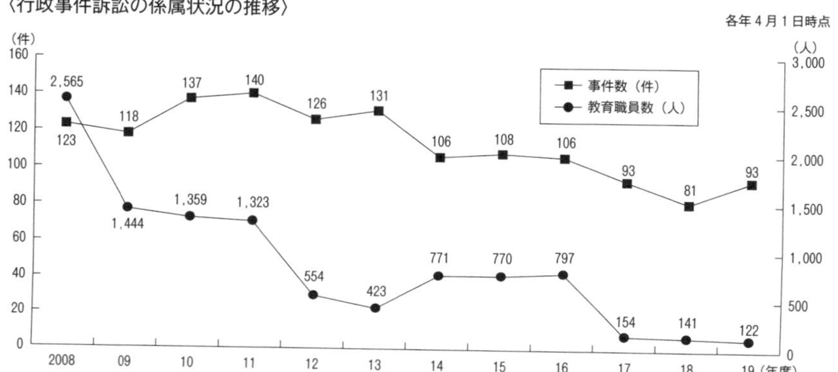

教師をめぐる状況

-16-１)。このうち99件，７万1018人は，1950～80年代の争議に係る審査請求である。

行政事件訴訟の係属状況の推移をみると，2008年以降，訴訟の件数，教育職員数がいずれも減少傾向にあり，2019年度は93件，122人である（図Ⅳ-16-１)。2000年代にかけては，「国歌斉唱義務不存在確認等請求事件」（平成23（行ツ）177等）など，数百人規模の教員を原告とする一連の訴訟事件に判決が出ている。

教育委員会・学校における人事管理，学校管理の上で，これらの教職員等関係判決は参考資料となる。『教育委員会月報』（2020年10月）で紹介された2019年度の指導改善研修，分限処分に関する判決（①)，懲戒処分等に関する判決（②～④)，その他の判決（⑤～⑦）は表Ⅳ-16-２の通りである。（中端紅南）

〔参考文献〕「教育職員に係る係争中の争訟事件等の調査」（文部科学省)，『教育委員会月報』（1962年10月)，同上（2020年５月)，同上（2020年10月）

表Ⅳ-16-１　教育職員に係る不利益処分審査請求の内容別係属状況（2019年度）

請求内容	件数（件）	教育職員数（人）
1　懲戒処分取消請求	204	71,274
(1)争議行為	115	71,101
(2)(1)以外に関するもの	89	173
2　分限処分取消請求	9	9
3　転任処分取消請求	3	3
4　その他	6	6
計	222	71,292

出典：図Ⅳ-16-１及び表Ⅳ-16-１は各年度「教育職員に係る係争中の争訟事件等の係属状況等の調査」（文部科学省初等中等教育局初等中等教育企画課）より作成

表Ⅳ-16-２　主な教職員等関係判決の一覧（2019年度）

	事件名	判決年月日，係属関係等	事件概要
①	分限免職取消等請求事件	平成31.1.24最高裁 上告棄却	指導改善研修を受講したが改善が見られなかったことによる分限免職の違法性等を主張した事例。
②	懲戒免職処分等取消請求事件	令和元.7.26最高裁 上告不受理	わいせつ行為による懲戒免職処分や退職手当支給制限処分の取消しを求めた事例。
③	戒告処分取消等請求事件	令和元.5.23大阪高裁　原判決一部変更，控訴一部棄却	入学式において職務命令に従わず，国歌斉唱の際に起立しなかったことによる懲戒処分の取消しを求めた事例。
④	退職手当支給制限処分取消請求事件	平成30.8.29最高裁 上告不受理	飲酒運転同乗により懲戒免職処分を受けた元教員が退職手当支給制限処分の取消しを求めた事例。
⑤	退職手当支給制限処分取消等，慰謝料等請求事件	平成31.3.5最高裁 上告不受理	盗撮により懲戒免職処分及び退職手当支給制限処分を受けた元教員が各処分の取消しを求めた裁判の結果を受けて，改めて７割の支給制限とした処分を不服として，取消し及び慰謝料等を求めた事例。
⑥	損害賠償請求事件	平成30.12.5福井地裁　請求棄却	教員が校長らからパワハラなどを受けたとして損害賠償を求めた事例。
⑦	損害賠償請求事件	令和元.6.27大阪高裁　請求棄却	依願退職した元教員が指導改善研修中に教育委員会職員の欺罔行為を受けたとして損害賠償を求めた事例。

出典：『教育委員会月報』（2020年10月）より作成

17 教職員団体の組織状況

公立学校の教職員が組織する教職員団体には，地方公務員法及び教育公務員特例法に基づく登録団体とこれ以外の非登録団体とがある。その中で，都道府県単位の教職員団体等が連合した主な全国的組織の登録団体として，現在，日本教職員組合（日教組），全日本教職員組合（全教），日本高等学校教職員組合（日高教右派），全日本教職員連盟（全日教連），全国教育管理教職団体協議会（全管協）の５団体がある。中でも，日教組は教職員の組織団体としては最も大きく，現在47都道府県に組織をもつ全国的組織であり，全国の子供のための教育条件の整備

表Ⅳ-17-１　教職員団体への加入状況

■ 教職員全体の加入状況

調査年月日		2022・10・1		2021・10・1		増減	
区分		加入者数	%	加入者数	%	加入者数	%
日本教職員組合（日教組）		204,407	20.1	211,418	20.8	▲7,011	▲0.7
	うち教員	193,778	23.2	200,211	24.0	▲6,433	▲0.8
全日本教職員組合（全教）		28,629	2.8	30,921	3.0	▲2,292	▲0.2
	うち教員	26,353	3.2	28,516	3.4	▲2,163	▲0.2
日本高等学校教職員組合（日高教（右））		7,260	0.7	7,530	0.7	▲270	0.0
	うち教員	6,806	0.8	7,074	0.8	▲268	0.0
全日本教職員連盟（全日教連）		17,078	1.7	18,256	1.8	▲1,178	▲0.1
	うち教員	14,656	1.8	15,716	1.9	▲1,060	▲0.1
全国教育管理職員団体協議会（全管協）		3,676	0.4	3,739	0.4	▲63	0.0
	うち教員	0	0.0	0	0.0	0	0.0
その他		35,804	3.5	37,569	3.7	▲1,765	▲0.2
	うち教員	13,889	1.7	14,565	1.7	▲676	0.0
合計		296,854	29.2	309,433	30.4	▲12,579	▲1.2
	うち教員	255,482	30.6	266,082	31.8	▲10,600	▲1.2
非加入		718,650	70.8	708,679	69.6	9,971	1.2
	うち教員	580,516	69.4	569,510	68.2	11,006	1.2
（参考）教職員総数		1,015,504	100.0	1,018,112	100.0	▲2,608	–
	うち教員	835,998	100.0	835,592	100.0	406	–

■ 新採用教職員の加入状況

調査年月日		2022・10・1		2021・10・1		増減	
区分		加入者数	%	加入者数	%	加入者数	%
日教組		6,687	17.8	6,940	18.2	▲253	▲0.4
	うち教員	6,480	18.5	6,719	18.9	▲239	▲0.4
全教		394	1.0	396	1.0	▲2	0.0
	うち教員	358	1.0	366	1.0	▲8	0.0
日高教（右）		137	0.4	142	0.4	▲5	0.0
	うち教員	129	0.4	135	0.4	▲6	0.0
全日教連		512	1.4	600	1.6	▲88	▲0.2
	うち教員	490	1.4	579	1.6	▲89	▲0.2
その他		883	2.3	839	2.2	44	0.1
	うち教員	605	1.7	651	1.8	▲46	▲0.1
合計		8,613	22.9	8,917	23.4	▲304	▲0.5
	うち教員	8,062	23.0	8,450	23.8	▲388	▲0.8
非加入		29,049	77.1	29,207	76.6	▲158	0.5
	うち教員	27,025	77.0	27,105	76.2	▲80	0.8
（参考）教職員総数		37,662	100.0	38,124	100.0	▲462	–
	うち教員	35,087	100.0	35,555	100.0	▲468	–

注１：本調査の対象となる教職員（校長，副校長，教頭，事務長，部主事，教員，事務職員，単純労務職員等）は，大学・高専を除く公立学校に勤務する全ての常勤職員（再任用教職員を含む。）。
注２：「２．新採用教職員の加入状況」については，「１．教職員全体の加入状況」の内数である。
注３：小数点以下第２位を四捨五入したため，計と内訳の合計が一致しない場合がある。

や，教職員の待遇の改善，地位の向上等を主な目的として，教育に関わる制度・政策に対するアドボカシー，平和運動をはじめとする政治的な数多くの活動を行っている。日教組は従来，初任者研修，学習指導要領，国旗・国歌，主任制度など，国の教育政策に対し基本的には反対の姿勢を示してきたが，1995年９月の第80回定期大会において，文部科学省や教育委員会とパートナーシップを構築し，先述の諸制度・政策への対立・反対から協調に向けて「参加・提言・改革」路線を実質化していく方針が打ち出されたのを機に，教育関係審議会等への意見反映を進めるとともに，広範な合意形成を図ることを目的として経済界との対話，日本労働組合総連合会などとの連携を行うようになった。

2022年10月１日現在，教職員の総数は，101万5504人であり，このうち，教職員団体の加入率は29.2%である（表Ⅳ-17-１）。この数値は，1976年以降，47年連続で低下しており，過去最低となっている。最も加入者数の多い日教組への加入率も，1977年以降，46年連続低下しており，過去最低の20.1%となっている（図Ⅳ-17-１）。また，新採用教職員については，総数３万7662人のうち，教職員団体の加入率は22.9%，日教組への加入率は17.8%である（表Ⅳ-17-１）。いずれの値も前年度を下回っている。もう少し詳しくみると，図Ⅳ-17-１から読み取れるように，新採用教職員の教職員団体の加入率は1980年代後半より微増と微減を繰り返し，近年では加入率が25%前後に，日教組への加入率が20%前後に落ち着いている。

（正木　僚）

〔参考文献〕　文部科学省初等中等教育局初等中等教育企画課「教育委員会月報」2023年３月号（No.881）

図Ⅳ-17-１　教職員団体全体と日教組の加入率・新採加入率の推移

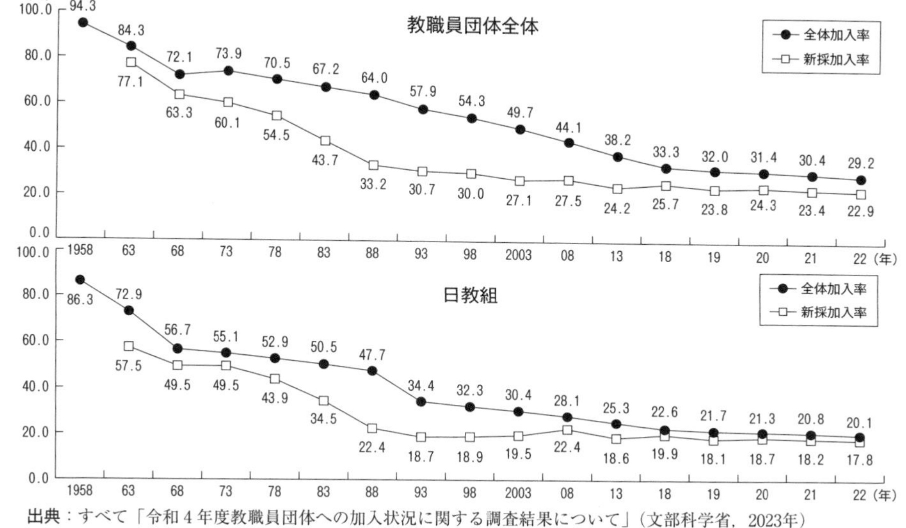

出典：すべて「令和４年度教職員団体への加入状況に関する調査結果について」（文部科学省，2023年）

V

生涯学習と社会教育

1 生涯学習の意義と実態

生涯学習とは，「人々が生涯に行うあらゆる学習，すなわち，学校教育，家庭教育，社会教育，文化活動，スポーツ活動，レクリエーション活動，ボランティア活動，企業内教育，趣味など様々な場や機会において行う学習」を意味する。

内閣府が2022年に実施した「生涯学習に関する世論調査」では，最近１年くらいの間に「学習したことがある」人の割合は74.8％であった。生涯学習を行う人の割合は，近年上昇している（図Ⅴ-１-１）。

学習内容は，「仕事に必要な知識・技能や資格に関すること」が40.1％で最も高く，次いで「健康やスポーツに関すること」が31.3％であった。また，「学習したことがある」人が選択した学習の理由は，「現在または当時の仕事において必要性を感じたため」が53.5％で最も高く，次いで「家庭や日常生活に生かすため」が47.8％であった（図Ⅴ-１-２）。

学んだことを，日々の仕事や暮らしに役立てようとしていることが分かる。その一方，「学習していない」人はその理由として，45.5％が「特に必要がない」，29.1％が「きっかけがつかめない」，27.5％が「仕事が忙しくて時間がない」を選択している。生涯学習を盛んにするために，国や地方自治体は「インターネットを利用したオンライン学習の充実」，「仕事に必要な知識・技能の習得や資格取得に対する経済的な支援」等に力を入れるべきであるとされている（図Ⅴ-１-３）。

（山中拓真）

〔参考文献〕「令和４年度文部科学白書」（文部科学省，2023年）

図Ⅴ1-1-1　生涯学習の経験率

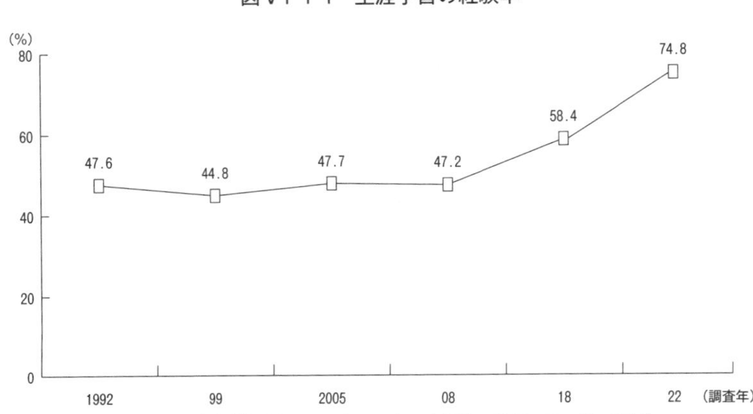

出典：「生涯学習に関する世論調査」（総理府，1992年・99年，内閣府，2005・08・18・22年）

図Ⅴ-1-2　学習した理由

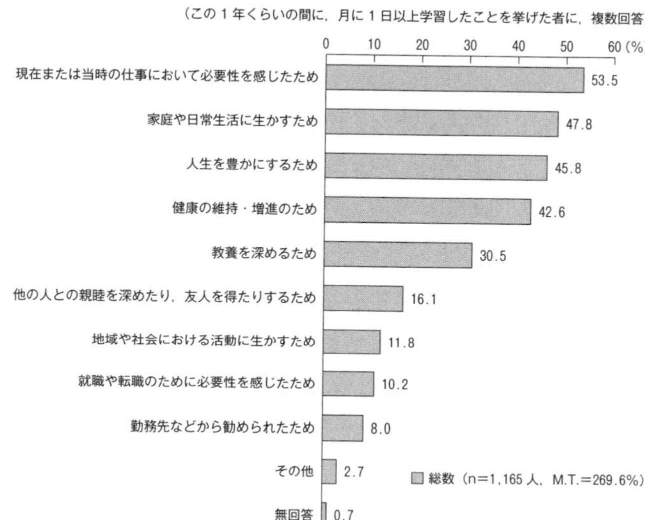

図Ⅴ-1-3　生涯学習を盛んにしていくために国や地方自治体が力を入れるべきこと

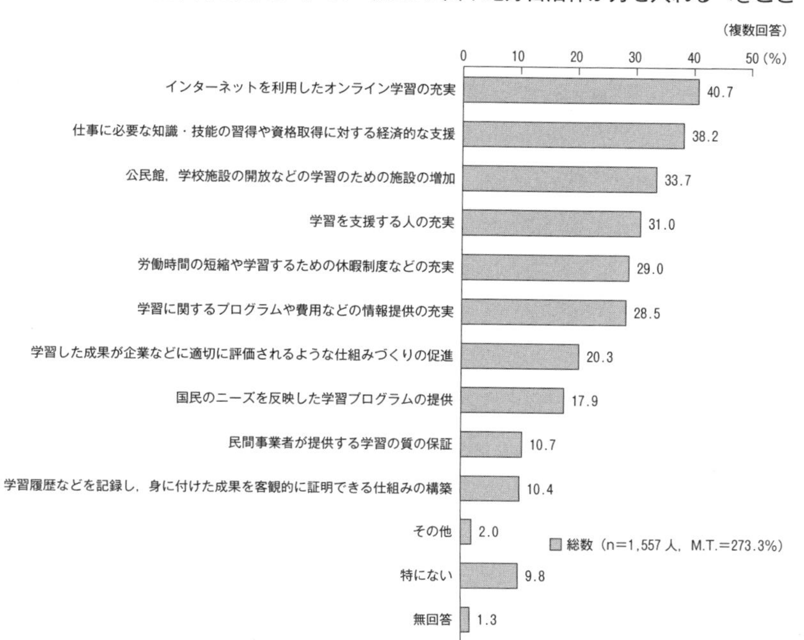

出典：図Ⅴ-1-2，3は「生涯学習に関する世論調査」（内閣府，2022年）

2 生涯学習振興計画

1960年代にUNESCOが提唱した「生涯教育」の考え方や中央教育審議会での議論を踏まえ，日本でも1980年代後半には学校中心教育から生涯学習体系への移行がうたわれた。1988年に当時の文部省に生涯学習局が設置され，その後，生涯学習政策局としての再編（2001年）を経て，2018年からは総合的な教育改革を推進するため，総合教育政策局として改組されている 。2023年６月に閣議決定された「第４期教育振興基本計画」には，表Ⅴ-２-１の通り，16の教育政策の目標の一つに「生涯学び，活躍できる環境整備」が記載されている。

1990年に「生涯学習の振興のための施策の推進体制等の整備に関する法律」（生涯学習振興法）（主な内容は表Ⅴ-２-２参照）が成立し，生涯学習の法的な位置付けが示された。また，2006年に改正された教育基本法では，第３条に「生涯学習の理念」に関する規定が新たに設けられ，生涯学習社会の実現を目指すことが明確化された。

これらを受け，地方行政における行政組織等の整備として，①生涯学習担当部局の設置（すべての都道府県が生涯学習担当部局を設置），②生涯学習審議会の設置，③生涯学習振興計画の策定，④生涯学習推進センターの整備，⑤全国生涯学習市町村協議会の設立――が進められている。生涯学習振興計画は生涯学習振興のための中長期的な基本計画や基本構想を策定しており，2018年度時点で約９

表Ⅴ-２-１　「生涯学び，活躍できる環境整備」（第４期教育振興基本計画）

【基本施策】	【指標】
○大学等と産業界の連携等によるリカレント教育の充実 ○働きながら学べる環境整備 ○リカレント教育のための経済支援・情報提供 ○現代的・社会的な課題に対応した学習等の推進 ○女性活躍に向けたリカレント教育の推進 ○高齢者の生涯学習の推進 ○リカレント教育の成果の適切な評価・活用 ○学習履歴の可視化の促進 ○生涯を通じた文化芸術活動の推進	•この１年くらいの間に生涯学習をしたことがある者の割合の増加 •この１年くらいの間に行った学習の理由として，「家庭や日常生活に生かすため」「人生を豊かにするため」「健康の維持・増進のため」「教養を深めるため」「他の人との親睦を深めたり，友人を得たりするため」「地域や社会における活動に生かすため」を挙げた者の割合の増加 •この１年くらいの間の学習を通じて得た成果を仕事や就職の上で生かしている，または生かせると回答した者の割合の増加 •国民の鑑賞，鑑賞以外の文化芸術活動へのそれぞれの参加割合の増加

出典：「第４期教育振興基本計画」（2023年６月16日閣議決定）

表Ⅴ-２-２　生涯学習振興法の主な内容

① **都道府県教育委員会の事業**
学習機会の提供，学習機会に関する情報の収集・整理・提供，学習需要等に関する調査研究，指導者等の研修，関係機関・団体への援助など。

② **生涯学習審議会**
都道府県に，条例により生涯学習審議会を置くことができること。

③ **地域生涯学習振興基本構想**
都道府県は，特定の地区において，民間事業者の能力を活用しつつ学習機会の総合的な提供を行うことに関する基本的な構想（地域生涯学習振興基本構想）を作成することができる。

出典：文部科学省「生涯学習振興の経緯等について」

割の自治体が策定している（2019年度以降は同調査が行われていない）。

（米田勇太）

表Ⅴ-２-３　市町村における生涯学習振興計画等の策定状況

2018年５月１日現在

都道府県名	策定している市町村数		策定していない市町村数	合計市町村数	策定率（%）
北海道	148	26	4	178	97.8
青森県	16	21	3	40	92.5
岩手県	14	15	4	33	87.9
宮城県	14	20	0	34	100.0
秋田県	21	3	1	25	96.0
山形県	16	11	8	35	77.1
福島県	27	24	8	59	86.4
茨城県	14	18	12	44	72.7
栃木県	21	4	0	25	100.0
群馬県	8	21	6	35	82.9
埼玉県	30	30	2	62	96.8
千葉県	25	28	0	53	100.0
東京都	29	18	15	62	75.8
神奈川県	20	7	3	30	90.0
新潟県	21	6	2	29	93.1
富山県	1	11	3	15	80.0
石川県	5	12	2	19	89.5
福井県	4	11	2	17	88.2
山梨県	11	13	3	27	88.9
長野県	30	37	10	77	87.0
岐阜県	8	34	0	42	100.0
静岡県	19	9	5	33	84.8
愛知県	43	8	2	53	96.2
三重県	8	16	5	29	82.8
滋賀県	6	12	1	19	94.7
京都府	14	5	6	25	76.0
大阪府	23	11	7	41	82.9
兵庫県	12	25	3	40	92.5
奈良県	17	16	6	39	84.6
和歌山県	15	9	6	30	80.0
鳥取県	4	14	1	19	94.7
島根県	7	8	4	19	78.9
岡山県	8	6	12	26	53.8
広島県	9	9	4	22	81.8
山口県	8	8	3	19	84.2
徳島県	1	21	2	24	91.7
香川県	6	7	4	17	76.5
愛媛県	1	19	0	20	100.0
高知県	4	20	10	34	70.6
福岡県	20	23	15	58	74.1
佐賀県	2	18	0	20	100.0
長崎県	6	14	1	21	95.2
熊本県	4	34	6	44	86.4
大分県	7	9	2	18	88.9
宮崎県	2	24	0	26	100.0
鹿児島県	8	35	0	43	100.0
沖縄県	6	35	0	41	100.0
				全国平均	91.0

注１：政令指定都市を除く。

注２：「策定している市町村数」のうち，左側は生涯学習に資する計画等を単独で策定している数，右側は生涯学習に資する計画等は策定していないが，教育全般に関する計画等を策定し，その中で生涯学習について規定している数。

表Ⅴ－２－４　生涯学習振興計画等の策定状況

※「都道府県・政令指定都市における策定状況」については，以下の通り整理して記載。
　○：生涯学習に資する計画等を，教育全般に関する計画等とは別に策定している。
　　（教育全般に関する計画等を策定していなくても，生涯学習に資する計画等を策定している場合はこれに含む）
　●：生涯学習に資する計画等を策定せずに，教育全般に関する計画等を策定し，その中で生涯学習について規定している。
　×：生涯学習に資する計画等を策定していない。教育全般に関する計画等を策定していても生涯学習に関する規定がない。
　　（教育全般に関する計画等を策定していない場合もこれに含む）

都道府県・政令指定都市名	都道府県・政令指定都市における策定状況	生涯学習振興計画等（生涯学習に資する計画等）		教育振興計画等（教育全般に関する計画）	
		名　称	策定者	名　称	策定者
北海道	○	第３次北海道生涯学習推進基本構想	北海道生涯学習推進本部	北海道教育推進計画	教育委員会
青森県	●	–	–	青森県教育振興基本計画	教育委員会
岩手県	●	–	–	岩手の教育振興	教育委員会
宮城県	●	–	–	第２期宮城県教育振興基本計画	教育庁
秋田県	○	秋田県生涯学習ビジョン	秋田県生涯学習推進本部	第２期あきたの教育振興に関する基本計画	教育委員会
山形県	○	第５次山形県生涯学習振興計画	教育庁	第６次山形県教育振興計画	教育庁
福島県	○	福島県生涯学習基本計画	知事部局	第６次福島県総合教育計画	教育庁
茨城県	○	第５次茨城県生涯学習推進計画「学び合い　支え合い　高め合う生涯学習社会を目指して」	茨城県生涯学習推進本部	いばらき教育プラン	教育委員会
栃木県	○	栃木県生涯学習推進計画五期計画 とちぎ輝き「あい」育みプラン	栃木県生涯学習推進本部	栃木県教育振興基本計画2020	教育委員会
群馬県	●	–	–	第２期群馬県教育振興基本計画	教育委員会
埼玉県	○	埼玉県生涯学習推進指針	教育委員会	第２期埼玉県教育振興基本計画	教育委員会
千葉県	●	–	–	第２期千葉県教育振興基本計画 新みんなで取り組む「教育立県ちば」プラン	教育委員会
東京都	×	–	–	東京都教育ビジョン（第３次・一部改定）	教育委員会
神奈川県	●	–	–	かながわ教育ビジョン	教育委員会
新潟県	○	第２次新潟県生涯学習推進プラン（改定版） －学びを楽しみ社会に生かす－	知事部局・教育委員会	新潟県教育振興基本計画	知事部局・教育委員会
富山県	●	–	–	新富山県教育振興基本計画	教育委員会
石川県	●	–	–	第２期石川の教育振興基本計画	知事部局・教育委員会
福井県	●	–	–	福井県教育振興基本計画	教育庁
山梨県	●	–	–	新やまなしの教育振興プラン	教育庁
長野県	○	長野県生涯学習基本構想 ～うるおいと生きがいを求めて～	教育委員会	第３次長野県教育振興基本計画	教育委員会
岐阜県	○	岐阜県生涯学習振興指針 ～「地域づくり型生涯学習」の推進による「清流の国ぎふ」づくり	知事部局	第２次岐阜県教育ビジョン	教育委員会
静岡県	●	–	–	静岡県教育振興基本計画	静岡県 静岡県教育委員会
愛知県	○	第２期愛知県生涯学習推進計画	愛知県生涯学習推進本部	あいちの教育ビジョン2020 －第三次愛知県教育振興基本計画－	愛知県 愛知県教育委員会
三重県	●	–	–	三重県教育ビジョン	教育委員会
滋賀県	○	「滋賀の生涯学習社会づくりに関する基本的な考え方」～社会の力で市民性を育み，活力ある地域を創生～	教育委員会（策定者は滋賀県）	滋賀県教育振興基本計画（第３期）	教育委員会（策定者は滋賀県）
京都府	○	京都 OWN 学習プラン	知事部局	京都府教育振興プラン ～つながり，創る，京の知恵～	教育庁
大阪府	×	–	–	大阪府教育振興基本計画	大阪府
兵庫県	○	兵庫県生涯学習基本構想 新兵庫県生涯学習推進計画	兵庫県	第２期ひょうご教育創造プラン（兵庫県教育基本計画）	兵庫県
奈良県	●	–	–	奈良県教育振興大綱で一体的に策定	奈良県

都道府県・政令指定都市名	都道府県・政令指定都市における策定状況	生涯学習振興計画等（生涯学習に資する計画等）		教育振興計画等（教育全般に関する計画）	
		名　称	策定者	名　称	策定者
和歌山県	●	–	–	和歌山県教育振興基本計画	教育庁
鳥取県	●	–	–	鳥取県教育振興基本計画	教育委員会
島根県	●	–	–	第２期しまね教育ビジョン21	教育委員会
岡山県	●	–	–	第２次岡山県教育振興基本計画	教育委員会
広島県	○	広島県生涯学習推進構想	教育委員会	広島県教育委員会主要施策実施方針	教育委員会
山口県	●	–	–	山口県教育振興基本計画	教育委員会
徳島県	●	–	–	徳島県教育振興計画（第３期）	教育委員会
香川県	●	–	–	香川県教育基本計画	教育委員会
愛媛県	○	愛媛県生涯学習推進計画	教育委員会（知事部局へ移管）	愛媛県教育基本方針・重点施策	教育委員会
高知県	●	–	–	第２期高知県教育振興基本計画	教育委員会
福岡県	●	–	–	福岡県教育施策実施計画	教育庁
佐賀県	○	佐賀県生涯学習推進構想	教育委員会	佐賀県総合計画2015 佐賀県教育施策実施計画	佐賀県 教育委員会
長崎県	●	–	–	第二期長崎県教育振興基本計画	教育庁
熊本県	●	–	–	第２期くまもと「夢への架け橋」教育プラン	教育庁
大分県	●	–	–	大分県長期教育計画 「教育県大分」創造プラン2016	教育庁
宮崎県	●	–	–	第二次宮崎県教育振興基本計画（改定版）	教育庁
鹿児島県	●	–	–	鹿児島県教育振興基本計画	教育庁
沖縄県	○	第三次沖縄県生涯学習推進計画	沖縄県生涯学習推進本部	沖縄県教育振興基本計画	教育庁
札幌市	○	第３次札幌市生涯学習推進構想	教育委員会（策定者は札幌市）	札幌市教育振興基本計画	教育委員会
仙台市	●	–	–	第２期仙台市教育振興基本計画	教育委員会
さいたま市	○	第２次さいたま市生涯学習推進計画	教育委員会	さいたま市教育総合ビジョン	教育委員会
千葉市	○	第５次千葉市生涯学習推進計画	教育委員会	第２次千葉市学校教育推進計画 第５次千葉市生涯学習推進計画	教育委員会
横浜市	○	第３次横浜市生涯学習基本構想	教育委員会	第２期横浜市教育振興基本計画	教育委員会
川崎市	●	–	–	第２次川崎市教育振興基本計画 「かわさき教育プラン」	教育委員会
相模原市	●	–	–	相模原市教育振興計画	教育委員会
新潟市	●	–	–	新潟市教育ビジョン	教育委員会
静岡市	○	静岡市生涯学習推進大綱	市長部局	静岡市教育振興基本計画	教育委員会
浜松市	○	浜松市生涯学習推進大綱	市長部局	第３次浜松市教育総合計画	教育委員会
名古屋市	○	名古屋市生涯学習推進基本指針	教育委員会	名古屋市教育振興基本計画	教育委員会
京都市	●	–	–	京都市基本計画 「はばたけ未来へ！京（みやこ）プラン」	市長部局
大阪市	○	生涯学習大阪計画 ～ひと・まち・まなびをつなぐ生涯学習～	教育委員会	大阪市教育振興基本計画	教育委員会
堺市	○	堺市生涯学習支援計画	市長部局	第２期未来をつくる堺教育プラン	教育委員会
神戸市	○	神戸市生涯学習総合計画	教育委員会	神戸市教育振興基本計画	教育委員会
岡山市	×	–	–	岡山市教育振興基本計画	教育委員会
広島市	●	–	–	広島市教育振興基本計画	教育委員会
北九州市	○	北九州市生涯学習推進計画	教育委員会	子どもの未来をひらく教育プラン	教育委員会
福岡市	○	福岡市生涯学習基本計画	教育委員会	新しいふくおかの教育計画	教育委員会
熊本市	○	熊本市生涯学習指針	教育委員会	熊本市教育振興基本計画	教育委員会

出典：表Ｖ-２-３，４は「平成30年度生涯学習・社会教育振興施策に関する基礎資料」（文部科学省）

3 生涯学習推進体制

生涯学習推進体制とは，人々の生涯にわたる学習を支援・奨励するための，国・自治体の組織体制を指す。

各自治体では，生涯学習・社会教育を担当する部課が，首長部局または教育委員会に設置されている。2018年度において，岐阜県・浜松市は首長部局のみに担当部課を設置している唯一の県・政令市である。市町村では教育委員会のみに設置する自治体が多いものの，首長部局と教育委員会の両方に設置する市町村が増えている。都道府県においても，両方に設置する自治体が増えている。政令市に至っては，浜松市を除くすべての市が両方に設置している（表V-3-1，2）。生涯学習・社会教育を推進するために，首長部局と教育委員会間の連携が模索されていることがうかがえる。（山中拓真）

〔参考文献〕 井上講四「生涯学習推進体制」(2006)（日本生涯教育学会／編『生涯学習研究e事典』）

表V-3-1 都道府県・政令指定都市における生涯学習・社会教育担当部課の設置状況

都道府県・政令指定都市名	教育委員会のみに設置	知事部局のみに設置	教育委員会と知事部局の両方に設置	知事部局における担当部課名及び事務分掌
北海道			○	環境生活部 文化・スポーツ局 文化振興課 ・文化に係る企画及び総合調整に関すること ・文化振興に関すること スポーツ振興課 ・スポーツに係る企画及び総合調整に関すること ・スポーツの振興に関すること
青森県	○			
岩手県			○	文化スポーツ部 文化振興課 ・文化芸術振興に関すること ・文化施設に関すること ・世界遺産の保存管理，普及啓発に関すること スポーツ振興課 ・スポーツの振興に関すること ・社会体育施設に関すること
宮城県	○			
秋田県			○	観光文化スポーツ部 文化振興課 ・文化振興に関すること ・芸術文化団体の育成・支援に関すること ・文化施設に関すること スポーツ振興課 ・スポーツの推進に関すること ・生涯スポーツの振興に関すること ・スポーツ施設の整備・管理に関すること
山形県	○			
福島県			○	企画調整部 文化スポーツ局 生涯学習課 ・生涯学習行政の総合企画・調整に関すること 文化振興課 ・文化行政の総合企画・調整に関すること スポーツ課 ・スポーツ振興に係る総合企画・調整に関すること
茨城県	○			
栃木県	○			
群馬県			○	生活文化スポーツ部 文化振興課 ・文化振興に関すること，芸術文化団体の育成・支援，著作権指導等 スポーツ振興課 ・生涯スポーツ振興，競技力向上対策事業等に関すること
埼玉県			○	県民生活部 スポーツ振興課 ・生涯スポーツに関すること
千葉県	○			
東京都			○	生活文化局 文化振興部 ・文化推進施策の総合的な企画・調整・推進等に関すること オリンピック・パラリンピック準備局 スポーツ推進部 ・スポーツ及びレクリエーションの普及振興等に関すること
神奈川県			○	国際文化観光局 文化課 ・文化行政の総合的企画及び調整に関すること スポーツ局 スポーツ課 ・スポーツの振興に係る総合的企画及び調整に関すること ・スポーツ関係団体の指導及び育成に関すること 福祉子どもみらい局 青少年課 ・青少年健全育成に係る社会環境健全化活動の推進に関すること ・青少年関係団体の指導及び育成に関すること
新潟県			○	県民生活・環境部 スポーツ課 ・県民スポーツの推進等に関すること 文化振興課 ・文化行政の推進等に関すること
富山県	○			
石川県			○	県民文化スポーツ部 文化振興課 ・文化振興に係る総合的な企画・調整及び推進に関すること等 スポーツ振興課 ・スポーツ振興に係る総合的な企画・調整及び推進に関すること等
福井県			○	健康福祉部 地域福祉課人権室 ・人権意識の普及啓発 観光営業部 文化振興課 ・芸術や文化の振興に関すること，文化団体の育成・指導等

都道府県・政令指定都市名	教育委員会のみに設置	知事部局のみに設置	教育委員会と知事部局の両方に設置	知事部局における担当部課名及び事務分掌
山梨県			○	県民生活部 生涯学習文化課 ・生涯学習の推進，芸術及び文化の振興
長野県			○	県民文化部 次世代サポート課 ・青少年健全育成に関すること ・放課後児童クラブに関すること 県民文化部 文化政策課 ・芸術文化の振興に関すること
岐阜県		○		環境生活部 環境生活政策課 ・生涯学習の推進に係る事務 ・社会教育の推進に係る事務 ・家庭教育の推進に係る事務
静岡県			○	文化・観光部 総合教育局 総合教育課 ・教育に関する大綱の策定
愛知県	○			
三重県			○	環境生活部 文化振興課 ・生涯学習の企画調整に関すること ・生涯学習に関する情報の収集，提供に関すること ・県立図書館，総合博物館，県立美術館，斎宮歴史博物館及び県生涯学習センターの運営に関すること（教育委員会との共管） 健康福祉部 子ども・家庭局 少子化対策課 ・青少年健全育成条例の施行に関すること 健康福祉部 子ども・家庭局 子育て支援課 ・放課後子ども総合プラン
滋賀県			○	健康医療福祉部 子ども・青少年局 ・青少年関係団体の指導育成に関すること 県民生活部 文化振興課 ・文化振興施策の企画に関すること 県民生活部 スポーツ局 ・生涯スポーツに関すること 琵琶湖環境部 環境政策課 ・琵琶湖博物館に関すること 琵琶湖環境部 琵琶湖保全再生課 ・環境学習の推進に関すること
京都府			○	文化スポーツ部 文化政策課 ・文化行政の企画に関すること ・生涯学習（教育委員会の所管に係るものを除く）に関すること ・文化施設の整備に関すること ・京都府立植物園，京都府立京都学・歴彩館，京都府立文化芸術会館，京都府立ゼミナールハウス，京都府立府民ホール，京都府立堂本印象美術館及び京都府立陶板名画の庭に関すること ・その他文化行政（文化芸術課及び教育委員会の所管に属するものを除く）に関すること
大阪府			○	府民文化部 文化・スポーツ室文化課 ・生涯学習の推進に関すること ・芸術文化の振興に関すること ・文化行政の企画，調整及び推進に関すること
兵庫県			○	企画県民部 県民生活局 県民生活課 ・生涯学習に関する総合的施策の企画及び推進に関すること ・生涯学習に関する行政の総合調整に関すること
奈良県			○	くらし創造部 青少年・社会活動推進課 ・健全育成・活動支援に関すること ・青少年の活動支援・生涯学習の振興に関すること くらし創造部 スポーツ振興課 ・総務及びスポーツ振興企画に関すること ・スポーツ推進及びスポーツ支援に関すること ・総務及びスポーツ振興企画に関すること 地域振興部 文化振興課 ・文化行政の総合企画及び調整に関すること ・文化芸術の振興に関すること ・国民文化祭の開催に関すること 地域振興部 文化資源活用課 ・文化資源の活用に関すること ・文化資源を活かしたプロジェクト等に関すること
和歌山県			○	環境生活部 県民局 青少年・男女共同参画課 ・青少年健全育成推進のための総合企画及び総合調整 ・青少年団体等の自主的かつ健全な活動の助長 ・青少年施設の管理，運営，整備 企画部 企画政策局 文化学術課 ・芸術及び文化の振興に関すること
鳥取県			○	地域振興部 スポーツ課 ・スポーツ振興に関すること ・競技力向上に関すること 地域振興部 文化政策課 ・文化芸術の振興に関すること
島根県			○	環境生活部 文化国際課 ・芸術及び文化の振興に関すること 健康福祉部 青少年家庭課 ・青少年の健全育成の推進及び総合調整に関すること
岡山県			○	環境文化部 文化振興課 ・芸術文化，地域文化その他の文化の振興に関すること スポーツ振興課 ・生涯スポーツに関すること
広島県	○			
山口県	○			
徳島県			○	政策創造部 県立総合大学校本部 ・県立総合大学校に関すること
香川県	○			
愛媛県			○	スポーツ・文化部 文化局 文化振興課 ・文化施設の管理，文化事業・団体の支援及び推進に関すること スポーツ・文化部 文化局 まなび推進課 ・生涯学習に関する総合企画，総合調整及び推進に関すること
高知県			○	文化生活スポーツ部 文化振興課 ・芸術文化，地域文化その他の文化の振興に関すること スポーツ課 ・生涯スポーツに関すること
福岡県			○	人づくり・県民生活部 社会活動推進課 ・生涯学習の振興に関する施策の企画及び調整 ・生涯学習の振興に関する事業の推進 ・生涯学習に関する指導助言
佐賀県			○	県民環境部 まなび課 ・生涯学習・社会教育に関すること ・佐賀県立生涯学習センターに関すること
長崎県			○	文化観光国際部 文化振興課 ・文化振興にかかる施策の企画，立案，推進及び総合調整に関すること 企画振興部 スポーツ振興課 ・県民スポーツの振興に関すること ・スポーツツーリズムの振興に関すること 福祉保健部 こども政策局 こども未来課 ・家庭教育に関すること，青少年の保護育成，健全育成に関すること
熊本県	○			
大分県			○	企画振興部 芸術文化スポーツ振興課 ・芸術文化行政に係る総合企画及び連絡調整に関すること 企画振興部 ラグビーワールドカップ2019推進課 ・ラグビーワールドカップ2019大分開催に関すること 生活環境部 私学振興・青少年課 ・青少年の健全育成に係る行政の総合企画，推進及び調整に関すること
宮崎県			○	総合政策部 みやざき文化振興課 ・文化の振興及び文化団体の育成及び指導に関すること 福祉保健部 こども政策局 こども政策課 ・就学前教育に関すること 福祉保健部 こども政策局 こども家庭課 ・青少年の健全育成に関すること
鹿児島県			○	県民生活局 生活・文化課 ・文化芸術の振興に係る施策の企画及び総合調整 県民生活局 青少年男女共同参画課 ・青少年対策等の企画及び総合調整
沖縄県	○			
札幌市			○	市民文化局 文化部 ・芸術，文化活動の振興

都道府県・政令指定都市名	教育委員会のみに設置	知事部局のみに設置	教育委員会と知事部局の両方に設置	知事部局における担当部課名及び事務分掌
札幌市			○	スポーツ局 スポーツ部 ・スポーツの振興 他
仙台市			○	文化観光局 文化スポーツ部 スポーツ振興課 ・スポーツの普及，振興 文化観光局 文化スポーツ部 文化振興課 ・文化行政の企画，調査研究及び連絡調整に関すること ・文化活動の促進に関すること 子供未来局 子供育成部 子供相談支援センター ・青少年等の健全育成及び啓発に関すること 各区 家庭健康課 ・青少年等健全育成に関すること
さいたま市			○	市民局 市民生活部 男女共同参画課 ・男女共同参画に係る施策の企画及び実施に関すること スポーツ文化局 文化部 文化振興課 ・文化芸術都市の創造に係る施策の企画及び推進に関すること スポーツ文化局 スポーツ部 スポーツ振興課 ・スポーツの振興に関すること 子ども未来局 子ども育成部 子育て支援政策課 ・子育て支援施策の企画及び推進に関すること 子ども未来局 子ども育成部 青少年育成課 ・青少年に係る施策の企画及び調整に関すること
千葉市			○	市民局 生活文化スポーツ部 文化振興課 ・文化行政の企画，文化振興事業の実施，文化芸術活動の支援等 （文化財に関する事務は除く） 市民局 生活文化スポーツ部 スポーツ振興課 ・スポーツの振興に関すること 市民局 生活文化スポーツ部 男女共同参画課 ・男女共同参画に関すること こども未来局 こども未来部 健全育成課 ・子どもの健全育成に関すること ・子ども・若者支援に関すること
横浜市			○	政策局 政策部 男女共同参画推進課 ・男女共同参画に関する施策の総合的な企画及び調整に関すること 市民局 市民協働推進部 市民活動支援課 ・各区が実施する市民活動支援センター事業の運営支援事務 市民局 スポーツ振興部 スポーツ振興課 ・スポーツ・レクリエーション振興施策の総合的な企画，調整及び実施に関すること （他の局の主管に属するものを除く） 文化観光局 文化芸術創造都市推進部 文化振興課 ・文化施策の総合的な企画及び事務の実施，文化芸術活動の総合的な支援，文化施設の整備及び運営管理並びにこれらに係る企画，調査及び調整に関すること こども青少年局 青少年部 青少年育成課 ・青少年育成施策に係る企画及び調整，青少年育成施策の振興に係る事業の実施及び調整に関すること 各区 地域振興課 ・区民の生涯学習の支援，社会教育，地域の文化振興，区民のスポーツ振興，青少年の健全育成に関すること 他
川崎市			○	市民文化局 市民スポーツ室 ・スポーツに関すること（学校における体育に関することを除く） 区役所地域振興課 ・区のスポーツ振興に関すること（スポーツ施設の管理運営・指定管理者選定） 市民文化局 市民文化振興室 ・文化に関すること（文化財の保護に関することを除く） こども未来局 青少年支援室 ・青少年教育施設（4施設）の管理運営に関すること 区役所 生涯学習支援課 ・各区市民館（公民館）の管理運営に関すること（事務委任） （施設の管理運営については事務委任，社会教育振興事業については教育委員会からの補助執行） ・社会教育振興事業に関すること（補助執行）
相模原市			○	こども・若者未来局 こども・若者支援課 ・児童及び青少年健全育成 こども・若者未来局 青少年学習センター ・青少年及び青少年団体の指導及び育成 市民局 文化振興課 ・文化芸術の振興
新潟市			○	文化スポーツ部 文化政策課 ・文化活動の振興及び調整 文化スポーツ部 文化創造推進課 ・文化創造に関わる施策の推進（他の課及び機関の所管に関するものを除く） 文化スポーツ部 歴史文化課 ・文化財の調査，保存及び活用 文化スポーツ部 スポーツ振興課 ・スポーツ振興施策の企画及び調整 各区 地域課・地域総務課 ・区の文化の振興及び活動，区の文化財の維持管理・活用，区のスポーツの振興 ※区によっては，地域課及び地域総務課以外の課が所管する事務あり。
静岡市			○	子ども未来局 青少年育成課 ・青少年の健全育成，指導，施設管理 観光交流文化局 文化振興課 ・文化振興事業，文化施設の管理，文化団体の育成指導 市民局 生涯学習推進課 ・生涯学習施策の企画調整，推進事業，生涯学習施設の管理運営 観光交流文化局 文化財課 ・文化財の保護，調査，登呂博物館の管理，文化財施設の管理 観光交流文化局 スポーツ振興課 ・スポーツ振興事業，施設管理 市民局 男女参画・多文化共生課 ・男女共同参画の推進 観光交流文化局 スポーツ交流課 ・スポーツ交流事業の企画，運営
浜松市		○		市民部 創造都市・文化振興課 ・生涯学習の推進・調整・総括に関すること ・生涯学習施設の総括に関すること ・文化芸術及び音楽文化の施策の企画，調整及び実施に関すること ・創造都市の推進・総合調整に関すること 市民部 文化財課 ・文化財に関すること 市民部 文化財課博物館 ・博物館に関すること 市民部 美術館 ・美術館に関すること 市民部 美術館秋野不矩美術館 ・秋野不矩美術館に関すること 市民部 中央図書館 ・図書館に関すること 市民部 スポーツ振興課 ・スポーツ振興の企画・調整・推進に関すること 各区役所まちづくり推進課，東・南区区民生活課，舞阪，引佐，三ヶ日，春野，佐久間，水窪，龍山の各協働センター ・生涯学習の推進に関すること，生涯学習施設に関すること
名古屋市			○	子ども青少年局 青少年家庭部 青少年家庭課 ・青少年教育に関すること ・青少年の社会参画の推進に関すること ・青少年交流プラザに関すること ・その他青少年の自立支援に関すること ・青少年の保護育成の推進に関すること ・児童の健全育成に関すること ・児童厚生施設に関すること ・その他青少年の自立支援及び育成に関すること 子ども青少年局 青少年家庭部 放課後事業推進室 ・放課後施策の企画及び調整に関すること ・トワイライトルームに関すること ・トワイライトスクールに関すること 区役所 区政部 地域力推進室（生涯学習に関連する事務に限る） ・社会教育に関すること ・市民文化及び体育の向上に関すること ・青少年の保護育成の推進に関すること ・社会教育関係諸団体及び文化体育団体に関すること ・貯蓄増強に関すること

都道府県・政令指定都市名	教育委員会のみに設置	知事部局のみに設置	教育委員会と知事部局の両方に設置	知事部局における担当部課名及び事務分掌
京都市			○	文化市民局 文化芸術企画課 ・芸術，文化活動の振興 文化市民局 男女共同参画推進課 ・男女共同参画 文化市民局 地域づくり推進担当 ・市民活動の支援 文化市民局 スポーツ企画担当 ・スポーツ普及に関する企画・調整，施設管理 文化市民局 スポーツ振興担当 ・競技水準の向上，市民スポーツの指導 他 子ども若者はぐくみ局 育成推進課 ・青少年活動の推進 子ども若者はぐくみ局 はぐくみ創造推進室 ・事業の推進・関係機関との連絡調整
大阪市			○	経済戦略局 スポーツ部 ・スポーツに関する事務 経済戦略局 文化部 ・博物館群の運営に関する事務等 こども青少年局 企画部 ・青少年の健全育成に関する事務 各区役所（24区） ・人権啓発・生涯学習・社会教育に関する事務等
堺市			○	文化観光局 文化部 文化財課 ・文化財に関すること ・堺市文化財保護審議会に関すること ・堺市百舌鳥古墳群等史跡保存整備委員会に関すること ・博物館の登録及び博物館に相当する施設の指定に関すること 文化観光局 博物館 ・堺市博物館及びみはら歴史博物館に関すること ・堺市博物館協議会に関すること 市民人権局 男女共同参画推進部 生涯学習課 ・公民館に関すること ・生涯学習の振興に係る企画及び総合調整 ・生涯学習の振興に係る調査及び研究並びに情報の収集及び提供 ・生涯学習指導者の養成及び研修 ・生涯学習の振興に係る関係機関及び関係部局との連絡調整
神戸市			○	市民参画推進局 参画推進部 市民協働課 ・市民活動の支援，NPO 認証等及び支援 市民参画推進局 文化交流部 文化交流課 ・芸術，文化活動の振興 市民参画推進局 参画推進部 男女活躍勤労課 ・男女共同参画 こども家庭局 こども企画育成部 こども青少年課 ・青少年の健全育成
岡山市			○	市民生活局 スポーツ振興課 ・生涯スポーツの推進に関すること 市民生活局 文化振興課 ・文化振興に関すること 岡山っ子育成局 地域子育て支援課 ・放課後子ども教室に関すること ・青少年育成に関すること ・青少年団体に関すること ・青少年の健全育成及び非行防止に必要な事項に関すること
広島市			○	市民局 生涯学習課 ・生涯学習の振興に関する事務，社会教

都道府県・政令指定都市名	教育委員会のみに設置	知事部局のみに設置	教育委員会と知事部局の両方に設置	知事部局における担当部課名及び事務分掌
				育及び社会教育施設に関する事務 （青少年教育及び青少年教育施設・博物館に関する事務を除く） 市民局 文化スポーツ部 スポーツ振興課 ・スポーツ及びレクリエーションの振興に関する事務 市民局 文化スポーツ部 文化振興課 ・文化の振興に関する事務 市民局 人権啓発部 人権啓発課 ・人権教育の推進に関する事務 教育委員会 青少年育成部 育成課 ・青少年の育成に関する事務
北九州市			○	市民文化スポーツ局 生涯学習課 ・生涯学習の推進，社会教育委員，公民館類似施設等の助成 市民文化スポーツ局 生涯学習総合センター管理運営課 ・生涯学習センターの管理運営 市民文化スポーツ局 文化企画課 ・美術館，博物館等の管理及び連絡調整に関すること，芸術・文化の振興，文化財に関すること 市民文化スポーツ局 スポーツ振興課 ・スポーツの振興 子ども家庭局 青少年課 ・青少年の指導育成，青少年対策，青少年教育施設の管理
福岡市			○	市民局 公民館支援課 ・公民館管理・運営，事業推進 市民局 スポーツ振興課 ・市民スポーツ・レクリエーションの振興 市民局 スポーツ事業課 ・国内，国際スポーツ大会の開催，支援 市民局 男女共同参画課 ・男女共同参画推進活動の促進 経済観光文化局 文化振興課 文化施設課 ・芸術・文化の振興 経済観光文化局 博物館運営課 ・博物館の運営 経済観光文化局 美術館運営部 リニューアル事業課 ・美術館の運営 経済観光文化局 埋蔵文化財センター ・埋蔵文化財の収蔵・保管・展示等 経済観光文化局 アジア美術館運営部 運営課 ・アジア美術館の運営 こども未来局 青少年健全育成課 ・青少年育成に係る事業の促進 各区役所 地域支援課 ・公民館への指導助言，公民館の利用許可，公民館の運営 各区役所 生涯学習推進課 ・社会教育の指導助言，生涯学習の推進，市民センター等の管理・運営
熊本市			○	（教育委員会職務権限補助執行分） 市民局 市民生活部 生涯学習課 ・生涯学習の推進，社会教育諸施策の企画実施，社会教育委員，公民館の設置廃止，公民館総括，関係教育機関との連絡調整 経済観光局 文化・スポーツ交流部 文化振興課 ・文化財の保護及び活用並びに埋蔵文化財の発掘調査に関すること 各区役所 まちづくりセンター・交流室 ・生涯学習支援，公民館の管理及び運営，公民館の使用許可，公民館事業の企画実施

表V-3-2　生涯学習・社会教育担当部課の設置状況の推移

回答		2013年	2014年	2015年	2016年	2017年	2018年
都道府県	教育委員会のみ	25	22	20	19	14	13
	首長部局のみ	0	0	0	0	1	1
	両方に設置	22	25	27	28	32	33
政令指定都市	教育委員会のみ	0	0	0	0	0	0
	首長部局のみ	1	1	1	1	1	1
	両方に設置	19	19	19	19	19	19
市町村	教育委員会のみ	1,541	1,526	1,518	1,521	1,510	1,502
	首長部局のみ	38	47	52	52	55	55
	両方に設置	143	148	151	148	156	164

注：2013～18年度の「生涯学習・社会教育振興施策に関する基礎資料」より集計。
出典：すべて「平成30年度生涯学習・社会教育振興施策に関する基礎資料」（文部科学省，2018年）

4 生涯学習・社会教育事業

学校外で実施される学級・講座などの生涯学習・社会教育事業は近年，いくつかの特徴をみせている。まず，1995年以降，社会教育施設で実施された事業が右肩上がりに増加していたものの，2004年の50万9378件をピークに減少し，2020年には28万4700件になった。教育委員会関係の事業においても，2001年の16万7400件をピークに緩やかに減少し，2020年には6万7231件になった。次に，都道府県知事部局の事業件数は1998年の3万6558件をピークに，市町村首長部局の事業件数は2001年の21万5047件をピークにそれぞれ減少している（図Ⅴ-4-1）。2021年度の調査結果にみられる顕著な減少傾向は，当時拡大した新型コロナウイルス感染症の影響もあることが推測される。

学級・講座の学習内容の構成比をみると，「教養の向上」は教育委員会で最も多く，次いで公民館等，都道府県・市町村首長部局と続く。「趣味・けいこごと」は公民館等で最も多く，次いで教育委員会，都道府県・市町村首長部局となる。「体育・レクリエーション」はどこも約20%程度で，大きな差はみられない。「家庭教育・家庭生活」は，都道府県・市町村首長部局が最も多く，次いで教育委員会，公民館の順になる（図Ⅴ-4-2）。総じてみると，教育委員会事業は各分野をバランスよく実施し，公民館は主に趣味に関する学級・講座を開設している一方，都道府県・市町村首長部局は家庭関係の内容を重視して実地する傾向にある。公民館は，身近な住民が誰でも参加しやすい教養関係を多く実施しており，都道府県・市町村首長部局は，保健所や消費者行政，福祉など家庭に深く関わる部局を抱えていると考えられる。

社会教育関係施設における関係機関との事業（学級・講座及び諸集会）の共催状況については，施設全体に占める共催事業を行った施設の割合は29.5%，各施設のうち最も割合が高いのは劇場，音楽堂等の62.5%で，次いで博物館の54.8%，女性教育施設の51.8%の順となっている（表Ⅴ-4-3）。

2020年の施設等別の学級・講座数について，都道府県・市町村教育委員会，都道府県・市町村首長部局及び社会教育関係施設が実施した学級・講座の状況をみると，実施件数は公民館が23万9085件，都道府県・市町村首長部局が11万6940件，教育委員会関係が6万7231件の順となっている（表Ⅴ-4-4）。また，2020年の施設等別の学級・講座の受講者数をみると，都道府県・市町村教育委員会，都道府県・市町村首長部局及び社会教育関係施設が実施した学級・講座の受講者は，総数で1022万3995人となっており，2017年から1677万5212人減少している。さらに，各施設のうち最も多いのは，公民館で389万6723人，次いで都道府県・市町村首長部局が315万5310人，教育委員会関係が193万2299人の順となっている（表Ⅴ-4-5）。

（金久保響子）

図V－4－1　主催者別学級・講座開設件数の推移

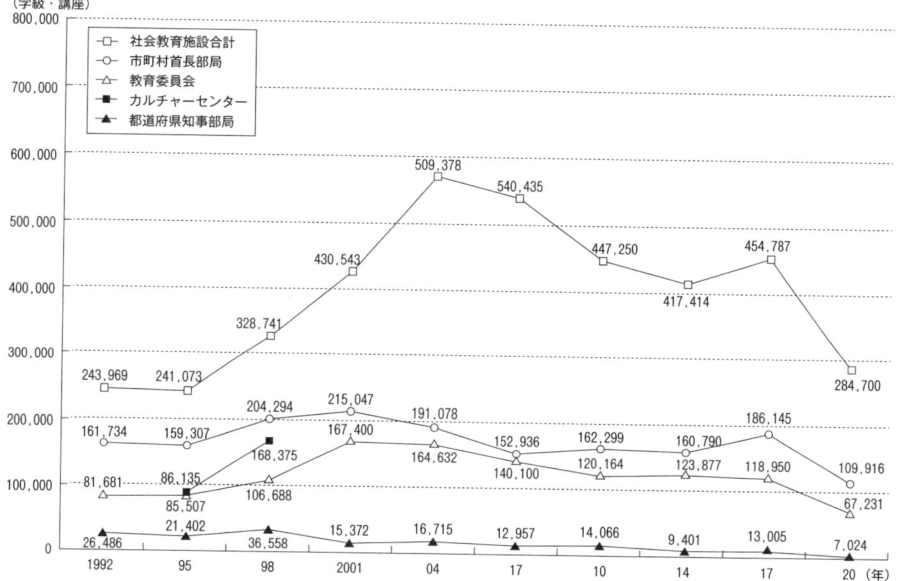

注：「社会教育施設」は，公民館（類似施設を含む），青少年教育施設，女性教育施設，文化会館の合計。2014年には文化会館の名称が劇場，音楽堂等へと変更された。

図V－4－2　学習内容別学級・講座数の構成比（2020年）

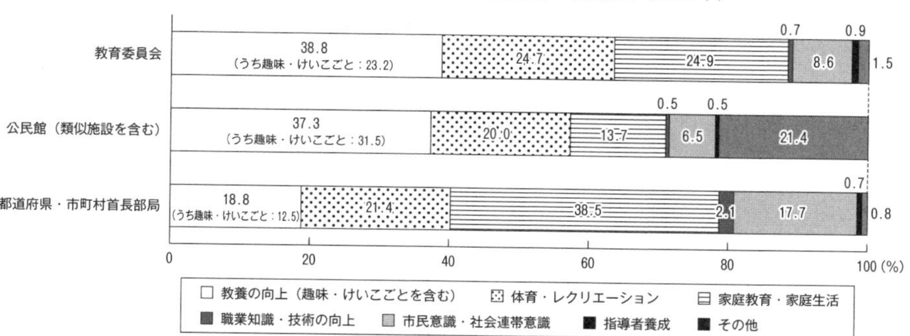

注：端数処理のため，構成比の比率の計は必ずしも100%にはならない。

表V－4－1　開設場所別学級・講座数（2020年）

区分		計	都道府県	市（区）	町	村	組合
実施教育委員会数		1,441	29	657	610	141	4
学級・講座数	計	67,231	972	42,459	20,927	2,656	217
	開設場所別　公民館	22,951	31	13,626	8,389	902	3
	開設場所別　他の社会教育施設	21,673	200	12,501	8,165	712	95
	開設場所別　小・中学校	9,590	392	7,296	1,280	534	88
	開設場所別　その他	13,017	349	9,036	3,093	508	31
	計のうち知事（首長）部局との共催	916	19	531	278	88	—
	計のうち17時以降実施	7,474	5	3,348	3,476	609	36
	計のうち土・日実施	14,563	232	10,073	3,572	648	38
	計のうち託児サービスを実施	731	3	594	122	12	—

表V－4－2　教育委員会における民間社会教育事業者との連携・協力状況（2020年）

			合　計	都道府県	市町村，組合
営利社会教育事業者	学校・講座	実施教育委員会数	55	—	55
		実施件数	305	—	305
	諸集会	実施教育委員会数	23	2	21
		実施件数	48	3	45
非営利社会教育事業者	学級・講座	実施教育委員会数	159	9	150
		実施件数	5,214	17	5,197
	諸集会	実施教育委員会数	130	8	122
		実施件数	1,353	29	1,324

注１：この表は，教育委員会が実施した社会教育学級・講座及び諸集会のうち，民間社会教育事業者に委託した状況。
注２：「営利社会教育事業者」とは，カルチャーセンター，アスレチッククラブ，語学学校など，営利を目的として社会教育事業を行う企業や個人等をいう。
注３：「非営利社会教育事業者」とは，営利を目的とせずに社会教育事業を行う一般社団法人・一般財団法人・公益社団法人・公益財団法人，NPO法人などをいう。

表V－4－3　各施設における関係機関との事業の共催状況（2017年）

（施設）

区分	計	公民館（類似施設含む）	図書館（同種施設含む）	博物館	博物館類似施設	青少年教育施設	女性教育施設	社会体育施設（団体）	劇場，音楽堂等	生涯学習センター
施設数	49,562 (50,872)	13,263 (14,197)	3,341 (3,313)	1,266 (1,240)	4,303 (4,291)	870 (920)	357 (365)	23,888 (24,279)	1,805 (1,825)	469 (442)
共催事業を行った施設数	14,607 (14,826)	6,397 (6,775)	1,338 (1,200)	694 (629)	999 (962)	258 (270)	185 (189)	3,414 (3,510)	1,129 (1,106)	193 (185)
施設数に占める割合	29.5% (29.1%)	48.2% (47.7%)	40.0% (36.2%)	54.8% (50.7%)	23.2% (22.4%)	29.7% (29.3%)	51.8% (51.8%)	14.3% (14.5%)	62.5% (60.6%)	41.2% (41.9%)
社会教育施設（当該施設と同分類）	2,827 (2,780)	1,713 (1,772)	264 (226)	255 (224)	250 (237)	78 (78)	34 (41)	89 (84)	144 (118)	… (…)
施設数に占める割合	5.7% (5.5%)	12.9% (12.5%)	7.9% (6.8%)	20.1% (18.1%)	5.8% (5.5%)	9.0% (8.5%)	9.5% (11.2%)	0.4% (0.3%)	8.0% (6.5%)	… (…)
社会教育施設（上記以外）	1,659 (1,582)	595 (614)	453 (374)	146 (128)	165 (164)	55 (62)	19 (24)	76 (65)	84 (95)	66 (56)
施設数に占める割合	3.3% (3.1%)	4.5% (4.3%)	13.6% (11.3%)	11.5% (10.3%)	3.8% (3.8%)	6.3% (6.7%)	5.3% (6.6%)	0.3% (0.3%)	4.7% (5.2%)	14.1% (12.7%)
学校（大学）	1,102 (943)	271 (250)	162 (121)	189 (147)	165 (164)	45 (40)	35 (28)	69 (51)	92 (82)	74 (60)

施設数に占める割合	2.2% (1.9%)	2.0% (1.8%)	4.8% (3.7%)	14.9% (11.9%)	3.8% (3.8%)	5.2% (4.3%)	9.8% (7.7%)	0.3% (0.2%)	5.1% (4.5%)	15.8% (13.6%)
学校（大学以外）	2,396 (2,293)	1,424 (1,461)	218 (145)	137 (103)	164 (148)	35 (27)	14 (7)	207 (234)	156 (129)	41 (39)
施設数に占める割合	4.8% (4.5%)	10.7% (10.3%)	6.5% (4.4%)	10.8% (8.3%)	3.8% (3.4%)	4.0% (2.9%)	3.9% (1.9%)	0.9% (1.0%)	8.6% (7.1%)	8.7% (8.8%)
都道府県・市町村教育委員会	3,657 (3,805)	1,294 (1,511)	412 (349)	199 (180)	305 (304)	105 (105)	21 (24)	863 (892)	392 (392)	66 (48)
施設数に占める割合	7.4% (7.5%)	9.8% (10.6%)	12.3% (10.5%)	15.7% (14.5%)	7.1% (7.1%)	12.1% (11.4%)	5.9% (6.6%)	3.6% (3.7%)	21.7% (21.5%)	14.1% (10.9%)
都道府県・市町村首長部局	2,819 (2,713)	1,173 (1,201)	379 (297)	112 (103)	164 (151)	46 (48)	73 (70)	452 (460)	348 (328)	72 (55)
施設数に占める割合	5.7% (5.3%)	8.8% (8.5%)	11.3% (9.0%)	8.8% (8.3%)	3.8% (3.5%)	5.3% (5.2%)	20.4% (19.2%)	1.9% (1.9%)	19.3% (18.0%)	15.4% (12.4%)
その他	9,816 (9,991)	4,417 (4,644)	650 (576)	402 (365)	502 (497)	147 (146)	132 (145)	2,601 (2,656)	838 (832)	127 (130)
施設数に占める割合	19.8% (19.6%)	33.3% (32.7%)	19.5% (17.4%)	31.8% (29.4%)	11.7% (11.6%)	16.9% (15.9%)	37.0% (39.7%)	10.9% (10.9%)	46.4% (45.6%)	27.1% (29.4%)

注１：この表は，各施設が事業を共催で実施した共催相手の状況である。
注２：複数回答可としているため，共催事業を行った施設数と内訳の合計は一致しない。
注３：「施設数」は，2017年度間未開館の施設を除く。
注４：（　）内は2014年度調査の数値。

表Ⅴ-４-４　施設等別の学級・講座数

（件）

区　分	計	都道府県・市町村教育委員会	都道府県・市町村首長部局	公民館（類似施設含む）	博物館	博物館類似施設	青少年教育施設	女性教育施設	劇場，音楽堂等	生涯学習センター
2001年度間	828,362	167,400	230,419	354,120	…	…	14,392	7,151	54,880	…
04年度間	920,237	164,632	207,793	428,473	17,663	20,771	16,718	7,555	56,632	…
07年度間	911,612	140,100	165,893	469,546	20,586	25,032	17,852	9,936	43,101	19,566
10年度間	816,996	120,164	176,365	390,495	28,087	30,933	14,781	8,652	33,322	14,197
14年度間	803,746	123,877	170,191	359,445	33,769	39,628	18,201	11,178	28,590	18,867
17年度間	871,947	118,950	199,150	384,371	39,324	44,674	27,194	10,831	32,391	15,062
20年度間	**521,924**	**67,231**	**116,940**	**239,085**	**20,235**	**20,248**	**12,942**	**6,337**	**26,336**	**12,570**

注：博物館及び博物館類似施設は2005年度調査（2004年度間）から，生涯学習センターは2008年度調査（2007年度間）から調査している。

表Ⅴ-４-５　施設等別の学級・講座の受講者数

（人）

区　分	計	都道府県・市町村教育委員会	都道府県・市町村首長部局	公民館（類似施設含む）	博物館	博物館類似施設	青少年教育施設	女性教育施設	劇場，音楽堂等	生涯学習センター
2001年度間	32,393,619	8,248,285	10,567,217	11,073,255	…	…	495,532	280,366	1,728,964	…
04年度間	33,727,289	7,972,707	8,087,092	12,456,887	1,421,025	1,119,949	615,889	234,325	1,819,415	…
07年度間	34,172,338	7,105,133	7,129,408	13,038,152	1,848,441	1,624,320	687,842	336,113	1,417,910	985,019
10年度間	29,704,885	5,546,523	7,087,421	10,896,159	1,949,696	1,743,442	603,094	299,739	953,979	624,832
14年度間	30,860,845	6,086,395	7,854,365	9,427,239	2,104,716	2,273,990	745,431	383,125	1,084,277	901,307
17年度間	32,241,020	5,679,200	8,680,201	9,518,081	2,366,109	2,875,704	950,901	345,310	1,085,689	739,825
20年度間	**11,886,154**	**1,932,299**	**3,155,310**	**3,896,723**	**764,774**	**897,385**	**223,122**	**148,758**	**600,332**	**267,451**
一施設当たり受講者数				689.8	1813.1	643.9	1132.0	964.6	592.6	1491.6
うち女性受講者数	**6,089,990**	**1,143,130**	**1,885,040**	**2,661,288**			**119,671**	**118,407**		**162,454**
	(16,066,802)	(3,409,028)	(5,129,222)	(6,275,088)	…	…	(528,263)	(276,942)	…	(448,259)
女性受講者の割合%	51.2	59.2	59.7	68.3	…	…	53.6	79.6	…	60.7

注１：（　）内は2018年度調査（2017年度間）の数値である。
注２：下線部分は，調査実施以来過去最高を示す。
出典：すべて「社会教育統計：社会教育調査報告書 令和２年度」（文部科学省，2021年度），「社会教育調査報告書」（文部科学省，1993・96・99・2002・05・08・11・18年度）

5 民間カルチャーセンター

カルチャーセンターとは，民間部門の学習事業所のことで，1970年代頃から主として都市部に現れ，それぞれ会社の得意とする分野や地域性を生かした講座で集客しており，人々の学習活動の機会を提供してきている。受講生の高齢化や世代交代が進まないなどの課題も多い一方で，ネットの普及により，講座や講師仲介業者の出現や，若者を中心とした趣味や学びを共感，共有する「つながる場」の広がりにより，カルチャーセンター事業は拡大傾向にある。

少し古いデータになるが，図Ⅴ-5-1「特定サービス産業動態調査」（経済産業省）をみると，新聞社系のカルチャーセンターは1965年以降増え続け，2005年には161カ所にまで至った。これに対して，百貨店・量販店系は1965年以降増えていたが，1991～96年の131カ所をピークに減少傾向を見せ，2005年には55カ所にまで減少している。また，近年の講座数と受講者数について，図Ⅴ-5-2をみると，講座数は2006年まで増加傾向にあったものの，それ以降はほぼ横ばいが続いており，年間約72万講座が開設されている。受講者数は2007年をピークに，2014年までは減少傾向にある。このほか，教養・技能教授業務の受講者数・利用者数は2010年には前年比で減少となっているが，2013年及び2014年には増加傾向にある（表Ⅴ-5-1）。

特定サービス産業動態調査は，2014年12月をもって，企業を対象としたカルチャーセンターの調査を終了としている。さらに2018年3月6日に閣議決定された「公的統計の整備に関する基本的な計画」における掲示統計の体系的整備により，

図Ⅴ-5-1　カルチャーセンターの設置数の推移

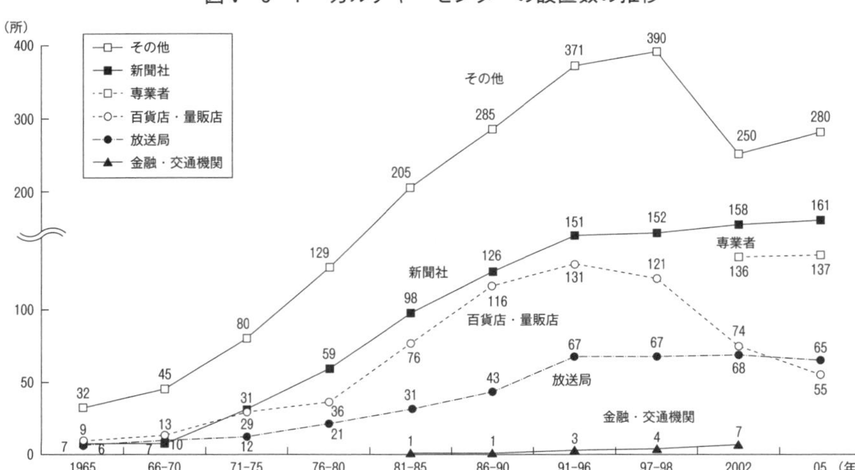

注：2002年調査では「その他」が「カルチャーセンター専業者」と「その他」に分けられている。2005年調査では「金融・交通機関」はない。
出典：「特定サービス産業動態調査─2005年」（経済産業省，2006年）

特定サービス産業動態調査は廃止され，新たに創設された「経済構造実態調査」に統合・再編されている。2023年現在，経済構造実態調査において，カルチャーセンター（もしくは，カルチャー教室）は，教育，学習支援業の下位区分「社会教育」の一端に位置付けられている。

（木村百合子）

図Ⅴ-5-2　カルチャーセンターの受講者数及び講座数の推移

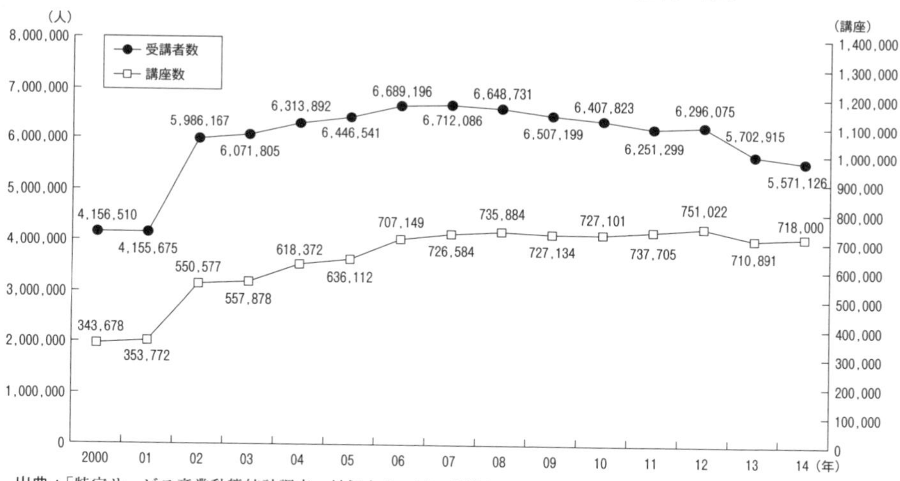

出典：「特定サービス産業動態統計調査　対個人サービス業㉗カルチャーセンター」（経済産業省）

表Ⅴ-5-1　教養・技能教授業務の業務種類別受講者数

業務種類別	2009年		2010年			2013年		2014年		
	受講者数（人）（在籍者数）	構成比（%）	受講者数（人）（在籍者数）	構成比（%）	前年比（%）	受講者数（在籍者数）（人）	構成比（%）	受講者数（在籍者数）（人）	構成比（%）	前年比（%）
教養・技能教授業務（合計）	13,876,143	100.0	10,503,257	100.0	▲24.3	10,546,149	100.0	12,708,121	100.0	20.5
カルチャーセンター業務	2,307,405	16.6	1,235,887	11.8		1,329,107	12.6	1,772,541	13.9	33.4
外国語会話教授業務	987,604	7.1	784,795	7.5		860,073	8.2	1,513,287	11.9	75.9
その他の教養・技能教授業務	10,581,134	76.3	8,482,575	80.8		8,356,969	79.2	9,422,293	74.1	12.7

出典：「平成22年特定サービス産業実態調査（確報）」（経済産業省，2012年），「平成26年特定サービス産業実態調査（確報）」（経済産業省，2015年）

6 社会教育主事と社会教育職員

社会教育職員は，広義には，社会教育に職業として専門的に関わっている人々のことであり，社会教育行政関係職員，及び社会教育関連施設の職員を中心として，民間のものまで含めた多様な人々を指している。ここでは，狭義に社会教育主事など社会教育行政関係職員のほか，公民館主事，図書館司書，博物館学芸員等の専門職員についてその人数の推移に着目することとする。

平成の大合併に伴う地方公共団体の財政難を要因とした人員削減策を背景として，社会教育主事の人数は平成中期に大幅に減少し，それ以降も緩やかな減少傾向が続いている。文部科学省の「令和３年度社会教育調査報告書」によれば，前回の平成30年度調査結果と比較して，社会教育主事は1681人から1451人へ，公民館主事は１万2334人から１万1795人へと減少した。一方で，図書館司書が２万130人から２万1520人へ，博物館・博物館類似施設学芸員が8403人から9036人へと増加しているように，社会教育職員関係施設における指導系職員の種別によって，直近20年間の傾向は異なる（表Ⅴ－６－１）。

地域社会が大きく変動する中で，「生活や地域に根ざす学び」の必要性から，有資格者としての社会教育主事が専門性を発揮していくことが求められつつある今日，その量的・質的拡充は喫緊の課題といえよう。

この課題への対応として，「社会教育主事講習等規程の一部を改正する省令」が2020年４月１日に施行された。この改正によって，社会教育主事講習修了者または社会教育主事養成課程修了者は「社会教育士」の称号が付与されることとなった。彼らは，NPO や企業等の多様な主体と連携・協働し，社会教育施設における活動のみならず，環境や福祉，まちづくり等の社会の多様な分野における学習活動の支援を通じて，人づくりや地域づくりに携わることが求められる。地域住民の地域や社会における活動に対する参加意欲は高い一方で（表Ⅴ－６－２），

表Ⅴ－６－１　社会教育職員（指導系職員）数の推移

（単位：人）

施設等区分	計	都道府県・市町村教育委員会	公民館(類似施設含む)	図書館(同種施設含む)	博物館	博物館類似施設	青少年教育施設	女性教育施設	社会体育施設	劇場，音楽堂等	生涯学習センター
指導者等区分		社会教育主事	公民館主事(指導系職員)	司書	学芸員	学芸員	指導系職員	指導系職員	指導系職員	指導系職員	指導系職員
2002	54,353	5,383	18,591	10,977	3,393	2,243	2,921	290	8,963	1,592	…
2005	55,449	4,119	17,805	12,781	3,827	2,397	2,961	263	9,599	1,697	…
2008	58,810	3,004	15,420	14,596	3,990	2,796	2,974	478	12,743	1,928	881
2011	62,407	2,518	14,454	16,923	4,396	2,897	2,746	417	15,286	1,879	891
2015	65,102	2,048	13,275	19,015	4,738	3,083	2,852	445	16,742	2,045	859
2018	66,434	1,681	12,334	20,130	5,025	3,378	2,797	455	17,591	2,163	880
2021	68,938	1,451	11,795	21,520	5,350	3,686	2,720	455	18,800	2,254	907

注：社会教育主事には，派遣社会教育主事（都道府県がその事務局の職員を社会教育主事として，市町村に派遣している職員（実数））を含み，さらに2015年度調査以降は課長のうち併せて社会教育主事の発令をされている者を含む。
出典：「令和３年度社会教育調査報告書」（文部科学省，2023年）

活動へ参加するためのきっかけづくりが求められており（図V－6－1），社会教育主事と連携・協働して活動しながら，こうした点に貢献することができる専門人材として期待される。

なお，この称号は社会教育主事に代わるものではないため，社会教育主事養成の改善・充実は今後も求められるといえよう。（藤田駿介）

表V－6－2　地域社会での活用への参加意欲（複数回答）

	該当者数	スポーツ・文化活動	地域の子供のためのレクリエーション活動や自然体験活動など	防犯・防災活動	子育て・育児を支援する活動	地域の環境保全に関する活動	地域の伝統行事や歴史の継承に関する活動	地元の観光や産業の活性化に貢献するような活動	障害者や高齢者，外国人住民などの支援に関する活動	学校の環境整備（花壇の整備など）や教育活動を支援するなど，地域が学校と協働する活動	国際交流に関する活動	その他	地域や社会での活動に参加したいとは思わない	わからない	計（M.T.）
	人	%	%	%	%	%	%	%	%	%	%	%	%	%	%
2018年7月調査	1,710	26.9	22.1	20.7	19.8	18.7	17.5	17.5	17.2	15.6	11.2	1.5	16.7	3.4	208.8

注：2018年7月調査までは，調査員による個別面接聴取法で実施しているため，2022年7月調査との単純比較は行わない。

図V－6－1　地域社会での活動への参加を促す方策

■ 多くの人が地域や社会での活動に参加するために必要なこと

問18. あなたは，多くの人が地域や社会での活動に参加するようになるためには，どのようなことが必要だと思いますか。（○はいくつでも）

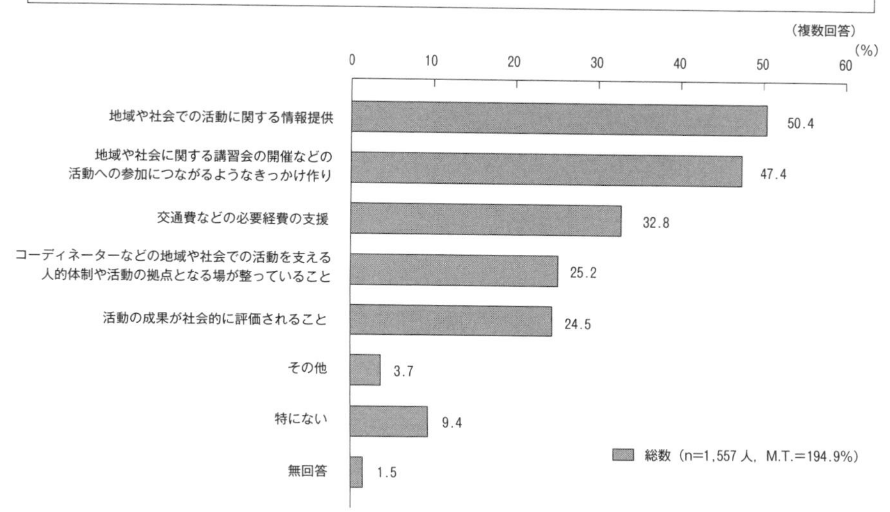

出典：表V－6－2及び図V－6－1は「生涯学習に関する世論調査（令和4年7月調査）」（内閣府，2022年）

7 社会教育施設

社会教育施設には，公民館・公民館類似施設，図書館，博物館，青少年教育施設（青年の家，少年自然の家等），女性教育施設（女性センター等），文化会館等がある。このうち，公民館類似施設とは，生涯学習センターや社会教育会館，文化センターなど，公民館に位置付けられてはいないが，同様の機能を有する施設のことである。社会教育施設の現況としては，公民館，青少年教育施設，社会体育館は減少傾向にある中，図書館，博物館，生涯学習センターは増加しており過去最多となっている。

さらに，2003年の地方自治法の改正によって公の施設を第三セクター以外の団体等（例えば，NPO 等）に管理委託できる指定管理者制度の導入が可能になって以来，社会教育施設もすべての施設種で指定管理者制度の導入が進み，公立の社会教育施設に占める割合は全体の約３割となっている。

なお，2020年度間における社会教育施設の１施設当たりの利用者数は前回調査と比較してすべての施設で大幅に減少しているが，その要因として，新型コロナウイルス感染症の感染拡大の影響があったことが指摘できる。

増加傾向であることを先に述べた生涯学習センターについては，社会教育調査統計によれば2021年現在，全国に496館設置されているが，内実を見るとその設置状況は不均等なものであることが分かる（表Ｖ-７-１）。

具体的には，2021年度時点における都道府県ごとの生涯学習センターの施設数の総計は静岡県46館，福岡県37館，愛知県31館，大阪府29館，東京都29館となっている一方で，長崎県と宮崎県は０館，徳島県と奈良県は１館，青森県，山梨県，滋賀県はそれぞれ２館となっている。また，都道府県立施設を見ると，宮城県，

表Ｖ-７-１　施設数の推移

区分	公民館（類似施設含む）	図書館	博物館	博物館類似施設	青少年教育施設	女性教育施設	社会体育施設	劇場・音楽堂等	生涯学習センター
1999年度	19,063	2,592	1,045	4,064	1,263	207	46,554	1,751	…
02	18,819	2,742	1,120	4,243	1,305	196	47,321	1,832	…
05	18,182	2,979	1,196	4,418	1,320	183	48,055	1,885	…
08	16,566	3,165	1,248	4,527	1,129	380	47,925	1,893	384
11	15,399	3,274	1,262	4,485	1,048	375	47,571	1,866	409
15	14,841	3,331	1,256	4,434	941	367	47,536	1,851	449
18	14,281	3,360	1,286	4,452	891	358	46,981	1,827	478
21	**13,798**	**3,394**	**1,305**	**4,466**	**840**	**358**	**45,658**	**1,832**	**496**
2018年度からの増減数	△483	34	19	14	△51	0	△1,323	5	18
2018年度からの増減率（%）	△3.4	1.0	1.5	0.3	△5.7	0.0	△2.8	0.3	3.8

注１：2008年度より都道府県・市町村首長部局所管の図書館同種施設，独立行政法人及び都道府県・市町村首長部局所管の青少年教育施設及び女性教育施設を調査対象に追加している。（以下の表において同じ。）
注２：2015年度以前の「劇場・音楽堂等」は，「文化会館」として調査している。（以下の表において同じ。）

図表Ⅴ－７－１　１施設当たり利用者数の推移

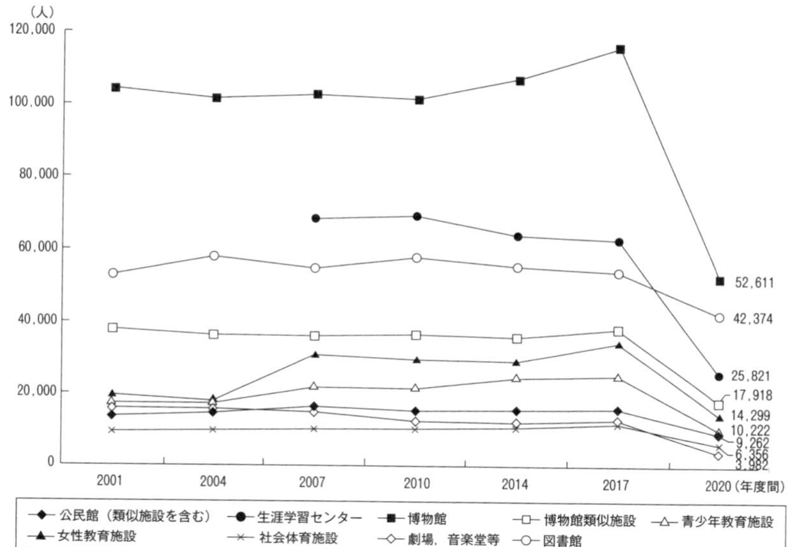

（単位：人）

区分	公民館（類似施設含む）	図書館	博物館	博物館類似施設	青少年教育施設	女性教育施設	社会体育施設	劇場・音楽堂等	生涯学習センター
2001年度間	13,753	53,016	104,372	37,971	17,279	19,480	9,482	15,980	…
04	14,694	58,042	101,721	36,401	17,234	17,939	9,900	15,810	…
07	16,419	54,862	102,799	36,213	21,737	30,747	10,309	14,941	68,484
10	15,376	57,991	101,711	36,761	21,524	29,577	10,499	12,596	69,359
14	15,666	55,534	107,437	36,051	24,442	29,164	10,864	12,205	64,061
17	15,969	54,060	116,131	38,408	25,128	34,495	11,879	12,961	62,885
20	**9,262**	**42,374**	**52,611**	**17,918**	**10,222**	**14,299**	**6,356**	**3,982**	**25,821**
2017年度からの増減数	△6,707	△11,686	△63,520	△20,490	△14,906	△20,196	△5,523	△8,979	△37,064
2017年度からの増減率（%）	△42.0	△21.6	△54.7	△53.3	△59.3	△58.5	△46.5	△69.3	△58.9

注１：利用者数は，公民館は「学級・講座の受講者数＋諸集会の参加者数＋利用者数」，図書館は「諸集会の参加者数＋帯出者数（図書を借りた延べ人数）」，博物館，博物館類似施設は「学級・講座の受講者数＋諸集会の参加者数＋入館者数」，社会体育施設は「諸集会の参加者数＋利用者数の延べ人数（陸上競技場，野球場・ソフトボール場，多目的運動場，水泳プール（屋内・屋外），レジャープール，体育館のみ）」，劇場，音楽堂等は「学級・講座の受講者数＋ホールの入場者数」，生涯学習センターは「学級・講座の受講者数＋諸集会の参加者数＋利用者数（会議室等の貸出しを受けた団体の延べ人数）」。
注２：１施設当たりの利用者数は，利用者数を施設数で除した値。

表V－7－2　種類別指定管理者施設数

区分	計	公民館（類似施設含む）	図書館	博物館	博物館類似施設	青少年教育施設	女性教育施設	社会体育施設	劇場・音楽堂等	生涯学習センター
公立の施設数（社会体育施設は団体数）	51,510 (51,972)	13,798 (14,277)	3,372 (3,338)	805 (785)	3,575 (3,542)	812 (863)	271 (271)	26,663 (26,693)	1,718 (1,725)	496 (478)
うち指定管理者導入施設数	16,390 (15,836)	1,477 (1,407)	704 (631)	214 (203)	1,100 (1,105)	376 (367)	98 (97)	11,222 (10,857)	1,033 (1,014)	166 (155)
公立の施設数に占める割合	31.8% (30.5%)	10.7% (9.9%)	20.9% (18.9%)	26.6% (25.9%)	30.8% (31.2%)	46.3% (42.5%)	36.2% (35.8%)	42.1% (40.7%)	60.1% (58.8%)	33.5% (32.4%)
地方公共団体	96 (109)	4 (3)	– (1)	– –	16 (16)	4 (5)	– –	67 (80)	5 (3)	– (1)
地縁による団体（自治会，町内会等）	1059 (932)	495 (395)	4 (5)	– –	47 (48)	17 (18)	8 (9)	473 (433)	3 (4)	12 (20)
一般社団法人・一般財団法人（公益法人を含む。）	5,715 (5,620)	322 (313)	65 (60)	153 (149)	498 (512)	131 (133)	37 (40)	3,906 (3,807)	537 (545)	66 (61)
会社	5,444 (4,983)	126 (121)	556 (485)	50 (41)	264 (246)	109 (107)	13 (11)	3,944 (3,612)	346 (329)	36 (31)
NPO	1,624 (1,608)	42 (43)	42 (45)	5 (6)	83 (87)	59 (56)	21 (20)	1,308 (1,290)	53 (52)	11 (9)
その他	2,452 (2,584)	488 (532)	37 (35)	6 (7)	192 (196)	56 (48)	19 (17)	1,524 (1,635)	89 (81)	41 (33)

注１：「指定管理者」とは，地方自治法第244条の２第３項に基づき，法人その他の団体を管理者として指定している場合をいう。
注２：（　）内は2018年度調査の数値。
出典：図表V－7－1及び表V－7－1，２は「令和３年度社会教育統計（社会教育調査報告書）の公表について」（文部科学省，2023年）

福島県，東京都，神奈川県，山梨県，岐阜県，静岡県，愛知県，滋賀県，京都府，大阪府，兵庫県，奈良県，和歌山県，山口県，香川県，長崎県，大分県，宮崎県と19都道府県で０館になっているという状況にある（表V－7－3）。

さらに生涯学習センターは，2015年の教育委員会制度改正以降，社会教育計画や生涯学習計画を策定する自治体と策定しない自治体とに分かれたことにより，その存在も位置付けも不透明なものとなっている。

近年では，社会教育施設には，地域活性化・まちづくりの拠点，地域の防災拠点等としての役割も強く期待されるようになっており，住民参加による課題解決や地域づくりの担い手の育成に向けて，住民の学習と活動を支援する機能を一層強化することが求められている。しかしながら，公共施設マネジメント政策においては削減対象とされ，施設廃止や機能再編，他の一般的な公共施設への転用がなされてきた。

2019年には，地域の自主性及び自立性を高めるための改革の推進を図るための関係法律の整備に関する法律が制定され，公立社会教育施設について，まちづくり，観光など他の行政分野との一体的な取組の推進等のために地方公共団体がより効果的と判断する場合には，社会教育の適切な実施の確保に関する一定の担保措置を講じた上で，条例により地方公共団体の長が所管することが可能となった。すなわち，社会教育施設が保障してきた住民の多様かつ自由な学びが，政策的な「人づくり・つながりづくり・地域づくり」に方向付けられたという意味において，大きな転換点を迎えたといえる。

（才庽武也）

表V－7－3　都道府県別生涯学習センター設置数

区分	2015年		2018年		2021年	
	計	都道府県立	計	都道府県立	計	都道府県立
全国	449	41	478	40	496	39
北海道	17	1	23	1	26	1
青森県	2	1	2	1	2	1
岩手県	6	1	6	1	6	1
宮城県	6	–	6	–	5	–
秋田県	5	1	4	1	4	1
山形県	13	2	14	2	14	2
福島県	16	–	16	–	26	–
茨城県	17	5	18	5	18	5
栃木県	8	1	9	1	9	1
群馬県	5	1	6	1	6	1
埼玉県	5	1	6	1	6	1
千葉県	12	1	11	1	11	1
東京都	23	–	27	–	29	–
神奈川県	14	–	14	–	9	–
新潟県	19	1	18	1	18	1
富山県	9	5	10	5	9	5
石川県	8	2	7	2	8	2
福井県	11	1	11	1	11	1
山梨県	2	–	1	–	2	–
長野県	9	1	11	1	11	1
岐阜県	10	–	15	–	14	–
静岡県	48	–	48	–	46	–
愛知県	21	–	21	–	31	–
三重県	6	1	6	1	5	1
滋賀県	5	–	3	–	2	–
京都府	10	–	10	–	10	–
大阪府	24	–	26	–	29	–
兵庫県	6	–	10	–	9	–
奈良県	2	1	2	1	1	–
和歌山県	8	1	4	–	4	–
鳥取県	4	1	4	1	4	1
島根県	4	2	4	2	3	2
岡山県	6	1	6	1	6	1
広島県	19	1	18	1	17	1
山口県	4	–	3	–	3	–
徳島県	1	1	1	1	1	1
香川県	3	–	3	–	4	–
愛媛県	4	1	4	1	4	1
高知県	3	1	3	1	3	1
福岡県	30	1	34	1	37	1
佐賀県	7	1	5	1	5	1
長崎県	–	–	–	–	–	–
熊本県	6	–	17	1	18	1
大分県	4	1	3	–	3	–
宮崎県	–	–	–	–	–	–
鹿児島県	4	1	4	1	3	1
沖縄県	3	1	4	1	4	1

出典：「社会教育調査」（文部科学省，各年度）

8 国民の余暇と学習活動

「国民の余暇」に関して「社会生活基本調査」では，生理的に必要な活動（1次活動）や，社会生活を営む上で義務的な性格の強い活動（2次活動）以外の活動で，一般に「余暇活動」と呼ばれるものを「3次活動」と呼んでいる。2021年調査の3次活動全体の時間は，前回の2016年調査の6時間22分から6分減少したが，「学習・自己啓発・訓練（学業以外）」の時間は変わらず13分のままである（表V-8-1）。なお「学習・自己啓発・訓練（学業以外）」は，社会人の職場研修や，児童・生徒・学生が学業（授業，予習，復習）として行うものは除き，クラブ活動や部活動は含む，とされる。

「学習・自己啓発・訓練（学業以外）」について，年齢ごとの行動者率（過去1年間に該当する種類の行動を行った人の割合）をみると，20～24歳がピーク（56.5%）となっている（図V-8-1）。また種類別に行動者率をみると，男性で最も高いのは「パソコンなどの情報処理」20.1%であり，女性で最も高いのは「家政・家事」17.7%である（図V-8-2）。「生涯学習に関する世論調査」によると，今後学習したい内容としては「健康やスポーツに関すること」39.2%が1位になっている（図V-8-3）。生涯学習という観点からは，年齢が上がるごとに「学習・自己啓発・訓練」の行動者率が低下する傾向にあることには注目すべきだろう。

（青木栄治）

表V-8-1　行動の種類別生活時間の推移（10歳以上）1週全体

（時間，分）

	総数					男					女				
	2006年	2011年	2016年	2021年	増減	2006年	2011年	2016年	2021年	増減	2006年	2011年	2016年	2021年	増減
1次活動	10.37	10.40	10.41	10.57	0.16	10.31	10.33	10.34	10.50	0.16	10.42	10.46	10.49	11.03	0.14
睡眠	7.42	7.42	7.40	7.54	0.14	7.49	7.49	7.45	7.58	0.13	7.35	7.36	7.35	7.49	0.14
身の回りの用事	1.15	1.19	1.22	1.24	0.02	1.06	1.09	1.11	1.14	0.03	1.25	1.29	1.31	1.32	0.01
食事	1.39	1.39	1.40	1.39	−0.01	1.36	1.36	1.38	1.37	−0.01	1.42	1.42	1.43	1.41	−0.02
2次活動	7.00	6.53	6.57	6.47	−0.10	6.58	6.49	6.50	6.36	−0.14	7.03	6.57	7.03	6.57	−0.06
通勤・通学	0.31	0.31	0.34	0.31	−0.03	0.41	0.40	0.43	0.38	−0.05	0.22	0.23	0.25	0.24	−0.01
仕事	3.44	3.33	3.33	3.28	−0.05	4.59	4.46	4.41	4.27	−0.14	2.32	2.23	2.29	2.32	0.03
学業	0.37	0.39	0.42	0.38	−0.04	0.40	0.42	0.44	0.40	−0.04	0.35	0.37	0.41	0.37	−0.04
家事	1.27	1.27	1.23	1.27	0.04	0.17	0.18	0.19	0.25	0.06	2.34	2.32	2.24	2.26	0.02
介護・看護	0.03	0.03	0.04	0.03	−0.01	0.02	0.02	0.02	0.02	0.00	0.05	0.05	0.06	0.04	−0.02
育児	0.14	0.14	0.15	0.14	−0.01	0.04	0.05	0.06	0.06	0.00	0.22	0.23	0.24	0.21	−0.03
買い物	0.24	0.26	0.26	0.26	0.00	0.15	0.17	0.17	0.18	0.01	0.34	0.35	0.34	0.33	−0.01
3次活動	6.23	6.27	6.22	6.16	−0.06	6.31	6.38	6.36	6.34	−0.02	6.15	6.16	6.09	6.00	−0.09
移動（通勤・通学を除く）	0.30	0.30	0.29	0.22	−0.07	0.29	0.29	0.28	0.21	−0.07	0.32	0.30	0.30	0.23	−0.07
テレビ・ラジオ・新聞・雑誌	2.24	2.27	2.15	2.08	−0.07	2.28	2.31	2.19	2.11	−0.08	2.21	2.24	2.11	2.05	−0.06
休養・くつろぎ	1.25	1.31	1.37	1.57	0.20	1.23	1.31	1.37	1.59	0.22	1.26	1.31	1.36	1.56	0.20
学習・自己啓発・訓練（学業以外）	0.12	0.12	0.13	0.13	0.00	0.13	0.13	0.13	0.13	0.00	0.12	0.12	0.12	0.12	0.00
趣味・娯楽	0.45	0.44	0.47	0.48	0.01	0.51	0.53	0.57	1.00	0.03	0.38	0.37	0.37	0.37	0.00
スポーツ	0.15	0.14	0.14	0.13	−0.01	0.19	0.18	0.18	0.16	−0.02	0.11	0.11	0.10	0.10	0.00
ボランティア活動・社会参加活動	0.05	0.04	0.04	0.02	−0.02	0.05	0.04	0.04	0.02	−0.02	0.05	0.04	0.04	0.02	−0.02
交際・付き合い	0.22	0.19	0.17	0.10	−0.07	0.20	0.18	0.15	0.08	−0.07	0.24	0.20	0.19	0.12	−0.07
受診・療養	0.09	0.08	0.08	0.07	−0.01	0.07	0.07	0.07	0.06	−0.01	0.10	0.10	0.09	0.08	−0.01
その他	0.16	0.17	0.19	0.16	−0.03	0.14	0.15	0.17	0.15	−0.02	0.17	0.18	0.20	0.17	−0.03

出典：「令和3年社会生活基本調査　生活時間及び生活行動に関する結果　結果の要約」（総務省，2022年）

図Ⅴ－８－１　「学習・自己啓発・訓練」の年齢階級別行動者率

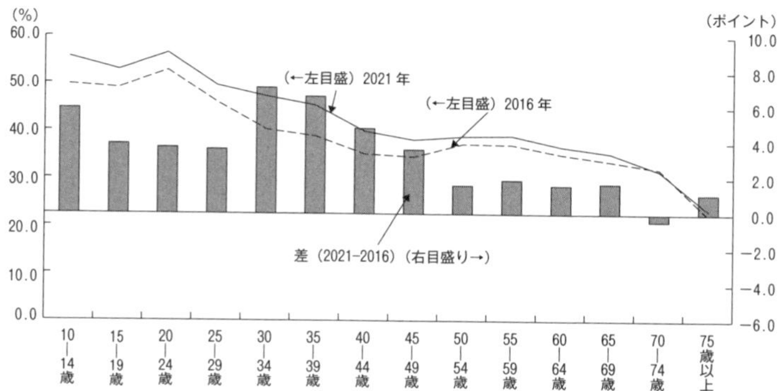

図Ⅴ－８－２　「学習・自己啓発・訓練」の種類，男女別行動者率

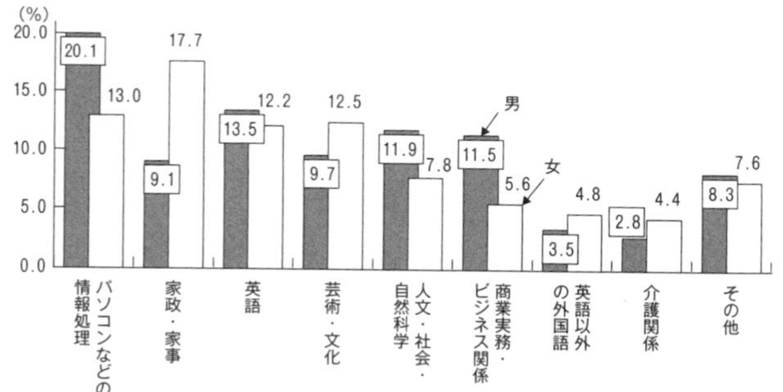

出典：図Ⅴ－８－１，２は「令和３年社会生活基本調査　生活時間及び生活行動に関する結果　結果の概要」(総務省，2022年)

図Ⅴ－８－３　今後学習したい内容

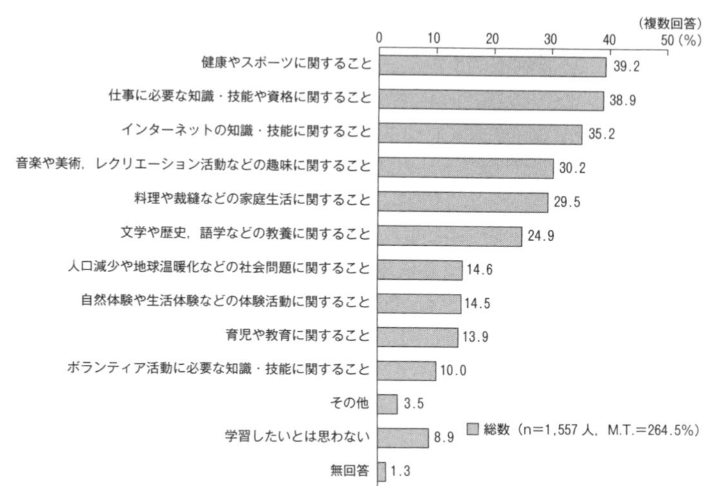

出典：「生涯学習に関する世論調査（令和４年７月調査)」(内閣府，2022年)

9 ボランティア活動

ボランティア活動は様々に定義できる。例えば5年ごとに実施される総務省の「社会生活基本調査」では，「報酬を目的としないで，自分の労力，技術，時間を提供して地域社会や個人・団体の福祉増進のために行う活動」と定義され，「自発性」「貢献性」「無償性」の要件を満たすものとされている。「令和3年社会生活基本調査」によれば，ボランティア活動を行っている人の割合（行動者率）は17.8%で，2016年と比較して減少がみられる（8.2ポイント減）。2021年の行動者率を年齢階級別にみると，65〜69歳が23.4%と最も高く，25〜29歳が10.1%と最も低くなっている。2016年と比べると，すべての年齢階級で低下しており，特に10〜14歳では14.4ポイント減と，大幅に低下している（表V-9-1）。「災害に関係した活動」の行動者率の推移をみると，東日本大震災が発生した2011年は3.8%と高い水準となっていたが，2021年は0.8%と熊本地震の発生した2016年と比べ低下している（図V-9-1）。また，災害に関係した活動を都道府県別にみると，熊本県が2.5%と最も高く，次いで佐賀県が1.8%，長野県が1.4%などとなっている（図V-9-2）。

ボランティア活動に関連する意識を調査したものとして，内閣府の「社会意識に関する世論調査」がある。これによれば，2022年度調査では「何か社会のために役立ちたい」と「思っている」者の割合は64.3%であるが，2009年度のピークから緩やかな減少傾向にある（図V-9-3）。また貢献したい内容を見ると，2022年度調査では「自分の職業を通して」が最も多く，「環境美化，リサイクル活動，牛乳パックの回収など自然・環境保護に関する活動」「高齢者・障害者・子供に対する身の回りの世話，介護，食事の提供，保育など社会福祉に関する活動」が続く（図V-9-4）。両調査を踏まえると，内容としてまちづくりや子供・高齢者などへの一定の関心がうかがえるが，ボランティア活動の行動者率の低下が懸念される状況にあるといえる。（才陽武也）

表V-9-1 「ボランティア活動」の年齢階級別行動者率

	2016年（%）	2021年（%）	増減（ポイント）
10〜14歳	26.5	12.1	−14.4
15〜19歳	22.6	13.2	−9.4
20〜24歳	19.2	12.2	−7.0
25〜29歳	15.3	10.1	−5.2
30〜34歳	19.3	12.4	−6.9
35〜39歳	27.9	17.7	−10.2
40〜44歳	32.2	21.1	−11.1
45〜49歳	31.4	20.3	−11.1
50〜54歳	29.3	18.8	−10.5
55〜59歳	29.2	20.6	−8.6
60〜64歳	28.6	21.7	−6.9
65〜69歳	29.8	23.4	−6.4
70〜74歳	30.0	23.0	−7.0
75歳以上	20.0	16.4	−3.6

図V-9-1 「災害に関係した活動」の行動者率の推移

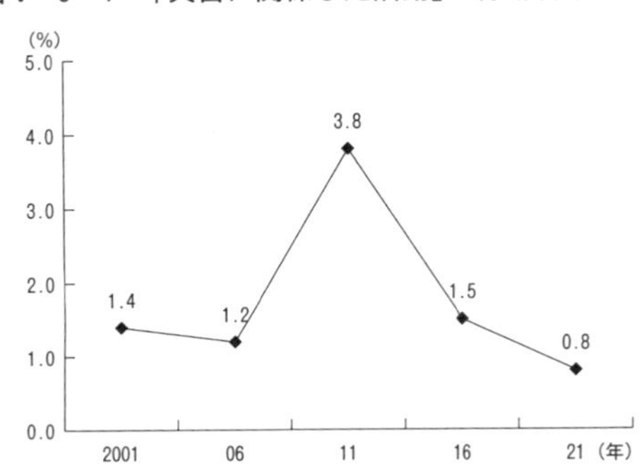

図Ⅴ-9-2　「災害に関係した活動」の都道府県別行動者率

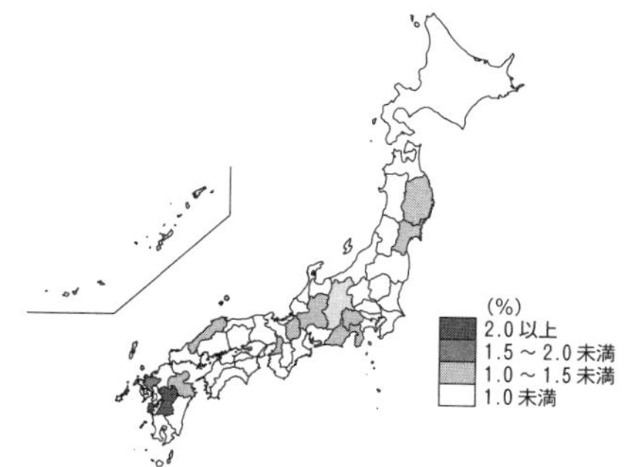

（%）

順位	都道府県	行動者率
1	熊本県	2.5
2	佐賀県	1.8
3	長野県	1.4
4	山梨県	1.3
5	滋賀県	1.3

出典：表Ⅴ-9-1及び図Ⅴ-9-1，2は「令和3年社会生活基本調査」（総務省，2022年）

図Ⅴ-9-3　社会への貢献意識

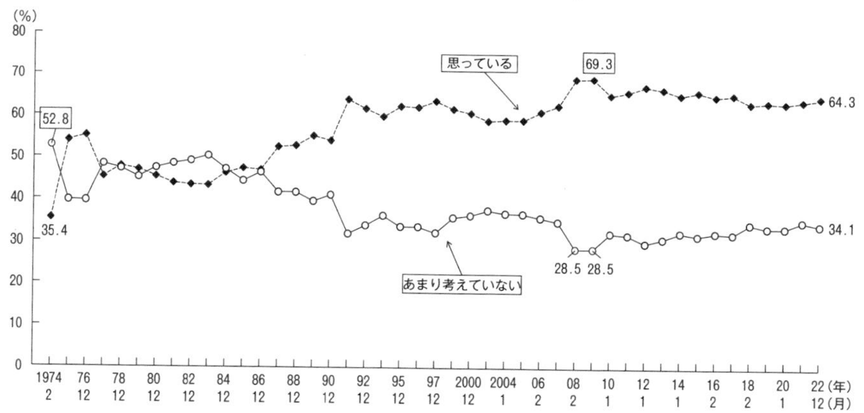

図Ⅴ-9-4　社会への貢献内容

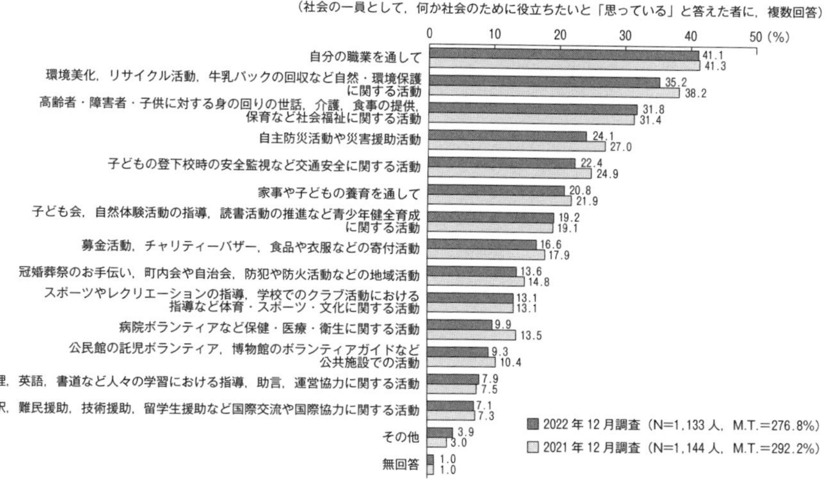

出典：図Ⅴ-9-3，4は「社会意識に関する世論調査（令和4年12月調査）」（内閣府，2023年）

10 子供の体験活動の推進

体験活動（自然体験活動，社会体験活動，生活・文化体験活動等）は子供の自己肯定感や協調性，主観的幸福感など，ウェルビーイングの向上に寄与し，体験を通して他者と関わり合うことで，共生社会の実現につながるものである（文部科学省「第４期教育振興基本計画」2023年６月16日閣議決定）。

生活・文化体験活動	例えば放課後に行われる遊びやお手伝い，野遊び，スポーツ，部活動，地域や学校における年中行事。
自然体験活動	例えば登山やキャンプ，ハイキング等といった野外活動，または星空観察や動植物観察といった自然・環境に係る学習活動。
社会体験活動	例えばボランティア活動や職場体験活動，インターンシップ。

出典：中央教育審議会答申「今後の青少年の体験活動の推進について」（文部科学省，2013年）

文部科学省が2020年度に行った「青少年の体験活動に関する調査」では，①小学生の頃の体験活動経験は，長期間経過しても子供の自尊感情や外向性に良い影響を与えていること（図Ⅴ-10-１），②家庭の経済状況などに左右されることなく，成長に良い影響を与えていること――が報告されている。

他方で，国立青少年教育振興機構が2019年に行った調査では，図Ⅴ-10-２に示す通り，子供の自然体験は2019年までの約20年間で1998年と同程度に戻ってきたものの，一部にやや減少傾向がみられることが報告された。生活体験・お手伝いは，2012年から一部の項目に微減傾向がみられるものの，ほぼ横ばいで推移している。社会体験（2012年に調査開始）についても，微増している項目もあるが大きな変化はみられなかった。

「第４期教育振興基本計画」では，第３期計画を振り返り，新型コロナウイルス感染症の感染拡大による様々な体験活動の停滞が課題として挙げられた。第４期計画には，教育政策目標「豊かな心の育成」の基本施策として，体験活動・交流活動の充実が掲げられた。文部科学省は2022年に「子供の体験活動推進宣言」を行い，豊かな体験活動を通した青少年健全育成の推進についての理解・普及を

図Ⅴ-10-１　体験活動とその影響

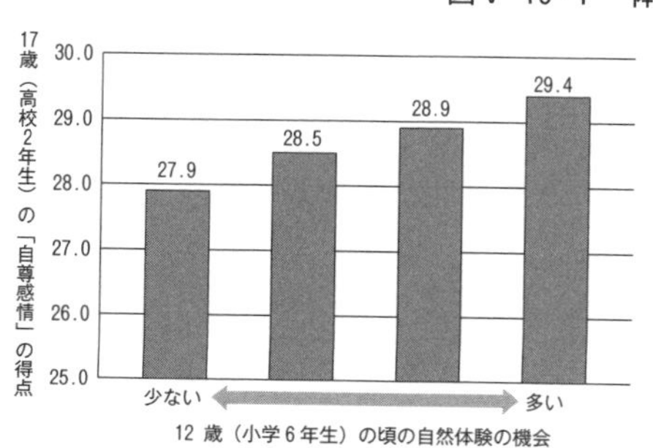

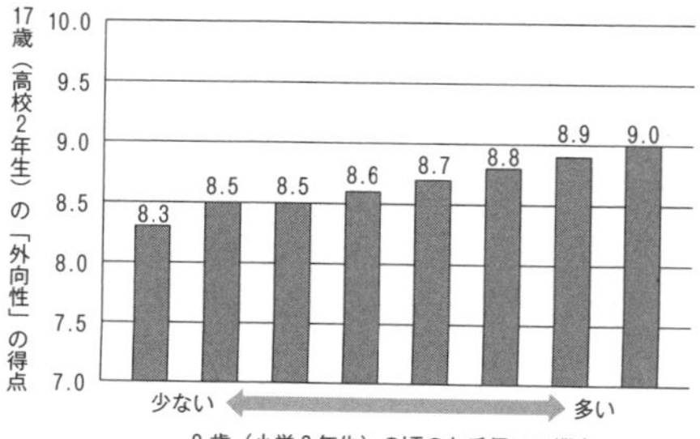

出典：「令和２年度青少年の体験活動の推進に関する調査研究 報告パンフレット（概要）」（文部科学省，2021年）

図るため，体験活動推進特設ページを開設した。このような取組を活用し，教育現場のみならず家庭・地域・社会が協働し，子供の体験活動を促進していくことが望まれるであろう。

(米田勇太)

図Ⅴ-10-2　子供の自然・生活・社会体験の推移

■ 自然体験

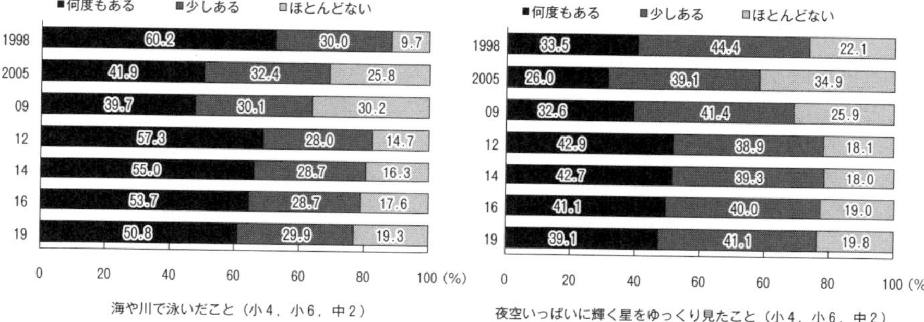

海や川で泳いだこと（小４，小６，中２）

夜空いっぱいに輝く星をゆっくり見たこと（小４，小６，中２）

■ 生活体験

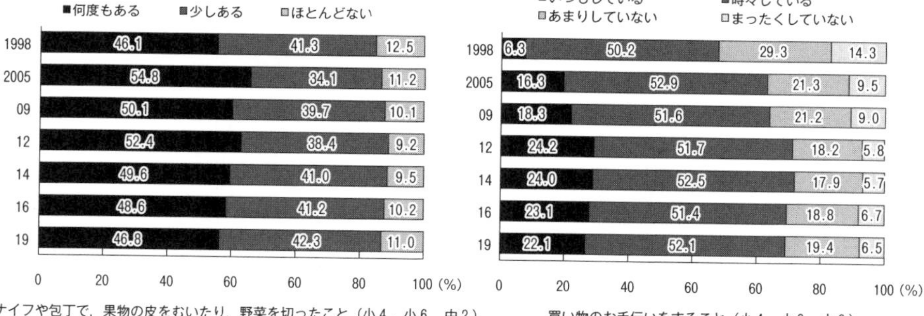

ナイフや包丁で，果物の皮をむいたり，野菜を切ったこと（小４，小６，中２）

買い物のお手伝いをすること（小４，小６，中２）

■ 社会体験

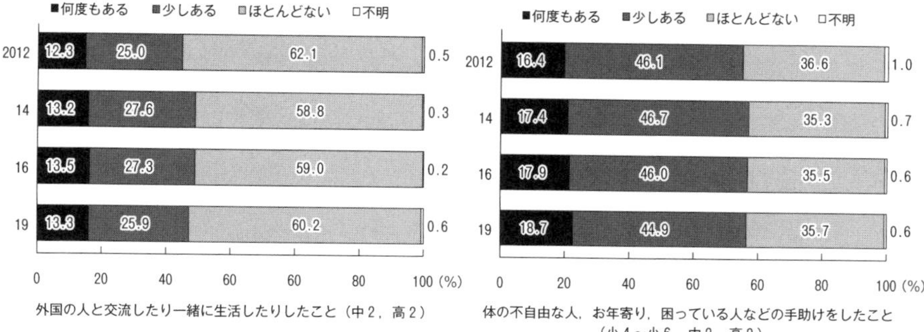

外国の人と交流したり一緒に生活したりしたこと（中２，高２）

体の不自由な人，お年寄り，困っている人などの手助けをしたこと（小４～小６，中２，高２）

出典：「青少年の体験活動等に関する意識調査（令和元年度調査）」（国立青少年教育振興機構，2021年）

11 地域における防犯教育・防犯活動

街頭犯罪，凶悪犯罪の増加に対する地域の自主的な取組の支援を目的として策定された，「安心・安全なまちづくり全国展開プラン」（2005年６月）において，防犯ボランティア活動への参加促進，及び公民館等を活用した防犯教育，防犯活動等の推進が示された。それ以来，社会教育における新たな課題の一つとして，防犯教育，防犯活動等を推進していくことが求められてきた。

これに応じるように，防犯ボランティア団体数は「全国展開プラン」が示された2005～07年末にかけて急増しており，その後も緩やかに増加を続けてきた。しかし，2016年をピークに近年は減少傾向にあり，それに先んじて構成員の数も2014年から減少している（図Ⅴ-11-１）。その要因の一つとして挙げられるのが構成員の高齢化による担い手の不足である。構成員の平均年齢が60歳代以上となる団体は72.0％にも上っており（図Ⅴ-11-２），継続性に課題が生じている。その一方で13歳未満の子供が道路上で巻き込まれる身体的犯罪は，その全体数が減少傾向にあるにもかかわらず，ほぼ横ばいで推移している状況がある。

このように，これまで地域の努力で支えられてきた防犯活動の限界，また共働

図Ⅴ-11-１　防犯ボランティア団体数及び構成員数の推移

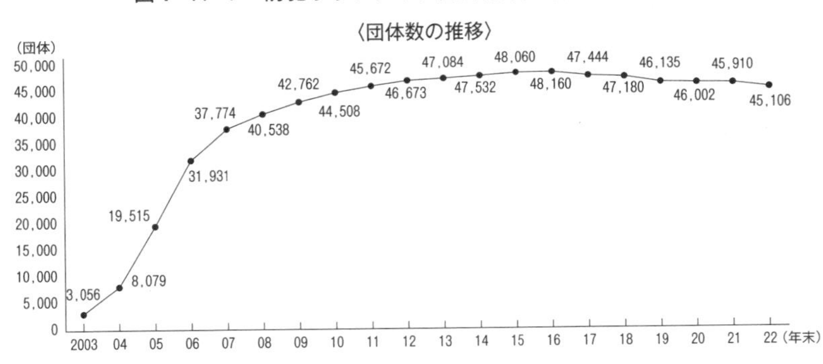

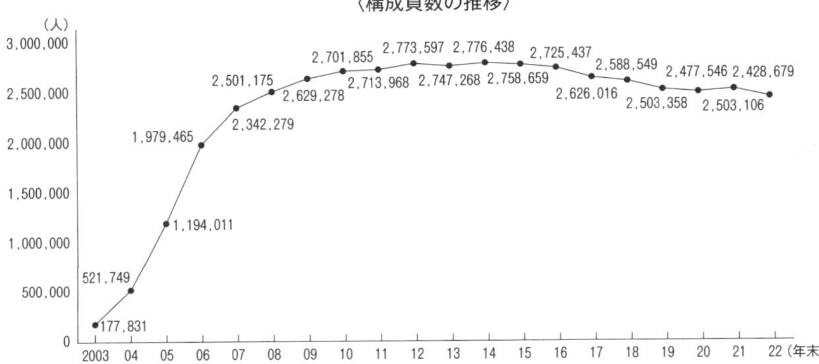

き家庭の増加による保護者の見守り減少，下校・帰宅の在り方の多様化により，子供に対する「見守りの空白地帯」が生じていることを背景として，2018年「登下校防犯プラン」がまとめられ，警察・学校・自治体の三者が地域住民等と連携することの重要性が明記された。

これを受け，学校と地域や行政等との連携を深めた形での取組の好事例が共有されており（表Ⅴ-11-1），これらを参考にしつつ，地域特性等によって活動内容を検討し取り組むことが求められている。　（峯　啓太朗）

図Ⅴ-11-2　防犯ボランティア団体構成員の平均年代別団体数の割合

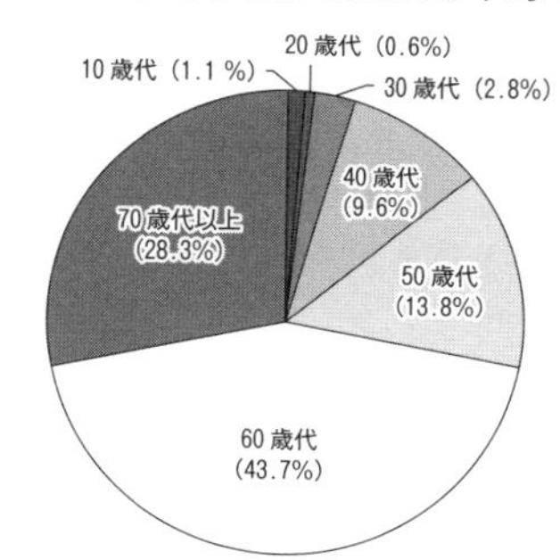

注：職域・事業者団体を除く。構成比は小数点以下２桁目を四捨五入した。
出典：図Ⅴ-11-1，２は『防犯ボランティア団体の活動状況等について』（警察庁，2023年）

表Ⅴ-11-1　地域における通学路等の安全確保に向けた取組事例

1．地域ぐるみの学校安全整備推進事業（スクールガード・リーダー，スクールガード）に関する取組事例 ・千葉県千葉市：スクールガード・アドバイザーと学校セーフティウォッチャーの活動 ・福岡県福岡市：マンパワーと IoT を組み合わせ，新しい見守り活動へチャレンジ ・埼玉県加須市：スクールガード・リーダーと学校応援団による見守り活動 ・山梨県道志村：村全体で子供の安全を見守る体制の構築を目指した取組
2．住民の自発的な取組による，地域一体となった通学路の安全確保の取組事例 ・京都府長岡京市：“通学路安全対策調査”による危険箇所の情報収集と対策の実施 ・埼玉県嵐山町：住民主体による，地域一体での見守り活動
3．小学校単位での登下校時の見守り活動に関する取組事例 ・京都府京都市立御室小学校：大学生も活躍する，御室こども見守り隊の活動 ・石川県金沢市立夕日寺小学校：“子供の視点”を重視する，夕日寺スクールサポート隊の見守り活動 ・鳥取県湯梨浜町立東郷小学校：コミュニティ・スクールを活用し，活動が活性化したオレンジベスト隊
4．見守り活動等に対する行政等からの支援に関する取組事例 ・熊本県：皆で支え合う，県下の見守り活動　PTA 教育振興財団の共済金による支援 ・新潟県胎内市：地域一体となり，子供の見守り組織を支える活動
5．多様な活動者による安全・安心の創出に関する取組事例 ・宮城県白石市：中学生を中心とした，安全・安心まちづくりへの活動 ・宮城県塩竈市：塩竈市内11の郵便局員による，“ながら見守り”の活動

出典：『地域における通学路等の安全確保に向けた取組事例集』（文部科学省，2021年）

12 地域の教育力と活性化

2017～19年に改訂された学習指導要領では，「よりよい学校教育を通してよりよい社会を創る」という目標を学校と社会が共有し，社会と連携・協働しながら，新しい時代に求められる資質・能力を育む「社会に開かれた教育課程」の実現が目指されている。この実現に向けて，地域と学校の連携・協働が重視され，具体的取組としてコミュニティ・スクール（学校運営協議会）と地域学校協働活動の一体的推進が図られている（図Ｖ-12-１）。

2023年度調査において，全国の公立学校におけるコミュニティ・スクールの数は，１万8135校（導入率52.3％）で，前年度と比べ2914校増加しており，導入率は9.4ポイントの増加である。コミュニティ・スクールを導入している自治体数は1347自治体（導入率74.3％）で，前年度と比べ134自治体増加しており，導入率が7.4ポイント増加している（Ⅰ-19「学校運営協議会制度（コミュニティ・スクール）」を参照）。

他方，地域学校協働活動は，幅広い地域住民・団体等が参画し，地域と学校が目標を共有しながら「緩やかなネットワーク」を形成する活動を表している。この活動を推進する体制として，地域学校協働本部が整備されている（図Ｖ-12-２）。地域学校協働本部の整備に当たっては，地域と学校のパートナーシップに基づく双方向の「連携・協働」を推進し，「総合化・ネットワーク化」へと発展させていくことを前提とした上で，①コーディネート機能，②多様な活動（より多くの地域住民等の参画による多様な地域学校協働活動の実施），③継続的な活

図Ｖ-12-１　コミュニティ・スクールと地域学校協働活動の一体的推進

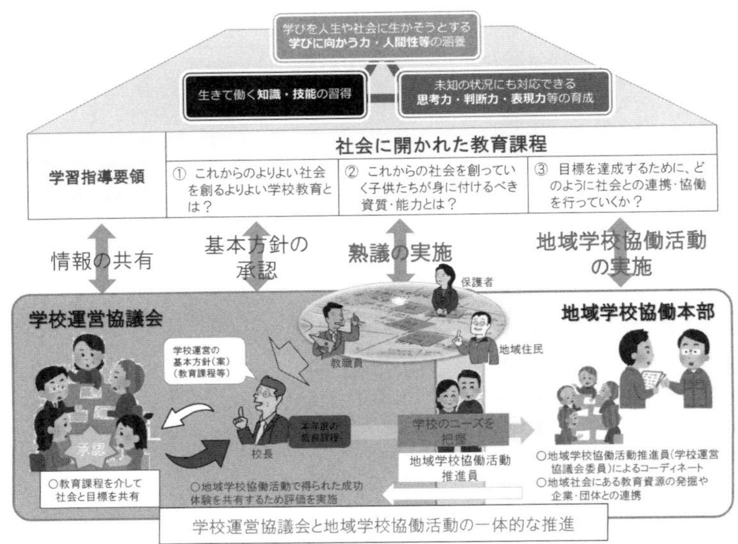

生涯学習と社会教育

動（地域学校協働活動の継続的・安定的実施）――の３要素を必須とすることが重要である。また，地域が学校・子供たちを応援・支援する一方向的な活動から，地域と学校が目標を共有して行う双方向の「連携・協働」型の活動の充実に向けて，取組を推進していくことが不可欠で，従来の個別の活動を，総合化・ネットワーク化し，組織的で安定的に活動を継続できるような仕組みを整えるために，活動に関わる地域住民や学校がどのような将来構想のもとにそれぞれの活動を実施しているのかを把握し，総合的な視点による活動を推進することが大切である。

地域学校協働本部がカバーする公立学校数は２万1144校（61.0％）で，前年度と比べて576校（3.1ポイント）増加している。また，全国の地域学校協働本部数は１万2870本部であり，前年度から537本部の増加である。

全国の公立学校においてコミュニティ・スクールと地域学校協働本部をともに整備している学校数は，１万3486校（38.9％）であり，前年度と比べて2306校（7.4ポイント）増加している（表Ｖ-12-１）。（峯田一平）

図Ｖ-12-２　今後の地域における学校との協働体制（地域学校協働本部）の在り方

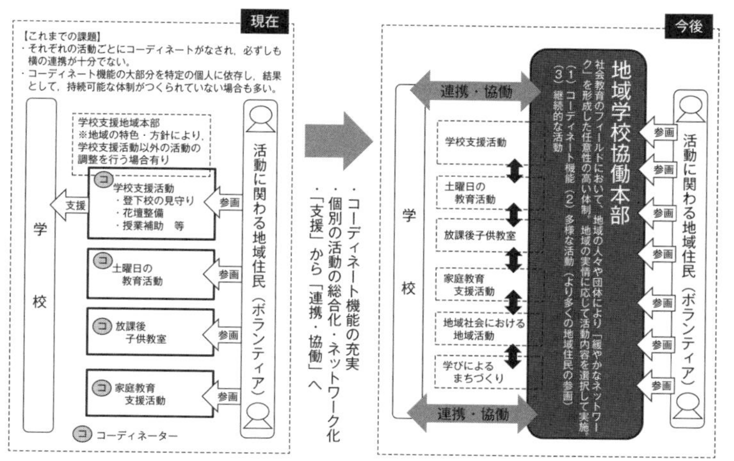

表Ｖ-12-１　コミュニティ・スクールと地域学校協働本部の一体的な整備状況

状況	学校数	割合
両方を整備している学校	13,486校	38.9％
コミュニティ・スクールのみを整備している学校	4,649校	13.4％
地域学校協働本部のみを整備している学校	7,658校	22.1％
両方とも整備されていない学校	8,894校	25.6％
合　計	34,687校	100.0％

出典：図Ｖ-12-１は「コミュニティ・スクールと地域学校協働活動の一体的推進」（文部科学省，2019年）
図Ｖ-12-２及び表Ｖ-12-１は「令和５年度コミュニティ・スクール及び地域学校協働活動実施状況について」（文部科学省，2022年）

VI

教育の国際化

1 外国人留学生数

「留学生」とは，「出入国管理及び難民認定法」別表第１に定める「留学」の在留資格により，大学等において教育を受ける外国人学生をいう。2022年度の外国人留学生の数は，23万1146人である。調査を開始した2011～19年度まで増加傾向にあったが，2020年度以降は減少傾向にある（図Ⅵ-１-１）。留学生の種類別内訳をみると，最も多いのは私費留学生で，94.8％（21万9214人）を占め，ほとんどの留学生が私費で留学していると分かる。留学生の多くは高等教育機関に在籍しているが，留学生の増加は高等教育機関だけにみられるわけではなく，日本語教育機関にも同様にみられる。次いで国費留学生が3.9％（8924人），最も少ないのが外国政府派遣留学生で1.3％（3008人）である（図Ⅵ-１-２）。

在籍している教育機関の内訳をみると，高等教育機関（大学院，学部・短期大学・高等専門学校，専修学校（専門課程），準備教育機関）に在籍している留学生数は，18万1741人であり，78.6％を占めている。他方で，日本語教育機関に在籍している留学生数は４万9405人であり，21.4％である（図Ⅵ-１-３）。中でも学部・短期大学・高等専門学校には最も多く40.9％（７万4390人），大学院には29.2％（５万3122人），専修学校（専門課程）には28.6％（５万1955人），準備教

図Ⅵ-１-１　外国人留学生数の推移

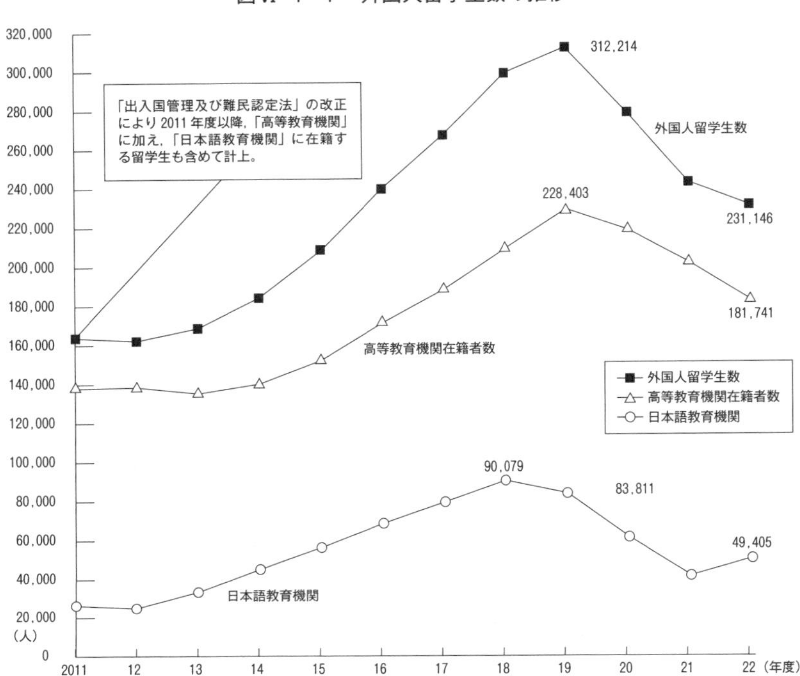

図Ⅵ-１-２　国費，私費，外国政府派遣留学生の内訳

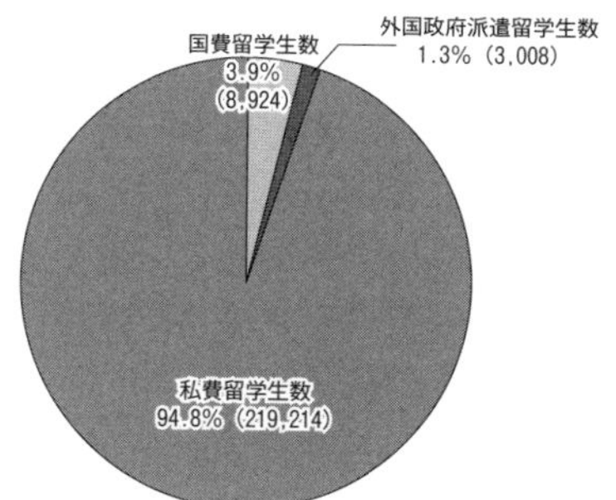

図Ⅵ-１-３　在籍機関の内訳

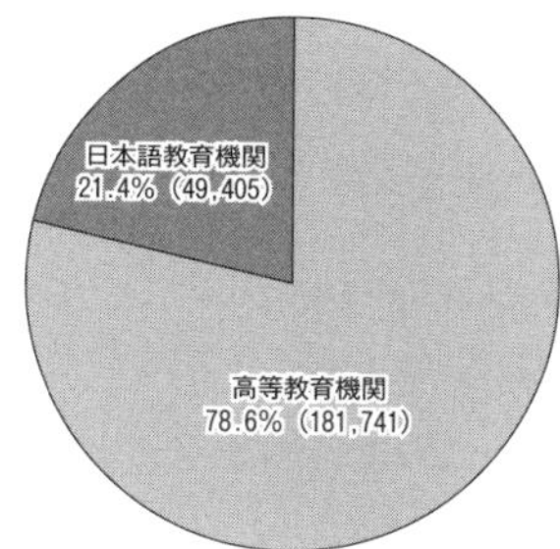

注：出入国管理及び難民認定法の改正(2009年７月15日公布)により，2010年７月１日付け在留資格「留学」「就学」が一本化されたことから，2011年５月以降は日本語教育機関に在籍する留学生も含めた留学生数も計上。

図Ⅵ-１-４　高等教育機関の学校種別内訳

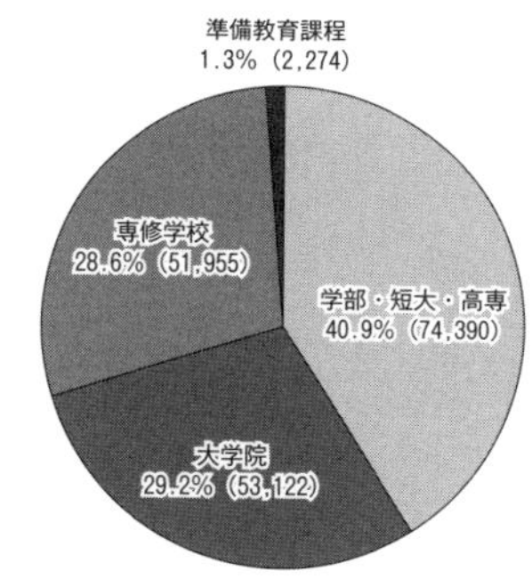

表Ⅵ-１-１　在学段階別・国公私立別留学生数

		国立		公立		私立		計	
		留学生数	構成比	留学生数	構成比	留学生数	構成比	留学生数	構成比
在学段階	大学院	33,056人 (32,431)	62.2% (61.5)	2,199人 (2,309)	4.1% (4.4)	17,867人 (18,019)	33.6% (34.2)	53,122人 (52,759)	100.0% (100.0)
	大学 (学部)	9,092人 (8,832)	12.6% (12.0)	1,519人 (1,374)	2.1% (1.9)	61,436人 (63,509)	85.3% (86.2)	72,047人 (73,715)	100.0% (100.0)
	短期大学	0人 (0)	0.0% (0.0)	3人 (4)	0.2% (0.2)	1,860人 (2,327)	99.8% (99.8)	1,863人 (2,331)	100.0% (100.0)
	高等専門 学校	478人 (450)	99.6% (99.3)	0人 (0)	0.0% (0.0)	2人 (3)	0.4% (0.7)	480人 (453)	100.0% (100.0)
	専修学校 (専門課程)	1人 (1)	0.0% (0.0)	22人 (14)	0.04% (0.02)	51,932人 (70,253)	99.96% (99.98)	51,955人 (70,268)	100.0% (100.0)
	準備教育 課程	127人 (126)	5.6% (5.4)	0人 (0)	0.0% (0.0)	2,147人 (2,225)	94.4% (94.6)	2,274人 (2,351)	100.0% (100.0)
	日本語 教育機関	0人 (0)	0.0% (0.0)	97人 (0)	0.2% (0.00)	49,308人 (40,567)	99.8% (100.00)	49,405人 (40,567)	100.0% (100.0)
	合　計	42,754人 (41,840)	18.5% (17.3)	3,840人 (3,701)	1.7% (1.5)	184,552人 (196,903)	79.8% (81.2)	231,146人 (242,444)	100.0% (100.0)

(　　)内は2021年５月１日現在の数

図Ⅵ-1-5　高等教育機関に在籍する留学生の専攻分野別留学生数の構成

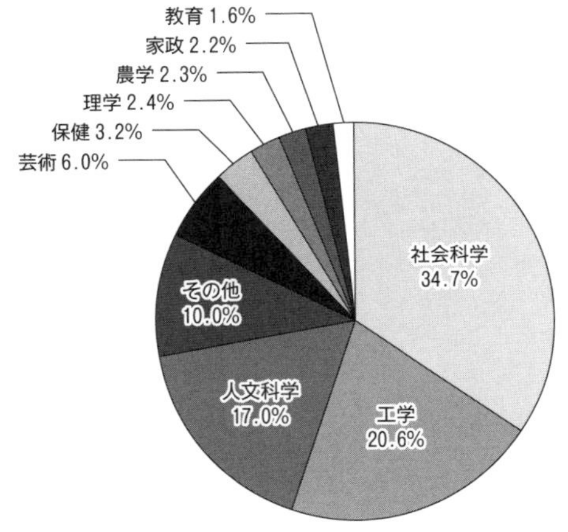

図Ⅵ-1-6　出身地域別留学生数，男女別留学生数

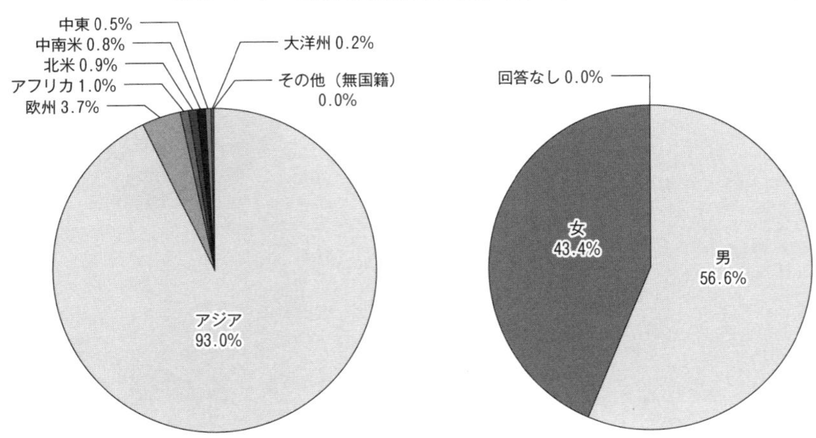

育課程には1.3％（2274人）が在籍している（図Ⅵ-1-4）。また，在籍している教育機関の設置区分の内訳をみると，大学院で最も多いのは国立であり（62.2％），大学（学部）で最も多いのは私立である（85.3％）（表Ⅵ-1-1）。留学生の専攻分野の構成比は，社会科学が最も多く34.7％，次に工学20.6％，人文科学17.0％，芸術6.0％である（図Ⅵ-1-5）。

出身地域別留学生の構成比をみると，アジア地域が93.0％を占めており，来日する外国人留学生はおおかたアジア地域出身であると分かる。留学生に占める男女の割合は，男性が56.6％，女性が43.4％，回答なしが0.0％である（図Ⅵ-1-6）。

都道府県別留学生数は，関東地方が約半分を占め，その11万524人のうち約7

割に当たる7万8957人が東京都に集中している。次いで近畿地方が約2割で，大阪府2万1190人，京都府1万4205人，兵庫県1万633人である。東北地方は宮城県3953人，九州地方は福岡県1万5955人に集中しており，四国地方は4県とも1000人を大きく割っており，高知県は210人と，全国で最も留学生数が少ない（表Ⅵ-1-2）。

（石鍋杏樹）

表Ⅵ-1-2　地方別・都道府県別留学生数

（単位：人）

地方名	留学生数	構成比	都道府県	留学生数	
北海道	4,026 (3,749)	1.7% (1.5%)	北海道	4,026	(3,749)
東北	6,375 (6,289)	2.8% (2.6%)	青森	399	(377)
			岩手	559	(417)
			宮城	3,953	(4,231)
			秋田	337	(285)
			山形	279	(280)
			福島	848	(699)
関東	110,524 (122,383)	47.8% (50.5%)	茨城	3,755	(4,153)
			栃木	2,026	(2,665)
			群馬	3,309	(4,167)
			埼玉	8,951	(10,309)
			千葉	7,280	(8,683)
			東京	78,957	(85,191)
			神奈川	6,246	(7,215)
中部	22,150 (21,662)	9.6% (8.9%)	新潟	1,824	(1,965)
			富山	486	(481)
			石川	1,800	(1,871)
			福井	498	(384)
			山梨	1,252	(1,080)
			長野	969	(1,025)
			岐阜	1,862	(1,846)
			静岡	3,337	(3,338)
			愛知	10,122	(9,672)
近畿	50,245 (50,066)	21.7% (20.7%)	三重	1,694	(1,500)
			滋賀	542	(547)
			京都	14,205	(13,638)
			大阪	21,190	(21,783)
			兵庫	10,633	(10,756)
			奈良	1,506	(1,272)
			和歌山	475	(570)
中国	9,719 (10,152)	4.2% (4.2%)	鳥取	329	(297)
			島根	346	(314)
			岡山	3,229	(3,432)
			広島	3,828	(3,999)
			山口	1,987	(2,110)
四国	1,722 (1,767)	0.7% (0.7%)	徳島	558	(562)
			香川	618	(669)
			愛媛	336	(317)
			高知	210	(219)
九州	26,385 (26,376)	11.4% (10.9%)	福岡	15,955	(16,537)
			佐賀	737	(576)
			長崎	1,833	(1,479)
			熊本	973	(921)
			大分	3,245	(3,479)
			宮崎	503	(458)
			鹿児島	1,122	(1,130)
			沖縄	2,017	(1,796)
計	231,146 (242,444)	100.0% (100.0%)			

注1：大学の学部等が複数の都道府県に所在している場合，事務局本部が所在する都道府県にまとめた集計。
注2：（　）内は2021年5月1日現在の数。
出典：すべて「2022（令和4）年度外国人留学生在籍状況調査結果」（独立行政法人日本学生支援機構，2023年）

2 出身地別外国人留学生数

出身地域別外国人留学生は，アジア地域からの留学生が93.0%と最も多く，欧州3.7%，アフリカ1.0%，以下北米，中南米，中東，大洋州，その他と続く（表Ⅵ-２-１）。この順番は，高等教育機関における出身地域別留学生数についてもほぼ同様である（表Ⅵ-２-３）。出身国でみても，中国44.9%，ベトナム16.2%，ネパール10.5%と，留学生の多くはアジアの国々から来ていることが確認できる。中でも，中国とベトナムからの留学生を合わせると，全留学生に占める割合は61.1%となっている（表Ⅵ-２-２）。これは，高等教育機関においても同様で，中国とベトナムからの留学生を合わせると，全留学生に占める割合は63.1%となっている（表Ⅵ-２-４）。

高等教育機関の短期留学生については，アジア地域からの留学生が65.9%，欧州・北米地域からの留学生が合わせて28.8%となっており（表Ⅵ-２-３），中国・ベトナムからの短期留学生は合わせて42.0%となっている（表Ⅵ-２-５）。

（石原雅子）

表Ⅵ-２-１　出身地域別留学生数

地域名	アジア	欧州	アフリカ	北米	中南米	中東	大洋州	その他（無国籍）	計
留学生数	214,858人 (230,550)	8,583人 (5,622)	2,273人 (2,005)	1,972人 (1,432)	1,819人 (1,337)	1,143人 (1,077)	491人 (413)	7人 (8)	231,146人 (242,444)
構成比	93.0% (95.1)	3.7% (2.3)	1.0% (0.8)	0.9% (0.6)	0.8% (0.6)	0.5% (0.4)	0.2% (0.2)	0.0% (0.0)	100.0% (100.0)

表Ⅵ-２-２　出身国（地域）別留学生数

国（地域）名	留学生数	構成比	国（地域）名	留学生数	構成比
中国	103,882人 (114,255)	44.9% (47.1)	フランス	1,256人 (742)	0.5% (0.3)
ベトナム	37,405人 (49,469)	16.2% (20.4)	ロシア	989人 (713)	0.4% (0.3)
ネパール	24,257人 (18,825)	10.5% (7.8)	カンボジア	882人 (742)	0.4% (0.3)
韓国	13,701人 (14,247)	5.9% (5.9)	ドイツ	801人 (347)	0.3% (0.1)
インドネシア	5,763人 (5,792)	2.5% (2.4)	ブラジル	678人 (475)	0.3% (0.2)
台湾	5,015人 (4,887)	2.2% (2.0)	パキスタン	631人 (542)	0.3% (0.2)
スリランカ	3,857人 (3,762)	1.7% (1.6)	イタリア	616人 (351)	0.3% (0.1)
ミャンマー	3,813人 (3,496)	1.6% (1.4)	英国	562人 (328)	0.2% (0.1)
バングラデシュ	3,313人 (3,095)	1.4% (1.3)	スペイン	380人 (216)	0.2% (0.1)
タイ	2,959人 (2,563)	1.3% (1.1)	メキシコ	361人 (275)	0.2% (0.1)
モンゴル	2,941人 (2,619)	1.3% (1.1)	カナダ	317人 (260)	0.1% (0.1)
マレーシア	2,423人 (2,426)	1.0% (1.0)	シンガポール	316人 (239)	0.1% (0.1)
フィリピン	1,745人 (1,699)	0.8% (0.7)	エジプト	314人 (321)	0.1% (0.1)
ウズベキスタン	1,659人 (1,317)	0.7% (0.5)	ラオス	258人 (239)	0.1% (0.1)
アメリカ合衆国	1,655人 (1,172)	0.7% (0.5)	その他	6,865人 (5,573)	3.0% (2.3)
インド	1,532人 (1,457)	0.7% (0.6)	計	231,146人 (242,444)	100.0% (100.0)

表VI-2-3　高等教育機関における出身地域別留学生数

地域名		アジア	欧州	アフリカ	中南米	北米	中東	大洋州	その他（無国籍）	計
留学生数		169,031人 (192,033)	6,241人 (4,366)	2,215人 (1,961)	1,422人 (1,113)	1,392人 (1,036)	1,025人 (994)	408人 (366)	7人 (8)	181,741人 (201,877)
構成比		93.0% (95.1)	3.4% (2.2)	1.2% (1.0)	0.8% (0.6)	0.8% (0.5)	0.6% (0.5)	0.2% (0.2)	0.0% (0.0)	100.0% (100.0)
うち短期留学生	留学生数	5,132人 (3,762)	2,039人 (650)	114人 (57)	176人 (82)	203人 (37)	90人 (47)	28人 (3)	0人 (0)	7,782人 (4,638)
	構成比	65.9% (81.1)	26.2% (14.0)	1.5% (1.2)	2.3% (1.8)	2.6% (0.8)	1.2% (1.0)	0.4% (0.1)	0.0% (0.0)	100.0% (100.0)

表VI-2-4　高等教育機関における出身国（地域）別留学生数

国（地域）名	留学生数	構成比	国（地域）名	留学生数	構成比
中国	85,762人 (94,063)	47.2% (46.6)	フランス	915人 (533)	0.5% (0.3)
ベトナム	28,848人 (38,592)	15.9% (19.1)	カンボジア	837人 (681)	0.5% (0.3)
ネパール	13,757人 (16,500)	7.6% (8.2)	ドイツ	686人 (266)	0.4% (0.1)
韓国	13,073人 (13,652)	7.2% (6.8)	ロシア	594人 (502)	0.3% (0.2)
インドネシア	4,709人 (5,065)	2.6% (2.5)	ブラジル	527人 (390)	0.3% (0.2)
台湾	4,248人 (4,309)	2.3% (2.1)	パキスタン	446人 (408)	0.2% (0.2)
ミャンマー	2,674人 (2,911)	1.5% (1.4)	英国	440人 (253)	0.2% (0.1)
タイ	2,477人 (2,361)	1.4% (1.2)	イタリア	430人 (210)	0.2% (0.1)
スリランカ	2,390人 (3,228)	1.3% (1.6)	エジプト	310人 (317)	0.2% (0.2)
バングラデシュ	2,367人 (2,579)	1.3% (1.3)	シンガポール	287人 (211)	0.2% (0.1)
マレーシア	2,282人 (2,306)	1.3% (1.1)	メキシコ	265人 (215)	0.1% (0.1)
モンゴル	1,982人 (2,093)	1.1% (1.0)	カナダ	255人 (203)	0.1% (0.1)
インド	1,280人 (1,345)	0.7% (0.7)	ラオス	241人 (218)	0.1% (0.1)
フィリピン	1,207人 (1,316)	0.7% (0.7)	スペイン	232人 (141)	0.1% (0.1)
アメリカ合衆国	1,137人 (833)	0.6% (0.4)	その他	6,079人 (5,066)	3.3% (2.5)
ウズベキスタン	1,004人 (1,110)	0.6% (0.5)	計	181,741人 (201,877)	100.0% (100.0)

表VI-2-5　高等教育機関における出身国（地域）別短期留学生数

国（地域）名	留学生数	構成比	国（地域）名	留学生数	構成比
中国	3,023人 (2,694)	38.8% (58.1)	マレーシア	66人 (28)	0.8% (0.6)
韓国	605人 (194)	7.8% (4.2)	スウェーデン	59人 (10)	0.8% (0.2)
フランス	437人 (145)	5.6% (3.1)	フィンランド	58人 (16)	0.7% (0.3)
ドイツ	401人 (90)	5.2% (1.9)	ポーランド	55人 (24)	0.7% (0.5)
台湾	392人 (152)	5.0% (3.3)	シンガポール	54人 (4)	0.7% (0.1)
ベトナム	252人 (142)	3.2% (3.1)	ミャンマー	53人 (26)	0.7% (0.6)
インドネシア	214人 (198)	2.7% (4.3)	ベルギー	49人 (9)	0.6% (0.2)
イタリア	202人 (30)	2.6% (0.6)	ネパール	44人 (7)	0.6% (0.2)
タイ	188人 (109)	2.4% (2.4)	カナダ	43人 (3)	0.6% (0.1)
英国	182人 (49)	2.3% (1.1)	フィリピン	39人 (22)	0.5% (0.5)
アメリカ合衆国	160人 (34)	2.1% (0.7)	チェコ	38人 (10)	0.5% (0.2)
ブラジル	94人 (36)	1.2% (0.8)	スイス	37人 (11)	0.5% (0.2)
スペイン	81人 (29)	1.0% (0.6)	トルコ	35人 (11)	0.4% (0.2)
オランダ	78人 (5)	1.0% (0.1)	メキシコ	34人 (13)	0.4% (0.3)
ロシア	76人 (78)	1.0% (1.7)	その他	667人 (431)	8.6% (9.3)
インド	66人 (28)	0.8% (0.6)	計	7,782人 (4,638)	100.0% (100.0)

注：（　）内は2021年５月１日現在の数。
出典：すべて「2022（令和４）年度外国人留学生在籍状況調査結果」（独立行政法人日本学生支援機構，2023年）

3 国内外における日本語学習者

日本に在住している外国人を対象とした日本語教育と日本語教師養成の現状についてみると，日本語教育は，大学等機関，地方公共団体，教育委員会，国際交流委員会，法務省告示機関，任意団体等で行われている。2022年11月1日現在，国内における日本語教育の機関・施設数は2764機関・施設，日本語教師数は4万4030人，日本語学習者数は21万9808人であり，新型コロナウイルス感染症の感染拡大等により学習者が一時大きく減少したものの，全体としてはいずれも増加傾向にある（図Ⅵ-3-1）。日本語教育の機関・施設数をみると，法務省告示機関が697，任意団体等が648と全体の48.7％を占め，過去7年間においても全体の35％以上で推移している（図Ⅵ-3-2）。次に，日本語教師数は，2015年度以降ボランティアが全体の約半数を占めている。常勤，非常勤，ボランティアとも，新型コロナウイルス感染症が拡大した2020年を中心に一時減少したものの，それまではいずれも増加している（図Ⅵ-3-3）。日本語学習者は，2020・21年度は新型コロナウイルス感染症の影響もあり減少したが，それまでは一貫して増加傾向にあった。内訳では法務省告示機関・任意団体等が全体の56.9％を占め，2015～19年度までの5年間も全体の50％程度で推移していた（図Ⅵ-3-4）。

一方，海外における日本語学習者数は，2021年度調査で141カ国・地域，379万4714人（2018年度調査比1.5％減）であった。また，日本語教育機関数は1万8272機関（同2.1％減）であり，日本語教師数は7万4592人（同3.5％減）である（表Ⅵ-3-1）。本調査で対象にしているのは，「語学教育として日本語を教えている学校やその他の機関」であり，異文化交流活動等が主目的で外国語教育を実

図Ⅵ-3-1　国内の日本語教師数，日本語学習者数，日本語教育実施機関・施設数の推移

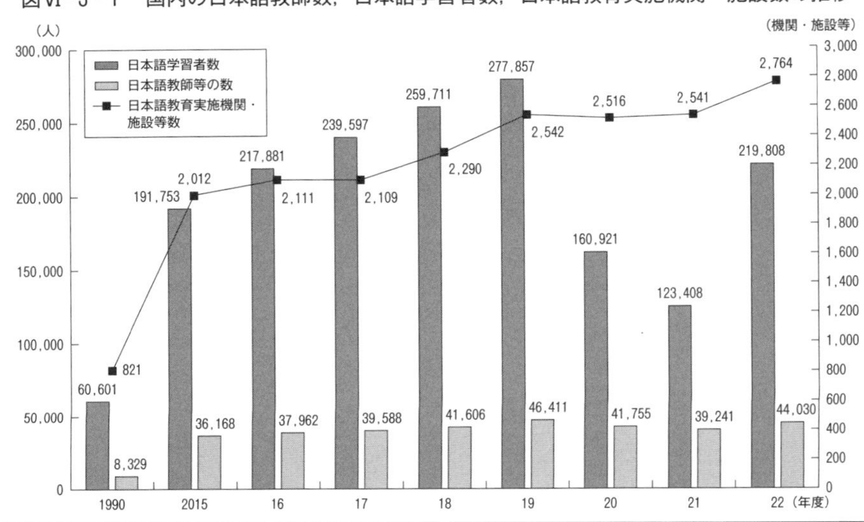

図Ⅵ-3-2　国内の日本語教育実施機関・施設数の推移

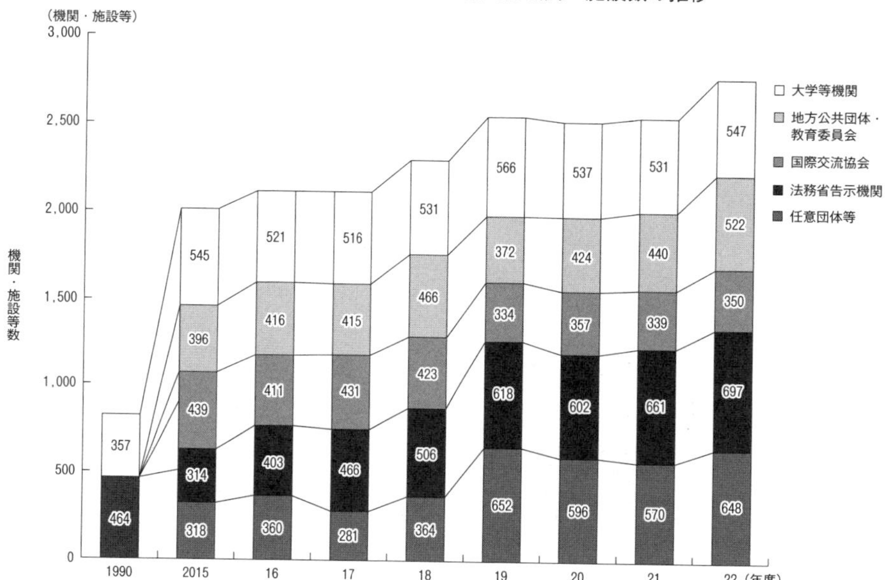

注：2020年度当時は，大学院・大学・短期大学・高等専門学校・一般の日本語教育機関・施設について調査を行っていた。

図Ⅵ-3-3　国内の日本語教師数の推移

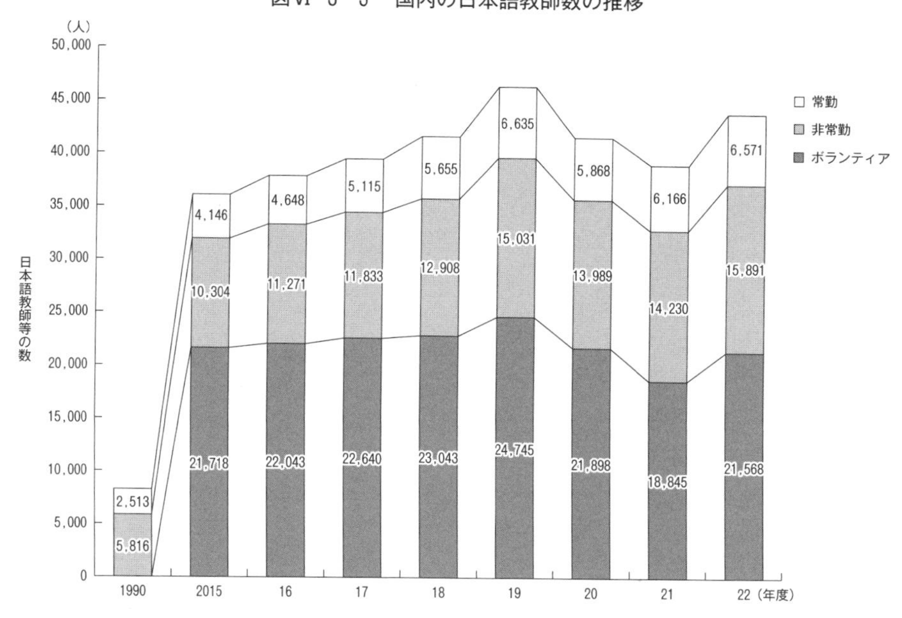

Ⅵ 教育の国際化

3 国内外における日本語学習者

図Ⅵ-3-4　国内の日本語学習者数の推移

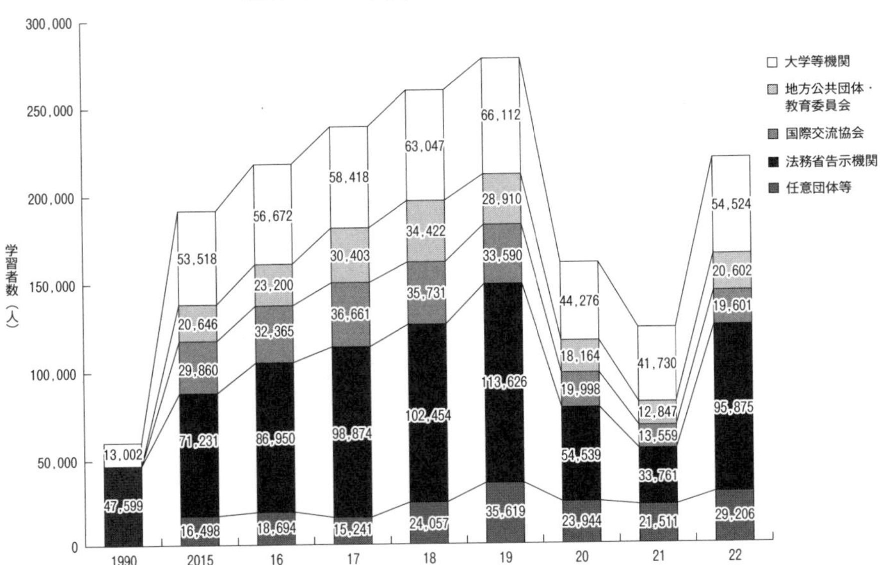

注：2020年度当時は，大学院・大学・短期大学・高等専門学校・一般の日本語教育機関・施設について調査を行っていた。
出典：図Ⅵ-3-1～4は「令和4年度国内の日本語教育の概要」（文化庁，2022年）

表Ⅵ-3-1　海外の日本語教師数，日本語学習者数，日本語教育実施機関・施設数の割合

地域	機関				教師				学習者			
	2021年度（機関）	2018年度（機関）	増減率（%）	割合（%）	2021年度（人）	2018年度（人）	増減率（%）	割合（%）	2021年度（人）	2018年度（人）	増減率（%）	割合（%）
東アジア	6,939	6,483	7.0	38.0	39,002	40,672	▲4.1	52.3	1,713,833	1,744,110	▲1.7	45.2
東南アジア	5,001	5,388	▲7.2	27.4	17,343	18,845	▲8.0	23.3	1,185,375	1,215,835	▲2.5	31.2
南アジア	776	604	28.5	4.2	2,471	1,820	35.8	3.3	63,093	57,356	10.0	1.7
大洋州	1,943	2,108	▲7.8	10.6	3,599	3,663	▲1.7	4.8	448,977	443,215	1.3	11.8
北米	1,372	1,607	▲14.6	7.5	4,675	4,683	▲0.2	6.3	179,695	186,394	▲3.6	4.7
中米	180	168	7.1	1.0	765	642	19.2	1.0	17,562	17,367	1.1	0.5
南米	394	501	▲21.4	2.2	1,548	1,838	▲15.8	2.1	34,557	42,226	▲18.2	0.9
西欧	1,061	1,123	▲5.5	5.8	2,944	2,969	▲0.8	3.9	89,530	90,114	▲0.6	2.4
東欧	423	477	▲11.3	2.3	1,723	1,652	4.3	2.3	44,866	36,836	21.8	1.2
中東	82	71	15.5	0.4	203	176	15.3	0.3	6,030	4,948	21.9	0.2
北アフリカ	33	36	▲8.3	0.2	190	147	29.3	0.3	4,580	2,569	78.3	0.1
アフリカ	68	95	▲28.4	0.4	129	216	▲40.3	0.2	6,616	10,804	▲38.8	0.2
全世界	18,272	18,661	▲2.1	100.0	74,592	77,323	▲3.5	100.0	3,794,714	3,851,774	▲1.5	100.0

図Ⅵ-３-５　海外の日本語教育機関・施設数と学習者数の割合

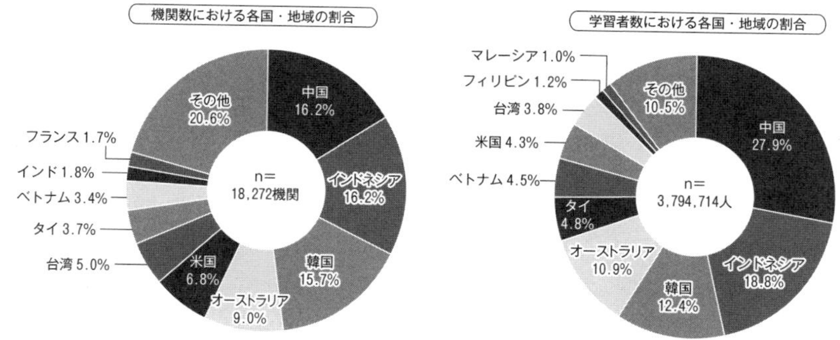

図Ⅵ-３-６　教育段階別日本語教育機関数・教師数・学習者数の割合

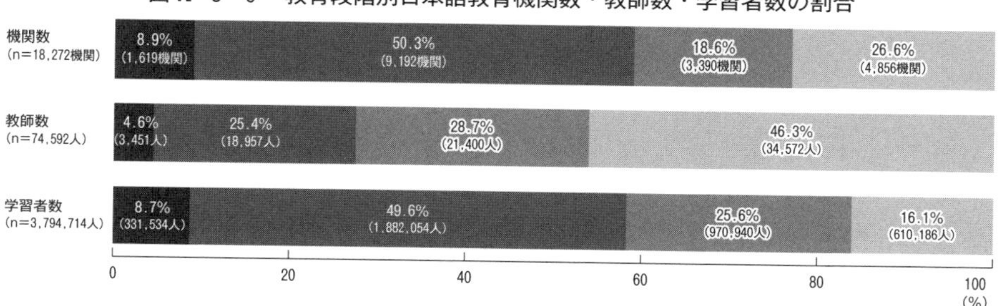

出典：表Ⅵ-３-１及び図Ⅵ-３-５，６は「海外の日本語教育の現状―2021年度日本語教育機関調査」（独立行政法人国際交流基金，2023年）

施していない機関，テレビ・ラジオ・書籍・雑誌・インターネットなどで日本語を独習している学習者は総数には含まれない。

全世界における日本語教育機関数，教師数，学習者数の地域別割合をみると，東アジアが占める割合が最も高く，次いで東南アジアとなっている。東アジア・東南アジアが全世界に占める割合は，機関数65.4%，教師数75.6%，学習者76.4%となっている（表Ⅵ-３-１）。国別にみると，日本語教育機関数の上位３カ国は中国が2965機関（16.2%），インドネシアが2958機関（16.2%），韓国が2868機関（15.7%）となっており，この３カ国で全体の48.1%を占めている。また，日本語学習者が世界で多い国は，１位の中国が105万7318人，２位のインドネシアが71万1732人，３位の韓国が47万0334人となっている。これら３カ国で学習者の半数以上を占めている（図Ⅵ-３-５）。

次に，教育段階別日本語教育機関数，教師数，学習者数の割合をみると，機関数は中等教育機関の割合が最も高い。教師数については，機関数とは異なり，その他の教育機関が占める割合が高くなっている。学習者数については，中等教育の学習者が全体の半数近くを占めている（図Ⅵ-３-６）。

新型コロナウイルス感染症の感染拡大によって一時停滞したものの，日本語教育の規模は今後，拡大傾向にあるといえるだろう。　（相庭貴行）

4 日本語教育が必要な児童生徒

近年，日系人を含む外国人の来日が増加し，これらの外国人に同伴する子供たちが，日本の学校に就学するケースが増えている。2021年度調査によると，日本語指導が必要な外国籍の児童生徒は４万7627人で，2018年度調査より6872人（16.9%）増加している（図Ⅵ-４-１）。また，日本語指導が必要な「日本国籍」の児童生徒は１万726人で，2018年度調査より355人（3.4%）増加している（図Ⅵ-４-２）。なお，日本語指導が必要な日本国籍の児童生徒には，帰国児童生徒のほかに日本国籍を含む重国籍の場合や，保護者の国際結婚により家庭内言語が日本語以外である者なども含まれる。

日本語指導が必要な外国人児童生徒の言語別の内訳は，ポルトガル語を母語とする者の割合が全体の約４分の１を占め，最も多く，続いてフィリピン語，中国

図Ⅵ-４-１　日本語指導が必要な外国人児童生徒数の推移

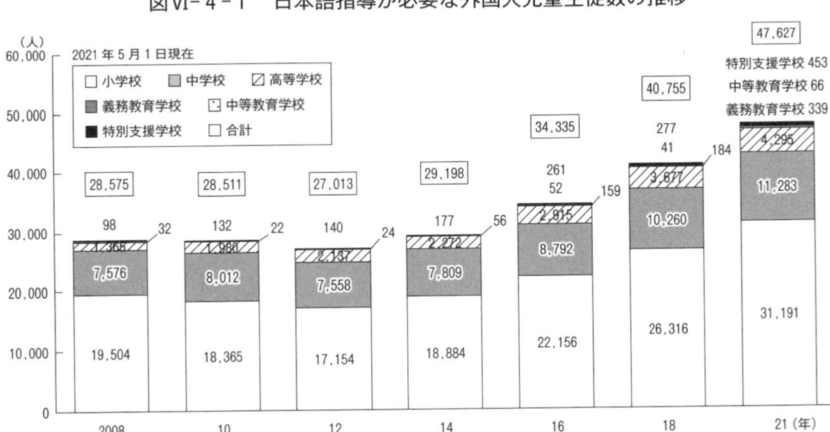

図Ⅵ-４-２　日本語指導が必要な日本国籍の児童生徒数の推移

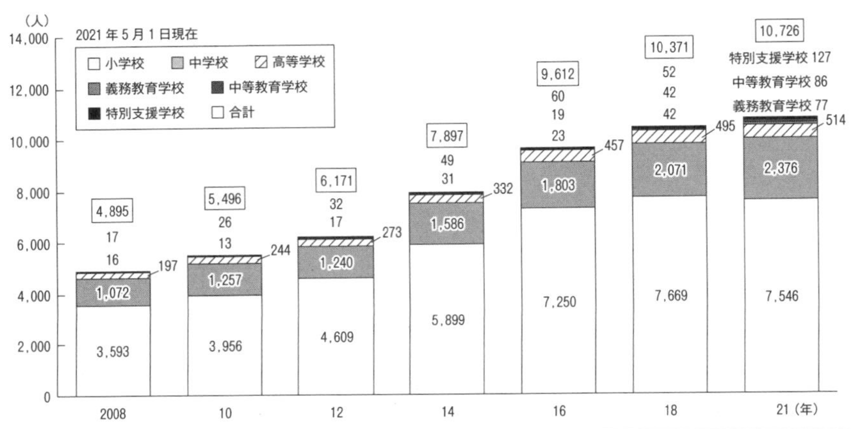

語となっている。

2021年度の「日本語指導が必要な児童生徒の受入状況等に関する調査」では，従来の調査内容に加え，日本語指導が必要な中学生等の進路状況が新たに調査された。表Ⅳ－4－1から分かるように，日本語指導が必要な中学生等の進学率は89.9%にとどまっており，全中学生等の進学率99.2%と比して10%程度低い状況となっている。

同様に，日本語指導が必要な高校生の進学率は51.9%で，およそ半分である。

（川村雄真）

図Ⅵ－4－3　日本語指導が必要な外国籍の児童生徒の言語別在籍状況

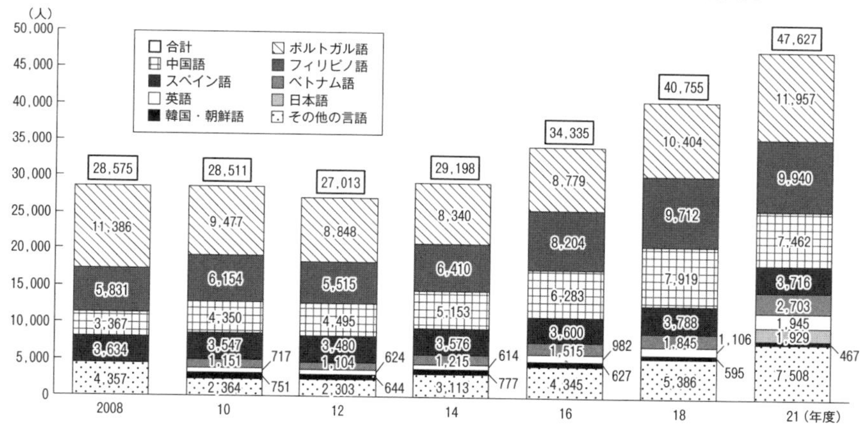

表Ⅵ－4－1　日本語指導が必要な中学生等の進路状況（2020年度卒業者）

	中学校等を卒業した生徒数	中学校等を卒業した後高等学校や専修学校などの教育機関等（※1）に進学等した生徒数	進学率
日本語指導が必要な中学生等	4,216	3,791	89.9%
全中学生等	983,810（※2）	975,671（※2）	99.2%

注1：専修学校（高等課程，一般課程），公共職業能力開発施設等を含む。
注2：「令和3年度学校基本調査」を基に算出。

表Ⅵ－4－2　日本語指導が必要な高校生等の進路状況（2020年度卒業者）

	高等学校等を卒業した生徒数	高等学校等を卒業した後大学や専修学校などの教育機関等（※1）に進学等した生徒数	進学率
日本語指導が必要な高校生等	952	494	51.9
全高校生等	712,927（※1）	523,223（※2）	73.4

注1：短期大学，専門学校，各種学校を含む。
注2：「令和3年度学校基本調査」を基に算出。
出典：すべて「日本語指導が必要な児童生徒の受入状況等に関する調査（令和3年度）」（文部科学省，2022年発表，2023年修正）

5 主な海外への留学先

独立行政法人日本学生支援機構は，大学・大学院や短期大学，高等専門学校，専修学校に在籍している日本人学生を対象とした留学状況調査を毎年度実施している。当該調査によれば，2020年度の海外への留学生数は，新型コロナウイルス感染症の感染拡大に伴う留学先の入国制限措置等によって激減した。その後，大学等の派遣留学プログラムが再開されたことにより，2021年度の留学生数は，2020年度から9512人増加し，1万999人となった。ただし，この2021年度の値は，留学生数がピークであった2018年度の値（11万5146人）の1割程度である。

2021年度の日本人留学生数を地域別・留学期間別に見ると，「不明」を除いたいずれの期間においても「北米」への留学生が最も多く，次いで「欧州」が多い（表Ⅵ-5-1）。また，地域別・男女別に見ると，「北米」「欧州」への留学生が男女ともに多い中で，「アジア」に留学した女子の割合は男子に比べて大きくなっている（図Ⅵ-5-1）。

国（地域）別の留学生数については，「アメリカ合衆国」「韓国」「カナダ」の3カ国への留学生が，全体の半数以上を占めている（図Ⅵ-5-2）。なお，以前は「中国」への留学生も多かったが，2020年度及び2021年度では減少している。

最後に，高校生の留学先（3カ月以上の留学）に目を向けると，2021年度調査では，「カナダ」への留学生徒数が「アメリカ合衆国」への留学生徒数の約2倍となっており，両国の値が初めて逆転した（図Ⅵ-5-3）。また，「ニュージーランド」と「オーストラリア」への留学生徒数は減少し，ごくわずかになっている。

（志賀　優）

表Ⅵ-5-1　地域別・留学期間別日本人留学生数（2021年度）

地域名＼期間	1カ月未満（人）	1カ月以上3カ月未満（人）	3カ月以上6カ月未満（人）	6カ月以上1年未満（人）	1年以上（人）	不明（人）	計（人）
アジア	10（2）	51（18）	574（83）	881（267）	115（39）	16（8）	1,647（417）
中東	10（0）	4（0）	15（1）	26（2）	4（2）	3（0）	62（5）
アフリカ	9（0）	20（2）	20（0）	21（0）	5（0）	2（0）	77（2）
大洋州	17（1）	4（5）	132（56）	166（53）	10（21）	3（5）	332（141）
北米	216（9）	411（34）	1,549（97）	1,998（235）	569（46）	49（8）	4,792（429）
中南米	1（0）	4（0）	12（5）	23（5）	2（1）	1（1）	43（12）
欧州	208（4）	175（11）	1,081（106）	1,894（124）	500（50）	23（17）	3,881（312）
その他	1（0）	1（0）	12（6）	44（37）	3（1）	104（125）	165（169）
計	472（16）	670（70）	3,395（354）	5,053（723）	1,208（160）	201（164）	10,999（1,487）

（　）内は2020年度の数

図Ⅵ-5-1　地域別・男女別日本人留学生数（2021年度）

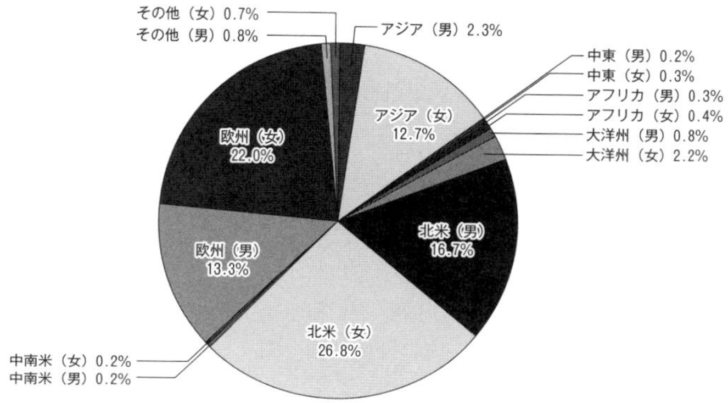

図Ⅵ-5-2　国（地域）別日本人留学生数（2021年度）

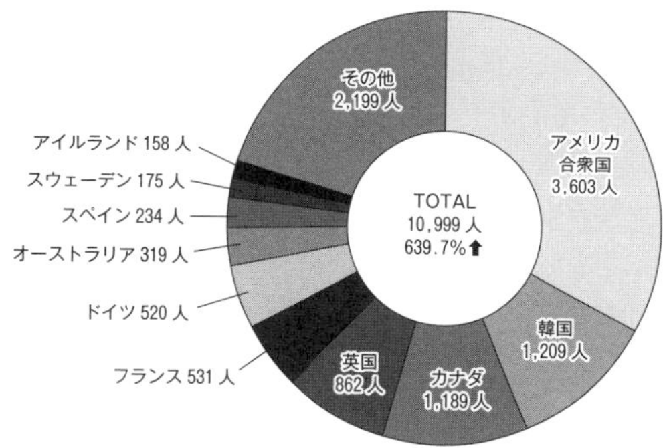

出典：表Ⅵ-5-1及び図Ⅵ-5-1，2は「2021（令和3）年度日本人学生留学状況調査結果」（独立行政法人日本学生支援機構，2023年）

図Ⅵ-5-3　高校生の留学先国（地域）別生徒数の推移（3カ月以上の留学）

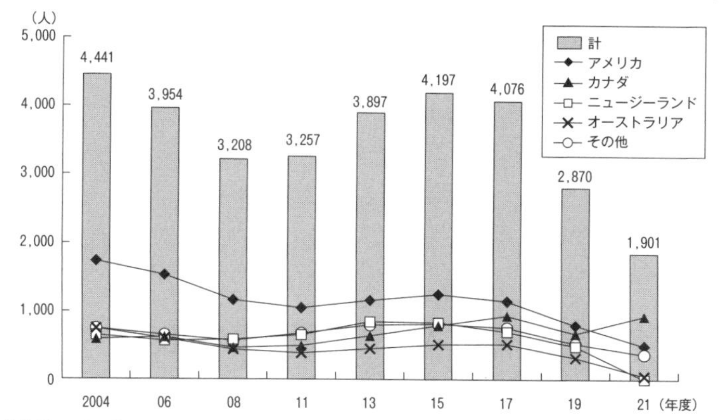

注1：留学生徒数は延べ数であり，同一の生徒が複数の国・地域に留学している場合は，それぞれの国・地域に集計。
注2：2019年度は参考値。
出典：「令和3年度 高等学校等における国際交流等の状況について」（文部科学省，2023年）

6 海外に在留する日本の子供

グローバル化する経済活動をはじめ，国家の枠組みを超えた国際的な諸活動が盛んな昨今，多くの子供が海外に在留している。海外に長期滞在している義務教育段階の子供の数は，2022年４月１日時点で，３万3848人である（図Ⅵ-６-１）。

『異文化間教育事典』（異文化間教育学会編，2022年）によると，海外で育つ日本の子供とは，狭義で捉えた場合，長期滞在者※のうち未成年者を指す。従来，海外子女と呼ばれてきたのは，こうした子供たちである。ほかに，在子弟，在外子女，海外生，海外・帰国子女・海外帰国生などといった呼称がある（同上）。

このような海外に在留する子供たちに対して，日本政府は，日本国憲法の定める教育の機会均等及び義務教育無償の精神に則り，多様な施策を講じている。例えば，文部科学省による在外教育施設への教師派遣や，教材設備補助，帰国した児童生徒の受け入れに係る支援がある。また外務省は，在外教育施設の校舎借用料及び現地採用教育謝金援助をしている。

海外に在留する子供たちの就学先の選択肢として，在外教育施設（日本人学校・補習授業校・私立在外教育施設）がある（詳細はⅥ-７「インターナショナルスクール・日本人学校・補習授業校」参照）。『2023年度版　海外で学ぶ日本の子供たち』によると，2022年４月１日時点で日本人学校数は94校で，１万4487人の子供が通っている。補習授業校は230校で，１万9361人通っている（図Ⅵ-６-２，３）。図Ⅵ-６-３より，アジアに在留する子供は日本人学校に在籍する傾向にあり，一方で北米に在留する子供は補習授業校に在籍する傾向があることがうかがえる。

（外池彩萌）

※外務省は「海外在留邦人数調査統計」において，海外に３カ月以上在留している日本国籍の有する者を在留邦人と呼んでいる。

図Ⅵ-６-１　日本人学校・補習授業校の在籍者数の推移

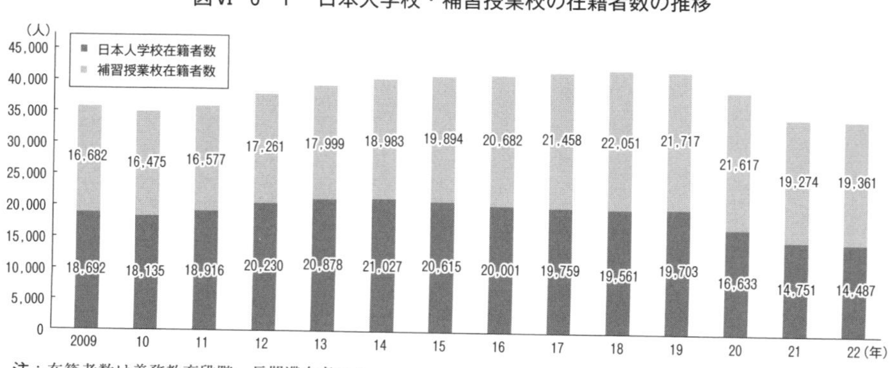

注：在籍者数は義務教育段階，長期滞在者のみ。

教育の国際化

図Ⅵ-6-2　地域別学校数の割合（義務教育段階）

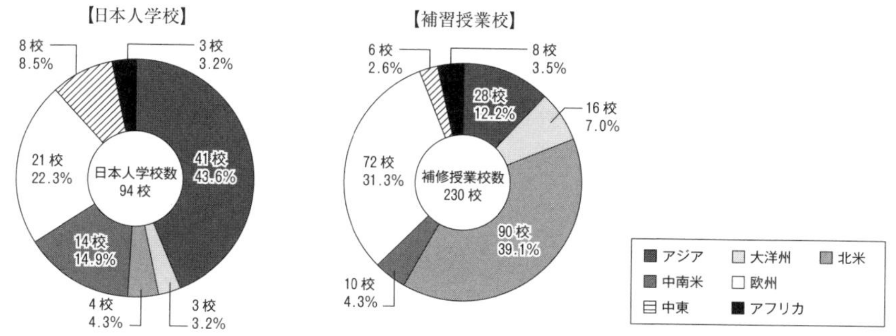

出典：図Ⅵ-6-1，2は「海外で学ぶ日本の子供たち『在外教育施設』での学び×グローバル人材＆グローバル教師［2023年版］参考資料集」（文部科学省）

図Ⅵ-6-3　日本人学校・補習授業校の地域別在籍者数

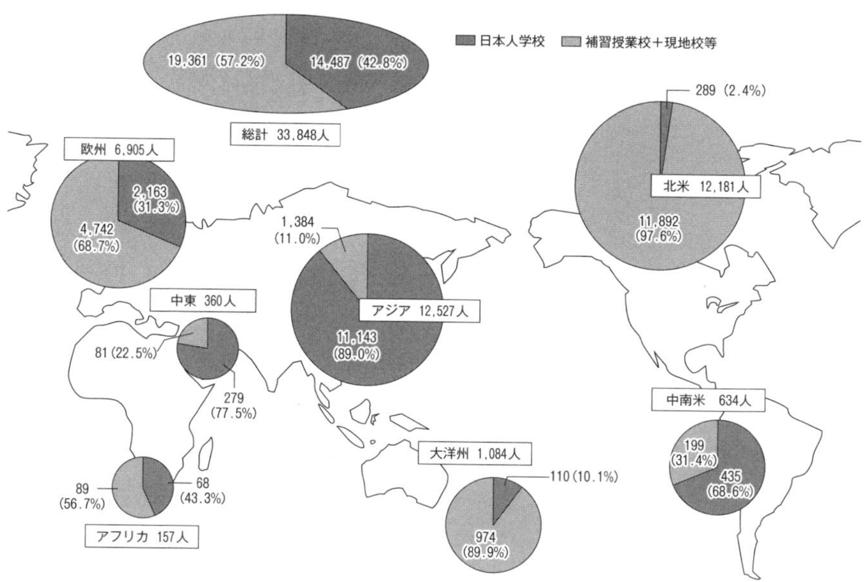

注1：在籍者数は義務教育段階，長期滞在者のみ。
注2：2022年4月1日現在。
出典：「海外で学ぶ日本の子供たち『在外教育施設』での学び×グローバル人材＆グローバル教師［2023年版］参考資料集」（文部科学省）を基に作成

Ⅵ　教育の国際化

6　海外に在留する日本の子供

7 インターナショナルスクール・日本人学校・補習授業校

インターナショナルスクール（国際学校）は，所在国に設置された外国人学校であり，主にインターナショナルスクール，アメリカンスクール等と呼ばれている教育施設である※。

日本人学校は，国内の小学校，中学校または高等学校における教育と同等の教育を行うことを目的とする全日制の教育施設である。そのため，文部科学大臣から国内の学校教育と同等の教育課程を有する認定を受けており，中学部卒業者は国内の高等学校の入学資格を，高等部卒業者は国内の大学の入学資格を有する。教育課程は，原則として国内の学習指導要領に基づいており，教科書も国内で使用されているものである。一般的には在留邦人により組織された団体により設立され，その運営は日本人会や進出企業の代表者，保護者の代表からなる学校運営委員会によってなされている。

補習授業校は，現地の学校やインターナショナルスクール等に通学している日本人の子供に対し，土曜日や放課後等を利用して国内の小学校または中学校の一部の教科について日本語で授業を行う教育施設である。このうちの一部には，授業時数や授業科目が日本人学校に準じている「準全日制補習授業校」がある。補習授業校においては，国語を中心に，施設によって算数（数学），理科，社会等を加えた授業が，国内で使用されている教科書を用いて行われている。

日本人学校や補習授業校は，海外に在留する日本人の子供のために，学校教育法（1947年法律第26号）に規定する学校における教育に準じた教育を実施することを主たる目的として海外に設置された「在外教育施設」である（私立在外教育施設も含まれる）。日本人学校や補習授業校の学校数は2006年から増加しており，2023年現在（2022年度）には計324校（日本人学校94校，補習授業校230校）が設置されている（図Ⅵ-7-1）。派遣教師数は96.1％まで充足率が上昇したが（図表Ⅵ-7-1），児童生徒数が新型コロナウイルス感染症の世界的な拡大の影響等で減少したことによる増加であると考えられ，教師派遣数の増加やそれに伴う教師の研修の充実などが今後も求められるとともに，子供の学びを保障する体制や国内と同等の教育環境の整備，在外教育施設ならではの教育の推進が課題となっている。

（藤　朱里）

※日本国内にもインターナショナルスクールは存在するが，法令上特段の規定はなく，一般的には主に英語により授業が行われ，外国人児童生徒を対象とする教育施設であると捉えられている。その中には学校教育法に定められた「一条校」として認められたものもあるが，多くは各種学校であり，無認可校も少なからずあるとされる。

〔参考文献〕「在外教育施設における教育の振興に関する施策を総合的かつ効果的に推進するための基本的な方針」（文部科学省，外務省，2023年）

図Ⅵ-７-１　日本人学校・補習授業校数の推移

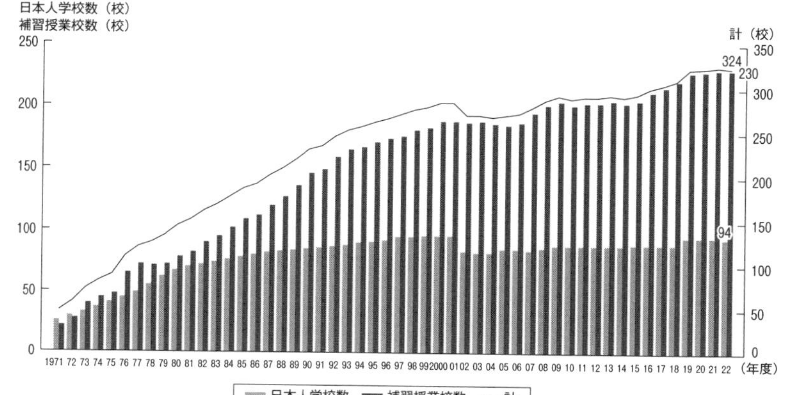

出典：「文部科学統計要覧（令和５年版）」（文部科学省，2023年）

図表Ⅵ-７-１　日本人学校・補習授業校への派遣教師数の推移

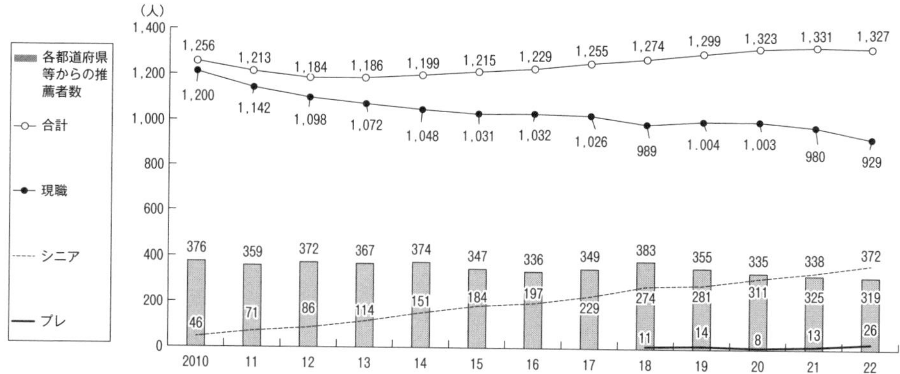

年度	2010	2011	2012	2013	2014	2015	2016	2017	2018	2019	2020	2021	2022
現職	1,210	1,142	1,098	1,072	1,048	1,031	1,032	1,026	989	1,004	1,003	980	929
シニア	46	71	86	114	151	184	197	229	274	281	311	338	372
プレ									11	14	8	13	26
合　計	1,256	1,213	1,184	1,186	1,199	1,215	1,229	1,255	1,274	1,299	1,323	1,331	1,327
充足率	74.8%	74.8%	72.2%	70.6%	70.5%	71.6%	72.3%	74.0%	75.2%	76.0%	76.9%	86.5%	96.1%
都道府県等からの推薦者数	376	359	372	367	374	347	336	349	383	355	335	325	319

注１：充足率：文部科学省からの派遣教師数／「公立義務教育諸学校の学級編制及び教職員定数の標準に関する法律」に基づき算定した教員定数。

注２：2021，2022年度の充足率については，新型コロナウイルス感染症の影響により児童生徒数が減少したことによる大幅増であるため，参考値。

出典：「海外で学ぶ日本の子供たち（2023）参考資料集」（文部科学省，2023年）

8 帰国子女教育（帰国児童生徒）

近年，我が国ではグローバル化の進展に対応できる教育システムの構築が目指されてきた。帰国児童生徒数の増加に対して，文部科学省では2004年に「初等中等教育における国際教育推進検討会」を設置し，海外子女教育・帰国子女教育を充実させる方向をまとめた。さらに，2013年度からは帰国・外国人児童生徒の受け入れから卒業後までの一貫した指導・支援体制の構築を図るため，各自治体の受け入れ促進と支援体制の整備に関する取組を支援する「公立学校における帰国・外国人児童生徒等に対するきめ細かな支援事業」を実施してきた。

文部科学省がまとめた「学校基本調査」によると，帰国児童生徒数は1977年度の調査開始以来，ほぼ右肩上がりで増加しており，1984年度以降は１万人を上回る水準で推移してきた。新型コロナウイルス感染症が世界的に流行した2019年度には，帰国を余儀なくされる児童生徒が飛躍的に増加したことで，その数は過去最大となった。しかし，その翌年以降，帰国児童生徒数は大幅に減少しており，最新の統計である2022年度にはピーク時の総数と比べて3829人少ない１万37人となっている（図Ⅵ-８-１）。

また，2022年度の都道府県別帰国児童生徒数の順位をみると，１位は東京都で合計2901人，２位は神奈川県で合計1211人と大都市が上位を占めているのに対して，秋田県，岩手県，山形県などでは合計15人未満となっており，大都市と地方都市の間で帰国児童生徒の数に大きな差があることが読み取れる（表Ⅵ-８-１）。

（香川　圭）

図Ⅵ-８-１　各年度間の帰国児童生徒数の推移

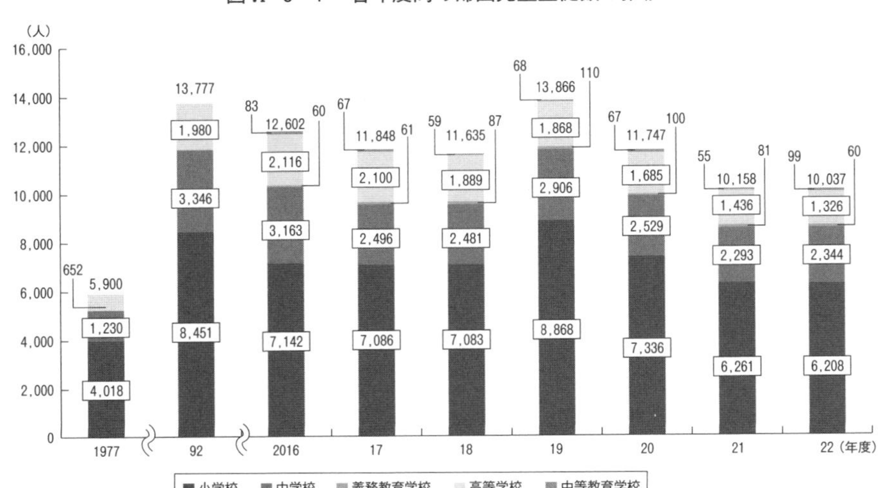

出典：「令和５年度学校基本調査」（文部科学省，2023年）

表Ⅵ－８－１　都道府県別帰国児童生徒数

順位		総合	小学校	中学校	義務教育学校	高等学校	中等教育学校
		計	計	計	計	計	計
1	東京都	2,901	1,648	730	7	451	65
2	神奈川県	1,211	791	279	6	123	12
3	愛知県	995	706	217	0	72	0
4	千葉県	785	487	210	2	85	1
5	大阪府	758	468	165	0	125	0
6	兵庫県	363	249	70	0	36	8
7	埼玉県	350	186	79	0	85	0
8	京都府	314	145	68	4	97	0
9	静岡県	290	177	68	0	45	0
10	茨城県	233	122	40	24	38	9
11	福岡県	186	134	44	2	6	0
12	広島県	153	109	33	0	11	0
13	栃木県	145	86	35	0	24	0
14	滋賀県	106	83	20	0	3	0
15	岐阜県	97	62	24	0	11	0
16	長野県	93	59	23	4	7	0
17	北海道	92	54	18	2	18	0
18	群馬県	92	57	24	0	11	0
19	三重県	92	67	20	0	4	1
20	奈良県	77	38	19	5	13	2
21	岡山県	50	33	11	0	6	0
22	沖縄県	49	32	15	0	2	0
23	熊本県	48	36	10	0	2	0
24	富山県	40	26	9	0	5	0
25	石川県	40	25	10	1	4	0
26	香川県	40	32	7	0	1	0
27	宮城県	40	29	11	0	0	0
28	山梨県	39	21	5	0	13	0
29	新潟県	36	27	8	0	1	0
30	長崎県	29	20	5	0	4	0
31	宮崎県	27	21	5	0	1	0
32	愛媛県	26	18	5	0	2	1
33	山口県	26	21	5	0	0	0
34	福井県	24	14	10	0	0	0
35	大分県	23	9	8	2	4	0
36	和歌山県	22	12	8	0	2	0
37	鹿児島県	20	11	5	1	3	0
38	高知県	19	17	0	0	2	0
39	福島県	16	13	1	0	2	0
40	鳥取県	16	10	6	0	0	0
41	島根県	15	9	4	0	2	0
42	徳島県	14	9	5	0	0	0
43	青森県	12	9	2	0	1	0
44	佐賀県	12	10	1	0	1	0
45	山形県	11	8	2	0	1	0
46	岩手県	5	3	0	0	2	0
47	秋田県	5	5	0	0	0	0
全国合計		10,037	6,208	2,344	60	1,326	99

出典：「令和５年度学校基本調査」（文部科学省，2023年）

Ⅵ　教育の国際化

8　帰国子女教育（帰国児童生徒）

9 高等学校等の国際交流

グローバル化が進む中，高校生の国際交流は状況が変化している。文部科学省が行った調査によると，2021年度に外国への研修旅行に派遣された高校生の数は，1217人である（図表Ⅵ-9-1）。研修旅行とは，語学等の研修や国際交流等のために外国の高等学校や語学研修所等において学習したり，または交流事業等に参加したりすることを目的とする3カ月未満の旅行を意味する。前回の2019年度の調査の2万2354人と比較すると大幅に減少しているが，新型コロナウイルス感染症の感染拡大の影響を受けての数値と考えられる。

海外修学旅行の実施学校数・生徒数の推移をみると，2021年度において，修学旅行の行き先が海外の高等学校数は0校である。2019年度には1257校で16万3394人の高校生が派遣された。いずれの年度においても，学校数・生徒数は公立及び国立に比べ，私立の方が多い（図表Ⅵ-9-2）。海外修学旅行の行先国・地域別生徒数の推移をみると，2019年度は台湾が最も多く，293校（4万6895人）である。ほかに主要な行先国としては，アメリカ194校（2万5285人），シンガポール173校（2万3571人），オーストラリア131校（1万6327人），マレーシア90校（1万1068人）が挙げられる（図表Ⅵ-9-3）。

（石鍋杏樹）

図表Ⅵ-9-1　研修国・地域別生徒数の推移

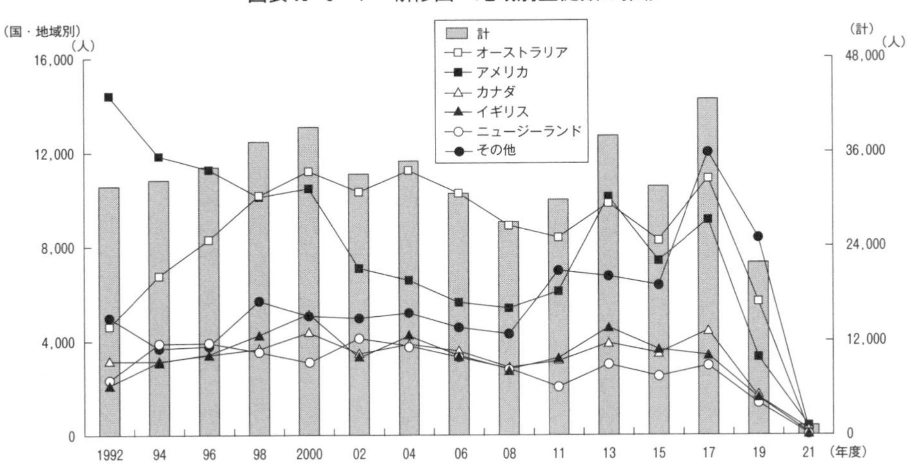

（単位：人）

国＼年度	1992	1994	1996	1998	2000	2002	2004	2006	2008	2011	2013	2015	2017	2019	2021
オーストラリア	4,624	6,767	8,290	10,164	11,188	10,319	11,220	10,261	8,887	8,380	9,819	8,262	10,888	5,669	164
アメリカ	14,428	11,842	11,261	10,103	10,461	7,078	6,575	5,648	5,400	6,111	10,100	7,381	9,123	3,609	400
カナダ	3,154	3,142	3,415	3,660	4,355	3,464	3,874	3,572	2,896	3,157	3,914	3,488	4,438	1,618	243
イギリス	2,144	3,129	3,443	4,254	5,149	3,293	4,220	3,388	2,809	3,277	4,568	3,644	3,395	1,706	98
ニュージーランド	2,352	3,898	3,918	3,535	3,095	4,112	3,797	3,318	2,838	2,059	3,009	2,508	2,959	1,363	54
その他	4,986	3,687	3,783	5,710	5,062	4,974	5,199	4,569	4,304	6,969	6,742	6,362	11,990	8,389	258
合　計	31,688	32,465	34,110	37,426	39,310	33,240	34,885	30,756	27,134	29,953	38,152	31,645	42,793	22,354	1,217

注1：研修旅行生数は延べ数であり，同一の生徒が複数の国・地域に研修旅行している場合は，それぞれの国・地域に集計。
注2：2019年度は参考値。

図表Ⅵ-9-2　海外修学旅行の実施学校数・生徒数の推移

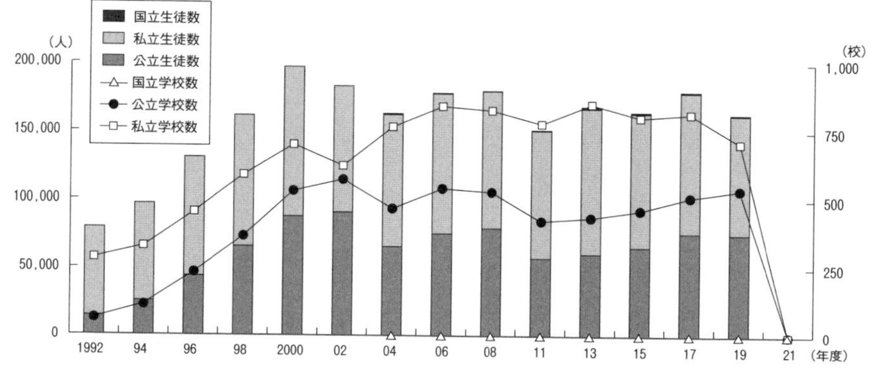

（単位：校）

学校数 ＼ 年度	1992	1994	1996	1998	2000	2002	2004	2006	2008	2011	2013	2015	2017	2019	2021
公立学校数	63	114	233	367	531	573	468	541	529	424	437	463	511	537	0
私立学校数	286	330	455	589	701	623	767	843	828	779	852	803	817	709	0
国立学校数	–	–	–	–	–	–	5	4	2	4	11	13	9	11	0
学校数合計	349	444	688	956	1,232	1,196	1,240	1,388	1,359	1,207	1,300	1,279	1,337	1,257	0

（単位：人）

	1992	1994	1996	1998	2000	2002	2004	2006	2008	2011	2013	2015	2017	2019	2021
公立生徒数	14,345	25,251	43,617	65,854	87,768	90,867	65,716	75,583	79,559	57,701	60,843	65,999	76,458	75,507	0
私立生徒数	64,987	71,421	87,052	95,584	109,203	92,119	96,583	102,167	100,014	93,142	106,500	97,854	102,538	87,047	0
国立生徒数	–	–	–	–	–	–	866	573	360	576	1,325	1,076	914	840	0
生徒数合計	79,332	96,672	130,669	161,438	196,971	182,986	163,165	178,323	179,933	151,419	168,668	164,929	179,910	163,394	0

注１：研修旅行生数は延べ数であり，同一の生徒が複数の国・地域に研修旅行している場合は，それぞれの国・地域に集計。
注２：2019年度は参考値。

図表Ⅵ-9-3　海外修学旅行の行先国・地域別生徒数の推移

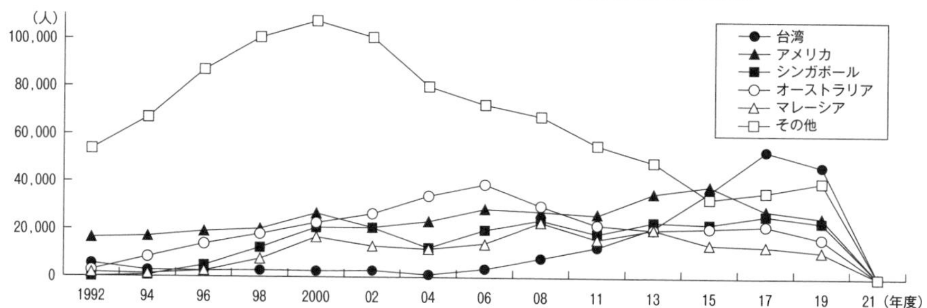

（単位：人）

国 ＼ 年度	1992	1994	1996	1998	2000	2002	2004	2006	2008	2011	2013	2015	2017	2019	2021
台湾	5,450	2,931	2,641	2,644	2,225	1,903	1,108	3,622	8,024	12,762	20,829	35,775	53,603	46,895	0
アメリカ	16,150	16,987	18,955	20,017	26,738	20,640	23,333	28,754	26,752	26,576	35,168	38,453	28,335	25,285	0
シンガポール	841	1,231	5,241	12,774	20,946	20,867	12,812	20,541	24,883	18,977	23,571	23,034	27,015	23,571	0
オーストラリア	2,309	7,906	14,239	17,642	22,769	26,114	34,125	38,990	29,662	21,557	19,755	20,485	22,028	16,327	0
マレーシア	734	518	2,561	7,267	16,643	12,673	11,637	13,636	22,857	15,695	20,614	13,945	12,975	11,068	0
その他	53,848	67,099	87,032	101,094	107,650	100,789	80,150	72,780	67,755	55,852	48,731	33,237	35,954	40,248	0
合　計	79,332	96,672	130,669	161,438	196,971	182,986	163,165	178,323	179,933	151,419	168,668	164,929	179,910	163,394	0

※1992年～2002年は私立及び公立のみ調査対象としている。
注１：研修旅行生数は延べ数であり，同一の生徒が複数の国・地域に研修旅行している場合は，それぞれの国・地域に集計。
注２：2019年度は参考値。

出典：すべて「令和３年度高等学校等における国際交流等の状況について」（文部科学省，2023年）

10 内なる国際化と国際理解教育

2023年６月16日に閣議決定された「第４期教育振興基本計画」において，「誰一人取り残されず，全ての人の可能性を引き出す共生社会の実現に向けた教育の推進」という基本方針の下に，「多様な教育ニーズへの対応と社会的包摂」という教育政策の目標が打ち出された。参考指標としては，公立学校における日本語指導が必要な児童生徒のうち，日本語指導等特別な指導を受けている者の割合の増加，在留外国人数に占める日本語教育実施機関・施設等における日本語学習者数の割合の増加が挙げられている。

2022年度の調査では，日本の大学等で学ぶ留学生の数は23万1146人である。また，公立学校に在籍している外国人児童生徒数は，11万人を超えており（図Ⅵ-10-１），2021年には「高等学校における日本語指導の制度化及び充実方策について（報告）」が取りまとめられ，外国人児童生徒への支援の必要性が表面化している。

国際理解教育は，1996年の中央教育審議会答申により強調され，総合的な学習の時間が活用されるとされた。また，「国連 ESD の10年（DESD）」（2005～14年）及び「ESD に関するグローバル・アクション・プログラム（GAP）」（2015～19年）の後継として，2020～30年における ESD の国際的な実施枠組みである「持続可能な開発のための教育：SDGs 実現に向けて（ESD for 2030）」が，2019年11月の第40回ユネスコ総会で採択され，同年12月の第74回国連総会で承認された。

図Ⅵ-10-１　公立学校に在籍している外国籍の児童生徒数の推移

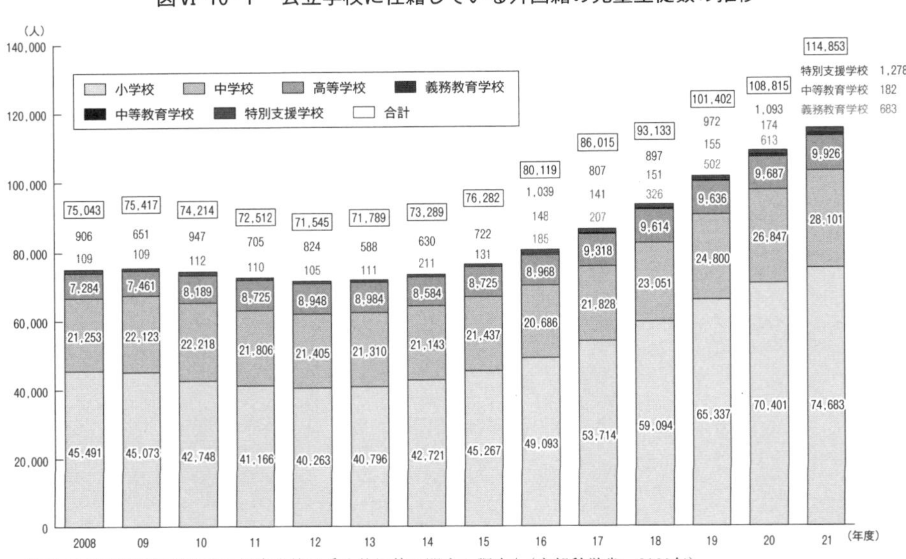

出典：「日本語指導が必要な児童生徒の受入状況等に関する調査」（文部科学省，2023年）

ESD は国際教育の重要な要素である。

現在は，文部科学省の初等中等教育局の中に国際教育課が置かれ，グローバル人材の育成に向けて，①英語をはじめとする外国語教育の強化や英語教員の指導力・英語力の向上，②スーパーグローバルハイスクール（SGH）の整備，③高校生の留学生交流・国際交流の推進，④海外子女教育，帰国・外国人児童生徒等教育の充実——に取り組んでいる。そのうち，英語教育に関しては，2017年3月に告示された小学校学習指導要領において，第5・6学年で「外国語（英語）」が教科化され，年間70単位時間が充てられることとなった。また，第3・4学年では年間35単位時間の外国語活動が前倒しして実施されるなど，加速度的に進むグローバル化を見据えた改革がなされている。また，2022年度の計画において，総合的な学習の時間内で国際理解についての学習を実施する公立学校数の割合は，小学校45.8％，中学校35.6％であった（表Ⅵ-10-1，2）。

（才賀武也）

図Ⅵ-10-2　ESD の基本的な考え方

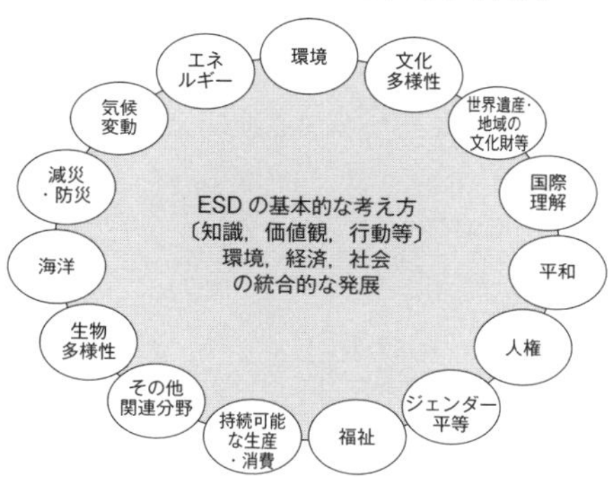

出典：「持続可能な開発のための教育（ESD：Education for Sustainable Development）」（文部科学省）

表Ⅵ-10-1　小学校等における総合的な学習の時間の具体的な学習内容

学習活動／学年	国際理解	情報	環境	福祉	健康	資源エネルギー	安全
第3学年	13.6%	43.0%	34.4%	27.2%	7.3%	2.9%	12.9%
第4学年	12.4%	43.4%	57.6%	54.4%	10.9%	10.1%	13.3%
第5学年	19.6%	49.8%	59.1%	27.5%	10.8%	14.0%	11.5%
第6学年	33.5%	49.9%	27.2%	20.7%	8.8%	8.4%	10.5%
実施している小学校等の割合	45.8%	60.1%	87.5%	81.7%	22.0%	25.6%	27.4%

表Ⅵ-10-2　中学校等における総合的な学習の時間の具体的な学習内容

学習活動／学年	国際理解	情報	環境	福祉	健康	資源エネルギー	安全
第1学年	18.2%	34.8%	38.2%	35.8%	19.7%	8.8%	23.7%
第2学年	20.3%	35.2%	30.9%	26.1%	18.0%	8.1%	21.1%
第3学年	26.2%	33.4%	33.9%	27.3%	20.6%	9.0%	22.0%
実施している中学校等の割合	35.6%	41.8%	52.5%	53.1%	28.7%	17.0%	29.8%

出典：表Ⅵ-10-1，2は「令和4年度公立小・中学校等における教育課程の編成・実施状況調査」（文部科学省，2023年）

VII

世界で進む教育改革

1　今後の社会で求められる資質・能力（コンピテンシー）
2　世界の教育制度と教育改革
3　主要教育指標の国際比較
4　OECD 生徒の学習到達度調査：PISA
5　IEA 国際数学・理科教育動向調査：TIMSS
6　OECD 国際教員指導環境調査：TALIS
7　OECD 国際成人力調査：PIAAC
8　教育改革の「成績表」〔アメリカ〕
9　学校の「成績表」〔イギリス〕
10　学校の「成績表」〔アメリカ〕
11　チャーター・スクール〔アメリカ〕
12　英才教育システム〔アメリカ〕
13　持続可能な開発目標（SDGs）と教育改革
14　インクルーシブな教育
15　非識字率・就学率・児童労働

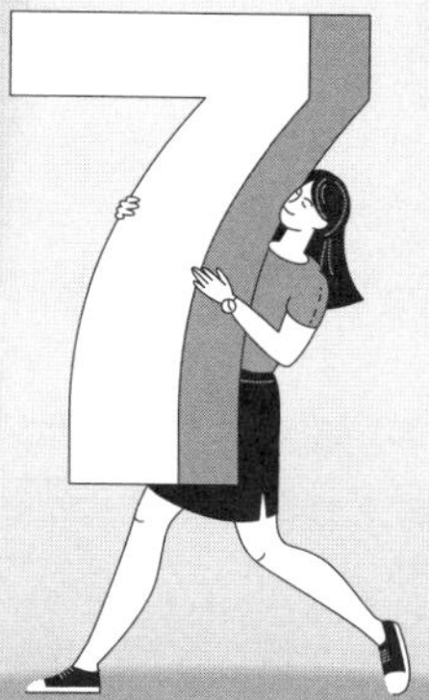

1 今後の社会で求められる資質・能力（コンピテンシー）

21世紀現在は，知識基盤社会*であるといわれている。知識基盤社会の特質として，①知識には国境がなく，グローバル化が一層進む，②知識は日進月歩であり，競争と技術革新が絶え間なく生まれる，③知識の進展は旧来のパラダイムの転換を伴うことが多く，幅広い知識と柔軟な思考力に基づく判断が一層重要になる，④性別や年齢を問わず参画することが促進される――という4つが挙げられている。このような知識基盤社会で生きていくためには，課題そのものを発見し，その課題に対する解き方を探究していくスキルが求められる。グローバル化の加速，人工知能の飛躍的な進化など，社会が急激に変化していく中で，先を見通すことが難しくなっている昨今，OECD（経済協力開発機構）のEducation 2030プロジェクトは，今後はより“VUCA”（Volatile［予測困難］，Uncertain［不確実］，Complex［複雑］，Ambiguous［曖昧］）な時代になるとしている。

このような時代を生きるために，どのような資質・能力が必要になるのだろうか。OECDは，「コンピテンシーの定義と選択（Definition and Selection of Competencies，略称DeSeCo)」のプロジェクトにおいて，コンピテンシーを「知識や［認知的，メタ認知的，社会・情動的，実用的な］スキル，態度及び価値観を結集することを通じて，特定の文脈における複雑な要求に適切に対応していく能力」と定義し，現代社会において，最も重要な資質と能力であると示した。このようにして，概念化されたコンピテンシーの中でも，特に中核となる能力のことを，キー・コンピテンシーと呼ぶ。キー・コンピテンシーは，①社会・文化的，技術的ツールを相互作用的に道具を活用する力（A.言語，シンボル，テクストを相互作用的に活用する能力，B.知識や情報を相互作用的に活用する能力，C.テクノロジーを相互作用的に活用する能力)，②多様な社会グループにおける人間関係形成能力（A.他人と円滑に人間関係を構築する能力，B.協調する能力，C.利害の対立を御し，解決する能力)，③自律的に行動する能力（A.大局的に行動する能力，B.人生設計や個人の計画を作り実行する能力，C.権利，利害，責任，限界，ニーズを表明する能力）――という3つからなる（図Ⅶ-1-1）。さらに，この3つのキー・コンピテンシーの枠組みの中心には，「省察・振り返り（Reflectiveness)」が置かれており（OECD，2005年)，社会から一定の距離を置き，異なる視点からみて，多面的な判断を行う，自分の行為に責任をもつことが位置付けられている。なお，この3つの能力がそれぞれ独立して発揮されるのではなく，特定の文脈においてそれぞれ相互に影響し合って働くのである。

DeSeCoが制定したコンピテンシー，キー・コンピテンシーのほかにも，21世紀型スキルと呼ばれる，教育という文脈以外にも「仕事や生活面で，また一人の市民として成功」していくために必要な知識やスキルがある。2002年からアメリカにおいて官民共同による検討が進められてきた「21世紀型スキルパートナーシ

図Ⅶ-1-1　OECD キー・コンピテンシー

OECD において，単なる知識や技能ではなく，人が特定の状況の中で技能や態度を含む心理社会的な資源を引き出し，動員して，より複雑な需要に応じる能力とされる概念。

【キー・コンピテンシーの3つのカテゴリー】

1．社会・文化的，技術的ツールを相互作用的に活用する能力
- A 言語，シンボル，テクストを相互作用的に活用する能力
- B 知識や情報を相互作用的に活用する能力
- C テクノロジーを相互作用的に活用する能力

2．多様な社会グループにおける人間関係形成能力
- A 他人と円滑に人間関係を構築する能力
- B 協調する能力
- C 利害の対立を御し，解決する能力

3．自律的に行動する能力
- A 大局的に行動する能力
- B 人生設計や個人の計画を作り実行する能力
- C 権利，利害，責任，限界，ニーズを表明する能力

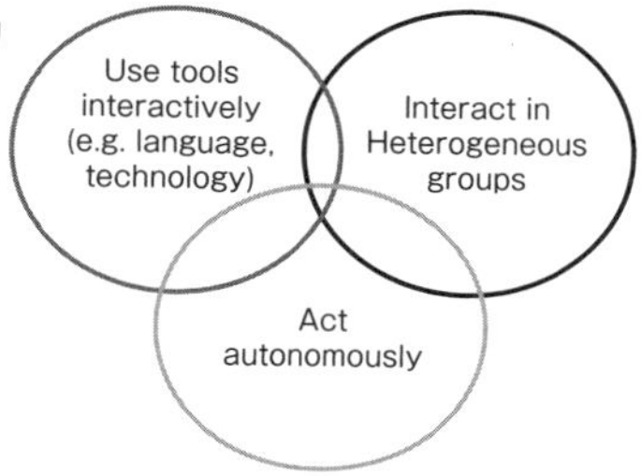

○　この3つのキー・コンピテンシーの枠組みの中心にあるのは，個人が深く考え，行動することの必要性。
深く考えることには，目前の状況に対して特定の定式や方法を反復継続的に当てはめることができる力だけではなく，変化に対応する力，経験から学ぶ力，批判的な立場で考え，行動する力が含まれる。

出典：「OECD キーコンピテンシーについて」（文部科学省，2015年）

ップ」によれば，①生活・職業に関するスキル（リーダーシップや責任，柔軟性や適応力，社会的スキルや異文化理解のスキルなど），②学習・イノベーションに関するスキル（批判的思考力（critical thinking）），コミュニケーション（communication），協働性（collaboration），創造性（creativity）），③情報やメディア，技術に関するスキル――などが21世紀型スキルとして挙げられている。これらのスキルを支えるものとして中核となる強化と3つのR（読む力（Reading），書く力（Writing），計算力（Arithmetic））と，21世紀の社会にまつわる世界，環境，健康，ビジネス等のテーマが示されている。

日本では，国立教育政策研究所が学校教育の中での「21世紀型能力」の資質・能力を，基礎力，思考力，実践力の三層の構造に整理し（図Ⅶ-1-2），それを基に2017～19年告示の学習指導要領では，知・徳・体のバランスのとれた力を指す「生きる力」をより一層実現するために，すべての教科等の目標及び内容を，「知識・技能」「思考力，判断力，表現力等」「学びに向かう力，人間性等」という資質・能力の3つの柱で再整理が行われた（図Ⅶ-1-3）。知識基盤社会に求められる21世紀型スキルの中核には，創造やイノベーションを可能にする能力があり，それは「生きる力」の育成とも通ずると考えられる。図Ⅶ-1-3で示した，学校教育において育成すべき資質と能力の3つの柱を通して，子供たちは各教科等における習得・活用・探究という学びの過程において，「どのような視点で物事を捉え，どのような考え方で思考していくのか」という，物事を捉える視点や考え方が鍛えられていく。こうした各教科等の特質に応じた「見方・考え方」を支えているのもまた，各教科等の学習において身に付けた資質・能力の3つの柱である。また，言語能力や情報活用能力，問題発見・解決能力といった，教科等を超えたすべての学習の基盤として育まれ活用される資質・能力も重要である。

図Ⅶ-１-２　求められる資質・能力

①思考力を中核とし，それを支える②基礎力と，使い方を方向づける③実践力の三層構造

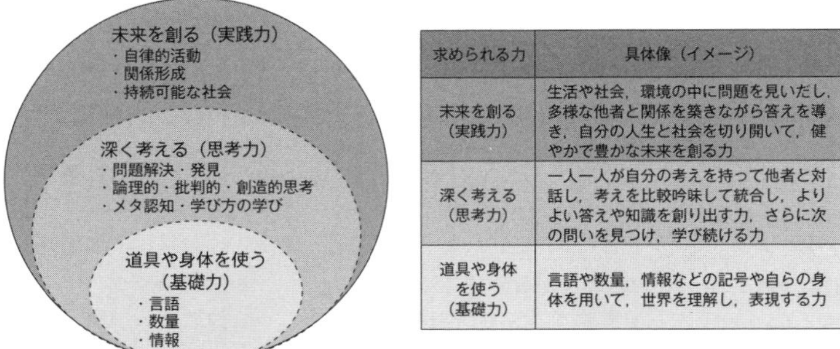

求められる力	具体像（イメージ）
未来を創る（実践力）	生活や社会，環境の中に問題を見いだし，多様な他者と関係を築きながら答えを導き，自分の人生と社会を切り開いて，健やかで豊かな未来を創る力
深く考える（思考力）	一人一人が自分の考えを持って他者と対話し，考えを比較吟味して統合し，よりよい答えや知識を創り出す力，さらに次の問いを見つけ，学び続ける力
道具や身体を使う（基礎力）	言語や数量，情報などの記号や自らの身体を用いて，世界を理解し，表現する力

出典：「国立教育政策研究所が整理した資質・能力の構造化のイメージ」（文部科学省，2015年）

図Ⅶ-１-３　資質・能力の３つの柱

学びに向かう力
人間性等
どのように社会・世界と関わり，
よりよい人生を送るか
「確かな学力」「健やかな体」「豊かな心」を
総合的にとらえて構造化
何を理解しているか
何ができるか
知識・技能
理解していること・できる
ことをどう使うか
思考力・判断力・表現力等

出典：中央教育審議会答申「幼稚園，小学校，中学校，高等学校及び特別支援学校の学習指導要領等の改善及び必要な方策等について」（文部科学省，2016年）

表Ⅶ-１-１では，各教科等の特質に応じた「見方・考え方」のイメージが示されている。

VUCA が加速する時代がまもなく到来することに鑑み，OECD は2019年に「OECD ラーニング・コンパス（学びの羅針盤）2030」と呼ばれる新たな学習の枠組みを発表した。そこでは，評価やカリキュラムの枠組みではなく，個人と集団のウェルビーイング，私たちの望む未来（Future We Want）に向けた教育の在り方を提示している。それを達成するために，前述のキー・コンピテンシーに加え，2030年という時代に向けた「変革をもたらすコンピテンシー」として，①新たな価値を創造する力，②対立やジレンマを処理する力，③責任ある行動をとる力――が定義された。また，このラーニング・コンパスの中核的概念とされるのが「生徒のエージェンシー（Student Agency）」である。エージェンシーは，

表Ⅶ-1-1　各教科等の特質に応じた「見方・考え方」のイメージ

言葉による見方・考え方	自分の思いや考えを深めるため，対象と言葉，言葉と言葉の関係を，言葉の意味，働き，使い方等に着目して捉え，その関係性を問い直して意味付けること。
社会的事象の地理的な見方・考え方	社会的事象を，位置や空間的な広がりに着目して捉え，地域の環境条件や地域間の結び付きなどの地域という枠組みの中で，人間の営みと関連付けること。
社会的事象の歴史的な見方・考え方	社会的事象を，時期，推移などに着目して捉え，類似や差異などを明確にしたり，事象同士を因果関係などで関連付けたりすること。
現代社会の見方・考え方	社会的事象を，政治，法，経済などに関わる多様な視点（概念や理論など）に着目して捉え，よりよい社会の構築に向けて，課題解決のための選択・判断に資する概念や理論などと関連付けること。
数学的な見方・考え方	事象を，数量や図形及びそれらの関係などに着目して捉え，論理的，統合的・発展的に考えること。
理科の見方・考え方	自然の事物・現象を，質的・量的な関係や時間的・空間的な関係などの科学的な視点で捉え，比較したり，関係付けたりするなどの科学的に探究する方法を用いて考えること。
音楽的な見方・考え方	音楽に対する感性を働かせ，音や音楽を，音楽を形づくっている要素とその働きの視点で捉え，自己のイメージや感情，生活や社会，伝統や文化などと関連付けること。
造形的な見方・考え方	感性や想像力を働かせ，対象や事象を，造形的な視点で捉え，自分としての意味や価値をつくりだすこと。
体育の見方・考え方	運動やスポーツを，その価値や特性に着目して，楽しさや喜びとともに体力の向上に果たす役割の視点から捉え，自己の適性等に応じた『する・みる・支える・知る』の多様な関わり方と関連付けること。
保健の見方・考え方	個人及び社会生活における課題や情報を，健康や安全に関する原則や概念に着目して捉え，疾病等のリスクの軽減や生活の質の向上，健康を支える環境づくりと関連付けること。
技術の見方・考え方	生活や社会における事象を，技術との関わりの視点で捉え，社会からの要求，安全性，環境負荷や経済性等に着目して技術を最適化すること。
生活の営みに係る見方・考え方	家族や家庭，衣食住，消費や環境などに係る生活事象を，協力・協働，健康・快適・安全，生活文化の継承・創造，持続可能な社会の構築等の視点で捉え，よりよい生活を営むために工夫すること。
外国語によるコミュニケーションにおける見方・考え方	外国語で表現し伝え合うため，外国語やその背景にある文化を，社会や世界，他者との関わりに着目して捉え，目的・場面・状況等に応じて，情報や自分の考えなどを形成，整理，再構築すること。
道徳科における見方・考え方	様々な事象を道徳的諸価値をもとに自己との関わりで広い視野から多面的・多角的に捉え，自己の人間としての生き方について考えること。
探究的な見方・考え方	各教科等における見方・考え方を総合的に活用して，広範な事象を多様な角度から俯瞰して捉え，実社会や実生活の文脈や自己の生き方と関連付けて問い続けること。
集団や社会の形成者としての見方・考え方	各教科等における見方・考え方を総合的に活用して，集団や社会における問題を捉え，よりよい人間関係の形成，よりよい集団生活の構築や社会への参画及び自己の実現と関連付けること。

※中学校のイメージ。
出典：中央教育審議会答申「幼稚園，小学校，中学校，高等学校及び特別支援学校の学習指導要領等の改善及び必要な方策等について」（文部科学省，2016年）

「変化を起こすために，自分で目標を設定し，振り返り，責任をもって行動する力」（OECD，2019）として定義されており，「私たちが望む未来」の実現には欠かせないものであるとされる。

（澁谷優子）

〔参考文献〕中央教育審議会答申「我が国の高等教育の将来像」（文部科学省，2005年）
白井　俊／著（2020）『OECD Education 2030 プロジェクトが描く教育の未来—エージェンシー，資質・能力とカリキュラム』ミネルヴァ書房
OECD（2005）「The Definition and Selection of Key Competencies Executive」Summary
OECD（2019）「 OECD FUTURE OF EDUCATION AND SKILLS 2030 OECD 」Learning Compass

＊2005年の中央教育審議会答申において，「21世紀は，新しい知識・情報・技術が政治・経済・文化をはじめ社会のあらゆる領域での活動の基盤として飛躍的に重要性を増す，いわゆる『知識基盤社会』（knowledge-basement society）の時代であると言われている」と述べられている。

2 世界の教育制度と教育改革

世界各国の教育制度を理解・比較しようとする際に，参考となるのが学校体系（図）である。学校体系の基礎構造は，①学校教育の目的に関する分類である学校系統（系統性），②教育水準や心身の発達段階に関する分類である学校段階（段階性）――という２つの要因により規定される。各国の学校体系は，歴史的・社会的背景等により，独自の成立並びに発展の歴史を経てきた。系統性と段階性により，世界各国の学校体系を(1)単線型，(2)分岐型，(3)複線型――に分類することができる（図Ⅶ-２-１～７）。

単線型学校体系は，原則として進路によって学校の分かれない教育制度である（図Ⅶ-２-１～３）。単線型の典型はアメリカや戦後の日本である。アメリカでは，どのタイプの学校を卒業したとしても，大学への道が開かれている。一方，日本は単線型を目指しているものの，高等専門学校（1961年～）や中等教育学校（1998年～）の設立など，中等教育段階における学校系統の分化が見られるため，単線型は完全には実現されていない。

分岐型学校体系は，初等教育課程までは共通であり，中等教育課程以降で生徒の進路によって学校が分かれる教育制度である（図Ⅶ-２-４～６）。分岐型として知られるのが，フランスやドイツである。フランスでは，前期中等教育までは単線型であるが，後期中等教育から大学に接続するリセとそうでない職業リセに分かれている。ドイツでは，初等教育段階に当たる基礎学校修了後，中等教育がギムナジウム，実科学校，及びハウプトシューレという３つのタイプの学校に分岐する。

複線型学校体系は，学校が初等教育から高等教育まで一貫して分かれている教育制度である（図Ⅶ-２-７）。そのため，全国民が共通で学ぶ学校が存在していない。複線型の学校体系がみられる国の例としては，イギリスが挙げられる。イギリスでは，私立学校と公立学校が明確に分けられており，私立学校は富裕層向けのエリート養成のための学校として位置付けられている。各国における学校体系の差異の背後には，教育の機会均等原理に関する捉え方の違いや，個性の尊重並びに能力の伸長に対する考え方の違いがある。「学力格差の是正」や「高等教育のユニバーサル化」などといった問題に対峙する際，各国の学校体系図の背後にある理念の違いを考えることは，なにがしかの示唆を与えてくれる。

（武田　勲）

〔参考文献〕 教育制度研究会編『要説　教育制度［新訂第三版］』（学術図書出版社，2011年）

図Ⅶ-2-1　日本の学校系統図

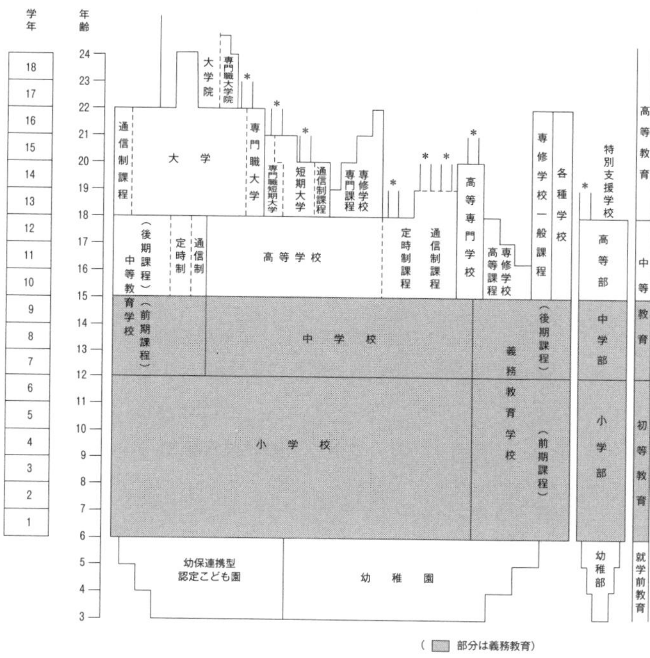

図Ⅶ-2-2　アメリカの学校系統図

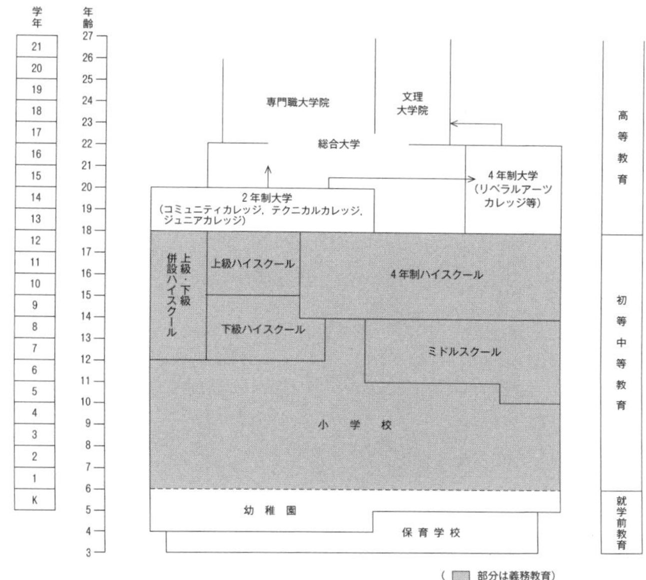

図Ⅶ-2-3　韓国の学校系統図

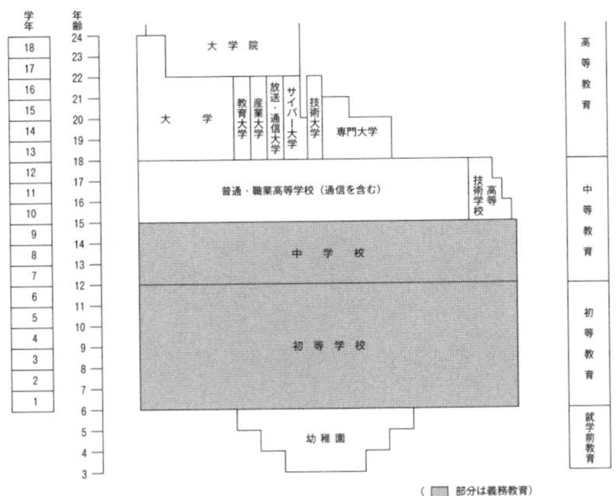

図Ⅶ-2-4　フランスの学校系統図

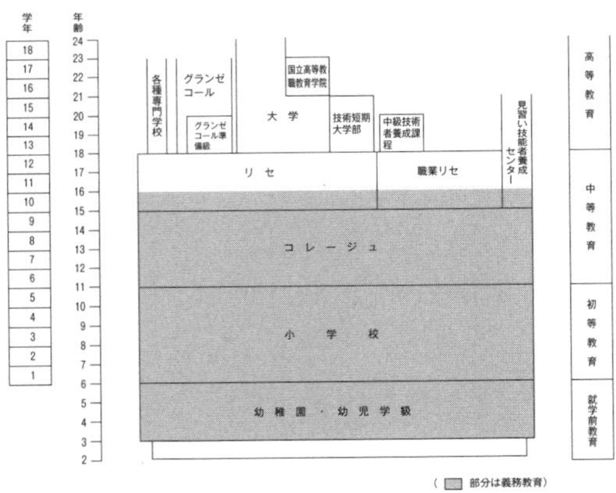

図Ⅶ-2-5　ドイツの学校系統図

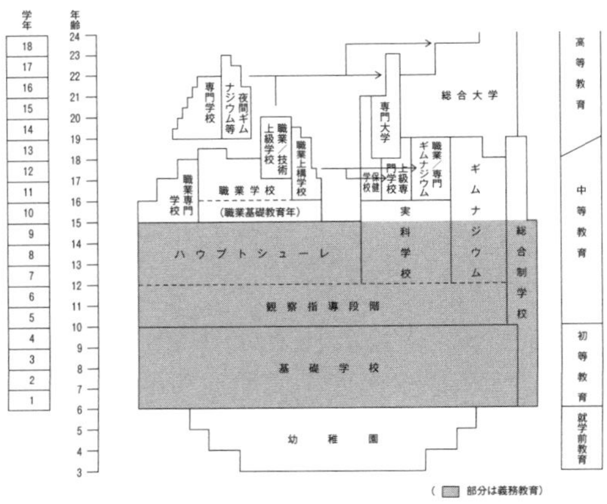

図Ⅶ-２-６　中国の学校系統図

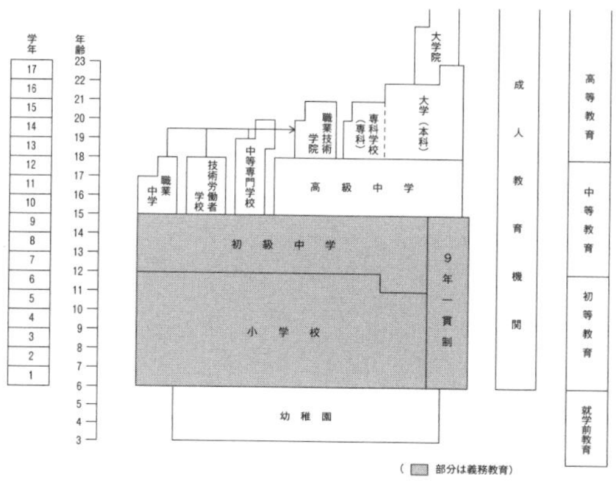

図Ⅶ-２-７　イギリスの学校系統図

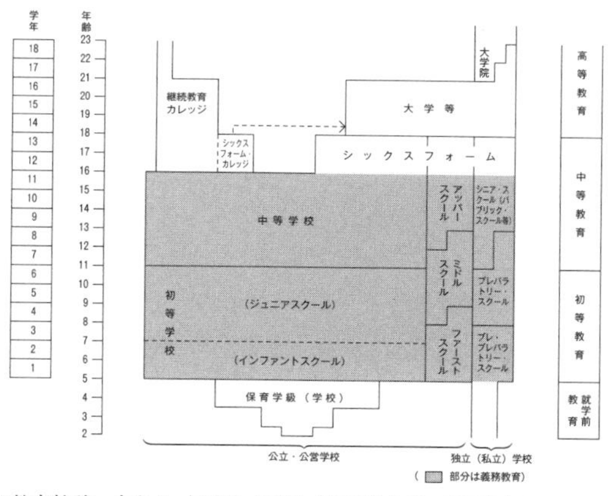

出典：すべて「諸外国の教育統計　令和５（2023）年版」（文部科学省，2023年）

3 主要教育指標の国際比較

就学前教育の在学率と私費負担：2021年度の日本における就学前教育の年齢別の在学率は，３歳児89%，４歳児98%，５歳児97%であった（表Ⅶ-３-１）。OECD 加盟国の中には，フランスのように，３歳児からの幼児教育が義務教育に含まれ，３～５歳児の在学率が100%の国もある。義務教育の開始年齢が７歳と高いフィンランドでは，在学率は３歳児で84%，４歳児で89%，５歳児で92%といずれも日本よりも低かった。他方，義務教育の開始年齢が日本と同じ６歳である韓国は，３歳児の在学率が96%であり，日本よりも７%高い数値であった。韓国は2012年３月から０～２歳児の保育が無償化されており，すべての子供が生後１年以内に早期幼児発達教育プログラム（ISCED01）を受ける権利を有する。日本の３歳未満の幼児は，国際標準教育分類（ISCED）の分類外のプログラムに在学する割合が高く，韓国とは状況に違いがある（図Ⅶ-３-１）。また，日本は就学前教育の教育支出の私費負担割合が高いという特徴もある（図Ⅶ-３-２）。在学率が異なる背景には，義務教育の開始年齢のほか，こうした子育ての環境の差異がある。

高等教育の私費負担：図Ⅶ-３-３，図Ⅶ-３-４は，OECD 加盟国の初等・中等教育，高等教育の教育支出の公私負担割合を示している。日本は，初等・中等教育に関しては，私費負担割合が10%以下であるのに対し，高等教育に関しては，

表Ⅶ-３-１　就学前教育及び初等教育の年齢別在学率（2021年）

国	3歳	4歳	5歳
日本	89%	98%	97%
フィンランド	84	89	92
フランス	100	100	100
韓国	96	97	93
OECD 加盟国平均	74	88	95

図Ⅶ-３-１　低年齢児の在学率（プログラムの種類別，年齢種別）（2020年）

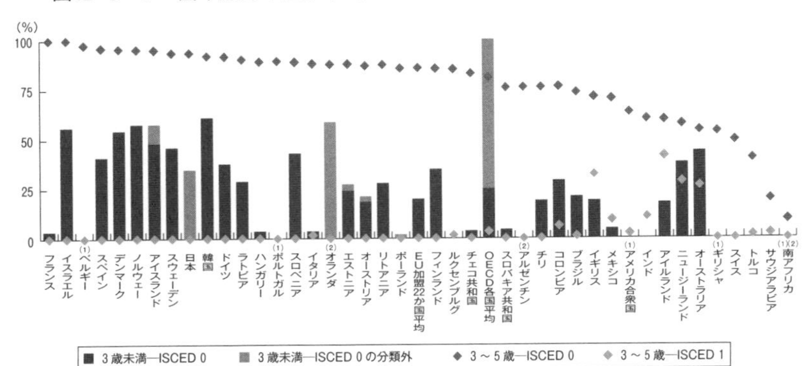

注：図内記号(1)は「ISCED01プログラムを除く」，(2)は「調査年は2019年」とする。
出典：図Ⅶ-３-１及び表Ⅶ-３-１は，「図表でみる教育：OECD インディケータ（2023年版）」

67.4%が私費によって賄われている。OECD加盟国の高等教育の私費負担割合の平均は30.8%であるため，日本は倍以上の数値となっている。私費負担の割合が低いのは北欧諸国で，例えば，フィンランドは4%，スウェーデンは12%である。また，イギリスは日本以上に私費負担割合が大きく，73%が私費負担となっている。

（中端紅南）

図Ⅶ-3-2　教育支出の公私負担割合（就学前教育段階）（2019年）

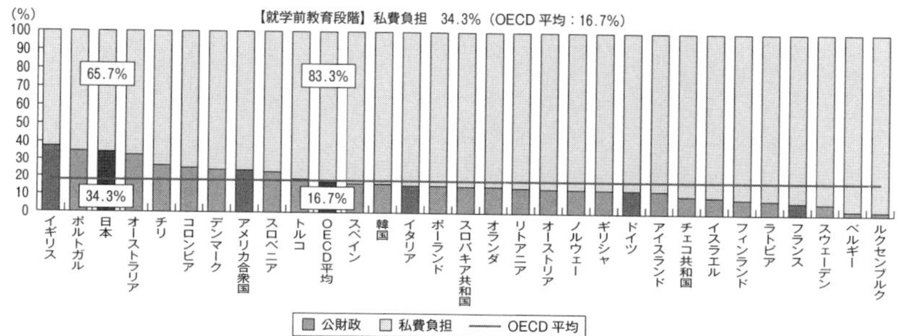

注1：日本のデータは幼稚園（幼稚園型認定こども園を含む）と特別支援学校幼稚部のみ計上。
注2：図Ⅶ-3-2～4はいずれも公財政に奨学金等の個人補助を含まない。

図Ⅶ-3-3　教育支出の公私負担割合（初等・中等教育段階）（2019年）

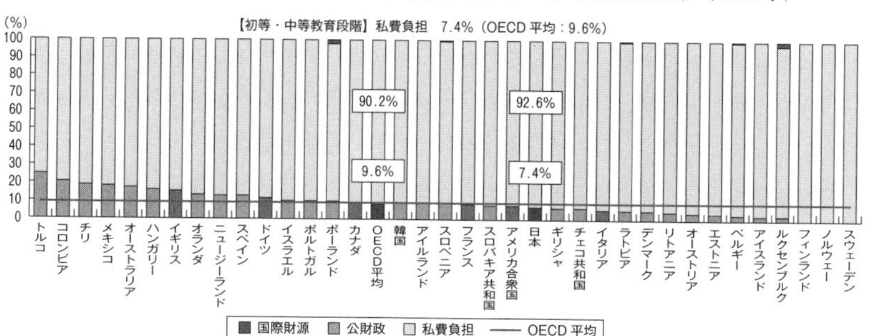

図Ⅶ-3-4　教育支出の公私負担割合（高等教育段階）（2019年）

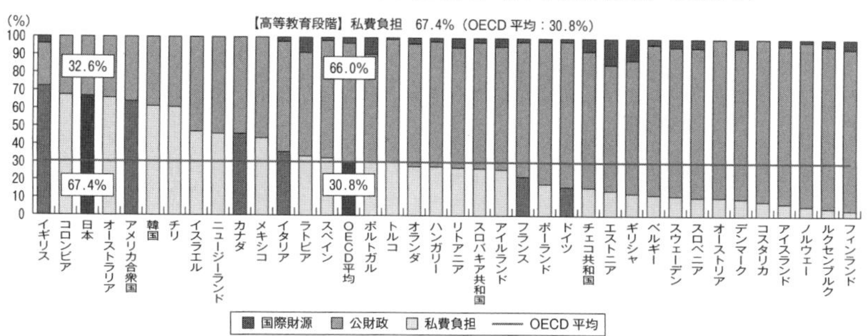

注：他の教育段階に係るデータが一部含まれる。
出典：図Ⅶ-3-2～4は「次期教育振興基本計画について（答申）参考資料・データ集」（中央教育審議会，2023年）から抜粋。

4 OECD 生徒の学習到達度調査：PISA

OECD（経済協力開発機構）は，生徒の学習到達度調査（Programme for International Student Assessment: PISA）を2000年から３年ごとに実施している（PISA2021は，新型コロナウイルス感染症の感染拡大により１年延期)。PISA調査の目的は，15歳の生徒が身に付けてきた知識や技能を，実生活の様々な場面で直面する課題にどの程度活用できるかを測ることである。PISA2015より，筆記型調査からコンピュータ使用型調査へと移行している。PISAは，読解力，数学的リテラシー，科学的リテラシーの３分野に区分され，調査サイクルごとに中心分野を重点的に調べ，PISA2022では数学的リテラシーが中心分野となっている。PISA2022は，81カ国・地域から約69万人が参加し，日本では，全国の高等学校，中等教育学校後期課程，高等専門学校の１年生を対象に，国際的な規定に基づき抽出された183校，約6000人が調査に参加している。

PISA2022において日本は，数学的リテラシーと科学的リテラシーの平均得点が，OECD加盟国（37カ国）の中で１位，読解力も２位であり，３分野すべてにおいて引き続き世界トップレベルを維持している。前回のPISA2018から，OECD加盟国の平均得点は低下した一方，日本では３分野すべてにおいて前回調査より平均得点が増加している（図Ⅶ-４-１）。習熟度レベルは，数学的リテラシーにおいて，レベル５以上の高得点層が多く，レベル１以下の低得点層が少ない傾向にある。また，レベル５以上の高得点層の割合が，前回調査から有意に増加している。読解力は，レベル１以下の低得点層が前回調査より有意に減少している。科学的リテラシーは，レベル１以下の低得点層が前回調査より有意に減少し，レベル５以上の高得点層の割合が有意に増加している（図Ⅶ-４-２）。

PISA2022において中心分野となっている数学的リテラシーは，「数学的に推論

図Ⅶ-４-１　日本の平均得点及び順位の推移

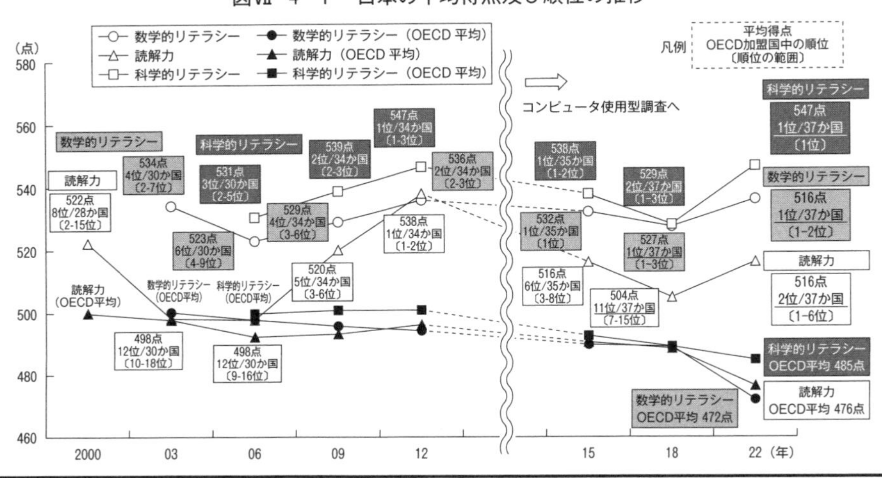

し，現実世界の様々な文脈の中で問題を解決するために数学を定式化し，活用し，解釈する個人の能力」として定義され，事象を記述，説明，予測するために数学的な概念，手順，事実，ツールを使うことを含んでいる。数学的リテラシーは，数学的なプロセス，数学的な内容知識，文脈の３つの側面をもっている。さらに下位尺度として，数学的なプロセスは，定式化，活用，解釈，推論，数学的な内容知識は，変化と関係，量，空間と形，不確実性とデータ，文脈は，個人的，職業的，社会的，科学的がある。数学的なプロセス，数学的な内容知識の側面については，下位尺度の平均得点が，OECD平均よりも上回っている（表Ⅶ-４-１）。

PISA2022においては，新型コロナウイルス感染症の感染拡大による影響がみられる。今回の日本の結果は，新型コロナウイルス感染症のため休校した期間が

図Ⅶ-４-２　習熟度レベル別の生徒の割合（経年変化）

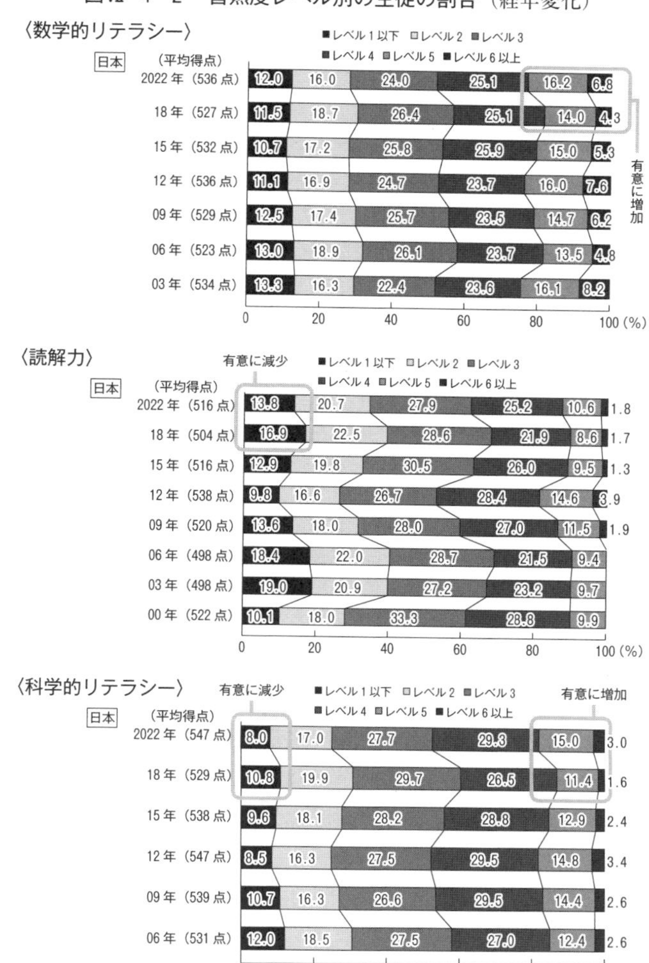

他国に比べて短かったことが影響したと考えられている。OECD は，新型コロナウイルス感染症による影響を，①数学の成績，②教育におけるウェルビーイング，③教育の公平性――の３つの側面における2018～22年にかけての変化に着目し，その結果から分析している。この３つの側面すべてにおいて安定または向上がみられた国・地域を「レジリエントな」国・地域としており，日本，韓国，リトアニア，台湾が当てはまる（図Ⅶ-４-３）。

それぞれの側面に着目すると，まず，側面①：数学の成績は数学的リテラシーの得点の変化をみている。数学的リテラシーの平均得点については，2018～22年にかけて，OECD 平均はマイナス傾向となっているが，日本は下がっていない（得点は8.6点高いが統計的な有意差はなし）状況にある（図Ⅶ-４-４）。次に，側面②：教育におけるウェルビーイングは学校への所属感の変化をみている。OECD 平均では生徒の学校への所属感は2018～22年にかけて悪化したが，日本は所属感が最も向上したことが明らかとなっている（図表Ⅶ-４-１）。最後に，側面③：教育の公平性は公平性の変化をみている。この公平性の結果については，「教育の社会経済的公正性」と「教育の社会経済的平等性」の２つの観点からみたものである。「教育の社会経済的公正性」は，生徒の社会経済的地位による数学得点のばらつきの説明率が OECD 平均より低く，数学的リテラシーの平均得

表Ⅶ-４-１　数学的リテラシーの下位尺度の平均得点

国名	平均得点	数学的なプロセス（各プロセスの平均得点）				数学的な内容知識（各内容知識の平均得点）			
		定式化	活用	解釈	推論	変化と関係	量	空間と形	不確実性とデータ
日本	536	536	536	544	534	533	535	541	540
OECD 平均	472	469	472	474	473	470	472	471	474

図Ⅶ-４-３　「レジリエントな」国・地域の３つの側面と内訳

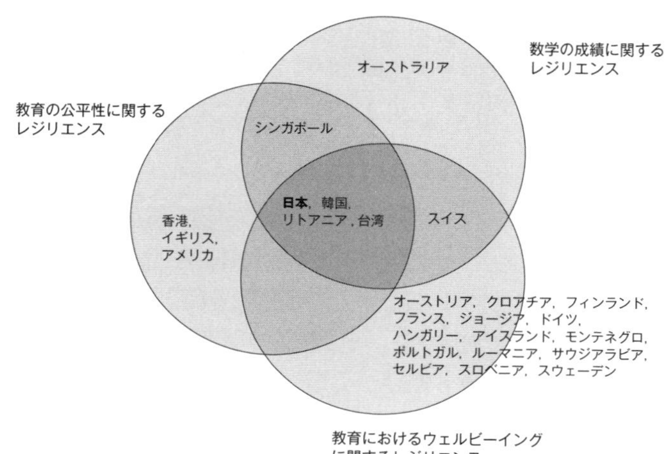

点が2022年にOECD平均以上である。他方，「教育の社会経済的平等性」は，社会経済文化的水準の低い生徒（ESCS※指標値の最下位25％群）と高い生徒（ESCS指標の最上位25％群）のいずれについても，2018～22年の間に数学的リテラシーの平均得点がそれぞれ＋17.7点，＋5.1点と上昇している。（峯田一平）

※社会経済文化背景（ESCS；Economic, Social and Cultural Status）とは，保護者の学歴や家庭の所有物に関する生徒質問調査の回答から算出する指標。この値が大きいほど，社会経済文化的水準が高いとみなしている。

図Ⅶ-4-4　各国の平均得点の経年変化

（2018→2022年）

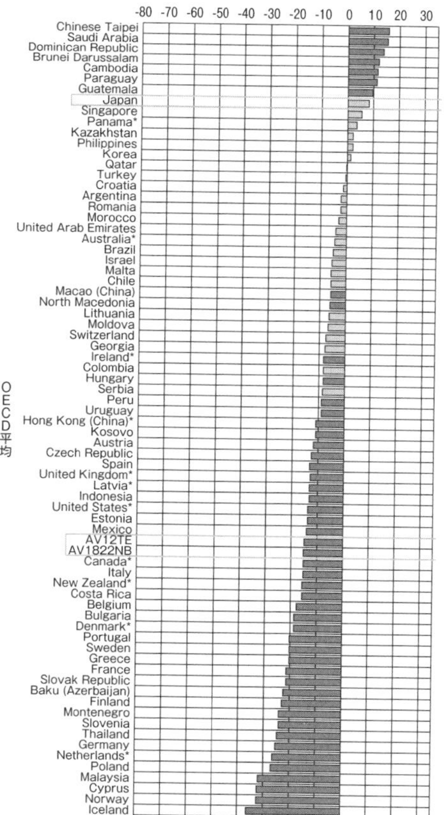

図表Ⅶ-4-1　生徒質問調査

（問24　生徒の学校への所属感）

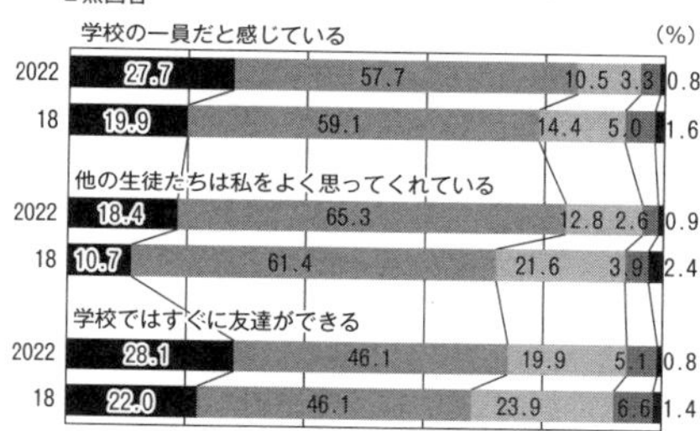

■まったくその通りでない　■その通りでない
■その通りだ　■まったくその通りだ
■無回答
学校は気後れがして居心地が悪い　(%)
2022 37.7 46.2 11.8 3.5 0.8
18 30.9 47.8 15.4 4.3 1.6
学校ではよそ者だ（またはのけ者にされている）と感じる
2022 54.7 38.4 4.3 1.9 0.7
18 41.4 44.8 9.1 3.3 1.4

上記の５項目を含む６項目の回答割合から指標値を算出。

	国	2018	2022
1	オーストリア	0.40	0.44
2	スイス	0.30	0.36
3	スペイン	0.46	0.27
4	ドイツ	0.28	0.27
5	韓国	0.28	0.26
6	**日本**	**0.02**	**0.25**
7	ノルウェー	0.36	0.23
8	アイスランド	0.10	0.16
9	ハンガリー	0.07	0.14
10	デンマーク	0.21	0.11
OECD平均		0.00	−0.02

注：OECD加盟国37カ国の平均値が0.0，標準偏差が1.0となるよう標準化されており，その値が大きいほど，学校への所属感が高いことを意味している。

注１：統計的に有意な差は濃い色で示す。
注２：OECD平均について２つの表記があるが，それぞれ意味するものは以下の通り。
AV12TE：2018年調査・2022年調査の両方に参加したOECD35カ国の平均。
AV1822NB :2018年調査・2022年調査の両方に参加し，かつPISAサンプリング基準を満たしたOECD26カ国の平均。
出典：すべて「OECD生徒の学習到達度調査 PISA2022のポイント」（文部科学省・国立教育政策研究所，2023年）

5 IEA 国際数学・理科教育動向調査：TIMSS

国際教育到達度評価学会（IEA）が実施する国際数学・理科教育動向調査（TIMSS）は，4年に1回行われる算数・数学及び理科の教育到達度に関する国際的な調査である。TIMSS の目的は，初等中等教育段階での児童生徒の算数・数学及び理科の教育到達度を国際的な尺度で測定し，学習環境条件等の諸要因との関係を，参加国・地域間におけるそれらの違いを利用して組織的に研究することである。日本は，1995～2019年まで，4年ごとに計7回参加している。

2019年調査には，日本から147校の小学校4年生約4200人，142校の中学校2年生約4400人が参加した。全教科で上位を維持しており（図Ⅶ-5-1），2015年調査に比べると，中学校の数学では平均得点が有意に上昇し，550点以上625点未満及び625点以上の生徒の割合が増加した。その一方，小学校では理科の得点が有意に低下し，550点以上625点未満及び625点以上の児童の割合が減少した。参加国の中央値と比べ，日本の児童生徒は習熟度の低い層が薄く，習熟度の高い層が厚い（図Ⅶ-5-2）。

算数・数学，理科に対する意識に関する質問紙調査では，小学校の「理科は楽しい・得意だ」を除き，国際平均を下回る項目が多い。しかし，そのような項目においては，算数・数学を楽しいと思う児童生徒の割合が高まっているように，国際平均との差が縮まる傾向にある。中学校では「将来，自分が望む仕事につくために，数学（理科）で良い成績をとる必要がある」「数学（理科）を使うことが含まれる職業につきたい」と思う生徒の割合が上昇している。

TIMSS の対象は，児童生徒の到達度と意識調査にとどまらない。カリキュラムや教師，家庭といった児童生徒を取り巻く環境と教育資源についても調査されている。理数系教科の学習に関する教育の実践や研究，政策形成にとって重要な参考資料となるデータが，多くの面から示されているといえる。　（山中拓真）

図Ⅶ-5-1　日本の平均得点の推移

〈平均得点の推移〉※小学4年生は1999年調査実施せず

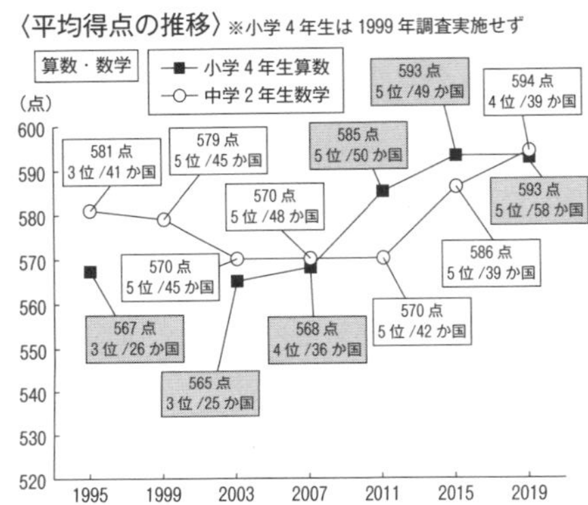

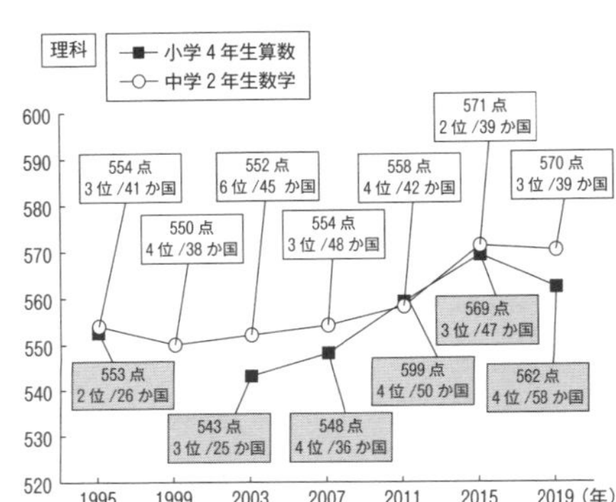

図Ⅶ-5-2　習熟度別の児童生徒割合の経年変化

〈算数〉

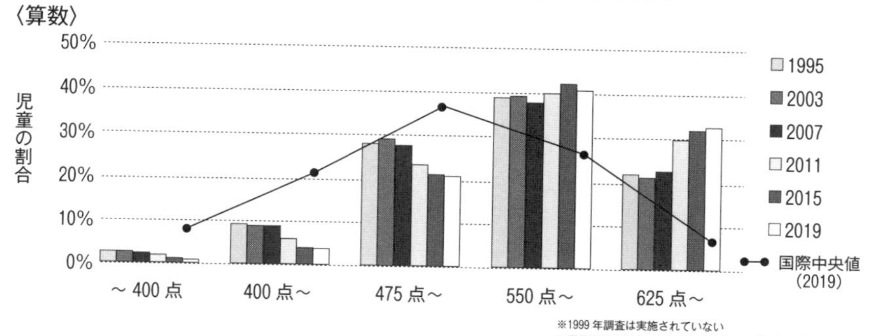

〈数学〉

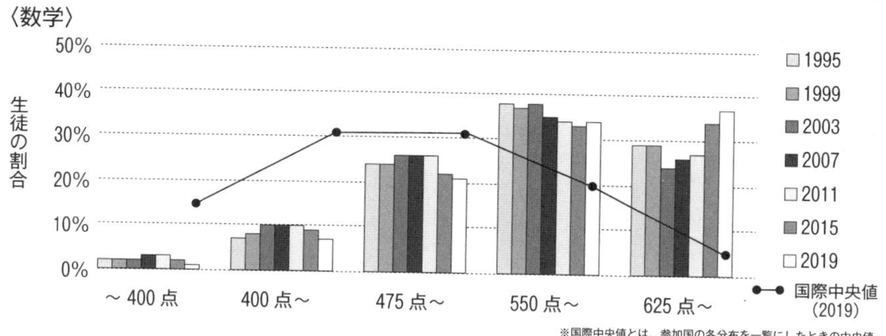

〈理科〉

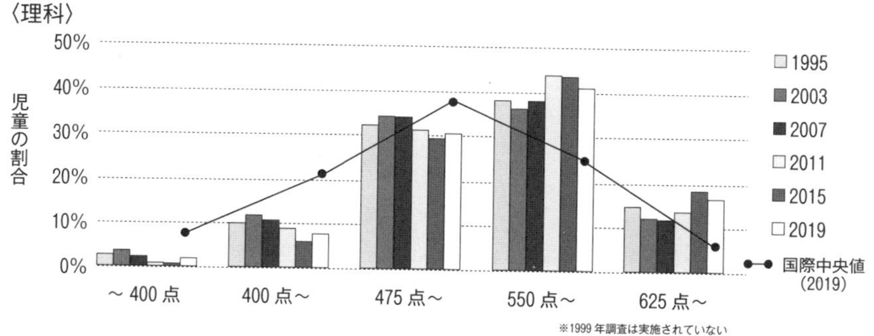

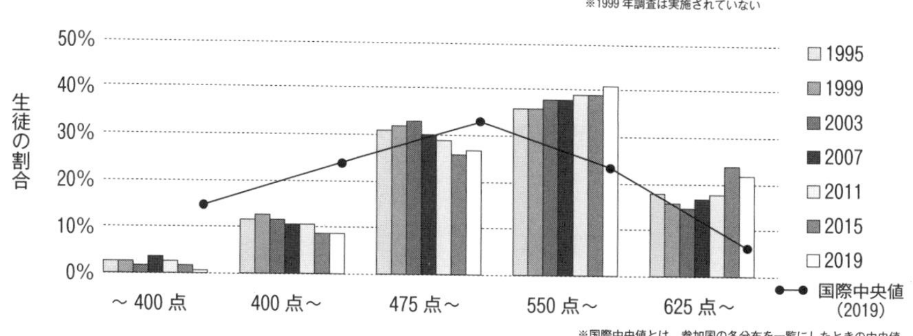

出典：すべて「国際数学・理科教育動向調査（TIMSS2019）のポイント」（国立教育政策研究所，2020年）

6 OECD 国際教員指導環境調査：TALIS

国際教員指導環境調査（TALIS：Teaching and Learning International Survey）は，経済協力開発機構（OECD）が実施する，学校の学習環境と教員及び校長の勤務環境に焦点を当てた調査である。これまで，2008年（24カ国・地域対象），2013年（34カ国・地域対象），2018年（48カ国・地域対象）の計３回の調査が実施された。日本は第２回調査（中学校のみ），第３回調査（小・中学校）に参加した。第４回調査は2024年に予定されている。１カ国につき小・中学校各約200校，１校につき校長及び教員約20名を抽出し質問紙調査が行われる。

国立教育政策研究所は，2018年の TALIS 結果から日本の教育現場の特徴を以下の通り分析した。

教員の自己肯定感は低いものの，同年に実施された生徒の学習到達度調査（PISA）では79カ国・地域中「読解力」15位，「数学的リテラシー」６位，「科学的リテラシー」５位と依然として高水準にある。学校教育の質を維持しつつ，教員のストレスの緩和，働き方改革の推進をいかに進めていくかが日本の学校現場における喫緊の課題であろう。（米田勇太）

図Ⅶ-6-1　TALIS（2018）調査結果概要

1）学級の規律が整い，学習の雰囲気が良好である。

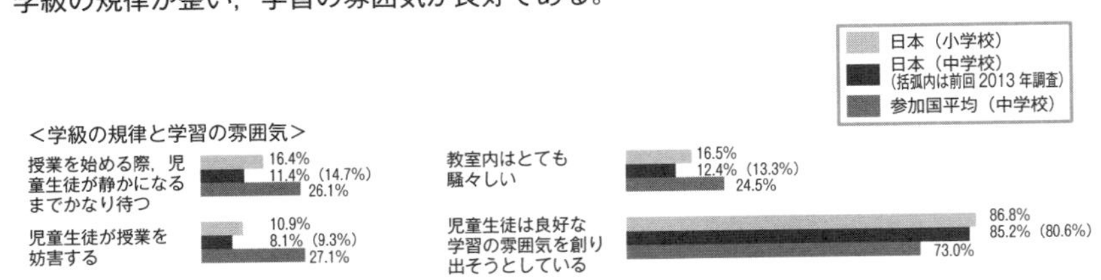

注：参加国が少ないことから，小学校の参加国平均の値は示されていない。（以下同様）

2）教員の仕事時間は参加国の中で最長であり，校長は人材不足を感じている。

特に中学校の課外活動の指導時間が長い。その一方で，教員の職能開発の時間は最短である。また，校長は，支援職員や特別な支援を要する児童生徒への指導能力を持つ教員の不足を指摘している。

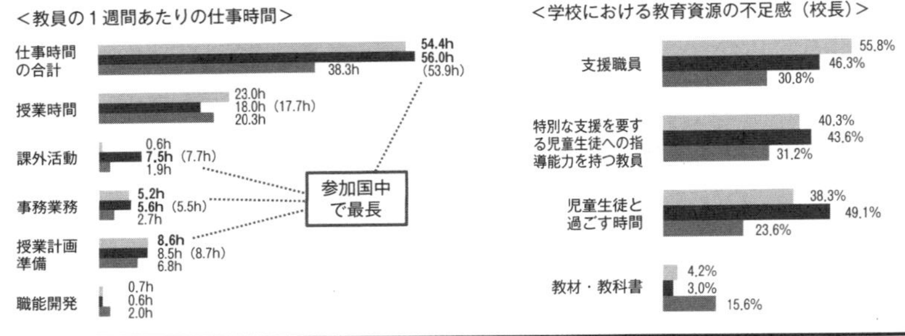

3）主体的・対話的で深い学びやICTを活用した授業実践や，児童・生徒の自己肯定感・学習意欲を高めることに対する教員の自己肯定感が低い。

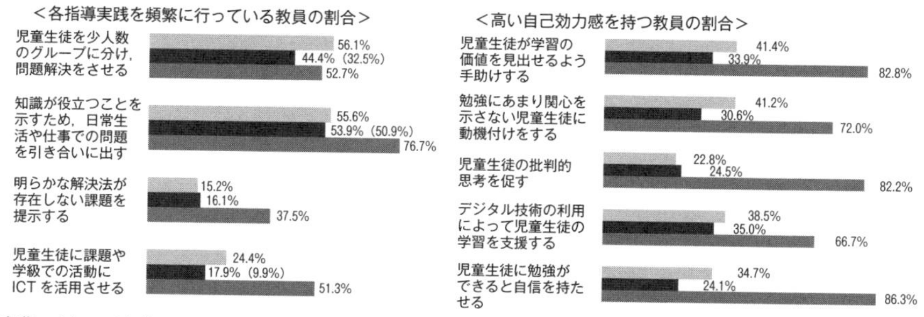

出典：1）～3）「OECD国際教員指導環境調査（TALIS）2018報告書 - 学び続ける教員と校長 - のポイント」（国立教育政策研究所，2019年）

4）教員が日頃から共に学び合い，指導改善につなげている。

教員が校長・教頭等以外の同僚教員からフィードバックを受ける機会が多く，フィードバックにより，教科の指導法，知識・理解が促進されている。

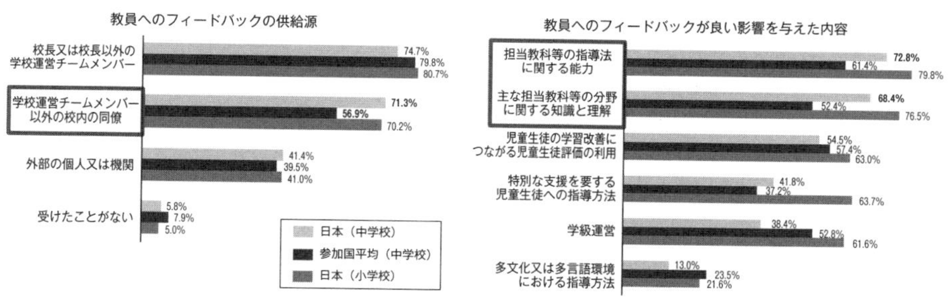

5）校長・教員ともに保護者への懸念の対処についてのストレスが高い。また，教員は事務的な業務，校長は児童生徒の学力への責任へのストレスも高い。

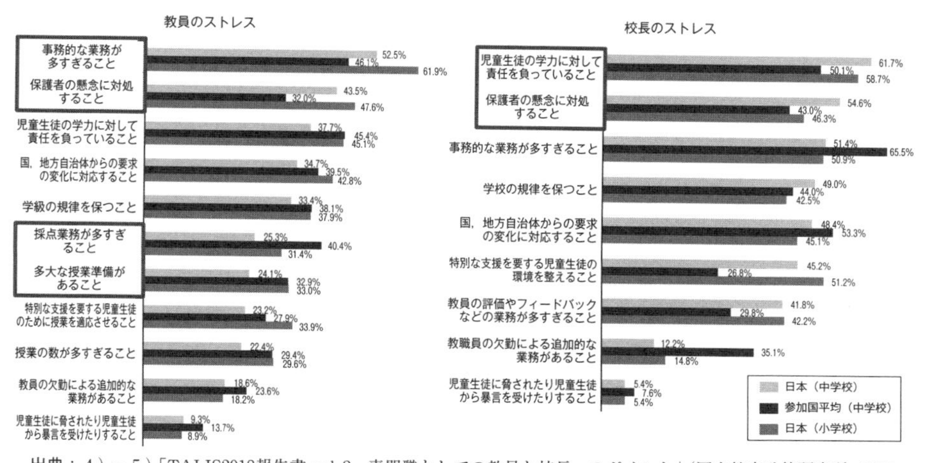

出典：4）～5）「TALIS2018報告書 vol.2 - 専門職としての教員と校長 - のポイント」（国立教育政策研究所，2020年）

7 OECD 国際成人力調査：PIAAC

OECD 国際成人力調査：PIAAC（Programme for the International Assessment of Adult Competencies）は，OECD（経済協力開発機構）が中心となって実施する国際比較調査の一つである。この調査では，参加する各国の成人（16～65歳）が，日常生活や職場で必要とされる総合的な力である「成人力」をどの程度もっているのかについて調査し，その力が社会的・経済的成果に及ぼす影響やその力を身に付ける上での教育訓練システムの成果等について分析が行われる。

2011年度に OECD 加盟国等24カ国が参加し，第１回調査が実施された。成人力について，①読解力，②数的思考力，③ IT を活用した問題解決能力――という３分野が具体的に設定され，各分野の調査結果が500点満点で示されるとともに，得点に応じた習熟度レベルが６段階（IT を活用した問題解決能力は４段階）で分けられる。日本は読解力，数的思考力の２分野において，平均得点で参加国中の第１位であった（表Ⅶ－７－１）。２分野ともに，16～65歳までのほとんどの年齢層において OECD 平均を上回っており，30歳前後でピークを迎えた後，

表Ⅶ－７－１　PIAAC の分野別結果の各国比較

国名	読解力	数的思考力	IT を活用した問題解決能力	
	平均得点	平均得点	レベル２・３（中上位）の成人の割合	平均得点
OECD 平均	**273**	**269**	**34%**	**283**
オーストラリア	280（４）	268（13）	38%（６）	289（３）
オーストリア	269（17）	275（10）	32%（13）	284（７）
カナダ	273（11）	265（14）	37%（７）	282（12）
チェコ	274（９）	276（９）	33%（12）	283（９）
デンマーク	271（14）	278（７）	39%（５）	283（８）
エストニア	276（７）	273（11）	28%（16）	278（16）
フィンランド	288（２）	282（２）	42%（２）	289（２）
フランス	262（21）	254（20）	m	m
ドイツ	270（15）	272（12）	36%（８）	283（11）
アイルランド	267（20）	256（19）	25%（18）	277（18）
イタリア	250（23）	247（22）	m	m
日本	296（１）	288（１）	35%（10）	294（１）
韓国	273（12）	263（16）	30%（15）	283（10）
オランダ	284（３）	280（４）	42%（３）	286（６）
ノルウェー	278（６）	278（６）	41%（４）	286（５）
ポーランド	267（19）	260（18）	19%（19）	275（19）
スロバキア	274（10）	276（８）	26%（17）	281（13）
スペイン	252（22）	246（23）	m	m
スウェーデン	279（５）	279（５）	44%（１）	288（４）
アメリカ	270（16）	253（21）	31%（14）	277（17）
ベルギー	275（８）	280（３）	35%（11）	281（14）
イギリス	272（13）	262（17）	35%（９）	280（15）
キプロス	269（18）	265（15）	m	m

□ OECD 平均よりも統計的に有意に高い国　□ OECD 平均と統計的に有意差がない国
■ OECD 平均よりも統計的に有意に低い国
注：「レベル２・３（中上位）の成人の割合」については，コンピュータ調査未受験者も含む全参加者を母集団として，IT を活用した問題解決能力の習熟度が４段階中上位２段階であった者の割合を示す。
出典：「OECD 国際成人力調査（第２回調査）本調査令和４年（2022年）～令和５年（2023年）」（国立教育政策所編）

徐々に低下していく傾向にある他国に比べ，加齢にもかかわらず高い水準を維持している（図Ⅶ-7-1～3）。一方，ITを活用した問題解決能力については，コンピュータ調査受験者の平均得点は参加国中の第1位であったが，当該調査受験の可否を判断するコンピュータ導入試験（ICTコア）の不合格者の割合も参加国中で最も高くなっており，格差のある現状が浮き彫りとなった。

第1回調査から約10年を経て，2022年度に参加国数を33カ国に増やして第2回調査が実施されている。その結果については2024年に公表予定である。

（芦沢柚香）

図Ⅶ-7-1　読解力の習熟度と年齢の関係（日本とOECD平均）

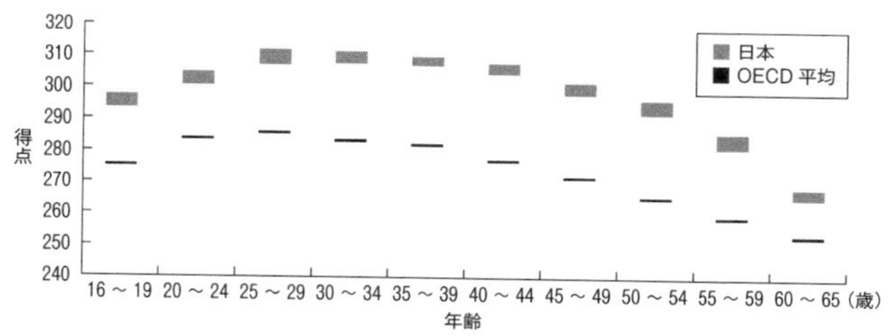

注：各年齢層のグラフの上下の幅は平均得点の95％信頼区間を示す。

図Ⅶ-7-2　数的思考力の習熟度と年齢の関係（日本とOECD平均）

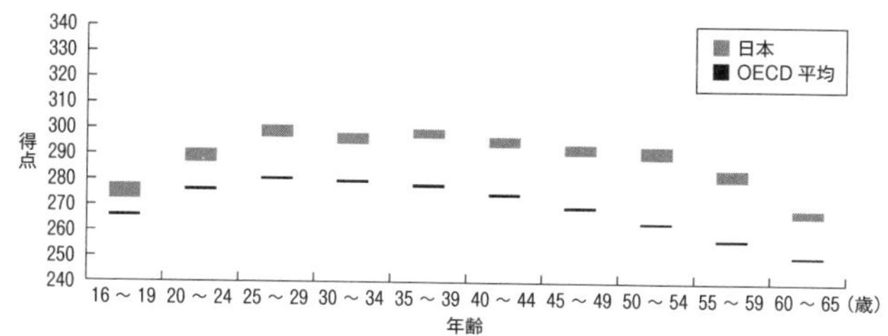

注：各年齢層のグラフの上下の幅は平均得点の95％信頼区間を示す。

図Ⅶ-7-3　ITを活用した問題解決能力の習熟度と年齢の関係（日本とOECD平均）

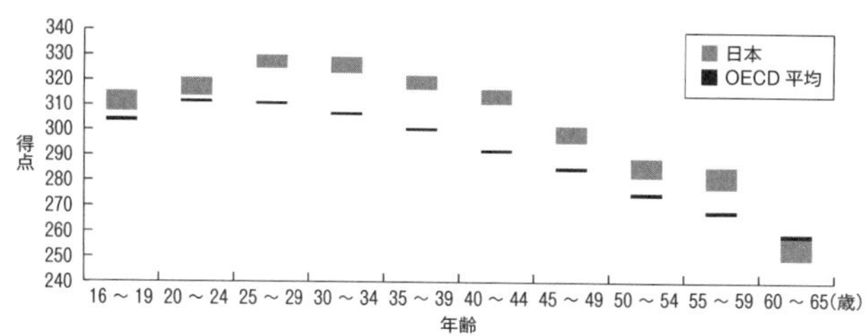

注：各年齢層のグラフの上下の幅は平均得点の95％信頼区間を示す。
出典：図Ⅶ-7-1～3は，「成人スキルの国際比較－OECD国際成人力調査（PIAAC）報告書」（国立教育政策所編，2013年）

8 教育改革の「成績表」〔アメリカ〕

アメリカ合衆国（以下，アメリカ）では，連邦教育省内の教育統計局（National Center for Educational Statistics）が，いわゆる主要科目について，全国規模での学力調査を定期的に実施している。「全米教育進展評価（National Assessment of Educational Progress, NAEP）」と呼ばれる当該調査は1969年以来実施され，その結果には「アメリカの成績表（Nation's Report Card）」との通称が与えられている。

サンプル調査の手法によって実施される学力調査は，その実施方法に基づき，①全米調査，②州別調査，③長期傾向調査――の３つに区分される。これら３類型に共通する特質としては，大都市部から選定される22地域をサンプルに含むこと，障害のある児童生徒及び英語の運用能力が不十分な児童生徒がランダム抽出法によって選ばれて対象に加えられることなどが挙げられる。人口の集中がみられ，住民間の貧富の差の大きい大都市部調査は，アメリカにおける学力調査にとって欠くことができない重要な位置を占めている。また，学力調査への参加児童生徒総数は，科目及び試験類型によって異なる。

多様な民族で構成されているアメリカの教育システムは複雑であり，学校間だけでなく，黒人・ヒスパニック・先住民と白人といった，民族間の格差が激しい。民族間や保護者の教育水準や経済状況によって生じている学力格差をいかに縮めていくかが課題となっている。（金久保響子）

図Ⅶ-８-１　人種・民族別の４学年（小学校第４学年相当）数学試験結果の推移

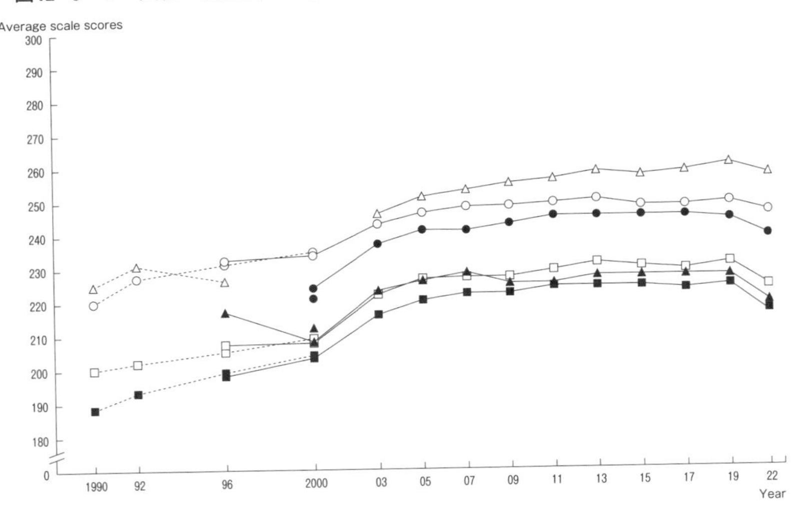

図Ⅶ－８－２　人種・民族別の８学年（中学校第２学年相当）数学試験結果の推移

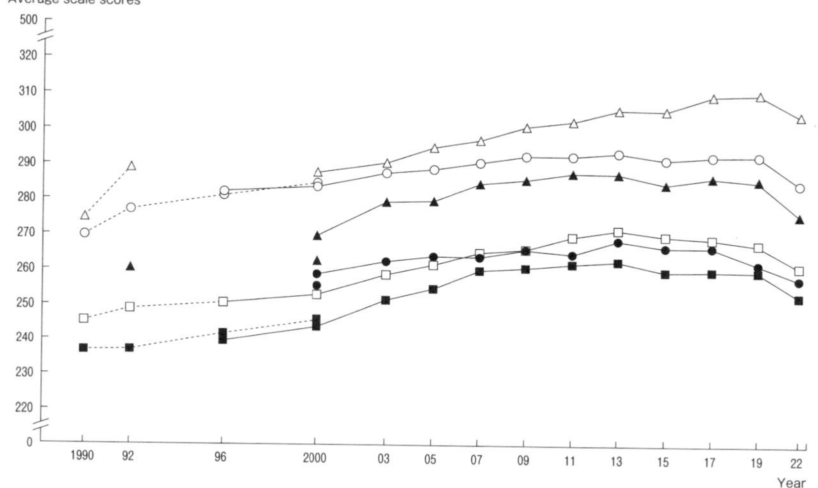

図Ⅶ－８－３　保護者の教育水準別の８学年（中学校第２学年担当）数学試験結果の推移

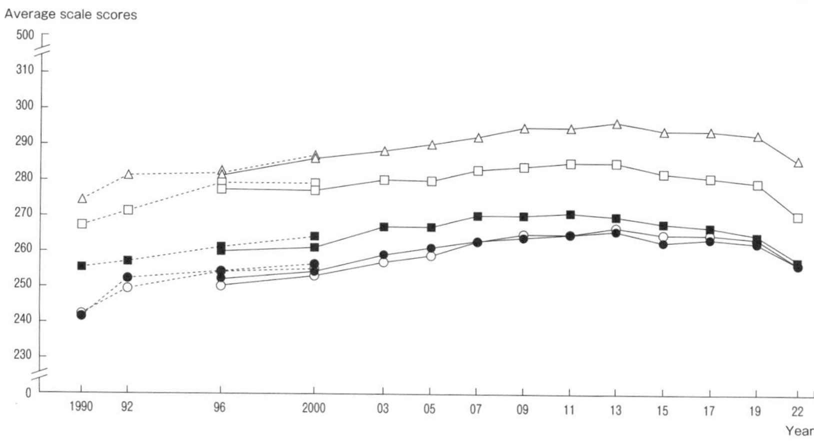

出典：すべて NAEP 公式ホームページ

9 学校の成績表〔イギリス〕

イギリスの義務教育は，2015年以降，5～18歳までの13年間（従来5～16歳までの11年間）とされ，このうち，5～11歳までが初等教育（primary education），11～16歳までが中等教育（secondary education），16～18歳までが継続教育（further education）である。特に，初等・中等教育では，ナショナル・カリキュラム（National Curriculum）に基づいた教育が行われている。

ナショナル・カリキュラムは，サッチャー政権の下，1988年教育改革法（Education Reform Act）が制定されたことで導入された。ナショナル・カリキュラムでは，5～7歳をキーステージ1（KS1），7～11歳をキーステージ2（KS2），11～14歳をキーステージ3（KS3），14～16歳をキーステージ4（KS4）の4段階に分けて各教科の内容を定めている。2014年に改訂されたナショナル・カリキュラムでは，英語，数学，理科，技術，歴史，地理，芸術，音楽，体育，コンピュータ，外国語，シティズンシップの計12教科のカリキュラムが定められている。各キーステージの終了時には学習内容の習熟度を測定したり，学業認定証を取得したりするための試験が実施されている。KS1及びKS2の終了時には全国カリキュラムテストを，KS4の終了時にはGCSE（General Certificate of Secondary Education）を受ける。これらの調査結果は，全国や各地方自治体の結果だけでなく，学校ごとの結果も公開されている。各学校の「成績表」は，WEBページから閲覧可能となっている（図Ⅶ-9-1，2）。他にも，各試験の成績表のみならず，卒業生（不利な立場にある生徒を含む）の進学先や教員の総数等が公開されている（図Ⅶ-9-3）。 （木村百合子）

図Ⅶ-9-1　標準到達度テストに基づく学校成績表の検索画面の一例

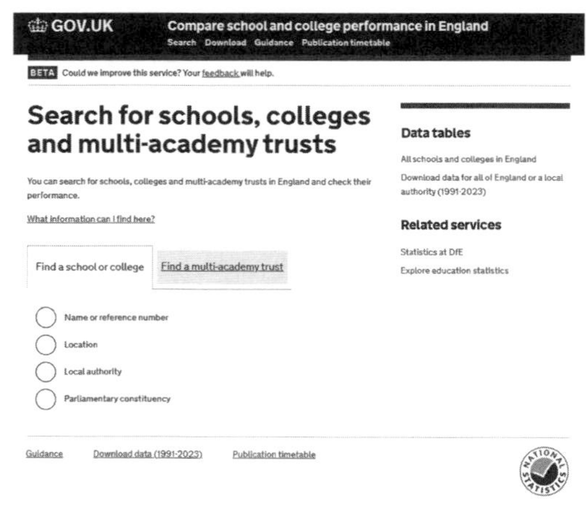

図Ⅶ-９-２　すべての学校の成績表の一覧

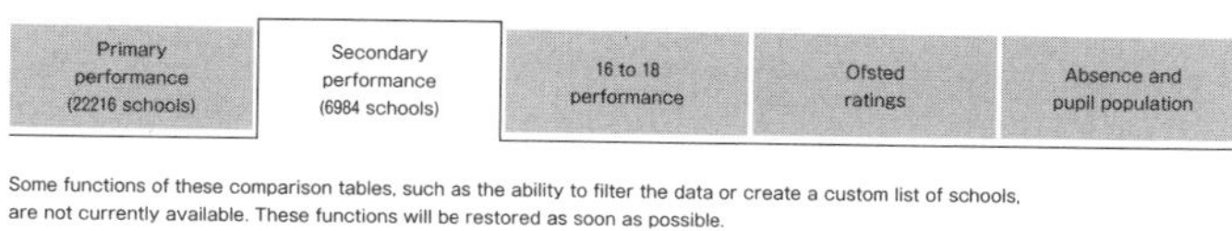

Some functions of these comparison tables, such as the ability to filter the data or create a custom list of schools, are not currently available. These functions will be restored as soon as possible.

Overall performance at end of key stage 4 in 2023 - all pupils

Showing 1 - 50 of **6984** schools

1 2 3 4 5 Next

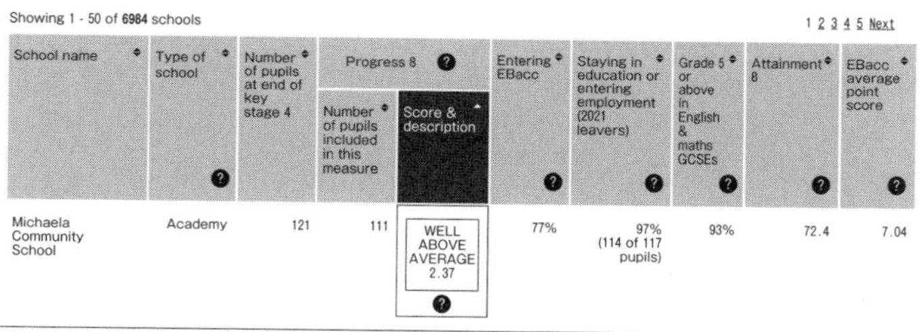

School name	Type of school	Number of pupils at end of key stage 4	Progress 8: Number of pupils included in this measure	Progress 8: Score & description	Entering EBacc	Staying in education or entering employment (2021 leavers)	Grade 5 or above in English & maths GCSEs	Attainment 8	EBacc average point score
Michaela Community School	Academy	121	111	WELL ABOVE AVERAGE 2.37	77%	97% (114 of 117 pupils)	93%	72.4	7.04

図Ⅶ-９-３　ロンドンのＡ中学校の成績表（抜粋）

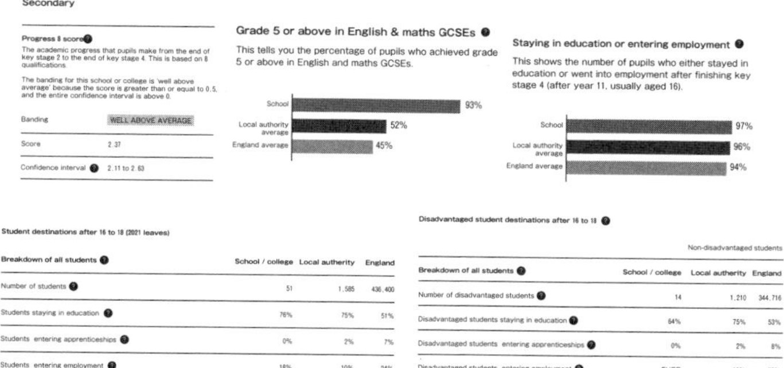

Secondary

Progress 8 score

The academic progress that pupils make from the end of key stage 2 to the end of key stage 4. This is based on 8 qualifications.

The banding for this school or college is 'well above average' because the score is greater than or equal to 0.5, and the entire confidence interval is above 0.

Banding	WELL ABOVE AVERAGE
Score	2.37
Confidence interval	2.11 to 2.63

Grade 5 or above in English & maths GCSEs

This tells you the percentage of pupils who achieved grade 5 or above in English and maths GCSEs.

Staying in education or entering employment

This shows the number of pupils who either stayed in education or went into employment after finishing key stage 4 (after year 11, usually aged 16).

Student destinations after 16 to 18 (2021 leaves)

Breakdown of all students	School / college	Local autherity	England
Number of students	51	1,585	436,400
Students staying in education	76%	75%	51%
Students entering apprenticeships	0%	2%	7%
Students entering employment	18%	10%	24%
Students not in education or employment for at least two terms after study	6%	6%	13%
Destination unknown	0%	7%	5%

Disadvantaged student destinations after 16 to 18

Non-disadvantaged students

Breakdown of all students	School / college	Local autherity	England
Number of disadvantaged students	14	1,210	344,716
Disadvantaged students staying in education	64%	75%	53%
Disadvantaged students entering apprenticeships	0%	2%	8%
Disadvantaged students entering employment	SUPP	10%	25%
Disadvantaged students not in education or employment for at least two terms after study	SUPP	6%	10%
Destination unknown	0%	7%	5%

Total number of teachers (Full Time Equivalent)

▶ More about total number of teachers (Full Time Equivalent)

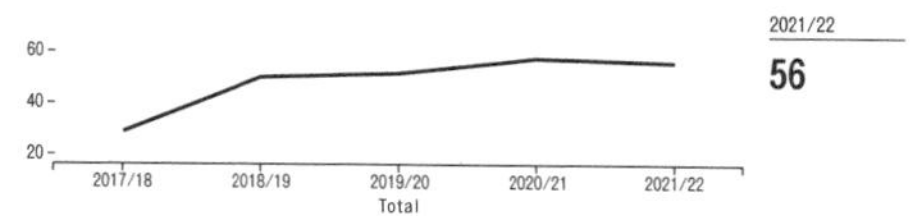

Non-classroom support staff - excluding auxiliary staff (Full Time Equivalent)

▶ More about non-classroom support staff - excluding auxiliary staff (Full Time Equivalent)

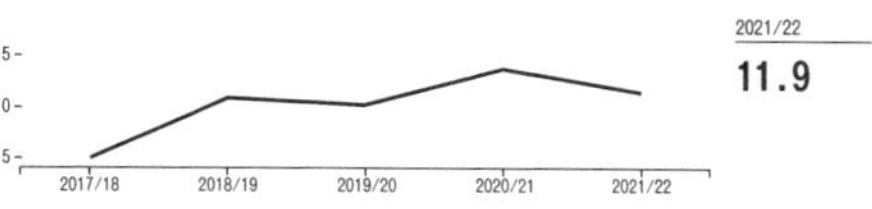

出典：すべて https://www.compare-school-performance.service.gov.uk/ より作成

10 学校の成績表〔アメリカ〕

アメリカでもイギリス（前項）同様，学校の「成績表」の公開が進んでいる。しかし，アメリカにおいては，国（連邦政府）に教育行政上の直接的な命令・指導権が与えられていないため，成績表策定・公開の主導権は州レベルの教育行政当局にある。そのため，成績表の形式・内容は，州ごとに大きく異なっている。また，地方教育行政の主体である学校区（school district）においても，独自の成績表の運用・公開を行っているケースも少なくない。

学校の成績表は，子供を学校に通わせる保護者に報告されると同時に，納税者である地域住民・州住民に対して公開される。その公開において，インターネットが広く活用されているのは，イギリスとも共通している。公立学校の選択が進む中で，学校の成績表に対する社会的関心は高く，地元の新聞社による別刷特集の発行や，専用ウェブサイト（ホームページ）の開設も多くみられる。

ここでは，保護者に対して報告した成績表をそのままの形でインターネット上に公開しているノースカロライナ州の事例を挙げた。ここで注目に値するのは，「経済的に恵まれていない生徒の割合」である。20世紀中期まで続いた人種差別政策の影響等により，アメリカでは人種・民族を背景とした経済格差が生じ，それは学習到達度の開きとしても顕在化している。このような事実上の格差を直視し，その改善に努めようとする姿勢は多くの州における学校の成績表にも反映されている。

（藤田晃之）

図Ⅶ-10-1　ノースカロライナ州における学校成績表の検索画面の例

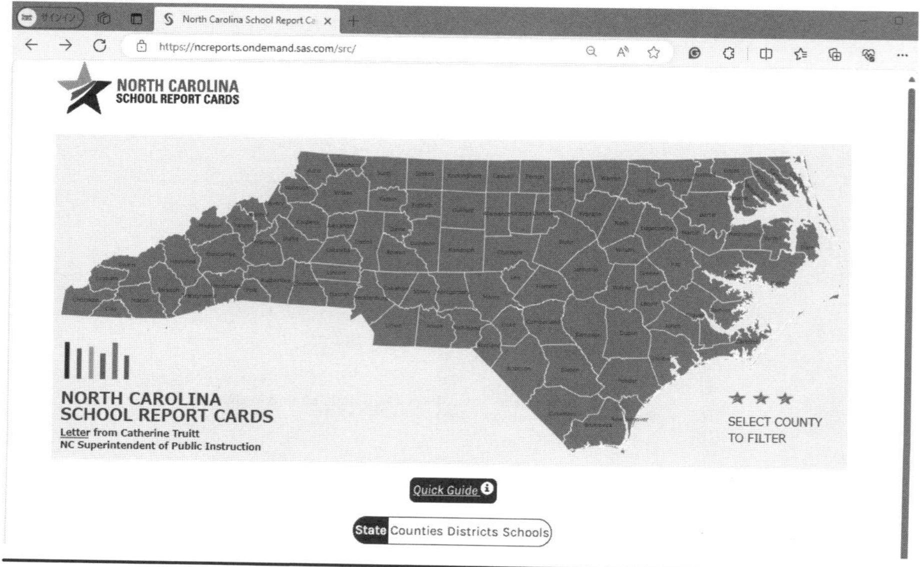

図Ⅶ-10-2　ノースカロライナ州A中学校の成績表（抜粋）

在籍学年：6-8学年　　チャータースクール：該当せず
学校の所在地：ノースカロライナ州A町……　電話番号(xxx)xxx-xxxx

A中学校（抜粋）
X郡学校区※
学校公式ウェブサイト：http://..........

学校区教育長よりご覧の皆様へ
他校と比較する

※学校区（school district）：地方教育行政区。地方教育委員会が設置される。当該教育委員会は，市町村等による一般行政から独立した権限を有するケースが大半を占め，学校区の地理的範囲も一般行政区と必ずしも一致しない。

2022-23年度　総括的な評価

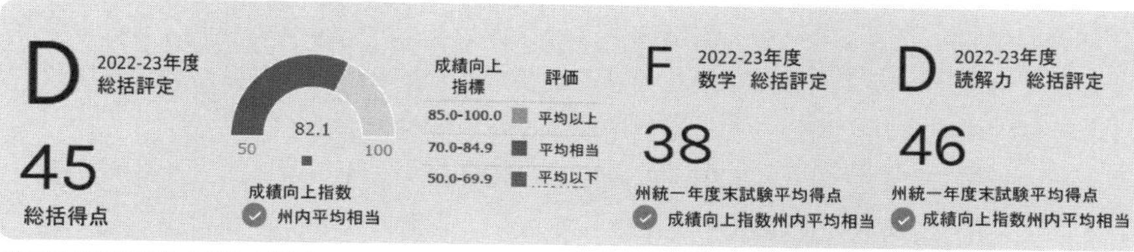

総括得点と成績向上指数の推移　　2022-23年度　在校生の特質

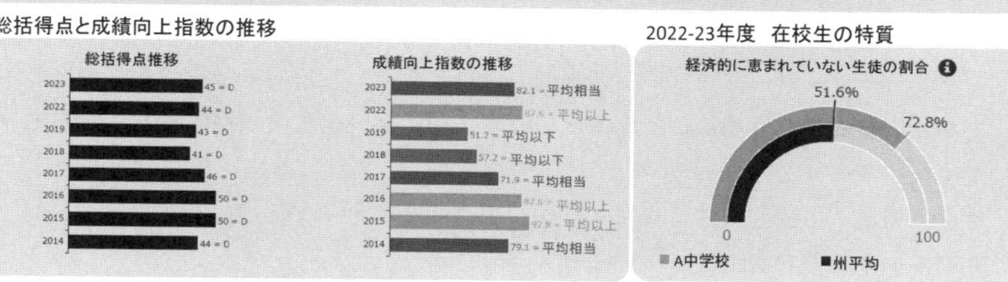

2022-23年度における州内統一試験の結果（抜粋）

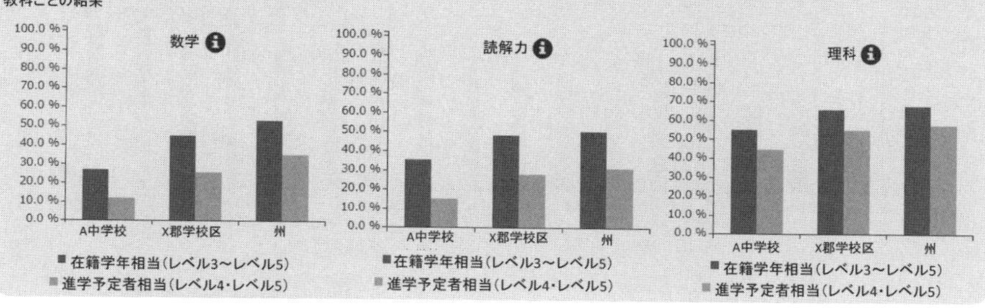

2022-23年度における教員と教員資格（抜粋）

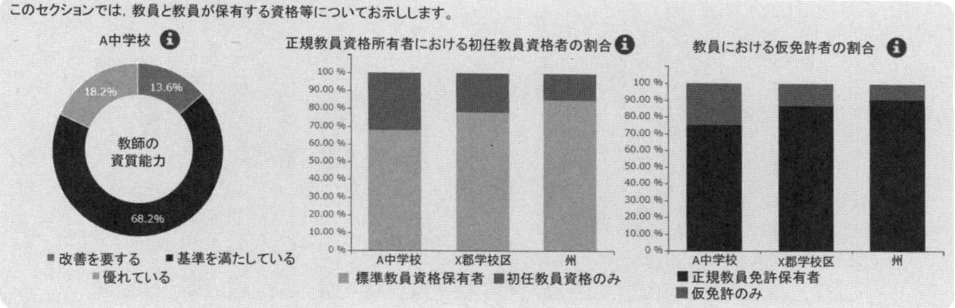

出典：すべて https://ncreports.ondemand.sas.com/src/ より作成

11 チャーター・スクール〔アメリカ〕

チャーター・スクールとは，「学区もしくはその他の非営利組織の認可を受けて学区から相対的に独立し，学校経営における自律性を保持すると同時に，各州によるチャーター・スクール法に基づき，教育諸目標を達成することを義務付けられ，アカウンタビリティを問われる認可契約更新型公立学校」と定義される。チャーター・スクールは革新的なカリキュラムや指導法の実施をはじめとして，伝統的な公立学校と比較して規制は少ないながらも，公的な資金援助を受けることができる。一方で，外部評価を受ける必要があり，その結果に基づいて当該校の存続が決定され，場合によっては閉校となる可能性がある。

その規模に着目すると，2021～22年度には7996校のチャーター・スクールが存在し，368万2526人の児童生徒が在籍しており，両指標ともに増加の一途をたどっている（図Ⅶ-11-1，2）。

また，チャーター・スクールの特徴の一つとして，特色ある学校づくりが可能であり，多様性を有することが挙げられる。例えば，公立学校退学者や低学力児童生徒のセカンド・チャンスとしての存在から，学力向上に特化した学校まで様々である。生徒の属性に着目すれば，白人の割合が減少傾向にある一方で，ヒスパニックの割合が増加している（図Ⅶ-11-2）。

図Ⅶ-11-1　チャーター・スクール数の推移

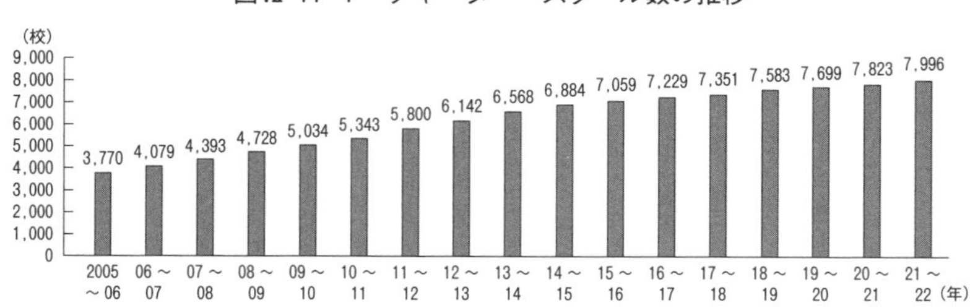

図Ⅶ-11-2　チャーター・スクールの児童生徒数及びその属性の推移

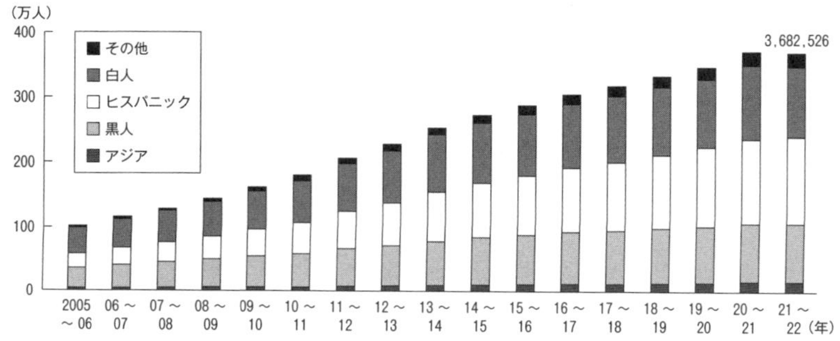

管理者についてみると，57.4％が独立型として学校自らが運営している。それ以外は，非営利組織であるCMO（Charter Management Organization）や営利目的の団体であるEMO（Education Management Organization）による運営となっており，その3タイプすべてが存在する州が最も多い状況にある（図Ⅶ-11-3，表Ⅶ-11-1）。

（藤田駿介）

〔参考文献〕アメリカ教育学会編『現代アメリカ教育ハンドブック 第2版』（東信堂，2021）
山下絢著『学校選択制の政策評価―教育における選択と競争の魅惑』（勁草書房，2021）

図Ⅶ-11-3 チャーター・スクールの管理者

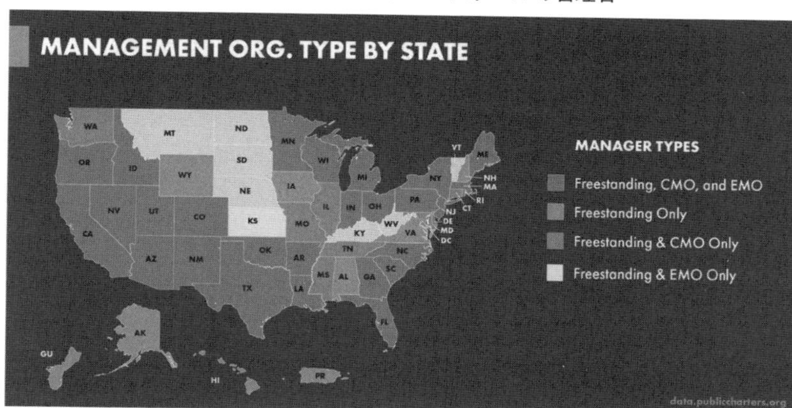

表Ⅶ-11-1 各州の管理者の状況

Management Type	2020-21 Schools and Campuses	School Share	Enrollment Share
CMO	2,531	31.7%	32.7%
EMO	874	10.9%	16.5%
Freestanding	4,591	57.4%	50.8%
Grand Total	7,996	100.0%	100.0%

出典：すべてCHARTER SCHOOL DATA DASHBOARD―KNOWLEDGE BASE (National Alliance for Public Charter Schools, 2023)

Ⅶ 世界で進む教育改革

11 チャーター・スクール〔アメリカ〕

12 英才教育システム〔アメリカ〕

英才教育は才能教育ともされ，特定の分野や領域において優れた能力を示す子供（才能児）に対して，その能力を効果的かつ最大限に尊重するために行われる特別な教育的措置の総称である。諸外国の中でもアメリカの才能教育（Education for Gifted and Talented）は突出して取組の蓄積があるが，その実施を義務付ける連邦法は存在しないために各州で差がある。ここでは，全米才能児協会（National Association for Gifted Children）が2022年に公表した調査に基づきながら，同国の才能教育を①才能の定義，②才能児の認定，③ハイスクール段階の才能児に対する教育形態――からみていく。

第一に，才能児の定義である。アメリカにおいてその定義は多様である。州（46州）の定義に含まれている文言として最も多いのは「知能」（36州）であり，次に「学力」（32州），「創造性」（31州），「舞台芸術」（18州），「視覚芸術」（16州），「リーダーシップ」（16州）などが続く（図Ⅶ-12-1）。

第二に，才能児の認定である。現在，41州が何らかの法や規則に基づいて才能児を認定することとしているが，認定に用いる手法は州によって多様である。近年では，人種的マイノリティや貧困層に対する才能教育の機会が十分に確保されていないことが問題視され，すべての才能児を取りこぼすことのないユニバーサルな認定手法がとられるべきとされる。しかしながら，15州のみが認定の際に地方教育局に対して明確にユニバーサルスクリーニングの実施を義務付ける一方で，30州は地方教育局の権限に委ねており，23州は実施を必要としていない（図Ⅶ-12-2）。このことから，才能児の公平な認定に課題が残されていることがうかがえる。

第三に，才能児に対する教育形態である。ハイスクール段階に焦点化すると，民間教育団体が実施する試験と，それに照準を合わせたハイスクールでの大学レベルのカリキュラムを組み合わせた制度であるアドバンスト・プレイスメント（AP）や（38州），成績優秀者向けのコースワークが多い（37州）。次いで多いのはデュアル・エンロールメントという，ハイスクールの生徒が大学によって提供される科目を履修し，大学の単位を得ることができる，ハイスクールと大学の協働的プログラムである（30州）。それ以降は，内容の早修（18州），普通クラスでの差別化（15州）などがあり，州によって多様な教育形態が提供されている（図Ⅶ-12-3）。

（吉川実希）

〔参考文献〕 "2020-2021 State of the States in Gifted Education" (National Association for Gifted Children, 2022)

図Ⅶ-12-1　アメリカにおける才能児の定義を示す項目

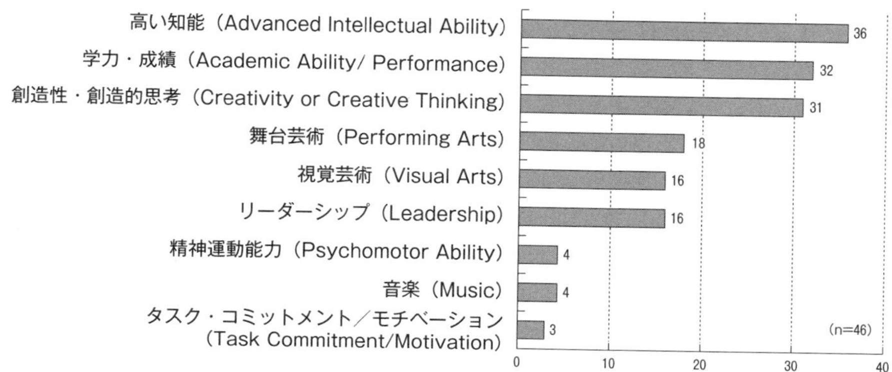

図Ⅶ-12-2　ユニバーサルスクリーニングの要件

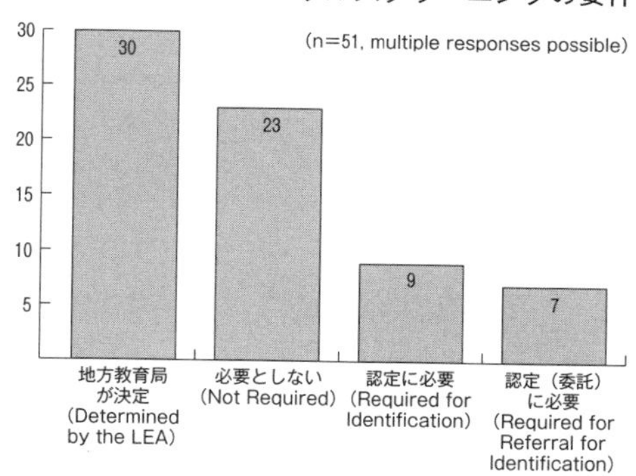

図Ⅶ-12-3　アメリカのハイスクールにおける才能児に対する教育形態

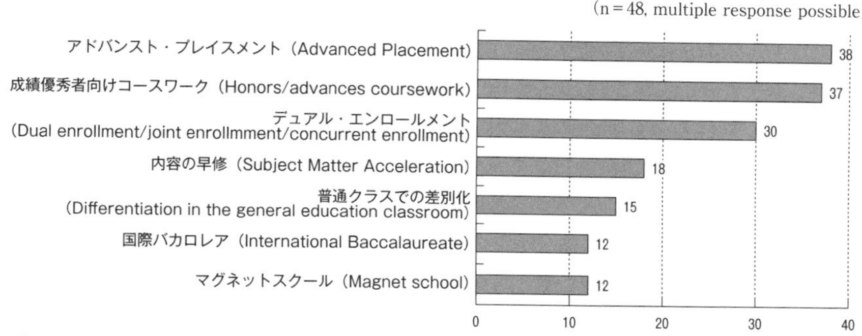

注１：すべて，調査対象は50の全州に加え，コロンビア特別区，国防省教育本部，プエルトリコを含む。また，すべて複数回答が可能とされている。
注２：図Ⅶ-12-3のみ，上位７項目を示した。
出典：すべて"2020-2021 State of the States in Gifted Education"(National Association for Gifted Children, 2022)

13 持続可能な開発目標（SDGs）と教育改革

2015年９月，「国連持続可能な開発サミット」が開催され，2030年を期限とする目標として「持続可能な開発目標（Sustainable Development Goals: SDGs）」が設定された。SDGsは，先進国を含む全ての国に適用される普遍性をもってい

図Ⅶ-13-１　SDGsのロゴ

出典：国際連合広報センター

表Ⅶ-13-１　持続可能な開発目標：目標４及びターゲット

目標４．すべての人々への，包摂的かつ公正な質の高い教育を提供し，生涯学習の機会を促進する

4.1　2030年までに，すべての女児及び男児が，適切かつ効果的な学習成果をもたらす，無償かつ公正で質の高い初等教育及び中等教育を修了できるようにする。

4.2　2030年までに，すべての女児及び男児が，質の高い乳幼児の発達支援，ケア及び就学前教育にアクセスすることにより，初等教育を受ける準備が整うようにする。

4.3　2030年までに，すべての女性及び男性が，手頃な価格で質の高い技術教育，職業教育及び大学を含む高等教育への平等なアクセスを得られるようにする。

4.4　2030年までに，技術的・職業的スキルなど，雇用，働きがいのある人間らしい仕事及び起業に必要な技能を備えた若者と成人の割合を大幅に増加させる。

4.5　2030年までに，教育におけるジェンダー格差を無くし，障害者，先住民及び脆弱な立場にある子どもなど，脆弱層があらゆるレベルの教育や職業訓練に平等にアクセスできるようにする。

4.6　2030年までに，すべての若者及び大多数（男女ともに）の成人が，読み書き能力及び基本的計算能力を身に付けられるようにする。

4.7　2030年までに，持続可能な開発のための教育及び持続可能なライフスタイル，人権，男女の平等，平和及び非暴力的文化の推進，グローバル・シチズンシップ，文化多様性と文化の持続可能な開発への貢献の理解の教育を通して，全ての学習者が，持続可能な開発を促進するために必要な知識及び技能を習得できるようにする。

4.a　子ども，障害及びジェンダーに配慮した教育施設を構築・改良し，すべての人々に安全で非暴力的，包摂的，効果的な学習環境を提供できるようにする。

4.b　2020年までに，開発途上国，特に後発開発途上国及び小島嶼開発途上国，ならびにアフリカ諸国を対象とした，職業訓練，情報通信技術（ICT），技術・工学・科学プログラムなど，先進国及びその他の開発途上国における高等教育の奨学金の件数を全世界で大幅に増加させる。

4.c　2030年までに，開発途上国，特に後発開発途上国及び小島嶼開発途上国における教員養成のための国際協力などを通じて，資格を持つ教員の数を大幅に増加させる。

出典：「我々の世界を変革する：持続可能な開発のための2030アジェンダ」（外務省仮訳，2015年）

る。SDGsは17のゴールと169のターゲットから構成され，それらは統合的で不可分である（図Ⅶ-13-1）。ゴールの一つ（目標4）に教育があり，10個のターゲットが設定された（表Ⅶ-13-1）。4.1〜4.7に挙げられたのは，すべての子供・若者・成人の学校教育・生涯学習へのアクセスや基礎的な能力の習得等に関する事項であり，4.a〜4.cはその方策としての学習環境改善，奨学金の拡充，教員の質の向上である。

日本では，2017年告示の学習指導要領で「持続可能な社会の創り手」の育成が掲げられた（表Ⅶ-13-2）。その他，2023年6月に閣議決定された「第4期教育振興基本計画」では，「持続可能な開発のための目標（SDGs）の実現に貢献する」ものとしてESD（持続可能な開発のための教育：Education for Sustainable Development）が位置付けられ，「ESDの推進拠点」としてのユネスコスクールの位置付けも明記された（表Ⅶ-13-3）。ユネスコスクールは，世界182カ国で初等教育段階及び中等教育段階を中心に合計1万校以上が設立されている（表Ⅶ-13-4）。日本でも2007年度から2014年度頃に著しく増加し（図Ⅶ-13-2），2019年11月時点で1120校が存在する。ユネスコスクールでは，SDGsの17の目標と関連付けられた教育活動が展開されている（図Ⅶ-13-3）。（青木栄治）

表Ⅶ-13-2　教育要領（2017年告示）・学習指導要領（2017・18年告示）におけるESD関連の記述

幼稚園教育要領（平成29年3月告示）
【前文】
（前略）これからの幼稚園には，（中略）一人一人の幼児が，将来，自分のよさや可能性を認識するとともに，あらゆる他者を価値のある存在として尊重し，多様な人々と協働しながら様々な社会的変化を乗り越え，豊かな人生を切り拓き，持続可能な社会の創り手となることができるようにするための基礎を培うことが求められる。

小学校・中学校学習指導要領（平成29年3月告示）
【前文】
これからの学校には，（中略）一人一人の児童（生徒）が，自分のよさや可能性を認識するとともに，あらゆる他者を価値のある存在として尊重し，多様な人々と協働しながら様々な社会的変化を乗り越え，豊かな人生を切り拓き，持続可能な社会の創り手となることができるようにすることが求められる。
【第1章総則】
第1　小学校（中学校）教育の基本と教育課程の役割
3（前略）豊かな創造性を備え持続可能な社会の創り手となることが期待される児童（生徒）に，生きる力を育むことを目指すに当たっては，学校教育全体並びに各教科，道徳科，（中略）総合的な学習の時間及び特別活動（中略）の指導を通して，どのような資質・能力の育成を目指すのかを明確にしながら，教育活動の充実を図るものとする。

高等学校学習指導要領（平成30年3月告示）
【前文】
これからの学校には，（中略）一人一人の生徒が，自分のよさや可能性を認識するとともに，あらゆる他者を価値のある存在として尊重し，多様な人々と協働しながら様々な社会的変化を乗り越え，豊かな人生を切り拓き，持続可能な社会の創り手となることができるようにすることが求められる。
【第1章　総則】
第1款　高等学校教育の基本と教育課程の役割
3（前略）豊かな創造性を備え持続可能な社会の創り手となることが期待される生徒に，生きる力を育むことを目指すに当たっては，学校教育全体及び各教科・科目等の指導を通してどのような資質・能力の育成を目指すのかを明確にしながら，教育活動の充実を図るものとする。

出典：教育要領（2017年告示）・学習指導要領（2017・2018年告示）

表Ⅶ-13-3　「第4期教育振興基本計画」におけるESD関連の記述

第4期教育振興基本計画（令和5年6月閣議決定）※一部抜粋

Ⅱ．今後の教育政策に関する基本的な方針
（5つの基本的な方針）
①グローバル化する社会の持続的な発展に向けて学び続ける人材の育成
（持続可能な社会の創り手の育成に貢献するESD（持続可能な開発のための教育）の推進）

○持続可能な開発のための目標（SDGs）の実現に貢献するESDは，現代社会における地球規模課題の諸課題を自らに関わる問題として主体的にとらえ，その解決に向けて自分で考え，行動する力を身に付けるとともに，新たな価値観や行動等の変容をもたらすための教育である。

○ESDの推進はグローバル人材の育成にも資する取組であり，多くの児童生徒学生等がグローバルな環境を体験する機会を与えられることが求められる。

Ⅳ．今後5年間の教育政策の目標と基本施策
（目標，基本施策及び指標）
〈目標6　主体的に社会の形成に参画する態度の育成・規範意識の醸成〉
【基本施策】
○持続可能な開発のための教育（ESD）の推進

・我が国がESDの推進拠点として位置付けているユネスコスクールを中心に，引き続き国内外の学校間の交流や好事例の発信等の活動の充実を図る。また，学習指導要領等に基づき，各学校段階において，ESDの目的である「持続可能な社会の創り手」を育む。

・ESDの強化とSDGsの17の全ての目標実現への貢献を通じて，より公正で持続可能な世界の構築を目指す「ESD for 2030」の理念を踏まえ，地域の多様な関係者（学校，教育委員会，大学，企業，NPO，社会教育施設など）をつなぐ重層的なネットワークを強化する。

出典：「第4期教育振興基本計画」（2023年6月16日閣議決定）

表Ⅶ-13-4　世界のユネスコスクール数

地域	国数	総学校数（校）	学校種別内訳（%）					
			就学前	初等教育	初等・中等教育	中等教育	職業・技術教育	教員養成
アジア太平洋	42	2,235	1	33	9	53	2	2
中東（アラブ）	18	1,048	3	33	18	43	2	1
アフリカ	42	2,082	2	54	9	30	3	2
ヨーロッパ・北米	49	2,847	3	20	15	52	8	2
中南米	31	1,968	6	45	18	25	3	3
世　界	182	10,180	3	36	14	41	4	2

出典：「ユネスコスクールの今」（公益財団法人 ユネスコ・アジア文化センター（ACCU），2015年）

図Ⅶ-13-2　日本におけるユネスコスクール加盟校の推移

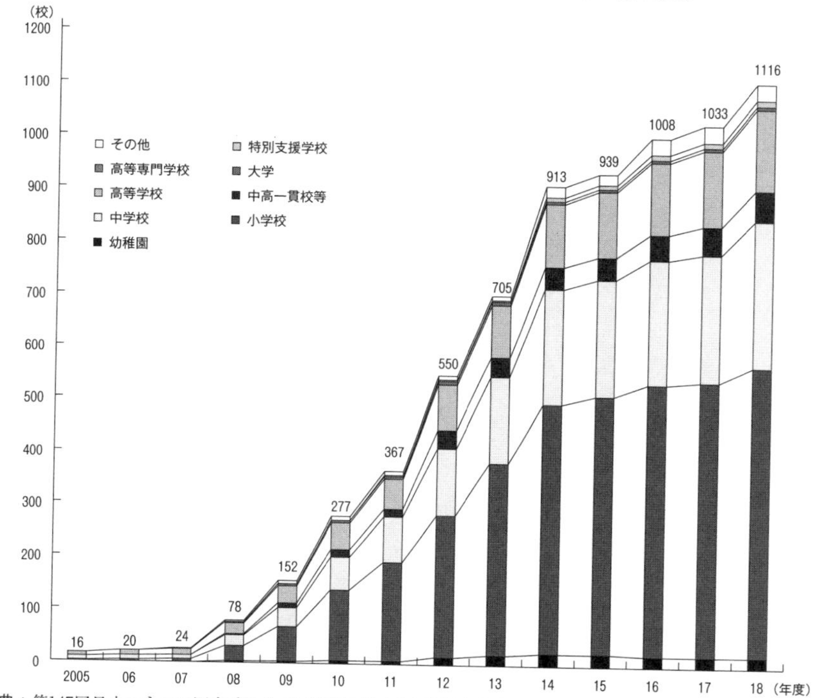

出典：第147回日本ユネスコ国内委員会（2020年９月２日）配付資料「ユネスコスクールの状況と課題及び今後の方向性について」（文部科学省，2020年）

図Ⅶ-13-3　ユネスコスクールの教育活動で取り上げたSDGs17の目標

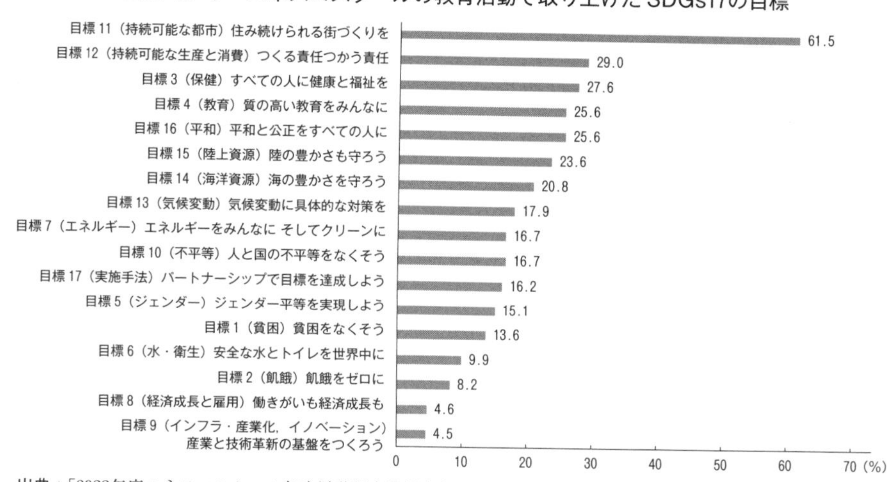

出典：「2022年度ユネスコスクール年次活動調査結果」（公益財団法人ユネスコ・アジア文化センター（ACCU），2023年）

14 インクルーシブな教育

インクルーシブな教育とは，国籍や人種，言語，性差，経済状況，宗教，障害の有無にかかわらず，すべての子供がともに学び合う教育を指す。2015年９月の国連総会で宣言された「持続可能な開発目標（SDGs）」では，「2030年までに，教育におけるジェンダー格差をなくし，障害者，先住民及び脆弱な立場にある子供など，脆弱層があらゆるレベルの教育や職業訓練に平等にアクセスできるようにする」という目標が明記されており，国際的に推進されている。2006年，国連総会で採択された「障害者の権利に関する条約」第24条では，インクルーシブ教育システム（inclusive education system）とは，人間の多様性の尊重等を強化し，障害のある者が精神的及び身体的能力等を最大限度まで発達させ，社会に効果的に参加することを可能にするという目的の下，障害のある者と障害のない者がともに学ぶ仕組みであることが示されている。そこでは，障害のある者が一般的な教育制度から排除されないこと，自己の生活する地域で初等中等教育の機会が与えられること，個人に必要な合理的配慮（reasonable accommodation）が提供されることなどが必要とされている。日本は，2014年に同条約を批准した。

文部科学省は，これまで必ずしも十分に社会参加できるような環境になかった障害者等が，積極的に参加・貢献していくことができる社会を「共生社会」とし，誰もが相互に人格と個性を尊重し，支え合い，人々の多様な在り方を相互に認め合える全員参加型の社会を目指していると示す。こうした共生社会の実現に向けて，インクルーシブ教育システムを構築するべく，乳幼児期を含めての早期からの教育相談・支援，就学先を決める仕組みなど一貫した支援の仕組み，合理的配慮や基礎的な環境整備などの取り組みが行われている（表Ⅶ-14-１）。このよう

表Ⅶ-14-１　学校における合理的配慮とその基礎となる環境整備の観点

合理的配慮の観点		
３観点		11項目
教育内容・方法	教育内容	１　学習場又は生活上の困難を改善・克服するための配慮 ２　学習内容の変更・調整
	教育方法	３　情報・コミュニケーションおよび教材の配慮 ４　学習機会や体験の確保 ５　心理面・健康面の配慮
支援体制		６　専門性のある指導体制の整備 ７　幼児児童生徒，教職員，保護者，地域の理解啓発を図るための配慮 ８　災害時等の支援体制の整備
施設・整備		９　校内環境のバリアフリー化 10　発達，障害の状態及び特性等に応じた指導ができる施設・整備の配慮 11　災害時等への対応に必要な施設・整備の配慮

基礎的環境整備の観点	
①　ネットワークの形成・連続性のある多様な学びの場の活用 ②　専門性のある指導体制の確保 ③　個別の教育支援計画や個別の指導計画の作成等による指導	④　教材の確保 ⑤　施設・設備の整備 ⑥　専門性のある教員，支援員等の人的配置 ⑦　個に応じた指導や学びの場の設定等による特別な指導 ⑧　交流及び共同学習の推進

出典：中央教育審議会初等中等教育分科会「共生社会の形成に向けたインクルーシブ教育とシステム構築のための特別支援教育の推進（報告）」（2012年）を基に筆者作成

にして，多様な特性・背景をもつ子供たちに対し，インクルーシブな教育システムを導入することで，可能性を引き出し，学びの機会の確保と学習意欲の向上につなげることができる。

（澁谷優子）

〔参考文献〕「共生社会の形成に向けて」（文部科学省，2012年）

表Ⅶ-14-2　特別なニーズのある子供の教育に関する基本情報

		オーストラリア(NSW州)[2]	フィンランド[3]	フランス[4]	イタリア[5][6]	日本[7]	韓国[8]	スウェーデン[9]	イギリス[10]	アメリカ[12]
国連障害者権利条約[1]	上段：署名年月日 下段：批准年月日	2007/03/30 2008/07/17	2007/03/30 2016/05/11	2007/03/30 2010/02/18	2007/03/30 2009/05/15	2007/09/28 2014/01/20	2007/03/30 2008/12/11	2007/03/30 2008/12/15	2007/03/30 2009/06/08	2009/07/30 未批准
同選択議定書[1]	上段：署名年月日 下段：批准年月日	署名無し 2009/8.21	2007/3/30 2016/5/11	2007/9/23 2010/2/18	2007/3/30 2009/5/15	未署名	未署名	2007/3/30 2008/12/15	2009/2/26 2009/8/7	未署名
特別な学校	児童生徒数 割合（%）	5,207 0.71	4,394 0.80	79,714 0.61	1,835 0.04	69,933 0.69	25,961 0.39	16,737 1.26	97,982 1.41	187,816 0.28
特別なクラス	児童生徒数 割合（%）	16,478 2.24	11,479 2.10	84,421 0.65	無し	201,493 2.00	46,645 0.71	9)	11)	14)
通常の学級	児童生徒数 割合（%）	72,000 9.77	141,627 25.93	194,557 1.50	155,971 3.40	90,270 0.89	15,344 0.23	不明[13]	1,034,925 14.89	5,825,505 8.69
対象全体	割合（%）	12.72	28.84	2.77	3.44	3.58	1.33	1.26	16.30	8.97
全児童生徒	人	736,698	546,100	12,968,300	4,588,251	10,098,611	6,612,395	1,325,498	6,950,742	67,039,493

1）（出典）国連障害者権利条約及び選択議定書の署名と批准は，https://www.un.org/development/desa/disabilities/convention-on-the-rights-of-persons-with-disabilities/latest-developments.html より。（2017/3/10現在）

2）（出典）オーストラリアはIN BRIEF MIDYEAR CENSUS, 2014; Statistical Bulletin, Schools and Students in New South Wales, 2014; Special education classes and provisions, NSW Department of Education and Communities, 2014, Office of Education（2014）Schools and students in NSW: 2014 statistical bulletin による。なお，データは障害種別の内訳のある州立学校に限定し，通常の学級の数値に学習困難などへの対応を加えたものであり，就学者数は Full-time 換算となっている。（2017/3/10現在）

3）（出典）フィンランドは，Statistics Finland, Education 2016による。Special Education は，Special Support あるいは，Special-needs support と名称が変更された。さらに General support, Intensified support, Special support があり，これらのうち3/4は part-time special education と呼ばれている。通常クラスでの授業を受けない特別学級と特別学校の子どもは Special support を受ける一群である。

4）（出典）フランス Repères et références statistiques sur les enseignements, la formation et la recherche: RERS 2016 による。データは幼稚園から高等学校年齢を含む。特別な学校のデータは厚生省系の管轄となる教育施設である。本表のデータは後期中等教育を含むデータである。

5）（出典）イタリアは，本年度から http://www.istat.it/en/files/2015/09/ItalyinFigures2015.pdf のデータによる。なお，特別な学校のデータは SNE Country Data 2012によった。

6）イタリアは，法律によって特別な学級を置かず，特別な学校は原則ないとされる。その一方で，SNE Country Data 2012 には特別な学校71校が存在しており，健常児の就学が確認されている。

7）（出典）日本は，義務教育段階の統計であり，特別支援教育資料（平成27年度）p.3による。義務教育段階のデータであり，幼児児童生徒全体では2.8%となっている。

8）（出典）韓国は，教育部（2016）「特殊教育年次報告書2016」による。学齢期全体。なお，学齢期全体（幼稚園から高等学校で保育所を含まない。）の人数は，本年度から同部の2016教育統計年報による。

9）（出典）スウェーデンは，本年度から http://www.skolverket.se/statistik-och-utvardering/statistik-i-tabeller/snabbfakta-1.120821の Skolverket（2016a）. Snabfakta による。データは高校を含む。なお，SNE Country Data では，知的障害特別学校が Unit とされていたものを特別な学校として整理した。

10）（出典）イギリスは DfE: Schools, Pupils and their Characteristics, January 2016, DfE: SPECIAL EDUCATIONAL NEEDS IN ENGLAND, January 2016による。なお，数値は公立学校（state funded）のもの。全体では2010年の21.1%から2016年には14.4%に減少している。また，児童生徒数は明らかで無いが，特別な学級（SEN Unit）が全学校数の7.2%に，リソース提供は全学校数の9.8%にある。

11）（出典）DfE: SPECIAL EDUCATIONAL NEEDS IN ENGLAND, January 2016に，児童生徒数は明らかで無いが，特別な学級（SEN Unit）が全学校数の7.2%に，リソース提供は全学校数の9.8%にある。

12）（出典）アメリカは，U.S.Department of Education（2016）38th Annual Report to Congress on Implementation of the Individuals with Disabilities Education Act, 2016及び，https://www2.ed.gov/programs/osepidea/618-data/static-tables/index.html による。本表は6～21歳のデータによる。州ごとに支援対象の割合はことなり，6.5%程度から12%程度のばらつきがある。

13）スウェーデンは通常の学級に多くの障害のある児童生徒が存在する（知的障害と重複障害以外）とされるが，統計は見当たらない。

14）アメリカは障害のある子供の統計データが，通常の学級で過ごす時間の割合で示されている。このため特別なクラスとしての統計がないため，通常の学級のデータとして記載した。なお，通常で過ごす時間が40%未満である場合を以前の統計の如く特別クラスと考えると13.5%となる。

出典：「諸外国における障害のある子どもの教育」（国立特別支援教育総合研究ジャーナル第6号，2017年）

15 非識字率・就学率・児童労働

非識字率と就学率：すべての人に質の高い教育を提供することは，世界的な目標となっている（第Ⅶ章 -13「SDGs」の項を参照)。減少はしているものの，世界には，読み書きができない，あるいは学校に行けない人々が依然として存在するからである。

識字率（literacy rate）や就学率（enrolment ratio）は，ユネスコによる推計から知ることができる。最近のユネスコの報告によれば，非識字者は減少してきてはいるが，2016年時点でも世界に約７億5000万人存在するとされる。うち３分の２は女性である。地域ごとの識字率をみると，サブサハラアフリカ，南アジア地域の識字率が特に低い（図Ⅶ-15-１)。とりわけサブサハラ地域の国々は，若年層（15～24歳）の識字率も低い。成人（15歳以上）の識字率が50％に満たない国は，20カ国ある。

また，学校に行けない子供の推移をみると，2000年以降は減少傾向にあるものの，依然として世界の約5910万人（2018年）の子供が初等教育を修了できず，計約２億5840万人の若者が後期中等教育を修了できない現実がある（図Ⅶ-15-２)。これは全世界の子供の５人に１人に相当する。地域別にみると，サブサハラアフリカ，南アジア，中東・北アフリカにおける割合が特に多い（図Ⅶ-15-３)。

識字率が低い地域と就学率が低い地域は重なり合っており，２つの指標には関係がある。ユネスコが掲げる「万人のための教育（Education for All, EFA)」という理念を実現するためには，こうした指標から現状を分析し，政策を立案するとともに，政策がどの程度成果を挙げているかを判断する基準としても注視する必要がある。

図Ⅶ-15-１　成人の識字率（国別，2016年）

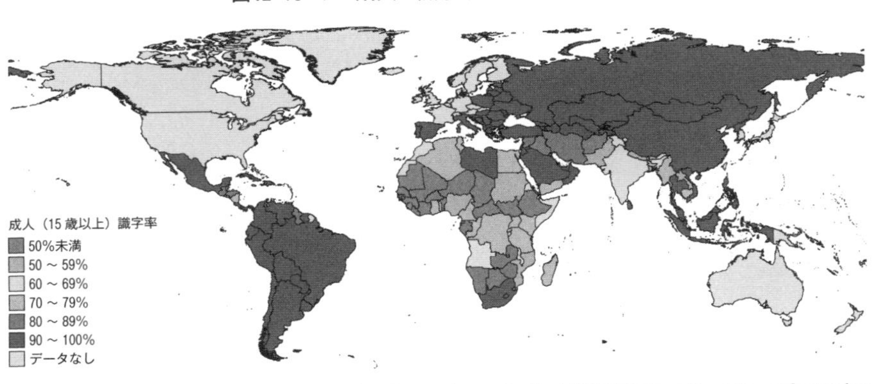

出典：*Literacy Rates Continue to Rise from One Generation to the Next.* UNESCO Fact Sheet No. 45 September 2017 FS/2017/LIT/45

図Ⅶ-15-2　世界の非就学児童生徒数の推移

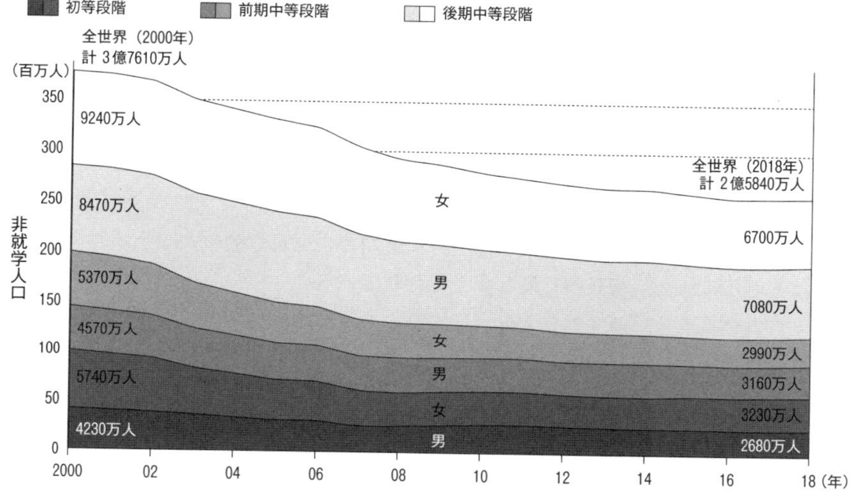

図Ⅶ-15-3　地域・年齢層ごとの非就学率（2018年）

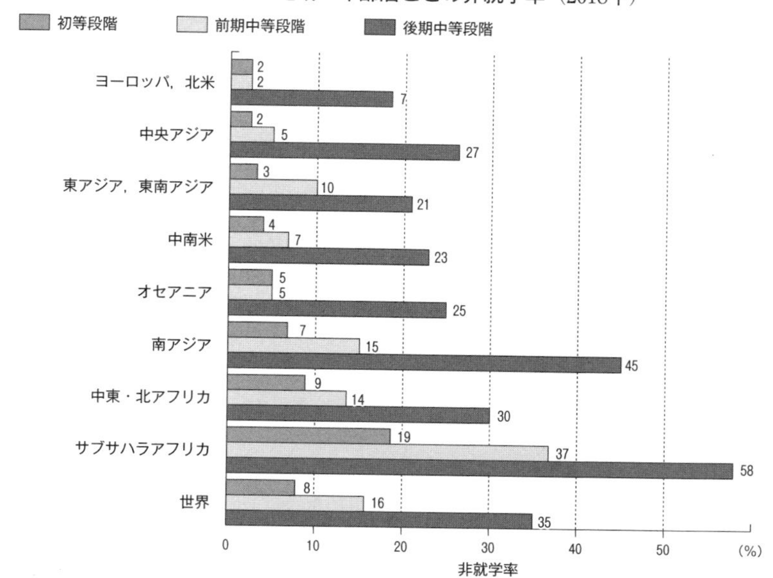

出典：図Ⅶ-15-2，3は *New Methodology Shows that 258 Million Children, Adolescents and Youth Are Out of School.* UNESCO Fact Sheet no. 56 September 2019 UIS/2019/ED/FS/56

児童労働：SDGsには，2025年までにあらゆる形態の児童労働を撲滅することが定められた（ターゲット8.7）。しかし，国際労働機関（ILO）の報告によれば，全世界で女子約6300万人，男子約9700万人の計約1億6000万人の子供が児童労働に従事している（2020年時点）。これは全世界の子供全体のほぼ10人に1人に相当する。さらに，児童労働に従事している子供の半数に当たる約7900万人は，健康や安全，道徳的発達を脅かされる危険有害労働に従事している（図Ⅶ-15-4，表Ⅶ-15-1）。男女別にみれば，すべての年齢で少女（7.8%）よりも少年（11.2%）の方が多く（図Ⅶ-15-1），男女を問わず児童労働の大部分は農業で行われることに加え，家庭内で最も多く行われている。

コロナウイルス感染症の感染拡大により，児童労働のリスクは明らかに高まっている。特に，貧困の急激な増加により，家族の児童労働への依存度が高まる可能性がある。また，学校の閉鎖により，家族は子供を労働に送り出す以外の合理的な選択肢を失うことになる。これらのリスクを軽減するためには，脆弱な状況にある家庭への所得支援策を拡充したり，子供たちの学校復帰に向けた取り組みや補習を強化することが必要である。

EFAを実現するための新たな行動枠組み：2000～15年にかけての「ダカール行動枠組み」の後継枠組みとして，またSDGs達成の具体的な目標として，「教育2030行動枠組み Education 2030 Framework for Action」が2015年11月に採択された。「教育2030行動枠組み」は，9年間の無償・義務教育＋1年間の就学前教育の無償・義務化を奨励するとともに，ESD（持続可能な開発のための教育）やGCED（グローバル・シチズンシップ・エデュケーション），技術職業教育訓

図Ⅶ-15-4　児童労働と危険有害労働に従事する子供（5～17歳）の数と割合の推移

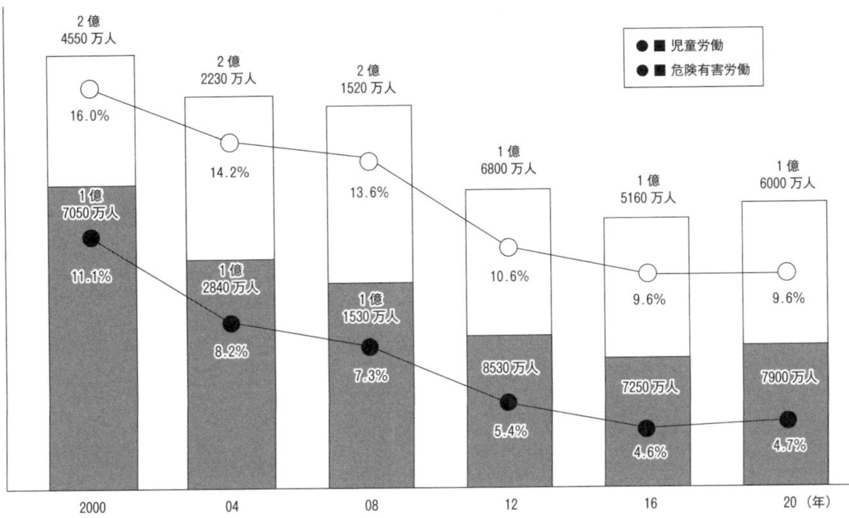

練，高等教育，ICT 等を通じた質の高い教育を目指し，各国の教育政策に GDP の４～６％，公的財政支出の15～20％の支出を目標とすることや，行動枠組みの国際的なフォローアップ体制を示すなどの特色がある。

これらの目標の達成状況は，ユネスコ統計研究所などによる調査指標を基に判定される。ユネスコによる中間報告「グローバル・エデュケーション・モニタリング・レポート（GEM)」にも注意を払いたい。（古畑　翼）

〔参考文献〕『児童労働2020年の世界推計，動向，前途ーエグゼクティブサマリー』（国際労働機関日本語版 Web サイト，2020年）

表Ⅶ-15-１　児童労働と危険有害労働

		児童労働に従事する子供（５～17歳）				危険有害労働に従事する子供（５～17歳）			
		2016		2020		2016		2020	
		%	人数（千人）	%	人数（千人）	%	人数（千人）	%	人数（千人）
世界総数		9.6	151,600	9.6	160,000	4.6	72,500	4.7	79,000
性別	少女	8.4	64,100	7.8	62,900	3.6	27,800	3.6	28,800
	少年	10.7	87,500	11.2	97,000	5.5	44,800	5.8	50,200
年齢	５～11歳	8.3	72,600	9.7	89,300	2.2	19,000	2.8	25,900
	12～14歳	11.7	41,900	9.3	35,600	4.6	16,400	4.8	18,100
	15～17歳	10.5	37,100	9.5	35,000	10.5	37,100	9.5	35,000
ILO における地域区分	アフリカ	19.6	72,100	21.6	92,200	8.6	31,500	9.7	41,400
	サハラ以南アフリカ	22.4	70,000	23.9	86,600	9.8	30,500	10.7	38,600
	アラブ諸国	2.9	1,200	5.8	2,400	1.5	600	4.5	1,900
	アジア・太平洋	7.4	62,100	5.6	48,700	3.4	28,500	2.6	22,200
	アメリカ大陸	5.3	10,700	4.3	8,300	3.2	6,600	2.9	5,700
	中南米・カリブ	7.3	10,500	6.0	8,200	4.4	6,300	4.0	5,500
	欧州・中央アジア	4.1	5,500	5.7	8,300	4.0	5,300	5.5	7,900
国民所得区分	低所得	19.4	65,200	26.2	65,000	8.8	29,700	11.6	28,700
	低中間所得	8.5	58,200	9.0	69,700	4.9	33,500	4.3	33,600
	高中間所得	6.6	26,200	4.9	23,700	2.0	7,800	3.2	15,300
	高所得	1.2	2,000	0.9	1,600	1.0	1,600	0.8	1,500

注：数字は千単位で表示され，四捨五入されているため，各項目の数値は必ずしも合計値と一致しない。
出典：図Ⅶ-15-４及び表Ⅶ-15-１は『児童労働2020年の世界推計，動向，前途ーエグゼクティブサマリー』（国際労働機関日本語版 Web サイト，2020年）

VIII

財政と教育

1　国の教育予算
2　文部科学省予算
3　国の財政に占める文部科学省予算
4　地方行財政の教育予算
5　学校教育費
6　私立学校財政
7　子供の教育費

1 国の教育予算

2023年度の政府案における国家予算は，一般会計で114兆3812億円である。このうち，文教及び科学振興費は，歳出総額の4.7%に当たる５兆4158億円である。この金額は20年前の2003年の国家予算と比較して，全体が30兆円以上増加しているにもかかわらず，減少している（図Ⅷ-１-１）。

文教及び科学振興費は，文教関係費と科学技術振興費からなる。その内訳をみると，例えば義務教育費国庫負担金に１兆5216億円，国立大学法人運営費交付金に１兆784億円があてられている（図Ⅷ-１-２）。

図Ⅷ-１-１　2003年度と2023年度の国家予算の比較

総予算額
81 兆 7,891 億円
国債費
政策経費
国債費
16 兆 7,981 億円
地方交付税交付金等
16 兆 3,926 億円
社会保障関係費
18 兆 9,907 億円
8 兆 971 億円
6 兆 4,712 億円
4 兆 9,530 億円
10 兆 864 億円
2003年度
公共事業関係費
文教及び科学振興費
防衛関係費
その他
総予算額
114 兆 3,812 億円
国債費
25 兆 2,503 億円
地方交付税交付金等
16 兆 3,992 億円
社会保障関係費
36 兆 8,889 億円
6 兆 600 億円
5 兆 4,158 億円
10 兆 1,686 億円
14 兆 1,984 億円
2013年度

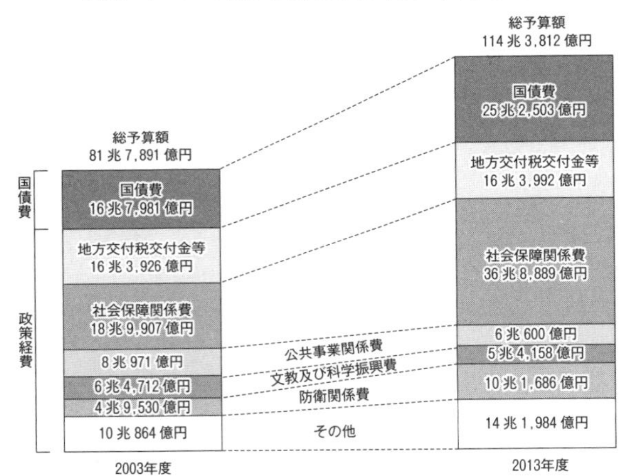

出典：「各年度一般会計歳出概算」（財務省）

図Ⅷ-１-２　2023年度文教及び科学振興費の内訳

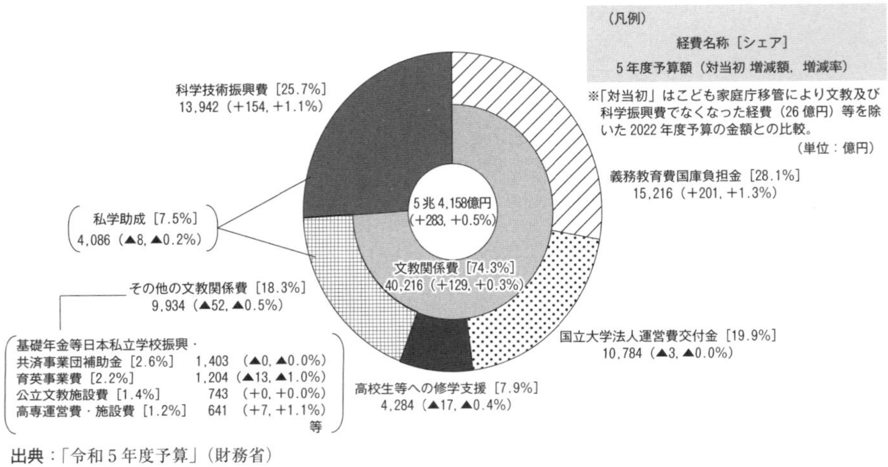

（凡例）
経費名称［シェア］
５年度予算額（対当初 増減額，増減率）
※「対当初」はこども家庭庁移管により文教及び科学振興費でなくなった経費（26 億円）等を除いた 2022 年度予算の金額との比較。
（単位：億円）
科学技術振興費［25.7%］
13,942（+154，+1.1%）
義務教育費国庫負担金［28.1%］
15,216（+201，+1.3%）
5 兆 4,158億円
(+283，+0.5%)
私学助成［7.5%］
4,086（▲8，▲0.2%）
文教関係費［74.3%］
40,216（+129，+0.3%）
その他の文教関係費［18.3%］
9,934（▲52，▲0.5%）
基礎年金等日本私立学校振興・
共済事業団補助金［2.6%］　1,403　（▲0，▲0.0%）
育英事業費［2.2%］　1,204（▲13，▲1.0%）
公立文教施設費［1.4%］　743　（+0，+0.0%）
高専運営費・施設費［1.2%］　641　（+7，+1.1%）
等
国立大学法人運営費交付金［19.9%］
10,784（▲3，▲0.0%）
高校生等への修学支援［7.9%］
4,284（▲17，▲0.4%）

出典：「令和５年度予算」（財務省）

財政と教育

文教関係費と科学技術振興費の状況を経年比較すると，科学技術振興費については比較的小規模な変化にとどまるものの，文教関係費については，義務教育費国庫負担金の対象費用の削減や負担割合の引き下げが行われた2003年から2006年にかけて大きく減少した。また，文教及び科学振興費の一般歳出に占める割合は年々下降傾向である（図Ⅷ－１－３）。

なお，義務教育費国庫負担金制度は，地方自治体の経済的な条件や居住地のいかんにかかわらず基礎教育が受けられるという，ナショナルミニマムの教育水準確保のために戦前（1940年）にできた制度である。かつて対象費目とされたものは多岐にわたったが，段階的に縮小・削減され，現在では公立義務教育諸学校（小学校，中学校，中等教育学校の前期課程及び特別支援学校の小・中学部）の教職員給与（給料および諸手当の合計）のみが対象である（図Ⅷ－１－４）。

（峯　啓太朗）

図Ⅷ－１－３　文教及び科学振興費の推移

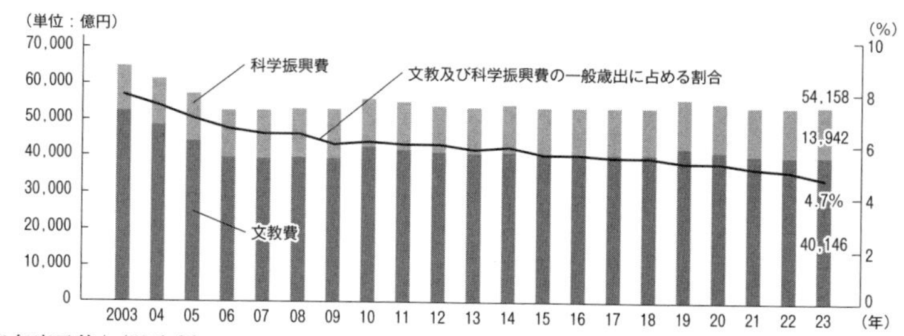

出典：「各年度予算」（財務省）

図Ⅷ－１－４　国庫負担の対象費目等の変遷

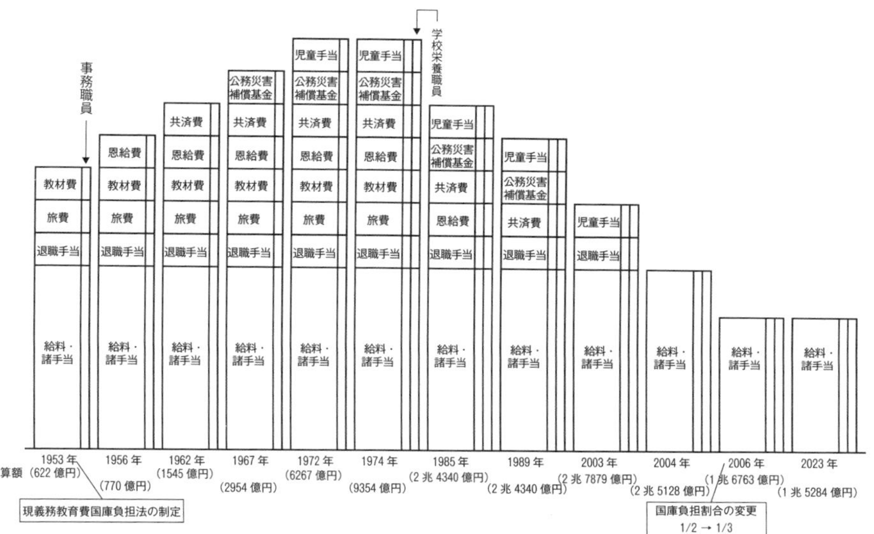

出典：「文教・科学技術関係予算の現状」（内閣府経済・財政一体改革推進委員会非社会保障ワーキング・グループ第１回会議資料，2015年）

2 文部科学省予算

2023年度の文部科学省予算は，「歳出予算」と「財政投融資計画」に分けられる。

歳出予算は，「一般会計」「エネルギー対策特別会計」の２つに区分される。2023年度の「一般会計」は，５兆2941億円である（図Ⅷ-２-１）。前年度の予算額は５兆2818億円であり，123億円増である。2023年度の「エネルギー対策特別会計」は1086億円であり，前年度とほぼ同額であった（表Ⅷ-２-１）。

2023年度の一般会計予算は，教育関係，科学技術関係，スポーツ関係，文化芸術関係の４つに分けられている（表Ⅷ-２-２）。教育関係は，全体の74.4％を占めており，義務教育費国庫負担金（28.7％）や国立大学法人運営費交付金（20.4％），高校生等への修学支援（8.1％）等が含まれている。

財政投融資計画は，「日本学生支援機構」「日本私立学校振興・共済事業団」「大学改革支援・学位授与機構」「科学技術振興機構」の４つに区分される。「日本学生支援機構」では，2023年度の計画額が5881億円であり，前年度の5849億円と比べ，32億円増額されている。「日本私立学校振興・共済事業団」では，2023年度の計画額が272億円であり，前年度の221億円から51億円増額されている。「大学改革支援・学位授与機構」では，2023年度の計画額が758億円であり，前年度の511億円と比べ，247億円増額されている。一方，「科学技術振興機構」は2023年度は予算が計上されなかった（表Ⅷ-２-３）。（峯田一平）

図Ⅷ-２-１　2023年度文部科学省所管一般会計予算（案）の構成

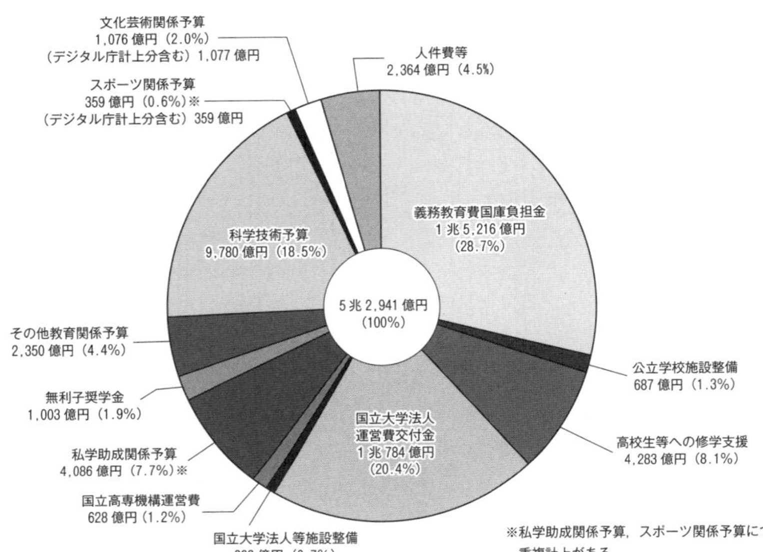

表Ⅷ-２-１　2023年度文部科学省予算の概要　歳出予算

（単位：億円）

	2022年度予算額	2023年度予算額	比較増△減額	備考
一般会計	52,818	52,941	123	対前年度0.2％増
エネルギー対策特別会計	1,086	1,086	0.3	対前年度0.0％増

注１：単位未満四捨五入とする。
注２：2022年度一般会計予算額には、2023年度にこども家庭庁に移管する事業分（47億円）を含む。
注３：文部科学省関係の2022年度第２次補正予算（経済対策）として，総額１兆4,426億円を計上。

表Ⅷ-２-２　2023年度文部科学省予算のポイント

予算	予算のポイント
教育関係 ４兆146億円	個別最適な学びと協働的な学びの実現
	新しい時代の学びを支える学校施設の整備
	高等教育機関の多様なミッションの実現
	誰もが学ぶことができる機会の保障
科学技術関係 9,780億円	我が国の抜本的な研究力向上と優秀な人材の育成
	Society5.0を実現し未来を切り拓くイノベーション創出とそれを支える基盤の強化
	重点分野の研究開発の戦略的な推進
	国民の安全・安心やフロンティアの開拓に資する課題解決型研究開発の推進
スポーツ関係 359億円	スポーツ立国の実現
文化芸術関係 1,077億円	文化芸術立国の実現

表Ⅷ-２-３　2023年度文部科学省予算の概要　財政投融資計画

（単位：億円）

	2022年度予算額	2023年度予算額	比較増△減額	備考
日本学生支援機構	5,849	5,881	32	ほか財投機関債 1,200
日本私立学校振興・共済事業団	221	272	51	
大学改革支援・学位授与機構	511	758	247	ほか財投機関債50
科学技術振興機構	48,889	0	△48,889	ほか財投機関債200

出典：すべて「令和５年度予算のポイント」（文部科学省，2023年）
　　　表Ⅷ-２-２のみ「令和５年度予算のポイント」を基に筆者作成

3 国の財政に占める文部科学省予算

国の一般会計予算に占める文部科学省予算の割合は，過去21年間の推移をみると，国の予算が増加傾向にあるにもかかわらず，文部科学省予算は，公立高等学校授業料無償制・高等学校等就学支援金制度（旧制度）が開始された2010年度の増額以降，緩やかな減少傾向にある。2022年度の国の予算に占める文部科学省予算の割合は，一般会計において4.9%，一般歳出において7.8%と，いずれも過去21年間の中で最低となった（図Ⅷ-3-1，表Ⅷ-3-2）。

各省庁は，国の予算編成に対して，取り組みたい事業とそれに必要な費用の見積もりを示した概算要求を提出し，それを基に年末の予算案決定に向けた折衝を行う。例えば，2023年度予算の概算要求では5兆8949億円の要求がなされたが，成立した予算案では5兆2941億円となった（表Ⅷ-3-3）。（安里ゆかし）

図Ⅷ-3-1　2022年度国の予算に対する文部科学省予算の割合

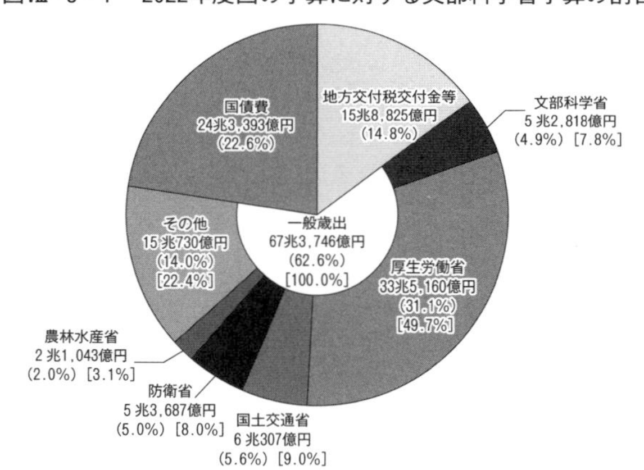

表Ⅷ-3-1　文教費総額と国内総生産・国民所得・総行政費との関係

区　分	文教費総額実額(億円)	国内総生産実額(億円)	国内総生産に対する文教費総額の比率（%）	国民所得実額（億円）	国民所得に対する文教費総額の比率（%）	総行政費実額（億円）	総行政費に占める文教費総額の比率（%）
2015	231,026	5,407,394	4.27	3,926,293	5.88	1,647,606	14.02
2016	230,916	5,448,272	4.24	3,922,939	5.89	1,637,895	14.10
2017	233,103	5,557,219	4.19	4,005,164	5.82	1,647,461	14.15
2018	233,447	5,563,037	4.20	4,022,687	5.80	1,662,922	14.04
2019	240,743	5,573,065	4.32	4,006,470	6.01	1,694,130	14.21
2020	253,738	5,355,099	4.74	3,756,954	6.75	2,196,824	11.55

注1：文教費総額とは，学校教育，社会教育（体育・文化関係，文化財保護を含む）及び教育行政のために国及び地方公共団体が支出した総額（文部科学省所管の一般会計歳出決算額を含む。）の純計。
注2：総行政費とは，国及び地方公共団体の歳出総額の純計。

表Ⅷ-3-2　国の予算と文部科学省予算の推移

年度	国の予算					文部科学省予算		国の予算に占める文部科学省の割合	
	一般会計		左のうち一般歳出		一般歳出／一般会計				
	予算額	増加率	予算額	増加率		予算額	増加率	文部科学省／国の一般会計	文部科学省／国の一般歳出
2002	812,300	△1.7	475,472	△2.3	58.5	65,798	0.02	8.1	13.8
2003	817,891	0.7	475,922	0.1	58.2	63,220	△3.9	7.7	13.3
2004	821,109	0.4	476,320	0.1	58.0	60,599	△4.1	7.4	12.7
2005	821,829	0.1	472,829	△0.7	57.5	57,333	△5.4	7.0	12.1
2006	796,860	△3.0	463,660	△1.9	58.2	51,324	△10.5	6.4	11.1
2007	829,088	4.0	469,784	1.3	56.7	52,705	2.7	6.4	11.2
2008	830,613	0.2	472,845	0.7	56.9	52,739	0.1	6.3	11.2
2009	885,480	6.6	517,310	9.4	58.4	52,817	0.1	6.0	10.2
2010	922,992	4.2	534,542	3.3	57.9	55,926	5.9	6.1	10.5
2011	924,116	0.1	540,780	1.2	58.5	55,428	△0.9	6.0	10.2
2012	903,339	△2.2	517,957	△4.2	57.3	54,128	△2.3	6.0	10.5
2013	926,115	2.5	539,774	4.2	58.3	53,558	△1.1	5.8	9.9
2014	958,823	3.5	564,697	4.6	58.9	53,627	0.1	5.6	9.5
2015	963,420	0.5	573,555	1.6	59.5	53,378	△0.3	5.5	9.3
2016	967,218	0.4	578,286	0.8	59.8	53,216	△0.2	5.5	9.2
2017	974,547	0.8	583,591	0.9	59.9	53,097	△0.2	5.4	9.1
2018	977,128	0.3	588,958	0.9	60.3	53,093	0.1	5.4	9.0
2019	994,291	1.8	599,359	1.8	60.3	53,062	0.1	5.3	8.9
2020	1,008,791	1.5	617,184	3.0	61.2	53,060	△0.0	5.3	8.6
2021	1,066,097	5.7	669,020	8.4	62.8	52,980	△0.2	5.0	7.9
2022	1,075,964	0.9	673,746	0.7	62.6	52,818	△0.3	4.9	7.8

注1：2004年度一般会計予算額には，「NTT 無利子貸付償還時補助金等（235億円）」を含む。
注2：2005年度文部科学省予算額には，「NTT 無利子貸付償還時補助金等（1,321億円）」を含む。
注3：増加率は，前年度予算額（2015年度以降の文部科学省予算については，子ども・子育て支援新制度移行分を除いた額）に対する増加率である。
注4：2019年度，2020年度予算には，臨時・特別の措置の金額を含まない。
注5：2019年度予算額の「臨時・特別の措置」は，国の一般会計予算額：2兆280億円，文部科学省予算額：2,084億円。
注6：2020年度予算額の「臨時・特別の措置」は，国の一般会計予算額：1兆7,788億円，文部科学省予算額：1,092億円。
注7：国の一般歳出は，国の一般会計予算から国債費，地方交付税交付金等を除いたいわゆる政策的経費である。
出典：図Ⅷ-3-1及び表Ⅷ-3-1，2は『令和4年度文部科学白書』（文部科学省，2023年）

表Ⅷ-3-3　文部科学省の概算要求額と予算額

年度	概算要求額	予算額	比較増△減額
2019	5兆9,351億円	5兆5,287億円	4,064億円
2020	5兆9,689億円	5兆3,060億円	6,629億円
2021	5兆9,118億円	5兆2,980億円	6,938億円
2022	5兆9,161億円	5兆2,818億円	6,343億円
2023	5兆8,949億円	5兆2,941億円	6,008億円

出典：「文部科学関係概算要求のポイント」（文部科学省，各年度）

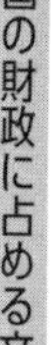

4 地方行財政の教育予算

2020年度に支出された地方教育費総額は16兆7991億円で，対前年度比4151億円(2.5%)の増加である。地方教育費を学校教育費，社会教育費（体育・文化，文化財保護等），及び教育行政費で区分すると，学校教育費14兆1631億円（総額に占める割合は84.3%），社会教育費１兆5143億円（同9.0%），教育行政費１兆1218億円（同6.7%）である（図Ⅷ-４-１）。学校教育費をさらに各学校種別に細分化すると，小学校45.3%，中学校24.9%，高等学校（全日制課程）17.9%であった(表Ⅷ-４-１)。これらの地方教育費に占める学校教育費の比率や各学校種別の比率は、近年微増傾向を示している。在学者児童生徒１人当たりの学校教育費についても，前年度に比べて小・中・高等学校（全日制課程）ともに増加している。

学校教育費総額における教員給与などの消費的支出は，11兆3385億円で総額の80.1%を占めている。そのうち，「教員給与」は６兆1370億円であり，学校教育費の43.3%に当たる（表Ⅷ-４-２）。教員給与に次いで，「事務職員給与等」が３兆1313億円で，学校教育費の22.1%を占めている。これらはいずれも前年度と比べて低くなっている。一方，「教育活動費」（児童生徒に対する教育活動及びその補助のために支出した経費。教授用消耗品費，特別活動費等）は4762億円であり，前年度と比べて大幅な増加がみられた。なお，「教育活動費」として計上される内容は幅広い。たとえば，ICT 環境の整備に伴う費用（タブレットのリース料や端末への初期設定委託，ソフトライセンスの使用料等），外国人の保護者をもつ児童生徒の在籍する学校で母語支援を行う補助員に対する謝金，新型コロナウィルス感染症による修学旅行の延期・中止に関わる費用なども含まれる。

（石原雅子）

図Ⅷ-４-１　教育分野別にみた地方教育費の構成比（2020会計年度）

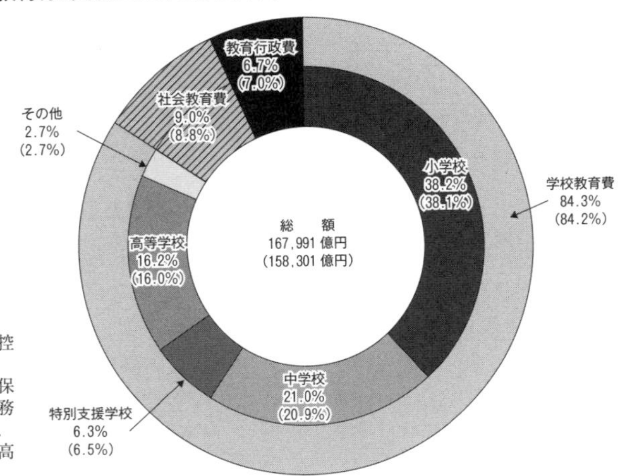

注１：（　）内は，債務償還費を控除した数値である。
注２：「その他」は，幼稚園，幼保連携型認定こども園，義務教育学校，中等教育学校，専修学校，各種学校及び高等専門学校である。

表Ⅷ-4-1　学校種類別の学校教育費

区分	実額		構成比		対前年度伸び率	
	2020年度	2019年度	2020年度	2019年度	2020年度	2019年度
	千円	千円	%	%	%	%
学校教育費	14,163,072,796 (13,333,289,642)	13,816,678,866 (12,953,678,073)	100.0 (100.0)	100.0 (100.0)	2.5 (2.9)	2.8 2.6
幼稚園	168,288,779 (160,213,185)	180,908,752 (172,960,056)	1.2 (1.2)	1.3 (1.3)	△7.0 (△7.4)	△2.1 (△1.6)
幼保連携型認定こども園	130,941,212 (126,728,410)	124,220,883 (120,790,039)	0.9 (1.0)	0.9 (0.9)	5.4 (4.9)	14.5 (13.9)
小学校	6,410,730,035 (6,032,338,011)	6,185,002,441 (5,803,203,524)	45.3 (45.2)	44.8 (44.8)	3.6 (3.9)	4.4 (4.2)
中学校	3,521,891,317 (3,301,137,277)	3,446,862,434 (3,220,002,022)	24.9 (24.8)	24.9 (24.9)	2.2 (2.5)	2.6 (2.6)
義務教育学校	87,753,011 (80,097,732)	60,811,709 (57,322,919)	0.6 (0.6)	0.4 (0.4)	44.3 (39.7)	20.8 (20.1)
特別支援学校	1,060,231,425 (1,034,256,038)	1,044,570,296 (1,006,937,141)	7.5 (7.8)	7.6 (7.8)	1.5 (2.7)	2.8 (2.1)
高等学校 全日制課程	2,534,036,023 (2,356,097,842)	2,527,244,873 (2,334,973,100)	17.9 (17.7)	18.3 (18.0)	0.3 (0.9)	△0.8 (△1.0)
高等学校 定時制課程	159,976,859 (155,285,516)	159,554,021 (152,200,881)	1.1 (1.2)	1.2 (1.2)	0.3 (2.0)	△0.1 (△0.7)
高等学校 通信制課程	20,286,516 (19,987,858)	20,018,499 (19,716,695)	0.1 (0.1)	0.1 (0.2)	1.3 (1.4)	3.6 (4.2)
高等学校 計	2,714,299,398 (2,531,371,216)	2,706,817,393 (2,506,890,676)	19.2 (19.0)	19.6 (19.4)	0.3 (1.0)	△0.7 (△0.9)
中等教育学校	22,244,100 (21,692,534)	20,951,361 (20,590,962)	0.2 (0.2)	0.2 (0.2)	6.2 (5.3)	△7.9 (△8.3)
専修学校	44,438,467 (43,200,187)	43,694,069 (42,468,568)	0.3 (0.3)	0.3 (0.3)	1.7 (1.7)	△5.3 (△5.0)
各種学校	428,097 (428,097)	383,345 (383,345)	0.0 (0.0)	0.0 (0.0)	11.7 (11.7)	△9.1 (△9.1)
高等専門学校	1,826,955 (1,826,955)	2,456,183 (2,128,821)	0.0 (0.0)	0.0 (0.0)	△25.6 (△14.2)	31.1 (16.1)

注：(　) 内は，債務償還費を控除した数値である。

表Ⅷ-4-2　支出項目別の学校教育費

支出項目	2020年度			2019年度		
	実額	構成比	対前年度伸び率	実額	構成比	対前年度伸び率
	百万円	%	%	百万円	%	%
学校教育費	14,163,073	100.0	2.5	13,816,679	100.0	2.8
A　消費的支出	11,338,512	80.1	1.1	11,209,698	81.1	△0.1
うち　教員給与	6,137,037	43.3	△0.7	6,181,761	44.7	△0.2
事務職員給与等	3,131,273	22.1	△1.2	3,169,141	22.9	△1.1
教育活動費	476,199	3.4	25.5	379,458	2.7	6.1
管理費	681,794	4.8	6.1	642,776	4.7	0.6
B　資本的支出	1,994,777	14.1	14.4	1,743,980	12.6	24.6
うち　土地費	40,979	0.3	25.5	32,650	0.2	△8.3
建築費	1,343,574	9.5	△4.8	1,410,894	10.2	17.5
C　債務償還費	829,783	5.9	△3.8	863,001	6.2	5.8

注：「教員給与」には，兼務教員の給与を含む。
出典：すべて「令和３年度地方教育費調査（令和２会計年度）確定値」（文部科学省，2022年）

5 学校教育費

文部科学省統計に登場する「学校教育費」には，異なる2つの用法がある。第一に，文部科学省の「子どもの学習費調査」にみられるように，各家庭が学校における教育活動のために支出した経費の合計額としての学校教育費である。第二に，文部科学省の「地方教育費調査」にみられるように，地方公共団体が公立学校における教育活動のために支出した経費の合計額としての学校教育費である。

まず，各家庭の支出についてみると，子供の学習費総額に占める学校教育費の構成比に公立学校と私立学校とで大きな差があることが読み取れる（表Ⅷ-5-1）。特に，小学校段階では14.6倍もの開きがあり，この学校教育費の公私比率のギャップをどのように捉えるかは是非が分かれる。

次に，地方公共団体支出の学校教育費をみると，地方教育費の減少とともに学校教育費もまたほぼ右肩下がりで推移しており，2021年度には前年度と比べて

表Ⅷ-5-1　学校種別の学習費総額（各家庭の支出）の内訳

（単位：円）

区分	幼稚園		小学校		中学校		高等学校（全日制）	
	公立	私立	公立	私立	公立	私立	公立	私立
学習費総額	165,126	308,909	352,566	1,666,949	538,799	1,436,353	512,971	1,054,444
学校教育費	61,156	134,835	65,974	961,013	132,349	1,061,350	309,261	750,362
構成比（%）	37.0	43.6	18.7	57.7	24.6	73.9	60.3	71.2
公私比率	1	2.2	1	14.6	1	8.0	1	2.4
授業料	…	27,972	…	536,232	…	476,159	52,120	288,443
修学旅行費等	785	1,584	5,283	18,864	15,824	30,988	19,556	26,549
学校納付金等	8,433	17,362	8,113	162,624	14,538	163,233	32,805	115,808
図書・学用品等	11,040	16,084	24,286	49,932	32,368	68,578	53,103	64,259
通学関係費	22,346	39,106	20,460	104,467	39,518	152,487	91,169	129,155
教科外活動費	482	4,131	2,294	8,709	24,172	37,172	39,395	47,013
入学金等	382	15,828	158	66,046	507	122,368	16,143	71,844
その他	12,155	12,768	5,380	14,139	5,424	10,365	4,970	7,291
学校給食費	13,415	29,917	39,010	45,139	37,670	7,227	…	…
学校外活動費	90,555	144,157	247,582	660,797	368,780	367,776	203,710	304,082

注1：「入学金等」とは，入学にあたって要した諸費用であり，併願等で実際には入学しなかった学校へ納付した金額を含む。統計表の「入学金・入園料」「入学時に納付した施設整備費等」「入学検定料」の計である。
注2：「修学旅行費等」とは，修学旅行，遠足，見学，移動教室などのために支払った経費であり，個人的に要した経費は含まない。統計表の「修学旅行費」「校外活動費」の計である。
注3：「学校納付金等」とは，学級費，PTA 会費等であり，統計表の「施設整備費等」「学級・児童会・生徒会費」「その他の学校納付金」「PTA 会費」「後援会等会費」「寄附金」の計である。
注4：「図書・学用品・実習材料費等」とは，授業のために購入した図書，文房具類，体育用品及び実験・実習のための材料等の購入費であり，統計表の「教科書費・教科書以外の図書費」「学用品・実験実習材料費」の計である。
注5：「教科外活動費」とは，クラブ活動，学芸会・運動会・芸術鑑賞会，臨海・林間学校等のために家計が支出した経費である。
注6：「通学関係費」とは，通学のための交通費，制服及びランドセル等の通学用品の購入費であり，統計表の「通学費」「制服」「通学用品費」の計である。
出典：「令和3年度子どもの学習費調査」（文部科学省，2022年）

3.7％少ない13兆6358億円となっている（図Ⅷ－５－１）。また，学校教育費の消費的支出の大部分を占める人件費の割合は前年度から増加したものの，人件費それ自体は1043億円減少している。学校種別の人件費でも全ての校種で１～２％ほど減っており，全体を通じて緩やかな減少傾向にあるといえる（図Ⅷ－５－２）。

（香川　圭）

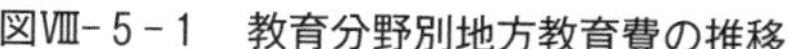

図Ⅷ－５－１　教育分野別地方教育費の推移

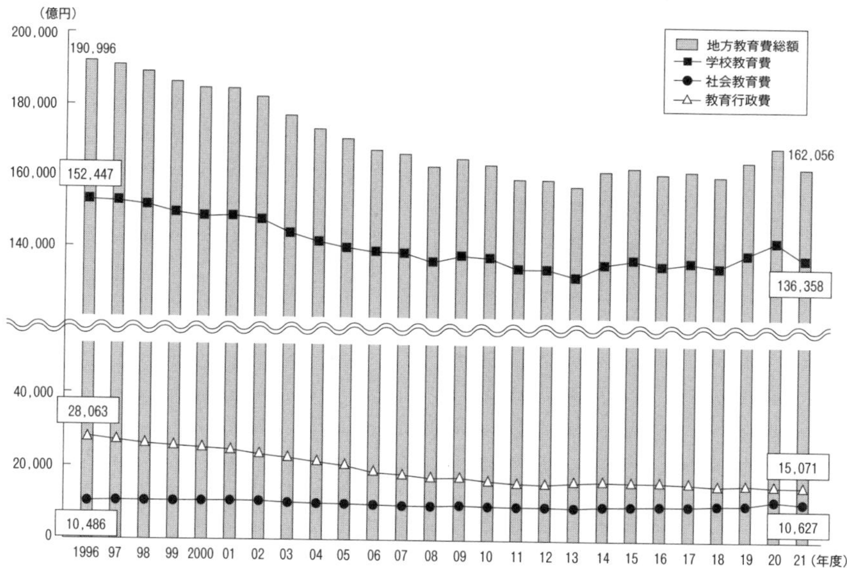

図Ⅷ－５－２　学校教育費（地方公共団体の支出）における人件費の推移

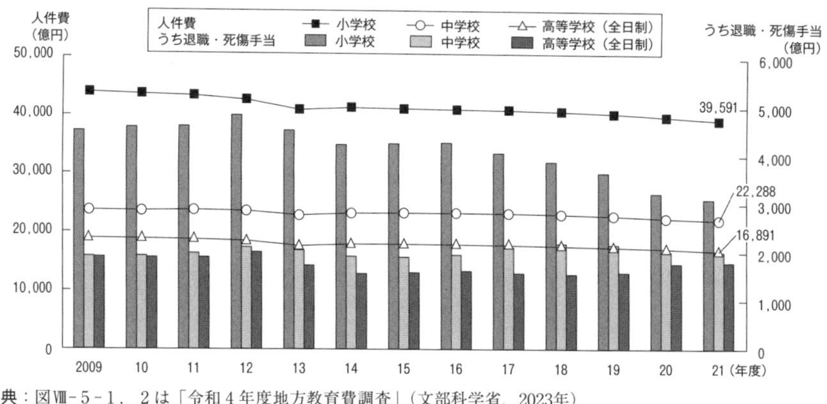

出典：図Ⅷ－５－１，２は「令和４年度地方教育費調査」（文部科学省，2023年）

6 私立学校財政

私立大学などの教育・研究を助成するため，日本私立学校振興・共済事業団を通して学校法人へ経常的経費の補助が行われている。1970年の日本私学振興財団法，1975年の私立学校振興助成法の制定等を通して，私立学校への助成制度は整備されてきた。さらに2013年に閣議決定された「第２期教育振興基本計画」においては「私立学校の振興」は基本施策として掲げられた。特に私立大学に関しては，「私立大学等の振興に関する検討会議」が実施され，2017年には「議論のまとめ」が報告された。

私立大学への補助は，一般補助（大学等の運営に不可欠な教育研究に係る経常的経費について支援）と特別補助（自らの特色を生かして改革に取り組む大学等を重点的に支援）に大分される。一般補助金額は2011年度にいったん増加したものの，以後減少傾向にある。特別補助は2010年度まで急激に増加していたが2011年度にいったん減少し，その後増加傾向にある（図Ⅷ－６－２）。2015年度の交付状況を見ると，上位60校で配分額の50％を占めている（図Ⅷ－６－１）。一般補助金額が教員数と学生数を基準に計算されることなどから，上位校とその他の大学で補助金額に大きな差が出ると考えられる。 （川村雄真）

図Ⅷ－６－１　私立大学等経常費補助交付状況

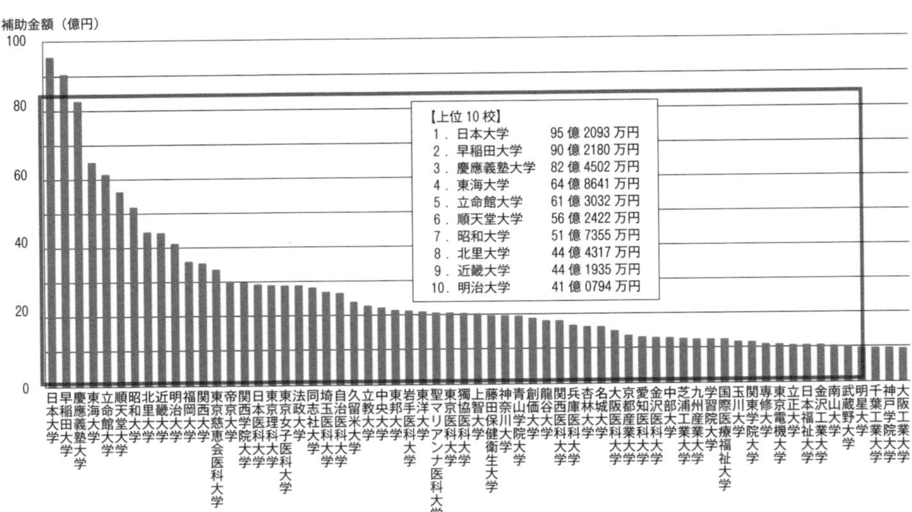

出典：「私立大学の財政基盤について」（文部科学省高等教育局私学部私学助成課，2016年）

図Ⅷ-6-2　私立大学等，私立高等学校等経常費補助金予算額の推移

〈私立大学等〉

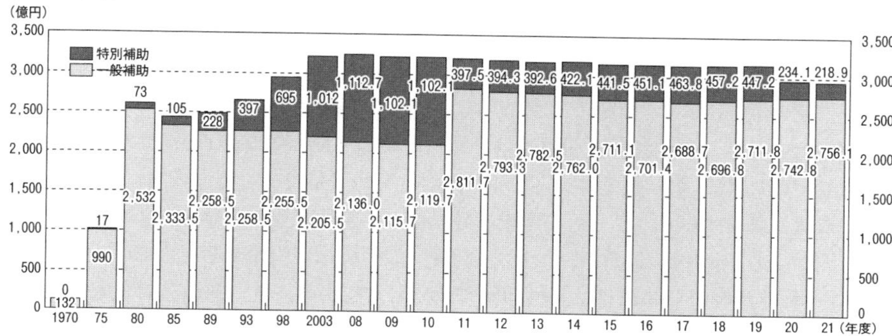

〈私立高等学校等〉

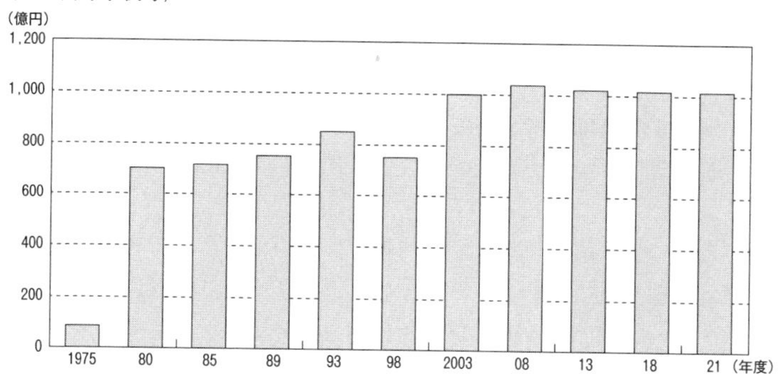

出典：「令和３年度文部科学白書」（文部科学省，2022年）

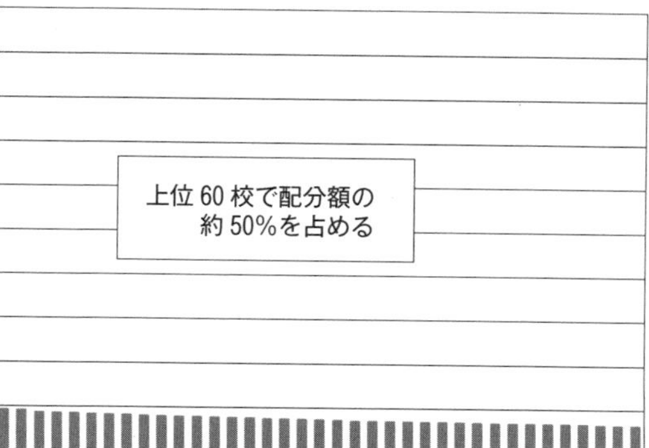

7 子供の教育費

文部科学省は，保護者が１年間で支出した子供の学習費の実態を捉える「子供の学習費調査」を1994年度から隔年実施してきた。しかし，新型コロナウイルス感染症の影響により，2021年度調査は３年ぶりの実施となった。当該調査によれば，公立と私立の学習費総額の差は，幼稚園では私立が公立の1.9倍であり，小学校では4.7倍，中学校では2.7倍，高等学校では2.1倍であった（表Ⅷ－７－１）。構成比に着目すると，私立の小学校以降では「学校教育費」が最も大きい。対して，公立の小・中学校では「学校外活動費」の構成比が約70％を占めている。

「学校外活動費」の項目は，「補助学習費」（家庭内学習費，通信教育・家庭教師費，学習塾費）と，「その他の学校外活動費」（芸術文化活動，スポーツ活動など）から構成されている。「学校外活動費」を男女別にみると，公立では中学校以降において，私立では小学校以降において，それぞれ男子の費用が女子の費用を上回るようになっている（図Ⅷ－７－１）。また，「学校外活動費」を学年別にみると，公立では小学校第５学年以降において，私立では小学校第４学年以降において，それぞれ「補助学習費」が「その他の学校外活動費」を上回るようになっている（図Ⅷ－７－２）。

幼稚園（３歳）から高等学校第３学年までの15年間について，各学年の学習費総額をケース別に単純合計すると，「ケース１（すべて公立）」の場合は約574万円であり，「ケース６（すべて私立）」の場合は約1838万円である。つまり，すべて私立に通った場合には，すべて公立に通った場合に比べて，約3.2倍の学習費

表Ⅷ－７－１　学校種別にみた子供１人当たりの学習費

（単位：円）

区分	幼稚園		小学校		中学校		高等学校（全日制）	
	公立	私立	公立	私立	公立	私立	公立	私立
学習費総額	165,126	308,909	352,566	1,666,949	538,799	1,436,353	512,971	1,054,444
公私比率	1	1.9	1	4.7	1	2.7	1	2.1
うち学校教育費	61,156	134,835	65,974	961,013	132,349	1,061,350	309,261	750,362
構成比（％）	37	43.6	18.7	57.7	24.6	73.9	60.3	71.2
公私比率	1	2.2	1	14.6	1	8.0	1	2.4
うち学校給食費	13,415	29,917	39,010	45,139	37,670	7,227	…	…
構成比（％）	8.1	9.7	11.1	2.7	7	0.5	…	…
公私比率	1	2.2	1	1.2	1	0.2	…	…
うち学校外活動費	90,555	144,157	247,582	660,797	368,780	367,776	203,710	304,082
構成比（％）	54.8	46.7	70.2	39.6	68.4	25.6	39.7	28.8
公私比率	1	1.6	1	2.7	1	1.0	1	1.5

注：2021年度の年額。また，「公私比率」は，各学校種の公立学校を１とした場合の比率。
参考：公立・私立学校総数に占める私立学校の割合，及び公立・私立学校に通う全幼児・児童・生徒数全体に占める私立学校に通う者の割合は，幼稚園では学校数：66.9％／園児数：87.2％，小学校では学校数：1.3％／児童数：1.3％，中学校では学校数：7.8％／生徒数：7.7％，高等学校（全日制）では学校数：28.2％／生徒数：34.4％である。
＊高等学校（全日制）の生徒は，本科生に占める私立の割合。
＊学校数，幼児・児童・生徒数は，「令和３年度学校基本統計（学校基本調査報告書）」による。

を支出する計算となる（図Ⅷ-７-３）。

なお，「これからの子供の学習費調査に向けた改善プラン」（2018年）を踏まえて調査事項などの変更がなされているため，2021年度調査における上記の結果は，必ずしも過去の数値と単純に比較できるものではないことを付言しておく。

（志賀　優）

図Ⅷ-７-１　男女別にみた学校外活動費

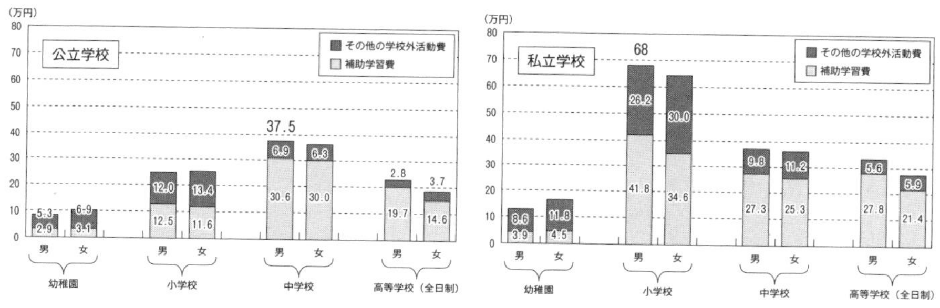

図Ⅷ-７-２　学年別にみた学校外活動費

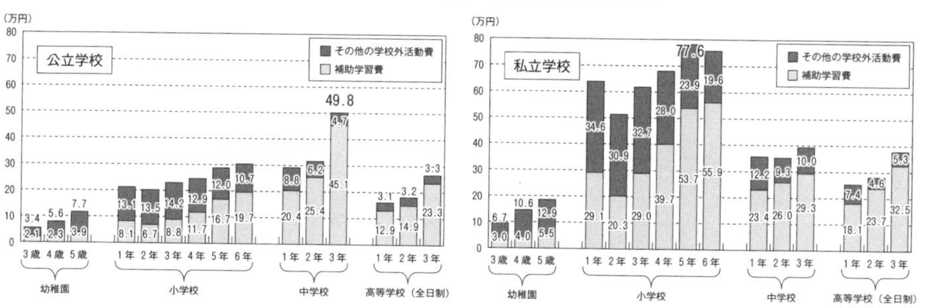

図Ⅷ-７-３　幼稚園から高等学校までの15年間の学習費総額

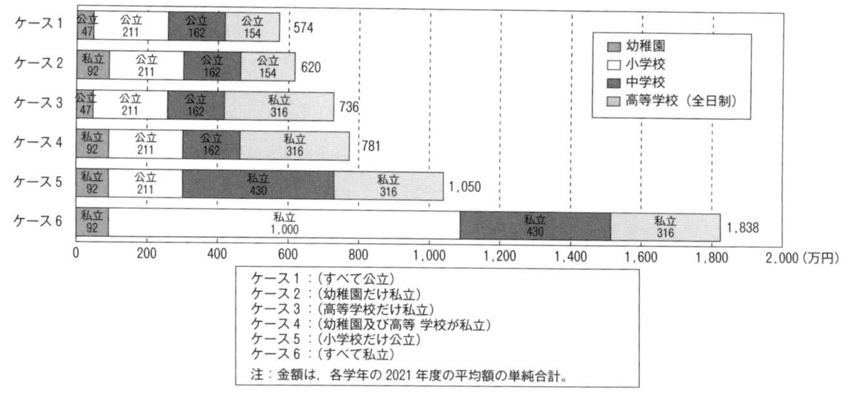

出典：すべて「令和３年度子供の学習費調査の結果について」（文部科学省，2022年）

図表一覧

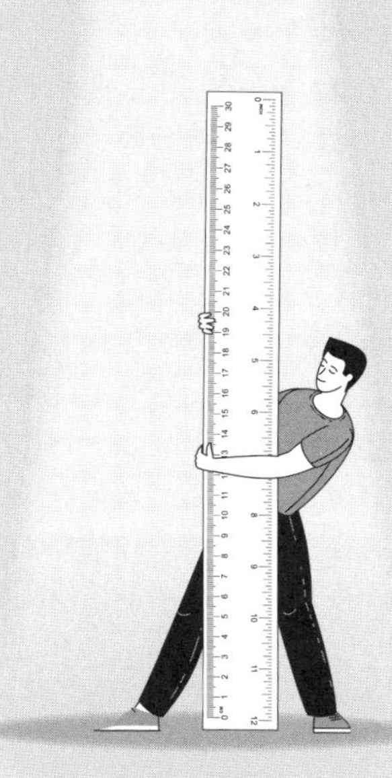

特集　令和の日本型学校教育と第４期教育振興基本計画

Ⅰ　初等中等教育

Ⅱ　高等教育

Ⅲ　子供と生活

Ⅳ　教師をめぐる状況

Ⅴ　生涯学習と社会教育

Ⅵ　教育の国際化

Ⅶ　世界で進む教育改革

Ⅷ　財政と教育

◆◇監修・執筆者一覧◇◆

筑波大学 人間系 教授
藤田　晃之　特集，Ⅰ-13，Ⅶ-10

◇　◇

筑波大学 人間総合科学学術院 人間総合科学研究群
教育学学位プログラム（博士後期課程）

相庭　貴行　Ⅰ-19，Ⅱ-11，Ⅲ-6，Ⅳ-11，Ⅵ-3
青木　栄治　Ⅰ-6，Ⅱ-10，Ⅲ-20，Ⅴ-8，Ⅶ-13
安里　ゆかし　Ⅰ-11，Ⅱ-15，Ⅳ-4，12，Ⅷ-3
芦沢　柚香　Ⅰ-1，Ⅱ-3，5，Ⅲ-15，Ⅶ-7
石鍋　杏樹　Ⅰ-20，Ⅲ-7，21，Ⅵ-1，9
石原　雅子　Ⅰ-12，Ⅱ-16，Ⅳ-8，Ⅵ-2，Ⅷ-4
香川　圭　Ⅰ-14，Ⅲ-1，Ⅳ-6，Ⅵ-8，Ⅷ-5
金久保　響子　Ⅰ-2，Ⅱ-6，Ⅲ-16，Ⅴ-4，Ⅶ-8
川村　雄真　Ⅰ-15，Ⅲ-2，Ⅳ-7，Ⅵ-4，Ⅷ-6
木村　百合子　Ⅱ-7，9，Ⅲ-17，Ⅴ-5，Ⅶ-9
才鴈　武也　Ⅰ-21，Ⅳ-13，Ⅴ-7，9，Ⅵ-10
志賀　優　Ⅰ-16，Ⅲ-3，Ⅳ-5，Ⅵ-5，Ⅷ-7
澁谷　優子　Ⅰ-22，Ⅲ-9，Ⅳ-14，Ⅶ-1，14
武田　勲　Ⅰ-23，Ⅲ-10，Ⅳ-15，Ⅶ-2
外池　彩萌　Ⅰ-17，Ⅲ-4，Ⅳ-9，Ⅵ-6
中端　紅南　Ⅰ-4，Ⅲ-11，Ⅳ-16，Ⅶ-3
藤　朱里　Ⅰ-7，18，Ⅳ-2，10，Ⅵ-7
藤田　駿介　Ⅱ-1，8，Ⅲ-18，Ⅴ-6，Ⅶ-11
古畑　翼　Ⅰ-8，Ⅱ-12，Ⅲ-14，Ⅳ-1，Ⅶ-15
正木　僚　Ⅰ-10，Ⅱ-2，Ⅲ-12，Ⅳ-17
峯　啓太朗　Ⅰ-9，Ⅱ-13，Ⅲ-5，Ⅴ-11，Ⅷ-1
峯田　一平　Ⅱ-14，Ⅳ-3，Ⅴ-12，Ⅶ-4，Ⅷ-2
山中　拓真　Ⅲ-13，Ⅴ-1，3，Ⅶ-5
吉川　実希　Ⅰ-3，5，Ⅲ-8，19，Ⅶ-12
米田　勇太　Ⅱ-4，Ⅴ-2，10，Ⅶ-6

最新 教育データブック

123のデータで読み解く教育

2024年3月25日　初版発行

編　者　藤田　晃之
発行者　花野井　道郎
発行所　株式会社時事通信出版局
発　売　株式会社時事通信社
東京都中央区銀座5-15-8 〒104-8178
電話03-3501-9855　http://book.jiji.com
印刷・製本　株式会社太平印刷社

ISBN978-4-7887-1902-6 C3537　Printed in Japan

時事通信社

はじめに

スクールカウンセラー(SC)との協働を求める声は年々高まっており、また実際にSCが関わったことで課題や困難の改善や解決につながったという体験談が、児童生徒、保護者、学校教職員からも聞かれています。一方で、もっとSCの力を発揮してもらうためにはどのような体制づくりをすればよいのかという学校教職員の声、SCにはどのようなことを相談すればよいのだろうかという児童生徒や保護者の声、学校で力を発揮するためには他の先生方とどのように協働すればよいのだろうかというSCの声も多く聞かれます。本書はこうした声に応えるために、新時代のSCについて理解し、未来へのビジョンにつなげていただくために書かれたものです。

本書の構成は次のようになっています。序章「スクールカウンセラーの基礎知識」では、SCの歴史、位置付け、勤務形態等について説明します。第1章「スクールカウンセラーの役割」では、SCの職務・役割、他の専門スタッフとの違いについて解説します。第2章「学校の中でのスクールカウンセラー」は、SCがチーム学校の一員として機能するためには、具体的にどのような準備やプロセス等が必要かについて触れています。第3章「子どもの発達と悩み」では、児童生徒の心身の発達やそれに関わる悩み、SCが関わる課題について述べています。第4章「スクールカウンセラーの主要テーマ①　いじめ」では、いじめについての理解を深め、どのように防止・対応していけばよいかについて示しています。第5章「スクールカウンセラーの主要テーマ②　不登校」では、不登校について児童生徒にどのような配慮や支援を行えばよいかについて示しています。第6章「スクールカウンセラーの主要テーマ③　発達障害」では、発達障害のある児童生徒の抱える困難の理解や支援について示しています。終章「未来の学校・未来のスクールカウンセラー」では、教育や学校が変わっていく中で、新時代のSCへの期待と可能性について述べています。

教育委員会、学校管理職、コーディネーター等の方は、序章、第1章、第2章を読んでいただければ、SCの力が発揮できるチーム学校の体制をつくる際に参考になります。これらの章は、これまでのSC向けの書籍ではあまり説明されていない内容で、本書の特色でもありますので、ぜひSCやSCを目指す方にも読んでいただきたい章です。より具体的な課題についてSCを含む多職種がどのように協働して改善・解決を目指すかについて知りたい方は、第3章、第4章、第5章、第6章を読んでいただければと思います。第4章、第5章、第6章には仮想の事例（実際の複数の事例などを基にして著者が作成）を掲載しており、チーム学校、多職種協働の実際のイメージを持つことができるでしょう。終章は、これからの学校教育と、その中で求められるSCの役割について触れています。教育改革、学校改革と連動させてSCをさらに活用することを考えている方のヒントになればと考えています。

本書が、今日の、明日の、そして5年後、10年後の学校とスクールカウンセリングについてのイメージを広げるお手伝いになればうれしく思います。

contents

第2章　学校の中でのスクールカウンセラー

第3章　子どもの発達と悩み

第4章　スクールカウンセラーの主要テーマ①　いじめ

第5章　スクールカウンセラーの主要テーマ②　不登校

第6章　スクールカウンセラーの主要テーマ③　発達障害

終章　未来の学校・未来のスクールカウンセラー

参考資料

スクールカウンセラーに関連する出来事一覧

1995年度	「スクールカウンセラー活用調査研究」として文部省（現・文部科学省）がスクールカウンセラーを全国配置
2001年度	「スクールカウンセラー活用事業補助（スクールカウンセラー等活用事業）」として、都道府県・政令指定都市を対象に必要経費の補助を開始
2010年3月	生徒指導に関する学校・教職員向けの基本書「生徒指導提要」が取りまとめられる
2015年12月	中央教育審議会が「チームとしての学校の在り方と今後の改善方策について（答申）」でチーム学校体制について提言
2017年4月	「学校教育法施行規則」でスクールカウンセラーとスクールソーシャルワーカーの職務を新たに規定（改正施行）
2022年12月	「生徒指導提要」改訂

スクールカウンセラー配置校（箇所）数の推移

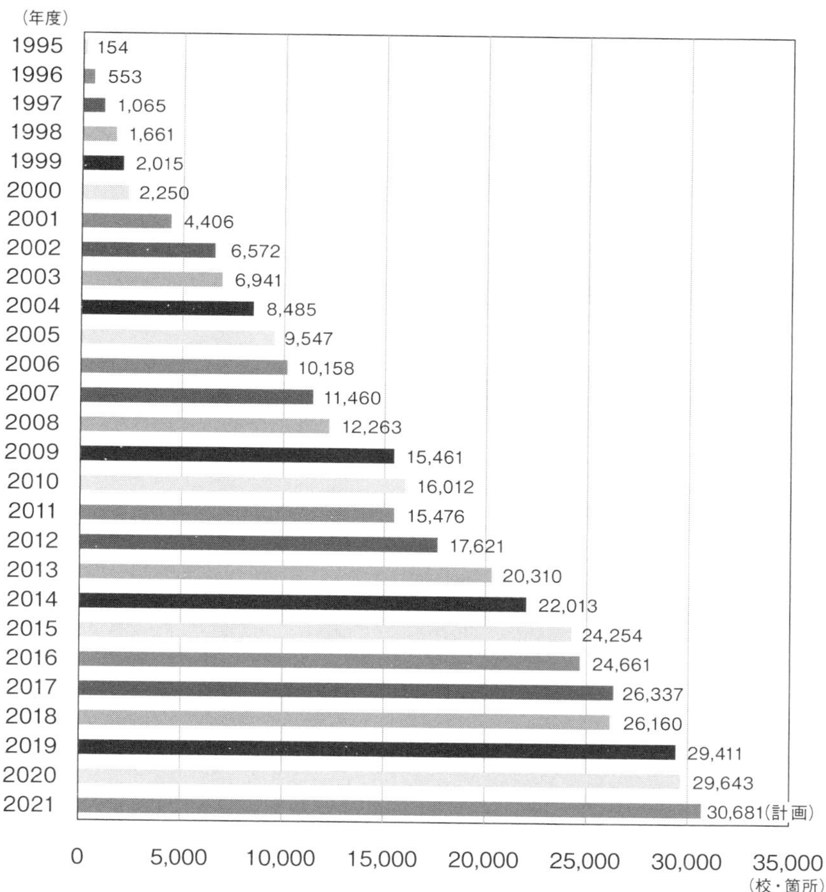

文部科学省「スクールカウンセラー等配置箇所数、予算額の推移」を基に作成

本書で頻出する略語一覧

SC：スクールカウンセラー

SSW：スクールソーシャルワーカー

教育相談の充実（報告）：児童生徒の教育相談の充実について〜学校の教育力を高める組織的な教育相談体制づくり〜（報告）

問題行動等調査：児童生徒の問題行動・不登校等生徒指導上の諸課題に関する調査

教育機会確保法：義務教育の段階における普通教育に相当する教育の機会の確保等に関する法律

不登校会議報告書：不登校に関する調査研究協力者会議報告書〜今後の不登校児童生徒への学習機会と支援の在り方について〜

実態調査：不登校児童生徒の実態把握に関する調査

教育支援の手引：障害のある子供の教育支援の手引〜子供たち一人一人の教育的ニーズを踏まえた学びの充実に向けて〜

※必ずしも一般的な略称ではありません。ご留意ください。

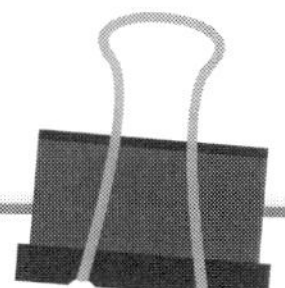

序章

スクールカウンセラーの基礎知識

◎序章にあたって

スクールカウンセラー（以下、SC）は、「チーム学校」（後述）を構成する重要な専門スタッフであり、その専門性への期待はますます高まっています。

本章では、SCがこれまでどのように学校の中に位置付けられ、配置されているのかなど、前提として知っておきたい知識を解説していきます。

1. スクールカウンセラーの歴史

(1) スクールカウンセラー誕生までの経緯

日本で本格的にSCが学校に勤務するようになったのは1990年代半ばで、それ以前は、カウンセラーが継続的に学校に勤務することはありませんでした。**1980年代の初めには、中学校・高校を中心に校内暴力**の嵐が吹き荒れ、少年非行の検挙者数が第二次世界大戦後最大になりました。**1980年代半ばには「いじめ」が大きな社会問題**となりました。**1990年代になると不登校の児童生徒の割合が急激に上昇**し始めました。

暴力行為（「校内暴力」）、いじめ、不登校（「登校拒否」）という課題に対して、当初は教員による生徒指導の機能を高めるという対応が行われました。次第に、古典的な厳しい生徒指導の方法がそれほど効果的でないこと、1990年7月に神戸の高校で起きたいわゆる「校門圧死事件」をきっかけに厳しすぎる校則の見直しが求められたことなども影響し、教師がもっと児童生徒に寄り添う、教育相談やカウンセリング技術を身に付けることが求められるようになりました。自治体によっては、教師向けのカウンセリング研修会を充実させ、研修を受けた人に初級、中級、上級などの級を与える試みも行われました。

しかし、こうした方向性での対応について限界も指摘されるようになりました。いったんは減少した少年非行は1990年代半ばには上昇傾向に転じました。1994年にはいじめによる自殺が増加し、いじめ対策緊急会議が緊急アピールを出しました。生徒指導関係略年表（文部科学省）によると、1984年度に3万人を超えた登校拒否児童生徒数は、8年後の1992年度には7万人を超え2倍以上になりました。

(2) 活用調査研究としてのスタート

そのような中、**1995年度に文部省（現・文部科学省）の「スクールカウンセラー活用調査研究」委託事業が開始**されました。この事業はいじめや不登校といった児童生徒問題の多様化・深刻化に対応するために、臨床心理士を中心とする教師ではない専門家を学校に派遣し、学校のカウンセリング機能を充実させることを目的として行われました。委託先は都道府県で、初年度は小中高の1校ずつ（各都道府県で3校）に派遣することを原則とし、**全国154校から始まりました**。非常勤で、週8時間、年間35週程度の勤務でした。調査研究の事業でしたが、SCへの期待は高く、翌年の1996年度には553校、**1998年度には1,661校**にSCが派遣されています。SCが勤務する学校は**わずか4年で10倍以上**に広がったことが分かります。

(3) 黒船の到来

SCが学校に派遣されたことは、「黒船の到来」とも言われました。それまで教師以外の専門家が学校で活動することはなく、閉鎖的とも言われた学校にSCが入り、のちにスクールソーシャルワーカー（以下、SSW）など専門家の導入を促したことが幕末の「開国」を思わせるからです。

当時の様子としては、学校側には抵抗感が、SC側には緊張感がありました。教師以外の人間に学校のことや児童生徒のことが分かるはずはないという教師の自負が、SCを受け容れる阻害要因になったこともあったようです。相談室の中でクライエントと1対1で向き合い、精神世界の深い部分での支援を行うことを得意としていた臨床心理士にとっては、SCとして教師集団、児童生徒集団に受け入れられ、力を発揮するためにはそれまでのやり方を修正する必要がありました。

しかし、初期に派遣されたSCは各都道府県を代表するような力のある臨床心理士などが多かったこともあり、短期間で学校現場に受け入れられ、認められるようになっていきました。派遣開始直後の頃は、「なぜうちの学校なのか」「カウンセラーに来られても困る」「必要ない」という声もあったようですが、すぐに「うちの学校にもSCに来てもらえないか」という声が多くなり、教育委員会としてもできるだけ多くの学校にSCを派遣できるように、という声が多くなってきました。

(4) 配置の拡充

活用調査研究委託事業としてのSCの派遣は終了し、2001年度からは、「スクールカウンセラー活用事業補助」となりました。一時的に派遣してその成果を調査するという位置付けから、**長期的にSCの配置を拡充していくという位置付け**に変わりました。活用調査研究の6年間で、SCは学校のカウンセリング機能の充実において効果的であるという結論が得られたと言えるでしょう。SCの中心であった臨床心理士の養成も急ピッチで進みました。臨床心理士になるためには日本臨床心理士資格認定協会の認定を受けた大学院を修了し、試験に合格する必要があります。指定大学院が急激に増加しましたが、臨床心理士を目指す人も増加し、大学院入試は高倍率となりました。

この時期の特徴としては、若手のSCの増加、小学校・高校への配置ニーズの高まり、発達障害のある児童生徒への支援ニーズの高まり、都道府県だけではなく市区町村レベルでの配置の拡充などがあります。臨床心理士が多く、予算も多い自治体においてはSCの配置が順調に拡充していくのに対して、臨床心理士が少なく、予算も少ない自治体においてはSCの配置が拡充できないという差が明確になり、それは今も続く課題です。

2008年度より、「スクールソーシャルワーカー活用事業」が開始され、児童生徒の支援は教師とSCの連携だけではなく多職種協働、チーム学校へと発展していきます。SCの配置は年々拡充され、2009年度には15,000校を超え、派遣開始時から15年ほどで100倍となりました。現在も**「スクールカウンセラー等活用事業」として配置の拡充**は続いており、**2021年度にはおよそ30,000校にSCが配置**されています。課題はありながらも、SCは学校に欠かせない専門スタッフと位置付けられるようになりました。

(5) 米国におけるスクールカウンセラーの歴史

スクールカウンセリングが生まれ、現在でも最も発展している国は米国であると言えます。米国のスクールカウンセリングは、1900年代初頭に発展した**職業的ガイダンス**(vocational guidance)が起源だと考えられています。この時期の米国では、産業構造が変わり、資本主義も拡大していました。一方では、金銭的利益の追求が過度になる、個よりも組織が重視される、キリスト教的道徳が衰退する、移民の増加やスラム街の増加など、産業革命がもたらした負の状況について問題視し、社会の改変を求める声も高まっていきました。また、中等学校への進学者が増加したのもこの時期です。そのような背景があり、進歩主義教育のムーブメントが起きました。進歩主義教育は、社会の進歩と改革の基本的な手段として教育を重視し、教師中心の教育から児童生徒中心の教育への転換などの特徴があります。職業の分業化、技術力の成長、職業教育の拡大、資本主義の拡大なども、職業的ガイダンスを生む背景となりました。

この時期、子どもや若者は自分の人生において何をすればよいか、どの道を選ぶべきか、ということについて考えることが増え、そうした悩みを持つ人に合った進路を見つける助けをするカウンセラーが必要という考えが広がっていきました。職業的ガイダンスは、その人が自分自身の適性、能力、願望、資源と制約を理解することを助け、職業で成功するために求められること、その職業に就くことのメリット・デメリットを理解することを助け、その両者の理解（自分自身の理解と職業の理解）を関連付けることを助けることです。初期の職業的ガイダンスは、学校や教育委員会で分掌をつくり、管理職（校長など）や一部の教員が「職業カウンセラー（vocational counselor）」の役割を担うという形で行われました。

1920年代になると、職業的ガイダンスの重点が個人の精神的健康、適応、心理学的測定（心理検査）など、より臨床的、問題焦点型のものに移行していき、**「教育的ガイダンス」**という用語も広まっていきます。1930年代には、カウンセラーという名のガイダンスの専門家の雇用が始まります。1940年代から1950年代にかけて、より専門性の高いカウンセラーが求められるようになり、1952年に**アメリカスクールカウンセラー協会（American School Counselor Association：ASCA）が設立**されます。1960年代にかけて常勤のSCの雇用が多くなり、小学校での勤務も広がっていきます。1980年代以降は、包括的なガイダンスとカウンセリングが整備されて、実施されています。2003年にスクールカウンセラーのナショナル・モデルが公刊され、2019年に第4版が公刊されています。そこでは、SCの役割は児童生徒のキャリア発達、学業発達、社会情動発達を促すことであることが示されています。

米国のSCが職業的ガイダンスを起源としていることは興味深いところであり、それは現代でもキャリア発達の支援ということで色濃く継承されています。授業としてガイダンスを行ったり、グループカウンセリングを行ったりするなど、領域や支援方法が包括的であることも日本のSCとは異なるところです。米国のSCが常勤であるからこそできることではありますが、参考になるところです。また、**米国のSCは心理学の専門家であると同時に、教育者である**ことが大切にされています。このことについても、米国のSCの歴史的経緯を知ると、その意義を理解することができます。

2. チーム学校におけるスクールカウンセラー

SCの位置付けを考える場合に、**「チーム学校」**という考え方を理解することが必要です。2015（平成27）年12月に中央教育審議会により「チームとしての学校の在り方と今後の改善方策について」が答申されました。その答申において、チームとしての学校（チーム学校）とは、「校長のリーダーシップの下、カリキュラム、日々の教育活動、学校の資源が一体的にマネジメントされ、教職員や学校内の多様な人材が、それぞれの専門性を生かして能力を発揮し、子供たちに必要な資質・能力を確実に身に付けさせることができる学校」と定義されています。本答申は、チーム学校が求められる背景として、以下の3点を挙げています。

① 新しい時代に求められる資質・能力を育む教育課程を実現するための体制整備
② 複雑化・多様化した課題を解決するための体制整備
③ 子供と向き合う時間の確保等のための体制整備

①は学校での学びと現実世界とを接続させて、児童生徒自身が学ぶことに対する意義や意味を見いだし、自己実現を展望するための体制整備が必要とされています。SCは児童生徒が精神的健康についての知識やスキルを学ぶという点で貢献できる可能性があります。②はSCが最も期待されている観点と言えます。教員のみが複雑化・多様化した問題や課題に対応することが最適ではない状況になっており、SCやSSW等の専門職が積極的に関われる体制整備が求められています。③については、教員の専門性が十全に発揮されるように、多様な職種、さらには職種にとらわれず地域に存在する協力者との連携・協働によって、教員の

［図0-1］　チーム学校における組織イメージ

地域社会
学校運営協議会 ⟷ 地域学校協働本部
家庭
連携・協働
関係機関等
連携・協働
連携・協働
校長
副校長
教頭
事務長
主幹教諭
事務職員
指導教諭
教諭
養護教諭
SC・SSW
連携・協働
連携・協働
児童生徒
地域学校協働活動推進員等コーディネーター
学校
スクールロイヤー・部活動指導員等専門スタッフ

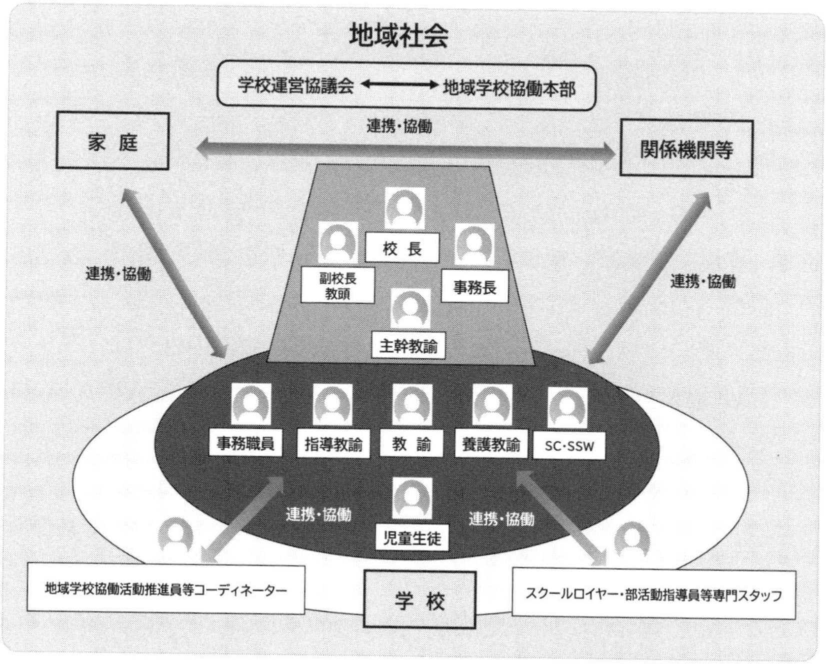

生徒指導提要（改訂版）を基に作成

負担軽減を実現するような体制整備が求められています。SCやSSWが児童生徒、保護者、関係機関と関わることにより、教員の負担軽減につながることは実際に起こっていると言えます（課題解決が効果的に達成される、SCが保護者とじっくり話をすることにより、教員が保護者と話す時間の軽減になるなど）。

図0-1に、生徒指導提要（改訂版）に示されている、「チーム学校における組織イメージ」を載せています。**SCは、学校内のスタッフに位置付けられている**ことに注目してください。最近は、SCは学校における専門スタッフと呼ばれることも多く、学校内のスタッフという位置付けになっています。SCの配置が始まった初期には、SCの外部性が重視されることも多くありました。学校外の専門家だからこそ、児童生徒や

保護者は相談しやすいであろうという考えを重視していたからです。しかし、児童生徒や保護者と学校との信頼関係がある場合は、学校内のスタッフとしてSCが位置付けられていたほうが児童生徒や保護者が安心してSCに相談ができたり、教員がSCを紹介してくれて相談につながったり等のメリットがあります（先生が紹介してくれる、自分の学校のSCのほうが安心、など）。また、教職員や学校内の多様な人材の一人として、連携・協働がしやすいというメリットもあります。他方、児童生徒や保護者と学校との信頼関係が損なわれている場合は、SCは学校内の専門スタッフですが、**子どもの最善の利益のために中立的な立場を取る**（教員側だけのための立場を取るわけではない）ということをSC自身が意識し、必要に応じて児童生徒や保護者にも説明する必要があるでしょう。

また、学習指導要領には「主に集団の場面で必要な指導や援助を行うガイダンスと、個々の児童（生徒）の多様な実態を踏まえ、一人一人が抱える課題に個別に対応した指導を行うカウンセリングの双方により、児童（生徒）の発達を支援すること」（総則「児童〈生徒〉の発達の支援」）という表現があります。教育職員免許法施行規則には、教科及び教職に関する科目に含めることが必要な事項として、「教育相談（カウンセリングに関する基礎的な知識を含む。）の理論及び方法」が位置付けられています。このようなことから、教員はカウンセリングに関する基礎的な知識を持ち、カウンセリングを行うことが期待されていることが分かります。教員が教育相談（カウンセリング）を行うことは、生徒指導提要（改訂版）にもあるように、児童生徒の「全人格的」な成長・発達を目指す日本の教員の特徴であり、海外から評価をされていることでもあります。

一方で、SCは心理の専門家として、困難を抱える児童生徒の高度な理解や、カウンセリングをはじめとする心理的支援の高度な技術を身に付けていて、基礎的な理解や基礎的な支援技術にとどまらないことが特徴と言えるでしょう。

基礎的なカウンセリングの知識や技術を持つ教員と、専門性の高いSCが協働することによって、児童生徒を効果的に支援できる体制整備が求められており、教員とSCの相互のアイディアによって、よりよい体制をつくっていくことが重要になります。

3. スクールカウンセラーになること

文部科学省「スクールカウンセラー等活用事業実施要領」によると、「スクールカウンセラーの選考」では、次の各号のいずれかに該当する者から、実績も踏まえ、都道府県または指定都市が選考し、スクールカウンセラーとして認めた者とする、とされています。

① 公認心理師
② 公益財団法人日本臨床心理士資格認定協会の認定に係る臨床心理士
③ 精神科医
④ 児童生徒の心理に関して高度に専門的な知識及び経験を有し、学校教育法第1条に規定する大学の学長、副学長、学部長、教授、准教授、講師（常時勤務をする者に限る）又は助教の職にある者又はあった者
⑤ 都道府県又は指定都市が上記の各者と同等以上の知識及び経験を有すると認めた者

① 公認心理師

公認心理師は次のように定義されています。

> 「公認心理師」とは、公認心理師登録簿への登録を受け、公認心理師の名称を用いて、保健医療、福祉、教育その他の分野において、心理学に関する専門的知識及び技術をもって、次に掲げる行為を行うことを業とする者をいう。
> ① 心理に関する支援を要する者の心理状態の観察、その結果の分析
> ② 心理に関する支援を要する者に対する、その心理に関する相談及

び助言、指導その他の援助
③ 心理に関する支援を要する者の関係者に対する相談及び助言、指導その他の援助
④ 心の健康に関する知識の普及を図るための教育及び情報の提供

厚生労働省「公認心理師法概要」より

2015（平成27）年9月9日に公認心理師法が成立し、2017（平成29）年9月15日に施行され、わが国初の心理職の国家資格として、公認心理師制度が推進されることになりました。

日本公認心理師協会（2021）によると、「公認心理師以外に取得している対人支援等の資格・免許等（一部、職種等も含む）」について調査（複数回答可）した結果、臨床心理士が70.7％で最も多く、次いで教諭免許（幼稚園～高等学校）が28.9％、精神保健福祉士が8.9％、特別支援学校教諭免許が6.5％、心理系：その他が6.5％、産業カウンセラーが6.5％、社会福祉士が6.1％、臨床発達心理士が5.6％、ストレスチェック実施者が5.3％、教員（短大・大学・大学院）が4.9％、保育士が4.8％、学校心理士が4.0％でした。

現時点では、心理士として既に勤務していた人（いわゆる現任者）が公認心理師を取得した割合が高いですが、これからは基本的には公認心理師法施行規則で定められた科目を4年制大学で履修し、かつ大学院に進学し定められた科目を履修した人が試験を受け、合格した場合に公認心理師になることが多くなると予想されます。つまり、学部時代から心理学を専攻し、大学院でも心理学を専攻した人、よくも悪くも、心理学一本で学部・大学院で学んだ人が多くなっていくと思われます。

② 臨床心理士

日本臨床心理士資格認定協会によると、「臨床心理士」とは、臨床心理学に基づく知識や技術を用いて、人間の“こころ”の問題にアプローチする“心の専門家”です。臨床心理士の資格を取得するには、下記が

主な基準（受験資格）となっています。

- ・指定大学院（１種・２種）を修了し、所定の条件を充足している者
- ・臨床心理士養成に関する専門職大学院を修了した者
- ・諸外国で指定大学院と同等以上の教育歴があり、修了後の日本国内における心理臨床経験２年以上を有する者
- ・医師免許取得者で、取得後、心理臨床経験２年以上を有する者

など

協会から指定された大学院を修了することが条件になっていますが、学部においてはどのような授業を履修していたか、心理学を専攻していたかは問われません。

③ 精神科医　④ 大学教員など　⑤ 上記の各者と同等以上の者

数は多くありませんが、精神科医がSCとして勤務している場合もあります。また、大学教員がSCとして勤務している場合もありますが、公認心理師や臨床心理士を取得していない大学教員が勤務していることは、それほど多くありません。「都道府県又は指定都市が上記の各者と同等以上の知識及び経験を有すると認めた者」としては、ガイダンスカウンセラー、学校心理士、臨床発達心理士などの民間資格を持ち、心理支援者としての経験がある人がSCに選考されることもあります。

スクールカウンセラーに準ずる者

地域や学校の実情を踏まえ、スクールカウンセラーの選考に掲げる者の任用よりも合理的であると認められる場合には、「スクールカウンセラーに準ずる者」を学校に配置することができます。

「スクールカウンセラー等活用事業実施要領」によると、次の各号のいずれかに該当する者から、実績も踏まえ、都道府県または指定都市が選考し、スクールカウンセラーに準ずる者として認めた者とする、とされています。

① 大学院修士課程を修了した者で、心理業務又は児童生徒を対象とした相談業務について、1年以上の経験を有する者
② 大学若しくは短期大学を卒業した者で、心理業務又は児童生徒を対象とした相談業務について、5年以上の経験を有する者
③ 医師で、心理業務又は児童生徒を対象とした相談業務について、1年以上の経験を有する者
④ 都道府県又は指定都市が上記の各者と同等以上の知識及び経験を有すると認めた者

地域によっては、公認心理師や臨床心理士が不足していて、SCに準ずる者を配置しているところもあります。

市区町村のスクールカウンセラー

都道府県でのSCはここまで述べてきた条件に当てはまることが必要ですが、市区町村でSCを雇用する場合は、各市区町村が条件を決めていることも多いです。特に大学院修了直後の者で、まだ資格を取得していないものの、今後、公認心理師や臨床心理士を取得する見込みがある者が市区町村のSCとして採用されることは比較的よくあります。

※本書では「SCに準ずる者」も「市区町村のSC」もSCと表記します。

4. スクールカウンセラーとして働くこと

(1) スクールカウンセラーの雇用形態

文部科学省「令和3年度学校保健統計調査」によると、全国のSCの配置状況は次のようになっています。

[表0-1]　SCの配置状況　単位(%)

小学校				中学校				高等学校			
有			無	有			無	有			無
定期配置		不定期配置		定期配置		不定期配置		定期配置		不定期配置	
週4時間以上	週4時間未満			週4時間以上	週4時間未満			週4時間以上	週4時間未満		
23.7	35.3	31.4	9.5	65.8	22.8	8.9	2.4	41.3	31.8	20.5	6.4

「令和3年度学校保健統計調査」より作成

既述したように、SCの配置は全国的に広がっており、最も配置が進んでいる中学校では約98%の学校で配置されています。しかし、その内訳を見ると週4時間未満が22.8%、不定期配置が8.9%であり、およそ3割の中学校では短時間、あるいは時々しかSCが学校に勤務していないことになります。小学校では23.7%、高等学校では41.3%しか週4時間以上の配置がされておらず、その傾向はさらに強いです。

次に、SCの配置方式を「児童生徒の教育相談の充実について～学校の教育力を高める組織的な教育相談体制づくり～（報告)」(2017〈平成29〉年1月　教育相談等に関する調査研究協力者会議）から抜粋して示します（以下、同報告は「教育相談の充実（報告）」とする）。

① 単独校方式（SCが配置された学校のみを担当するもの）
② 拠点校方式（小中連携）（SCが、1つの中学校に配置され、併せて、当該中学校区内の小学校を対象校として担当するもの）
③ 拠点校方式（小小連携）（SCが、1つの小学校に配置され、併せて、当該小学校と同一中学校区内の他の小学校を対象校として担当するもの）
④ 巡回方式（SCが、教育委員会（教育事務所、教育支援センター（適応指導教室））等に配置され、域内の学校を巡回するもの）

単独校方式は、SCを1校に配置し、当該学校のみを対象とする方式です。**拠点校方式**は、1つの拠点校にSCを配置し、その学区の他の学校も対象とする方式です。例えば、中学校にSCを配置し、その学区の複数の小学校も担当する場合、あるいは1つの小学校にSCを配置し、学区の他の小学校も担当する場合などがあります。中学校を拠点校にして、学区の小学校も担当する場合は、SCを通じて小中連携が進んだり、小学校から中学校への移行支援の面で有利に働いたりする場合があります。単独校方式でも、中学校とその学区の小学校で同じSCを雇用し、連携や移行支援をスムーズにする場合もあります。**巡回方式**は、SCの配置校を特定せず、定められた対象校をSCが巡回する方式です。

単独校方式が、1つの学校での勤務時間が最も長くなります。ただし、この方式は（たとえ1人のSCが複数の学校を掛け持ちしたとしても）、たくさんのSCを雇用することが可能な自治体でしか実現することが難しいです。拠点校方式、巡回方式であれば、少ない数のSCが多くの学校の支援に関わることができますが、1つの学校に勤務する時間は短くなってしまいます。定期配置で勤務時間が週4時間未満、あるいは不定期配置の学校は、拠点校方式や巡回方式の場合が多いです。公認心理師、臨床心理士が少ない自治体では、拠点校方式や巡回方式が多い状況です。

SCの勤務の特殊な形としては、災害時の緊急派遣があります。主な制度には「緊急スクールカウンセラー等活用事業」があります。SC・SSW等を教育委員会や幼稚園、小学校、中学校、義務教育学校、高等学校、中等教育学校、特別支援学校、大学及び高等専門学校等へ派遣するなどにより被災した幼児児童生徒等が安心して学校生活を送ることができるよう支援体制を整備するものです。

東日本大震災の時に始められ、その後いくつかの災害の際にSCが派遣されています。

(2) スクールカウンセラーの常勤化

「SCが毎日学校にいてくれたらいいのに」という声は児童生徒、保護者、教員からもしばしば聞かれます。常勤について、前述の「教育相談の充実（報告）」では次のように示されています。

> まず、上記（編注：29ページの囲み）の①、②及び③の学校又は拠点校、④の教育委員会（教育事務所、教育支援センター）に常勤のSCを配置する。その後、近隣の学校へ段階的に常勤のSCを増員することが適切である。
>
> 最終的には、全ての必要な学校、教育委員会及び教育支援センターに常勤のSCを配置できることを目指すことが適切である。

このように、国としてはSCの常勤化を進めていく意向が示されています。そのためには財源及び人材の確保が必要であり、**現時点では常勤化があまり実現できていない状況**です。

そのような中、名古屋市は2014（平成26）年度に、常勤のSCとSSWを含めた「なごや子ども応援委員会」の事業を開始し、計画的に中学校のSCを子ども応援委員会の常勤職に置き換えていきました。2019年度には、市立中学校全110校に常勤のSCが配置されました。

水谷・高原（2018）によると、SCが常勤になることによって問題の即時対応ができる、教員などと連携がしやすい、子どものさまざまな場面を観察したり関わりを持ったりしやすい、保護者の面接時間を柔軟に設定しやすい、未然防止授業に関わりやすい、キャリア教育に関わりやすい、SC自身の生活の安定につながるなどの利点が報告されています。

単独校方式での常勤化は財源的にも、人材確保の観点からもすぐには実現することが難しいと思われますが、少なくとも拠点校方式での常勤化はできるだけ速やかに進めていく必要があるでしょう。心理職は非常勤が多い、ということはよく言われてきましたが、児童相談所や子ども家庭支援センターの心理職のニーズの高まりなどもあり、自治体の常勤の心理職の採用も近年増えてきています。収入や身分の安定を求めて、常勤の心理職を志望する大学院生なども増えており、優秀な人材がSCを目指さなくなる心配も感じられます。このような観点からも、SCの常勤化は非常に重要になると考えられます。

(3) スクールカウンセラーのスーパーバイザー

「スーパーバイザー」は、一般的には監督・管理を行う役割を担っている人を指します。ちなみに、教育に関するところでは指導主事を指す英語は、スーパーバイザーになります。臨床心理学の世界では、スーパーバイザーはやや特殊な意味を持ちます。スーパーバイジー（指導を受ける人）は、自らが関わっている事例などについてスーパーバイザー（指導をする人）に報告し、助言や新たな視点の提供を受けます。スーパーバイザーは経験豊富なカウンセラー（心理職）が担当することが多く、民間の資格においては上位資格として「スーパーバイザー」を認定しているところもあります。

また、SCにおいても、「教育相談の充実（報告）」で以下のような記述があり、**スーパーバイザーを教育委員会に置くことの必要性**が述べられています。

> SCの職務及び勤務形態が特殊であるため、同専門職が職場に少ないことなどから同じ専門職であるSCによる助言・指導を受けることができない場合がある。そのため、課題を抱えた児童生徒に対するアセスメントの妥当性等について助言し、更なる専門的資質の向上を支援することができる者（スーパーバイザー）を教育委員会に置くことが必要である。
>
> スーパーバイザーは、心理や学校教育に関して高度な専門性と経験を有する者が適切である。さらに、スクールカウンセラー又はスクールカウンセラーの養成に一定程度の経験がある者が望ましい。

さらに、「スクールカウンセラー等活用事業実施要領」には以下のような記述があり、教員やSC向けの研修、連絡調整等の役割もスーパーバイザーに期待されていることが分かります。

> スクールカウンセラー等やスクールカウンセラー等に対して適切な指導・援助ができるスーパーバイザーを学校・教育委員会等に配置し、児童生徒の心のケアに加え、教員のカウンセリング能力等の向上のための校内研修や児童生徒の困難・ストレスへの対処方法等に資する教育プログラムを実施するとともに、スクールカウンセラー等の専門性を向上させるための研修や、事業を効果的かつ円滑に実施するための情報交換や関係機関との連絡調整等を行う連絡協議会を開催する。

Column

◎幼稚園のスクールカウンセラー

2021年8月に学校教育法施行規則が改正され、SC及びSSWに関する規定を幼稚園に準用するようになりました。これまで、小中高校に配置されていたSCとSSWが幼稚園にも配置されていくことが期待されています。

カウンセリングを子どもからの悩み事の相談、言語を用いたやりとりによる相談とイメージする人には、幼稚園でのカウンセリングというのはぴんとこないかもしれません。しかし、第1章で触れるように、SCの職務は子どもへのカウンセリング（幼児の場合は遊びを通しても重要）だけにとどまらず、アセスメント（行動観察等も含む）、保護者への助言、教職員へのコンサルテーション、教職員向けの研修の実施等も含まれています（39ページ～参照）。このように考えると、幼稚園のSCへのニーズは非常に高いと言えます。

発達上の課題が徐々にはっきりとしてきて、幼児期は子ども自身や周囲が苦しみを抱えやすい（コミュニケーションの困難、多動や衝動性等が顕著に表れやすい）時期です。児童虐待も、乳幼児期や小学校低学年の時期に起こりやすいとされています。幼稚園のSCは、言葉のやりとりだけではなく、遊びや活動を通じて、子どもと信頼関係を形成したり、子どもの困難や辛さについてアセスメントしたり、カウンセリングを行うことが期待されています。

心理学では乳幼児期の保護者との関係が、後々のさまざまな発達に長期的に影響を与えると考えます。愛着（アタッチメント）の形成においても重要な時期であり、まだ子育てに慣れていない保護者が、悩みを抱えやすい時期でもあります。小学校のSCに相談する保護者からは、「いちばん大変だったのは、この子が4、5歳の頃だったけど、相談するところがなかった」という声が聞かれることも少なくありません。この時期に、SCのカウンセリングが受けられると、小学校入学以降に大きな問題に発展する前に予防できることもあります。

幼稚園の教職員にとっても、SCは心強い存在になると考えられます。幼稚園は遊びや活動を中心に展開するよさがあり、幼稚園の教職員は子どものよりよい発達を促すためにできるだけ伸び伸びと活動を行いたいと考える人も多いです。一方で、いわゆる「小1プロブレム」を防ぐために、小学校就学に向けて椅子に座って先生の話を長く聞いたり、作業をしたりする時間を増やすべきなのか等について迷いもあります。特に困難を抱えて、みんなと一緒に活動ができない子どもに、どのくらい何かを強いることが必要なのかなどは悩むところです。こうしたことについて、SCが教職員にコンサルテーションを行ったり、研修を行えたりすると、教職員にとって大変力になるでしょう。

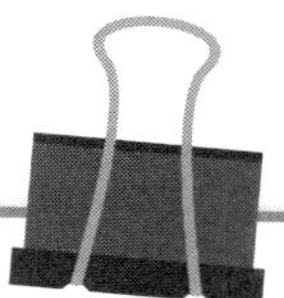

第1章

スクールカウンセラーの役割

◎第１章にあたって

SCがどのようなことをする人なのか、他の教職員や保護者、あるいは児童生徒からも分かりづらいという話を聞くことがあります（子どもたちから、「何をする先生なの？」と聞かれることも多くあります）。また、自治体や学校によって求められることが異なる場合もあり、SC本人も周りに説明することが難しい状況にあります。

SCも含めた学校の教職員がSCの役割や職務範囲を知ることができれば、SCが学校の中で活躍しやすくなり、より効果的に児童生徒の支援につながることが期待されます。本章では、SCの役割や職務範囲について説明していきます。

1. 他の専門職の役割と連携

2017（平成29）年に改正された学校教育法施行規則により、SCとSSWの職務が規定され、「教育相談の充実（報告）」にそれぞれの職務内容が示されました。SCは、心理に関する高度な専門的知見を有する者として、SSWは、児童生徒の最善の利益を保障するため、ソーシャルワークの価値・知識・技術を基盤とする福祉の専門性を有する者として、不登校、いじめや暴力行為等の問題行動、子どもの貧困、児童虐待等の未然防止、早期発見、支援・対応等を行うことが明記されています。

SCの職務についてはこの後述べていきますが、ここではまず、SCと関係が深い養護教諭とSSWの職務について簡単に説明します。

養護教諭

保健体育審議会答申（1972〈昭和47〉年）において、養護教諭は「専門的立場からすべての児童・生徒の保健及び環境衛生の実態を的確に把握し、疾病や情緒障害、体力、栄養に関する問題等、心身の健康に問題を持つ児童生徒の指導に当たり、また、健康な児童生徒についても健康の増進に関する指導のみならず、一般教員の行う日常の教育活動にも積極的に協力する役割を持つものである」(抄) とされ、その後いくつかの答申で新たな役割が提言されています。

養護教諭の求められる役割（職務の範囲）については今後明確化すべきとされていますが、「養護教諭及び栄養教諭の資質能力の向上に関する調査研究協力者会議　議論の取りまとめ」(2023〈令和5〉年1月17日）によると、実際の学校現場においては概ね以下のような職務を担うものと考えられています。

◇保健管理

・救急処置、健康診断、健康観察、疾病の管理・予防、学校環境衛生管理

◇保健教育

・各教科等における指導への参画

◇健康相談及び保健指導

・心身の健康課題に関する児童生徒等への健康相談

・健康相談等を踏まえた保健指導

◇保健室経営

◇保健組織活動

養護教諭の職務に健康相談が含まれていること、健康の中には身体的な健康だけではなく、**精神的な健康も含まれている**ことから、その部分についてはSCの職務との重なりがあり、**連携や役割の整理が必要**なことも多くあります。

スクールソーシャルワーカー（SSW）

文部科学省「スクールソーシャルワーカー活用事業実施要領」によると、SSWは社会福祉士や精神保健福祉士等の福祉に関する専門的な資格を有する者から、実施主体が選考し、スクールソーシャルワーカーとして認めた者とする、とされています。

職務内容の詳細は「教育相談の充実（報告）」に示されていますが、同要領では下記とされています。

① 問題を抱える児童生徒が置かれた環境への働き掛け
② 関係機関等とのネットワークの構築、連携・調整
③ 学校内におけるチーム体制の構築、支援
④ 保護者、教職員等に対する支援・相談・情報提供
⑤ 教職員等への研修活動

児童生徒が置かれた環境の調整、学校内外の支援・連携体制の構築や調整が特徴の職務です。④と⑤はSCの職務と共通する部分ですが、**SSWは福祉や制度についての相談や研修に強く、SCは心理についての相談や研修に強い**です。また、SSWの職務には、SCが行うカウンセリングのような、児童生徒本人への直接支援についてはあまり触れられていません。実際には、SSWが児童生徒本人と話すことはありますが、**中心となるのは保護者や教職員への支援を通して環境調整を行い、児童生徒を間接的に支援すること**だと言えます。

ケース会議等で、SSWが進行を務め、児童生徒の状態や支援の方向性についてSCの見立てを聞き、支援方針に生かすことがあります。あるいは支援体制を構築する過程で、例えば「担任は児童生徒の日常の学校生活で支援し、医療機関との連携を踏まえて健康面の支援は養護教諭が行う、SCは週に1回児童生徒との面談を継続するという体制ではどうか」というような提言をSSWが行うことがあります。

2. スクールカウンセラーの職務と規範

(1) スクールカウンセラーの職務内容

学校教育という場は、曖昧性が多く、例えば教員であってもどの仕事は教員としてしなければならないのか、どの仕事は本来は教員がしなくてよいものなのかなどについてはさまざまな場面で議論となっています。SCについても同じことが言えます。SCはどのような課題、どのような対象について支援を行うのか、どのような業務に関わるのかなど、曖昧なところがあります。

このように、いわばジョブ・ディスクリプション（職務定義）が曖昧なことにより、SC自身もどう動いてよいのか分かりにくく、学校側としてもSCに何を依頼してよいか分からないということにもなります。

現場レベルでは、SCの職務について曖昧なのですが、一応、いくつかのガイドラインがあり、その中では職務について整理されています(以下は、「教育相談の充実〈報告〉」より)。

SCは、心理に関する高度な専門的知見を有する者として、不登校、いじめや暴力行為等問題行動、子供の貧困、児童虐待等の未然防止、早期発見及び支援・対応等や学習面や行動面で何らかの困難を示す児童生徒、障害のある児童生徒・保護者への支援に係る助言・援助等のため、これらを学校として認知した場合や災害等が発生した場合等において、様々な技法を駆使して児童生徒、その保護者、教職員に対して、カウンセリング、情報収集・見立て（アセスメント）や助言・援助（コンサルテーション）を行うとともに、全ての児童生徒が安心した学校生活を送ることができる環境づくり等を行うことが求められる。さらに、SCは個々の児童生徒のみならず学校全体を視野に入れ、心理学的側面から学校アセスメントを行い、個から集団・組織にいたる様々なニーズを把握し、学校コミュニティを支援する視点を持つ必要がある。

対応する内容としては、**不登校、いじめや暴力行為等問題行動、子どもの貧困、児童虐待等の未然防止、早期発見及び支援・対応等、学習面や行動面で何らかの困難を示す児童生徒、障害のある児童生徒・保護者への支援**が挙げられています。

対応方法としては、**「カウンセリング」「情報収集・見立て（アセスメント）」「助言・援助（コンサルテーション）」「全ての児童生徒が安心した学校生活を送ることができる環境づくり」**が挙げられています。

また、児童生徒のみならず学校全体を視野に入れ、**「学校アセスメント」「個から集団・組織にいたる様々なニーズを把握」「学校コミュニティを支援する視点を持つ」**ことが必要とされています。

同報告のSCガイドライン（試案）では、SCの職務について以下のようなまとめられ方もされています。

(1) 児童生徒へのカウンセリング
(2) 保護者への助言・援助
(3) 児童生徒集団、学級や学校集団に対するアセスメントと助言・援助
(4) 児童生徒の困難・ストレスへの対処方法、児童生徒への心の教育に資する全ての児童生徒を対象とした心理教育プログラム等の実施
(5) 不登校、いじめや暴力行為等問題行動、子供の貧困、虐待等を学校として認知した場合、自然災害、突発的な事件・事故が発生した際の援助

(6) 教職員に対するコンサルテーション
(7) 教職員のカウンセリング能力等の向上のための校内研修の実施

(1) は児童生徒への直接支援で、SCの職務の中心となります。児童生徒へのカウンセリングには、成人を対象としたカウンセリングとは異なる技術(例えば、遊んだり作業〈描画や制作等〉をしながら話をしたりする)も求められます。このことについては、第3章から第6章の中でも触れていきます。

(2) の保護者への助言・援助も重要な職務で、SCの勤務の時間の多くを占めることもあります。ここで明確に「助言」という言葉が使われていることが重要です。保護者から、「SCは話を受容的に聞いてくれるのはよかったが、何も助言をしてくれなかった」という不満は、残念ながらしばしば聞かれるところです。なお、個々の保護者への助言・援助だけではなく、保護者向けの講演会等でSCが講師を務めることもあります。

(3) は集団についてのアセスメントと助言・援助です。SCは児童生徒の個だけではなく、集団の特徴や強み、問題について情報収集し、見立てる必要があります。学級集団の状態を把握するために市販されている心理検査等を使う場合もあり、また観察、児童生徒・教員・保護者からの聞き取り、「全国学力・学習状況調査」等の結果などから情報収集し、見立てることも大切になります。

(4) は問題の未然防止などを目指し、学級単位などで実施する心理教育プログラムの立案、実施などに関わることです。担任などが実施する授業・活動の案を作り、時にはSC自身も担任などと共に授業を行う場合もあります。

(5) は児童生徒や学校にとって困難な状況が発生した場合に、困難課題対応的にSCが関わることです。被害にあった児童生徒のケア、加害児童生徒について心理学的な観点からの指導、SSWや他機関との協働による支援などを展開します。

(6) もSCが多くの時間を費やす業務であり、教職員にコンサルテーションを行うことで、児童生徒への間接援助をするものです。ここで重要なのは、「教職員に対するコンサルテーション」はSCの職務であると明記されていますが、「教職員へのカウンセリング」とは書かれていないことです。コンサルテーションは、例えば担任をしている児童生徒への関わり方について、SCが担任教師に助言などを行うことです。教員自身のメンタルヘルス的な不調について、教員が抱える家族の問題について等の相談をSCが受けるかというのは、線引きが難しいところです。基本的には、SCの職務としてはコンサルテーションにとどめ、教員にカウンセリングが必要な場合は、同僚として話は聞くが、本格的な相談が必要な場合は教員が個人的なことを相談できる機関や窓口を紹介するというのが望ましいでしょう。

(7) はSCが講師となって教職員を対象に行う研修です。カウンセリングの基本的態度についての講話、話の聞き方のロールプレイの実践、学習面や行動面で何らかの困難を示す児童生徒の理解を促進させる研修などが考えられます。

Column

◎スクールカウンセラーに求められる助言

SCが保護者と面談を行う中で、助言を求められる場面（どのような声かけを子どもにすればよいか、登校を促したほうがよいかなど）は比較的多くあります。このことについて、保護者から「助言を求めたが、答えてもらえなかった」「優しく話を聞いてくれたのはいいが、そればかりで、あまり役に立たなかった」という声が聞かれることもあり、そうしたことについて報道で取り上げられることもあります。このようなことが起こる背景として、SCが受けた教育やトレーニング、よりどころとする理論や主義が影響していることがあります。

例えば、アメリカ心理学会の辞典によると、カウンセリングで用いられる技法として、「積極的傾聴、ガイダンス、助言（advice）、ディスカッション、明確化、テストの実施」が例として挙げられており、明確に助言がカウンセリングの技法とされています。一方で、オックスフォード心理学辞典（Colman, 2015）の「カウンセリング」の項目には、「助言を与えるカウンセリングの形態もあるが、中心的な考え方の一つとしては指示的なガイダンスはせずに、ファシリテーションを行うものがある」という表現がされています。助言は行うこともあるが、いわゆる「非指示的カウンセリング」の考え方が重視されることもあるというニュアンスです。いずれにしろ、国際的にはカウンセリングの技法として助言は明確に位置付けられていると言えるでしょう。

もう一つの視点として、世界的には「カウンセリング」と「心理療法」は明確に区別されていますが、日本の場合は未分化であることが影響していると思われます。「心理療法 psychotherapy」をアメリカ心理学会辞典とオックスフォード心理学辞典で調べると、どちらも精神疾患や関連する問題に対する「治療 treatment」であるという説明がされており、「助言」という言葉が出てきません。また、日本臨床心理士資格認定協会によると臨床心理士の専門業務として、「①臨床心理査定」「②臨床心理面接」「③臨床心理的地域援助」「④上記①～③に関する調査・研究」とされています。このうち、②がクライエントの心の支援に資する臨床心理士の最も中心的な専門行為とされており、内容としては心理療法に関する説明が行われ、「助言」という言葉は出てきません。つまり、保護者との面談はカウンセリングではなく臨床心理面接と捉えるSCは、助言は行わず、時間をかけて心理療法を展開すべきと考えている可能性があります。一方で、公認心理師法では公認心理師が行う業務について、「助言、指導その他の援助を行うこと」と繰り返し書かれており、「助言」が重要な業務であることが分かります。

本章で扱ったように、SCの職務として「保護者への助言・援助」が明確に示されているように、SCは必要に応じて保護者に助言を行うことが必要と考えられます。助言がないという意見もメディアなどで紹介されていますが、一方では複数のSCに相談したことがある保護者からは、助言をしないSCはいなかったという声も聞かれます。例えば、「朝はお子さんも不機嫌なことが多いようですので、○○の時間にお話ししてみるのはどうでしょうか」「いろいろ気になることも多いと思いますが、まずはこれを改善することから始めてはどうでしょうか」等の助言は、SCも比較的行っていると思います。ただし、情報収集、アセスメント等を十分に行わず、助言だけを多用することは避けたほうが望ましく、積極的傾聴なしの助言なども、カウンセリングとしては効果的でないと考えられます。

また、カウンセリングの技法に「助言」が含まれていることから、児童生徒へのカウンセリングの際にも、必要に応じて「助言」を行うことは大切だと考えられます。命令や強制ではなく、提言に近い形で「まずこれからやってみようか」「こういうふうに考えてみるのはどう？」「こういうやり方もあるよ」というような形での助言は、タイミングや助言内容の有効性にもよりますが、児童生徒が困難を乗り越える上でとても効果的に働くこともあります。

(2) 守秘義務の範囲と学校への報告

SCの守秘義務については、さまざまなところで議論されています。「教育相談の充実（報告）」では、以下のように記述されています。

SC及びSSWが一般職の地方公務員である場合には、地方公務員法に基づく守秘義務が課されることとなる。

一方、SC及びSSWが特別職の地方公務員として採用されている場合、地方公務員法（昭和25年法律第261号）は、特別職の地方公務員には適用されないことから、SC及びSSWの雇用に際しては、守秘に関する誓約書を作成するなどし、守秘義務を課す必要がある。ただし、SC及びSSWが職務上知り得た情報のうち、学校が児童生徒に対する指導や支援を行うために必要となる内容は、学校全体で管理することが基本となるため、学校に報告することが必要である。そのため、地方公共団体は、臨床心理士等の職能団体が定めた倫理綱領や行動規準、又は、社会福祉士及び精神保健福祉士の資格法（秘密保持義務、誠実義務など）並びに、それぞれの職能団体で定める倫理綱領を理解した上で、教職員とのバランス及び組織的対応とのバランスを考慮し、適切に守秘義務を課す必要がある。

SCは地方公務員としても、心理職としても、守秘義務（秘密を守る義務）があります。業務上知り得た情報を第三者に漏らしてはいけません。しかし、これはSCがいかなる場合も業務上知り得た情報を一人で保持しなければならないことを指してはいません。同一組織内では業務上必要な場合は情報を共有することがむしろ求められ、ここでも**「学校が児童生徒に対する指導や支援を行うために必要となる内容は、学校全体で管理することが基本となるため、学校に報告することが必要であ**

る」と書かれています。

例えば病院等でも、患者の情報は電子カルテなどを通して、主治医、看護師、理学療法士、麻酔科医などの間で共有されていることが前提であり、そうでないと効果的な医療が行えなくなります。学校においても、例えばいじめを発見した場合は、教職員は学校いじめ対策組織（委員会）に報告し、必ず複数の教職員で対応に当たることが求められており、SCがいじめを発見した場合も該当します。

ただし、全ての情報を全ての教職員で共有する必要があるかという点は検討の余地があり、この情報についてはこの範囲の教職員でとどめておこうという判断が必要な場合もあります。例えば、児童生徒や保護者から、担任への不満がSCに語られることがあり、その場合は児童生徒や保護者から、「今日の話は、担任の先生には伝えないで欲しい」と言われることもあります。その場合は、「校長先生や学年主任の先生には伝えていいか」という話をすると、「むしろそうして欲しい」という答えが得られる場合がほとんどのように感じます。

同一組織の外の人に、業務上知り得た情報を伝えることについても、いくつか考える点があります。例えば、児童虐待の場合の通告義務があり、児童虐待を受けたと思われる児童を発見した者は、福祉事務所や児童相談所等に通告する義務があります。この場合は、業務上知り得た情報について学校から学校外の組織である福祉事務所や児童相談所等に伝えることになるのですが、これは守秘義務違反にはなりません。実際には、SCが個人で通告するのではなく、学校と情報を共有し、通告する役割の教職員が通告することになります。児童虐待以外の場合でも、他機関との連携の際に情報の共有が必要になることがあります。**多くの場合は、保護者の許可を得られれば、他機関との情報共有が可能**になります。ただし、**虐待のように保護者や本人の許可がなくても、他機関に情報を伝えるべき場合もあり、こうしたことについては学校の教職員で検討し、判断する**ことが必要になります。

SCは学校の外部の存在であり、学校を第三者的に見ることができる存在だからこそ、児童生徒や保護者が相談しやすいということが、特にSCが派遣された初期には強調されていました。しかし、最近ではSCは学校内の専門スタッフであり、児童生徒、教職員、保護者から「うちの学校のSC」と思ってもらえるメリットも言われるようになっています。児童生徒や保護者に、「今日の話を先生方に伝えてもよいか」と聞いて、既述したように「この先生には話さないで欲しい」という答えが出てくることがあったとしても、SC以外の誰にも知られたくないので話さないで欲しい、という要望が出ることはほとんどありません。むしろ、「先生方に伝えてもらったほうがうれしい」「子どものことを何度もいろいろな人に話すのは辛いので助かる」ということも多いです。もちろん、内部の専門スタッフになることによって、学校の課題を見つけられなくなったり、見立てられなくなったりするのはSCとして問題なので、**学校組織を俯瞰(ふかん)してアセスメントできることは、教職員集団に溶け込んでいったとしても、保ち続けなければなりません。**

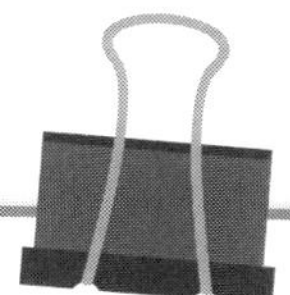

第2章

学校の中での
スクールカウンセラー

◎第2章にあたって

序章では、SCはチーム学校の一員で、学校における重要な専門的スタッフであることを説明しました。しかし、そのようになるためにはSC自身とそれを受け容れる側の教職員との工夫が必要になります。

本章では、SCが学校で機能するためには、より具体的にどのような準備やプロセス、検討が必要かについて著者の経験も基にしながら、SCと教職員が行う工夫について触れていきます。一部、SC向けのアドバイスとして記述します。

1. 初めて学校に入るとき

新規採用でSCとして初めて勤務するとき、あるいは異動などで新しい学校に勤務する際には、教職員との信頼関係を築きつつ、さまざまな情報を収集し、勤務について決めていく必要があります。

(1) 勤務時間について

何時から何時までの勤務かを確認します。自治体の決まりなどで、きっちりと決まっている場合と、学校とSCで協議をして少し修正できる場合等もあるでしょう。その学校のニーズに合った相談活動等を行うために効果的な勤務時間にできるとよいと思います。拠点校方式や巡回方式の場合は、各学校と打ち合わせをして、原則の勤務日や時間（第何週の何時から何時まで等）を決めつつ、ニーズに合わせて調整できるとよいでしょう。年間行事予定なども、最初の勤務の時にもらえるとよいと思います。

(2) 相談活動で主に使う場所

個別のカウンセリング等で主に使う場所の確認をします。前任のSCがいて、既に相談室が整備されている学校も多くなっていますが、初めてSCが本格的に入る学校では、SCと教職員が協力して、相談室を作っていくところから関わることもあります。

相談室は、他の人から話を聞かれることがなく、静かに落ち着いて話ができることが重要です。相談室の場所、広さ、予算の問題等で制限はありますが、工夫で改善できることについては、他の教職員と相談しつつ、整えていくプロセス自体が大切になります。例えば、空き教室まるごと相談室にする場合、広くてよいのですが、かえって1対1で相談する場合は落ち着かないと感じる児童生徒もいます。その場合、学校にあって使っていないついたて（あるいはついたての代わりになりそうな物）がないかを先生方や用務の方に聞いて、ここは1対1でじっくり話すコーナー、ここは数人で遊んだり話したりするコーナーのように分けられるとよいと思います。

その他の備品についても、多少、使える予算がある場合もあるので、必要な物があれば購入できるか確認してみましょう。

(3) 連絡調整役の教職員との打ち合わせ

SCが学校に勤務する場合、**連絡調整役（コーディネーター役）となる教職員**がいます。学校には校務分掌というものがあるので、その資料を見せてもらうか、可能ならそのコピーを受け取ります。そこには、どの先生が校内でどのような役割を担っているかが書かれています。

まずは校長先生に挨拶をして、校長先生が感じている学校の特徴、課題、SCに期待することなどについて話をすることが大切です。SCの勤務の管理などについては、副校長先生・教頭先生が担っていることが多いです。年間の勤務日数や時間の計画や修正については、副校長先生・教頭先生と相談するのがよいと思います。

SCの職務内容と深く関わる、学校全体の教育相談活動を司る先生が学校にはいます。「教育相談主任」という分掌が独立してある場合や、「生徒指導主事・主任」の先生が教育相談も担当している場合があります。「教育相談の充実（報告）」では、「教育相談コーディネーター」の配置・指名の必要性が述べられており、教育相談コーディネーターの先生がいる学校もあります。また、各学校には「特別支援教育コーディネーター」の先生がいます。これらの役割を3～4人の先生が担っている場合の他、2人、あるいは1人で担っている場合もあり、これは学校規模やその学校の組織によって異なります。まずはこれらの役割を担っている先生に挨拶をし、学校の状況やニーズ、SCの役割として期待されることなどについて話ができるとよいと思います。

養護教諭の先生との連携も、SCが学校で活動する上で極めて重要になります。養護教諭の先生は、児童生徒の健康の保持の専門家であり、SCが密にコミュニケーションを取り、協働することが多い先生です。また、養護教諭の先生は保健室を運営している存在でもあり、保健室と相談室の連動も、児童生徒のためにはとても大切です。できるだけ早い時期に養護教諭の先生とじっくり話をする時間をつくれるとよいと思います。

管理職の先生、主任やコーディネーターの先生、養護教諭の先生はSCが学校で活動するための公的なキーパーソン、窓口となります。それに加えて、インフォーマルなキーパーソンとなる先生がいることもあります。例えば、主任ではないが教育相談について知識や経験が豊富な先生、以前に他のSCと連携・協働して児童生徒を支援した経験がありSCに信頼と親しみを感じてくれている先生、SCと何となくフィーリングが合う先生等です。このようなインフォーマルなキーパーソンは必ずいるわけではなく、すぐに見つかるわけではありません。こうしたキーパーソンの存在によって、学校のニーズを把握したり、SCが先生方との協働を展開するきっかけを与えてくれたりすることもあります。

(4) 相談体制についての確認

連絡調整役の先生等と、SCの相談体制、活動について確認したり、決めておいたりすることがあります。

まずは、相談の時間についてです。**昼休みと放課後は、児童生徒へのカウンセリングに最も適した時間です**。この時間はできるだけ児童生徒のために空けておければよいと思います。一方で授業中は、保護者の面談や先生方へのコンサルテーションが入れられれば、効果的に時間を使いやすいと思います。ただし、先生によっては授業時間中の空き時間があまりない場合もあり、保護者も夕方のほうが都合のよい方もいるので、放課後は柔軟に使う必要があります。授業中の児童生徒のカウンセリングについては、学校側と丁寧に検討しておく必要があります。授業を受けたくない児童生徒が、授業を抜け出す口実のためにSCとのカウンセリング予約を授業中に入れるのではないかと心配する教員も少なくありません。安易には授業中の児童生徒へのカウンセリングを行わず、本当に必要な場合には授業中にも児童生徒へのカウンセリングを行えるかが、SCが教職員の信頼をつかむために重要になります。

教員は児童生徒の居場所が分からなくなることをとても心配します。急に授業中に児童生徒のカウンセリングを行うことになった場合は、そのことをすぐに担任や授業者の先生に伝える必要があります。その連絡方法について、SCが直接、その児童生徒がその時間に授業を受ける予定だった先生に伝える、職員室にいる教頭先生か学年の先生に伝えるなど、基本的な手順を決めておく必要があります。

放課後の児童生徒のカウンセリングは、何時まで行ってよいかも確認しておく必要があります。一般児童生徒の下校時間までに終わらせたほうがよいのか、カウンセリングの場合は部活動や委員会活動を行っている児童生徒の下校時間まではよいのか等についても確認しておく必要があります。

(5) 地域資源の理解と連携

勤務する学校に関する地域資源を把握しておく必要があります。例えば、市区町村の教育相談所（教育相談室）、教育支援センター（適応指導教室）、不登校特例校、フリースクール・フリースペース、療育機関、医療機関、児童相談所、子ども家庭支援センター、保健所、警察などです。学校や教育委員会がリストにしている場合もあるため、主任やコーディネーターの先生に聞いてみるとよいかもしれません。また、例えば教育相談所や教育支援センター、その他既に学校が頻繁に連携をしている機関については、挨拶や見学に行ってみるのもよいと思います。顔の見える連携は、いつの時代でも大切です。

(6) 地域性を知る

勤務する学校のある地域について、理解することも大切です。どのような人がその地域には住んでいて、どのような産業、商業施設、娯楽施設があるのか。保護者の人は、どのような背景の人が多いのか。児童生徒が楽しみにしている地域行事やお祭りなどはあるのか。どのような習い事をすることができる施設があり、塾があるのか。図書館や公民館などがどこにあり、どのような活動が行われているのか。このような情報がまとめられている冊子やリーフレットが作られていることもあります。また、出勤前や退勤後に、少し地域の様子を見ながら散歩などをしてみるのもよいでしょう。

（7）自己紹介の機会をつくる

できるだけ早い時期に、教職員に自己紹介をする機会をつくることも必要です。その際に、自分の専門分野や、非常勤での勤務の場合は他の曜日にはどのようなところで勤務をしているかなど（「昨年度までは、○○市○○中学校のSCをしていました」「こちらの勤務日以外では、病院や福祉施設の心理士をしています」「大学院の時は、発達障害や知的障害の研究や教育を専門とする研究室に所属していました」等）を話しておくと、信頼度を高めることにつながる場合もあります（医療にも詳しそうだ、いろんな学校に勤務経験があるようだ、特別支援教育のこともアドバイスしてもらえそう等）。

児童生徒への自己紹介の場もできるだけ早い時期につくれるとよいと思います。異動・着任した他の教職員の自己紹介と一緒に行う場合もあります。学校側が自己紹介の機会をつくってくれることも多いのですが、学校側が想定していない場合は、SC側から申し出てもよいでしょう（「子どもたちに自己紹介をする機会をいただきたいのですが」など）。児童生徒に自己紹介をするときは、発達段階に合わせて、親しみを感じてもらえるような自己紹介をすることが大切です。

2. 学校内での共通認識の必要性

SCが学校に異動した、あるいは新規に着任した年は特に、年度の早い時点の職員会議で、**全教職員にSCの活動や相談室の運営について、共通認識を図る**時間をつくれるとよいでしょう。相談時間のこと、児童生徒の予約の仕方、予約が入っていない時間のオープンルームの使い方、授業参観の仕方等について、**先生方に周知し、理解をしてもらう**ことが目的です。この職員会議の前に、管理職の先生、主任の先生、コーディネーターの先生と打ち合わせて、案を決めておく作業も必要です。共通認識を図るために、「相談室だより　先生方向けの特別号」という形で、自己紹介や相談室運営の基本的方向性を載せたお便りを作成し、教職員に配布することもよいでしょう。

また、別の観点からの共通認識の形成のために、SCが学習指導要領ならびにその解説書、生徒指導提要を読むことも重要だと考えられます。学習指導要領とその解説の特に総則のところには、ガイダンスとカウンセリング、発達の支援、生徒指導、キャリア教育、障害のある児童生徒などへの指導、海外から帰国した児童生徒や外国人の児童生徒の指導、不登校児童生徒への配慮などが書かれています。生徒指導提要（改訂版）には、教育相談を含む生徒指導の考え方や体制、さまざまな課題についての予防や対応、SCを含む多職種連携などについて書かれています。心理学の専門家であるSCからすると、学習指導要領や生徒指導提要（改訂版）に書かれていることについて物足りなさを感じる人もいるかもしれません。しかし、教員をはじめとする学校教職員と連携・協働する上では、共通の考え方や共通の言葉（用語）を持っておくことは、とても重要なことです。ぜひ、教員だけではなくSCも学習指導要領や生徒指導提要を読み、その内容を理解しておきましょう。

3. 校内での活動

（1）相談や予約の方法について知らせる

予約の仕方、相談の仕方等について、児童生徒に伝える必要があります。

予約については、直接SCに口頭で予約する方法、担任の先生や養護教諭の先生を通して予約する方法、保護者を通して予約する方法等があります。今後は、タブレットなど端末から児童生徒が予約できるようにすることも考えられます。

相談時間は基本的に昼休みと放課後、「深刻な悩みなどは授業中に話を聞けることもあるが、担任の先生などに相談室に行くことを伝えて欲しい」ということも説明してよいと思います。

予約が入っていない昼休みや放課後は、相談室に自由にお話に来ていいよ、という形（オープンルーム、居場所機能、校内カフェ機能など）を取る場合は、そのことについても伝えます。他の人に聞かれずに、じっくり話をしたい場合は予約を取ることを勧めます。

このような相談室の利用の方法、予約の仕方については、SCの自己紹介の時に説明する、相談室だよりに載せる（毎号載せているSCも多いです）、相談室のドアなどに掲示する、SCがある学年の児童生徒と全員面談をする場合はそこでも説明する、などの方法をとります。

(2) 児童生徒のカウンセリングをどのように始めるか

支援が必要な児童生徒のカウンセリングをどのようにして始めるかは、とても重要なところです。

児童生徒が自ら望んで相談室に自主来談し、「相談したいことがあるんですけど……」という形で始まることもあります。小学校では、「勉強が分からない」「友だちから嫌なことを言われる」「お母さんとけんかばかりしちゃう」というような相談をする児童もいます。中高生になると、苦しみを言語化したり、自分自身や友人関係、家族関係を客観的に見る目も育ってきたりするため、相談したいことをきちんと自覚して、「長時間、勉強に集中することが苦手」「進路のことで親と対立している」「友だちとしっくりいっていない」というようなことで相談する生徒もいます。

しかし、発達途上にある段階では、真にカウンセリングやその他の支援が必要な児童生徒が、相談する意義を感じられなかったり、抵抗感が強かったりする場合も少なくありません。その場合の自主来談は難しく、保護者や教員からの促しが必要になります。保護者や教員がまずSCと実際に話し、それを基に「私もカウンセラーの先生とお話ししたけど、優しくて、よく話を聞いてくれて、すごくよかったよ！」という話を児童生徒に伝えてもらったことで、支援が必要な児童生徒が相談室に来ることができるようになることもよくあり、初回は保護者か教員が同伴してくれることでうまくいくこともあります。

また、本格的なカウンセリングを始める前に、親しくなって、信頼関係を築くというプロセスが必要な場合もあります。成人の場合も同様ですが、児童生徒の場合は特にそのようなプロセスが大切になります。そのために、教員や保護者と協力して、SCが支援を必要としている児童生徒と関わる機会を工夫してつくる場合もあります。児童生徒の支援において、必ずしも全てのケースでSCがカウンセリングなどの直接支援を行う必要はありません。SCは保護者への助言・援助、教師へのコンサルテーションという間接支援のみで、児童生徒の抱える問題が改善することもあります。しかしながら、SCが支援を必要としている児童生徒と顔なじみになっておくほうが、その後の支援の選択肢が増えることもあり、有効だと考えられます。

(3) 相談室の外での活動

SCは相談室にこもって、そこで児童生徒へのカウンセリングや保護者への助言・援助をするだけでは、期待されている役割を果たすことはできません。「教育相談の充実(報告)」には、以下のことが書かれています。

> 学校及び学級の課題把握のため、SC及びSSWが授業・行事への参加及び観察、休憩時間や給食等の時間を児童生徒と一緒に活動することができるような取組が重要である。

SCの職務内容のところで述べたように、SCは学校全体・学年・学級などの集団についてのアセスメント(情報収集・見立て)を行い、学校及び学級の課題を把握する必要があります。SCは相談室を飛び出し、授業・行事、休憩時間や給食等の時間に児童生徒を観察する必要があります。また、単に観察するだけでなく、授業・行事、休憩時間や給食等の時間に活動に参加しつつ観察する参与観察という手法が効果的なこともあります。学校や学級全体の雰囲気を感じ取ること、集団における関係性(児童生徒同士の関係、児童生徒と教師との関係性など)を把握すること、同時に児童生徒にSCの存在を知ってもらうこと、信頼関係(ラポール)を形成することなどにつながります。

(4) 電話等での対応

児童生徒へのカウンセリングを行う場合、基本的には対面によるカウンセリングが好まれます。SCの立場としては、児童生徒の細やかな点が観察できる、児童生徒の側からは気楽に話せる、絵を描きながらなど、楽しく遊びながらコミュニケーションが取れるなどの利点があります。

一方で、学校に登校することが難しくなっている児童生徒の場合、登校して対面でSCと話すのが難しく、遠隔であれば話すことができるという場合もあります。電話を使ったカウンセリングというのは、スクールカウンセリング制度が始まった当初から行われてきました。相談室に直通電話がある学校も少なくありません。近年は、GIGAスクール構想により、児童生徒が端末を使いやすくなったこともあり、遠隔であれば顔を出して話すことができる児童生徒もいます（詳しくは「(7) オンラインでのカウンセリング」参照）。

保護者への助言・援助の場合も、対面で行われることが多いです。しかし、仕事の関係などで、来校して対面で話すことは難しくても、電話であれば話すことができるという保護者もいます。保護者への助言・援助においても、電話や遠隔での面談を効果的に使うことが大切です。

(5) 家庭訪問

SCの家庭訪問については、自治体によって対応が異なります。SCは家庭訪問をしてはいけないという規定がある自治体もあります。担任教員に同伴するという形では実施してもよい自治体、あるいはSCが家庭訪問することを可能としている自治体もあります。

SCが家庭訪問をすると、移動の時間も含めて長時間、学校を離れることになります。また、家庭訪問されると侵襲された感じがするということで嫌がる児童生徒もいることに配慮する必要があります。一方で、学校に登校することは難しいが、家庭訪問をしてくれるなら喜んでSCと会うことができるという児童生徒もいます。

自治体の規定や児童生徒のニーズに合わせて、SCが家庭訪問を行うのか、SSWや担任に家庭訪問は任せて、SCは保護者への助言・援助、教員へのコンサルテーションを担当したほうがよいのか、などの判断をチームで行う必要があります。

(6) メールやSNSでのカウンセリング

コロナ禍で対面での面談が難しい状況になったこともあり、メールやSNSでのカウンセリングに注目が集まっています。教育相談やスクールカウンセリングの場では、以前から対面で話をすることが難しい児童生徒、抵抗感がある児童生徒で、さらに電話も苦手としている場合は、古くはFAXを使ったコミュニケーションなども図られていました。その後は、児童生徒がメールを使える場合は、メールでのコミュニケーションも行われていました。SNSを使った教職員・SCと児童生徒とのコミュニケーションも技術的には便利ではありますが、教職員と児童生徒との私的なやりとりの問題などが発生したこともあり、学校の教育相談ではSNSはあまり使われていません。ただし、自治体ではSNSを活用した児童生徒向けの悩み相談等も展開されています。

対面も苦手、電話も苦手な児童生徒にとっては、自分のペースで、自分の調子がよいときにじっくりと考えながら文字を入力できる形でコミュニケーション、相談等ができるメールやSNSの活用は、大変有効なときがあります。話すより、文字に書くほうが得意で、自分の気持ちを表現しやすいという児童生徒もいます。また、電話などで話していることを家族に聞かれるのが嫌だが、文字ならそれを気にせずに送ることができるという場合もあります。

一方で、スクールカウンセリングや学校の教育相談の枠組みでメールやSNSを使う場合、いくつか気を付けなければならない点があります。まず、メールやSNSでのカウンセリングの場合は、24時間、365日、児童生徒がメッセージを送ることができ、SCもそれを読むことが可能な状態になるということです。対面でのカウンセリングの場合は、伝統的にはSCの勤務時間中に、1人の児童生徒とは最頻でも週に1回程度（場合によっては隔週などもある）、1単位時間（45分や50分、60分など）、相談室で話すという時間と空間、そして児童生徒とSCという関係性の「枠」が決まっています。この枠の中で面談を行うことにより、クライエントとしての児童生徒、そしてSCを守り、カウンセリング等の効果を最大限にします。もちろん、SCの活動は伝統的なクリニックモデルではなく、コミュニティ支援の側面が強くあるため、この枠は一般的なカウンセリングよりも緩くしている側面もあります。しかしながら、メールやSNSでのカウンセリングの場合は、時間（時刻と費やす長さ）は無制限になる可能性があり、空間的にはサイバー空間とも、児童生徒・SCのプライベートな空間で展開されるとも言えます。このようなこともあり、児童生徒とSCとの関係性も、より個人的に近く感じられるようになり、多くの伝統的な枠とはかなり異なったカウンセリングの構造になります。

このようなメールやSNSでのカウンセリングは、対面で伝統的な枠を守ってのカウンセリングよりも、効果を上げることもあるかもしれません。しかしながら、さまざまな危険性も伴います。例えば、教員と児童生徒の間でメールを使った相談活動で、次のようなことがあちこちで聞かれるようになっています。

悩みを抱えているが、対面で教員と話すことが苦手な児童生徒が、教員にメールで自分の心の内を送ってくるようになった。教員もそれを喜び、誠実に返事を書いていた。やがて、児童生徒からのメールの頻度が増え、特に夜間に深刻な内容のメールを送ってくるようになった。対応している教員は疲弊し、こまめに返信をすることが難しくなった。教員に親しさを感じ、心を開いていた児童生徒は返信が少なくなったのは、自分が嫌われた、見捨てられたからだと感じ、より不安定な状態になった。

こうした心配もあるため、メールやSNSを使ったカウンセリングは、夜間対応の職員を配置している自治体等の事業を利用してもらい、SCの活動においては予約の変更などの連絡等に制限をしたほうがよいと考えられます。

(7) オンラインでのカウンセリング

オンラインミーティングツール（ZoomやGoogle Meet、Microsoft Teams等）を使った面談は、SCでも取り入れやすい方式だと言えます。遠隔ではありますが、ライブでのコミュニケーションであれば時間の枠も守られる上、相談室から接続することができればSC側の空間の枠も守られます。お互いのカメラをオンにすることも、オフにすることも簡単にできるところは、電話よりも便利なところでもあります。ただ、電話でのカウンセリングと共通するところでもありますが、日本の住宅事情を考えると、SCと児童生徒が話している声を他の家族に聞かれる可能性があり、そのことに抵抗感がある児童生徒もいます。防音がしっかりしている自分用の個室がある児童生徒はそれほど多くなく、家族に話を聞かれたくない児童生徒の場合は、家族がいる時間のオンラインでのカウンセリングも難しくなってしまいます。そのことは、保護者への助言・援助にオンラインミーティングツールを使う場合も当てはまります。

欧米では、コロナ禍を機に、オンラインでのカウンセリングが拡大し、この方式は今後も維持されるのではないかと言われています。日本でも、ICT技術的には可能になっており実施もされているのですが、他の人に話を聞かれることがない部屋から接続することができるかという点で日本の場合は課題があり、成人へのカウンセリングも含め、改善していく必要があると考えられます。

(8) アンケート

学校ではさまざまなアンケート（質問紙）が実施されています。その中には、自治体や学校の全体的な傾向を検討するための調査・研究が主な目的なものもあります。また、課題や困難を抱えている個々の児童生徒を発見し、支援につなげることを目的としたものもあります。後者の代表として、現在最も広く行われているアンケートには、いじめに関するものがあります。定期的に行われるいじめのアンケートのように、学校の全児童生徒を対象に実施し、課題や困難の早期発見を目的としたものを「**スクリーニング（テスト）**」と呼びます。生徒指導提要（改訂版）や「不登校に関する調査研究協力者会議報告書」などでも注目されています。山野・石田・山下（2020）はスクリーニングを「子どもの最善の利益のためにすべての子どもを対象として、問題の未然防止のために、データに基づいて潜在的に支援の必要な子どもや家庭を適切な支援につなぐための迅速な識別」と定義しています。スクリーニングテストには、児童生徒自身が回答するものと、教職員が回答するもの（チェックリストなど）があり、虐待やヤングケアラーの問題、心の健康などの問題についての早期発見につながることが期待されています。

SCはアンケートについて、次のようなところで関わることができます。まずは、アンケートの計画や準備段階での関わりです。心理学を専攻する学部や大学院を卒業・修了しているSCは、アンケートの作成や実施を行ったことがある人が多くを占めます。学校で行われるアンケートは、自治体が制作したものが多いのですが、質問項目や実施方法が日的に合っているかを確認する際に、SCが専門性を発揮することができます。また、アンケートの結果を解釈し、必要な対応を考える際にも、SCが専門性を発揮することができます。生徒指導提要（改訂版）では、「スクリーニング会議」は、教育相談コーディネーターをはじめ、生徒指導主事、特別支援教育コーディネーター、養護教諭、SC、SSWなどが集まり、リスクの高い児童生徒を見いだし、必要な支援体制を整備するために開催される会議と定義されています。このスクリーニング会議にSCが参加することができれば、問題の把握、解釈、見立て、支援方針を立てていく際に、大変効果的だと考えられます。

4. 問題が起こったときの対応

(1) 対応の流れ

生徒指導提要（改訂版）では、図2-1のような生徒指導の重層的支援構造が示されています。全ての層でSCが関わることが期待されているのですが、特に「課題早期発見対応」「困難課題対応的生徒指導」の層で、SCの果たす役割が重要になります。

［図2-1］　生徒指導の重層的支援構造

対象	課題性	支援構造	時間軸
特定の児童生徒	高	困難課題対応的生徒指導	即応的 継続的（リアクティブ）
		課題早期発見対応	
		課題予防的生徒指導：課題未然防止教育	常態的 先行的（プロアクティブ）
全ての児童生徒	低	発達支持的生徒指導	

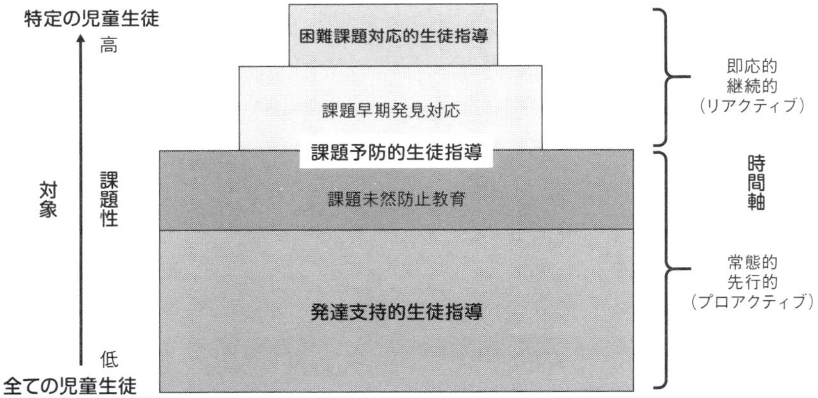

生徒指導提要（改訂版）を基に作成

「課題早期発見対応」は、成績が急落する、遅刻・早退・欠席が増える、身だしなみに変化が生じたりする児童生徒に対して、いじめや不登校、自殺などの深刻な事態に至らないように、早期に教育相談や家庭訪問などを行い、実態に応じて迅速に対応します。スクリーニングテスト、本人や周囲の人からの情報収集を基に、SCやSSWを交えた会議を実施し、気になる児童生徒を早期に発見して、指導・助言などを行います。こうした支援に関われるのは、学校内の専門スタッフであるSCの強みの一つと言えるでしょう。

「困難課題対応的生徒指導」は、いじめ、不登校、少年非行、児童虐待、希死念慮（自殺企図）など困難な課題に直面している児童生徒への特別な指導・援助になります。即応的、継続的支援が必要であり、SCも加わる校内連携型支援チームや、学校外の関係機関等との連携・協働によるネットワーク型支援チームを編成することが必要になります。

生徒指導提要（改訂版）では、「困難課題対応的生徒指導」と「課題早期発見対応」におけるチーム支援のプロセスが示されています（図2-2)。

［図2-2］ チーム支援のプロセス
（困難課題対応的生徒指導及び課題早期発見対応の場合）

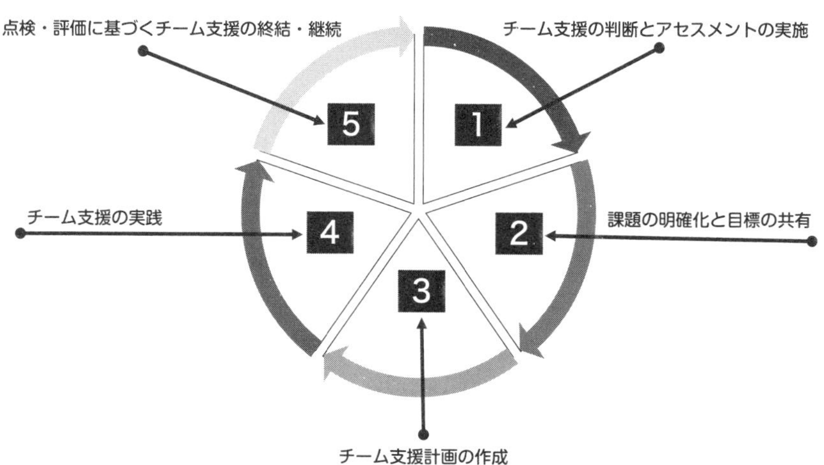

生徒指導提要（改訂版）を基に作成

1は、生徒指導主事や教育相談コーディネーター等が中心となり、関係する複数の教員、SC、SSW等が参加し、アセスメントのためのケース会議を行います。当該児童生徒の課題に関連する問題状況や緊急対応を要する危機の程度等について情報を収集・分析・共有し、チーム支援の必要性と方向性について判断します。アセスメントには多種多様な方法がありますが、生徒指導提要（改訂版）では生物心理社会モデルに基づくアセスメントが挙げられています（第3章参照)。SCはアセスメント、特に心理アセスメントを得意としています。必要に応じて自らがアセスメントを行うことに加えて、チームメンバーから集まってくる情報を整理して、見立てていくところでもSCの専門性は期待されています。

2は、課題を明確化し、具体的な目標（方針）を共有した上で、それぞれの専門性や持ち味を生かした役割分担を行うことです。ケース会議で、その児童生徒や家庭に必要な指導・援助は何か、どうやってそれを届けていくかを決定します。SCはチームの中で自分はどの役割を担当できるかを考えるとともに、チームの他のメンバーにはどのような役割を担ってもらうのがよいかを提言したりします。

3は、アセスメントに基づいて、問題解決のための具体的なチームによる指導・援助の計画を立てることです。「何を目標に（長期目標と短期目標)、誰が（支援担当者や支援機関)、どこで（支援場所)、どのような支援を（支援内容や方法)、いつまで行うか（支援期間)」を記載した「チーム支援計画」を作成し、支援目標を達成するための支援チームを編成します。SCは自分が果たす役割、他のメンバーが果たす役割や支援の方針について積極的に提言していきます。

4は、チーム支援計画に基づいて、チームによる指導・援助を組織的に実施することです。ケース会議の開催、関係者間の情報共有と記録保持、管理職への報告・相談などが含まれます。

5はチーム支援計画で設定した長期的、短期的な目標の達成状況について学期末や学年末に総括的評価を行うことです。支援計画の目標が達成されたと判断された場合は、チーム支援を終結し、未達成の場合は継続します。年度を越えて継続する場合は、チームのメンバーが変わることも多いため、引き継ぎを丁寧に行います。

(2) ケース会議の実際

ケース会議は、即応的、継続的に対応したほうがよいケース（事例）が生じたときに、校内連携型支援チームを形成して行われます。教育相談コーディネーター等、特別支援教育コーディネーター、養護教諭、SC、SSWに加え、学年主任や各分掌の主任等を含む比較的多様なメンバーで構成される支援チームで行われることが多いです。管理職（校長、副校長・教頭）が参加することも多いです。また、外部との連携が必要な場合は、学校外の関係機関の人が参加する場合もあります。

ケースの緊急度、深刻度によりますが、初回のケース会議は、できるだけ早く、可能であれば必要と判断した日のうちに実施できることが望ましいです。全体的なプロセスは、「図2-2　チーム支援のプロセス」で示された形で進めていきます。教育相談コーディネーター等が各回のケース会議の進行を務めます。可能な限り、終了時間を定めて、今日はどこまで行うかを最初に確認して、進めていくのがよいでしょう。

重要なこととして、**常勤でない限り、SCは初回のケース会議、あるいは毎回のケース会議には出席できないことも多い**点が挙げられます。**SCは自分の勤務日に、ケース会議の記録に目を通し、チームのメンバーと意見交換をしたり、文書で意見を残したりすることが必要**です。ケース会議に出られなかったとしても、積極的に情報共有、提言などを行い、チームのメンバーとしての役割を果たす必要があります。SCは心理学の専門家として、情報提供、見立て、目標や方針の検討、指導・援助内容の決定、役割分担などについて意見を求められることも多いです。そうした期待に応えられるよう、日ごろから職能開発に励むことが大切です。

5. 報告と継続的見守り

学校外での専門機関でのカウンセリングは、ある頻度（週に1回等）で継続的に行うことが前提とされている場合が多いです。SCが児童生徒に行うカウンセリングも同様の形の場合が多いのですが、学校という場の特徴を生かして、柔軟に設定することもあります。

例えば、アセスメントとラポール（信頼関係）の形成のためにSCがカウンセリングを行いますが、教員や保護者、外部の関係機関の専門家など児童生徒が信頼している支援者がいて、そのような人からの支援が適切に行われており、それが機能しているとSCやチームが判断した場合、SCのカウンセリングは数回のみ、あるいは単発で行われる場合もあります。その後は、SCはその児童生徒の見守り（他の教職員から報告を受ける、授業などを観察する）は継続しますが、カウンセリングは継続しないこともあります。また、児童生徒が何か話したいことが出てきた場合に、何か月後、あるいは何年後かに、児童生徒が自主的に予約を取って来談するようなこともあります。保護者との面談についても同様で、初期の頃は定期的に、頻繁に面談を行いますが、その後、状態の改善や課題の解決に至った場合は、頻度を少なくする（学期、年度で1回等）、あるいは不定期にして必要が出てきたときに面談を設定することもあります。

カウンセリングの継続については、SCや教職員の判断と、児童生徒や保護者のニーズや要望によって決まりますが、多くの場合は一致することが多いようにも感じます。SCや教職員がそろそろSCのカウンセリングの頻度を少なくしてもいいかなと思うような状態になると、児童生徒や保護者もそろそろSCと話をするのは時々か、また何かあった時でいいかなと感じていることが多いです。学校外の専門機関と違ってよいところとして、児童生徒が学校に在籍していて、SCもその学校に勤務している限り、また気軽に会いに行ったり、話をしたりすることができるという安心感があるところが挙げられます。

小学校を卒業して、中学校に入学するなどの際に、**学校間で配慮や支援を必要とする児童生徒についての引き継ぎが行われることが多い**です。そういった引き継ぎに、SCも関われると効果的です。理想的には、小学校のSCと中学校のSCが直接、話をする機会が取れるとよいと思いますが、難しい場合は**学校間で引き継がれる情報をSCが把握する**ような形も考えられます。

また、SCが異動したり、退職したりしてその学校を離れる場合は、後任のSCへの情報の引き継ぎも重要になります。この場合も、両方のSCが会って話ができるのが理想ではありますが、難しい場合は学校として組織的に支援を展開している事例も多いと考えられるため、その児童生徒の支援に関わっている教職員に後任のSCに伝えたいことの情報を託すという方法もあります。

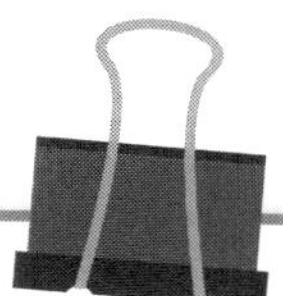

第3章

子どもの発達と悩み

◎第３章にあたって

教育現場では「発達」という言葉は当たり前のように使用されています。本章では改めて発達の意味から振り返り、子どもの心身の発達について解説していきます。子どもの悩みを理解する上でも、発達について知っておくことは重要です。また、いくつかは経年変化も取り上げました。「最近の子どもは」という表現はよく使われますが、一部の事例を取り上げて全体の傾向として理解していたり、かなり前の特徴を現代の児童生徒の状況として理解していたりする場合も少なくありません。できるだけ新しい情報を理解しておくようにしましょう。発達に関する理論や知見は非常にたくさんありますが、ここではスクールカウンセリングを行う上で有用と思われることについて述べていきます。

1. 発達の理論

(1) 発達と発達段階

「発達」は「個体が時間経過に伴ってその心的・身体的機能を変えてゆく過程。遺伝と環境とを要因として展開する」と定義されています(広辞苑第七版：新村，2018)。年齢が変わることによって、心や身体の働きが変わっていくプロセスと考えるとよいでしょう。「遺伝と環境とを要因として」のところについては、最近はのちに述べる生物心理社会モデルによって、より精緻化していると言えます。

また、「発達段階」とは「特定の能力、特徴、行動のパターンが現れている発達期間」と定義されます（APA心理学大辞典：ファンデンボス，2013)。同じ年齢・同じ学年の子どもは、似たような能力、特徴、行動のパターンを示しやすく、それが段階のようになっているという考え方です。したがって、2017（平成29）年告示の小学校及び中学校の学習指導要領に書かれている「発達の段階を考慮して、適切な指導を行うこと」というのは、ある年齢（学年）では、児童生徒はこのような能力、特徴、行動のパターンを示しやすいということを考慮して、適切な指導方法を選び、実施することと解釈することができます。

しかし、例えば「小学校学習指導要領（平成29年告示）解説　特別の教科　道徳編」には、「多くの児童がその発達の段階に達するとされる年齢は目安として考えられるものであるが、児童一人一人は違う個性をもった個人であるため、それぞれ能力・適性、興味・関心、性格等の特性等は異なっていることにも意を用いる必要がある」と記されています。つまり、**同じ年齢の児童生徒は概ね同じ発達段階にあるという目安を持ちつつも、一人一人の個性は異なり、発達の個人差があるということも考慮する必要**があります。スクールカウンセリングでは、標準的な発達（最近では「定型発達」と言われることが多いです）ではない特徴のある児童生徒と関わることも多く、このような発達観を持っておくことが大切です。

（2）生物心理社会モデル

発達や心身の不調に影響を及ぼす要因としては、古くから「遺伝」と「環境」という側面から捉えられることが多くありました。近年では、こうした考え方をさらに精緻化したとも言える、「生物心理社会モデル」（Bio-Psycho-Social Model：BPSモデル）の考え方が広がっています。**人間の発達や心身の不調等の問題には生物学的要因、心理学的要因、社会学的要因が互いに関連し合って影響しているという考え方**です。図3-1に、生物心理社会モデルの例を示しました。それぞれの要因の構成要素は、著者がスクールカウンセリングを想定して挙げたものであり、あくまで例として考えてもらえればと思います。

[図3-1]　生物心理社会モデルの例

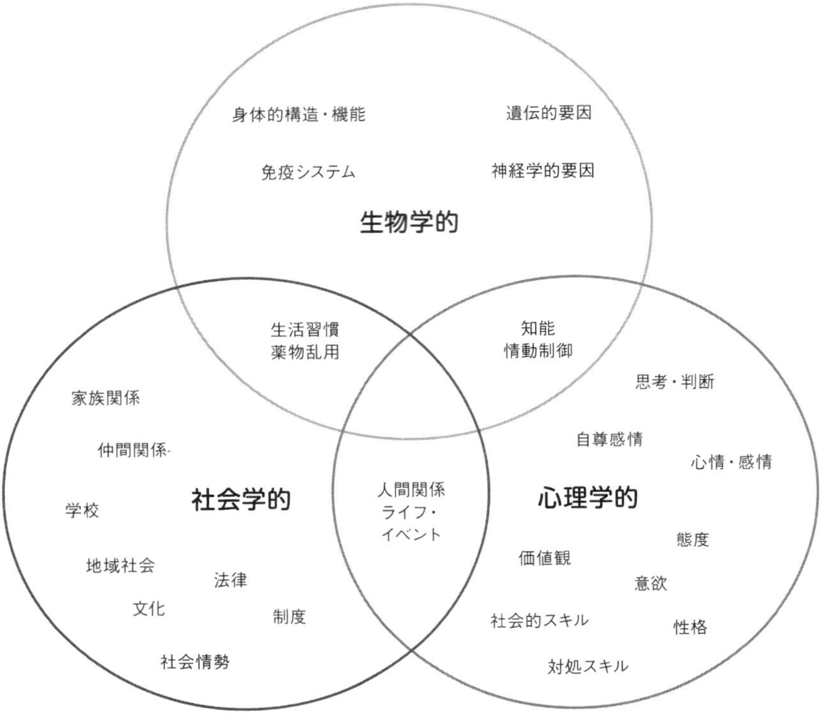

生物学的要因には、主に遺伝や神経系に関する要因があります。遺伝の要因だけではなく、誕生後の栄養状態、疾患や事故によって生じるさまざまな生物学的な特性や状態が含まれます。生まれつき穏やかな子、イライラしやすい子、感受性の強い子、探求への意欲の強い子などがおり、特に幼い時の個人差には生物学的要因の影響が大きいと考えられています。また、知的障害や発達障害、精神疾患には、脳の構造や機能、神経伝達物質などの生物学的要因が関係しています。

心理学的要因としては、その児童生徒の記憶、思考、感情、信念、意欲、態度等があります。心理学的要因は、教職員が専門性を発揮して関わりやすい要因であると言えます。教育心理学等の知見を参考に、心理学的要因についての理解を深めることにより、効果的な教育活動が行えるようになると考えられます。

社会学的要因としては、家庭の要因、学級・学年・学校の要因、地域や国、文化から受ける影響などがあります。児童生徒が生活する集団や社会において、どのようなコミュニケーションが行われているか、何が大切とされ、何が悪いこととされているか、医療、福祉、文化、教育的サービスへのアクセスがしやすいか、などが発達に影響を与えます。学級風土や学校文化が児童生徒の道徳性の発達に与える影響は非常に大きく、家庭や地域コミュニティの状況が児童生徒の発達に与える影響もまた非常に大きいです。

生物心理社会モデルは、それぞれの要因が独立して発達に影響を与えるということだけではなく、それぞれの要因が影響を与え合っており、システムとして発達を捉えていくことが大切です。例えば、心理学的要因である児童生徒の思考や感情は、脳機能などの生物学的要因によって影響を受けている一方、その児童生徒が生まれ育っている環境などの社会学的要因からの影響も受けている、というような理解をする必要があります。

生徒指導提要（改訂版）では、生物心理社会モデル（BPSモデル）の観点から、生徒指導上の問題や教育相談の対象となることについて捉える必要性が述べられています。渡辺・小森（2014）では、「バイオサイコソーシャルアプローチ」という考え方が示されており、生物心理社会モデルの観点からアセスメントをしたり、見立てたりするだけではなく、**支援を展開するときも生物心理社会の要因にアプローチをしていく必要**が述べられています。学校におけるスクールカウンセリングにおいても、今後ますます、生物心理社会モデルの考え方が求められることが予想されます。

（3）生態学的システム

［図3-2］　子どもの発達に影響を与える生態学的システムの例

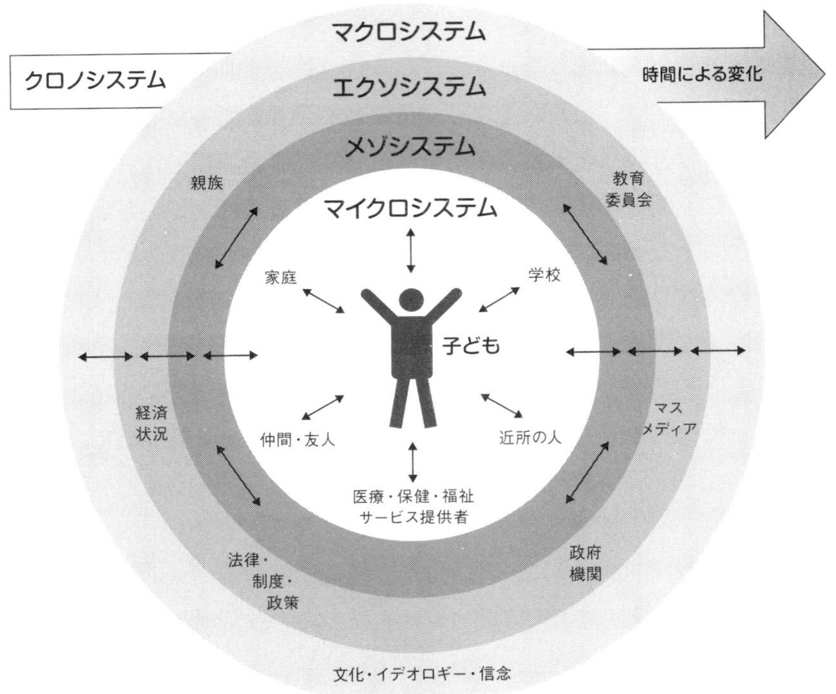

ブロンフェンブレンナー（1996）・OECD（2020）を参考に著者作成

発達の研究や実践は、人に焦点を当てることが多いですが、ブロンフェンブレンナーは発達を個人とシステムの複雑な相互作用で考える「**生態学的システム理論**」を提唱しました（ブロンフェンブレンナー〈1996〉・OECD〈2020〉）。生物心理社会モデルでいうと、社会学的要因に関するシステムに焦点を当てた理論です。**さまざまな水準のシステムに位置する存在が子どもと相互に影響を与え合い、子どもはその影響を通して発達する**と考え、システムに位置する存在同士も相互に影響を与え合うと考えます。

「**マイクロシステム**」は、子どもが直接、相互作用をする身近な人や組織のシステムです。子どもが特に幼い時は、家庭による影響が強いと言えます。しかし、特に地域コミュニティが機能している場合は、子どもと直接関わる近所の人の影響も受けます。また、保育園や幼稚園、学校に行くようになると教職員や仲間・友人の影響も強くなります。医療・保健・福祉サービス提供者も、子どもの発達に影響を与えます。

「**メゾシステム**」は、子どもが直接関わる人や組織同士の相互作用、関係性、連携のシステムのことです。家庭と学校との関係性、医療・保健・福祉サービス提供者と地域との連携などです。関係性や連携がよいと、子どもの発達にとってよい影響を与えやすくなります。反対に、関係性や連携がよくないと、子どもの発達にとってよくない影響を与えることもあります。

「**エクソシステム**」は、子どもへ直接的な関与は少ないですが、マイクロシステムに影響を与え、間接的に子どもの発達に影響を与えるシステムのことです。例えば、家庭がどのような子育てをするかは、生活する地域や社会の経済状況が影響を与え、親族の価値観や支援、マスメディアの情報も影響を与えます。学校で子どもがどのような学びや経験をするかは、国や地方自治体の教育委員会の方針や教職員配置に影響を受けます。子どもと直接関わるマイクロシステムを改善するためには、それを取り巻くエクソシステムの改善なしには実現しにくいことも多くあります。OECD（2020）のように、法律やマスメディアは「マクロシステム」に含める場合もあります。

「**マクロシステム**」は、子どもを取り巻く環境に影響を与える社会的・文化的なイデオロギーや信念等のシステムです。教育や福祉関係者だけではなく、市民や国民がどのような子育て観や教育観を持つかなどが、エクソシステムに影響を与え、それがマイクロシステム、子どもたちにも影響を与えます。

「**クロノシステム**」は、各システムに位置する存在の活動や相互作用、影響の時間による変化のシステムです。システムは意図的に、あるいは自然に変化していきます。現在、そして未来に向けて子どものよい発達を促すシステムにするためには、少し前のシステムを理解して改善点を考える場合もあります。

スクールカウンセリングを行う場合、子どもを取り巻くさまざまなシステムを視野に入れる必要があります。マイクロシステムに含まれる学校以外の人や組織の力をどのように活性化させ、メゾシステムの水準での協働を促すか、子どもの代弁者（アドヴォケイト）としてエクソシステム等に働きかけ、提言するかなどの視点も大切です。

SCや心理職の人は、さまざまな社会学的問題を人や子どもの心の問題であると捉える傾向があり、それによって人々の社会問題への視点をそらしているのでは、という指摘もあります。そうした問題は、「心理主義」とも言われます。新時代のSCは、より意識して社会学的な視点を持つ必要があると考えられます。

2. 発達のさまざまな側面

（1）身体の発達

さまざまな発達の側面として、まず身体の発達について述べていきます。発達心理学という領域があるように、スクールカウンセリングに関する発達では、主に心理面に焦点を当て、身体面の発達については焦点を当てないことも多くあります。しかし、**児童生徒の自己像、成長の自覚、自己表現、自尊感情において、身体的な発達は大きな影響を与えます**。例えば体形の大きさが自信や劣等感の発達に影響を与えることや、急激な体形の変化が自己像の変化を生むこともあります。このようなことから、児童生徒の身体の発達について知っておくことは、児童生徒の心理面での発達や悩みを理解する上でとても重要になります。

表3-1に、「学校保健統計調査」の結果を基に2021（令和3）年度の男子・女子の、年齢別の平均身長を示しています。9歳、10歳、11歳では女子が男子の平均身長を上回っています。

また、表3-2に2001（平成13）年度生まれと1971（昭和46）年度生まれの者の年間発育量の比較（身長）を示しました。図3-3はそれをグラフにしたものです。令和元年度17歳とその親の世代との比較になります。令和元年度17歳では、男子では11歳時及び12歳時に、女子では

［表3-1］　平均身長の比較

単位（cm）

	5歳	6歳	7歳	8歳	9歳	10歳	11歳	12歳	13歳	14歳	15歳	16歳	17歳
男子	111.0	116.7	122.6	128.3	133.8	139.3	145.9	153.6	160.6	165.7	168.6	169.8	170.8
女子	110.1	115.8	121.8	127.6	134.1	140.9	147.3	152.1	155.0	156.5	157.3	157.7	158.0

「令和３年度学校保健統計調査」を基に作成

[表3-2] 平成13年度生まれと昭和46年度生まれの者の年間発育量の比較（身長）

単位（cm）

区分		男子		女子	
		平成13年度生まれ（令和元年度17歳）	昭和46年度生まれ（親の世代の17歳）	平成13年度生まれ（令和元年度17歳）	昭和46年度生まれ（親の世代の17歳）
幼稚園	5歳時	6.0	5.4	6.0	5.3
小学校	6歳時	5.9	5.5	5.9	5.8
	7歳時	5.6	5.7	5.7	5.8
	8歳時	5.3	5.2	6.1	5.7
	9歳時	5.4	5.2	6.6	6.4
	10歳時	6.1	5.8	6.7	6.9
	11歳時	7.5	6.9	5.0	5.6
中学校	12歳時	7.3	7.7	3.1	3.6
	13歳時	5.4	6.2	1.6	1.9
	14歳時	3.0	3.8	0.6	0.8
高等学校	15歳時	1.7	1.9	0.5	0.4
	16歳時	0.7	0.9	0.3	0.3

※1 年間発育量とは、例えば、平成13年度生まれ（令和元年度17歳）の「5歳時」の年間発育量は、平成20年度調査6歳の者の身長から19年度調査5歳の者の身長を引いた数値である。

※2 網かけ部分は、5～16歳時のうち最大の年間発育量を示す。

「令和元年度学校保健統計調査」調査結果の概要より作成

9歳時及び10歳時に最大（または次点）の発育量を示しています。女子のほうが男子に比べて1歳早くなっていることが特徴です。また、令和元年度17歳の発育量を親の世代と比較すると、男子では発育量が最大となる時期は親の世代より1歳早くなっており、5歳、6歳及び8歳から11歳の各歳時に親の世代を上回っています。女子については、発育量が最大となる時期は親の世代と同じ10歳となっていて、5歳、6歳、8歳、9歳、15歳の各歳時で親の世代を上回っています。男女で発育のスパートの時期が異なること、世代によって発育のスパートの時期が異なることが注目すべき点です。

なお、日本の子どもの平均身長を17歳で比較してみると、第二次世界大戦後は一貫して上昇傾向にありましたが、男女とも1994（平成6）年度に最高値を示した後はほぼ横ばいか多少の増減を繰り返している状況です。平均身長が伸びたことには、栄養状態の改善の影響が大きいと

[図3-3] 平成13年度生まれと昭和46年度生まれの者の年間発育量の比較（身長）

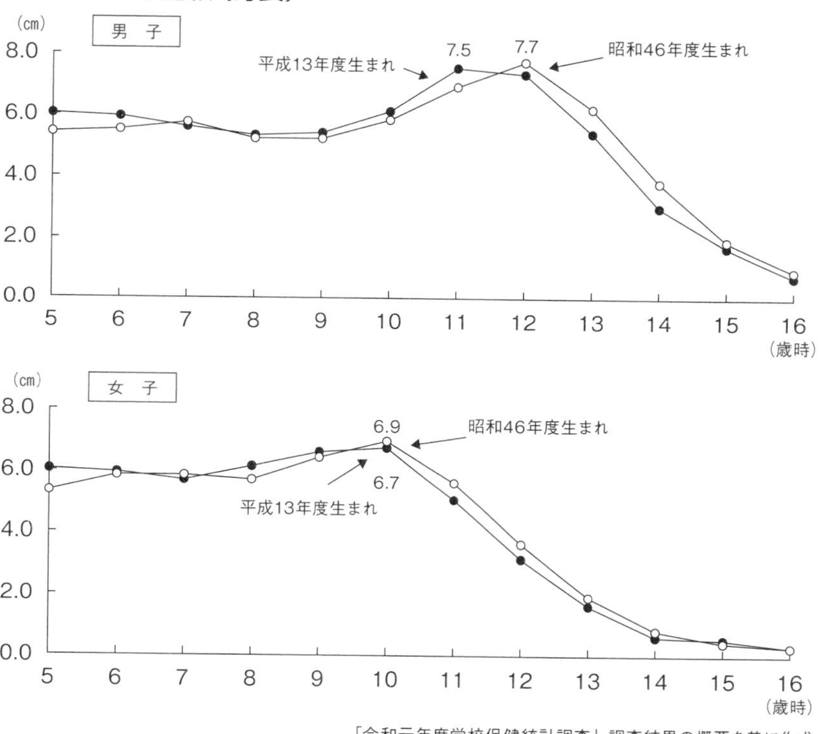

「令和元年度学校保健統計調査」調査結果の概要を基に作成

考えられています。

その年齢の平均身長から標準偏差の2倍以上低い場合に、医学的な低身長とされます。低身長は必ずしも疾患とは言えないのですが、低身長の背景に何らかの疾患が影響している場合もあります。また、児童生徒本人が低身長のことで悩む場合もあります。成長ホルモン注射が有効と医師が判断し、本人や保護者が希望した場合は成長ホルモン注射による治療が行われる場合もあります。

[図3-4]　肥満に該当する割合の経年変化

【小学生】

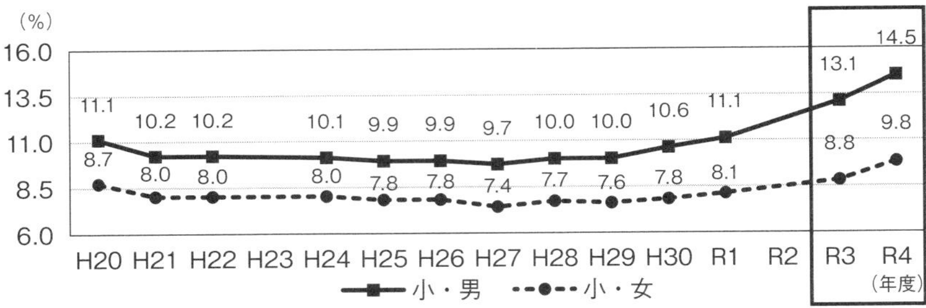

【中学生】

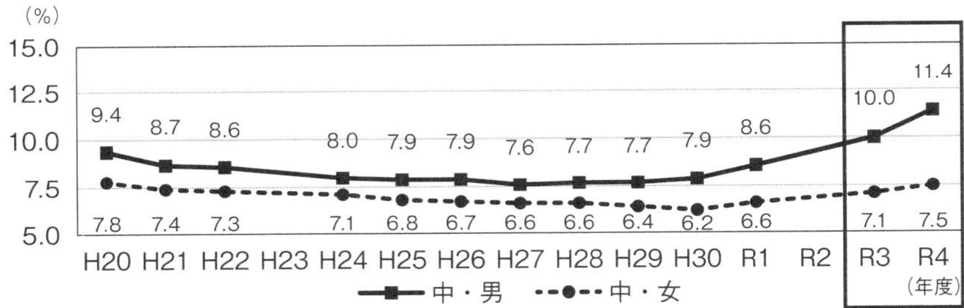

※小学５年生及び中学２年生を調査対象としている。
平成23年度と令和２年度は実施していない。

「令和４年度全国体力・運動能力、運動習慣等調査」結果の概要を基に作成

[表3-3]　年齢別痩身傾向児の出現率

単位（%）

		5歳	6歳	7歳	8歳	9歳	10歳	11歳	12歳	13歳	14歳	15歳	16歳	17歳
男子	平成18年度	0.39	0.35	0.39	0.87	1.51	2.33	2.48	1.99	1.37	1.46	1.98	1.61	1.39
	令和3年度	0.30	0.28	0.31	0.84	1.42	2.32	2.83	3.03	2.73	2.64	4.02	3.34	3.07
女子	平成18年度	0.42	0.53	0.58	1.08	1.82	2.72	2.49	3.53	3.39	2.76	2.22	1.50	1.23
	令和3年度	0.36	0.49	0.56	0.83	1.66	2.36	2.18	3.55	3.22	2.55	3.10	2.33	2.19

「学校保健統計調査」年次統計を基に作成

図3-4に、2022（令和4）年度の「全国体力・運動能力、運動習慣等調査」（スポーツ庁, 2022）の肥満に関する結果を示しました。近年は肥満に該当する児童生徒が増加傾向にあり、特にコロナ禍の令和3年度にかなり増加していることが分かります。

表3-3に、2006（平成18）年度と2021（令和3）年度の痩身傾向児の出現率を示しました。中学校入学以降の痩身傾向児の出現率が増加していることが懸念されています。

身体の発達は、子どもの自己概念に影響を与えます。急激に体が大きくなることを誇りに思ったり、自信を高めたりする子どももいる一方、恥ずかしく思ったり、周りの見る目が変わり戸惑いを覚えたりする子どももいます。**身体の発達は子どもの悩み事につながることも少なくありません**。

思春期になると、身長や体重が増加するだけではなく、体つきが大人のように変化する**第二次性徴**が訪れます。陰毛の出現、男子では男性器の発達、精通、声変わり、女子では乳房の発達や体つきが丸みを帯びる、初潮等の変化があります。**第二次性徴を児童生徒がどう受け止めるかについては、個人差が大きい**です。同級生より第二次性徴が早いことで自信を持ったり喜んだりする児童生徒もいる一方で、恥ずかしく思ったり苦痛を感じたりする児童生徒もいます。時間をかけて受容し、おしゃれを楽しむという方向で自分の性を受け入れる子どももいます。

また、**生物学的性と性自認とが一致していない子どもにとって、第二次性徴の時期は大変辛い思いをすることが多い**です。第二次性徴は、いくつかのホルモンの分泌が活発になることと関係があります。ホルモンは、神経伝達物質のように、精神状態にも影響を与えることがあり、思春期は生物学的にも情緒不安定を引き起こしやすいと考えられています。

身体の発達や第二次性徴に関する悩みについては、養護教諭とSCの連携が特に求められる課題の一つと言えます。

(2) 体力・運動能力の発達

表3-4に、2022（令和4）年度の「全国体力・運動能力、運動習慣等調査」で、実技テストの結果の一部をまとめたものを示しています。小学校は5年生、中学校は2年生が調査の対象となっています。各種目において、小学校から中学校にかけて体力・運動能力が向上することを示しています。

[表3-4] 体力・運動能力の小中学生・性別の比較

	男子		女子	
	小学５年	中学２年	小学５年	中学２年
握力 (kg)	16.21	28.95	16.10	23.17
上体起こし (回)	18.86	25.64	17.97	21.58
長座体前屈 (cm)	33.80	43.76	38.20	46.05
反復横とび (点)	40.37	51.02	38.67	45.81
20 mシャトルラン (回)	45.93	77.69	36.98	51.34
50 m走 (秒)	9.53	8.06	9.70	8.97
立ち幅とび (cm)	150.86	196.82	144.59	166.89

「令和４年度全国体力・運動能力、運動習慣等調査」報告書を基に作成

また、図3-5に同調査の体力合計点の経年変化を示しています。子どもの体力・運動能力の低下が懸念され、さまざまな試みが行われた結果、平成の終盤には体力・運動能力の改善傾向が見られていました。しかし、2019（令和元）年度の調査で体力合計点の低下が見られたのち、新型コロナウイルスの感染拡大の影響などもあり、体力・運動能力の急激な低下が現れています。

[図3-5] 体力合計点の経年変化

【小学5年生】

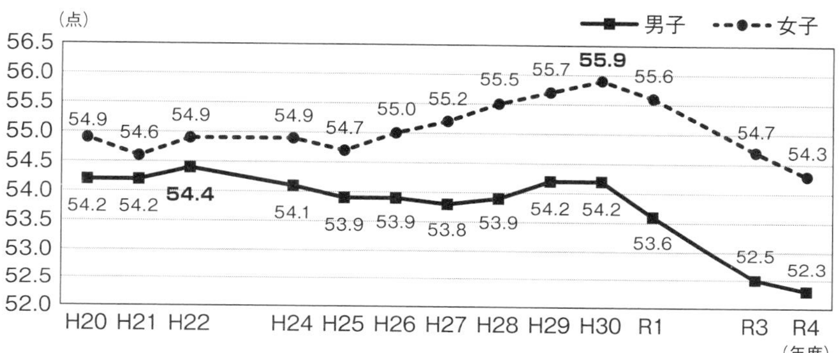

【中学2年生】

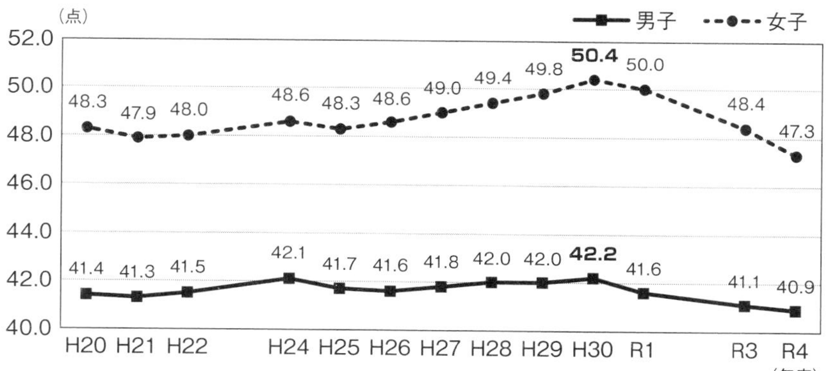

※平成 23 年度と令和 2 年度は実施していない。

「令和 4 年度全国体力・運動能力、運動習慣等調査」報告書を基に作成

適度な運動は、身体的な健康だけではなく、精神的な健康においてもとても重要だと考えられています。

(3) 知能・思考の発達

① 記憶容量

私たちは、必要な情報を短時間記憶し、作業をしたり学んだりすることが非常に多いです。誰かと会話するときや、黒板に書かれた字をノートに写すときも自然とそのようなプロセスを経ています。意識的に注意を向けた情報で、頭の中の短期貯蔵庫に保存される記憶のことを「**短期記憶**」といいます。短期記憶は、さまざまな認知的処理に利用されます。大川ら（2008）の研究によると、順に言われた数字（5、8、2……など）を記憶する場合の短期記憶の容量は、就学前期で4～5桁、児童期で5～6桁、15歳以上で7桁程度であることが分かっています。

短期記憶を発展させた概念として、必要な情報を一時的に保持しながら、何らかの認知的活動を行うシステムである「**ワーキングメモリ**」という概念があります（中道他, 2021）。ワーキングメモリは、「**作動記憶**」と訳されることもあり、認知的活動（頭の中で操作・作業）をする際に作動する（働く）記憶というイメージになります。ワーキングメモリには、視覚的なもの（絵、図、文字、記号など）と音声的なもの（話された言葉、音、音楽等）があります。ワーキングメモリの容量は、パソコンのメモリ、作業するときの机の広さにも例えられる考え方です。パソコンのメモリ容量が大きいほど、作業する机が広いほど、複数のことを正しく、同時に作業することが可能になります。生活の中で、学習の中で、多くの場面で求められます。先生から言われた指示に従って活動を進める、複数の図表を見て理解する、英文を読んだり聞いたりして内容を理解する、論理立てて考える、友だちと話し合ったり、交渉をしたりする等です。

ワーキングメモリの容量が小さいと、指示を聞き落とす、作業手順が分からなくなる、板書や教科書に書いていることをノートに写すことが

苦手、計算間違いが多い等、学習や日常生活で支障が出ることが多くあります。WISC等のウェクスラー式の知能検査では、ワーキングメモリ指標の得点が算出され、子どもの困難の理解や支援の方向性の参考になります。

② 思考の発達

思考の発達に関する理論にはいろいろなものがありますが、ここではピアジェ（J. Piaget）の理論を紹介します。ピアジェは、思考の発達について4つの発達段階を想定しました。

最初の段階は、「**感覚運動期**」であり、0～2歳くらいとなります。吸う、かむ、なめる、触る、叩く、振り回すなどの行動から、感覚を通して事物を把握しようとする時期です。循環反応と言われる行動を繰り返し、試行錯誤的に事物を理解しようとする様子もよく見られます。やがて、視界から消えても物はその場所に存在している（見えなくなったからといって、物が消滅したわけではない）という「対象の永続性」を獲得します。また、動作の模倣なども見られるようになります。

次の段階は、「**前操作期**」であり、2～7歳くらいとなります。前操作期の前半は「象徴的思考期」とも言われ、目の前にない物でも思い出して描けるようになるなど、そこにない物を思い浮かべての心的操作ができ始めます。また、この頃の子どもは思考の中で「自己中心性」を示します。相手の視点や立場から事物を想像することが難しく、自分の角度から見えているように他者も目の前の物が見えている、自分の知っていることは他者も知っているという思考をしやすい傾向にあります。前操作期の後半は、「直感的思考期」と言われ、言語能力も発達し、概念化が進み、分類などができるようになります（いぬは「いきもの」、じどうしゃは「のりもの」など）。まだ論理的な思考は難しく、直感的な思考が多い時期です。コップの水を形の違うコップに入れて、見た目が変わると水の量が変わったと考える傾向があります（実際には水の量は変わっていない)。また、事物の一面のみにとらわれる「中心化」の傾向が強い時期と考えられています。

次の段階は、「**具体的操作期**」であり、7〜11歳くらいとなります。具体物であれば論理的思考が可能になり、実在する物を物理的に操作しなくても、頭の中で操作や推論が可能になっていきます。その特徴の一つが、「保存の概念」の獲得です。注がれる容器や並べ方が変わり見た目が変化したとしても、加えられたり、除かれたりしない限り、物の量や数は変わらないという概念を指します。数、量、長さ、体積、時間、空間などの科学的な基礎概念が獲得される時期です。自己中心性からも脱却し、他者の視点や考え、心理状態の推測の精度も増していきます。ただし、具体や現実、実体験に根差さない、抽象的、仮説的な思考は十分にはできない特徴があります。

最後の段階は「**形式的操作期**」で、11歳以降となります。抽象的、仮説的な思考が可能になり、実体験や観察していない事象についても、想定した判断で思考し、結論を導くことが可能になっていきます。文字式や関数を理解することが可能になり、科学的、哲学的思想も高度な水準で可能になっていきます。

ピアジェの理論からは、**思考の発達の大まかな方向性として、一面的な思考から多面的な思考へ、具体的な思考から抽象的な思考へ発達する**ことが分かります。ピアジェの理論以外にも、思考の発達についての理論があり、そうした考え方に基づいて、カリキュラム・学習指導要領というものはつくられています。何年生くらいの子どもには、どのような内容についてどのような指導方法で学ぶ機会をつくればよい、というようなことです。また、カウンセリングにおいても、子どもの年齢が低い時期は、遊びや描画などを用いて、自己表現やコミュニケーションを促す技法が使われ、年齢が上がるにつれて言葉を中心的に用いるカウンセリングが行われることが増えてきます。

（4）言語・コミュニケーションの発達

小学校に入学すると、それまで聞く・話すということが中心であった言語活動に、本格的に読む・書くという活動が加わります。もちろん、日常生活や教科等の中でも聞く・話すという活動が重要であることには変わりなく、近年は国語や他の教科等の中でも聞く・話すという活動が再注目されています（聞き取りについての学びや発表、プレゼンテーション等）。しかし、教科書を読む、ノートに文字を書くという活動は小学校以降の学びの中心を占めるようになり、それは学校教育のデジタル化が進んでも変わらないように思われます。

音声を聞いたり、文字を読んだりして、その内容や意味を理解する。そして、音声や書字で反応や回答をアウトプットする。このような営みが求められる場面が学校生活の中で非常に多くあり、子どもの趣味や娯楽の中にもあるでしょう。

図3-6に、Pattersonら（1987）による単語の言語処理モデルを示しました。音声の言葉を聞いたとき、文字を読んだときに、その内容・意味を理解し、発話や書字でアウトプットするプロセスを説明したモデルです。「レキシコン」とは「心的辞書」とも訳されるもので、心の中にある語彙（ごい）目録のようなものを指します。子どもが先生からの質問について答えをワークシートに書くとき、あるいは教科書に書かれている問いについて手を挙げて発言するとき、複雑なプロセスを経ていることが分かります。**さまざまな要因が影響して、こうした言語処理をスムーズに行うことが苦手な子どももいます**。何ができて、何が苦手なのか、困難はどのプロセスで生じているのかなどを、見取っていく必要があります。

読書量が多いほど、語彙力が高いという研究結果がいくつか示されています。例えば、猪原（2021）では、小学生から高校生まで、成人の読

[図3-6] 単語の言語処理モデル

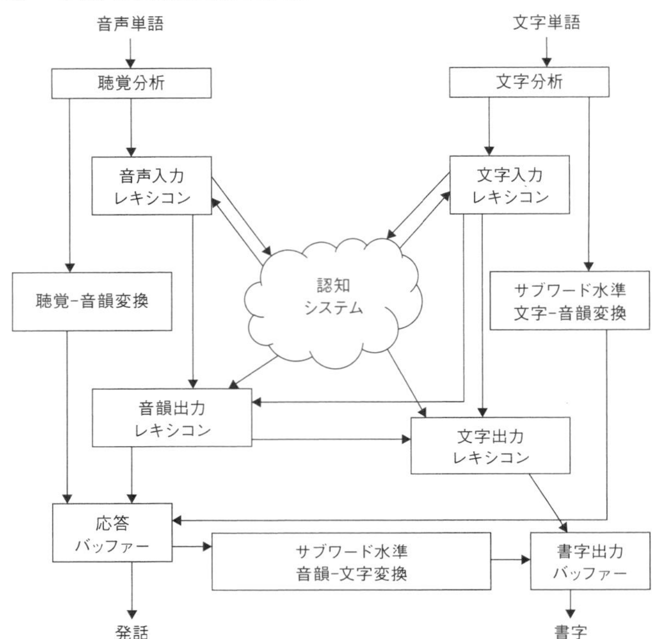

Patterson ら（1987）を参考に著者作成

書量と語彙力の相関関係を検討し、両者の間にはある程度の相関関係があることを示しています。学齢期以降は、語彙力を高めるためには読書が効果的であることが推測されます。しかし、ディスレクシア（209ページ）など読字についての困難がある子どもは、読書をすることは大変難しいです。また、読みたい本を入手することが可能かという読書環境も、子どもの読書量に大きな影響を及ぼします。家にどのくらい本があるか、地域の図書館の充実度やアクセスの仕方、学校図書館の充実度等は子どもの読書量に影響を与えると考えられます。読みの困難のある子どもについて、アプリなどの読み上げ機能を使ったり、オーディオブックや動画教材を用いたりすることでも語彙力を高めることができるか、家庭や地域の文化資本の差が子どもの読書経験に不利に働かないようにするためにはどのような方策があるかなどは、今後検討を要する課題であると思われます。

(5) 社会性・情動の発達

保坂・岡村(1986)の研究等によると、児童期から青年期の仲間関係(友人関係)は、以下のように発達すると考えられています。まず、児童期後期には大人がいないところで徒党を組んだ仲間で遊ぶ機会が増え、この時期を「**ギャングエイジ**」、その集団を「**ギャンググループ**」といいます。団結力が強い仲間集団で、集団内での社会的規範、問題解決、交渉、妥協、仲裁などの社会的スキルを身に付けていくと考えられています。思春期(中学生になる前後)になると同性の共通性、類似性の高い仲間で構成される「**チャムグループ**」を形成すると言われます。興味、趣味が似ていたり、自分たちだけで分かるような独特な言葉遣いをしたりする特徴も見られます。自立に向けて、まだ自信が持てない自己像、価値観を同質性の高い仲間同士で認め合うというような機能もあると考えられています。さらに高校生くらいになると、同性・異性、先輩後輩などの異質性があるメンバーで構成され、互いの価値観や理想、将来の生き方などを語り合い、異質性を認め合い、楽しむことができる「**ピアグループ**」を形成すると考えられています。

このような**児童期から青年期にかけての仲間関係の発達についての考え方は、子どもが大人からの監視や庇護(ひご)から離れ、自立していく過程で仲間関係をよりどころにするプロセス**を理解していく際に有用なものだと言えるでしょう。

しかし、いくつか注意する点もあります。まず、これは実態としてこのような仲間集団の特徴が見られる(あるいは過去には見られた)ということであり、**このような変遷が個々の子どものよい発達を促すものと**

して、望ましいということでは必ずしもないということです。

時代によって引き起こされる変化もあり、さらに個人差や集団差も大きいということも考慮する必要があります。例えば、少子化が進んでいる地域では、学校から帰ると子どもが歩いて行ける距離に同級生がいないというところもあります。

また、安全に、安心して子どもだけで遊べる空間がないという地域もあります。そうなると、ギャンググループを形成することは難しくなります。

さらに、現代の日本において、同性で同質性の高い仲間だけで形成するチャムグループでの経験は、望ましいもので、必要なものであるか、ピアグループの形成は高校生まで待たなければならないのかということも考える必要があります。**SOGI（性的指向・性自認）やその他の多様性について寛容さが求められる現代**において、「同性同級生（同じクラス）の友だちをつくりなさい」「そろそろ異性や他学年の人と遊ぶのは控えなさい」という大人からの要請は、果たして必要なもので、子どものよりよい発達を促すためによいものなのか、我々は今一度しっかりと考えていく必要があるでしょう。

(6) 自己の発達

岩熊・槇田（1991）は、小学生、中学生及び高校生に20答法を実施し、身体的特徴や所属集団など社会・生物的なものが自己叙述の中心を占めている段階から、より内面的で抽象的な性格や欲求、自己評価的なものが増えてくる段階へという発達の方向を確認しています。**自己概念が年齢とともに分化し、多様化する**ことが示されています。

東京都教職員研修センターは、児童生徒の自尊感情や自己肯定感に関する調査研究を行っています。対象となったのは、都内公立学校の小学5年生から高校3年生で、「A　自己評価・自己受容」（自分のよさを実感し、自分を肯定的に認めることができる)、「B　関係の中での自己」(多様な人との関わりを通して、自分が周りの人に役立っていることや周りの人の存在の大きさに気付くことができる)、「C　自己主張・自己決定」(今の自分を受け止め、自分の可能性について気付くことができる)という3つの観点について測定を行っています。2009(平成21)年度と2020(令和2)年度で測定を行い、その得点を比較しています(図3-7)。全体的な傾向として、小学5年生から中学2年生にかけて得点が下降し、中学3年生で少し上昇、高校1年生から高校2年生にかけて再び下降し、高校3年生で少し上昇という特徴が見られます。中学校や高校の最高学年というのは、自尊感情・自己肯定感が高まる要因があるのかもしれません。また、全ての観点の得点において、平成21年度より令和2年度の得点が高くなっています。

[図3-7]　学年別・観点別の自尊感情・自己肯定感の調査結果

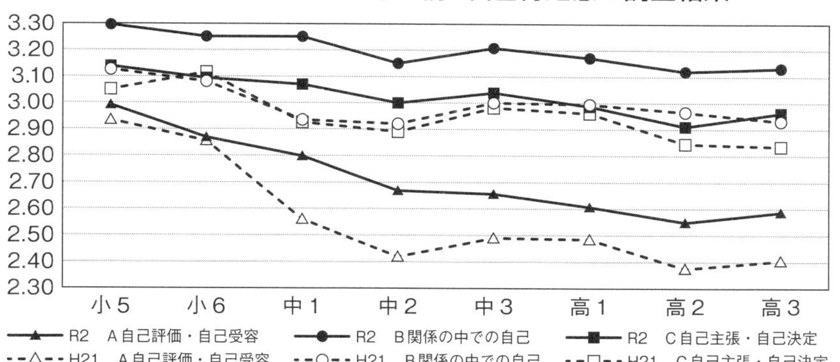

東京都教職員研修センター「令和3年度　教育課題研究『自尊感情や自己肯定感に関する調査研究』指導資料」を基に作成

図3-8に、「全国学力・学習状況調査」の質問紙調査の結果から、自尊感情・自己肯定感に関する項目(「自分には、よいところがあると思いますか」)の回答の推移を示しました(2020〈令和2〉年度は実施されていない)。2012(平成24)年度と比べると、肯定的な回答が増えて

いますが、2018（平成30）年度あたりと比べると、若干低下傾向にあるようにも思われます。

同じ調査の将来の夢や目標に関する項目（「将来の夢や目標を持っていますか」）の回答の推移を図3-9に示しました。こちらについては、いったん肯定的な回答が増加したものの、このところ減少傾向が続いており、懸念される状況です。

[図3-8]　自尊感情・自己肯定感に関する項目の回答の推移

■自分には、よいところがあると思いますか

①当てはまる　②どちらかといえば、当てはまる　③どちらかといえば、当てはまらない　④当てはまらない

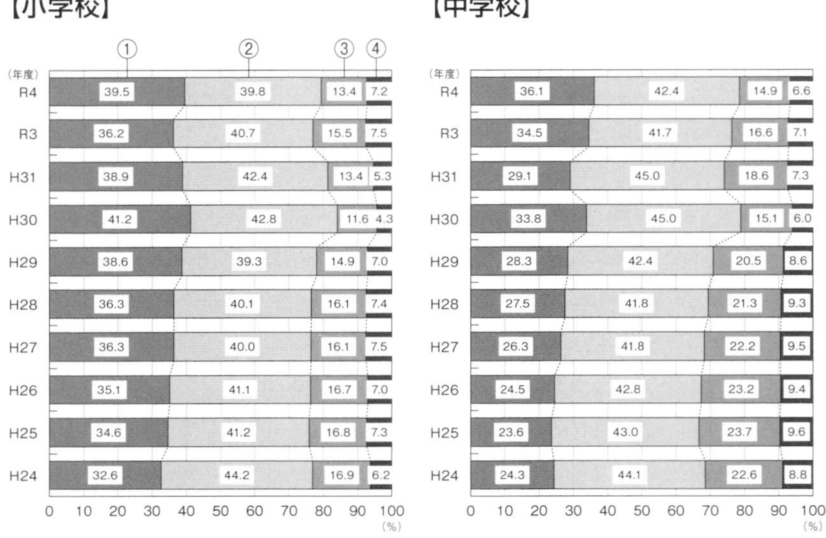

「令和４年度　全国学力・学習状況調査」報告書【質問紙調査】を基に作成

[図3-9]　将来の夢や目標に関する項目の回答の推移

■将来の夢や目標を持っていますか

①当てはまる　②どちらかといえば、当てはまる　③どちらかといえば、当てはまらない　④当てはまらない

【小学校】

(年度)	①	②	③	④
R4	60.4	19.4	10.3	9.9
R3	60.2	20.1	10.8	8.9
H31	65.9	17.9	9.3	6.9
H30	68.2	16.9	8.6	6.2
H29	70.0	15.9	8.1	5.9
H28	68.6	16.7	8.2	6.4
H27	70.5	16.0	7.5	5.9
H26	70.7	16.0	7.6	5.5
H25	72.2	15.6	7.0	5.1
H24	69.8	16.9	7.8	5.4

0　10　20　30　40　50　60　70　80　90　100 (%)

【中学校】

(年度)	①	②	③	④
R4	39.8	27.6	19.1	13.4
R3	40.5	28.1	19.4	11.9
H31	44.9	25.6	17.9	11.5
H30	45.3	27.2	17.4	10.0
H29	45.3	25.2	18.2	11.1
H28	45.1	26.0	17.8	10.8
H27	46.0	25.8	17.4	10.6
H26	46.0	25.5	17.7	10.6
H25	47.4	26.1	17.0	9.4
H24	45.4	27.8	17.6	9.1

0　10　20　30　40　50　60　70　80　90　100 (%)

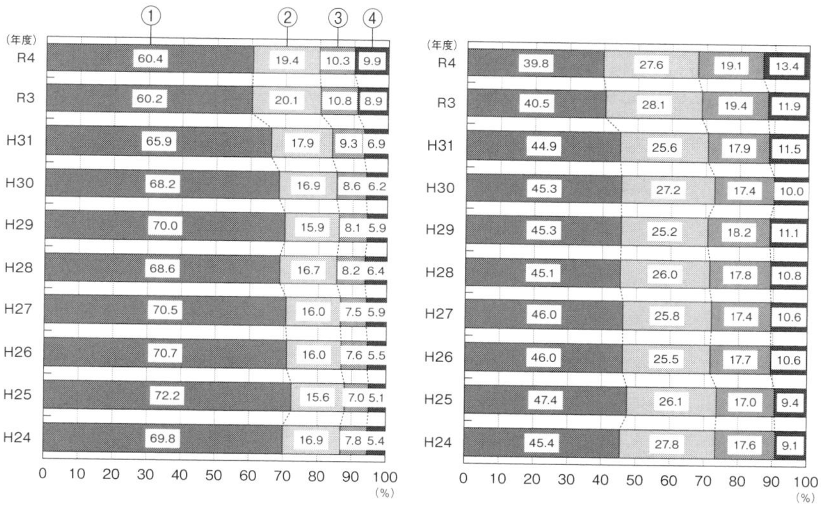

「令和4年度　全国学力・学習状況調査」報告書【質問紙調査】を基に作成

(7) インターネットの利用

[図3-10]　インターネットの利用率（機器・学校種別）

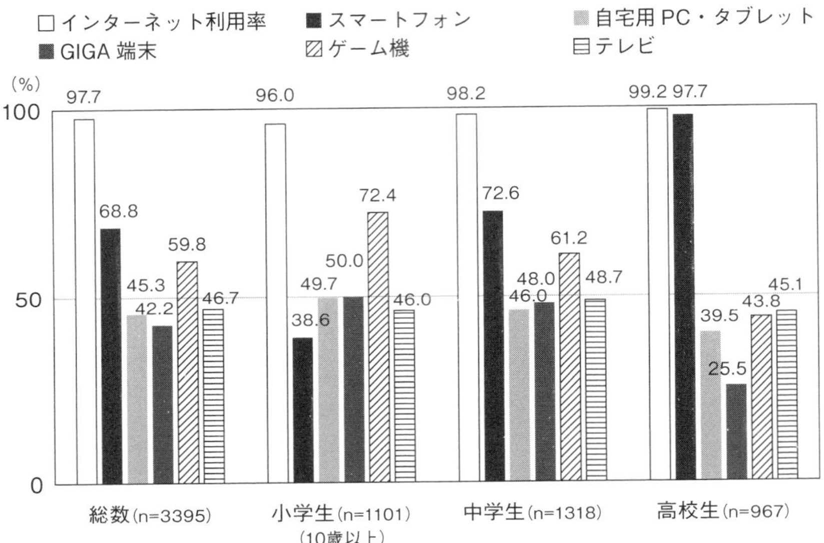

内閣府「令和３年度青少年のインターネット利用環境実態調査」調査結果（概要）を基に作成

図3-10に、2021年の青少年のインターネット利用率の状況を示しました（内閣府，2022）。小中高校生ともに、ほとんどの児童生徒がインターネットを使っていることが分かります。小学生ではゲーム機の使用が多く、中高生ではスマートフォン（スマホ）の使用が多いです。

表3-5は、どのような内容でインターネットを使っているかを示したものです。ゲームや動画視聴での利用は、どの学校種の児童生徒でも多い傾向にあります。中高生になると、投稿やメッセージ交換をする、音楽を聴く、勉強等での使用も増えてくることが分かります。

［表3-5］ 青少年のインターネットの利用内容

単位（%）

		投稿やメッセージ交換をする	ニュースをみる	検索する	地図を使う	音楽を聴く	動画を見る	読書をする	マンガを読む	ゲームをする	買い物をする	勉強をする	撮影や制作、記録をする	その他
いずれかの機器	総数（n=3318）	65.4	47.5	78.5	36.4	73.4	90.3	13.5	27.1	82.0	16.8	61.7	30.1	4.6
	小学生（10歳以上）（n=1057）	38.2	28.6	65.8	14.5	50.8	84.2	5.7	9.0	84.5	3.3	55.8	19.5	5.7
	中学生（n=1294）	72.2	52.2	82.3	36.2	79.4	91.3	14.2	27.1	81.1	12.8	64.5	30.4	4.3
	高校生（n=959）	86.1	61.8	87.7	60.8	90.0	95.8	21.1	46.9	80.7	36.8	64.4	41.4	3.6
スマートフォン	総数（n=2335）	76.0	42.1	79.6	44.1	78.0	88.1	14.7	32.5	70.2	20.1	42.4	32.7	0.3
	小学生（10歳以上）（n=425）	46.4	15.5	59.8	16.2	47.3	76.9	3.5	9.9	61.2	2.4	17.2	20.2	1.2
	中学生（n=957）	79.4	43.1	82.2	40.0	80.8	88.0	13.8	29.2	70.2	13.0	44.1	31.1	0.1
	高校生（n=945）	85.9	53.1	86.0	60.6	88.9	93.2	20.6	46.0	74.2	35.0	52.0	39.7	0.1
GIGA端末	総数（n=1431）	7.4	7.3	61.0	10.1	4.3	15.1	2.4	0.6	3.8	0.5	86.2	11.4	1.3

内閣府「令和３年度青少年のインターネット利用環境実態調査」調査結果（概要）を基に作成

[表3-6] インターネットで知らない人とのやりとりの割合

学校種	(n)	インターネットで知らない人とのやりとり (%)						
		①「いいね」ボタンを押したことがある	②感想・コメントを書き込んだことがある	③DM (ダイレクトメッセージ) 等をやりとりしたことがある	④直接会ったことがある	⑤やりとりしたことはない	⑥わからない	無回答
全　体	11,215	35.7	20.6	16.1	2.8	51.0	8.6	3.3
小学校	6,868	23.7	11.8	5.6	1.1	62.2	10.9	3.6
中学校	2,483	55.1	33.8	27.6	2.8	37.3	3.5	2.1
高等学校	1,377	65.2	42.4	50.3	11.5	19.2	4.6	2.0
特別支援学校	487	22.4	15.8	8.8	2.9	53.6	13.6	8.0

※網かけは各学校種で最も割合が高い回答

東京都教育庁「令和３年度『児童・生徒のインターネット利用状況調査』調査報告書」を基に作成

表3-6は、東京都教育庁が行った「児童・生徒のインターネット利用状況調査」の中の、知らない人とのやりとりの割合を示したものです。全体としては「やりとりしたことはない」の割合が多く、小学校や特別支援学校でもこの回答が最も多いです。中高生では、「『いいね』ボタンを押したことがある」が最多になり、高校生の11.5%は「直接会ったことがある」と回答しています。

3. 発達段階と悩み・困難

（1）小学生の悩み

小学生の場合は、本人の悩み、という形ではなく、保護者や教職員が心配している、困っているという形で支援が必要になる場合も少なくありません。この時期に多い課題として、発達上の課題があります。米国の小学校のSCでは発達に関する専門性が必要と強調されているように、日本においても**小学校のSCは発達についての理解がより求められます。**衝動性・集中力・多動性の問題、読み書きの困難、教材教具やプリント類の管理・整理整頓、言語やコミュニケーションの問題、自分や他者の情動理解の問題などがあり、学校での学びや生活で困難を示す子どもたちがいます。小学校では本格的に教科の学習が始まり、一定の時間（45分など）は教室にいなければならない、座席に着いていなければならない、黙って話を聞いていなければならないなど、学習や生活のスタイルが家庭や幼稚園・保育園とはずいぶん違ってくるため、苦戦する子どもたちがいます。こうした困難を示す子どもの中には、発達障害と診断される子どももいます（第6章参照）。

文部科学省の「児童生徒の問題行動・不登校等生徒指導上の諸課題に関する調査」（以下、「問題行動等調査」）によると、近年いじめの認知件数が最も多いのは、小学校低学年であるとされています（127ページ）。近年は、深刻化する前にいじめを認知し、きちんと対応していこうという意識が学校で高まったため、小学校でのいじめ認知率が上昇したことも考えられます。また、国立教育政策研究所の調査（2021）などによると、児童生徒本人の回答に基づく調査でも、いじめの経験率は中学校より小学校のほうが高いことが明らかにされています。

不登校の児童生徒の割合は小学校より中学校のほうが多いですが、近年の増加率は小学校のほうが高い傾向にあります（160ページ）。例えば、2021（令和3）年度の中学校の不登校の増加率は23.1％であるのに対して、小学校は28.6％です。

小学校の時期は、子どもと保護者との愛着形成に起因する問題を示しやすい時期でもあります。幼い時に、保護者と子どもとの間に愛着（アタッチメント）と呼ばれる情緒的な絆を形成し、保護者や家庭が子どもにとっての安全基地として機能することにより、子どもの精神的安定、社会性の発達によい影響を与えると考えられています。**幼少期に、保護者との間に愛着が形成できなかった子どもは、さまざまな問題を示しやすい**と考えられています。代表的には、先生や同年代の子どもと関わることに過度に不安を感じ、関わりを避けようとする様子が見られる子どもがいます。一方で、無分別に先生や同年代の子どもと急激に親しくなりたいと思い、過度に相手に依存したり、好意を示したりする様子が見られる子どももいます。愛着の問題は、子ども自身に気質的に難しいところがあったり、あるいは保護者が仕事等によって多忙であったり、心身の不調があり、養育行動が十分に行えない場合などが影響していることもあります。

小学校の時期は、医学的には**不安症と言われるような問題を示しやすい時期**でもあります。海外においては、小児期に最も診断される精神的な不調の一つでもあります。さまざまなことに不安を感じてしまう、人との関係やみんなの前で何かをする際に不安を感じてしまう、特定のものや場所に恐怖を感じる、親と長時間離れることに不安を感じるなどの困難を示す子どももいます。

(2) 中学生の悩み

中学生の悩みの中心として、勉強・成績・進路があります。定期テストの結果や提出物の状況によって成績が付けられる基準がはっきりとしてくるため、勉強についてのプレッシャーが強くなります。高校受験が人生で初めての受験になる生徒も多く、進学に向けてよい成績を取ること、学力をアップさせることについて、悩みや葛藤を抱えることも少なくありません。一方で中高一貫校（中等教育学校）に進学した生徒の中には、高校受験がないため学ぶ意義を見つけられず、学習への動機付けが上がらないという悩みを持つ生徒もいます。中学校時代は、補習や進学のために塾に行く生徒も多くなり、塾の課題やテストなどで多忙になり、疲労が蓄積したり、睡眠不足になったりすることもあります。

学校での人間関係の悩みも抱えやすい時期です。複数の小学校出身者が1つの中学校に集まって通う場合が多いため、新たな仲間関係、人間関係を形成していく必要があります。孤立を避けるために、過度に相手や周りに合わせたり、学級の「ノリ」についていったりするために神経をすり減らす生徒もいます。自分らしさを求めるアイデンティティ形成が始まる時期であり、自分を抑えて周りに合わせようとする自分に葛藤を感じる生徒もいます。

中学校での**先輩後輩関係を苦手としている生徒**もいます。先輩後輩関係は、明示化されておらず、暗黙の了解で成立していることが多いため、文脈や関係性を推測する力が求められます。また、教師との関係で悩む生徒もいます。教科担任制が本格的に始まり、たくさんの教員について理解し、関係性を形成する必要があります。以前に校内暴力などで苦しんだ歴史がある中学校の世界では、教師は生徒に対して厳しく、管理するという文化が継承されている場合もあります。また、成績について評価する存在としての教師を生徒も意識します。結果として、教師と生徒との関係が縦関係にあると認識する生徒もいて、「自分たちは管理されている」「先生には異議は唱えられない」と感じる生徒も少なくありません。一方で自律性も高まる時期であり、教師の授業や学級経営のやり方に不満を持ち、それをどう表現するかに葛藤を感じる生徒もいます。

「問題行動等調査」によると、暴力行為の発生率が最も高いのは中学校でしたが、近年小学校での発生率が高まり、2021（令和3）年度は小学校がわずかに中学校を上回っています。不登校児童生徒の割合は、中学校が最も高い状況が続いています（160ページ）。いじめの認知率は、中学校は小学校よりも低いですが（126ページ）、重大事態は中学校で多く発生する傾向にあります。

中学校の時期は、**保護者との関係で生徒が悩みやすい時期**でもあります。自律性が高まっていく生徒と、子どもを管理しようとする保護者との間で衝突が起こることも少なくありません。勉強・成績・進路をめぐって、「自分で決めたい」「自分なりの方法で進めたい」「自分で選びたい」という生徒と、「まだ子どもには任せられない」と管理しようとする保護者との間で、葛藤が起こることもあります。また、生活面でスマホの使用、就寝時間、お金の使い方、娯楽や趣味、交友関係（恋愛関係を含む）について、自分の思うようにしたい生徒と管理しようとする保護者との間で激しい衝突が生まれることもあります。結果として、家出（プチ家出）や夜遅くまで帰ってこないという問題に発展することもあります。また、背景に保護者による虐待が存在することもあります。

起立性調節障害の問題が生じる（178ページ）のが、中学生の時期である生徒も少なくありません。また、うつ症状や睡眠障害なども、中学校の時期から増えてきます。定期テストや課題の提出が本格化してくることにより、読み書きの困難、多動を伴わない注意力の欠如、対人関係や集団行動の苦手さなどが中学校ではっきりとし、**この時期に発達障害等の診断を初めて受ける生徒もいます**。

(3) 高校生の悩み

高校生になると、勉強・成績・進路に関する悩みの様相も中学校時代とは少し変わってきます。中学生にとって進路といえば、ほとんどの生徒にとって高等学校への進学になります。しかし、高校卒業後の進路は就職、専門学校進学、短期大学・4年制大学進学と大きく分かれることになります。**高校生はキャリア形成について、大きな決断をする必要**があります。職業について、人生において何を重視するのか、自分の得意・不得意や適性について、家庭の経済状況について等、さまざまな観点から自分の進路を選択していく必要があるのですが、現状では学校や社会が十分にサポートできていないとも考えられます。米国のスクールカウンセリングが、中等教育のキャリア形成支援から生まれ、現在でもそうした支援が重視されていることは象徴的だと思います。

高校は、単位を取得することで進級、卒業するという仕組みが明確になります。したがって、欠課時数（授業を休んだ時数）が多くなる、成績で基準を下回るなどの理由により、原級留置（留年）となる場合があります。その場合は、1学年下の後輩たちと同級生になり同じ学年を繰り返すという選択をする生徒がいる一方、これを機に転校・編入（普通科高校から、定時制・通信制に編入する等）を選択する生徒もいます。欠課時数や成績基準による単位の認定が明確になるため、障害や心身に疾患のある生徒の出席や成績での合理的配慮をどのようにするかは、高等学校の大きな課題です。

中学校時代は、学業、芸術、スポーツで優れていた生徒が、その強みを生かすために高校に進学したものの、周りがさらにすごい生徒ばかりで、相対的に活躍する機会が減り、自信を失うということもあります。また、ある程度は高校の特徴を調べて入学する生徒が多いのですが、自分が求めていた学びや学校生活と違ったと思い、苦しむ生徒もいます。

例えば、「先生が一方的に話をする講義型の授業ばかりでつまらない」「大学入試に直結するような勉強をもっと教えて欲しい」「探求型の学びはいいけれど先生のサポートが少なくて大量の時間がかかり辛い」「もっと学校行事やその準備を楽しみたいのに学習重視で活動が制限される」「先生や外部の教育業者の進路指導が試験の点数の話ばかりで、うんざりする」といった不満を感じる生徒もいます。

高校生の人間関係の悩みは、活動範囲の広がりや交友関係の広がりが影響します。中学校入学時以上に、さまざまな中学校出身者が集まるため、入学時にはクラスに知り合いが1人もいないという状況に置かれる生徒も少なくありません。同じ高校を選んでいるということで、興味や価値観が似ている者が集まっているため、中学よりも素の自分で仲よくなれる人が増えるということもよくあります。その一方で、どのようなキャラであれば高校で受け入れられるか悩み、偽った自分の姿で適応しようとする生徒もいます。また、居住地から少し離れた高校に通うようになる生徒も多くなり、高校で知り合った仲間と交友するために活動範囲が広くなります。高校の友だちの友だち、あるいはインターネットを通じて知り合った等の理由で、他校生徒や年上の人との交友なども活発になります。交友関係が広がるのは、多くの場合は問題なく、楽しいのですが、時には金銭的な被害や性被害につながることもあります。

暴力行為の発生率、いじめの認知率、不登校の生徒の割合は、小中学校と比較すると高校では少なくなります。特色のある高校も増えており、自分のニーズに合った高校を選択できること、情動制御（感情を適切にコントロールする）能力が発達し、対人葛藤を暴力やいじめ以外の方法で解決できるようになること等が影響していると考えられます。ただし、数は多くなくても重大な被害を及ぼす暴力行為やいじめもあり、また不登校から退学につながり、その後のキャリア形成に深刻な影響を与える場合もあります。

高校生になることにより保護者が生徒の管理を緩め、自由を与えること等により、高校生と保護者との衝突が中学校の時よりも緩和されることも少なくありません。しかし、勉強・成績・進路、生活面をめぐって、生徒と保護者との衝突が激しくなる家庭もあります。自立に向けて、自らの価値観やアイデンティティを形成していく時期ですが、保護者や教師などの上の世代の価値観を否定し、同世代や若者の価値観を重視し、取り入れていく傾向の強い生徒もいます。時には、「ネガティブアイデンティティ」といわれるような、社会的に望ましくなく、危険な存在にあこがれ、同一視し、自らのアイデンティティとしていく生徒もいます。

高校生は、**成人に見られるような精神疾患を発症しやすい時期**です。うつ病、統合失調症、神経性やせ症／神経性無食欲症、神経性過食症等の診断を受ける生徒もいます。2022年度から実施されている高等学校の学習指導要領には、40年ぶりに精神疾患の項目が復活しました。精神疾患の一次予防として、全ての生徒へ精神疾患の啓発を広げ、予防や早期治療につながることが期待されており、SCの関わりも効果的になるでしょう。新型コロナウイルスの感染が広がった2020年度と2021年度は、自殺した児童生徒数が急激に増加しました。特に高校生の増加が顕著であり、懸念される状況です。

Column

◎教職員のカウンセリングマインド

教員もカウンセリングマインドを持って児童生徒と関わるべきだという意見が聞かれたり、教員研修でカウンセリングマインドが扱われたりすることもしばしばあります。また、最近は企業や官公庁等でも、顧客と関わったり、組織内の人とコミュニケーションを行ったりする際に、カウンセリングマインドが必要なのではということも言われています。

「カウンセリングマインド」という用語は、和製英語で海外では使われておらず、国内で出版されている心理学の辞書でも、項目にあるものはほとんどありません。カウンセリングマインドは、専門のカウンセラー（心理職のカウンセラー）以外の職や立場の人（特に教員等）が、カウンセラーのような基本的態度や技法を活用するという心構え、というような意味で使われていると思われます。

金原（2015）によると、カウンセリングマインドという言葉は1982年までには生まれていたが初めて使われた時期は特定できず、1990年代後半から頻繁に使われるようになり、賛否両論あったことが分かります。序章で触れたように、カウンセリングマインドという言葉が広まっていった時期と、SCの派遣・配置が進んでいった時期とは一致しています。カウンセリングマインドにはさまざまなことが含まれますが、ロジャーズ（C. R. Rogers）の重視した「受容」「共感」、そして技法としての「傾聴」を中心的な態度、技法としていることが多いです。教員が児童生徒の話を聞かずに、心情を推し量ることもなしに、一方的に叱責したりお説教をしたりするという生徒指導の限界が指摘される中、まずは児童生徒の話をしっかりと聴き、その考えや感情を受け容れ、共感的理解を示すことにより、問題の解決や改善につながることも多いため、教員がカウンセリングマインドを持つことが求められました。SCが講師になって、教員がカウンセリングマインドについて学ぶ研修なども行われています。

具体的には、姿勢（ふんぞり返ったり、腕を組んだりして相手に威圧感を与えない等）、表情やしぐさ（優しい表情で、適度に目を合わせて、うなずきなどをして等）、座る位置（対面だと萎縮する人の場合は90度の角度で座る等）を工夫して傾聴する、大人や教員の立場からではなく「自分がこの児童生徒だったら」という視点から児童生徒の心情を受容し、共感的に理解すること（「こんなこと小学校高学年なら別に大したことないだろう」と考えるのではなく、「この子の立場だったらかなり怖く感じるだろう」「そんな状況になったら怖いよね」等）について、レクチャーや役割演技などを組み合わせて学びます。

序章でも触れたように、現行の学習指導要領の「児童（生徒）の発達の支援」のところでは、一人一人が抱える課題に個別に対応した指導を行うカウンセリングにより、児童生徒の発達を支援することが述べられています。また、教育職員免許法施行規則には、教科及び教職に関する科目に含めることが必要な事項として、「教育相談（カウンセリングに関する基礎的な知識を含む。）の理論及び方法」が位置付けられています。以前と比べると、カウンセリングマインドという言葉は使われなくなっていますが、カウンセリングの基礎的な知識や技能を身に付けている教員は増えているように感じます。

4. 児童虐待、自殺、性に関する課題、学校危機

SCが対応する課題として、いじめ、不登校、発達障害等があり、それについては第4章、第5章、第6章で詳しく解説していきます。しかし、実際にはSCが対応すべき課題はまだまだたくさんあります。ここではそのごく一部ですが、児童虐待、自殺、性に関する課題、学校危機について簡単に説明します。

（1）児童虐待

児童虐待は、被害を受けた児童生徒に甚大な身体的、精神的な悪影響を及ぼし、時には命に関わることもあります。児童虐待について主に対応するのは児童相談所や市区町村の虐待対応窓口になります。しかし、児童虐待を発見する上で児童生徒と日々接する教職員が重要な役割を果たすことも多く、児童相談所や市区町村の虐待対応窓口が対応を始めた後も、学校は福祉や医療、司法などの関係機関と連携して、児童生徒を支えていく必要があります。

図3-11に、生徒指導提要（改訂版）に示されている児童虐待の対応において、学校の各教職員がどのような役割を担うかを表した図を掲載しました。**SCは通常時は、虐待を受けている児童生徒が相談しやすいような体制を整え、教育相談活動を展開していく必要**があります。実際に、児童生徒の相談の中で親子関係の悩みが語られ、その中で児童虐待が発見されることもあります。また、**児童相談所等への通告の時や通告の後には、児童生徒の心のケア、カウンセリングを行います**。本格的なトラウマに対する治療などは、学校外の他機関の心理職が担当することが多いですが、SCは児童生徒にとって身近に相談できる人として支援

[図3-11] 児童虐待への対応における役割

チームとしての対応

教育委員会等

市町村福祉部局

児童相談所

校長等管理職

【通常時】
- 虐待対応の明確な役割分担と校内分掌の整備
- 自ら研修の受講、全教職員を対象とした校内研修等の実施
- 関係機関との連携の強化

【通告時、通告後】
- 当該幼児児童生徒、保護者、関係機関、他児童生徒等の対応に係る方針の統一
- 関係機関との連携
- 要保護児童対策地域協議会への参画

学級・ホームルーム担任

【通常時】
- 日常的な子供、保護者の観察・把握
- 相談窓口の案内、周知

【通告時、通告後】
- 対応状況の記録の保存
- 当該幼児児童生徒及び同学級他幼児児童生徒の安定を図る働きかけ

養護教諭

【通常時】
- 健康相談、健康診断、救急処置等における早期発見

【通告時、通告後】
- 関係機関との連携（定期的な情報共有）
- 幼児児童生徒の心のケア

SSW

【通常時】
- 校内体制整備状況への助言
- 関係機関との連携体制について助言

【通告時、通告後】
- 保護者との調整
- 関係機関との連携

生徒指導主事

【通常時】
- 虐待に関する校内研修等の実施
- 学級・ホームルーム担任等からの情報の収集・集約

【通告時、通告後】
- 関係機関との連携（特に警察）

SC

【通常時】
- 教育相談

【通告時、通告後】
- 幼児児童生徒の心のケア
- カウンセリング

学校医、学校歯科医

【通常時】
- 健康診断等における早期発見、早期対応
- 専門的な立場からの指導助言

【通告時、通告後】
- 学校・関係機関との連携

学 校 事 務

生徒指導提要（改訂版）を基に作成

していくことができます。学校生活の中で、虐待に関する記憶がよみがえってきたり、辛くなって授業を受けられなくなったりする場合もあり、そのようなことへの対応としてSCが心のケアやカウンセリングを行うことがあります。

(2) 自殺

児童生徒の自殺については、多少の増減を繰り返しつつ、全体的には増加傾向と言えます。図3-12に「問題行動等調査」の結果を示しました（波線のところは、調査対象などが変更になっている）。特にコロナ禍の2020（令和2）年度は急増し、調査が始まって以降最も多い結果となりました。

[図3-12] 児童生徒の自殺の状況推移グラフ

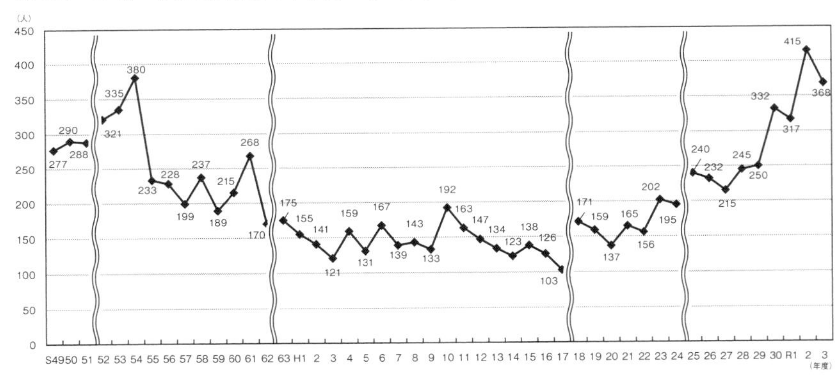

「令和３年度児童生徒の問題行動・不登校等生徒指導上の諸課題に関する調査」結果より作成

図3-13に2021（令和3）年度の学年別児童生徒の自殺の状況について示しました。概ね学年が上がるほど、自殺が増加することが分かります（高4は在籍者が少ない）。表3-7に自殺した児童生徒が置かれていた状況について示しています。これは、学校が事実として把握しているも

[図3-13]　学年別児童生徒の自殺の状況

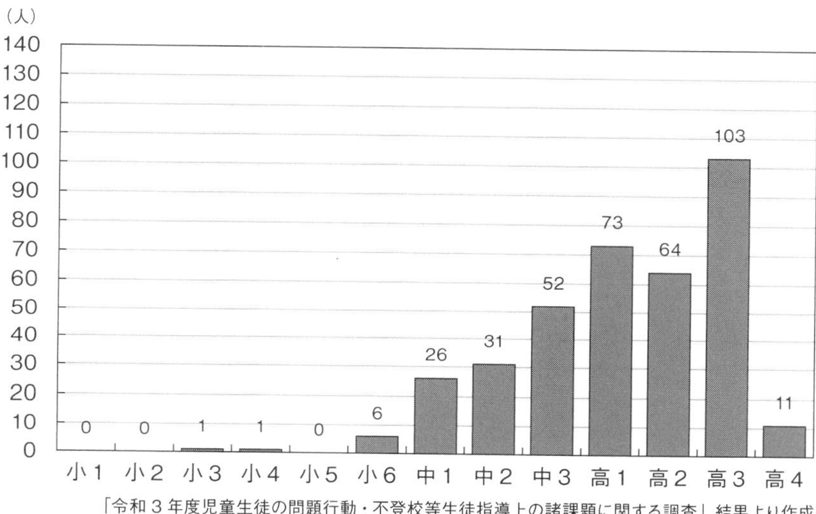

「令和３年度児童生徒の問題行動・不登校等生徒指導上の諸課題に関する調査」結果より作成

[表3-7]　自殺した児童生徒が置かれていた状況

	小学校 人数（人）	小学校 構成比（%）	中学校 人数（人）	中学校 構成比（%）	高等学校 人数（人）	高等学校 構成比（%）	計 人数（人）	計 構成比（%）
家庭不和	1	12.5%	15	13.8%	30	12.0%	46	12.5%
父母等の叱責	1	12.5%	17	15.6%	20	8.0%	38	10.3%
学業等不振	0	0.0%	9	8.3%	12	4.8%	21	5.7%
進路問題	0	0.0%	9	8.3%	21	8.4%	30	8.2%
教職員との関係での悩み	0	0.0%	1	0.9%	1	0.4%	2	0.5%
友人関係での悩み（いじめを除く）	0	0.0%	9	8.3%	15	6.0%	24	6.5%
いじめの問題	0	0.0%	4	3.7%	2	0.8%	6	1.6%
病弱等による悲観	0	0.0%	0	0.0%	8	3.2%	8	2.2%
えん世	0	0.0%	10	9.2%	16	6.4%	26	7.1%
恋愛関係での悩み	0	0.0%	4	3.7%	16	6.4%	20	5.4%
精神障害	0	0.0%	10	9.2%	24	9.6%	34	9.2%
不明	7	87.5%	69	63.3%	137	54.6%	213	57.9%
その他	0	0.0%	4	3.7%	15	6.0%	19	5.2%

「令和３年度児童生徒の問題行動・不登校等生徒指導上の諸課題に関する調査」結果より作成

の、警察等の関係機関、保護者、他の児童生徒等からの情報に基づいて、該当する項目を全て選択する形の調査です。あくまで学校の回答と

[表3-8]　学校における自殺予防の３段階

段階	内　容	対象者	学校の対応	具体的な取組例
予防活動 プリベンション	各教職員研修	全ての教職員	校内研修会等の実施	教職員向けゲートキーパー研修
	自殺予防教育及び児童生徒の心の安定	全ての児童生徒	授業の実施（SOSの出し方に関する教育を含む自殺予防教育、及び自殺予防につながる教科等での学習） 日常的教育相談活動	・自殺予防教育 ・生と死の教育 ・ストレスマネジメント教育 ・教育相談週間 ・アンケート
	保護者への普及啓発	全ての保護者	研修会等の実施	保護者向けゲートキーパー研修
危機介入 インターベンション	自殺の危機の早期発見とリスクの軽減	自殺の危機が高いと考えられる児童生徒	校内連携型危機対応チーム（必要に応じて教育委員会等への支援要請）	・緊急ケース会議（アセスメントと対応） ・本人の安全確保と心のケア
	自殺未遂後の対応	自殺未遂者と影響を受ける児童生徒	校内連携型危機対応チーム（教育委員会等への支援要請は必須）、若しくは、状況に応じて（校内で発生、目撃者多数などの場合）ネットワーク型緊急支援チーム	・緊急ケース会議 ・心のケア会議 ・本人及び周囲の児童生徒への心のケア
事後対応 ポストベンション	自殺発生後の危機対応・危機管理と遺された周囲の者への心のケア	遺族と影響を受ける児童生徒・教職員	ネットワーク型緊急支援チーム（校内連携型危機対応チーム、教育委員会等、関係機関の連携・協働による危機管理態勢の構築）	・ネットワーク型緊急支援会議 ・心のケア会議 ・遺族、周囲の児童生徒、教職員への心のケア ・保護者会

生徒指導提要（改訂版）より作成

なりますが、「不明」が最も多くなっています。その他、家庭不和、父母等の叱責、精神障害、進路問題、えん世、友人関係での悩み（いじめを除く）などの構成比が高くなっています。

表3-8に、学校における自殺予防の3段階について生徒指導提要（改訂版）に掲載されているものを示しました。**SCは予防活動においてはストレスマネジメント教育について、危機介入や事後対応においては心のケアについて、中心的な役割を担うことが期待されています。また、ケース会議や緊急支援会議への参加や研修の講師を務めるということでの貢献**も期待されています。

生徒指導提要（改訂版）では、自殺の危険に気付いたときの対応の参考として、「TALKの原則」を示しています（表3-9）。これは、カウンセラーとしての基本的な態度・技法と共通しているところが多いですが、SCは自らこの原則を確認しつつ、研修やケース会議で他の教職員にこの原則について解説、説明するような役割を担うこともあります。

学校における自殺の予防については、「**SOSの出し方に関する教育**」として都道府県等が資料を作成しています。SCは自分の勤務する自治体等が作成しているこうした資料について理解しておくとよいでしょう。

[表3-9]　TALKの原則

TALKの原則
Tell 心配していることを言葉に出して伝える。 **A**sk 「死にたい」と思うほどつらい気持ちの背景にあるものについて尋ねる。 **L**isten 絶望的な気持ちを傾聴する。話をそらしたり、叱責や助言などをしたりせずに訴えに真剣に耳を傾ける。 **K**eep safe 安全を確保する。一人で抱え込まず、連携して適切な援助を行う。

生徒指導提要（改訂版）より作成

(3) 性に関する課題

性に関する課題の予防や対応において、SCが関わることも多くあります。性に関する課題の一つとして、**性犯罪・性暴力に関する課題**があります。具体的には性的虐待、デートDV、SNSを通じた被害、セクシャルハラスメントが挙げられています（生徒指導提要〈改訂版〉）。近年は、児童生徒が性暴力の加害者、被害者、傍観者にならないための教育として、「**生命（いのち）の安全教育**」が展開されています。表3-10に「生命（いのち）の安全教育」の各段階におけるねらいを示しています。こうした教育に、担任や養護教諭とSCが協働して関わることも期待されます。

[表3-10] 「生命（いのち）の安全教育」の各段階におけるねらい

段階	ねらい
幼児期	幼児の発達段階に応じて自分と相手の体を大切にできるようにする。
小学校 （低・中学年）	自分と相手の体を大切にする態度を身に付けることができるようにする。また、性暴力の被害に遭ったとき等に、適切に対応する力を身に付けることができるようにする。
小学校 （高学年）	自分と相手の心と体を大切にすることを理解し、よりよい人間関係を構築する態度を身に付けることができるようにする。また、性暴力の被害に遭ったとき等に適切に対応する力を身に付けることができるようにする。
中学校	性暴力に関する正しい知識をもち、性暴力が起きないようにするための考え方・態度を身に付けることができるようにする。また、性暴力が起きたとき等に適切に対応する力を身に付けることができるようにする。
高校	性暴力に関する現状を理解し、正しい知識を持つことができるようにする。また、性暴力が起きないようにするために自ら考え行動しようとする態度や、性暴力が起きたとき等に適切に対応する力を身に付けることができるようにする。
特別支援学校	障害の状態や特性及び発達の状態等に応じて、個別指導を受けた被害・加害児童生徒等が、性暴力について正しく理解し、適切に対応する力を身に付けることができるようにする。

生徒指導提要（改訂版）より作成

児童生徒が性被害にあった場合、最初に学校の教職員に被害開示を行うこともあります。聴き取りの際は、児童生徒が信頼できる複数の教職員（SC、SSW等を含む）が対応することが求められています。その際には、話を遮らず丁寧に聴き取ること、詳細については無理に聴きすぎないこと、児童生徒が自分の落ち度を責めるような場合は「あなたは悪くない」ということを伝えること等に留意する必要があり（生徒指導提要〈改訂版〉）、こうした状況でもカウンセリングの基本的な態度や技法が活用できます。また、被害にあった児童生徒の心のケアが求められますが、その際には教職員はSCや外部の関係機関との連携が重要であるとされています。

性に関する課題のもう一つ大きなものとして、性的マイノリティに関するものがあります。**性的マイノリティの児童生徒は、さまざまな面で辛い経験をしたり、困難を抱えたりすることも多く、SCが支援に関わる**こともよくあります。まずは、教職員が性的マイノリティ、LGBTQ、SOGI（性的指向・性自認）などについて正しく理解することが重要です。

表3-11に、生徒指導提要（改訂版）に掲載されている性同一性障害に係る児童生徒に対する学校における支援の事例を示しました。本人や保護者の了解を得て学校全体での理解を深め、組織的な対応をすることが求められます。**SCは困難を抱えた性的マイノリティの児童生徒へのカウンセリング、あるいは児童生徒の辛さを軽減させるような環境整備、周囲の理解を促すというような形で、積極的な役割を果たす**ことが期待されます。

[表3-11]　性同一性障害に係る児童生徒に対する学校における支援の事例

項目	学校における支援の事例
服装	・自認する性別の制服・衣服や、体操着の着用を認める。
髪型	・標準より長い髪形を一定の範囲で認める（戸籍上男性）。
更衣室	・保健室・多目的トイレ等の利用を認める。
トイレ	・職員トイレ・多目的トイレの利用を認める。
呼称の工夫	・校内文書（通知表を含む。）を児童生徒が希望する呼称で記す。 ・自認する性別として名簿上扱う。
授業	・体育又は保健体育において別メニューを設定する。
水泳	・上半身が隠れる水着の着用を認める（戸籍上男性）。 ・補習として別日に実施、又はレポート提出で代替する。
運動部の活動	・自認する性別に係る活動への参加を認める。
修学旅行等	・1人部屋の使用を認める。入浴時間をずらす。

生徒指導提要（改訂版）より作成

（4）学校危機と緊急支援・危機対応

事件・事故や災害などによって、通常の課題解決方法では解決することが困難で、学校の運営機能に支障をきたす事態を「学校危機」と呼びます（生徒指導提要〈改訂版〉）。学校危機には、個人レベルの危機、学校レベルの危機、地域社会レベルの危機があります。福岡県臨床心理士会・窪田（2020）は、学校コミュニティに危機をもたらす可能性のある出来事として、児童生徒の自殺、学校の管理責任下で生じた事件・事故による児童生徒の死傷、交通事故、火災など学校の管理責任外の事故による児童生徒の死傷、自然災害による被害、地域で生じた衝撃的な事件、児童生徒による殺傷事件、教師の不祥事の発覚、教師の自殺など突然の死、感染症の世界的流行を挙げて、それぞれの出来事の理解や緊急支援について詳しく述べています。

学校危機への対応については、伝統的には「危機介入」（危機への介入）という用語が使われます。学校の通常の課題解決方法では解決することが困難な場合、外部の関係機関などとの連携により危機への対応を行い、危機の状況下にある児童生徒、学校、地域社会の苦しみや困難を軽減し、学校の通常の課題解決機能を回復させていきます。こうしたアプローチやプロセスのことを「危機介入」というのですが、「介入」という言葉に若干侵入的なニュアンスがあり、関係機関が学校の主体を尊重しないで、危機に対応するような誤解を受ける場合があります。そのようなことから、より中立的な「危機対応」という用語が使われることもあります。また福岡県臨床心理士会・窪田（2020）は、学校コミュニティの主体を尊重し、コミュニティが構成員に対して行う「危機対応」を後方から支援することを明確に意図し、「緊急支援」という用語を使っています。つまり、学校危機が生じたとき、学校は主体的に「危機介入」あるいは「危機対応」を行いますが、「危機」は通常の課題解決方法では解決することが困難で、学校の運営機能に支障をきたす事態であるので、学校の通常の構成員だけでは対応することが難しい場合も多いです。そのため、**外部の専門機関（心理、福祉、医療等）による「緊急支援」を受け、「危機対応」を行う**、と整理できるかもしれません。

福岡県臨床心理士会・窪田（2020）は、緊急支援の必要性について、①児童生徒は危機的な出来事に遭遇するとさまざまな反応を起こす、②適切な時期に適切な対応を行えば大半の健康な子どもの反応は収束可能である、③適切な時期に適切な対応がなされないと、反応の長期化、重篤化の危険性がある、④専門的・継続的なケアにつなぐ必要性のある児童生徒を早期に発見する必要がある、⑤学校コミュニティが機能不全に陥っている場合、不十分・不適切な対応がなされ、結果として反応が増幅されるという悪循環に陥る危険がある、という5つを挙げています。

学校危機が生じた場合に、学校がどのように危機対応を行っていくかについては、各自治体で手引き等が整備されています。また、学校に危機管理マニュアル等も整備されていると考えられます。日ごろからそれを読んだり、もしもの時に備えて研修を行ったりすることも大切です。実際に危機が生じた場合には、そうした手引きやマニュアルを参考に、体制を整備し、危機対応を展開していくことになります。マニュアルに従って動くことに抵抗のある人もいるかもしれません。しかし、危機的状況にいると正常な判断力が低下することが多くあり、そのような状況ではマニュアルはとても有効に機能します。

学校の通常の課題解決方法を超えているのが危機であるため、外部の専門機関（専門家）の力を借りた、緊急支援体制を確立する必要もあります。福岡県臨床心理士会・窪田（2020）を例にすると、校長の要請を受けた教育委員会が緊急支援プログラム実施の決定をし、教育委員会が臨床心理士等の派遣要請を県臨床心理士会等コーディネーターに行います。緊急支援チームの学校に派遣されるメンバーが決まったら、派遣メンバーが学校に行き、学校内緊急支援チームを結成します。学校内緊急支援チームの構成としては、責任者は校長、外部との連絡は教頭や場合によっては教育委員会の指導主事、児童生徒対象プログラムの実施は生徒指導主事や当該学年の学年主任などが担当します。そして、児童生徒の反応の見立て・プログラム実施などについての専門的助言は、派遣された緊急支援チームの臨床心理士等が行います。加えて、緊急に個別対応が必要な児童生徒、保護者、教職員への個別のケアについては、養護教諭、派遣された緊急支援チームの臨床心理士等、及びその学校のSCが対応します。

SCは危機対応の中でも特に心のケアで重要な役割を果たします。しかし、危機が発生する前から対応している事例などを多く抱えていたりして、危機によって新たに生じた課題について対応することが難しいことも少なくありません。**緊急支援チームとして派遣された心理士等と連携し、役割分担をして、適切な対応を展開していく必要**があります。

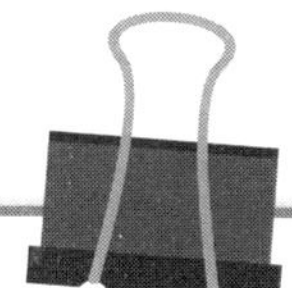

第４章

スクールカウンセラーの主要テーマ①

いじめ

◎第４章にあたって

いじめは、児童生徒が安心して生活をする権利を脅かす問題であり、学校教育の問題を超えて社会問題とされていると言えるでしょう。いじめの予防と対応は、SCの職務として非常に期待されているものの一つです。本章では、いじめの理解を深め、どのように防止・対応していけばよいかについて示していきます。

1. いじめとは

(1) いじめをめぐって

児童生徒のいじめについては、日本では1980年代（北澤〈2015〉によると1984年）から学校における教育課題として注目され、社会問題化しています。同時期からいじめに注目していたのは、英国や北欧等の一部の国に限られており、その後世界中で注目が集められ、どのような国や地域でもいじめは発生しており、大きな問題と考えられています。さまざまな方策がとられてきましたが、十分な効果を上げることができずに現在に至っているとも言えます。2013（平成25）年には、「いじめ防止対策推進法」が成立し、施行されています。この法に従って、文部科学省は「いじめの防止等のための基本的な方針」（基本方針）を2013年に決定し、2017（平成29）年に改定されています。

SCは、チーム学校の一員の心理学の専門家として、いじめの未然防止、早期発見・早期対応、重大事態（＊）への対応に関わることが期待されています。

＊「いじめ防止対策推進法」では、いじめにより「生命、心身又は財産に重大な被害が生じた疑いがあると認めるとき」「相当の期間学校を欠席することを余儀なくされている疑いがあると認めるとき」とされています。

(2) いじめの定義

図4-1にいじめの定義とその変遷について示しました。初期の定義では、教職員がいじめを見落とすことが多く、深刻化することが食い止められないという指摘があり、徐々にいじめを初期段階から認知できるような定義に変わっていきました。現在は、いじめ防止対策推進法の定義が使われています。世間一般が考える、**陰湿で激しいいじめだけではなく、より広いいじめについて認知できるような定義になっている**ことが特徴です。

[図4-1] いじめの定義の変遷

～2005（平成17）年度	自分より弱い者に対して一方的に、身体的・心理的な攻撃を継続的に加え、相手が深刻な苦痛を感じているもの
2006（平成18）年度～	当該児童生徒が、一定の人間関係のある者から、心理的、物理的な攻撃を受けたことにより、精神的な苦痛を感じているもの 発生場所は学校内外を問わず、個々の行為が『いじめ』に当たるか否かの判断はいじめられた児童生徒の立場に立って行う。 具体的ないじめの種類に「パソコン・携帯電話での中傷」「悪口」などを追加。**「発生件数」から「認知件数」に変更。**
いじめ防止対策推進法（2013〈平成25〉年）の定義	児童等に対して、当該児童等が在籍する学校に在籍している等当該児童等と一定の人的関係にある他の児童等が行う心理的又は物理的な影響を与える行為（インターネットを通じて行われるものを含む。）であって、当該行為の対象となった児童等が心身の苦痛を感じているもの

文部科学省資料を参考に作成

(3) 現代のいじめ

図4-2に「問題行動等調査」のいじめの認知（発生）率の推移を示しました。縦の波線のところは、いじめの定義や調査方法、調査対象が変更になったことを示しています。

この調査は、各学校（教職員）が認知した件数を教育委員会に報告し、文部科学省がまとめたものです。したがって、学校（教職員）が認知したいじめの数（率）と言えます。

近年、いじめの認知率が高まっているのは、いじめの認知数が多いのはそれ自体問題ではなく、むしろいじめをきちんと認知せず、適切な対応を取らないほうが問題であることが強調されたことが影響していると思われます。

2020（令和2）年度で減少傾向が見られるのは、新型コロナウイルスの感染拡大のため、全国一斉の休校期間があったり、分散登校、部分登校があったりしたことが影響していると考えられています。

[図4-2]　いじめ認知（発生）率の推移（1,000人当たりの認知件数）

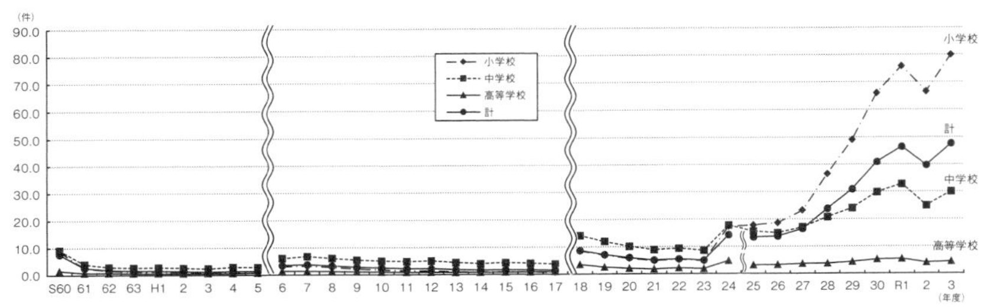

「令和３年度児童生徒の問題行動・不登校等生徒指導上の諸課題に関する調査」結果を基に作成

［図4-3］　学年別いじめ認知件数（小・中・高・特別支援学校の合計）

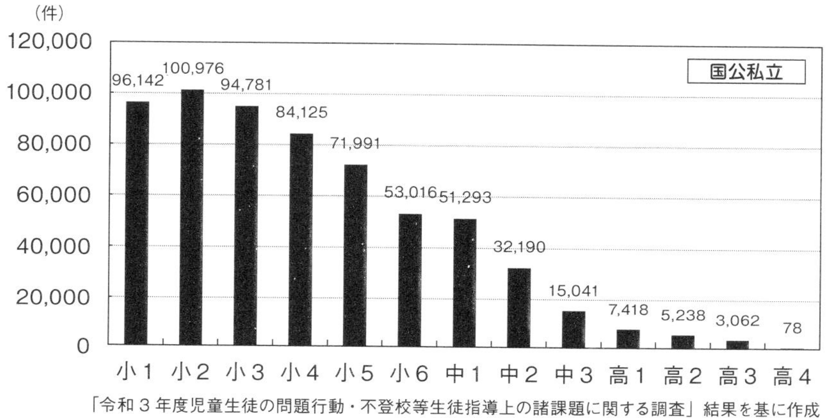

「令和３年度児童生徒の問題行動・不登校等生徒指導上の諸課題に関する調査」結果を基に作成

図4-3に、2021（令和3）年度の学年別いじめ認知件数を示しました。以前は中学1年生を頂点とする山型でしたが、**最近は小学校低学年が最も多く発生**しており、そこから減少していく形になっています。

国立教育政策研究所（2021）は、全国の状況を推測するために選定した地方都市の児童生徒を対象に、長期にわたり追跡調査を実施しています。この調査に回答するのは、小学4年生から中学3年生の児童生徒本人で、年間2回、調査が行われています。主な結果としては次のようなことが示されています。最も頻度が高い「仲間はずれ、無視、陰口」については、期間中1回以上の被害を報告しているのは小学生で40～50％程度、中学校で30～40％程度でした。**学校が報告する認知率よりも、実際のいじめの発生率は高いことが推定**されます。また、この9年間（2010～2018年）ではいじめの発生はそれほど増えても減ってもおらず、小学校ではわずかに微減傾向、中学校では横ばいと考えられています。加えて、小学4年生から中学3年生までの年間2回の調査期間で、91％の児童生徒が「仲間はずれ、無視、陰口」のいじめの被害を1回以上受けており、85％の児童生徒が加害に加わったことが推定されています。

[表4-1] いじめの態様

	小学校 件数（件）	小学校 構成比（%）	中学校 件数（件）	中学校 構成比（%）	高等学校 件数（件）	高等学校 構成比（%）	特別支援学校 件数（件）	特別支援学校 構成比（%）	計 件数（件）	計 構成比（%）
冷やかしやからかい、悪口や脅し文句、嫌なことを言われる。	285,375	57.0	60,960	62.2	8,309	58.7	1,303	48.3	355,947	57.8
仲間はずれ、集団による無視をされる。	61,904	12.4	9,400	9.6	2,236	15.8	189	7.0	73,729	12.0
軽くぶつかられたり、遊ぶふりをして叩かれたり、蹴られたりする。	125,309	25.0	14,039	14.3	1,087	7.7	650	24.1	141,085	22.9
ひどくぶつかられたり、叩かれたり、蹴られたりする。	31,582	6.3	4,824	4.9	429	3.0	183	6.8	37,018	6.0
金品をたかられる。	4,452	0.9	856	0.9	302	2.1	42	1.6	5,652	0.9
金品を隠されたり、盗まれたり、壊されたり、捨てられたりする。	25,692	5.1	4,881	5.0	678	4.8	105	3.9	31,356	5.1
嫌なことや恥ずかしいこと、危険なことをされたり、させられたりする。	48,184	9.6	7,927	8.1	880	6.2	351	13.0	57,342	9.3
パソコンや携帯電話等で、ひぼう・中傷や嫌なことをされる。	9,454	1.9	9,783	10.0	2,454	17.3	209	7.8	21,900	3.6
その他	22,290	4.5	3,421	3.5	1,074	7.6	226	8.4	27,011	4.4
認知件数	500,562	***	97,937	***	14,157	***	2,695	***	615,351	***

「令和３年度児童生徒の問題行動・不登校等生徒指導上の諸課題に関する調査」結果を基に作成

表4-1にいじめの態様についての結果を示しました。言葉を用いたいじめや、軽く叩く、仲間はずれ、嫌なことの強要、物への加害などが比較的多いことが分かります。インターネット（ネット）を使ったいじめは、学校種での差が大きいことが分かります。小学生では少なく、中学校くらいから増加し、高等学校では17.3%を占めるようになります。

近年のいじめとして、ネットを使ったいじめ、SNSを用いたいじめが注目されています。ネットを使ったいじめには、実はさまざまな形態があります。例えば、小野・斎藤（2008）では、サイバー型いじめの種類として、フレーミング（挑発行為）、ハラスメント（迷惑行為）、サイバーストーキング（犯罪行為）、デニグレーション（中傷行為）、インパーソネーション（なりすまし）、アウティング&トリックリー（個人情報の暴露）、エクスクルーション／オストラシズム（仲間はずれ）、ハッピースラッピング（暴力行為の撮影）を挙げています。世間的には、ネットを使ったいじめが急増して多数を占めており、深刻化しやすいと考えられる傾向があります。

しかしながら、各種調査の結果や学校での例などを見ると、実態は少し違うように感じます。例えば、「問題行動等調査」の2011（平成23）年度と2021（令和3）年度の結果を見ると、ネットを使ったいじめ（「パソコンや携帯電話等で、ひぼう・中傷や嫌なことをされる」）が、いじめ全体に占める割合が平成23年度は4.3％だったのに対し、令和3年度は3.6％です（複数回答可）。鈴木・坂元他（2013）の研究によると、**ネットだけのいじめの被害は非常に少なく、対面でもネットでも被害にあっているか、あるいは対面だけで被害にあっていることが多い**ことが分かります。また、東京都教育庁の2021（令和3）年度の調査によると、ネットに関してトラブルや嫌な思いを経験している割合は少なく（7.6％）、ネットによるいじめ被害は少ないことが推定されます。実際に多く起こっているいじめは、各種調査や報告のように、ネットを介さない言葉を用いたいじめや、軽く叩く、蹴る、仲間はずれにする、噂を流す、物を隠す、嫌なことをやらせるなどが多いように見受けられ、公表されているいじめの重大事態の報告書においても、現時点ではネットを介さないいじめによって重大事態が引き起こされていることがほとんどであると言えます。

いじめは、定義のように一定の人間関係がある児童生徒間で起こる問題であり、日本の場合はほとんどが同じクラス、あるいは同じ学年の児童生徒間で起こると言われています（異学年で起こることもあるが少ないとされています）。ネットを使ったいじめの場合は、スクリーンショット等で証拠を残しておくことなどの対応も浸透しており、いじめる側からすると証拠が残ってしまい、また誰が書いたか（送信したか）もネットのほうが特定される可能性が高い部分もあります。一定の人間関係があり、現実空間で生活を共にしているのであれば、ネットを介さず、教職員がいないところで発言したり、行動したりするほうが、手間もかからず、証拠も残りにくいと言えます（「言っていません」「やっていません」「励ますつもりでこういうことは言ったけど、いじめではありません」など)。

ただし、ネットを使ったいじめは、数はそれほど多くなく、増加していないかもしれませんが、甚大な被害を及ぼす危険性があります。**不特定多数の人への情報の拡散力があるため、特定の児童生徒を精神的に傷つける言葉や画像、動画や音声を学校内外の数多くの人に拡散することがネットでは可能**です。このようなこともあり、文部科学省は重大事態の例示として、ネットを使ったいじめ(「わいせつな画像や顔写真を加工した画像をインターネット上で拡散された」)についても挙げています。

2. いじめの防止と対応

(1) いじめの未然防止

学校教職員が行うこととして、いじめの発生自体を未然に防止する試みがあります。これまでは、いじめが発生したときにどのように対処するかということに焦点が当てられがちでしたが、**近年はいじめの未然防止にもより尽力する必要性**が叫ばれています。いじめはどこにでも起こるという意識を持って、積極的に認知していくことは重要ではありますが、いじめ自体が発生しない学校・学級にしていくことも重要です。

一つのアプローチとしては、**児童生徒の人権意識、多様性を認め合える心、お互いを大切にできる心の醸成**があります。道徳性や倫理観の発達を促すアプローチとも言えます。誰もが安全・安心を感じながら、自由に学校生活を送る権利を有しており、いじめはそうした権利を侵害する行為であるということを児童生徒が知り、考える機会を設ける必要があります。また、いじめは過度の同質性を求め、異質性を排除する個人や集団から生まれやすいという指摘があり、**多様性を認め、多様性をたたえ合えるような集団にすることが、いじめの防止につながります**。そもそも、一人一人が自分も大切にし、相手も大切にする気持ちを育んでいくことも、いじめをはじめとするさまざまな問題の防止になります。このような心の発達のために、弁護士によるいじめ予防授業（133ページコラム参照）などを実施している自治体や学校もあります。また、SCが児童生徒向けの講話をしたりすることも考えられます。全ての教育活動を通じて行われる道徳教育や、小中学校で特別の教科として位置付けられている道徳科授業は、いじめの防止に資する教育として重視されています。道徳教育や道徳科授業の計画や実施の段階で、担任などと協働してSCが関わることも考えられます。

もう一つのアプローチとしては、**社会情動スキルの獲得を促す心理教育を行う**ことがあります。いじめの加害には、児童生徒が感じるストレス（国立教育政策研究所，2010）や不全感（内藤，2009）が影響していると言われます。**ストレッサーを減らしたり、ストレスに適切に対処したりして、ストレスをいじめ加害で解消しないようにできれば、いじめの防止につながります**。中学校の保健体育科ではストレスや欲求への対処と心の健康について学ぶ単元があります。このような内容を扱う授業の際に、保健体育科の教員とSCとが協働し、児童生徒がストレスのメカニズムや適切な対処の仕方について学ぶことを促す方法が考えられます。また、怒りの感情をうまく制御できないことがいじめ加害につながる場合もあるため、アンガーマネジメントについて児童生徒が学ぶ機会を設けることが有効なケースもあります。児童生徒間の葛藤を正しい攻撃的でない方法で解決できないことがいじめにつながる場合もあり、ソーシャルスキルやピアサポートについて学ぶ機会も有効なことがあります。こうした学びの計画や実施においても、SCは貢献することができるでしょう。

Column

◎弁護士によるいじめ予防授業

児童生徒のいじめ防止について、法の専門家である弁護士と学校との連携・協働が期待されています。例えば東京都では、東京弁護士会などによる「いじめ予防授業」が数多くの学校で行われています。

[表4-2] 弁護士によるいじめ予防授業の講座のポイント

学習の視点
人権の観点から弁護士がいじめについて話し、いじめが人権を深く傷つける問題であることを子どもたちと一緒に考えます。
対象学年、教科、単元
小学 5 年生〜中学 3 年生 総合　道徳　学級活動　生活指導　社会 1 単元
所要時間
45 〜 50 分

東京弁護士会サイト「法教育プログラム『いじめ予防授業』」を参考に作成

表4-2に東京弁護士会によるいじめ予防授業の講座のポイントを示しました。重要なこととして、「人権」の観点からの授業であることです。学校等からは、弁護士によるいじめ予防授業では「いじめは犯罪だからしてはだめだ、という話をして欲しい」という要望もよくあるそうですが、法律的にはいじめの行為が必ずしも犯罪を構成するとは限らないので（例えば無視など)、そのような観点ではなく、いじめは人権侵害であるという観点について児童生徒と一緒に考えるような授業が展開されています。授業の感想などからも、こ

うした観点からの授業がとても効果的であることが分かります。また、授業実施にあたり、担当講師（弁護士）が実際に学校を訪問するなどして、学校におけるいじめの状況等のヒアリングを行っています。弁護士と学校との連携・協働により、児童生徒のニーズに合った授業が展開されます。

授業の内容としては、過去に起きた実際のいじめ自殺事件などを題材に「人権」の観点から授業が行われます。例えば、「いじめと『人権』の関係」「いじめられる側が悪いのか？（許されるいじめはないこと）」「いじめを受けた人の心を知る」「いじめが加害者や傍観者に残す傷」「いじめの四層構造」等の内容について、児童生徒の発達段階や学校の状況やニーズに合わせて、授業構成が組み立てられます。

児童生徒はもとより、弁護士によるいじめ予防授業を受けた教員や保護者からも、「大変勉強になった」「自分自身のことを振り返るきっかけとなった」という声も聞かれます。

(2) いじめの早期発見・早期対応

いじめの発見のきっかけとしては、最近はアンケート調査などの学校の取り組みによるものが多いです。アンケート調査による発見などがうまくいかない場合は、SCも加わって、アンケート項目や実施方法の見直しをすると効果的でしょう。

昼休みや放課後に自由来談ができるようにしている相談室では、頻繁に来談する児童生徒の中に、いじめの被害にあっている児童生徒がいることもあります。また、授業中や休み時間、登下校のSCによる行動観察がいじめ発見のきっかけとなることもあります。表情が優れない、児童生徒集団の中にいると不安や緊張の度合いが高い、教室の居心地が悪そうである、周囲の児童生徒からからかわれている等の様子が見られた場合は、SCでも他の教職員でも、情報交換や情報共有を行う必要があります。いじめが発見された場合は、学校内に設置されている学校いじめ対策組織（委員会）に報告します。

いじめの対応には、必ず複数の教職員が関わることが求められています。担任を中心としながら、同じ学年の教員、副担任、学校いじめ対策組織（委員会）メンバーでもある教育相談や生徒指導に関する主任やコーディネーター等で役割を整理し、いじめに加わった児童生徒、被害にあった児童生徒から聞き取りをします。状況を理解するための情報収集の目的もありますが、**いじめに加わった児童生徒にはいじめを直ちにやめさせるような指導、反省を促すような指導**などを行います。**被害にあった児童生徒には、辛い気持ちに共感を示しつつ、「先生たちが守るから心配しなくてよい」というメッセージ**を伝えます。

個々のケースに、SCが直接関わるかについては状況によります。SCが勤務日にいじめ防止に関する会議が開催される場合は出席し、状況把握をするとともに間接支援（コンサルテーション）等で関わることもあります。被害にあった児童生徒が、不安や恐怖心が強い、自分を責めて落ち込んでいる、心身の不調を示している場合などは、SCが直接関わり、支援を行うことがあります。

また、いじめに加わった児童生徒が、反省をしていなかったり表面的な反省だけで深まらなかったりしている、情緒不安定である、背景に他の問題（非行、家庭の問題、精神的な不調等）が関係していると思われる場合などは、SCが関わることもあります。いじめの加害側にSCが関わることは日本では少ないですが、海外では多いところもあります。日本では、いじめに加わった児童生徒に対して、教職員は厳格な指導をする場合が多く、それが求められていることでもあります。多くの場合は、このようなストレートな指導により、十分に反省するとともに謝罪をし、再発しないことが多いです。しかし、**複雑な心理的背景を抱えている加害児童生徒の場合は、教職員による厳格な指導に加えて、SCによる別の角度からのアプローチ**が効果的なこともあります。加害児童生徒の背景に、ストレスや苦しさ、辛さがある場合は、そうした問題に理解を示し、いじめという形ではなく解消する方法について、SCが助言したり、共に考えたりすることもあります。

総務省による重大事態の調査報告書の分析によると（「いじめ防止対策の推進に関する調査 結果報告書」2018〈平成30〉年3月）、SCが早い段階で関わることにより、重大事態を防げた可能性が指摘されています。そこでは、「担任は、SCやSSWへの相談は事が大きくなったときに行うものと思っており、これら専門家を積極的に活用する意識がなかった」という指摘や、「生徒が担任に不信感を抱いていたにもかかわらず、担任以外の教員・SCに気軽に相談できる体制や雰囲気がなかった」という指摘もあります。このようなことからも、**いじめの早期発見・早期対応においてSCが果たせる役割は多く、重大事態に至る前に対応するためにもSCを活用できる体制づくり**が求められます。

Column

◎いじめ加害者へのカウンセリング

いじめ加害者へのカウンセリングについて、関心が高まっています。被害者が欠席や転校を余儀なくされ、加害者が再発防止の措置を受けずに教室にいられるのはおかしいのではないかという意見も多く聞かれます。また、海外ではいじめの加害者にカウンセリングが行われることも報道等で紹介されるようになり、日本でももっといじめ加害者へのカウンセリングを行うべきだという意見も多く聞かれます。

[表4-3] いじめる児童生徒への特別な対応の状況

■スクールカウンセラー等の相談員がカウンセリングを行う

		小学校	中学校	高等学校	特別支援学校
平成23年度	件数	446	901	252	3
	構成比（%）	1.3	2.9	4.2	0.9
令和3年度	件数	5,648	2,314	1,256	134
	構成比（%）	1.1	2.4	8.9	5.0

「児童生徒の問題行動・不登校等生徒指導上の諸課題に関する調査」を基に作成

2021（令和3）年度の「問題行動等調査」によると、いじめる児童生徒への特別な対応で「スクールカウンセラー等の相談員がカウンセリングを行う」対応が取られたのは、小学校で1.1%、中学校で2.4%、高等学校で8.9%、特別支援学校で5.0%だったことが報告されています（表4-3）。2011（平成23）年度と比べると、構成比（認知件数に対する割合）では小学校、中学校では令和3年度のほうが低く、高等学校、特別支援学校では令和3年度のほうが高くなっています。ただし、件数を見るとどの学校種でも令和3年度のほうがかなり多くなっています。いじめの認知件数が大幅に増加したため「スクールカウンセラー等の相談員がカウンセリングを行う」の構成比は必ずしも増加していませんが、件数自体は大幅に増加しており、少しずついじめ加害者へのカウンセリングも増加していると言えます。

生徒指導提要（改訂版）には、いじめ衝動の原因として①心理的ストレス（過度のストレスを集団内の弱い者を攻撃することで解消しようとする）、②集団内の異質な者への嫌悪感情（凝集性が過度に高まった学級・ホームルーム集団では、基準から外れた者に対して嫌悪感や排除意識が向けられることがある）、③ねたみや嫉妬感情、④遊び感覚やふざけ意識、⑤金銭などを得たいという意識、⑥被害者となることへの回避感情、が挙げられています。また、いじめの加害者の心の深層には、不安や葛藤、劣等感、欲求不満などが潜んでいることが少なくないこと、さらに、「自分がなぜいじめに走ってしまうのか」「どうしていじめることでしか気持ちが保てないのか」ということに無自覚である場合も多く、丁寧な内面理解に基づく働きかけが必要になると示されています。こうした働きかけにおいてSCが一定の役割を果たすことが期待されます。

いじめた児童生徒の反省が深まっていないと思われるとき、また関連する心理的問題や問題行動がある場合に、カウンセリングは必要かつ有効だと考えられます。例えば、「開き直って自分がいじめに該当する行為をしたことは認めるが、それが悪いことだと思わないというような言動がある場合」「指導に対して、表面的には反省を示すが、表情や言動から深くは反省していない場合」「いじめ以外の非行行為がある場合（暴力、窃盗、恐喝等）」「いじめ場面以外でも、感情のコントロールが苦手な加害者（すぐにカッとなってしまう等）の場合」などです。カウンセリングは、一般的には本人にカウンセリングを受ける（カウンセラーと話す）という動機付けがあることが必要で、無理やりカウンセラーと会わせても、効果的でないと考えられています。スクールカウンセリングでも同様なのですが、ケース会議等で必要と判断したいじめの加害などの場合は、「学校の指導の一環」としてSCと話をするのを位置付けていることを本人や保護者に伝えてもらう方法もあります。

いじめ加害者へのカウンセリングにおいては、標準的なカウンセリングと同じように、積極的傾聴を心がけ、いじめた児童生徒のその時の心情、今振り返っていじめをしたことについて自分自身どう思うかについて話を聴きます。いじめた児童生徒から、その背景にある困難やストレスについて語られることもあります。例えば、家庭内で嫌なことがある、先生が自分を大切に思っていない、勉強がうまくいかずにストレスになっている、以前は自分もいじめられていた等のことを語る場合もあります。家族や教員、学校や仲間への不平不満が出てくることもあります。こうした語りは、再発防止のヒントとして大変重要なのですが、だからといっていじめの行為を肯定してはいけません（3. いじめのケースと対応例参照）。

基本的には、「罪を憎んで人を憎まず」のアプローチが必要と考えます。つまり、いじめた児童生徒が別のこと（家庭のこと、先生とのこと、勉強のこと、仲間とのこと等）で辛い思いをしていたという心情は受容しながらも、だからといっていじめをしてよい理由にはならないからね、という態度をSCは持ち続けることが大切です。いじめをしてはいけない理由の説明としては、弁護士によるいじめ予防授業の考え方が参考になります。つまり、人権という観点からいじめはしてはいけないという理由についてSCも十分に理解し、児童生徒の発達段階や個人の理解度に合わせて説明できることが必要です。例えば、「あなたは軽い気持ちで、強い悪意がなかったかもしれない。しかし、あなたのしたことでひどく傷つき、学校が安全で、安心できるところではないと感じた人がいます。あなたはすぐにそのようなことをやめなければならないし、これからは同じことをしないようにしなければなりません」ということをSCもしっかりと伝えなければならないこともあります。

いじめをしてしまった背景に、家族、先生、仲間、先輩等との人間関係の困難やストレスがある場合は、継続的に面接を行い、環境調整をしたり、対処方法について本人と共に考えたりします。本人の辛さに寄り添いつつ、その辛さを誰かをいじめるという形で発散するのではなく、適切に対処する方法を身に付けることを促していきます。辛さをSCに受容してもらうことで自己理解が促され、その結果いじめについての反省が深まり、謝罪の気持ちと、もう二度としないという決意が生まれることもあります。

また、人と適切に関わるスキルが不足していたり、怒りのコントロールが苦手だったりする場合は、ソーシャルスキルトレーニングやアンガーマネジメント等が必要なこともあります。SCとの継続的な面接によって、価値観の極端な偏り、自己像、他者像、世界観のゆがみ、共感性の著しい欠如、情緒の不安定さ等の人格障害と関連するような問題が見受けられる場合もあります。さらに、最近は少ないですがいじめの加害だけではなく、学校内外での暴力、恐喝、窃盗、不良行為（薬物乱用や不良交友等）などの非行の問題も示している場合があります。このように、より長期的な心理療法やトレーニング、専門性の高い環境調整が求められる場合は、校内のケース会議などで検討して、学校外の関係機関と連携・協働して、いじめをしてしまった児童生徒の指導・支援を展開することも考えられます。

3. いじめのケースと対応例

文部科学省は2018（平成30）年に、「いじめ対策に係る事例集」を公表しています。この事例集にはいじめの防止、早期発見及び対処等の点で特に優れていると判断した事例や学校現場において教訓となると判断した事例が掲載されています。

以下に、実際の複数の事例などを基にして作成した仮想の事例（ケース）を2つ挙げました。参考にしながら、チーム学校の動きやSCの役割について考えていきましょう。

ケース１

1時間目が始まった9時ごろに、相談室の直通電話に、小学6年生男子（Aさん）の保護者（母）より、急いで相談したいことがあり、できるだけ早い時間に予約をしたいという連絡①があった。10時30分から予約が入っていなかったので、その時間に来校するようにお願いした。

昨日、Aさんが帰宅した時にズボンとバッグが土でひどく汚れていたため、母親がAさんにどうしたのか聞いたところ、一緒に下校している友だち複数から転ばされたり、バッグや筆箱などを蹴られたりしたとのことだった。Aさんは、「最

ポイント解説

①保護者が急を要していると思われる場合は、できるだけ早く会う時間を設定することが望ましいです。

近時々そのようなことがあって嫌な気持ちになるが、普段は仲のよい友だちだから……」と言っていて、表情はあまりよくなかった。母親はいじめを疑っており、心配だったのでまずはSCに話を聞いてもらいたいと思ったとのことだった。

SCは、すぐに相談してくれた母親に感謝の意を示しつつ、「このことについて教職員で情報を共有し、お子さんや昨日のことに関わった他の児童からもできるだけ早く話を聞き、状況把握とお子さんの支援を行いたい」ということを伝えた②。保護者からは、「ぜひお願いします」という返事があった。

②相談してくれた保護者や子どもに謝意を示すこと、早急に組織的対応をしたいことを示して、同意を得ることが大切です。

保護者の相談が終わったのち、SCは校長、副校長と教育相談主任に集まってもらい、保護者との話の内容を伝えた③。授業の間の休み時間には担任にも来てもらい、まずは昼休みに被害にあったと思われる児童（Aさん）と担任、教育相談主任とが話をする方向に決まった。

③学校の手引き等に従って、できるだけ早急に、組織的に動くことが大切です。いじめを疑われる事案の情報を得た時に、SCはまず誰と情報共有をするのがよいかを日ごろから把握しておきましょう。

昼休みの聞き取りの結果、Aさんは下校の方向が同じクラスの同級生4人から、ここ1週間ほど、悪ふざけのような形でみんなのバッグを運ばされたり、軽く押されたり転ばされたり、バッグを蹴られたり、そこから飛び出した筆箱を蹴られたりしていることが明らかになった。Aさんは「学校の休み時間はその4人も含むもっと大人数でキックベースなどをしていることもあり、嫌なこと等はされていない」「下校時以外は嫌なことをされたり言われたりもしないため、自分たちは仲のよい友だちグループだと思っている」「ちょっと嫌な気分にはなるが、やめるように言うのもノリが悪いと思われるので、我慢している」と語った。

担任と教育相談主任からは、「そういうことをされると嫌な気持ちになるよね」と辛さへの共感を示すとともに、「仲がよかったとしても転ばせたり、物を蹴ったりするのはしてはいけない」「その人たちのためにも、先生たちから注意をさせてもらいたい」という話をした。Aさんからは、「先生から注意をされると、余計ひどいことにならないか心配」という話があった。担任からは、「絶対にそのようなことにならないように先生たちが守るから心配しないで」という話をした。

昼休みの話は、校長、副校長、SCにも共有され、放課後に手分けして4人の児童に話を聞くこと、AさんはSCと話をして、その後、その日は保護者に迎えに来てもらい下校させることになった④。

④必要な情報を共有するとともに、SCとしてまず果たすべき役割が何かを検討し、実行に移します。

放課後、4人の児童は別々の部屋で、教員（担任、副担任、教育相談担当、学年の他クラスの教員など）と話をした。全ての児童が事実を認め、悪ふざけが徐々にエスカレートしていったこと、Aさんが嫌がっているかなということは頭に浮かんだがついついやってしまったこと、先生と話を今して本当に悪いことをしてしまった、Aさんに謝りたいということを口々に話した。教員からは、正直に話してくれたことを認めつつ、「Aさんを傷つけるようなことをしたことをしっかりと考えて、反省して欲しい」「これから、絶対に同じことはしないで欲しい」「先生たちから保護者の人にも連絡するが、今日先生たちから注意を受けたことを自分の口で保護者の人に話して欲しい」ことを伝えた。

Aさんは SC と話をして⑤、この状態が続くのは嫌だなと思いつつも、「ひどく恐怖を感じていない」「今まで通り4人とは仲よくしたいと思っている」と語った。

⑤ SC は対応する児童生徒との信頼関係を築きつつ、情報収集・アセスメントを行います。最初の段階ではあまり話したがらない児童生徒もいるので、尋問や詰問のようにならないように気を付けます。本人の辛さを受容することで、既に初期の支援も始まっています。

児童との話が終わった後、担任はそれぞれの家庭に電話をかけて、状況について説明をした。翌日の放課後、4人の児童とその保護者に集まってもらい、校長、副校長、教育相談主任、担任と話をする機会を設けた。校長から4人の児童に注意が与えられ、4人の児童はそれをしっかりと受け止め、反省の言葉と今後はAさんが嫌がるようなことをしないという決意が述べられた。

翌々日の放課後、4人の児童がAさんに謝罪する機会が設けられた。それぞれの保護者と教職員も同席した。Aさんからは、「謝ってくれてありがとう。よかったらこれからも仲よくしてね」という話があった。

双方の保護者が1週間ほど児童の様子を見た後、Ａさんと４人の希望が強いこともあり、双方の保護者の同意の下、Ａさんと４人の児童が一緒に下校することが再開された。

その後は、Ａさんと４人の児童の間にはトラブルはなく、仲のよいまま卒業の日まで一緒に下校する様子が見られた。

※SCによる児童生徒への直接支援は単発であったり、初期の数回であったりする場合もありますが、ケース会議等の情報共有や検討の場に参加し、経緯を見守り、必要に応じて教職員へのコンサルテーションを行う等、間接支援で関わることもあります。

この事例は、早期発見・早期対応により、深刻化する前に解決に至った例です。早い段階で、SCを含めた教職員のチームと保護者とが協働し、Ａさんを支えるとともに、４人の児童に注意を与えたことが効果的であったと思われます。うまくいきすぎの事例のように感じられるかもしれませんが、初期の段階で注意をし、反省を促すことで、この事例のように早期に解決することも実際に少なくはありません。

ケース２

ポイント解説

6月に実施したいじめについてのアンケート①に、中学1年生のあるクラスで、「からかったり、悪口やおどし文句、嫌なことを言ったりした」という質問について、友だちがそのようにされているのを見た、と回答している生徒が1人いた。担任は、学校いじめ対策組織に報告した上で、回答した生徒に聞き取りを行った。

回答した生徒の話によると、クラスの女子生徒Bさんが、同じクラスのCさん、Dさん、Eさんからきついことを言われている様子が、このところよく見られるようになっており、見ていて辛いと感じる、ということだった。クラスの他の人も「あれは言いすぎだよね」と感じているが、特にCさんは言葉遣いや口調が激しく、みんなにとっては怖い存在でもあり、「注意もできず、先生にも言いづらかった」と話した。担任は、勇気を出してアンケートに回答してくれたことに感謝を示し、「あなたが回答したことは分からないようにしながら、Bさんを先生たちで支援する」と伝えた。

①アンケートによる他児童生徒からの目撃情報が、いじめ発見において重要な場合も多くあります。アンケート実施後の対応について、手引きなどを参考に把握しておく必要があります。

その日、Bさんは下校していたため、担任は自宅に電話をかけて話を聞いた②。

――入学して、クラスに知り合いがいなかった私に、Cさん、Dさん、Eさんが声をかけてくれたので、一緒に行動するようになった。4月

②いじめの場合は特に、できるだけ早急に情報収集を行い、組織的な対応を開始します。本人や保護者と連絡を取り、学校として組織的に対応することを伝え、同意を得ます。

の終わりの頃から、勉強ができず、体育も苦手で、動作が遅い私のことを3人がからかったり、真似をしたり、きついことを言われることが増えてきた。「え、こんなのも分かんないの。あんた頭悪いね」「(スポーツのレクリエーションの時にミスをすると)むかつくんだけど。まじめにしろよ」「あんたのしゃべり方、きもいよね」などのことを言われる。先生がいないところで言われ、他のクラスの人には聞かれていることもあるし、他の人には分からないくらいの声の大きさで、すれ違いざまに言われることもある。自分が悪いからかなと思っていたので、先生には今まで相談しなかった――

担任は、話してくれたBさんに感謝を伝え、Cさん、Dさん、Eさんに先生たちから注意をすることを伝えた。Bさんからは、「余計ひどくならないようにしてくれるのであれば、ぜひお願いします」という返事があった。Bさんとの話が終わったところで、保護者に電話を代わってもらい、担任と保護者とで情報共有を行った。

担任は学校いじめ対策組織のメンバーに状況について報告した。検討した結果、翌日の放課後に手分けして、Cさん、Dさん、Eさんに別々に話を聞くことになった[③]。話を聞いた結果、3人ともBさんに対して何度か厳しいことを言ったことがあるということは認めた。Dさん、Eさんは、「Bさんを傷つけたかもしれない」「これからは言

③いじめに加わった児童生徒からは、別々に話を聞くことが望ましいです。同じ場所で複数の児童生徒から話を聞くと、本心が話しづらいこともあるからです。複数の教員で役割を分担して対応します。学校いじめ対策組織のメンバー等複数の教職員で検討して、SCを含むそれぞれの役割について決定します。

わないようにする」と反省の言葉を自分たちから話した。Cさんは、「私の口が悪いから怖く聞こえたかもしれないが、Bさんを励ましたり、悪いところを努力して変えてもらおうと思って言ったのであって、悪気はない」と話した。最終的にはCさんも、「これからはしません」と言ったものの、表情はずっと不服そうな顔をしており、対応した教員からは反省が深まっていないようだという心配の声が聞かれた。学校いじめ対策組織のメンバーで検討した結果、Cさんについては翌日に勤務するSCと話す機会を設けたほうがよいという判断になった。

SCがCさんと面談したところ、Cさんは「Bさんとのことについて悪気はなく、私の口が悪かっただけなのに先生たちは私をすごい悪者のように考えていて嫌だ」というような話をした。SCが生活全般のことに話を向けると、「親が勉強のことや習い事のことで厳しい」「出来のよい兄と比較される」「ダンスの習い事で先輩たちが怖い人が多くストレスがたまる」というような話があった。SCは、「Bさんを傷つけることをしたことについては反省して、これからは絶対にしないで欲しい」ということを伝えた。同時に、家族のことや習い事で辛い思いをしてきたことについては共感し、「ストレスがたまらないようにどうすればよいか、力を貸すので今後も話をしよう」と伝えた。

Cさんとの面談は、週1回、しばらくは継続することとなった。Cさんの保護者にも来てもらい、Cさんとは別に話をする機会を設けた④。保護者は自分たちがCさんにストレスを与えていた可能性に向き合い、「今後はもう少しCの気持ちを考えて、関わるようにしたい」と話し、実際に関わり方を変えてくださった。習い事の先輩の件については、保護者から習い事の指導者に話をしてもらい、改善が行われた。

④ SCはいじめをした児童生徒とも信頼関係を築き、できるだけ本心を話すことができるようにします。いじめの背景にあった辛さなどがある場合は、そのことについては受容しつつも、いじめの行為自体は肯定しないようにします。必要に応じてストレッサーを軽減させるための環境調整を行い、保護者との連携も行っていきます。

Bさんの希望があったため、BさんはCさん、Dさん、Eさんとは行動を共にせず、穏やかで好きなこと（漫画やアニメ）が似ている、クラスの他の2人の女子と行動を共にするようになった。

夏休みを経て、Cさんはかなり穏やかになり、Bさんに対してだけではなく、誰に対しても激しい言動はなくなった。努力家で、きびきびしている性格が、よいところで生かせるようになった。授業中のグループ活動で、BさんがCさん、Dさん、Eさんと同じグループになることもあったが、特に緊張せずに活動を行えていた。

CさんとSCの面談は、夏休み明けに3回ほど行ったが、状態が改善されたため終結となり、Cさんが希望したり必要になったりした場合には再度行うことになった。

※いじめが再発せず、被害にあった児童生徒が安心して学校生活を送れるようにするには、組織的な支援が大切です。いじめをした児童生徒も、いじめを再びせず、背景にあった問題を改善・解決するような支援が求められます。

学校で実施したアンケートがいじめの発見につながり、比較的早期に対応できた事例です。**いじめの被害者や加害者など、当人はアンケートに答えにくい場合でも、周囲で目撃した児童生徒が回答してくれる**こともあります。一方、せっかくアンケートに回答してくれたにもかかわらず、その結果について何の対応もせずに、重大事態に至る事例も報告されています。アンケートにいじめの報告があった場合に、どのような動きをするのかは日ごろから考えておく必要があります。

この事例では、いじめを行ったCさんの反省が深まっていないことを懸念した学校いじめ対策組織のメンバーが、CさんとSCの面談が必要と判断したところも重要です。結果として、Cさんの攻撃的な言動の背景に、家庭や習い事でのストレスが影響している可能性を見いだしました。**いじめの背景に加害をする児童生徒のストレスが関連している場合は、ストレスを軽減するような環境調整、あるいはストレスを攻撃性につなげないような対処法の獲得を促す**ことが効果的になる場合があります。いじめの加害自体については、たとえストレスがたまっていたとしても行ってよいことではないということについて揺らいではいけません。

4. いじめを減らすために今できること

(1)「いじめ神話」と向き合う

いじめ防止対策推進法が施行され、それに基づき文部科学省よりいじめの防止等のための基本的な方針も策定され、各学校は学校いじめ防止基本方針を作成しています。これらの方針が実施されれば、いじめの発生は防止され、いじめが発生したとしても重大事態に至る前に解決できるはずです。しかし、実際にはたくさんのいじめが起こり、重大事態になっているものもあります。学校いじめ防止基本方針に不備がある場合もありますが、基本方針はしっかりしているのに、その通り実行されていないことが多くあります。

いじめの適切な防止や対応の妨げになるものとして、「**いじめ神話**」というものが考えられています(Newman, 2000;松尾, 2002)。ここでの「神話」というのは、ある文化の中で長く信じられているが、実は根拠のない誤った考え方の意味で使われています。例えば、「少しくらいいじめの被害を経験したほうが、人として成長する」「大人の世界にもいじめはあるのだから、子ども時代に経験して強くなっておいたほうがよい」「子どもはいじめたり、いじめられたりしながら、社会性を身に付けるものだ」といったような考えが「いじめ神話」になります。

実際には、いじめの被害は長期的に精神的な問題を生む危険性を高める上、大人になるために必要な精神力や社会性は、いじめではない経験で身に付けるほうが安全で、効果的です。しかし、先ほど述べたような「いじめ神話」は、現代の日本の教職員や保護者を含む大人にもあり、子どもにも引き継がれているところがあるのではないでしょうか。そうすると、「いじめといっても大したことがないものが多いのに、いちいち認知する必要はない」「あのくらいのいじめは、子ども同士で解決させたほうが成長につながる」「ちょっとしたことでいじめられたと言う子のほうが問題で、対応する必要はない」と大人が考え、必要な対応を取らずに放置したせいで重大事態に至ることもあります。

海外のいじめ防止プログラムでは、最初の段階でこうした「いじめ神話」について向き合い、話し合うところから始めるものもあります。私たちも今一度、このような**「いじめ神話」によって認知や対応がゆがんでしまっていないか、確認する必要**があります。

(2) 未然防止を諦めない

「いじめは人間の本能だから、いじめはなくせない」という言説をしばしば耳にすることがあります。一般の人でそのようなことを言う人も多く、教育学や心理学の専門家がそのように言うこともあります。いじめを直ちにゼロにするという非現実的なことを言うより、いじめはどこにでも起こるものと考え、きちんと認知し、対応することが重要だ、という意見にはうなずけるところもあります。しかし、いじめは本能だからという理由で、いじめの発生を正当化し、未然防止を諦めてもよいものでしょうか。

児童生徒がいじめのことについて話し合う会などに参加すると、子どもたちから「いじめは本能だからなくならない」というような発言はまず聞かれません。そうした発言は社会的に望ましくないから言わないということもあるかもしれませんが、多くの子どもは本当にいじめをゼロにしたいと考えています。年度始めに学級の目標などを決めるときも、「いじめのないクラス」という目標がいい、という意見もしばしば聞かれます。日本中、世界中のいじめをすぐになくすことは難しいとしても、この学級のこの1年間は、いじめのないクラスにしたいというのは多くの児童生徒の切実な願いであり、私たちはこの願いに応える必要があります。

皆さん自身の小中高校時代を、あるいは教員経験を思い出してみてください。あの1年間は、クラスではいじめはなかったのでは、という年もあるのではないでしょうか。「本能」という用語は曖昧な概念であり、最近は専門用語ではあまり使われなくなっていますが、大まかにいうと種に特異的な生得的な行動様式と定義されます。いじめというのは、どんな集団でも、いつでも、多くの個体で生じる行動ではないので、いじめが主に本能によって起こるとは言いがたいと考えられます。本能が影響していたとしても、いじめの行動が学習される環境、さらにそれが実行される環境の要因が大きいのではないかと思います。このようなことから、いじめの未然防止は決して最初から諦めるべきものではなく、**児童生徒と共に、未然防止をまずは目指す必要がある**と考えます。

(3) 重大事態にならないように防ぐ

公表されているいじめの重大事態の報告書を読むと、教職員が全くいじめに気付かず、発見した時には既に重大事態に発展していた、ということは少ないようです。「早い段階で何らかの問題に気付いていたのに、いじめと認識していなかった」、あるいは「いじめと認識していたのに放置され対応がされていなかった」「対応はしたものの効果的な方法でなかったため、後に重大事態となってしまった」事例が多く見受けられます。

先ほど述べたように、まずは未然防止を諦めてはならず、最善を尽くす必要があります。それでも、いじめはさまざまな要因が絡み合って起こるため、教職員の努力だけでは完全には防ぎきれず、起こってしまうこともあります。その場合には、**早期に発見し、教職員はチームとして判断し、適切な対応を実行することが重要**です。**重大事態に発展したいじめにおいては、担任や一部の教職員のみが情報を抱え込み、そこで情**

報が止まっていたために判断の誤りにつながったり、対応が不十分に終わったりすることが指摘されています。**学校いじめ対策組織（委員会）を中心として、複数の教職員で検討し、対応を考え、手分けして実行することが必要**であり、その際にどこの部分でSCが関わることが効果的か、チームとして判断しつつ、**SCも積極的に意見を言える体制づくりが大切**だと考えられます。

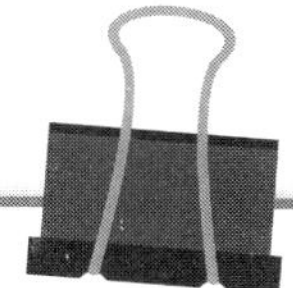

第5章

スクールカウンセラーの主要テーマ②

不登校

◎第５章にあたって

長期に学校を欠席する児童生徒が近年増加しており、その中でも不登校は非常に注目されています。不登校児童生徒の支援に関する法律の施行や国としての基本指針も出され、新たな報告書も公表されました。そこでは「不登校というだけで問題行動であると受け取られないよう配慮する」「登校という結果のみを目標にするのではなく」という表現が使われており、学校としてはこうした新しい考え方を十分に理解し、支援や配慮を実行していく必要があります。不登校は、SCの関わりが最も期待されている課題の一つです。本章では、不登校についての理解を深め、児童生徒の支援や配慮をどのようにしていけばよいか考えていきます。

1. 不登校とは

不登校の定義については、毎年、文部科学省から発表される「問題行動等調査」に示されている説明が参考になります。以下に、2021（令和3）年度のものを示しました。その**年度で30日以上の欠席があると長期欠席とされ、その理由として「病気」「経済的理由」「不登校」「その他」等があります**。長期欠席と不登校とを混同して理解している場合もあるため、注意する必要があります。

【調査対象】

小・中学校の長期欠席（不登校等）…国公私立小・中学校（小学校には義務教育学校前期課程、中学校には義務教育学校後期課程及び中等教育学校前期課程を含む）

高等学校の長期欠席（不登校等）…国公私立高等学校（中等教育学校後期課程を含む）

「児童・生徒指導要録」の「欠席日数」欄及び「出席停止・忌引き等の日数」欄の合計の日数により、年度間に30日以上登校しなかった児童生徒数を理由別に調査。

理由の選択については、「欠席日数」欄と「出席停止・忌引き等の日数」欄のいずれに計上されているかに関わらず、登校しなかった理由によって選択。

① 「病気」には、本人の心身の故障等（けがを含む。）により、入院、通院、自宅療養等のため、長期欠席した者を計上。（自宅療養とは、医療機関の指示がある場合のほか、自宅療養を行うことが適切であると児童生徒本人の周囲の者が判断する場合も含む。）

② 「経済的理由」には、家計が苦しく教育費が出せない、児童生徒が働いて家計を助けなければならない等の理由で長期欠席した者を計上。

③ 「不登校」には、何らかの心理的、情緒的、身体的、あるいは社会的要因・背景により、児童生徒が登校しないあるいはしたくともできない状況にある者（ただし、「病気」や「経済的理由」、「新型コロナウイルスの感染回避」による者を除く。）を計上。

④ 「新型コロナウイルスの感染回避」には、新型コロナウイルスの感染を回避するため、本人又は保護者の意思で出席しない者、及び医療的ケア児や基礎疾患児で登校すべきでないと校長が判断した者を計上。

⑤ 「その他」には、上記「病気」、「経済的理由」、「不登校」、「新型コロナウイルスの感染回避」のいずれにも該当しない理由により長期欠席した者を計上。

＊「その他」の具体例

ア　保護者の教育に関する考え方、登校についての無理解、家族の介護、家事手伝いなどの家庭の事情から長期欠席している者
イ　外国での長期滞在、国内・外への旅行のため、長期欠席している者
ウ　連絡先が不明なまま長期欠席している者
エ　「病気」「経済的理由」「不登校」の理由により登校しなかった日数の合計が30日に満たず、学校教育法又は学校保健安全法に基づく出席停止、学年の一部の休業、忌引き等の日数を加えることによって、登校しなかった日数が30日以上となる者
オ　新型コロナウイルスの感染の急拡大期に、学校又は教育委員会から推奨あるいは提示されたオンライン学習（オンラインと対面のハイブリットで学習指導を行う場合を含む。）に参加したことによって、登校しなかった日数が30日以上となる者

「令和３年度児童生徒の問題行動・不登校等生徒指導上の諸課題に関する調査」結果を参考に作成

このように基本的には年度に30日以上欠席が不登校の条件となるのですが、あくまでこれは調査の際の定義になります。

2016（平成28）年に成立し、2017（平成29）年2月に施行された「義務教育の段階における普通教育に相当する教育の機会の確保等に関する法律」（以下、教育機会確保法）では次のように定義されています。

（定義）

第二条　（略）

三　不登校児童生徒　相当の期間学校を欠席する児童生徒であって、学校における集団の生活に関する心理的な負担その他の事由のために就学が困難である状況として文部科学大臣が定める状況にあると認められるものをいう。

※省令（平成29年文部科学省令第2号）により、上記の「文部科学大臣が定める状況」は、「何らかの心理的、情緒的、身体的若しくは社会的要因又は背景によって、児童生徒が出席しない又はすることができない状況（病気又は経済的理由による場合を除く。）」とされています。

教育機会確保法では「相当の期間学校を欠席する児童生徒」と規定されており、文部科学省の通知（「義務教育の段階における普通教育に相当する教育の機会の確保等に関する法律第二条第三号の就学が困難である状況を定める省令について」〈平成29年2月16日付け28文科初第1502号〉）においても、「年度間の欠席日数が30日未満であっても、省令に規定する状況にある児童生徒については、個々の児童生徒の状況に応じ適切に支援いただきますようよろしくお願いします」という表現があり、**欠席が30日に満たない場合でも欠席期間が長くなっている場合は、状況により支援を行う**ことを示しています。

2. 不登校の状況と推移

2021（令和3）年度の「問題行動等調査」によると、不登校児童生徒数は義務教育段階で244,940人（小学校81,498人、中学校163,442人）、高等学校で50,985人になっています。

図5-1に小中学校における不登校児童生徒の割合の推移を示しました。不登校児童生徒の割合は、平成の初めから平成10年代（1998年〜）に急増し、その後は横ばいあるいは微減傾向にありました。**平成25（2013）年度から増加傾向に転じ、その後も急激に増加し、調査開始以降最も高い割合**となっています。

令和3年度では、小学校の不登校児童の割合は1.3%、中学校は5.0%となっています。**割合は中学校のほうが大きいですが、近年の増加率は小学校のほうが大きくなっています。**

［図5-1］　小中学校における1,000人当たりの不登校児童生徒数の推移

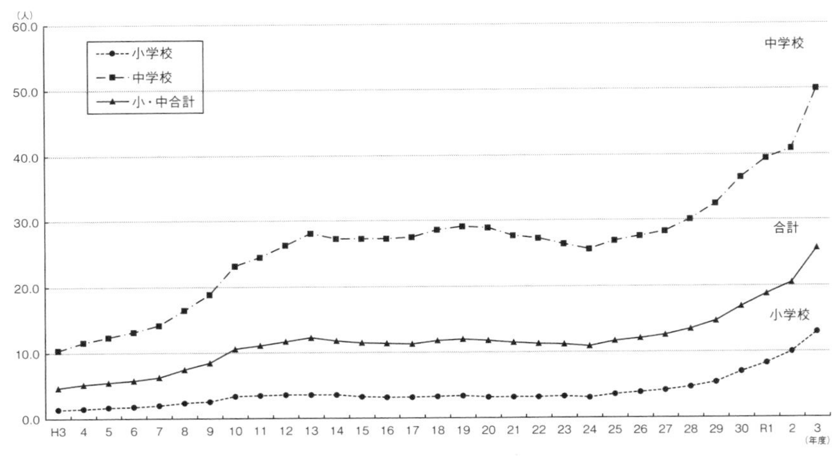

「令和3年度児童生徒の問題行動・不登校等生徒指導上の諸課題に関する調査」結果を基に作成

学年別に見ると、学年が上がるほど不登校児童生徒数が多くなりますが、令和3年度は中学3年生が中学2年生と同程度という傾向を示しています（図5-2）。

図5-3に高等学校における不登校生徒数とその割合について示しました。小中学校のように、近年、急激に増加している傾向は見られません。

[図5-2]　小中学校学年別不登校児童生徒数

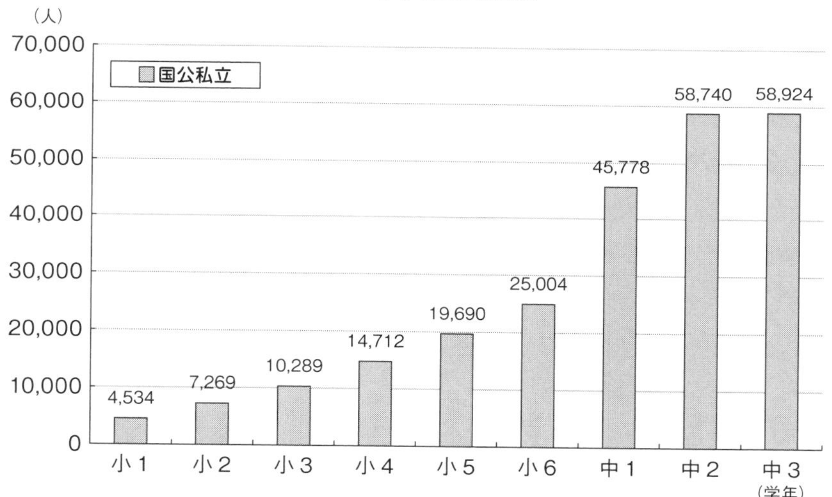

「令和3年度児童生徒の問題行動・不登校等生徒指導上の諸課題に関する調査」結果を基に作成

[図5-3]　高等学校における不登校生徒数・割合の推移

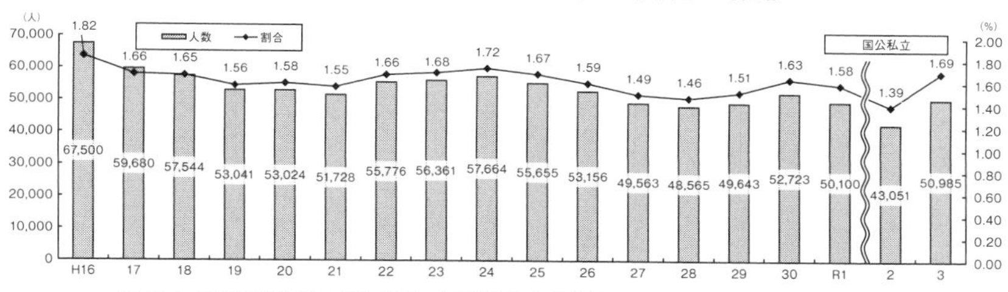

「令和3年度児童生徒の問題行動・不登校等生徒指導上の諸課題に関する調査」結果を基に作成

3. 不登校の要因やきっかけ

文部科学省において、「不登校に関する調査研究協力者会議」の報告書が2022（令和4）年6月に取りまとめられています（「不登校に関する調査研究協力者会議報告書～今後の不登校児童生徒への学習機会と支援の在り方について～」。以下、「不登校会議報告書」）。そこには、小中学生の不登校の要因やきっかけについて、以下のような記述があります。

「不登校の要因」については、解釈を慎重にする必要があるが、「令和２年度問題行動等調査」では、「無気力・不安」(46.9%)、「生活リズムの乱れ、あそび、非行」(12.0%)、「いじめを除く友人関係をめぐる問題」(10.6%)、「親子の関わり方」(8.9%)、「学業の不振」(5.4%)、「教職員との関係をめぐる問題」(1.2%) と多岐に渡ることが分かる。

「問題行動等調査」は、各学校が全ての不登校児童生徒について、その要因と思われるものを学校の教職員が選択し、回答する形式になっています。本人に係る要因、いじめを除く友人関係をめぐる問題、親子の関わり方等が多く、それと比較すると学業や教職員との関係は少ないと回答していることが分かります。

「不登校会議報告書」では、2020（令和2）年度に実施された「不登校児童生徒の実態把握に関する調査」（以下、「実態調査」）についても記載しています。

【実態調査について】

不登校児童生徒の心理的負担や調査票の受け渡し等に関する学校現場の負担等を勘案し、調査時点において、調査への協力が可能と回答のあった対象学校に通う小学校６年生又は中学校２年生で、前年度（令和元年度）に不登校であった者のうち、調査対象期間に、学校に登校又は教育支援センターに通所の実績がある者を対象としている。よって、全く家から出られないような不登校児童生徒の状況等、全ての不登校児童生徒の状況を反映した調査ではない点に留意する必要がある。

「最初に学校に行きづらいと感じ始めたきっかけ」について、「先生のこと」「身体の不調」「生活リズムの乱れ」「友達のこと」がそれぞれ３割程度を占めている。

自由記述を見ると、「先生の指導が怖かった」、「学校の先生に○○しなさいと言われることがプレッシャーに感じた」、「授業が分かりやすい学校（であれば休まず通えた）」、「勉強に追いつけない」、「発達障害や性の多様性に関する理解が足りない」などの意見もあり、一部の教師・学校の対応や理解不足、学業不振等によって不登校となってしまった事例も見受けられた。

「不登校に関する調査研究協力者会議報告書～今後の不登校児童生徒への学習機会と支援の在り方について～」を参考に作成

最初に調査の方法について書かれていますが、全国の不登校児童生徒についての全件調査ではなく、前年度不登校であった小学6年生または中学2年生のみで、学校に登校または教育支援センターに通所の実績があり、回答に協力してくれた児童生徒と保護者のみを対象としたものであることには注意をする必要があります。

このような違いを加味する必要がありますが、「問題行動等調査」とこの「実態調査」の結果は大きく異なっています。「実態調査」では、**不登校のきっかけとして「先生のこと」「身体の不調」「生活リズムの乱れ」「友達のこと」が３割を占めている**ことに注目する必要があります。特に、「先生のこと」「身体の不調」の割合が多いことが重要です。また、ここには記されていませんが、**「きっかけが何か自分でもよくわからない」も２割強**あることも注目すべき点でしょう。

先生が怖い、友だちとトラブルになった等、分かりやすい一つのきっかけや要因によって不登校が引き起こされることもありますが、むしろ**複数のきっかけや要因が蓄積されて、あるいは本人自身もきっかけや要因が分からず、学校に登校することが辛くなることも少なくない**ことを教職員は理解しておく必要があります。

4. 教育機会確保法とその基本指針

先に述べた通り、2016（平成28）年に教育機会確保法が成立し、この法の規定を受け、2017（平成29）年には、教育機会の確保等に関する施策を総合的に推進するため「義務教育の段階における普通教育に相当する教育の機会の確保等に関する基本指針」が策定されました。

生徒指導提要（改訂版）においても教育機会確保法について記述されており、同法では**「不登校は、多様な要因・背景により結果として不登校になっているということであり、その行為を『問題行動』と判断してはならない」**という点が前面に出されていると述べられています。また、「不登校児童生徒に問題がある」という決めつけを払拭し、教職員・保護者・地域の人々等が不登校児童生徒に寄り添い共感的理解と受容の姿勢を持つことが、当該児童生徒の自己肯定感を高めるためにも重要であり、不登校児童生徒にとっても、支援する周りの大人との信頼関係を構築していく過程が社会性や人間性の伸長につながり、結果として、社会的自立につながるという視点を重視したものと捉えることができる、とも示されています。さらに、**「児童生徒の多様で適切な教育機会の確保が再確認されたことも、この法律の大きな柱」**になっていると書かれています。

教育機会確保法とその基本指針は、学校の教員、SC、SSW等がチームとして不登校児童生徒を支援する際の基本的な考え方になります。この法と基本指針は学校現場にかなり浸透してきましたが、まだ理解が不十分な場合もあります。改めて、しっかりと確認する必要があるでしょう。

5. 不登校児童生徒への配慮と支援の考え方

現行の学習指導要領より、「不登校児童（生徒）への配慮」という内容が総則に新たに加えられました。例えば、中学校の学習指導要領には、以下のような記述があります。

> ア　不登校生徒については、保護者や関係機関と連携を図り、心理や福祉の専門家の助言又は援助を得ながら、社会的自立を目指す観点から、個々の生徒の実態に応じた情報の提供その他の必要な支援を行うものとする。

これを読み解くと、教員は①保護者や関係機関と連携を図ること、②心理や福祉の専門家（SCやSSW等）の助言または援助を得ること、③児童生徒の将来的な社会的自立を目指すこと（目標とすること）、④個々の児童生徒の実態に応じた支援を行うこと、⑤情報の提供とその他の必要な支援を行うこと、と理解できます。

①や②については、担任などが一人で抱え込まないことが大切です。不登校の場合は、児童生徒が登校することが難しいため、教員が児童生徒と直接関わることが難しくなることも多いです。そのため、本人と会えている保護者や関係機関と連携することが非常に大切になります。また、教員がSCやSSWから助言や援助を受け、チームとして検討して、支援を展開することが求められます。

③は、学校に登校するという結果のみを目標とするのではないという点が生徒指導提要（改訂版）や基本指針に示されていることと対応し、大きな長期的な目標は児童生徒の社会的自立であることを支援チームや保護者が共通認識とすることが望まれます。

④は不登校状態であることは同じであっても、その要因・背景や経緯は一人一人異なり、必要な配慮や支援も一人一人異なっていることを理解する必要があります。

⑤は、学校が行う情報提供が、不登校児童生徒やその保護者の支援において重要な意味を持つことを示しています。情報提供の中身としては、支援についての情報提供（学校内の専門スタッフにはどのような人がいて、どのような支援が提供できるか。学校外の関係機関にはどのようなところがあるか等）、学習機会についての情報提供（登校が困難であっても、どのような学習の機会があるかについて。教員が学習の支援をする、教育支援センター〈適応指導教室〉、訪問型支援、情報端末を用いた学習〈電子ドリルや遠隔支援〉、NPO法人やフリースクール・フリースペース等）が考えられます。学校や教員から適切な情報提供がなかった（学校や教員が情報を知らなかった、「あんなところへ行ってはダメ」等の不適切な発言があった等）という不満が、保護者や児童生徒から聞かれることもあります。

①から⑤の全てにおいて、**SCは心理の専門家として役割を果たす**ことが期待されています。**不登校児童生徒やその保護者と会って、直接支援や情報提供を行う他に、関係機関との連携、担任などへのコンサルテーション、ケース会議への参加等、さまざまな方法で不登校児童生徒への配慮と支援に関わる**ことができます。家庭訪問が可能かについては、自治体によってルールが異なりますので、確認しておく必要があります（例えば、SSWは家庭訪問ができるが、SCは家庭訪問ができない等。第2章3「(5) 家庭訪問」60ページ参照）。

6. 不登校児童生徒への支援の実際

（1）教員やスクールカウンセラーによる支援をめぐって

不登校児童生徒やその保護者の支援について、学校やSCを高く評価する声も聞かれる一方、不満の声が聞かれることもあります。例えば、保護者からの不満の声の一つは、教員やSCは「本人が登校したいと言うまで刺激せずに待ちましょう」、あるいは「優しく見守りましょう」という姿勢で、それ以上の助言や援助がないというものです。逆に、「とにかく登校させてください」「どんなに辛くても、学校は通わなければならないところです」というように、学校に登校させることのみを目標とするような関わりを教員やSCがする場合もあります。

こうした両極端な支援の方向性に、教員やSCだけではなく、関係機関の医師や心理士、場合によっては保護者も陥ってしまうこともあります。休養の必要性も認め、学校に登校することのみを目標にせず、個々の要因や背景に合わせて、児童生徒の社会的自立を促していくためには、どのような配慮や支援が必要かを検討して、実行していく必要があります。

（2）今後重点的に実施すべき施策の方向性

以下に「不登校会議報告書」の「3. 今後重点的に実施すべき施策の方向性」の構成（見出し抜粋）を示しました。これを見ると、これから進めていく今後の施策の全体像を把握することができます。

(1) 誰一人取り残さない学校づくり
　a. 教育機会確保法の学校現場への周知・浸透
　b. 魅力ある学校づくり
　c. 心の健康の保持に係る教育の実施
(2) 困難を抱える児童生徒に対する支援ニーズの早期把握
　a. 不登校傾向のある児童生徒の早期発見及び支援ニーズの適切な把握
　b. 学校内の居場所づくり(校内の別室を活用した支援等)
(3) 不登校児童生徒の多様な教育機会の確保
　a. 不登校特例校、教育支援センター、民間団体等の多様な場における支援
　b. ICT等を活用した学習支援等を含めた教育支援センターの機能強化
　c. 学校外の民間施設等での学習や自宅におけるICTを活用した学習状況等の把握
(4) 不登校児童生徒の社会的自立を目指した中長期的支援
　a. 教育相談の充実
　b. 地方公共団体や関係機関等が連携したアウトリーチ支援及び家庭教育支援の充実
　c. 不登校児童生徒の将来を見据えた支援の在り方

まず特徴的なのが、不登校児童生徒を学校に登校させるという目標に直接対応する施策が示されていないことです。これは「登校という結果のみを目標にするのではなく」という基本指針を反映しています。**登校という結果を目標にしないから何も支援を行わないのではなく、ここで書かれているような支援を個々の要因・背景に合わせて実施していくことが重要**になります。

(1) はいわば学校の環境整備に関することと解釈できます。「不登校

は、取り巻く環境によっては、どの児童生徒にも起こり得る」と捉えられており、学校の環境を整備しなければ、学校に登校しない児童生徒は今後も増え続けることが危惧されています。

(2) は早期発見と支援ニーズの把握についてです。スクリーニング、アセスメント、SCによる全員面接等を実施し困難を抱えている児童生徒を早期に把握すること、登校はできるが教室に居づらくなっている児童生徒が安心して落ち着ける居場所を校内に設置することなどが述べられています。

(3) は学校外の支援の場、居場所、学びの場を充実させていくことについてです。これも「登校という結果のみを目標にするのではなく」という基本指針を反映して、主に学校外の関係機関の充実が求められています。「勉強したければ学校に行けば」というスタンスではなく、特に学校外の学びの場の充実の提言が色濃くなっていることも特徴です(「学校ではないところで、こういう学びができるところ、こういう学び方があるよ」という情報提供や援助等)。

(4) は、不登校児童生徒の社会的自立を目指すために、どのような中長期的な支援を展開するかについてです。SCやSSWの活用、教職員の教育相談の力の向上、オンラインカウンセリングの検討、教育委員会や教育支援センター、関係団体等が連携したアウトリーチ型支援、家庭教育を支援する体制整備、不登校児童生徒の将来を見据えたキャリア支援の観点を生かした支援などがますます必要になってきます。

続いて、学校の教職員やSCがどのような不登校児童生徒支援を行っていけばよいか、各項で述べていきます。

(3) 魅力ある学校づくり

> 2. 不登校児童生徒等に対する教育機会の確保等に関する事項
>
> 不登校児童生徒等に対する教育機会の確保等については、次に掲げる施策等を実施する。
>
> (1) 児童生徒が安心して教育を受けられる魅力ある学校づくり
>
> ① 魅力あるより良い学校づくり
>
> (略)
>
> ② いじめ、暴力行為、体罰等を許さない学校づくり
>
> (略)
>
> ③ 児童生徒の学習状況等に応じた指導・配慮の実施
>
> (略)

「義務教育の段階における普通教育に相当する教育の機会の確保等に関する基本指針」より

教育機会確保法の基本指針の、教育機会の確保等に関する事項では、まず**「魅力ある学校づくり」**について述べられています。不登校はそれのみでは問題行動ではないと位置付けられているため、「不登校の防止(予防)」や「不登校対策」という表現は、教育機会確保法成立以降は使われなくなっています。その代わり、近年は不登校に関する学校の課題と改善の方向性を示す用語として、「魅力ある学校づくり」という表現がよく使われます。

「児童生徒が安心して教育を受けられる魅力ある学校づくり」の内容として、3つのことが挙げられています。②の「いじめ、暴力行為、体罰等を許さない学校づくり」はまず分かりやすいところだと思います。自分がいじめ、暴力行為、体罰の被害にあうことはもちろんのこと、それらを目撃する場合も、学校が安全・安心がないところに感じられて、登校が困難になる児童生徒が増えることがあります。③の「児童生徒の

学習状況等に応じた指導・配慮の実施」をしてくれる学校は児童生徒にとって魅力的なところになります。近年、通信制高等学校への進学者数が急激に増えていますが、通信制高等学校等は、分かるところは早く進められ、苦手なところは繰り返しできるなど、自分のペースで学べるメリットがあります。児童生徒の学習状況等に応じた指導・配慮を実施するためには、第6章で述べる「個別最適な学び」(229ページ）の理念をいかに実現するかが重要となります。これらに加えて①の「魅力あるより良い学校づくり」とは、単にマイナスなこと（ネガティブなこと）がないだけではなく、プラスのこと（ポジティブなこと）がたくさんある学校が魅力的であるということを指していると解釈できます。松尾・東京都八王子市立由木中学校（2022）は、ポジティブ心理学のフラーリッシュの考え方を応用して、「楽しさ」「熱中」「絆」「意義」「達成」を多く経験できる活動や授業づくりを行うことから、魅力ある学校づくりの実践を行っています。

逆に考えると、「魅力のない学校」「いじめ、暴力行為、体罰が許される学校」「児童生徒の学習状況等に応じた指導・配慮を実施しない学校」は、児童生徒が通えない、通いたくなくなる学校になります。教職員や教育委員会等は、学校がそのような状態に陥っていないか、振り返る必要があり、そこに教育改革や学校改革のヒントがあるとも考えられます。

(4) アセスメントとスクリーニング

アセスメントは、端的には情報収集・見立てと言えます。**不登校児童生徒を支援する際は、その要因・背景、状態やニーズが多様であるので、特にアセスメントが重要**になります。

生徒指導提要（改訂版）では、アセスメントの方法の例として、第3章（75ページ）で紹介した「生物心理社会モデル」（Bio-Psycho-Social Model：BPSモデル）を挙げています。そこでは、BPSモデルを活用したアセスメントとして、『児童・生徒を支援するためのガイドブック～不登校への適切な対応に向けて～』（東京都教育委員会〈2018〉）があると紹介されており、同ガイドブックではBPSモデルに基づき「身体・健康面」「心理面」「社会・環境面」という3観点が示されていると述べています。同ガイドブックは、不登校児童生徒の支援に役立つアセスメントの例が詳しく解説されており参考になるため、目を通しておくとよいでしょう。

実際のアセスメントにおいては、児童生徒本人に関わるたくさんの情報があったほうが見立てがしやすく、適切な支援につながりやすいのですが、特に**直接聞き取りをする際に、情報収集に力を入れすぎて、児童生徒や保護者に苦痛を与えたり、追い詰めたりしないことが大切**です。登校が困難になっている状況で本人が教職員と話しづらくなっている場合や、本人でさえきっかけや原因が分からない場合も少なくないからです。「どうして学校に行けないの？」「何が嫌なの？」「どうすれば学校に来られる？」という質問は、アセスメントや支援が目的であっても、本人からすると尋問されている、あるいは登校できないことを責められていると感じ、さらに学校への抵抗感が強くなったという話も聞かれます。**本人から話を聞く際には、信頼関係がある教職員が話を聞いたり、あるいはまずは心をほぐす会話から始めたりして、信頼関係を築いた上**

で、表情や口調、言葉遣いに気を付けて、質問する必要があります。こうした面接は、一般にはSCが長けているため、SCが関わったり、必要に応じて教員がSCから助言を受けたりして話を聞くのがよいでしょう。**本人が登校を難しくしている理由等について話すことを拒否したり、辛そうだったりする場合は、無理に聞き出そうとせず、信頼関係の形成を優先し、情報収集については周囲から話を聞く等の方法を重視する**ことも大切です。

最近になって、学校におけるスクリーニングが注目されるようになっています（定義と概説は第2章3「(8) アンケート」64ページ参照）。アセスメントの場合は、困難を抱えている個人や集団（児童生徒や学級、学校等）に行われますが、スクリーニングは学校全体の児童生徒全員を対象とすることが特徴です。スクリーニングの方法としては、児童生徒本人が質問紙（Webアンケートを含む）に回答する方法と教職員が回答する方法があり、山野・石田・山下（2020）は教職員がスクリーニングシートを記入し、スクリーニング会議、校内チーム会議を経て支援の実践につなげる方法を示しています。

スクリーニングによって、児童虐待、いじめ、貧困の問題、ヤングケアラー等の表面化しにくい問題を把握することが期待されており、こうした項目に加えさらに登校を困難にする学校関連の要因についても質問するとなると、児童生徒を対象としたアンケートの項目が多くなったり、頻繁にアンケートを実施することになったりすることも懸念されます。児童生徒を対象としたアンケート等によるスクリーニングの場合は、どのような項目について、どのくらいの頻度で、どういった方法で実施すれば児童生徒が回答しやすく、SOSをキャッチすることができるかを検討する必要があります。また、山野・石田・山下（2020）の方法のように教職員が記入するスクリーニングシートを効果的に活用していくことも大切です。

（5）不登校児童生徒への早期の支援

ここまで述べてきたように、不登校の場合はそのきっかけや原因がはっきりしないことも少なくありません。児童生徒本人が隠していたり、遠慮したりして言えないのではなく、分からないことも多いです。成人に達した当事者からも、「今振り返っても、どうして行けなくなったのか分からない。とにかく不安や恐怖心が強かった」という声が聞かれることもしばしばあります。「不登校会議報告書」にも以下のような記述があります。

> 不登校の原因は多様な要素が絡み合うことが多く、その結果、原因の特定や言語化が難しいケースも少なくない。原因を解明し、それを取り除くことだけを目指しても根本的な解決に至らないこともある。原因究明にこだわりすぎると悪者探しに陥る危険もあると思われる。

アセスメントの結果、原因がはっきりしなかった場合は原因究明を少なくともいったんは保留し、児童生徒の最善の利益となるような支援をすることが重要です。まずは、本人や保護者との信頼関係の形成が優先事項となります。

上記（原因がはっきりしない場合もあること）を踏まえた上で、本人が担任や他の教職員と会える場合はそのような機会を設定します。他の児童生徒には会いたくないものの登校はできる場合は、授業時間中等で他の児童生徒と会わないような時間や場所を考えて、会う機会を設けます。登校が難しい場合は、家庭訪問をすることも考えられます。担任には会いづらいという場合は、児童生徒が信頼している他の教職員（副担任、学年主任、養護教諭、管理職、部活動の顧問、好きな教科等の教員、SC等）がまずは会うということも考えられます。欠席をし始めた児童生徒は、そのことで先生から叱られないかを心配していることも多いです。まずは、会えてよかったこと、うれしいこと等を伝え、体の不調などがないか等について話をしたり、本人の好きなこと等、気軽に話せることから話題にしたりして、気持ちをほぐしていくことが大切です。早期に児童生徒と教職員とで信頼関係を築いておくことが、その後の支援において重要な意味を持ってきます。その上で、登校に関することで本人に聞きたいことがある場合は、「学校のことで聞きたいことがあるけど、いい？」と聞いた上で、話してもいいという返事が得られれば、「学校のことで、何か嫌なこととか辛いこととかある？」というような感じで質問をします。そこで答えがなく、苦しそうな場合はそれ以上、そのことについて聞くのは避けたほうがよいでしょう。もし、話し始めた場合はあまり口を挟まずに傾聴し、本人の気持ちを受容します。

本人の話や、周囲からの情報によるアセスメントの結果、具体的で現実的な要因が登校を困難にしていると見立てられた場合は、そうした要因を取り除くことが必要です。ここでいう具体的で現実的な要因としては、児童生徒間のトラブルがある、いじめがある、教員の言動に恐怖心を抱いたり不満があったりする、授業や課題で過剰なストレスがある等が挙げられます。

児童生徒間のトラブルやいじめの場合は、本人の気持ちを確認しつつ、教員がしっかりと関わって改善・解決する必要があります。教員の言動が影響している場合は、管理職や主任なども関わり、実際に教員の言動が問題である場合は改める必要があります。授業や課題で過剰なストレスがある場合も、複数の教職員で確認し、実際に児童生徒の強いストレスになっている場合は改善していく必要があり、さらにその改善の方向性を児童生徒に話す等の対応も重要になります。

このような現実的な問題が改善・解決されれば、すぐに登校し、教室で過ごすことが可能になる児童生徒もいます。また、すぐには登校したり、教室で過ごしたりすることが難しい場合でも、保健室や別室に登校しながら、教室で過ごしたり授業を受けたりすることの安心・安全が感じられれば、やがて教室で過ごせるようになる場合もあります。

一方、ここで挙げたような具体的で現実的な要因が、複数の教職員で確認した結果、それほど過重ではなく、登校が難しくなっている児童生徒の不安や感受性の高さが影響している場合もあります。そうした場合でも、「みんな平気なんだから、あなたも我慢できるでしょ」という教員側の考えを押し付けず、本人の辛さに共感的理解を示しつつ、本人の状態や特性に合わせた支援を行う必要があります。

(6) 心身の健康面の支援

「実態調査」では、**不登校のきっかけとして体調不良と回答している児童生徒が３割程度**いることが明らかにされています。「問題行動等調査」では、病気による長期欠席は不登校とは区別されています。明確な診断がある内科的・外科的な疾患の場合は、調査の分類上も、あるいは児童生徒本人、保護者、学校の認識としても病気による長期欠席と捉えられることが多いでしょう。しかし、欠席が始まった時点で診断されていない、分かりにくい心身の疾患、あるいは疾患とまでは言えないながらも生物学的な要因が強く関係している体質や不調については、不登校と捉えられることもあります。

例えば、最近注目されている疾患として、**起立性調節障害（Orthostatic Dysregulation：OD）**があります。ODは、自律神経系による循環調節機構の不全に基づく機能性身体疾患と位置付けられています。そして、ストレスにより症状の増悪が見られることもあるとされています。つまり、**ODは基本的には身体疾患（体の病気）**であり、ストレスなどの心理学的要因がその症状に影響を与えることもありますが、発症そのものにはストレスが関係していないことも多いと考えられています。また、症状がありながらも登校しなければいけないというプレッシャーにより、二次的問題としてストレスが発生し、症状が増悪することもあります。ODのメカニズムとしては、自律神経による循環調節（特に上半身、脳への血流低下）が障害され日常生活が著しく損なわれると考えられていて、具体的な症状としては、立ちくらみ、失神、朝起きられない、倦怠（けんたい）感、動悸（どうき）、頭痛などがあります。脈拍が過度に上がるという症状を示す児童生徒もおり、症状が重い場合は少し歩いただけで辛くなり、登校できなくなる場合もあります。症状は立った姿勢や座った姿勢で強くなり、横になる、寝そべっていると軽減します。夜になると元気になり、普通に活動できる場合も多いです。そのようなことから、怠けている、学校で何か嫌なことがあるのではないか、ということで不登校とされることもあります。

診断のガイドラインが整備され、血圧や脈拍などの測定機器が発展したことで、医療機関でODと診断される児童生徒も増えています。児童生徒の有病率は軽症を含めると数%から1割程度ではないかと推定されています。治療としては、血圧を調整する等の薬物療法、起立への姿勢の移行や保持時の工夫、水分や塩分の適切な摂取、運動や睡眠の工夫などの非薬物療法、そして症状増悪につながるストレスを防ぐための環境調整や学校との連携が重要とされています。宮本（2010）は、「OD患児は不登校などと誤解されることもあり、そうした周囲の態度は患児の心を傷つけることになる」と述べています。教職員、周囲の児童生徒、保護者等の無理解がODのある児童生徒を傷つけたり、追い詰めたりすることが起こっており、周囲の理解を促進することが極めて重要で、SCがそうした環境調整に貢献できることもあります。

ODは分かりにくい疾患、生物学的要因が登校を困難にしている代表例ですが、同じような問題としては、**低血圧、低血糖、甲状腺ホルモンなど内分泌系の問題、片頭痛、睡眠障害、過敏性腸症候群（IBS）**等があります。これらの疾患や不調は、生物学的要因やメカニズムによって引き起こされています。心理学的・社会学的要因が症状の増悪に関係していたり、並行して心理学的・社会学的要因が存在したりすることもありますが、本人の気の持ちようで解決することではないと捉えたほうがよいでしょう。

また、**うつ病性障害、双極性障害、不安症（不安障害）等の精神疾患も、登校を困難にする生物学的要因としては比較的多く見られる**ものです。こうした疾患の発症には、確かに心理学的・社会学的要因が関係していることもあるのですが、それ以外にも素因と言われる生まれつきの体質、身体因と言われる疲労や身体疾患、思春期のホルモンバランスなどの生物学的要因が発症や症状の増悪に関係していることもあります。教育相談、カウンセリング、ソーシャルワーク的な支援だけでは状態の改善が見込まれないことも多くあり、医師の判断による薬物療法、休養、専門的な心理療法（認知行動療法）等が必要になります。

身体疾患の場合も、精神疾患の場合も、医学的診断ができるのは医師のみであり、教職員やSCが診断できないことについては、十分に注意をする必要があります。**教職員やSCができるのは、教育職・心理職としての困難や教育的ニーズの状態の把握と医師等との連携・協働**です。例えば、「この児童は起立性調節障害です」という診断は、教職員やSCは行えませんが、「朝、起きるのが辛くなっている」「登校しても、午前中は特に調子が悪く、保健室を利用することが多い」「立ったり、座ったりすることが辛いと言っている」「常に疲れている様子が見られる」といった辛さを理解し、保護者を通じて学校の様子を医療機関に伝えてもらうことはできます。また、教職員はうつ病であるという診断はできませんが、「気分が落ち込んでいることが増えてきた」「食欲がなく、お弁当を残すことが多い」「夜に眠ろうと努力しているが、寝つきが悪く、日中学校で眠気が強くなるようだ」という困難や辛さについて情報を整理することは学校ができることです。心身の不調を訴えて登校が困難になっている児童生徒については、養護教諭の関与も非常に重要になります。利用できる医療機関の紹介や児童生徒が通院している利用機関との連携も重要であり、その際には養護教諭に加えてSSWとの連携も必要になることがあります。

（7）居場所づくりと学習機会の保障

不登校の児童生徒は、安心・安全を感じられ、自分を自然に表現でき、それを温かく受け容れてくれるような「居場所」を求めていることもあります。こうした居場所でしばらく過ごすことにより、気持ちが安定し、自信や他者への信頼感を取り戻し、問題を乗り越えたり成長したりすることも少なくありません。このような居場所は、何かを強制されたりする場でないほうが機能するため、学びやトレーニングはあまり求められない場で、ただ安心・安全を感じ、等身大の自分でいられる場が適しています。

学校内の保健室や相談室、図書室などが居場所としての機能を果たすこともあります。「不登校会議報告書」では「校内教育支援センター（いわゆる校内適応指導教室）」の設置も提案されており、福岡市の「ステップルーム」等がこれに該当します。他の自治体でも全ての中学校に校内フリースクールのようなものを設置するところも徐々に増えつつあり、一部の地域では「校内カフェ」の取り組みも広がっています。SCは相談業務があるため、こうした居場所にずっといることは難しいですが、空いている時間に様子を見に行ったり、利用している児童生徒とコミュニケーションを取ったりすることは効果的です。

また、学校外の居場所として、不登校児童生徒の居場所支援事業がさまざまな自治体で行われています。中高生向けの児童館や民間が運営するフリースペース等も不登校児童生徒の居場所として機能しています。また、家庭が居場所として機能することも多く、訪問型支援の提供者が家庭に行って児童生徒の遊び相手や話し相手になったり、家庭教育の支援を行ったりすることも有効です。**教員やSCは、こうした居場所についての情報提供をしたり、本人が嫌がらなければ訪問してそこでの活動を見守ったり、居場所を運営しているスタッフと連携・協働するなどの**

支援が考えられます。

学校に登校していない児童生徒は、特に欠席し始めてすぐは学ぶことを拒否することもあります。また、それまでの心身の疲労でしばらくは何もせずにゆっくりしたいという場合や、心身の不調があったり、心配なことがあったりして勉強どころではないという状況の場合もあります。しかし、欠席し始めた直後でも学ぶことへの関心や意欲がある場合や、しばらく心身を休めてのんびりできた後に学びたいと思い始める場合や、上記の居場所で心の安定や自信を取り戻すことにより学びたいという思いが強くなる場合もあります。「不登校会議報告書」の副題が「～今後の不登校児童生徒への学習機会と支援の在り方について～」であることには重要な意味があり、今まであまり強調されていなかった**学習機会の提供**について改めて考えていく必要があります。

欠席している児童生徒と教員との信頼関係が保たれているのであれば、まずは学級担任や教科担任による学習機会の提供を検討するのがよいでしょう。登校が難しくても、授業で使っているワーク（問題集等）を取り組みたい教科から始めてみて、分からないところを教員が支援するという方法等も考えられます。児童生徒によっては、図工や美術、技術・家庭科等の創作からのほうが取り組みやすい場合もあります。そうした学びを家庭や、学校の別室、「校内教育支援センター（いわゆる校内適応指導教室）」で行う方法があります。

学校の教員からの学習機会の提供には抵抗感がある場合は、学校外での学びの場を活用することが考えられます。自治体が設置する教育支援センター（適応指導教室）には、元教員や教師を目指す学生等がスタッフにいることが多く、学校より自由度が高い環境で学ぶことができます。不登校特例校は、複数の教員が勤務し、授業の枠組みもあり、児童生徒の学習状況等に応じた指導・配慮が行われます。NPO法人と自治体とが連携し、不登校児童生徒の学びを提供する事業が行われているところもあります。児童相談所や教育委員会等が、家庭に訪問して話し相手や遊び相手になったり、学びの支援を行ったりする「メンタルフレンド」事業や違う形での訪問型支援を行っているところもあります。家計の負担にはなりますが、民間の学習塾や家庭教師を利用することも考えられます。近年、遠隔（オンデマンド、オンライン等）を活用した学びの支援も増えてきています。

学校がある地域にどのような居場所、学びの場があるかについては、SSWが詳しい情報を持っていることも多いので、教職員やSCとSSWとの情報交換や連携も重要です。

（8）キャリア発達の支援

不登校児童生徒の支援の大きな目標が将来的な社会的自立の支援と考えると、それはキャリア発達支援であるとも考えられます。「不登校会議報告書」には以下のことが述べられています。

> 社会的自立に至る過程も実に多様である。例えば、中学3年生の場合、本人が希望すれば、在籍中学校への復帰もあるし、高等学校からの再スタートを模索する道もある。さらには、就職の道も少数ながら残されている。高等学校に行けなくても、高等学校卒業程度認定試験を受けて大学に行くというバイパスもある。他方、「傷ついた自己肯定感を回復する」「コミュニケーション力やソーシャルスキルを身につける」「人に上手にSOSを出す」など、進路さがしとは別の目標もありえる。学齢期を過ぎても子供たちの人生はその後も長く続く。子供たちが自らの人生を納得して、より良く充実したものにすることができるよう、またデジタル化の進展やアフターコロナの世界における様々な変化にも対応できるよう、生きる力を育んでいくことが大切であり、学校や教職員をはじめ子供たちを取り巻く全ての大人が狭義の学校復帰に留まらず、多様な価値観や社会

> 的自立に向け目標の幅を広げる支援が必要である。

また、同報告書の「おわりに」のところには、以下のようなことも書かれています。

> 教育機会確保法の理念の下、多様な価値観を認め、様々な選択肢を整備していくことも、将来を担う子供たちを支える社会全体の責務であると考える。そのためには、国や教育委員会、学校や教職員も変わっていかなくてはならないし、社会の不登校に対する認識も変えていかなくてはならない。
> (中略)
>
> 今後も子供たちが豊かな人生を歩んでいけるよう、不断の努力を続けていくことが必要である。

社会的自立に至る過程は多様になっており、社会が求めている人材も変わってきています。また、不登校を経験した人で、よい人との出会いがあり、学校外の居場所を見つけ、自分に合った学びを経て社会的自立を果たし、活躍している人も増えてきました。このようなことについて、学校や教職員の知識や認識が十分に追いついていないこともあります。序章で述べたように、米国のスクールカウンセリングは職業的ガイダンスを起源とし、現在のアメリカスクールカウンセラー協会によるSCの役割にも、キャリア発達の促進が挙げられています。児童生徒が社会的自立に至る過程において多様な選択肢を整備していくことが社会全体の責務と言えます。選択肢が増えることで迷いや悩みが生まれることもあります。**教職員やSCは、社会的自立に至る多様な選択肢についての適切な情報提供を行い、そこで生じる児童生徒や保護者の迷いや悩みに寄り添い、必要な助言を行う**ことが求められています。

Column

◎「特定分野に特異な才能のある児童生徒（ギフテッド）」の支援

2022（令和4）年9月26日に、文部科学省に設置された有識者会議から審議のまとめとして「特定分野に特異な才能のある児童生徒に対する学校における指導・支援の在り方等に関する有識者会議 審議のまとめ～多様性を認め合う個別最適な学びと協働的な学びの一体的な充実の一環として～」が出されました。いわゆる「ギフテッド」と言われることもある特徴を持つ児童生徒についての検討が行われましたが、対象となる児童生徒のイメージが論者により異なるため、本有識者会議においては「ギフテッド」という用語を使用しないことが明記されていて、日本では「(特定分野に) 特異な才能のある児童生徒」という用語が使われることになると予想されます。「特異な才能」が何を指すかについては、以下のような記述があります。今後、具体的な施策が計画、実行される中でより焦点化されると思いますが、現状では幅広く捉えられていると言えるでしょう。

> 特異な才能のある児童生徒が才能を示す領域は、学問分野ごと(教科ごと等)、芸術、スポーツなど様々なものが想定されるし、学問分野よりも狭い特定のテーマの場合もある。また、特異な才能の程度については、非常に高いIQで示されるような極めて突出した才能に限られるわけではなく、様々な程度が想定されるものである。このため、例えば個別のプログラムや施策においては、当該施策の目的や内容に応じてそれぞれの施策等の対象者や対象者の才能が決定される。

この有識者会議ではアンケートが実施され、当事者やその保護者が回答しています。以下に審議のまとめの記述の一部を紹介しますが、特異な才能のある児童生徒が、学習面や生活面でさまざまな困難を抱え、それが不登校につながることがあることを示しています。

> アンケート結果では、例えば、「教科書の内容は全て理解していたが、自分のレベルに合わせた勉強をすることができず、授業中は常に暇を持て余していた」、「発言をすると授業の雰囲気を壊してしまい、申し訳なく感じてしまうので、わからないふりをしたが、それも苦痛で、授業中に自分を見いだすことができなかった」、「学校で習っていない解法をテストなどで解答すると×にされることが嫌だった」、「書く速度の遅さと脳内の処理速度が釣り合わず、プリント学習にストレスを感じていた」などがみられた。また、授業がつまらないため登校しぶりに陥るなどの状況もみられた。
>
> (中略)
>
> アンケート結果からは、具体的な状況として、例えば、「同級生との話がかみ合わず、大人と話している方が良い。あまり周りに理解してもらえず、友達に変わっている子扱いされる」、「学校の友達と話すとき、言葉を簡単にしなければ、話が通じ合わない」「先生の間違いも気付きやすく、指摘しても先生にすぐにわかってもらえず悔しい思いをしている」、「早熟な知能に対して情緒の発達が遅く感情のコントロールが未熟なので、些細なことで怒られてしまったり泣けてしまったり、他の児童と言い合いになったりしてしまう」などがみられた。

審議のまとめでは、今後取り組むべき施策として、多様な学習の場の充実等が挙げられています。そこには、「普段過ごす教室には居づらい場合があり、一時的に空き教室や学校図書館などで、安心して過ごせるようにすることが考えられる。例えば、不登校児童生徒への支援として取組が進んでいる校内教育支援センターの活用が有効なのではないかと考えられる」という記述があります。また、学校外の機関にアクセスできるようにするための情報集約・提供も挙げられています。特異な才能のある児童生徒のニーズが、学校外のプログラム等（中高生がスーパーサイエンスハイスクールで行われているプログラムや大学や民間団体等で行われているプログラムに参加する等）で満たされることもあり学校外の機関にアクセスできるような情報提供を児童生徒や保護者にできるような整備が求められます。また、SCやSSWによる支援の必要性も述べられています。この審議のまとめでは、「才能教育は、既存の教育プログラムを通常よりも速く、あるいは早期に履修させる『早修』と、通常カリキュラムよりも体系的で深化した幅広い内容の学習を行う『拡充』に大別される」と書かれており、早修と拡充の考え方は学校での授業に満足できていない不登校児童生徒の支援についても参考になります。

このように、特異な才能のある児童生徒の支援はまだ議論が始まった段階ですが、不登校児童生徒への支援と共通しているところもあり、今後はそうしたことについてより整理を進め、効果的な支援が行えるような体制づくりも必要になってくるでしょう。

7. 不登校のケースと対応例

ここからは、事例を参考にして考えていきましょう。以下に、実際の複数の事例などを基にして作成した仮想の事例（ケース）を2つ挙げました。これまで解説した通り、一人一人の不登校の要因・背景や支援の過程などは多様な場合が考えられるため、ここで挙げた配慮や支援がそのまま役立つ場面は少ないかもしれませんが、不登校児童生徒と接する際の姿勢や校内・学校外の連携などは参考になるかと思います。

ケース3

ポイント解説

小学3年生の女子児童（Fさん）が、6月の上旬から突然欠席し始めた。保護者からの情報によると、ピアノ発表会を終えた次の日の月曜日の朝に、学校に行きたくないと言いながら泣きじゃくり、母親が登校を促すと物を壁に投げたりして、強い抵抗を示し、部屋に引っ込んでしまった。ピアノの発表会では特にトラブルはなく、その日の夜も少し疲れているが特に変わった様子はなかった。月曜日の昼前には少し落ち着きが見られたため、なぜ学校に行きたくないのかを母親が尋ねたところ、「分かんない。とにかく行きたくない。すごくイライラするし、家でゴロゴロしたい」と答えた。母親は迷いながらも、本人の気持ちを尊重し、家でのんびりすることを認めた。週末まで欠席が続き、部屋で横になって漫画を読んだり、眠ったりしていることもあったが、感情が爆発することはほとんどなくなった。ただし、登校を促したり、登校できない理由を聞いたりすると、いら立ったり、不機嫌になる様子は見られた。

担任からの提案があり、週末に両親とFさんとで話し、月曜日の午前中に学校の保健室に短い時間だけ登校することになった①。

①気になる休み方の場合は、欠席が始まった直後でも、本人あるいは保護者とできるだけ早く連絡を取り合い、アセスメントや支援を始めることが大切です。

予定通り、月曜日にFさんは母親が付き添って、保健室に登校した。少し緊張気味な様子で、保健室の椅子にきちんと座って、養護教諭と話をした。何か学校で嫌なことがあるかを養護教諭がFさんに尋ねたところ、「特にない」「分からない」という返事のみで、黙り込んだ。養護教諭はその質問はそこでやめ、Fさんが好きなこと等に話題を切り替えた②。Fさんは好きな漫画やアニメの話を少しずつし始めて、やがてはにかんだ笑顔を見せるようになった。授業と授業の合間の休み時間の10分だけ、担任が保健室に来て、Fさんと会った。最初は緊張気味だったが、担任が「体調のほうはどう？」と聞くと、「体は元気になったと思います」と答え、担任が「それはよかった。今日は会えてうれしいよ。またお話ししようね」と答えると、うれしそうにしていた。1時間ほど保健室に滞在して、母親と共に下校した。帰る前に、養護教諭から念のためかかりつけのお医者さ

②アセスメントは重要ですが、本人が登校できない理由等について話せなかったり、自分でも分かっていないような場合は、原因究明にこだわらず、登校したり教職員と会うことについて安心・安全を感じさせ、信頼関係の形成を優先させることが大切です。医療機関への受診の促しは養護教諭からしてもらう、SCとの面接の促しは担任や養護教諭からしてもらうなどの工夫が効果的です。

んに相談すること、また学校のカウンセラーの先生もとても優しい人なので、ぜひ会ってみたらという話がFさんと母親にあった。

数日後、かかりつけ医を受診したところ、習い事の練習と本番の緊張などで疲れがあるみたいだが、特に著しい体調不良はないこと、精神面については不安やいら立ちがあるが少し様子を見て、不安定な様子が強くなったり長引いたりするようであれば、小児精神科を紹介することなどの話が医師からあった。

その週の金曜日のSC勤務日にFさんと母親が学校の相談室に来て、SCと会った③。最初は緊張気味であったが、好きな漫画やアニメの話や本の話をして、だんだんと打ち解けてきた。Fさんがおもしろいと思った児童書は、SCも読んだことのある本だったため、そのストーリーについて語って盛り上がった。途中から相談室のノートに絵を書いたり、折り紙を折ったりして遊んだ。後半には、母親も加わって3人で絵しりとりをした。最後のほうは、Fさんが大きな声で笑う様子も見られた。帰る時にSCが「今日は楽しかった。またお話ししたり、遊んだりしようね」と声をかけると、Fさんは笑顔で「うん！」と答えて退室した。

その日の夕方に、ケース会議が開かれてSCも参加した。大まかな方向性としては、しばらくの間月曜日と金曜日に保健室に登校して養護教諭や

③ SCとの面接の初回は、特に信頼関係の形成が重要です。児童生徒がリラックスして、自己表現をすることも大切なので、創作や遊びも交えたコミュニケーションを行うことも多いです。

担任と話す、金曜日はSCとも話をすることをFさんと保護者に提案することとなった。この提案について、Fさんと保護者は喜んで同意し、しばらくはそのような形で登校することとなった。

2回目のSCとの面接では、Fさんは最初からニコニコしており、緊張なくおしゃべりしたり遊んだりした。「幼稚園の子が描く絵！」と言いながら、わざと雑にウサギの絵を描いて大笑いしたり、冗談をたくさん言ったりしてSCや母親を笑わせた。3回目の面接の途中で、雑談の流れで習い事のピアノの話が出た④。「私はピアノ好きなんだけど、うまく弾けないとものすごくイライラする。先生もお母さんも優しくて、叱ったりしないんだけど、上手に弾けない自分自身がすごく嫌。同じところで間違ったりすると、大声で叫んだり、自分で自分の手を叩きたくなる」という話が出た。「私は何でもきちんとできないと嫌なんだよね。だけどきちんとできないこともいっぱいある」「人がきちんとできないことにもむかつくときがある。なんで宿題やってこないの、なんで授業中におしゃべりしてるのってね。幼稚園や1年生の頃なんかは、その人に注意したこともある。でも最近はやらないかな。心の中でむかついているだけ」とも語った。SCはFさんの語りに耳を傾け、「Fさんが何でもきちんとやろうとするのはいいところだと思うよ。それから冗談がおもしろいところもね。できないことがあっても全

④何でもない話を聞いてくれる人に、子どもは大切な話をすることも多くあります。また、SCは傾聴、受容、共感的理解を基本的姿勢としながらも、時に助言や新しい視点の提供を行うこともあります。この場合はできないことがあってもOKということや、Fさんの冗談がおもしろいというところです。結果的に、こうした新しい視点の提供がFさんの変化につながっていくことになります。

然問題ないよ」と声をかけた。SCの言葉にFさんは少し驚いた表情をしながら、「できないことがあってもいいの？」と聞いた。SCは「うん。私はそう思うよ」と答えると、Fさんはにっこりした表情に変わり、「そうだよね」と答えた。それから、発表会で弾いた曲のこと、2年生の遠足の時にあったおもしろいことについて、どんどん楽しそうに話した。

その後、Fさんの希望もあって、保健室でクラスの仲のよい友だちと10分だけ話す時間が設けられて、楽しそうに話すようになった。担任や養護教諭の先生にFさんが冗談を言って笑わせることも増えてきた。やがて、Fさんが好きな図工と国語の授業は受けたいという希望が出たため、そのようにすることとなった。保健室で会っていた仲のよい子と一緒に図工室や教室に入ったこともあり、スムーズに授業を受けることができた。徐々に出られる授業が増え、保健室を拠点としながらも毎日登校するようになった。週1回のSCの面接も継続され、7月からは母親の付き添いはなく、一人で相談室に来るようになった。7月最後の面接の時、Fさんから「私、前までノートの文字が大きくなって線からはみ出すと、一人で怒りが爆発してたんだけど、最近『まあ、いっか』って思うようになったんだよ。クラスの人にも前ほどなぜかイライラしなくなった。いつの間にかね」という話があった。

夏休みを経て、9月からは毎日登校し、全ての授業を受けるようになった。SCの勤務日には、友だちを連れて休み時間に来室するようになった。冗談を言って大声で笑ったり、豪快なお絵かきを楽しんだりする様子が見られた。やがて、来室時間が短くなり、来室頻度も少なくなった。11月ごろには来室はなくなった。SCは担任と情報共有することは続けた。担任からは、学年始めと比べると、表情が豊かになり、よく笑い、また冗談で人を笑わせることが多くなったという話があった。努力する、きちんとする、というよさも保ちつつ、肩の力を抜いて、素のままの自分を出せるようになったんじゃないかな、という感想も聞かれた。9月から12月の間で、月1回の頻度でSCはFさんの母親と面接を継続したが、母親からの申し出もあり12月で一応の終結となった。

※登校ができるようになり、教室で授業を受けられるようになっても、しばらくは支援を継続することが望ましいです。徐々に支援の頻度や時間を少なくしていき、一応の終結を迎えます。学校における教育相談やスクールカウンセリングのよいところは、もしまた何か困難が生じたとしても、すぐに支援を再開できるところです。

この事例では、保健室が居場所の機能、安全基地としての機能を発揮し、相談室でのSCのカウンセリング（プレイセラピー的な要素も含む）が効果的に組み合わさり、Fさんは自己概念の変容、自己受容が進み、一気に友だちとの交流や授業参加が進みました。担任がFさんとよい関係を維持したことも、非常に大きかったと考えられます。本事例の場合は必要ありませんでしたが、場合によってはアンガーマネジメントのトレーニング的な支援が効果的なこともあります。

ケース4

ポイント解説

Gさんは、中学3年生の男子で、この4月に今の学校に転入してきた。母親とGさんの二人暮らしであったが、母方の祖父母と同居することになり、それを機に他県からの転入となった。転入前、中学校1年の1学期より不登校状態が続いている。

始業式に登校できなかったため、始業式の日の夕方にGさんと母親とが来校し、担任と学年主任の4人で話をすることになった①。Gさんからは、「登校しようと思ったのだが、体が動かなかった。全く知らない土地で、こちらの中学校には知っている生徒もいないため、不安がいっぱいある。しばらく登校するのは難しそう」という話があった。担任からは、他の生徒に会わない時間帯に教員と話をするのはできそうか聞いたところ、「時々であれば、それはできそうだ」という返事があった。

①できるだけその日のうちに児童生徒側に連絡をするようにします。すぐには登校して教室に入ることが難しい場合は、どのような形で今後教職員が関わっていくのか、本人や保護者の希望も聞きつつ、調整していく必要があります。

SCの勤務日にケース会議が行われ、まずはSCの勤務曜日にGさんが登校し、授業の入っていない時間に担任と50分、その後SCと50分話をすることを提案するという方向性になり、担任がGさんに電話で伝えたところ、了解が得られた。

予定通り、GさんはSCの勤務日に登校し、担任と話した後、相談室に来てSCと面接をした。Gさんは他の生徒に見られないかということは気にしていたが、相談室に入るとそれほど緊張せずにSCと話ができた。互いの自己紹介をして、少しGさんの好きなテレビ番組やドラマの話をした後、SCからGさんに「話せる範囲でいいので、前の学校のことや小学校の時の話をしてもらいたい」ということを伝えた。Gさんは「別にいいですよ」と答えて、あまり表情は変えずに淡々と話をしてくれた②。以下は、Gさんが話してくれた内容をまとめたものである。

②年齢が高くなると、自分のこと、登校が困難になった経緯などを言語化できる児童生徒もいます。本人に拒否感がある場合は無理強いすることは避けたほうがよいですが、本人が話したい場合もあるので、その際にはじっくり傾聴します。前の学校の担任への信頼感があることから、安心できる大人と話すことは嫌ではないことが推測されます。

小学6年生の時に両親が離婚した。そこに至るまでに、両親の口論を目にすることが何年も続いていて、正直、離婚が決まって父親が出て行って、ほっとしたところもあったが、すごく疲れた。小学校は、仲のよい友だちもいたので、卒業まで通うことができた。

中学校に入ると、クラスに小学校からの友だちもおらず、緊張の毎日だった。家での辛いことが何年も続いたせいか、すごく気持ち的に疲れていて、学校のことについては無気力だった。勉強にも身が入らず、だんだんと授業も分からなくなった。部活に入る気力もなく、帰宅すると疲れて夕方から夜まで寝てしまうこともあった。母親は遅い時間まで毎日仕事をしており、申し訳ないなという気持ちもあり、特に学校のことを話すこともなかった。だんだんと、学校に行きたくないなという気持ちが強くなり、時々休むようになった。そうすると、学校に行った時に周りの人の目が自分を責めているように感じ始めて、結局、ずっと学校に行けなくなった。

母親は、最初のほうは「学校には行きなさいよ」と言っていたが、やがて何も言わなくなった。担任の先生は、心配して電話をかけてくれたり、時々家にも来てくれたりした。「学校においでよ」とか、「勉強は続けよう」と言ってくれたが、その期待に応えることはできなかった。1年生も、2年生も担任の先生は同じ人で、登校はできなかったけれど担任の先生と話すことは楽しかった。今でもすごく感謝している。

SCがGさんに、今日話してくれたことを先生方と共有してもよいかを尋ねたところ、Gさんは「大丈夫です。同じ話をいろいろな人に何度もするのもしんどいので」と答えた。

週に1回登校して、担任、SCと話すことは継続して行えた。5月になって、去年までと違って祖父母とも同居になったため、ずっと家にいるのは気まずいという話がSCにあった。SSWも参加したケース会議でそのことについて検討して、市が行っている居場所事業を紹介する方向になり、本人もその提案を受け、学校に登校する日以外の週に2日は、そちらに行って日中は過ごすことになった。

9月になって、担任からGさんに進路についての希望に関する話をすることとなった③。Gさんとしては「高校に行ってみたいが、全く中学校の勉強をしていないので、自分が行けるところはないのではと思う」という話があった。担任は、「今はいろいろな形の高校があるから、あなたが通えるところもきっとあるよ、高校の情報をまとめておくので、できればお母さんにも来てもらって、一緒に考えよう」と話をした。担任はSC、SSWと情報交換をしながら、Gさんに合った進路先の情報を複数提示する準備を進めた。

2週間後、Gさんと母親に来てもらい、担任から進路についての情報提供を行い、「家で検討して希望があったら教えて欲しい」と伝えた。翌週、Gさんから「お母さんとよく考えた結果、通信制の高校で、週に3日ほど通うコースがあり、できるだけ少人数で勉強できるところがいいという結論になった」という話があった。担任は、「よい選択だと思うので、それが実現するように準備しよう」と話し、具体的には、できれば1つでもいいので教室で授業を受けるように挑戦すること、好きな教科からでもいいので、ワークや問題集を使っての自宅学習を始めることになった。

しかし、教室で授業を受けることについては、Gさんから「頑張ってみようと思ったけど、怖くてやっぱり無理そうです」という話があった。自宅学習のほうは、早速国語と社会から始めたということだった。自宅学習の支援については、担任

③不登校児童生徒の場合、進路についての話はもろ刃の剣の場合があります。本人としても誰かに相談したいものの、そうすると叱られたり、自分の努力不足を責められたり、どこにも行くところがないなどの絶望的な話をされるのではと不安に思っている場合もあります。一方で、進路の相談をすることで、一気に希望が見えてきて、意欲が湧いたり、元気が出てきたりすることもあります。進路情報の提供は、よい変化を起こす大きなきっかけとなることもあります。

だけではなく学年の教科担任も加わり、時には教科の教員とGさんが会うという機会もできるようになった。

冬になって、Gさんは希望していた条件に合った通信制高校への進学が決まった。Gさんも母親もとても喜んでいた。担任、SCと週1回話すことは卒業まで継続した。卒業式にGさんが参加することはできなかったが、卒業式の日の午後に校長室で、担任や学年の教員に見守られながら、卒業証書の授与が行われた。「おめでとう」という声を担任や他の教員からかけられて、Gさんは笑顔で「ありがとうございます」と答えていた。母親は喜びの涙を浮かべていた。

卒業後3か月ほどして、Gさんから担任宛てに手紙が届いた。その中には、自分でも驚いているが、週3日学校に通って授業を受けられていること、担任の先生とSCの先生と1年間話ができて楽しかったこと、そのことが今の自分の自信になっていること、校長室で先生たちみんなから卒業を祝ってもらってとても温かい気持ちになり、僕はこれから何とかなるんじゃないかと思ったことなどが綴られていた。

※不登校児童生徒にとって、卒業式をどのように迎えるかが大きな意味を持つことがあります。Gさんは、教室で授業を受けることは最後までしませんでしたが、担任や学年教員、SCとよい関係を卒業式まで継続することができました。したがって、校長室で学年の教員に見守られながら卒業するという形がよかったのだと考えられます。

始業式や卒業式といった節目に関わる事例です。本事例は年度始めに転入のタイミングも重なっていたという特異さはありますが、一般的に前年度から不登校状態だった児童生徒が始業式や入学式などを欠席した場合、できるだけその日のうちに連絡をしたほうがよいと考えられます。児童生徒は、今年度の担任は誰になったのか、自分のことを大切に思ってくれる人なのかが気になっていることも多く、その日に連絡がなく、数日後に連絡などがあると、自分は見捨てられていると感じることも多いようです。そのことは保護者も同様です。

一方、卒業式は本事例では校長室で教員に見守られながら卒業証書の授与が行われる形でした。その児童生徒にとって温かさや達成感を感じる卒業式を経験することが、その後の人生に大きな影響を与えるという事例を私も何例も経験しました。ただし、どの場合でも、このような形での卒業式がよいわけではありません。児童生徒の背景やそれまでの経緯に合った卒業の迎え方を、本人の希望も聞きつつ、工夫する必要があります。

また、この事例は中学3年生で進路選択にも関わるケースでした。「キャリア発達の支援」(183ページ)で解説した通り、多様な選択肢についての情報提供を行うことが大切です。教員、SCだけでなく、SSWと連携することも考えられるでしょう。

なお、高校生の不登校で原級留置となった場合は、同じ学年をもう一度繰り返す必要があります。一つ下の学年に入り、心機一転して高校生活を送ることもありますが、原級留置を機にカリキュラム、目指す進路、授業の形式等がより自分に合った他校に、転学・編入学する場合もあります。例えば、全日制の高等学校に通っている場合、違うタイプの全日制課程の高等学校に転学することもありますが、通信制課程の高等学校や定時制課程の高等学校に転学することもあります。あるいは、退学して他の高等学校には在籍せず、高等学校卒業程度認定試験(旧大学入学資格検定)を受けてその後の進学につなげる道を選ぶこともあります。生徒本人のニーズやキャリア発達の観点から、どのような選択がよいかについてSCは支援していく必要があります。また、都道府県の教育センター等に高校生の転学・編入学について相談に乗ってくれる部門を設けているところもあり、そうしたところとの協働も考えられます。

8. 学校改革の必要性

不登校児童生徒の数が増加しています。学校を欠席している児童生徒一人一人にさまざまな背景があるのですが、学校というところに物理的に通い、集い、学ぶことが効果的なのか、これからの社会に必要な力を身に付けられるのかという学校制度の根本に関係する問いが、学校に突き付けられているように感じることもあります。世界的な未来予測によっては、デジタルテクノロジー、インターネット、VRによって個別最適な学びが充実してくると、近未来には今のような学校は世界からなくなるのではという予測もあります。

新しい指針や提言（報告書）では、不登校児童生徒の支援において登校することのみを目標にすることなく、学校外での学びの機会を充実させる方向性が示されています。それに加えて、本章で述べたような「魅力ある学校づくり」を進めることなしでは、学校に登校しない児童生徒の増加は止まらないと思われます。このようなことを考えると、不登校児童生徒の支援や配慮は、今後の学校改革の必要性を示しているとも考えられます。

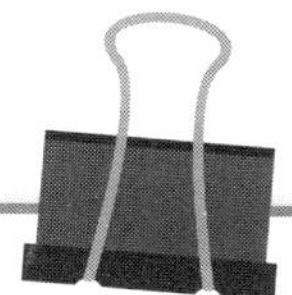

第6章

スクールカウンセラーの主要テーマ③

発達障害

◎**第6章にあたって**

「発達障害」は、日本の学校教育における重要なトピックスで、社会的にも関心が高まっています。啓発活動や研修なども増え、教員や一般の人の認識が広がっているところもありますが、まだ十分とは言えず、誤った認識や偏見なども残っています。また、障害の診断はつかないものの、学習面や行動面で何らかの困難を示す児童生徒も少なくありません。こうした困難を示す児童生徒への支援や保護者への助言等も、SCが行う重要な職務に含まれています。本章では、発達障害やそれに類する困難の理解や支援について解説していきます。

1. 発達障害とは

(1) 発達障害の定義

「発達障害者支援法」(2005〈平成17〉年4月施行、2016〈平成28〉年8月改正施行)において、発達障害は以下のように定義されています。

(定義)
第二条　この法律において「発達障害」とは、自閉症、アスペルガー症候群その他の広汎性発達障害、学習障害、注意欠陥多動性障害その他これに類する脳機能の障害であってその症状が通常低年齢において発現するものとして政令で定めるものをいう。
2　この法律において「発達障害者」とは、発達障害がある者であって発達障害及び社会的障壁により日常生活又は社会生活に制限を受けるものをいい、「発達障害児」とは、発達障害者のうち十八歳未満のものをいう。

3　この法律において「社会的障壁」とは、発達障害がある者にとって日常生活又は社会生活を営む上で障壁となるような社会における事物、制度、慣行、観念その他一切のものをいう。

4　この法律において「発達支援」とは、発達障害者に対し、その心理機能の適正な発達を支援し、及び円滑な社会生活を促進するため行う個々の発達障害者の特性に対応した医療的、福祉的及び教育的援助をいう。

※1　政令（平成17年政令第150号）により、上記の「政令で定めるもの」は、「脳機能の障害であってその症状が通常低年齢において発現するもののうち、言語の障害、協調運動の障害その他厚生労働省令で定める障害」とされています。

※2　省令（平成17年厚生労働省令第81号）により、※1の「厚生労働省令で定める障害」は、「心理的発達の障害並びに行動及び情緒の障害（自閉症、アスペルガー症候群その他の広汎性発達障害、学習障害、注意欠陥多動性障害、言語の障害及び協調運動の障害を除く。)」とされています。

※3　通知（平成17年4月1日付け17文科初第16号 厚生労働省発障第0401008号）により、「法の対象となる障害は、脳機能の障害であってその症状が通常低年齢において発現するもののうち、ICD-10（疾病及び関連保健問題の国際統計分類）における『心理的発達の障害（F80-F89)』及び『小児<児童>期及び青年期に通常発症する行動及び情緒の障害（F90-F98)』に含まれる障害であること。なお、てんかんなどの中枢神経系の疾患、脳外傷や脳血管障害の後遺症が、上記の障害を伴うものである場合においても、法の対象とするものである」とされています。

まず、発達障害にはどのようなものが含まれるかについては、「**自閉症、アスペルガー症候群その他の広汎性発達障害、学習障害、注意欠陥多動性障害その他これに類する脳機能の障害**」であると示されています。こうした障害を「発達障害」とするのは、現在では日本独特の分類法です。国際的な分類や診断基準、あるいはそれを基にした最新の診断基準では別の分類・整理をされていることも知っておく必要があります。

例えば、生徒指導提要（改訂版）には「最新の医学的な診断基準では、知的障害や言語障害なども神経発達障害のカテゴリーに含まれていますが、**文部科学省では主として、自閉症、注意欠陥多動性障害、学習障害を発達障害として扱い**、知的障害や言語障害とは分けて整理しています」と書かれています。現時点では発達障害者支援法に基づいて、学校教育の分野でも上記のような発達障害の定義や分類法が使われています。また、生徒指導提要（改訂版）にも「発達障害の特性は生まれつきの脳の働き方によるもの」と明記されているように、**発達障害は「脳機能の障害」**であって、第3章で示したように生物学的要因による困難であると考えられます。

「発達障害者（18歳未満は「発達障害児」）は、「発達障害」と「社会的障壁」によって「日常生活又は社会生活に制限を受けるもの」とされていることも重要です。**生物学的要因による「発達障害」と、日常生活や社会生活を営む上で障壁となるような社会における事物、制度、慣行、観念その他である「社会的障壁」の2つによって、日常生活や社会生活に制限を受けている人が「発達障害者（発達障害児）」であるという考え方**を理解することが、支援において大切になります。生物学的要因による「発達障害」自体には、投薬などの医学的な対応（医療的支援）が必要で、それによっても根本的な改善や解決に至ることは難しいです。しかし、**社会的障壁は社会の側にある障壁であるため、教育や心理、福祉の立場から事物、制度、慣行、観念等の障壁を少なくすることは可能**です。こうしたことが、合理的配慮、発達支援、特別支援教育、教育支援の検討と実践において鍵となってきます。

(2) さまざまな発達障害

① 自閉症（自閉スペクトラム症，Autism Spectrum Disorder：ASD）

発達障害者支援法では、発達障害として「自閉症、アスペルガー症候群その他の広汎性発達障害」が挙げられており、文部科学省など学校教育に関わる分野でも、その分類法・用語が公式には使われることが多いです。しかし、医療分野では最近は違う分類法・用語が使われています。

アメリカ精神医学会が出版している「『精神疾患の診断・統計マニュアル』第4テキスト改訂版（DSM-IV-TR)」では、「広汎性発達障害」

という分類があり、その中に「自閉症」「アスペルガー症候群」その他のいくつかの障害が含まれています。しかし、その後に出された「『精神疾患の診断・統計マニュアル』第5版（DSM-5）」では、広汎性発達障害の分類やアスペルガー症候群という診断名はなくなり、「自閉症スペクトラム障害／自閉スペクトラム症（Autism Spectrum Disorder：ASD）」という診断名に統合されました。国際的あるいは医学領域ではASDという診断名が広まっている一方、日本の法律に基づく公的な診断名・分類としては、「自閉症、アスペルガー症候群その他の広汎性発達障害」が使われている状況であるため、よく整理して理解する必要があります。

文部科学省（2021）の「障害のある子供の教育支援の手引～子供たち一人一人の教育的ニーズを踏まえた学びの充実に向けて～」（以下、「教育支援の手引」）によると、自閉症は以下のように定義されています。

> 自閉症とは、①他者との社会的関係の形成の困難さ、②言葉の発達の遅れ、③興味や関心が狭く特定のものにこだわることを特徴とする発達の障害である。その特徴は3歳くらいまでに現れることが多いが、成人期に症状が顕在化することもある。中枢神経系に何らかの機能不全があると推定されている。

①は人と適切なやりとりをして、関係性を築くことが難しいことを指しています。②は特にコミュニケーションの道具としての言葉の発達に困難がある場合等があります。③は好きなことには過度に没頭するが、興味がないことは全く取り組もうとしないなどの特徴です。アスペルガー症候群とは、「知的発達と言語発達に遅れはなく、上記三つの自閉症の特性のうち、②の言葉の発達の遅れが比較的目立たない」とされています。

さらに、「教育支援の手引」では、「上記の三つの基本的な障害特性に加えて、感覚の過敏性や鈍感性、刺激の過剰選択性（特定部分に注意が集まってしまい、他の刺激に対して注意が向きにくいという特性。『シングルフォーカス』と呼ばれることもある。）が見られることがある。例えば、おもちゃ等を見るときに、目にとまらない細部に注目したり、人の話の全体を聞くのではなく特定の単語に注意を向けたりすることがある」と記述されています。このような特性から、感覚過敏、パニック等の困難を示す場合もあります。また、人の表情などコミュニケーションをする上で重要な刺激にフォーカスすることが難しく、そのことが人間関係を形成することを難しくしているとも考えられています。

② 学習障害（Learning Disabilities：LD）

「教育支援の手引」では、学習障害は以下のように定義されています。

> 学習障害とは、全般的に知的発達に遅れはないが、聞く、話す、読む、書く、計算する又は推論するといった学習に必要な基礎的な能力のうち、一つないし複数の特定の能力についてなかなか習得できなかったり、うまく発揮することができなかったりすることによって、学習上、様々な困難に直面している状態をいう。

特に、読む、書く、計算することを習得したり、そうした技能を使用したりすることが難しく、学習上さまざまな支障が生じる障害です。その学習や技能の使用の水準は、児童生徒の年齢や学年から期待されるよりも著しく低く、かつそれが知的障害では説明できないこと（知能検査の結果全体のIQは平均かそれ以上等）が条件になります。上記のような日本の教育領域における学習障害の定義に該当する、医学的な診断基準には「限局性学習症／限局性学習障害」があり、該当する場合は「読字の障害を伴う」「書字表出の障害を伴う」「算数の障害を伴う」というように特定する必要があります（『精神疾患の診断・統計マニュアル』

第5版〈DSM-5〉)。

学習障害に関する用語として、「ディスレクシア」があります。基本的に「読字の障害」を示す用語ですが、読みの学習が困難である場合、書くことも困難になることも多いため、「読み書き障害」という意味で使われる場合もあります。後天性の脳損傷による障害でないことを示すために「発達性ディスレクシア」と言われることもあります。視力的に文字が見えていないわけではないのに、文字を読み間違える、一文字ずつしか読めない、文字や行を飛ばして読んでしまうなど、結果的に語や文の意味を理解することが難しいといった特徴があります。漢字が読めないだけではなく、ひらがなやカタカナを読むことも難しく、読み間違えることが多いです。読字の障害は、文字情報処理のさまざまな段階で生じると言われています。文字がゆがんだり、浮き上がって見えたり、眼球運動の問題がある場合もあります。また、第3章の図3-6（92ページ）で示した単語の言語処理モデルのさまざまなステップがうまくいかず、読んだ文字を音韻に変換して語として認識し、意味理解をしたり、音読したりすることが困難になるために生じることもあります。

「書字の障害」は、「ディスグラフィア」とも言われます。「読字の障害」も併発していることがありますが、読むことは問題なく、書くことだけが顕著に苦手な場合もあります。つまり、文字を読んで理解したり、話し言葉で表現したりすることはできますが、それを文字にすると誤った文字を書いてしまうという場合です。例えば、動物の「いぬ(犬)」を知っていて、口ではきちんと答えられ、「いぬ」を読むことはできるのに、それを書くと「いめ」と書いてしまう場合や、「きって(切手)」のことをきちんと知っていて、言うことができるのに、それを書くと「きて」になってしまう場合などです。ひらがなやカタカナが鏡文字になる、漢字の場合は、偏と旁（つくり）が逆になる、部首の同じ違う漢字を書いてしまうなどが頻繁に起こることもあります。こうした場合は、図3-6で単語の言語処理モデルの音韻を文字に変換する際につまずきが起こることが影響しています。文字の細かな違いを認識し、学習することの苦手さが影響していることもあります。また、書いた文字の大きさが一定でなかったり、線や枠からはみ出してしまったり、運筆がスムーズにいかなかったりして、結果として誤った文字になってしまう場合もあります。この場合は、極端に協調運動が苦手な、発達性協調運動障害が影響している場合もあります。

「算数の障害」は、「ディスカリキュリア」とも言われます。簡単な足し算引き算でも特に暗算が難しい、数や量の大小が分からない、筆算が難しい、九九が覚えられない、計算の仕方をすぐに忘れてしまう、割合を理解することが難しい、文章題で式を立てることができないなどの困難を示します。日常生活においてもお金の計算、時間の量の理解、等分に分けるということなどで困難が生じます。単に算数の勉強量が足りない（学習機会が少ない）というわけではなく、繰り返し練習しても定着しなかったり、直後には理解できても、少し時間が経つと忘れてしまったりというように、算数に関する学習能力の困難による問題です。さまざまな情報処理の困難さが影響していると考えられていますが、数覚と言われる数の量的な表象（数の量的なことを心の中で表象する）の障害が中核にあると考えられています。

③ 注意欠陥多動性障害 (Attention-Deficit Hyperactivity Disorder：ADHD)

「教育支援の手引」では、注意欠陥多動性障害は以下のように定義されています。

> 注意欠陥多動性障害とは、身の回りの特定のものに意識を集中させる脳の働きである注意力に様々な問題があり、又は、衝動的で落ち着きのない行動により、生活上、様々な困難に直面している状態をいう。

不注意（注意力、集中力）、多動性や衝動性の問題があり、生活上さまざまな困難に直面することを主な症状とする障害です。『精神疾患の診断・統計マニュアル』第5版（DSM-5）では、「注意欠如・多動症／注意欠如・多動性障害」という用語が使われています。不注意については、必要なことや細かいことに注意を向けられず見落としや見逃しが多い、注意を持続することが難しい、話しかけられても聞いていないように見える、課題や活動を順序立てて行ったり最後までやり遂げたりすることが難しい、物をなくしたり忘れ物をしたりすることが多い、すぐに気が散ってしまう、日々の生活で忘れっぽいなどの症状を示します。多動性・衝動性については、手足や体を動かし続けることが多い、席をよく離れる、走り回ったり高いところに登ったりする、静かに遊ぶことが難しい、じっとしていることが苦手、多弁である、順番を待つことができない、許可を得ずに人の物を使ったり他の人の活動を邪魔したりするなどの症状があります。

「不注意」と「多動性・衝動性」の両方がある場合の他、どちらかのみが優勢の場合もあります。多動性・衝動性は、幼児期など幼い頃から問題がはっきりと現れやすく、保護者や保育者・教員から気付かれやすいです。一方で、多動性・衝動性を伴わない、不注意のみの症状のある児童生徒は、年齢が高くなるまで気付かれないこともあります。動き回ったり、衝動的に行動したりすることはないですが、生活や学びの場で見落とし、聞き落とし、忘れ物や落とし物、途中でやるべきことを忘れてしまうこと等が多く、集中力が長続きしない――結果として、学力不振に陥ったり、集団生活でできないことが多くなったりして、本人は苦しんでいることもあります。

注意欠陥多動性障害については、神経伝達物質（ドーパミンやノルアドレナリン等）の偏りによって、刺激に対する反応を制御できずにすぐに反応をしてしまう、課題に対する集中力を保つことが難しい等の問題が生じるというメカニズムが考えられています。

2. 発達障害のある児童生徒の発達と二次的問題（二次障害）

（1）就学前

自閉症やアスペルガー症候群のある児童生徒は、就学前に対人関係や集団参加、行動面で特徴を示す場合があります。視線が合いにくい、人より物や文字や記号に関心を向ける、誰かとやりとりのある遊びをするより自分一人で遊ぶことを好む、言葉でのコミュニケーションが苦手、一方的に好きなことを話し続ける、気に入ったフレーズを状況に関係なく繰り返し話す、独特のイントネーションで話す、反響言語（エコラリア：相手の言ったことをそのまま繰り返す）がある、特定のことやものへのこだわりが強い、同じ動作を必要以上に繰り返す、ストーリーのある物語に関心を示さない等の様子が見られることがあります。

このような特徴から、自閉症やアスペルガー症候群のある就学前の子どもは、みんなで集まって同じことをする場面で困難を示します。小学校などと比べると自由な時間が多いのですが、就学前の保育・教育の場でも、みんなで集まって歌を歌う、踊る、創作をする、お話を聞く、運動をするといった場面があります。そのような場面や活動が苦手な子どもにとってはとても辛いことではあるのですが、就学を意識して保育者・教員・保護者は、できるだけそのような場面でみんなと同じことができるように働きかけることも多くなります。結果として、子どもがパニックを起こしたり、逃げ出したりすることもあり、二次的問題として子どもがそのような場面に嫌悪や恐怖を感じ、意図的に避けたり、暴れたりするようになる場合もあります。また、自由遊びの場面でも、物の貸し借りや共有が苦手なため、他の子どもとトラブルになることもあります。保育者・教員・保護者は、本人のペースに合わせて好きなことを好きなようにさせたほうがよいか、就学を見据えて集団行動、一斉授業へのレディネスを高めたほうがよいか、ジレンマを感じることも少なくありません。

読む、書く、算数（計算する）等の活動は、就学前には本格的に求められないこともあり、学習障害の問題がこの時期にはっきりすることはあまりありません。ただし、のちに学習障害と診断される児童生徒の中には、就学前に次のような気になる様子を示していた子どももいます。例えば、文字に全く興味を示さない、自分の名前を判別できない、しりとり等の言葉遊びをすることが難しい、言葉を言い間違える・聞き間違える、遊具や書かれた形（丸、三角、四角、ひし形等）の区別ができない、線や形を書いたりすることが苦手等の様子が見られることがあります。文字、音韻、形の認識や弁別、運筆の困難さの兆しです。ただし、この段階では発達的に定型発達している子どもも、こうしたことがあまりうまくない場合があることは把握しておく必要があります。

就学前は、本格的に読む、書く、計算するというような活動は行われないため、そうしたことに関することができなくても、本人はあまり気にしていない場合が多いです。しかし、5歳児くらいになると簡単な文字を読んだり、書いたりすることができる子どもも見られるようになり、そうした周囲の子どもと比べて本人が気にしたり、保護者が焦りを感じて、子どもに厳しくしたりすることもあり得ます。それが、子どもの自己肯定感の低下につながることもあります。

注意欠陥多動性障害のある子どもは、特に多動性・衝動性はこの時期からはっきりと特徴を示すことも多くあります。発達に伴い走ることや何かに登ることが可能になってくると、座っていることやじっとしていることが苦手で、ずっと走り回っていたり、高いところに登ったり、動き回っている様子が顕著になってきます。不注意が伴うことも多いため、転んだり、ぶつかったりすることも頻繁で、けがにつながることもあります。衝動性により、してはいけない、危ないと知っていることでも、ついついしてしまうことも少なくありません。衝動性により人との関係でカッとすることもあり、叩く・蹴る、ひどいことを言ってしまうなどの行動が多くなることもあります。

このような特徴から、注意欠陥多動性障害のある子どもは就学前から大人や他の子どもから叱責されたり、行動を制限されたり、拒絶されるような経験をしてしまうこともあります。その結果、二次的問題として他者に対して攻撃的になったり、自己肯定感を低下させたりする子どももいます。

(2) 児童期

自閉症やアスペルガー症候群のある児童は、小学校になると授業中に困難を示す場合も多くあります。さまざまな教科等の授業や活動があるため、興味がある内容の場合は熱中して取り組んだり、積極的に発言をしたりもする一方、興味の持てない学習の場合は苦痛を感じ、その時間には使わない教科書を見たり、本を読んだり、タブレットで授業と関係ないことをしたり、何かを書くなどをして耐えようとする場合や、離席や教室を出て行くという場合があります。他児とのコミュニケーションが多く求められるグループワーク、係・委員会活動、特別活動等でも困難が多くなります。休み時間は、一人で過ごすことを好む児童も多いですが、クラスの児童等と遊びたいと思うようになる児童もいます。そういった思いがありつつも、コミュニケーションや相手の感情、思考、意図などを推測することが苦手だったり、こだわりが強かったりするため、他児との間でトラブルになることもあります。

小学校低学年の頃は、自閉症やアスペルガー症候群のある児童はあまり周りからどう見られているかを気にせず、マイペースで、自分の好きなことをやったり、一人で行動したりすることを楽しむ場合も多いです。しかし、年齢が上がり、メタ認知能力や自己意識が発達すると、他の人と同じように振る舞えない自分、奇異な行動をしてしまう自分、仲のよい友だちができない自分を恥じて、落ち込んでしまうような二次的問題を示す児童もいます。その結果、過度に引っ込み思案になったり、学校では自己表現を抑えすぎたりしてしまう高学年の児童などもいます。

小学校に入学し教科等の授業が始まると、学習障害の問題がはっきりとしてくることも多いです。教科書等を読む場面では、読み間違い、1文字1文字しか読めない、文字の読み飛ばし、行を飛ばして読んでしまう、読むことに必死で内容が理解できないなどの特徴が現れます。書字の学習も本格的になり、鏡文字（左右反転）がある、文字の構成要素が欠ける（1つ線が足りない等)、枠や線から大きくはみ出してしまう、大きさがアンバランスな文字を書く、促音（「っ」)・撥音（「ん」)・拗音（「きゃ」など)・長音（伸ばして読むもの）が抜けてしまう、正しく話すことはできるが違う文字を書いてしまう等の困難が見られます。板書を苦手としていることも多く、その点で苦労する児童も多いです。アルファベットや英語の学習を特に苦手としている児童もいます。計算・算数も本格的に求められるようになるため、そうしたことに関する困難もはっきりしてきます。数の量的側面の理解が難しい（具体物では分かるが、2個と8個はどちらが多いか分からなくなる)、簡単な足し算引き算が分からない、九九が覚えられない、分数や少数を理解できない、筆算で誤りが多い、文章題が解けない、文を読んで式を立てることが難しい等です。

こうした特徴から、授業が分からないことが多くなったり、失敗経験が積み重なったり、他児からのからかいなどが多くなると、二次的問題として学習への劣等感が生まれ、自己肯定感の低下につながることもあります。読む、書く、計算するなどの活動が求められる授業では、気分が悪くなったり、涙ぐんだり、体調が悪くなったりすることもあります。また、劣等感を隠すために、授業中にふざけたり、他の児童にちょっかいをかけたり、意図的に学習に取り組もうとしなかったりする様子が見られることもあります。

就学前と違って、**小学校での生活は着席して静かに誰かの話を聞くことが多くの時間で求められるようになります。注意欠陥多動性障害のある児童にとって多くの困難を生むことになります**。長時間座ることは難しく、反抗的な意図がなくてもついつい立ち歩いてしまうこともあります。黙っていることが難しい場合もあり、席の近くの児童に話しかけたり、先生に話しかけたりして授業の進行を妨げてしまうこともあります。我慢して座っていることができても、刺激を求めたり気を紛らわせたりするために、体を揺らす、手足をバタバタする、手遊びをする、上履きを脱いだり履いたりする、姿勢を頻繁に変える、文具で遊ぶ、ノートに落書きをする等の行動をすることもあります。休み時間等に過度に走り回ったり、登ってはいけないところに登ったりする様子が見られることもあります。衝動性が高いと、遊具等で危険な遊び方をしたり、トラブルになると暴力、暴言に及んだりすることもあります。

多動性・衝動性はない、不注意優勢型の児童も困難が現れてきます。動き回ったり、走り回ったりはしないのですが、忘れ物・落とし物が多い、授業態度自体は悪くないものの教員の話を聞き漏らす、集中力が長くは続かず、よく見るとぼうっとしている、空間の整理（机の中やロッカー、ランドセルの中の整理等）や時間の整理（時間の見通しを付けて、時間内に作業を終わらせる等）が苦手、先にやることなど優先順位を付けるのが苦手等の様子が見られることもあります。

このような特徴から、**注意欠陥多動性障害のある児童は就学前以上に**

授業態度がよくない子ども、授業の妨害をする子どもとして、注意をされたり、叱責されたり、非難されたりすることが増えていきます。そうしたことから、自己肯定感の低下、加えて周囲の大人や子どもへの敵対心を発達させ、イライラしたり、攻撃的になったりなどの二次的問題が起こることもあります。否定的、反抗的、不服従の行動を繰り返す、「反抗挑発症/反抗挑戦性障害」と診断される場合もあります。不注意優勢型の児童は、どうして自分はこんなにダメなところばかりなんだろうと落ち込んだり、自分を責めたりするようになる場合もあります。潜在的な知的能力や学習能力があったとしても、不注意、多動性・衝動性などの中核的な困難と、こうした自己肯定感の低下や落ち込みによって、学業的にも困難を抱える児童もいます。

(3) 思春期・青年期

自閉症やアスペルガー症候群のある生徒は、思春期・青年期になると奇異な行動や過度のこだわりは減ってくる場合もあります。人とのコミュニケーションもお決まりのパターンや、表面的な挨拶などは可能になることも多いです。しかし、周りの生徒のコミュニケーションがより複雑になり、大人から思春期・青年期の生徒に期待される振る舞いも高度になっていきます。そのため、心理的距離を理解した上での行動(親しい人にはくだけた言葉遣い、目上の人や心理的距離のある人には敬語や丁寧語というのが分からず、全ての人に敬語で話す等)、物理的距離を理解した上での行動(親しい人にはある程度距離が近くてよいが、そうでない人にあまり近い距離でやりとりをしてはいけない等)がうまく行えず、批判されたり拒絶されたりすることもあります。好意を寄せている人へのアプローチの仕方が分からず、不適切な行動をすることもあります。思春期・青年期になると、同世代が冗談や比喩が多く含まれている会話をするようになりますが、そうした**会話に含まれている微妙な意**

味を理解することが難しく、相手が親しみを込めて発した言葉に怒ってしまったり、相手をひどく傷つける冗談を言ったり等の問題が起こることもあります。

児童期後半もそうですが、思春期・青年期になると自閉症やアスペルガー症候群のある生徒は、メタ認知能力、自己意識の発達に伴い、自分の振る舞いをある程度モニターできるようになる場合もあります。それに伴って、奇異な行動を学校ではしないように抑制できることもありますが、完全に抑制することは難しく、少し変わった言動がある、身だしなみを整えられないところがある、どうしてもこだわりたいことがある、夢中になると一方的に話を続ける様子が見られることもあります。それにより、周りから批判されたり、揶揄(やゆ)されたり、疎まれたりすることもあります。思春期・青年期になると自閉症やアスペルガー症候群のある生徒で、親友が欲しい、恋人が欲しいと思うことも少なくありません。そうした思いと、うまく人と関われないという課題及びその自覚によって、深く悩み、強い苦しみを感じる生徒もいて、登校が困難になることもあります。また、ストレスから、うつ症状につながる場合もあります。

学習障害のある生徒は思春期・青年期になると、さらなる困難や苦しみを抱えることもあります。より難しい文字や語、文を大量に読んだり、書いたりすることが求められるようになり、授業についていったり、課題を期限までに仕上げることが困難になることも多いです。英語の学習も本格的になり、英文を読むこと・書くことで大きくつまずく生徒もいます。計算や算数障害のある、基本的な四則計算でつまずいている生徒にとっては、正負の数、文字式、証明等のさらに高度な数概念の理解や抽象的な思考が必要とされる数学はかなり難易度が高いものとなります。

学習障害のある生徒にとっては、中学校では定期テストがあり、その点数や提出物で成績が付けられることが多いため、自分の学業的なつまずきをはっきりとした形で突きつけられることになります。それが大きなストレスとなり、登校が困難になることもあります。また、絶望感や努力しても報われないという気持ちが影響し、うつ症状等につながることもあります。**進学や将来のことでも悩みを抱える場合も多い**です。自分が通える高校はあるのだろうか、将来、仕事をすることができるのだろうか、自分を受け入れてくれるような学校や職場はあるのだろうかと悩み、誰にも相談できずに苦しむ場合もあります。

注意欠陥多動性障害のある生徒は、中高生になっても離席や動き回るという症状を示す場合もありますが、そうした行動は少なくなっていき、席に座っていることは可能になる場合もあります。しかし、じっとおとなしく座っていることは苦手で、手足を動かしたり、体を揺すったり、文具で遊んだり、常にしゃべったりの落ち着きのなさを示す生徒は多いです。衝動性もある程度は軽減し、毎日のようにトラブルを起こすということはなくなる場合もあります。しかし、人との間で何かカッとするようなことがあると突然暴力的になったり、気分がハイになるようなことがあると危険なこと（物を振り回す、高いところから飛び降りる、跳び回る等）をしたりすることはあります。**不注意は何らかの形で残っていることが多く**、忘れ物、落とし物、聞き落とし、大事なことを忘れてしまうなども多くあり、学習に必要な物を持ってきていない、課題が出ていることや締め切りを忘れてしまう、間違えた電車に乗ったり降りる駅を間違えたりすることもあります。

注意欠陥多動性障害のある思春期・青年期の生徒の二次的問題としては、失敗経験や学力不振等により、自己肯定感が低下し、落ち込んだり将来に対して悲観的になったりして、登校が困難になることもあります。また、もともとの衝動性による突発的な攻撃行動だけではなく、意図的に人を傷つける行動をしたり、反社会的行動をしたり、反社会性の高いグループと関わる等の問題を発展させてしまうこともあります。学校生活や学業では評価されることが少ない生徒が、多動性や衝動性による激しい行動について反社会性の高いグループの仲間や先輩から高い評価を受けることもあり、自尊感情を高めるためにそうしたグループへの傾倒が強くなることもあります。他者の基本的な権利を侵害する行動を繰り返し起こす「素行障害」と診断される問題を示す場合もあります。

(4) 発達障害等を併せ持つ場合の考え方

医学的診断名については、人を分類するというより、症状を分類するという視点から考えられています。つまり、「この子は自閉症児なんですか？　学習障害児なんですか？(disabled children)」ということを医師等は保護者から聞かれることがありますが、そのような考え方ではなく、「この子は自閉症と学習障害の症状がある(children with disabilities)」という考え方をするということになります。医学のほうでは、「鑑別診断」という用語が使われますが、この診断とこの診断は同時にしてもよいが、この診断の組み合わせはよくない、あるいは理論的にできないというものがあり、かなり複雑です。ここでは、主にDSM-5を参考にして、発達障害と、それに関連が深い知的障害について整理します。

知的障害と発達障害については、次のように考えられています。**自閉症は知的障害を伴う場合と、伴わない場合がある**ので、自閉症と知的障害のある児童生徒はいます。**アスペルガー症候群は、知的障害を伴わないことが条件になる**ので、アスペルガー症候群と知的障害のある児童生徒はいないことになります。**学習障害は、知的障害でないことが条件になる**(「教育支援の手引」の定義では「全般的に知的発達に遅れはないが」と表現されている。208ページ)ので、基本的には学習障害と知的障害のある児童生徒はいないことになります(DSM-5では知的障害があっても、その知的障害の程度以上の学習困難がある場合は学習障害の診断がつくこともあると説明されていますが、日本においては学習障害と知的障害は併存しないと考えられることが多いです)。知的障害のある児童生徒が、注意欠陥多動性障害も併せ持つと診断されることはあります。しかし、その場合はその児童生徒の知的障害の程度から推定されるよりもはるかに強い場合のみ、注意欠陥多動性障害の診断もなされます(知的障害による不注意や多動性・衝動性の範囲内とされる場合は、知的障害の診断のみがなされます)。

「自閉症、アスペルガー症候群」「学習障害」「注意欠陥多動性障害」は、併せ持つ場合も多く、このうち全て、あるいは2つの症状があると一人の児童生徒に診断してよいことになっています。

3. アセスメントと診断

発達障害のある児童生徒について、一般的には標準化された（一定の手続きで多数のデータに基づき開発された）心理検査が使用されています。市販されている知能検査や発達検査が使用されることも多いですが、こうした検査は、公認心理師や臨床心理士等の資格を持っている心理職でないと使用できないことがほとんどです。また、SCが学校等で検査を実施してよいかについては、各自治体で決められており、資格を持っていてもSCは心理検査を実施してはならず、自治体の教育相談所（教育相談室）の心理職か、医療機関の心理職でないと実施してはいけないことになっているところも多いです。実施はできない場合でも、保護者等から提供された心理検査の結果について解釈し、SCが保護者や教員に説明をすることはあるので、**SCは心理検査について熟知しておく必要があります**。

児童生徒が抱える他の困難についても同じですが、発達障害についてのアセスメントは、標準化された心理検査を実施するだけではなく、他にもたくさんの方法があります。まずは観察です。**さまざまな教科や形式の授業中、休み時間、登下校の時に、学習への態度、人とのコミュニケーション、姿勢や体の動き、活動水準、表情等について観察します。また、児童生徒の提出物や作品等もアセスメントの上で重要な情報**となります。「教育支援の手引」には、連携してのアセスメントについて次のように述べられています（第2編第6章2より）。

2　実態の的確な把握（アセスメント）のための連携

障害のある子供一人一人の教育的ニーズや必要な支援の内容を、複数の担当者で検討したり、実態の的確な把握（アセスメント）や個別の教育支援計画等を作成するために専門家等の活用を図ったりするなど、具体的な対応を組織的に進めることが大切である。なお、専門家等を活用した実態把握に当たっては、担当者の日々の観察・指導記録等が重要な資料となるので、日常生活や学習の様子、エピソード、子供の作品等などをまとめておくことが重要である。（略）

ここで示されている複数の担当者の中にSCが含まれると考えることができます。また、専門家と示されているところに、専門スタッフとしてSCが含まれていると考えることができます。発達障害のある児童生徒へのアセスメントでは、教科等や学級経営について専門性の高い教員と、認知、言語、社会情動等の発達について専門性の高いSCが連携してのアセスメントが効果的です。

なお、発達障害などの「診断」は医業の一つとされており、医師法では「医師でなければ、医業をなしてはならない」と定められていることから、**診断を行ってよいのは医師のみ**となります。したがって、教員やSCが診断をしてはいけないということを理解する必要があります。**教員やSCがアセスメントを行うのは、障害の有無などの診断を行うためではなく、学習面や行動面の困難、教育的ニーズについての情報を集め、支援のための見立てをすることが目的**と考えるのがよいでしょう（結果として、学校が収集した困難や教育的ニーズの情報が、医師が診断をする際の参考になることもあります）。例えば、ある児童生徒に自閉症があるかないかについてアセスメントをするのではなく、他児とのコミュニケーションはできているか、教員の指示を理解しているか、こだわりによって学習や人間関係に支障が生じていないか等について観察や周囲の大人からの聞き取りを行う等です。「教育支援の手引」では、それぞれの障害について今日的ニーズを整理するための観点が示されていて、学校が行うアセスメントの際に役立ちます。

4. 合理的配慮

（1）合理的配慮とは

2016（平成28）年4月に「障害を理由とする差別の解消の推進に関する法律」（いわゆる「障害者差別解消法」）が施行されました。同法では、**障害を理由とする「不当な差別的な取扱い」の禁止と障害者への「合理的配慮の提供」が求められています**。合理的配慮の提供とは、障害者から社会的障壁の除去を必要としている旨の意思の表明があった場合は、その実施に伴う負担が過重でないときは、障害者の権利利益を侵害することとならないよう、社会的障壁の除去の実施について必要かつ合理的な配慮に努めなければならないということです（生徒指導提要〈改訂版〉より）。本章の1の（1）で述べた、社会的障壁を除去することが、合理的配慮になります。この後、具体的に合理的配慮の内容等について説明しますが、合理的配慮の中に障害のある児童生徒への支援が含まれていると考えてもよいでしょう。

（2）発達障害のある児童生徒への合理的配慮

生徒指導提要（改訂版）では、発達障害のある児童生徒への合理的配慮として、以下のように書かれています。

> 学習上又は生活上の困難を改善・克服するための配慮として、読み書きや計算、記憶などの学習面の特性による困難さ、及び不注意や多動性、衝動性など行動面の特性による困難さ、対人関係やコミュニケーションに関する特性による困難さに対する個別的な配慮が必

要になります。学習内容についての変更・調整をしたり、ICT等を活用するなどして情報提供やコミュニケーション、教材等への配慮、体験的な学習の機会を設けたりすることなどが考えられます。また、失敗経験の繰り返しによる意欲の低下や対人関係でのトラブル等による二次的な問題を防ぐためには、心理面、健康面の配慮も大切になります。

発達障害教育推進センター（国立特別支援教育総合研究所）では、発達障害のある子どもの合理的配慮の例を挙げています。さまざまな合理的配慮について述べられていますが、ここではそのうち、「学習内容の変更・調整」「情報・コミュニケーション及び教材の配慮」「心理面・健康面の配慮」について見てみましょう（障害名は発達障害教育推進センターの表記を用いています）。

[表6-1]　学習内容の変更・調整

自閉症
自閉症の特性により、数量や言葉等の理解が部分的であったり、偏っていたりする場合の学習内容の変更・調整を行います（理解の程度を考慮した基礎的・基本的な内容の確実な習得、社会適応に必要な技術や態度を身に付けること等）。
学習障害
「読む」「書く」等特定の学習内容の習得が難しいので、基礎的な内容の習得を確実にすることを重視した学習内容の変更・調整を行います（例：習熟のための時間を別に設定、軽重をつけた学習内容の配分等）。
注意欠如多動性障害
注意の集中を持続することが苦手であることを考慮した学習内容の変更・調整を行います（学習内容を分割して適切な量にする等）。

国立特別支援教育総合研究所 発達障害教育推進センターサイト「発達障害の理解『合理的配慮と基礎的環境整備』」を参考に作成

学習内容の変更・調整としては、量の調整をしたり、時間を別に設けたり、学習内容を分割して一度に行う量を調整したり（10問解いたら○を付けるところを5問解いたところでいったん○を付けるなど）、基礎的・基本的な内容の理解を重視したりすること等が挙げられています。

[表6-2]　情報・コミュニケーション及び教材の配慮

自閉症
自閉症の特性を考慮し、視覚を活用した情報を提供します（写真や図面、模型、実物等の活用）。また、細かな制作等に苦手さが目立つ場合が多いことから、扱いやすい道具を用意したり、補助具を効果的に利用したりします。
学習障害
読み書きに時間がかかる場合、本人の能力に合わせた情報を提供します（例：文章を読みやすくするための体裁の変更、拡大文字を用いた資料の提示、振り仮名をつける、音声やコンピュータの読み上げ、聴覚情報を併用して伝える等）。
注意欠如多動性障害
聞き逃しや見逃し、書類の紛失等が多い場合には、伝達する情報を整理して提供します（掲示物の整理整頓・精選、目を合わせてからの指示、メモ等の視覚情報の活用、静かで集中できる環境づくり等）。

国立特別支援教育総合研究所 発達障害教育推進センターサイト「発達障害の理解『合理的配慮と基礎的環境整備』」を参考に作成

情報・コミュニケーション及び教材の配慮については、一般的に言われる「情報保障」等に関することと類似しています。書かれた（印刷された）文字や文の体裁の変更（アンダーライン、行間を空けるなど）、拡大、振り仮名、読み上げ、聴覚情報の付加、不注意を考慮した情報提示、情報を忘れないための補助手段、気が散りにくいような配慮、視覚情報の提供、細かな作業を助ける道具や補助具の使用等が挙げられています。聴覚過敏のある児童生徒のイヤーマフラー、視知覚の困難のある児童生徒の色付きレンズの眼鏡等の使用等も、こうした配慮に含まれるかもしれません。

[表6-3]　心理面・健康面の配慮

自閉症
情緒障害のある子どもの状態（情緒不安や不登校、ひきこもり、自尊感情や自己肯定感の低下等）に応じた指導を行います（カウンセリング的対応や医師の診断を踏まえた対応等）。また、自閉症の特性により、二次的な障害として情緒障害と同様の状態が起きやすいことから、それらの予防に努めます。
学習障害
苦手な学習活動があることで自尊感情が低下している場合は、成功体験を増やしたり、友達から認められたりする場面を設けます（例：文章を理解すること等に時間がかかることを踏まえた時間延長、必要な学習活動に重点的な時間配分、受容的な学級の雰囲気作り、困ったときに相談できる人や場所の確保等）。
注意欠如多動性障害
活動に持続的に取り組むことが難しく、不注意による紛失等の失敗や衝動的な行動が多いので、成功体験を増やし、友達から認められる機会を増やします（十分な活動のための時間の確保、物品管理のための棚等の準備、良い面を認め合えるような受容的な学級の雰囲気作り、感情のコントロール方法の指導、困ったときに相談できる人や場所の確保等）。

国立特別支援教育総合研究所 発達障害教育推進センターサイト「発達障害の理解『合理的配慮と基礎的環境整備』」を参考に作成

心理面・健康面の配慮は、発達障害のある児童生徒の配慮において、SCが最も専門性を発揮できることと言えます。失敗経験や叱責される経験が多くなってしまう児童生徒もいて、自尊感情等が低下しているこ

とも少なくありません。それによって**二次的問題（二次的な障害）が発生することもあります**。アセスメントや校内委員会（231ページ）の検討を経て、成功経験を増やしたり、周りから認められたりする場面を増やすため、学級経営や授業経営での工夫が必要になります。二次的な問題の予防として、あるいは既に生じている二次的な問題への対処としても、SCが積極的に関わることが期待されます。

(3) 合理的配慮提供のプロセス

「合理的配慮」は、一人一人の障害の状態や教育的ニーズ等に応じて決定されるものであることに留意することが必要です。つまり、特定の発達障害のある場合は、例に挙げたことを全て実施する、あるいはこれ以外の合理的配慮はない、ということではないと理解する必要があります。**「合理的配慮」の提供にあたっては、本人・保護者と学校の設置者及び学校が、建設的対話による相互理解を通じて合意形成を図ることが重要**です。

例えば、兵庫県教育委員会の作成した資料（2016〈平成28〉年3月）では、合理的配慮の提供のプロセスの留意点について「本人・保護者からの申出や担任等の気づきから」、「校園内委員会での検討」を経て、「本人・保護者と学校園との合意形成」を行い、「合理的配慮の提供」を開始し、その後「本人・保護者との振り返り」を行って、必要に応じて「合理的配慮の見直し」をすることが示されています。

（4）個別最適な学び

文部科学省の「学習指導要領の趣旨の実現に向けた個別最適な学びと協働的な学びの一体的な充実に関する参考資料」（2021〈令和3〉年3月版）によると、**個別最適な学び**は以下のように「指導の個別化」と「学習の個性化」に整理されています。

> 全ての子供に基礎的・基本的な知識・技能を確実に習得させ、思考力・判断力・表現力等や、自ら学習を調整しながら粘り強く学習に取り組む態度等を育成するためには、教師が支援の必要な子供により重点的な指導を行うことなどで効果的な指導を実現することや、子供一人一人の特性や学習進度、学習到達度等に応じ、指導方法・教材や学習時間等の柔軟な提供・設定を行うことなどの「**指導の個別化**」が必要である。

「指導の個別化」は、児童生徒一人一人に合わせて、指導方法・教材や学習時間等の柔軟な提供・設定を行うことを示しています。つまり、全員の児童生徒に同じ教え方をせず、一人一人に合った教え方をすることを示しています。合理的配慮のところで述べたように、**発達障害のある児童生徒は、情報・コミュニケーション及び教材の配慮を必要としている場合も多い**です。指導の個別化の一つの具現化として、こうした配慮の実現が考えられます。

> 基礎的・基本的な知識・技能等や、言語能力、情報活用能力、問題発見・解決能力等の学習の基盤となる資質・能力等を土台として、幼児期からの様々な場を通じての体験活動から得た子供の興味・関心・キャリア形成の方向性等に応じ、探究において課題の設定、情

報の収集、整理・分析、まとめ・表現を行う等、教師が子供一人一人に応じた学習活動や学習課題に取り組む機会を提供することで、子供自身が学習が最適となるよう調整する「**学習の個性化**」も必要である。

「学習の個性化」は、一人一人の児童生徒に合った学習活動や学習課題に取り組む機会を提供することです。探求的な学び等の中でその児童生徒の興味・関心・キャリア形成の方向性等に応じて、異なる学習活動や学習課題に取り組む機会を提供することが述べられています。発達障害のある児童生徒の中には、特定の学習活動や学習課題には強い関心を持ち、探求したり没頭したりすることが好きな児童生徒も多くいます。**学習の個性化が実現できれば、発達障害のある児童生徒の強みが発揮され、自己肯定感の向上につながることもあります**。そういった意味では、学習の個性化は心理面での配慮にもつながる可能性が高いと言えます。

個別最適な学びは、全ての児童生徒を対象として、新しく強調されている学びですが、発達障害のある児童生徒にとっても非常に意義のある学びです。また、GIGAスクール構想により、1人1台情報端末が使えるようになりました。個別最適な学びは、アナログ（紙の教材の工夫や文具の工夫等）でも実現できるものですが、情報端末やインターネット、デジタル技術を活用することにより、さらに可能になることも多くあります。情報端末を用いた個別最適な学びの実践例が数多く行われていますが、発達障害のある児童生徒の学び、配慮、支援についてもさらなる実践の蓄積が求められています。

5. 特別支援教育を行うための体制と取り組み

（1）学校内の支援体制と取り組み

特別支援教育を行うための学校の体制として、校長のリーダーシップの下、全校的な教育支援体制を確立し、教育上特別の支援を必要とする児童等の実態把握や支援内容の検討等を行うため全ての学校に設置される、「**特別支援教育に関する委員会（校内委員会）**」があります。校内委員会では、児童生徒の困難や教育的ニーズの把握、支援内容の検討、校内研修の計画の企画・立案、ケース会議の開催、合理的配慮の検討等が行われ、学校が行う特別支援教育について重要な役割を果たします。必要に応じて、SCもこの委員会に参加することがあります。

また、校長は、**学校内の関係者及び関係機関との連携調整ならびに保護者の連絡窓口となる特別支援教育のコーディネーターの役割を担う者（特別支援教育コーディネーター）**を指名し、校務分掌に位置付けて特別支援教育を推進します。各学校の実情に応じて、副校長、教頭、主幹教諭、指導教諭、教務主任、生徒指導主事等を指名する場合や特別支援学級担任や通級担当教員、養護教諭などが指名されます。SCが勤務校の特別支援教育、障害のある児童生徒の支援に関することを相談する際は、まずは特別支援教育コーディネーターに話をすることがよいと思われます。

学習指導要領には、「個別の教育支援計画や個別の指導計画の作成と活用」について示されています（以下は「小学校学習指導要領」第1章総則第4「児童の発達の支援」より）。

2　特別な配慮を必要とする児童への指導

(1)　障害のある児童などへの指導

(略)

エ　障害のある児童などについては、家庭、地域及び医療や福祉、保健、労働等の業務を行う関係機関との連携を図り、長期的な視点で児童への教育的支援を行うために、個別の教育支援計画を作成し活用することに努めるとともに、各教科等の指導に当たって、個々の児童の実態を的確に把握し、個別の指導計画を作成し活用することに努めるものとする。特に、特別支援学級に在籍する児童や通級による指導を受ける児童については、個々の児童の実態を的確に把握し、個別の教育支援計画や個別の指導計画を作成し、効果的に活用するものとする。

特別支援学級に在籍する児童生徒や通級による指導を受ける児童生徒については、2つの計画を全員について作成することになっています。通級による指導を受けていない障害のある児童生徒などの指導にあたっては、個別の教育支援計画及び個別の指導計画を作成し、活用に努めることとなっています。

「個別の教育支援計画」は、関係機関との連携を図り、長期的な視点で児童生徒への教育支援を行うために作成・活用されるものであり、さまざまな機関が作成・活用に関わり、情報が引き継がれていく形になっています。**「個別の指導計画」**は、個々の児童生徒の実態に応じて適切な指導を行うために学校で作成されるものであり、教育課程を具体化し、障害のある児童生徒など一人一人の指導目標、指導内容及び指導方法を明確にして、きめ細やかに指導するために作成するものです。こうした計画の作成にSCが関わることもあります。また、計画が作成されている児童生徒とSCが関わる場合は、計画に目を通して活用することも考えられるため、特別支援教育コーディネーターに相談するとよいでしょう。

特別支援教育支援員を活用して、児童生徒の支援を行うことが効果的なこともあります。どのような手順や手続きが必要か、教育委員会等に確認しておく必要があります。

(2) 教育委員会による教育相談体制の整備と充実

教育委員会は、各学校において専門家による指導・助言等の相談支援が受けられるよう、巡回相談員の配置、専門家チームの設置及び特別支援学校のセンター的機能の充実に必要な措置を行うことになっています。以下、文部科学省「発達障害を含む障害のある幼児児童生徒に対する教育支援体制整備ガイドライン」(2017〈平成29〉年3月)を基に解説します。

「**巡回相談員**」は、各学校を巡回し、教員に対して教育上特別の支援を必要とする児童等に対する支援内容や方法等に関する支援・助言を行う、専門的知識を有する者を指します。①対象となる児童等や学校の教育的ニーズの把握と支援内容・方法に関する助言、②校内における教育支援体制づくりへの助言、③個別の教育支援計画等の作成への協力、④専門家チームと学校の連携の補助、⑤校内での実態把握の実施に関する助言等を行います。特別支援教育、発達障害、アセスメント、学校の教育支援体制等について専門性がある人がその業務に当たり、心理士等が巡回相談員になる場合もあります。巡回相談の際には、特別支援教育コーディネーター、教員に加えてSCも巡回相談員と情報共有や意見交換ができると支援の充実につながります。

「**専門家チーム**」は、各学校に対して、児童等の障害による困難に関する判断、望ましい教育的対応等についての専門的意見を示すことを目的として、教育委員会等に設置された組織のことを指します。専門家チームは、①障害による困難に関する判断、②児童等への望ましい教育的対応についての専門的意見の提示、③校内における教育支援体制についての指導・助言、④保護者、本人への説明、⑤校内研修への支援等を行います。そのメンバーには、①教育委員会の職員、②特別支援学級担任や通級担当教員、③通常の学級の担任、④特別支援学校の教員、⑤心理学等の専門家、⑥医師、⑦理学療法士・作業療法士・言語聴覚士等が含まれます。専門家チームの中に心理学等の専門家がいることもあり、SCが専門家チームとの連携に関わることにより、効果的な支援や校内体制の整備につながることもあります。

「**特別支援学校のセンター的機能**」は、特別支援学校が、各学校の要請に応じて、個別の教育支援計画等の作成・活用等への援助を含め、その支援を行うことを指します。特別支援学校は、在籍している児童生徒への教育を行うことに加えて、地域の各学校の要請に応じて、相談活動や助言を行う機能を有しており、それがセンター的機能と言われます。個別の教育支援計画等の作成・活用等について、あるいは児童生徒の支援について助言が欲しいとき等は、特別支援学校に要請することができます。特別支援学校との連携においても、SCが効果的な役割を果たすこともあります。

(3) 関係機関との連携

発達障害について学校が連携する関係機関としては、教育委員会の巡回相談員や専門家チーム、教育相談所（教育支援室)、センター的機能を有する特別支援学校、療育機関や発達障害者支援センター、放課後等デイサービス等があります。また、都道府県で発達障害の診療を行っている医療機関のリスト等が公開されていることもあり、医療機関との連携も考えられます。連携の際のポイントとして、生徒指導提要（改訂版）では連携の「**目的と内容の明確化**」を挙げています。実態把握やアセスメントの方法が知りたいのか、課題の分析についての助言が欲しいのか、指導と評価について助言が必要なのか、連携する目的と内容を明確にします。また、**関係機関との連携により児童生徒の支援を協働していく際には学校と保護者との信頼関係の形成が非常に重要**になります。

発達障害のある児童生徒は、「通級による指導」(通級指導教室) や「特別支援教室」(一部自治体で実施している、通級指導学級で行っていた指導を在籍校で受けられる教室)、「特別支援学級」(自閉症・情緒障害のある児童生徒の教育を行う固定学級等)、「特別支援学校」で支援や教育を受けることもあります。特別支援教育コーディネーター、教員、SC等はこうした教室、学級、学校の特徴と入室、入級、入学の条件や手続きについて理解して、**本人や保護者に情報提供できるようにしておくことが必要**です。また、教員やSCが単独で安易にこうした教室、学級、学校を勧めることは避け、校内委員会で十分に検討したり、専門家チームの助言を受けたりして、丁寧に保護者に情報提供等を行うようにしましょう。

6. 保護者への支援

「教育支援の手引」では、「就学に関わる関係者に求められるもの」として、「保護者支援におけるカウンセリングマインドの発揮」が述べられています。

> 保護者によっては、障害の理解や受容にかなりの時間を要する場合もあり、いずれにせよ、保護者一人一人の心理状態をよく理解した上で、長期的できめ細やかな対応が望まれる。
>
> したがって、教育相談担当者は、このような保護者の心情や、子供の現在までの治療・療育歴、育児等の経過について傾聴するとともに、共感的理解に努め、保護者との信頼関係を築きながら、温かい人間関係の中で相談に当たることが大切である。
>
> 保護者がその心の葛藤を克服し、解決への努力を続け、やがて子供の障害を理解していくには、相談者が果たす援助者としての役割は非常に重要である。また、保護者が、「これまでの養育が悪かったと、自分が責められるのではないか」等の不安を感じつつ、相談に臨んでくるような場合もある。
>
> よって、教育相談においては、障害の有無や原因を見つけるのではなく、保護者の抱えている悩みを受け止めるという姿勢が必要である。そのためには、子供の障害やできないこと、問題となる行動にばかり目を向けるのではなく、子供ができるようになったこと、得意なことや好きなことを見つけたり、保護者がうまく関わっている点などを評価したりするなどして、保護者の不安を和らげることに配慮することが大切である。
>
> また、教育相談は、その後の適切な教育・支援のための方向性を

話し合うことが目的であり、子供の可能性を最大限伸長させるための教育的対応の在り方や家庭での支援について、地域や学校における基礎的環境整備の状況や提供可能な合理的配慮の内容を踏まえ、保護者とともに合意形成を図っていくことが求められる。

教育相談を行うのは、教育相談担当の教員、特別支援教育コーディネーター、担任などの教員、養護教諭、そしてSC等です。**SCは、発達障害のある児童生徒の保護者と直接面接するだけではなく、教員等へのコンサルテーションで間接支援をすることも期待されています**。保護者の心情を共感的に理解し、生徒指導提要（改訂版）にもあるように、児童生徒の苦手なところばかりに注目するのではなく、長所にも注目し、児童生徒の全体像を共通理解することが求められます。

既に述べたように、発達障害等の診断ができるのは医師のみです。教員やSCが児童生徒の発達障害の有無を診断してはいけません。教員やSC等の教職員ができるのは、学習面や行動面の困難や教育的ニーズの把握で、こうしたことができるのは学校で多くの時間を共にしている教職員の強みとも言えます。**学校が児童生徒の学習面や行動面の困難に気付き、そのことについて保護者に伝えることも多くあります**。その場合は、「発達障害だと思うので、関係機関に相談してください」というような伝え方は適切ではありません。まずは、学習面や行動面に困難が見られることについて話し、何らかのサポートがあると本人の困難さが軽減される可能性があることを伝え、保護者が家庭等で困っていることや心配なことについて話してもらう等の対応が考えられます。

最初に保護者と話すのは、担任と特別支援教育コーディネーター等が考えられます。その時に、SCを紹介し、SCとの面接を促すということも考えられます。まずは、情報共有と学校と保護者の信頼関係や協力・連携体制の構築を優先する必要があります。**合理的配慮の検討や関係機関の紹介は、あまり焦らないほうがよいことが多い**です。信頼関係が形成され、学校での困難や教育的ニーズ、家庭等の学校外での困難やニーズについて教員等と保護者との間で共有できたら、保護者の要望や願いを聞き、それを基に校内委員会で検討します。本人・保護者からの申し出や意思の表明があれば、合理的配慮提供のプロセスを進めますが、その際には本人・保護者との合意形成が重要です。実施に伴う学校の負担が過重な場合は、保護者が望む合理的配慮が提供できない場合もあり、その際には代替措置（他の方法の支援や配慮等）について丁寧に説明、提案し、建設的対話を通じて、合意形成に至ることが重要です。

学校から、関係機関の紹介を行うことや、そこで相談することを促すこともあります。その際には、児童生徒の最善の配慮や支援のために、関係機関によるアセスメント、助言を得る等の連携の必要性を丁寧に伝えることが重要になります。

7. 発達障害のケースと対応例

ここからは、事例を参考に検討していきます。実際の複数の事例などを基にして作成した仮想の事例（ケース）2つを取り上げています。合理的配慮や支援に多くの教職員や関係機関との連携が必要になることや、情報共有・引き継ぎの重要性が感じられるのではないかと思います。

ケース5

ポイント解説

小学4年生のHさんは、授業の前に気分の悪さを訴えて、保健室で休むことが増えてきた。心配した担任と養護教諭から10月になってSCに相談があった。

Hさんは友だちとの関係はよく、昼休みなどは縄跳びをしたり、一輪車に乗ったりして元気に遊んでいる様子が見られている。図工や音楽、体育の授業もとても好きで、楽しんで授業を受けている。担任の話によると、読むことと書くことはとても苦手にしているとのことだった——文を読むときは、一文字一文字ゆっくり読むが、読み間違いや読み飛ばしが頻繁にある。漢字の読みが特に苦手だが、ひらがなやカタカナを読み間違うこともある。書くことについては、ひらがなやカタカナで鏡文字があったり、漢字では偏と旁が逆になっていたり、一部の線が足りなかったりすることもある。黒板に書かれたことを写すことはとても大変であり、一生懸命に写しているが、スピードもゆっくりで、誤りも多く、自分で気付いて書いたり消したりすることもあり、とても時間がかかる——

SCはHさんが提出したプリントを見せてもらい、書字の苦手さについて確認した。また、SCは保健室にいるHさんと雑談する機会をつくった①。

① SCは担任や特別支援教育コーディネーターと連携して、情報把握に努め、チームとしてのアセスメントに加わります。児童生徒本人（Hさん）の負担を増やさないように気を付けながら、複数の教職員でアセスメントを進めていきます。

担任や養護教諭を中心としたチームでアセスメントをした結果、次のような情報や経緯が明らかになった。

読み書きの困難は1年生の時からあり、3年生まではHさん本人はそれほど気にせず、授業中に間違えながらも一生懸命に読んだり、書いたりしていた。周囲の児童もHさんのことをからかったりはしなかった。Hさんは聞いたり、話したりすることは問題なくできるため、話し合いなどは楽しそうに参加していた。3年生の担任は、保護者面談の時に読み書きの苦手さについて母親に伝えたが、「聞いたり話したりは問題なくできるし、家ではテレビなどを見て言葉もたくさん覚えている。学校も楽しく通えているし、このままで様子を見たい」という答えであった。

4年生になると、Hさん本人が自分の読み書き

②年齢が上がると、人から自分がどう見られているかという自己意識が高まったり、自分と他児とを比較して劣っているのではないかという劣等感が高まったりすることもあります。

について気になる様子を見せ始めた②。みんなの前で教科書などを読むときに間違えるとしばらく読むのを止めて、恥ずかしそうな表情や辛そうな表情をするようになった。だんだんと読む声も小さくなっていった。書くことについては、人から見られることを避けるようになり、手で隠しながら書くようなそぶりも増えてきた。そのうちに、授業前に気分が悪いと言って、保健室に行くことが増えてきた。

担任は、特別支援教育コーディネーターでもある養護教諭と話して、校内委員会で検討してもらうことにした。その結果、まずは担任と養護教諭と保護者が話す機会を設けて、その際にSCも紹介してもらい、支援体制を整えていければということになった。

担任と養護教諭、保護者で話をする機会が設けられた。保護者からは、「本人が苦しんでいることはよく理解できたが、家でたくさんドリルをやらせたりするので、学校には迷惑をかけるかもしれないが、もう少しこのまま頑張らせたい」ということが語られた。養護教諭から、「Hさんの心理面でのサポートでSCにも力を借りたいので、お母さんにSCとも話してもらえれば」という提案をした。母親は了承し、SCとの面接が設定された。

養護教諭も同席したSCとの面接では、保護者は1年生の頃からHさんの読み書きが苦手なことは気にかけていたが、話したり聞いたりすることは問題なく、明るい性格で絵を描いたり体を動かしたりも好きで、学校を楽しんでいて、学年が上がれば読み書きはどうにかなると思っていたことが語られた。そして、「Hには障害があるのでしょうか」という質問もあった。SCから「障害があるかは医療機関の診断が必要のため断言できない。読み書きについて、本人の努力不足や勉強量が足りないということでは説明できない困難があるように学校としては感じている」と伝えた。さらに、「Hさんの辛さを軽くするために、さまざまな専門家の力を借りてHさんの困難の把握と支援の体制をつくっていければ」という提案が養護教諭から話された。保護者はその提案を快諾した。

校内委員会で検討した結果、巡回指導員と専門家チームとの連携を教育委員会に要請することとなった。巡回指導員によるHさんの様子の観察、専門家チームの助言により、担任と養護教諭から、読み書きの困難について詳しい医療機関の情報提供が保護者に行われた③。Hさんはその医療機関を受診し、「限局性学習症（読字と書字表出の障害を伴う）」という診断を受けた。知能は平均の上であり、適切な配慮や支援が行われれば、Hさんの辛さは軽減され、潜在的な力がもっと発揮できる可能性があるという医療機関の意見であった。検査結果は、保護者を通じて学校にも伝え

③保護者としっかりした信頼関係を形成しつつ、校内委員会で検討し、関係機関との連携を行い、児童生徒を支援する体制づくりをしていきます。

られた。

学校と保護者、教育委員会とで検討し、週に1日、通級指導教室に通う方向となった。Hさんも通級指導教室に通うことを前向きに捉えた。通級指導教室では、Hさんの困難や強みに合わせて読むこと、書くことの練習や情報端末の音読ソフト、音声入力の仕方、キーボード入力の仕方の練習が行われた。通級指導教室の教員とHさんの担任等との情報交換も行われ、保護者の申し出を基に、合理的配慮の検討、合意形成が行われた。Hさんがみんなの前で文を読むことはしばらく避け、板書も全てではなくポイントだけを書くことや学習の際に情報端末（タブレット）を使うこと等の配慮や支援が行われた。

その結果、Hさんの読み書きに伴う困難や苦しさは軽減された。自宅などで音読ソフトを使って国語の教科書の文を音声にして、それを参考に音読の練習をすることで、練習した文であればあまり間違えずに音読することができるようになった。書くことについては、今のところ手書きの誤りは少しの改善程度ではあるが、音声入力やキーボード入力で長めの文章を書くことにHさんは楽しさを感じるようになり、宿題や課題、作品等についても手書きではなく情報端末で文字入力したものでもよいとする配慮も行われた。Hさんの作る文章は、こまやかで時にユーモアもあることが分かり、本人や周りを喜ばせた。SCはHさんと

2週間に一度、放課後に短い時間面接することを継続した。保護者とは月に一度の面接を継続した。気分が悪くなって保健室を利用することも減っていき、4年生の最後のほうは授業中に保健室に行くことはなくなった。

※通級指導教室への通級が始まっても、支援をそちらに任せきりにするのではなく、通級指導教室の教員の知見や支援方法を参考に、在籍学級での配慮や支援を工夫していきます。心理面での配慮や支援はSCが関わる等、チームで支援していく体制をつくることが大切です。

教職員が児童生徒の学習上や生活上の困難について保護者に伝えたとき、保護者の反応にはさまざまな場合があります。保護者は子どもの困難に気付いていても、特別の支援を必要とする課題を抱えているということを受け止められずに、否認することも少なくありません。本事例では、3年生の保護者面談で担任が伝えた時には支援の必要性を感じていない様子でした。4年生になって本人の困難がより明確になってからも、保護者の反応は3年生の時と同様でしたが、養護教諭が心理面でのサポートとしてSCを紹介したことで、支援に進むきっかけになりました。

保護者が子どもを強く叱っていたり、育児に悩んでいたりする場合もあります。そうした場合は、保護者の不安や焦り、いら立ちを受け止めつつ、叱るという方法は効果的でなく、本人の辛さを増幅させてしまうことも多いこと、学校も協力するので協働して子どもを支えていくことなどを伝える等の工夫が求められます。

ケース6

Iさんは中学1年生の男子で、9月になって授業中に教員に対する攻撃的な発言、授業妨害的な行動等が見られるようになったため、担任と特別支援教育コーディネーターからSCに相談があった。

Iさんは、小学校低学年時に注意欠如・多動症（混合型）の診断を医療機関から受けている①。中学校入学後のIさんは、着席して授業を受けることはできていたが、体を揺らしたり、ペンで机をドラムのように叩いて音を出したり、教員の話を聞く場面で周りの生徒に話しかける様子が頻繁に見られ、教員から注意を受けることも多々あった。衝動的で時々、友だちと言い合いになったりすることはあったが、人懐っこく、活発でユーモアもあり、周囲の生徒から拒絶されるようなことはなかった。学習においては、ケアレスミスや説明の聞き落とし、提出物の締め切りを忘れることはあったが、定期テストの点数などは学年平均程度であった。

ところが夏休み明けの9月になると、授業中に「先生の授業、全然分かんないんだけど！」と突然大声で言ったり、小グループでの話し合いの時に自分のグループから離れていろいろなグループに行って話し合いの妨げになるような言動をしたり、授業中にふざけて掃除道具を持ち出して「汚れているから掃除しますね」と言って掃除を始め

ポイント解説

①中学1年生の場合、小学校等からの引き継ぎ資料等で困難のある生徒の情報を把握しておくことが重要です。そうした情報を校内委員会で検討し、学年や学校全体の教員で共有することで、困難を増幅させたり、二次的問題に発展したりすることを予防します。

た等の行動が見られた。注意するとやめることができ、授業が終わって個別に教員が声をかけると、「もうしません」とふざけ気味に答えるような感じであった。

担任からIさんにSCと話してみないか、という誘いをしたところ、「おもしろそう！　説教する人じゃなかったら話してみたい」という反応だったので、SCと話す機会が設けられた。

Iさんと SC の面接は放課後に50分ほど行われた。Iさんは緊張することもなく、楽しそうにたくさん話をした。椅子に座っている間も頻繁に姿勢を変えたり、話が盛り上がると立ち上がって話したりすることもあった。話題も短時間でどんどん変わっていったが、楽しそうに話をし続けた。20分ほど過ぎたところで、Iさんから「俺、他の中学校の強い3年生と知り合いなんですよ」という話があった。夏休みの地域の行事（夏祭り）で他校の3年生3人組に声をかけられて、話をしたところ「おまえ、おもしろい奴だな」と認められて、夏休み中に何度か遊んだということであった。その3年生たちから、「学校の授業おもしろくないだろ。そういうときは先生に文句を言ったり、おもしろいことしてみんなを笑わせればいいんだよ。俺たちもやってるし」と言われたそうだ。Iさんは、そういうことを話す3年生たちをかっこいいと思い、自分も夏休みが終わったら、やってみようと思ったとのことだった。SCはIさんに、「実際にやってみてどうだった？」と聞いたところ、Iさんからは「うーん、思ったより楽しくなかった。周りの目が冷たかった気もする」と話した。SCは「楽しいことをしたいという気持ちは分かるけど、その方法はやめたほうがいいね。他の方法を見つけようよ」と話したところ、Iさんは「そうだよね。なんかそう思ってたんだよ」と答えた。他校の中学生と連絡先は交換したが夏休みが終わってからは連絡がないし、自分から連絡しようとは思わないということをIさんは話した。SCはIさんのことを先生たちに分かってもらうために、今日話してくれたことを先生たちに伝えてもいいかと聞いたところ、「全然いいですよ」とIさんは答えた。

SCはIさんと話した内容を担任と特別支援教育コーディネーターと共有した。校内委員会でIさんについて検討された②――離席はしない程度に多動傾向は抑えられているが、じっと黙って授業を受けることは苦手であること。楽しいこと、刺激的なことが正しいことで満たされないと、非行等に関心を持つ危険性があること――本人のよさや強みを認め、発揮できる場面を積極的につくっていくのがいいのではということになった。担任と特別支援教育コーディネーターが保護者と会う機会が設けられた。そこで、学校の対応の方針が伝えられ、保護者の苦労していること等の話を聞くこともできた。

②教員に対する攻撃的な言動や授業妨害的な行動は、厳しく注意・叱責するという方法がとられることもありますが、Iさんのような背景のある場合、そのようなアプローチだけでは十分でないことも多いです。教員やSCが協働して、問題となる行動の背景を検討します。

SCとの面接は、放課後に設けられ、しばらく継続することになった。また、ちょうどこれから運動会、文化祭があるので、その中でIさんが活躍する場面をつくれたらということで、1学年の教員などが工夫することとなった。

運動会では練習時から、大きな声で、大きな身振りでクラスメイトや他学級の知り合いを応援するIさんの様子が教員や他生徒から認められ、Iさんもますます張り切って仲間を応援し、学年のムードメーカーとして人気者になっていった。Iさんに刺激を受けて、大声で仲間を応援する生徒が増えて、学年全体がよい雰囲気になっていった。Iさんが盛り上がりすぎてコーンを振り回した時は教員から注意されたが、すぐに反省し繰り返すことはなかった。

続いて始まった文化祭に向けての合唱練習でも、Iさんはみんなを盛り上げる役となって活躍した。歌声が大きすぎて、クラスメイトから「Iさん、もっとボリューム落として」と言われることはあったが、楽しそうに仲間のアドバイスを聞いていた。パートごとやクラス全体の練習の振り返りの時に、「みんなで歌うの楽しいね」「いい合唱になってきたと思います！」など、<u>素直に自分の気持ちを表現するIさんを他生徒も好意的に思っていて、Iさんもそれを感じているようだった</u>③。

③学年教員や学校全体の教員の見立てや工夫により、本人の強みを発揮し、楽しいこと・おもしろいことを正しい形で満たすというIさんの願いを徐々に実現することができました。周りの生徒が好意的だった点も大きく、学級経営や学年経営がうまくいっていたと考えられます。

教科等の授業中は、不適切な言動をするのではなく、授業の流れに乗って積極的に挙手をして答えたり、間違っても落ち込まずにまた発言したり、クラスメイトの発言について「なるほど！」「○○さんすごいな！」ということを声に出すなどの言動が増え、正しい形で授業をおもしろく受けるという方法を見つけたようだった。放課後のSCとの面接では、「クラスが楽しい。授業も楽しい。先生も生徒もみんないい人だってことが分かってきた」というようなIさんの語りが増えてきた。やがて、放課後相談室に来て、15分程度たくさん話すと、「じゃあ、部活早く行きたいから、また来週来ますね」と言って短時間で退室するようになった。

校内委員会では、教員に対する攻撃的な発言、授業妨害的な行動は見られなくなり、Iさんがいい形で授業や学校生活を楽しみ、おもしろさを見つけられるようになったという評価が行われた。成長に伴い、不注意、多動性・衝動性は軽減されているが、Iさんがそのような困難を抱えていることは今後も教職員で意識しつつ、学年が新しくなるところで今年度の情報をきちんと引き継いでいくことが確認された。

※学校行事をきっかけとし、教科等の授業でもIさんが正しい形で楽しさやおもしろさを見つけつつ、教員や他生徒と関わることができるようになりました。SCの心理面での支援も、有効だったと思われます。Iさんの当初の問題はほぼ改善されましたが、年度が変わると教員の異動もあるため、次年度にもIさんの様子やうまくいった取り組みなどについて、情報を引き継いでいくことが大切です。

本事例は、小学校で診断を受けていた生徒が中学校1年の夏休み明けになって教員への攻撃的態度が目立つようになったケースです。注意欠陥多動性障害（注意欠如・多動症）という生物学的要因、学校でおもしろいこと・刺激的なことを見つけたいという心理学的要因、他校の3年生との交流の影響（社会学的要因）が絡み合って、9月に急激に言動が変化したことが考えられます。今回は、他校生徒の関係は夏休み期間で終わっていましたが、継続して影響を受けていると考えられる場合は、他校等との連携も必要になってきます。上級生、同級生、地域の不良グループの影響で非行化が進むことも多いため、学校内外で協働して生徒を支援する体制づくりがとても重要です。

8. 関連する困難や他の障害等について

学習指導要領解説（総則編）には、通常学級には障害のある児童生徒のみならず、教育上特別の支援を必要としている児童生徒が在籍している可能性があることを前提に、特別支援教育の目的や意義を全ての教職員が理解することが不可欠と述べられています。また、生徒指導提要（改訂版）には発達障害の診断がつくほどではないものの、対人関係や社会性、行動面や情緒面、学習面において適応上の困難さにつながる特性を有している児童生徒もおり、**診断の有無により対応を考えるのではなく、児童生徒が抱える困難さから対応を考えることが大切**と述べられています。加えて、「教育相談の充実（報告）」ではSCの職務として学習面や行動面で何らかの困難を示す児童生徒への支援が挙げられています。このようなことから、学校には発達障害の診断を受けていない、あるいは受診したところ発達障害の診断基準を満たすほどの程度ではないものの、学習面や行動面で困難を示す児童生徒がおり、診断の有無にかかわらず、教育的ニーズのある児童生徒には配慮や支援を行うことが重要と言えます。

最近、「**ニューロダイバーシティ（Neurodiversity，神経多様性）**」という考え方が提唱されて、徐々に広がっています。ニューロダイバーシティとは、Neuro（脳・神経）とDiversity（多様性）という2つの言葉が組み合わされて生まれた、「脳や神経、それに由来する個人レベルでの様々な特性の違いを多様性と捉えて相互に尊重し、それらの違いを社会の中で活かしていこう」という考え方です（経済産業省サイト「ニューロダイバーシティの推進について」より）。ニューロダイバーシティは、発達障害において生じる現象を能力の欠如や優劣ではなく、脳や神経、それに由来する特性の多様性という観点から捉えようとする考え方でしたが、やがてそれは発達障害と診断される人だけではなく、全ての人の脳や神経の働きも実に多様で、それを相互に尊重し社会の中で活かしていこうという考え方に広がっています。ニューロダイバーシティの考え方も、学校における教育に生かせることも多いと思います。

学習指導要領解説（総則編）では、「障害のある児童などには、視覚障害、聴覚障害、知的障害、肢体不自由、病弱・身体虚弱、言語障害、情緒障害、自閉症、LD（学習障害）、ADHD（注意欠陥多動性障害）などのほか、学習面又は行動面において困難のある児童で発達障害の可能性のある者も含まれている」と述べられています。通常学級に在籍していることが多い発達障害に注目が集まりがちですが、**学校には他のさまざまな障害のある児童生徒もいます**。SCはこのような障害や教育的ニーズのある児童生徒の主に心理面での支援や配慮において、重要な役割を果たすことが期待されています。

終章

未来の学校・
未来のスクールカウンセラー

◎終章にあたって

ここまでスクールカウンセリングの現状と課題について解説してきました。最後に、これからの学校やSCについて、予測も含めて今後の展望として述べていきます。新しい時代を担う子どもたち一人一人を学校やSCはどのようにサポートしていけるでしょうか。変わりゆく時代の流れを押さえながら考えていきましょう。

1. 学校と教育観の変化

これからの学校やスクールカウンセリングを考える上で、1980年代からの学校や教育観などの変化を振り返ってみたいと思います。

カリキュラムが肥大化し、児童生徒数も多く、受験戦争が激しさを増し、学校ストレスが非常に強かった1980年代は、非行、校内暴力等の大きな問題が全国で起こりました。卒業式に警察が来るような事態も起こっていました。それを押さえ付けるために体罰が用いられることもありました。一方、もっと学校は楽しいところにすべきではないかという議論が起こり、そうした観点からの検討が行われました。

1990年代に入ってもさまざまな教育改革の必要が叫ばれ、部分的な学校週5日制が始まりました。さまざまな理由はありますが、学校関連ストレスを少なくするということもあると考えられます。1993年には行きすぎた偏差値依存の高校入試を改善するために、中学校における業者テストの実施が禁じられました。「生きる力」という言葉が検討され始めたのもこの時期です。その中で、序章で述べたように非行やいじめの問題は続いており、不登校（登校拒否）の急激な増加が見られ、SCの派遣が始まりました。

2000年代では学習指導要領で「ゆとりの中で生きる力を育む」とい

う方針が示され、標準授業時数が削減され、完全学校週5日制になり、総合的な学習の時間が取り入れられ、選択授業が拡大されました。また、教科書のサイズを大きくして、イラストや絵を多くしたり、漫画なども教材に取り入れられたりして、児童生徒が楽しめるような内容を増やした教科書になっていきました。教師ももっと生徒に対して優しく寛容になるべきだという風潮もあったと思います。一方で、国際比較の学力調査の結果等から、日本の児童生徒の学力が低下しているのではないかという声も大きくなっていきました。2007年より全国学力・学習状況調査が開始されました。SCの配置は2000年代に飛躍的に拡大しましたが、地域間格差やSCの勤務時間の短さなどの限界は、今も続く課題と言えます。

2010年代になると、「生きる力」の中でも知の側面に焦点を当てた「確かな学力」を育てることを重視した新しい学習指導要領が実施されました。教科等の標準授業時数が増加に転じ、部分的に土曜日にも授業等をする学校も増えてきました。しかし、PISA2018では日本の生徒の特に読解力が低下していることが明らかになり、学校関係者にショックを与えました。2010年代にいじめ防止対策推進法（2013年）と教育機会確保法（2016年）が公布・施行されました。2010年代後半には、いじめの認知件数・不登校児童生徒数ともに急増しました。チーム学校の考え方が提唱され、学校は教員、SC、SSW等による多職種協働が求められるようになりました。

そして2020年代になりました。小学校は2020年度、中学校は2021年度、高等学校は2022年度より新しい学習指導要領が全面実施されています。「学びの、その先へ」というキャッチフレーズや、「社会に開かれた教育課程」という言葉から、学びのための学び、ペーパーテストで高得点を取るためだけの学びではなく、「よりよい社会と幸福な人生の創り手となっていけるような」力が重視されているように感じます。「主体的・対話的で深い学び（アクティブ・ラーニング）」ということも強調されています。新しい学習指導要領の全面実施のタイミングで、新型コロナウイルス感染拡大が起こりました。さまざまな制限により、学校教育も大きな影響を受けたため、新しい学習指導要領による2020年代の教育は、ようやくこれから本格的に展開されると考えられます。その中で、SCはどのような役割を担うことができるでしょうか。

2. 教員以外の専門スタッフの割合の国際比較

図7-1に、教職員総数に占める教員以外の専門スタッフの割合を3か国で比較したグラフを示しました。

日本は教員以外の専門スタッフの割合が他の2か国と比べると低いことが分かります。よりよい教育を実現し、魅力的な学校づくりを進めるためには、教員以外の専門スタッフの割合を高めていく必要があります。このことは決して専門スタッフを増やすために、教員の数を減らすことを意味していません。教員の数は減らさず、SC等の専門スタッフの数を増やしたり、勤務日数や時間数を増やしたりすることが求められます。現状の学校課題、困難を抱えている児童生徒の支援や配慮を行うためには、教員の専門性だけでは難しいことが多くあります。教員の過重負担の問題を改善する上でも、専門スタッフの充実は極めて重要です。

[図7-1]　専門スタッフの割合の国際比較（初等中等教育段階）

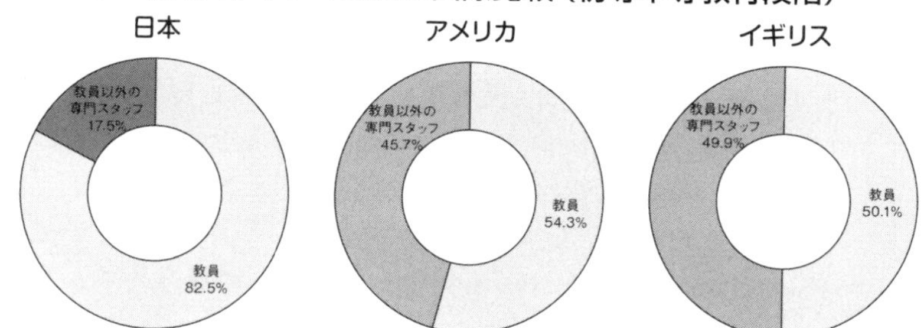

出典：文部科学省「学校基本調査」（令和元年度）、"Digest of Education Statistics 2019"、"School Workforce in England November 2018"

※1　日本は小・中学校に関するデータ、アメリカは初等教育及び中等教育に関するデータ、イギリスは幼児教育、初等教育及び前期中等教育に関するデータ

※2　日本における専門スタッフとは、養護教諭、養護助教諭、栄養教諭、事務職員、学校栄養職員、学校図書館事務員、養護職員、学校給食調理従事員、用務員、警備員等を指す

※3　アメリカにおける専門スタッフとは、ソーシャルワーカー、医療言語聴覚士、就職支援員等を指す

※4　イギリスにおける専門スタッフとは、司書、メンター、医療及び看護職員等を指す

教育再生実行会議 初等中等教育ワーキング・グループ（第1回）配布資料・参考資料4を基に作成

3. 新時代のスクールカウンセラーの役割

新時代のSCの役割を考える上で、アメリカスクールカウンセラー協会（ASCA）のモデルを参考にしたいと思います。日本のSCと米国のSCは歴史的経緯、背景、勤務状況など異なる点も多いですが、日本の今後のSCのことを考える上で、とても参考になると思います。ASCA (2019) によると、SCは公平な教育の提供と、スクールカウンセリング・プログラムを教育のミッションに連動させることで、「アドヴォケイト」「リーダー」「コラボレーター」「コンサルタント」として活動することが期待されています。このことがヒントになります。

教育機会確保法で不登校児童生徒の支援について述べられているのが一つの例ですが、SCが関わる課題や困難（虐待被害、ヤングケアラー、災害被害、いじめの被害、不登校を含む長期欠席、発達障害、学習面や行動面の困難）等を抱えている児童生徒は、適切な教育の機会が失われている状態にある場合も少なくありません。SCが単独で成し遂げることは難しいですが、教員をはじめとする多職種の人との協働により、SCがあらゆる児童生徒に公平な教育機会の提供を与えるための重要な役割を果たしていることを、SC自身も周囲の職種の人も今まで以上に理解する必要があります。

「スクールカウンセリング・プログラムを教育のミッションに連動させる」とは、SCが職務として行っている活動と、学校、自治体、国が提言している教育の目標との関係を理解し、そうした目標の達成にSCが貢献することをより意識して活動を展開することです。例えば、本書でも取り上げた国が作成している学習指導要領や生徒指導提要（改訂版）では、児童生徒の発達支援においてカウンセリングが果たす役割や、児童生徒の支援や配慮においてSCが果たす役割について繰り返し述べられ、各都道府県等で出している手引きやガイドブック等においても同様です。SCや教育相談のコーディネートをする教員は、こうした資料を十分に理解し、SCの専門性をさらに発揮するための体制や計画づくりをすることが必要でしょう。

海外のSCに関する文献では、アドヴォケイトという言葉を頻繁に目にします。アドヴォケイトは、日本語にすると「代弁者」あるいは「擁護者」という意味になります。児童生徒は発達的にも、あるいは立場的にも苦しさを自覚できなかったり、声にして援助を求めたり、辛い環境や状況にいることを訴えられなかったりすることも少なくありません。SCは、心に寄り添い、共感的に理解する専門家として、児童生徒の代弁者、擁護者になり得る立場です。現状でも、例えばケース会議のような場面で、代弁者、擁護者として児童生徒の悩みや苦しみ、辛さ等について代弁、擁護する役割をSCが果たすこともあります。これからのSCはアドヴォケイトとしての役割をより意識し、社会に向けて児童生徒の代弁、擁護をする立場も担えるようになることが期待されます。

SCが学校においてリーダーの役割を果たすというのは、違和感を覚える人も多いでしょう。これは、管理職から派生し、現在も管理職的な役割を果たしている米国の背景と日本のSCとの違いによるものかもしれません。しかし、世界的にさまざまな組織でリーダーやリーダーシップの考え方が変わりつつあります。固定したピラミッド状の組織で、上に位置する人がリーダーシップを発揮し、下にいる人はそれに従順であるべき、という組織ではミスが防げなかったり、成果が上がらなかったりすることも多いと考えられるようになっています。多職種の人が、できるだけ対等な立場で変幻自在にチームを組織して、互いにリーダーシップやフォロワーシップを柔軟に発揮し、あるミッションを協働して成し遂げていくほうが現代のさまざまな課題に対しては有効であると言われています。現状においても、事例によってはSCがケース・マネジメント（ある事例について支援や配慮に関する方針や計画を中心的に考案・実施する等）を主導的に行うこともあり、SCがリーダーシップを発揮している例と言えます。今後は、SCがリーダーシップをより発揮できるように、学校の体制や教職員・SCのマインドセットを整理していく必要があります。

コラボレーターは、日本語にすると「協働者」や「合作者」という意味になります。「教育支援」という言葉が使われるようになっていますが、「支援」というと、例えば教育を行うのは教員で、教育支援者としてのSCはそれをサポートするというニュアンスもあります。そのようなことから、最近は教育支援ではなく、教育協働という言葉も使われるようになっています。「協働」という場合は、異なる人が一つの目標に向かって協力して働くという意味になり、チーム学校の理念にも合っているかもしれません。先ほど述べたリーダーシップのこととも関係しますが、学校では児童生徒と教員が主役でSCは黒子という考え方もあります。しかし、これからは児童生徒も教員もSCもSSWも誰もが学校の主役で、協働して魅力ある学校、よりよい社会と幸福な人生を創っていくという発想も必要かもしれません。

SCの職務として教職員へのコンサルテーションが含まれていることから、SCがコンサルタントとして活動するというのは現状でも達成できていると言えます。今後は今まで以上に教員はSCに助言を求め、SCは教員からの期待に応えられるような専門性を高めることが期待されます。

4. 新時代の学校

海外の文献などを調べるといじめが起きやすい集団・組織として、学校に加えて、刑務所や軍隊等が出てきます。そうした集団・組織の共通点は何でしょうか。一つは閉鎖性が高く、開放性が低い集団と考えられています。軍隊や刑務所に比べれば、学校は何日間も学校に閉じ込められることはないのですが、それでも毎日、長時間、同じ教室や校舎にいることが求められるという特徴があります。他の特徴としては、上下関係や階級が存在し、誰かに見張られているということもあります。教員、看守、上官等の服従を強いられ自分たちを見張る人がいて、児童生徒、受刑者、隊員の間にも公式、非公式な上下関係が存在することもあり、高いストレスを感じやすいです。また、上の立場の人が決めたことを行うことが強いられ、個人に裁量権がないということも特徴かもしれません。内藤（2009）は、学校は、「群生秩序」が優勢になりやすく「迫害可能性密度」の高い空間であり、こうしたことがいじめの発生に強く影響している可能性を示しています。

このような学校という集団・組織、空間の特徴は、いじめの発生だけではなく、児童生徒のさまざまな困難を生んだり、それを増幅したりしているとも考えられます。児童生徒の中には、特定の教員や他児童生徒が苦手だったり怖かったりするわけではないが、「学校」というものが自分には合わず、怖かったり、辛かったりすると考える場合も少なくありません。

さまざまな要因が影響して、日本の学校や教育は変化を始めています。21世紀に生きていくために必要な「よりよい社会と幸福な人生の創り手」となるための力をこれまでの学校では育めないこと、GIGAスクール構想が新型コロナウイルス感染拡大に伴い急ピッチで進んでいること、「令和の日本型学校教育」の推進の一つとして「個別最適な学び（指導の個別化・学習の個性化）」が重要視されようとしていること等の動きもあります。最近、自治体の全ての小中学校でAIを応用したアダプティブラーニング教材の採用が決まったという記事もよく目にするようになりました。1人1台端末によって使用可能になったこのような教材やアプリケーションを効果的に活用すれば、教科等の基礎的な知識や技能は、今までの半分かそれ以下の時間で児童生徒が獲得できるという報告もあります。こうした学びによって生み出せた時間で、探求的な学びや協働的な学びの時間を増やすことができるとも言われています。つまり、一律一斉に、教員が一方向的にレクチャー型の授業を行い、児童生徒は受け身的にそれを黙ってずっと聞くという授業は減っていくのではと考えられています。最近、生徒指導に関することとして校則を児童生徒自身が考え、変えていこうという動きがあります。学びにおいても、生活においても、児童生徒の裁量権を増やしていくことが、幸福感やメンタルヘルスの維持にも関係してくると考えられます。

海外の実践を参考に、学校教育を変えていこうという動きもあります。その代表として、イエナプランを参考にした取り組みがあります。イエナプランは、異年齢による教室グループ編成を行い、対話・遊び・仕事（学習）・催しの4つの基本活動を循環的に行うことが特徴です。総合的な学びの時間もたっぷり取られています。日本でも、イエナプランの教育を実施する私立学校が開校したり、イエナプランを参考にした実践を行う自治体や公立小学校も出てきたりしています。学級は同年齢集団で編成しなければならない、授業は教科を中心としなければならないという考え方を変えていこうとしている試みに期待が高まっています。

経済産業省（2018）の「『未来の教室』とEdTech研究会 第1次提言」では、今後、「先生」の役割は多様化し、教える先生、教えずに「思考の補助線」を引く先生、そして寄り添う先生の役割の必要性が述べられています。児童生徒が情報端末を使って自律的に学ぶことも増えてくると予想されますが、そこに寄り添う教員の役割は失われず、むしろ増えてくるかもしれません。協働的な学びも重視される中で、教員の対話する力、対話を促すファシリテーションの力も求められることでしょう。こうした学びの変化に対応するため、あるいは教育相談的な意味でも、今後、教員と児童生徒の面談、面接の機会はより重視されるべきだという意見もあります。そして、「寄り添う先生」の一人として、SCの活躍も期待されます。深刻な困難を抱えた児童生徒と面接をする役割は保ちつつ、まだ悩みや苦しみが小さいうちに話を聞けるSCの役割が増えることが期待されます。

このような役割の拡大があるため、序章でも述べたように、SCの常勤化が待ち望まれます。単独校方式での常勤化はすぐには実現することが難しいと思われますが、少なくとも拠点校方式での常勤化はできるだけ速やかに進めていく必要があると思われます。

そして、新時代のSCへの期待に応えられるように、SCはさらに学びや研修を深めていくことが求められており、養成や研修の充実も求められていると言えるでしょう。

おわりに

本書のタイトルに「新時代」という言葉が入っているのには、次のような理由があります。第一に、SCが力を発揮することが期待されている新たな課題が増えてきているからです。これは、新たな課題自体が増えているということもありますが、今までも存在していたものの、これまでは焦点が当てられていなかった課題に焦点が当てられ始めたことも影響しています。「特定分野に特異な才能のある児童生徒」や、ヤングケアラーへの配慮や支援も今後ますます求められるでしょう。第二に、学校に関する課題についての新たな法律の施行、方針や指針の決定、生徒指導提要の改訂、手引きやガイドブックの作成・公表等が頻繁にあり、学校教職員やSCは常に知識と技能をアップデートしていく時代に入ったという意味もあります。第三に、これからの時代を生きるために必要とされる力を育み、児童生徒の幸せを増進するためには、学校、教室、授業等を変えていく必要があり、そうした学校改革・教育改革の時代に入ったという意味もあります。本書を参考にしていただき、SCと教職員、保護者や児童生徒、学生や地域の人などが協働し、対話し、アイディアを出し合い、新時代のスクールカウンセリング、学校教育をつくり出していってもらえればと思います。

本書を執筆するにあたり、SCとしてさまざまな学校に豊富な勤務経験のある淺岡紗綾香さんに貴重なお話を聞かせていただきました。また、時事通信出版局の高見玲子さんには、本書の構成や内容、執筆スケジュール等に関して、大変お世話になりました。また、本書は私が出会ってきたたくさんの幼児、児童、生徒たち、保護者の皆さん、学校の先生や教育委員会の皆さん、SCやSSWの皆さんなどと共に過ごした時間、交わした言葉の結晶でもあります。全ての方に心から感謝申し上げます。

私はカウンセラーとして、そして大学教員、研究者として、たくさんの子ども、若者、大人と会い、対話を行う機会が多くあります。困難を抱え辛い状況にある人。困難を抱えている人を支え、力になろうとしている人。皆が幸せを感じ、生き生きできる学校や社会を創るために励んでいる人。そうしたさまざまな人たちを応援していきたいと思っています。本書が、その一助となれば、これほどうれしいことはありません。これまでお会いした全ての方にもう一度感謝を申し上げつつ、まだお会いしていない人との出会いを楽しみにしたいと思います。ありがとうございます。そして、これからもよろしくお願いいたします。

2023年1月　松尾 直博

【全体】

- 文部科学省（2022）「生徒指導提要」2022-12-06 Ver.1.0.0
- 文部科学省「学習指導要領・学習指導要領解説」小学校・中学校（平成29年告示）高等学校（平成30年告示）
- 文部科学省（2022）「スクールカウンセラー等活用事業実施要領」平成25年4月1日初等中等教育局長決定（最終：令和4年4月1日一部改正）
- 教育相談等に関する調査研究協力者会議（2017）「児童生徒の教育相談の充実について～学校の教育力を高める組織的な教育相談体制づくり～（報告）」平成29年1月
- 中央教育審議会（2015）「チームとしての学校の在り方と今後の改善方策について（答申）」平成27年12月21日
- 不登校に関する調査研究協力者会議（2022）「不登校に関する調査研究協力者会議報告書～今後の不登校児童生徒への学習機会と支援の在り方について～」令和4年6月
- 文部科学省「学校保健統計調査」
- 文部科学省「児童生徒の問題行動・不登校等生徒指導上の諸課題に関する調査」
- 国立教育政策研究所生徒指導・進路指導研究センター（2021）「いじめ追跡調査2016-2018」（生徒指導支援資料7「いじめに取り組む2」）令和3年7月
- 東京都教育庁（2022）「令和3年度『児童・生徒のインターネット利用状況調査』調査報告書」令和4年3月
- 文部科学省サイト「教育相談」https://www.mext.go.jp/a_menu/shotou/seitoshidou/1302910.htm
- 公益財団法人日本臨床心理士資格認定協会サイト　http://fjcbcp.or.jp/
- American School Counselor Association（2019）The ASCA National Model: A Framework for School Counseling Programs, fourth edition. American School Counselor Association.
- 内藤朝雄（2009）『いじめの構造 なぜ人が怪物になるのか』講談社現代新書

【序章】

- Norman C. Gysbers（2010）School Counseling Principles: Remembering the Past, Shaping the Future: A History of School Counseling. American School Counselor Association.

- 一般社団法人日本公認心理師協会（2021）厚生労働省令和２年度障害者総合福祉推進事業「公認心理師の活動状況等に関する調査」
- 水谷章一・高原晋一（2018）なごや子ども応援委員会に関する調査研究「名古屋市における学校援助職の常勤化」
- 文部科学省（2021）「学校教育法施行規則の一部を改正する省令の施行について（通知）」（3文科初第861号）令和3年8月23日

【第１章】

- 文部科学省（2017）「学校教育法施行規則の一部を改正する省令の施行等について（通知）」（28文科初第1747号）平成29年3月31日
- 文部科学省（2022）「スクールソーシャルワーカー活用事業実施要領」平成25年4月1日初等中等教育局長決定（最終：令和4年4月1日一部改正）
- Andrew M. Colman（2015）A Dictionary of Psychology (Oxford Quick Reference) (English Edition) 4th. OUP Oxford.
- American Psychological Association（著）, Gary R. Vandenbos（編集）（2015）APA Dictionary of Psychology, Second Edition (English Edition). American Psychological Association.

【第２章】

- 山野則子・石田まり・山下剛徳（2020）「学齢期における子どもの課題スクリーニングの可能性－チーム学校を機能させるツールとして－」社会問題研究，大阪府立大学人間社会システム科学研究科人間社会学専攻社会福祉学分野, 69, P1-11.

【第３章】

- 新村出（編）（2018）『広辞苑　第七版』岩波書店
- G.R. ファンデンボス（監修）（2013）『APA心理学大辞典』培風館
- 渡辺俊之・小森康永（2014）『バイオサイコソーシャルアプローチ』金剛出版
- ユリー・ブロンフェンブレンナー（1996）『人間発達の生態学』川島書店
- OECD (2020) Curriculum (re)design A series of thematic reports from the OECD Education 2030 project OVERVIEW BROCHURE https://www.oecd.org/education/2030-project/contact/brochure-thematic-reports-on-curriculum-redesign.pdf
- 大川一郎・中村淳子・野原理恵・芹澤奈菜美・戸田晋太郎（2008）「記憶スパンに関する生涯発達的研究：数唱課題を通して」日本発達心理学会第19回大会発

表論文集，P689.

- 中道圭人・小川翔大（編）（2021）『教育職・心理職のための発達心理学』ナカニシヤ出版
- Karalyn Patterson and Christina Shewell（1987）Speak and Spell: Dissociations and Word-Class Effects. In Max Coltheart, Giuseppe Sartori & Remo Job(Eds.), The Cognitive Neuropsychology of Language (Psychology Revivals). Psychology Press.
- 猪原敬介（2021）「読書量と語彙力の相関関係 ――子どもの生活と学びに関する親子調査と国内先行研究との比較」子どもの自立に影響する要因の学際的研究―「子どもの生活と学びに関する親子調査」を用いて―研究成果報告書，東京大学社会科学研究所附属社会調査・データアーカイブ研究センター，P30-41.
- 保坂亨・岡村達也（1986）「キャンパス・エンカウンター・グループの発達的・治療的意義の検討」心理臨床学研究, 4, P15-26.
- 岩熊史朗・槇田仁（1991）「セルフ・イメージの発達的変化―WAI技法に対する反応パターンの分析―」社会心理学研究,6(3)，P155-164.
- 金原俊輔（2015）「カウンセリング・マインドという概念および態度が日本の生徒指導や教育相談へ与えた影響 主に問題点に関して」地域総研紀要，13(1)，P1-12.
- 福岡県臨床心理士会（編）窪田由紀（編著）（2020）『学校コミュニティへの緊急支援の手引き 第3版』金剛出版

【第4章】

- 北澤毅（2015）『「いじめ自殺」の社会学――「いじめ問題」を脱構築する』世界思想社
- 小野淳・斎藤富由起（2008）「『サイバー型いじめ』（Cyber Bullying）の理解と対応に関する教育心理学的展望」千里金蘭大学紀要 5，P35-47.
- 鈴木佳苗・坂元章・熊﨑あゆち・桂瑠以（2013）「インターネット使用といじめ・暴力の関係性に関する研究」インターネット使用が青少年に及ぼす悪影響に関する実証調査（中間報告），安心ネットづくり促進協議会調査研究委員会 調査検証作業部会
- 文部科学省（2017）「いじめの重大事態の調査に関するガイドライン」平成29年3月
- 国立教育政策研究所生徒指導・進路指導研究センター（2010）「いじめ追跡調査2007-2009 いじめＱ＆Ａ」（生徒指導支援資料2「いじめを予防する」）平成22年6月
- 東京弁護士会サイト「法教育プログラム『いじめ予防授業』」
https://www.toben.or.jp/manabu/ijime.html

- Dawn Newman-Carlson, Arthur M. Horne, & Christi L. Bartolomucci (2000) Bully Busters: A Teachers Manual for Helping Bullies, Victims, and Bystanders : Grades 6-8. Reserch Press Publishers.
- 松尾直博（2002）「学校における暴力・いじめ防止プログラムの動向 学校・学級単位での取り組み」教育心理学研究，50(4)，P487-499.

【第5章】

- 松尾直博・東京都八王子市立由木中学校（2022）『ポジティブ心理学を生かした中学校学級経営 フラーリッシュ理論をベースにして』明治図書
- 宮本信也（2010）「心身症としての心理社会的背景」田中英高（専門編集）・五十嵐隆（総編集）『起立性調節障害 小児科臨床ピクシス13』中山書店，P8-9.

【第6章】

- 高橋三郎・大野裕・染矢俊幸（訳）（2004）『DSM-IV-TR 精神疾患の診断・統計マニュアル 新訂版』医学書院
- 日本精神神経学会（日本語版用語監修）（2014）『DSM-5 精神疾患の診断・統計マニュアル』医学書院
- 国立特別支援教育総合研究所 発達障害教育推進センターサイト「発達障害の理解『合理的配慮と基礎的環境整備』」 http://cpedd.nise.go.jp/rikai/goritekihairyo
- 兵庫県教育委員会（2016）「学校で『合理的配慮』の提供が義務となります」平成28年3月
- 経済産業省サイト「ニューロダイバーシティの推進について」 https://www.meti.go.jp/policy/economy/jinzai/diversity/neurodiversity/neurodiversity.html

【終章】

- 日本イエナプラン教育協会サイト　https://japanjenaplan.org/

【著者】
松尾 直博（まつお・なおひろ）

東京学芸大学教育学部教授

1970年福岡県生まれ。1993年筑波大学第二学群人間学類卒業、1998年筑波大学大学院博士課程心理学研究科修了。1998年東京学芸大学教育学部助手、2000年同講師、2003年同助教授、2018年より現職。過去に自治体の発達相談心理判定員や母子保健センターの心理判定員、公立小中学校スクールカウンセラーなどを務め、同大学附属学校のスクールカウンセラーも担当。公認心理師、臨床心理士、学校心理士、特別支援教育士スーパーバイザー。

新時代（しんじだい）のスクールカウンセラー入門（にゅうもん）

2023年2月25日　初版発行

著　者：松尾 直博
発行者：花野井 道郎
発行所：株式会社時事通信出版局
発　売：株式会社時事通信社
〒104-8178　東京都中央区銀座5-15-8
電話03(5565)2155　https://bookpub.jiji.com

校正　溝口 恵子
装丁・本文デザイン　出口 城
DTP・印刷・製本　シナノ印刷株式会社
編集　高見 玲子

ISBN978-4-7887-1862-3 C3011 Printed in Japan